LA DÉCENNIE MITTERRAND

Pierre Favier
Michel Martin-Roland

LA DÉCENNIE MITTERRAND

1. Les ruptures (1981-1984)

Éditions du Seuil

ISBN 2-02-024014-9
ISBN éd. complète : 2-02-024016-5

(ISBN 2-02-010329-X, 1re publication
ISBN éd. complète : 2-02-014427-1)

Pour Danièle Eyquem
Pour François Chatel

Introduction

« Il va falloir maintenant tenir pendant sept ans. » Dans l'hélicoptère Super-Puma qui le ramène de Château-Chinon à Paris, au soir du dimanche 8 mai 1988, François Mitterrand[1] ne s'appesantit guère sur le passé. Une phrase seulement : « Désormais plus rien ne sera comme avant, les Français vont prendre conscience de la portée historique de ma réélection. »

Premier chef d'État français réélu au suffrage universel[2], François Mitterrand vient d'achever un septennat heurté. Au cours de son premier mandat, ce vieux pays s'est transformé sans perdre son identité. 1981-1988, un parcours original, dense et rythmé : fracture de l'alternance socialiste, frénésie de réformes de l'union de la gauche, épreuve de vérité économique de la rigueur, retour en force du profit et de la gestion, expérience constitutionnelle réussie de la cohabitation, déclin des idéologies, victoire des valeurs de réconciliation et horizon européen.

L'Histoire retiendra-t-elle cette période ? Ou bien n'occuperat-elle qu'une place modeste dans les mémoires ?

1. Entretien le 8 mai 1988.
2. Seul, Charles de Gaulle avait été élu en 1965 pour un second mandat. En décembre 1958, il est désigné au suffrage indirect par un collège électoral comprenant les membres du Parlement, des conseils généraux, des assemblées des territoires d'outre-mer ainsi que les représentants des conseils municipaux.

Jusqu'ici, Mitterrand au pouvoir demeure un champ d'étude encore vierge, même si des dizaines de livres lui ont été consacrés. Parfois des essais brillants mais parcellaires ; souvent des pamphlets incisifs ou d'éphémères hagiographies.

L'objet des auteurs est autre : faire œuvre d'historiens en brossant le tableau le plus complet possible des épisodes connus ou inconnus de cette présidence Mitterrand, dont la principale originalité est la double alternance politique de 1981 et 1986.

Notre situation était particulière. Chargés par l'Agence France-Presse, depuis 1981 pour Pierre Favier et 1985 pour Michel Martin-Roland, de suivre les activités de l'Élysée, nous étions aux premières loges. Pas un geste, un déplacement ou un propos présidentiels, pas un événement politique, économique ou diplomatique que nous n'ayons couverts de ce point d'observation privilégié.

Formés à l'exigence des faits par treize années de journalisme à l'AFP, nous nous sommes mis au travail.

Le président de la République a accepté de nous recevoir pendant une vingtaine d'heures. Les Premiers ministres, Pierre Mauroy, Laurent Fabius, Jacques Chirac et Michel Rocard, ont joué le jeu. Quarante ministres ont répondu longuement à nos questions. Parlementaires, décideurs, diplomates, militaires, religieux, conseillers, hommes de communication : deux centaines de responsables de tous bords, français et étrangers, sélectionnés parce qu'acteurs de cette période, ont parlé, acceptant souvent d'ouvrir leurs dossiers, de lever le voile sur des épisodes décisifs du septennat.

Trois ans d'enquête, plus de deux cents entretiens en France et au dehors, trois mille pages de notes, des carnets noircis, des collections de journaux dépouillées. Mais aussi l'étude de nombreuses archives encore protégées : documents officiels ou officieux, notes, comptes rendus, correspondance. Ces sources inédites apparaîtront dans l'ouvrage sous la référence « Document d'archives ».

S'interroger sur le bilan de la décennie en termes de

succès ou d'échec, de fidélité aux idées ou de trahisons, de machiavélisme ou de génie de l'homme d'État, conduit inévitablement à des jugements réducteurs. Celui de l'Histoire appartient à l'avenir. Nous nous sommes refusés à livrer du prêt-à-penser. Cet ouvrage n'a qu'une ambition : servir de relais pour l'Histoire. Et ses conclusions ne peuvent être que provisoires.

Le premier mandat présidentiel de François Mitterrand a renforcé les institutions et la pratique démocratique de la Ve République en apportant la preuve de leur adaptabilité à des situations inédites avant 1981. Si elles étaient assurées de fonctionner avec un président et un Parlement de la même couleur politique (1981-1986), la question restait posée de la viabilité d'une situation de cohabitation (1986-1988). La preuve est faite. Au prix de concessions et de frustrations des hommes, un président peut présider et un gouvernement gouverner sans appartenir à la même famille politique.

Dans la France de la fin du XXe siècle, la marge de manœuvre du responsable politique dans le domaine économique s'est considérablement réduite. L'interdépendance croissante des économies développées condamne les tentatives nationales isolées, sauf à risquer des ruptures d'essence révolutionnaire. Mitterrand n'a pas été Lénine et son socialisme à la française s'est mué en social-démocratie modérée. Chirac et Balladur n'ont pas été Reagan et Thatcher. Ils ont dû tempérer leur credo libéral.

En arrivant au pouvoir, Mitterrand veut satisfaire les aspirations de la gauche et en finir avec l'idée que le pouvoir est la propriété inaliénable de la droite. Il frustre la gauche de ses rêves sans perdre au bout du compte ses électeurs. Il la légitime au prix d'un savoir-faire gestionnaire et d'un cessez-le-feu idéologique dans lequel nombre de progressistes authentiques voient une trahison. L'alternance est désormais banalisée, sans faire disparaître la nécessaire émulation gauche-droite. L'idéologie ne déchire plus la France, même si les clivages sociaux et culturels sont loin d'en faire une société sans classes. L'expérience a-t-elle été positive pour la France ?

PREMIÈRE PARTIE

L'alternance

CHAPITRE 1

La signification du 10 mai

L'accession à l'Élysée du candidat de la gauche, pour la première fois depuis la fondation de la Vᵉ République en 1958, doit autant à l'adhésion qu'au ressentiment.

Dans une France politiquement coupée entre la droite et la gauche, quatre facteurs principaux expliquent le succès du vaincu de 1965 et 1974 : l'effondrement du vote communiste, les divisions de la droite, la montée du chômage et le rejet dont est victime le président sortant.

Le rejet de Giscard

Le lundi 2 mars 1981, au journal télévisé du soir, Valéry Giscard d'Estaing s'adresse aux Français pour leur annoncer officiellement sa candidature. Le « citoyen-candidat » est conscient de sa chute progressive dans les sondages.

Depuis la fin de l'automne 1980 sa cote a lentement baissé. Un sondage secret commandé début février par l'Élysée à la SOFRES le donne pour la première fois battu au second tour par François Mitterrand avec 48 % des suffrages contre 52 %.

Quand Giscard a-t-il pris sa décision ? On ne le saura jamais exactement. Lui-même le sait-il ? Michel d'Ornano[1] dit qu'il y pensait depuis le jour de son entrée à l'Élysée.

1. Entretien le 13 février 1990.

Pédagogue comme toujours et confiant dans son esprit de géométrie, qui a longtemps fait le succès de ses démonstrations, le président justifie sa candidature en mettant en avant un argument imparable à ses yeux : « Aucun autre que moi ne pourrait l'emporter contre l'opposition. »

Présentant son entrée en course comme « une délivrance », Giscard, qui s'est souvent senti bridé par sa fonction, ajoute qu'« enfin » il pourra « dire d'homme à homme » ce qu'il a « dans l'esprit et sur le cœur ». Il veut parler aux Français « les yeux dans les yeux », souci qui le conduira, plusieurs années après sa défaite, à publier *Le Pouvoir et la Vie,* livre intimiste dans lequel il se montre à son peuple tel qu'il se voit lui-même.

Dès son entrée en lice, Giscard se libère et fustige « les dirigeants de l'opposition de gauche, acharnés depuis 1958 dans leur lutte contre la Ve République et condamnés par la force des choses, soit à gouverner avec les communistes, soit à trahir leurs électeurs après avoir bénéficié de leurs voix ».

L'ennemi principal est ainsi désigné : c'est le candidat socialiste. Le rival inquiétant est volontairement ignoré : c'est Jacques Chirac, crédité alors de 13 % des intentions de vote. Il le ménagera jusqu'au bout dans l'espoir de récupérer au second tour la plus grande part des suffrages du candidat RPR.

Deux jours plus tard, en Conseil des ministres, Giscard explique aux membres du gouvernement Barre qu'il ne brigue pas un « nouveau septennat » mais qu'il entend plutôt s'engager dans un « septennat nouveau ». Il ne fera pas du bilan de son premier mandat l'axe majeur de sa campagne.

Assis en face de lui à la table du salon Murat, au rez-de-chaussée de l'Élysée, Raymond Barre, si longtemps présenté par Giscard comme « le meilleur économiste de France », se sent disqualifié. Le Premier ministre savait pourtant depuis plusieurs semaines, de la bouche même du président, qu'il n'était pas question de l'associer à la bataille. « Vous Barre, au gouvernement, vous continuerez à diriger les affaires du pays comme Premier ministre. Vous ne vous mêlerez pas de la campagne. Moi, je serai le citoyen-candidat[1]. »

Ainsi Giscard ne livrera-t-il pas la bataille du bilan. La situation économique du pays ne l'y incite pas : le chômage a quadruplé depuis 1974 sous l'effet des deux chocs pétroliers – même si au cours de l'année 1980 il a progressé moins vite que dans les autres pays européens –, l'inflation frôle les 14 % – même si Barre est parvenu à tenir le franc – et le commerce extérieur s'est dégradé. Autant d'arguments massues pour condamner le septennat qui s'achève.

Au-delà de ces dures réalités économiques, un climat de fin de règne pèse autour du palais de l'Élysée et de son candidat. On parle de « dérives monarchiques » du président, on ironise sur sa filiation avec Louis XV. Même le terrain de la politique étrangère se dérobe sous ses pas. Sa rencontre de Varsovie avec Leonid Brejnev, le 19 mai 1980, quatre mois et demi seulement après l'entrée de l'Armée rouge en Afghanistan, est mal comprise. Puis, quand il retrouve ensuite à la fin du mois de juin à Venise ses partenaires occidentaux pour leur révéler, tel un messager planétaire, que le Kremlin va retirer une partie de ses troupes de Kaboul, le voilà contraint de subir les sarcasmes convergents des gaullistes et des socialistes. Le 16 mars 1981, Mitterrand remue le couteau dans la plaie et parle à la télévision du « petit télégraphiste » des Soviétiques.

Mais surtout un certain nombres d'« affaires » ont jeté le discrédit sur le régime en place. La mort mystérieuse du prince giscardien Jean de Broglie quatre ans plus tôt, le suicide non élucidé du ministre gaulliste Robert Boulin en 1979 et, pour finir, le « scandale » des « diamants de Bokassa[2] ».

1. Entretien avec Raymond Barre le 5 juillet 1989.

2. *Le Canard enchaîné* publie en octobre 1979 le fac-similé d'une commande passée en 1973 par le président centrafricain pour une plaquette de diamants destinée à M. Giscard d'Estaing, alors ministre des Finances. Il faut attendre le 23 mars 1981 pour que l'Élysée précise que les diamants offerts entre 1973 et 1975 ont été évalués à 114 997 francs versés à la Croix-Rouge et à diverses œuvres centrafricaines.

Pourtant, Giscard et ses conseillers sont convaincus au départ de la campagne présidentielle que « les affaires » sont sans effet sur l'électorat. Après le 10 mai ils reconnaîtront leur coûteuse erreur d'appréciation.

Une fois lancé dans la bataille, Giscard s'aperçoit assez vite que sa communication « ne passe pas ». « Je parle aux Français, je suis convaincant, mais ils ne m'entendent plus », avait-il d'ailleurs confié à des proches peu avant de démarrer son marathon électoral.

Ce doute ne le conduit cependant pas à changer de stratégie comme le lui conseillent certains, tels Michel Poniatowski ou Michel d'Ornano. Ses plus proches en politique sentent et déplorent que, depuis son succès aux législatives de 1978, Giscard s'est laissé enfermer dans l'isolement de l'Élysée. Le phénomène de cour inhérent à la présidentialisation du régime ne l'incitera pas aux nécessaires remises en question.

Assuré d'être présent au second tour, le président sortant se lance avec un bonheur évident dans son tour de France de candidat. En dépit des intentions de vote qui désormais le donnent battu, presque à chaque fois, par le candidat socialiste, Giscard ne perd pas espoir. Convaincu qu'une élection se joue dans les tout derniers jours, il mise d'abord sur ce que ses conseillers appellent l'« effet isoloir », addition de plusieurs atouts traditionnels de la droite au pouvoir : la crainte du changement, de l'inconnu, l'anticommunisme et, bien entendu, la prime au sortant. En outre, cet homme de cinquante-cinq ans, qui n'a jamais connu l'échec dans une carrière au cours de laquelle il a pourtant pris des risques, compte sur sa remarquable efficacité à la télévision. Après tout, ne doit-il pas une part de sa victoire de 1974 au fameux « Vous n'avez pas le monopole du cœur » assené à Mitterrand dans le premier duel télévisé présidentiel, entre les deux tours de 1974 ?

Il s'agit aussi de couper court à la campagne de Jacques Chirac dont l'entourage s'applique à répandre l'idée qu'il sera présent au second tour. Le « citoyen-candidat » multiplie les meetings à partir du 31 mars. Retrouvant le contact avec les foules qui l'acclament quand retentissent les accents du *Chant du départ,* de Metz à Strasbourg, de Montpellier à Mende, en passant par Lyon, Reims, Marseille et la Corse. Le moral remonte. Giscard reprend confiance, il sent que les Français vont de nouveau répondre à son appel et dédaigne les Cassandre qui, dans son entourage divisé, lui annoncent chiffres à l'appui une probable défaite.

Les droites divisées

Depuis le congrès extraordinaire du RPR réuni à Vincennes le 7 février 1981, un autre animal politique est descendu dans l'arène, Jacques Chirac. A l'en croire, Giscard l'aurait trahi à deux reprises. En 1974, en le nommant Premier ministre et en l'empêchant de gouverner. Puis en 1978, en ne reconnaissant pas que la défaite de la gauche aux législatives lui est due pour une large part. Il dénonce « la faillite dramatique » du régime giscardien et atteint ainsi le point de non-retour. Toute réconciliation profonde de la droite est désormais interdite.

Giscard c'est « l'augmentation du chômage, des prix, l'affaiblissement intérieur et extérieur de la France », martèle le maire de Paris à chaque étape de son périple électoral. Il aime par-dessus tout ce genre d'exercice.

Dans la course aux suffrages de ce printemps 1981, Chirac laisse rapidement sur place ses deux rivaux de la famille gaullo-pompidolienne : le gardien des dogmes Michel Debré et l'anticommunisme fait femme, la redoutable Marie-France Garaud qui fut un temps son égérie avec Pierre Juillet à l'époque de Matignon.

Leurs candidatures relèvent essentiellement du désir de témoigner et d'alerter l'opinion. Elles donnent aux électeurs de droite des raisons supplémentaires de ne pas se rassembler au second tour.

La gauche présentable

A gauche aussi la campagne démarre dans la division. L'attitude des communistes n'est pas nette.

Parti le premier dans la course, Georges Marchais, désigné à l'unanimité le 12 octobre 1980 à Nanterre par la conférence nationale du PCF, prévient d'emblée qu'il n'y aura pas de « désistement automatique ». Le secrétaire général, qui avait envisagé un moment de lancer sa campagne en faisant placarder des affiches dénonçant « la bande des trois », Giscard-Chirac-Mitterrand réunis sur une photo-montage, ne manque jamais, après ses dénonciations rituelles de la « République des châteaux et des cadeaux », de s'en prendre à François Mitterrand, soupçonné de vouloir « sauver la politique de Giscard d'Estaing ».

A ses côtés, Charles Fiterman, le numéro deux du Parti, réserve ses flèches les plus acérées au candidat socialiste dont il brocarde systématiquement « la fuite à droite ». Il veille aussi à agiter devant les électeurs modérés le chiffon rouge de la présence inéluctable de ministres communistes en cas de victoire de la gauche.

L'Humanité présente Mitterrand comme « le candidat de l'échec », déjà battu deux fois, par de Gaulle et par Giscard, et qui ne devrait pas échapper à la malédiction du « jamais deux sans trois ».

Au fond, Georges Marchais accuse François Mitterrand de bien des péchés. Il le soupçonne même d'avoir joué un rôle dans la relance de la campagne menée en 1980 sur son attitude pendant la guerre.

Le 8 mars 1980, *L'Express* publie sous le titre « Le mensonge » une longue enquête, étayée par un document allemand, prouvant que Marchais se trouvait encore en Allemagne en 1944, alors qu'il avait assuré avoir regagné la France un an plus tôt.

Dans la nuit précédant la sortie de ce brûlot, Pierre Juquin[1] est réveillé dans son appartement de Massy par des camarades, ouvriers du livre, venus de l'imprimerie voisine pour l'alerter. Le porte-parole du Parti appelle aussitôt Fiterman qui réveille Marchais et lui fixe un rendez-vous le lendemain à huit heures, place du Colonel-Fabien. « Marchais est décomposé quand on lui met sous le nez le cahier de *L'Express.* » Juquin, l'agrégé d'alle-

1. Entretien le 18 septembre 1989.

mand, est envoyé en RFA pour enquêter avec l'aide des communistes locaux. Marchais demande à Maxime Gremetz, « ministre des Affaires étrangères » du Parti, de s'assurer de l'accueil et de l'incognito de Juquin. Ce dernier revient très vite d'Allemagne et confirme globalement la version de Marchais sur la durée de son séjour outre-Rhin au titre du STO. A la lecture du rapport de Juquin, Marchais est en larmes. Les souvenirs resurgissent et les explications ne sont pas suffisantes pour mettre un terme au doute généralisé sur son comportement pendant l'Occupation et les premières années de la Libération.

Aussitôt le PCF réagit. Il organise une vaste campagne de soutien au secrétaire général, tandis que *L'Humanité* accuse Mitterrand d'être à l'origine de cette opération.

Cet épisode ne lève pas le voile sur les activités de Marchais pendant la fin de la guerre. Juquin et d'autres responsables communistes ont toujours pensé que le futur secrétaire général avait participé à des actions clandestines au sein d'une sorte de service secret du PCF, à l'époque dans l'illégalité, visant à assurer la logistique et l'intendance au moyen de hold-up, de marché noir et de trafics divers. « Je pense que Georges était là-dedans, Mitterrand le sait, mais ne l'a jamais attaqué là-dessus », note Pierre Juquin.

De fait, en ce printemps 1980, le député de la Nièvre a d'autres problèmes plus importants à résoudre, au sein même du PS qu'il dirige depuis neuf ans.

A l'époque, les sondages donnent Giscard gagnant et son rival le plus redoutable n'est pas François Mitterrand, mais, de loin, Michel Rocard. Populaire parmi les autogestionnaires et chrétiens de gauche du PS, fort d'un solide crédit de sympathie chez les électeurs modérés, le député des Yvelines croit que son heure est arrivée.

Au soir des législatives de mars 1978, qui ont vu la défaite de la gauche, il s'est posé à la télévision, en une intervention soigneusement préparée, comme le seul leader responsable. « La gauche vient de manquer un nouveau rendez-vous avec l'histoire. » C'était un affront à

François Mitterrand qui avait mené la campagne. L'année suivante, au congrès socialiste de Metz, Rocard est marginalisé. Il promet alors que, si Mitterrand est candidat à la prochaine présidentielle, il ne le sera pas.

Un an plus tard, le dimanche 19 octobre 1980, il annonce pourtant sa candidature à l'investiture socialiste depuis sa mairie de Conflans-Sainte-Honorine. Habile, Mitterrand n'a rien fait pour l'en empêcher. Deux jours auparavant, Rocard avait téléphoné à Mitterrand pour l'informer de sa décision. « C'est la règle du jeu démocratique. Quant à moi, ma décision n'est pas prise », lui avait répondu, énigmatique, le premier secrétaire [1].

Fondant son analyse sur les tendances lourdes de l'électorat à partir des résultats des élections cantonales et des partielles des dix-huit derniers mois, Rocard estime que les chances de victoire de la gauche sont fortes quel que soit le candidat.

Dix ans plus tard, Michel Rocard [2], devenu Premier ministre de Mitterrand, explique que son appel de Conflans répondait à une décision tactique : faire pression sur Mitterrand pour qu'il choisisse entre le laisser mener la bataille ou prendre le risque de gouverner en le marginalisant.

Ce soir-là, « j'ai fait le plus formidable loupé médiatique de ma vie. Le décor choisi est incongru : fauteuil et bureau Louis XV dans une petite mairie de banlieue. Message trop compliqué : celui d'une candidature conditionnelle. Cafouillage technique puisque, surpris par la présence d'une deuxième caméra, je fixe celle de FR3 alors que la principale, qui alimente les deux autres chaînes, me prend de biais. Du coup je m'adresse aux Français au fond des yeux en les regardant de travers ! ».

Belle leçon pour cet homme pressé trop attentif aux avis de ses conseillers en image.

Cette explication du « plantage par la technique » ne

1. En 1969 déjà, Rocard, alors leader du PSU, s'était rendu à motocyclette rue Guynemer pour prévenir un Mitterrand hors course, à la suite de ses déconvenues de mai 68, qu'il allait être candidat.

2. Entretien le 18 novembre 1989.

convainc pas Jean-Paul Huchon[1], le fidèle lieutenant de Rocard : « L'athlète n'était pas prêt, il n'en voulait pas dans sa tête. Mon impression, en l'accueillant à la mairie, était qu'il n'avait pas fondamentalement choisi d'y aller. »

L'appel de Conflans est salué par la presse unanime comme un bel exemple de raté. Rocard, l'homme du « parler vrai », a abattu ses cartes. Mitterrand « l'archaïque » regarde sa main. Il la juge meilleure. Il éprouve un vif ressentiment à l'égard des rocardiens comme Edgard Pisani qui ont voulu l'envoyer « au musée ».

Une semaine plus tard, le jour de ses soixante-quatre ans, le député de la Nièvre laisse entendre, au cours d'une « fête de la rose » à Marseille, qu'il pourrait se lancer à son tour. « Cela dépend de vous (...) je tiendrai le plus grand compte de la volonté des socialistes », déclare-t-il devant plusieurs milliers de militants enthousiastes. Rocard étant sorti du bois, Mitterrand peut dévoiler ses intentions.

Dix jours passent. Le 5 novembre, dans sa maison de la rue de Bièvre, recevant pour le rituel petit déjeuner des « conventionnels » Louis Mermaz, Charles Hernu, Georges Fillioud, Guy Penne et Claude Estier[2], il leur annonce sa candidature, cette fois en termes clairs : « Je vais mener la campagne, mais dans l'immédiat je dois éviter d'apparaître trop souvent. Tous ceux qui parlent en ce moment ne font que s'user. C'est ce qui arrive à Marchais qui n'amuse plus personne. Il faut utiliser cette période creuse de novembre à janvier pour préparer à fond un plan de campagne. Les dés sont jetés, il n'y a plus qu'à se battre. »

Trois jours plus tard les Français sont fixés.

Ce samedi-là, devant le comité directeur du PS réuni au troisième sous-sol de l'Assemblée nationale, Mermaz lit la lettre de candidature du premier secrétaire. Chevènement, qui s'était déclaré pour barrer la route à

1. Entretien le 3 octobre 1989.
2. Entretien le 31 mars 1989.

Rocard dans l'hypothèse où Mitterrand ferait défaut, se retire.

Rocard respecte son engagement de Metz et renonce.

Le candidat unique à l'investiture sera officiellement désigné par son parti le 24 janvier 1981, au congrès extraordinaire de Créteil, avec 83,66 % des mandats. Et trois semaines plus tard, il part pour un voyage de dix jours en Chine et en Corée du Nord. Il ignore les ministres giscardiens qui l'accusent de voyager parce qu'il n'a rien à dire aux Français et parcourt en chemin de fer l'empire du Milieu. En route vers Qufu, la ville de Confucius, il lit Camille Desmoulins, l'ami de Danton, à la recherche de citations pour dénoncer le système monarchique, thème anti-Giscard qui fera florès dans ses meetings d'avril et mai. A Hu Yao-bang et Deng Hsiao-ping, les deux hommes forts du régime, il explique que les socialistes français exerceront « bientôt d'importantes responsabilités. La victoire est inéluctable, si ce n'est pas en mai prochain ce sera aux législatives de 1983. La droite est dans l'impasse et si Giscard d'Estaing est réélu, le pays connaîtra des années tristes et désabusées [1] ».

« Si nous gagnons seulement en 1983, nous jouerons le jeu et nous gouvernerons », confie-t-il à ses compagnons de voyage, Defferre, Jospin et Estier. Quant aux partisans de Rocard, ils incarnent pour le candidat socialiste « le rêve d'une petite bourgeoisie moyenne écrasée par le capitalisme. Ils veulent bien des socialistes mais pas du socialisme ».

Pendant ce temps, quatre « petits » candidats, à des degrés divers, vont marcher sur les plates-bandes de la gauche. Trois d'entre eux cependant appelleront à voter François Mitterrand le 10 mai.

Entrée en campagne la première, dès avril 1980, désignée candidate par le PSU en novembre 1979, Huguette Bouchardeau, quarante-cinq ans, défend les couleurs de l'autogestion, comme l'avait fait Michel Rocard dix ans auparavant. Syndicaliste étudiante et enseignante, militante de la cause des femmes, cette agrégée de philo-

1. Entretien le 12 février 1981.

sophie a davantage de conviction, de sincérité et d'ardeur que de métier. C'est davantage pour faire connaître les thèses du PSU que pour réaliser un score au premier tour, qu'elle a engagé ce combat.

Candidate pour la deuxième fois, Arlette Laguiller, quarante et un ans, réapparaît à la télévision. Malgré son débit monocorde et vindicatif, sa sincérité paraît incontestable. Au nom des trotskistes de Lutte ouvrière, elle dénonce la complicité de la droite et de la social-démocratie et s'insurge contre les trahisons du PCF. Avec virulence elle s'affirme le seul candidat parlant au nom de la classe ouvrière. Selon les politologues, elle doit davantage ses suffrages à son image de « Jeanne d'Arc des prolétaires » qu'aux idées qu'elle défend.

Avec Michel Crépeau, l'appel aux voix de gauche se situe sur un autre registre. A cinquante et un ans, le député-maire de La Rochelle, président des radicaux de gauche, prêche avec gouaille pour un « socialisme du possible ». Sa candidature a un objectif précis : affirmer l'existence du MRG, soumis au laminage du PS. François Mitterrand aurait voulu l'éviter. Mais son vieil ami, le radical Maurice Faure, qu'il avait chargé d'une mission de bons offices, n'a pas réussi à dissuader Michel Crépeau de se porter candidat.

A trente-cinq ans, Brice Lalonde, le candidat des écologistes, refuse de choisir entre Giscard et Mitterrand. Il n'a pas le prestige de René Dumont, candidat des Verts en 1974. Mais depuis lors, les idées qu'il défend se sont répandues dans l'opinion. Et grâce à certains élus centristes, Lalonde parvient à réunir les 500 signatures nécessaires à l'enregistrement de sa candidature.

Les belles campagnes ont souvent leur clown. 1981 ne déroge pas à la tradition. 1965 avait eu Marcel Barbu, pauvre hère à la mine triste qui avait su émouvoir ses « copains » les Français sur les télés en noir et blanc. En 1981, un clown au nez rouge, un provocateur de talent, le « président bleu-blanc-merde » défraye la chronique, choque le bourgeois et inquiète les hommes politiques. Il annonce sa candidature le 30 octobre 1980, fesses offertes aux photographes et aux caméras, sur la scène du théâtre du Gymnase. Michel Colucci, dit Coluche, se présente comme le candidat des homosexuels, des chauffeurs de taxi, des coiffeurs, bref des « minorités qui, mises bout à bout, forment une majorité ». Le phénomène dure deux mois, jusqu'au moment où, crédité de 12,5 % des intentions de vote, il tombe sous les critiques d'une partie de la presse, les menaces d'un groupe d'extrême droite et l'impression de malaise laissée par l'assassinat de son régisseur un matin de novembre.

Dès son entrée en campagne, Coluche s'adresse discrètement à François Mitterrand par l'intermédiaire de deux de ses collaborateurs qu'il connaît bien, Jean Glavany[1] et Jacques Attali[2]. Il informe le candidat socialiste. Son but c'est de l'aider. Lui-même n'a aucune intention d'être vraiment candidat et il ne recherche pas les parrainages nécessaires des élus.

Le 10 mai au soir, il adresse au nouveau président une lettre, écrite à l'encre verte, lui souhaitant bonne chance. En rentrant chez lui ce soir-là, Coluche est agressé dans la rue par des voyous, qui lui cassent la figure. Mitterrand l'apprend à la radio le 11 mai au matin. Le nouveau président de la République envoie immédiatement un mot amical manuscrit à son « ancien rival ».

L'emploi au cœur de la campagne

La campagne électorale du premier tour se déroule sans incident majeur. Elle est dominée par la question du chômage. L'opposition avait fait campagne sur ce thème, avec succès, en novembre 1980, lors des sept dernières élections législatives partielles où le PS avait creusé l'écart avec le PCF.

Au printemps, les professions de foi affichées sur les panneaux aux portes des bureaux de vote sont révélatrices de cette obsession : « L'emploi c'est la première de nos obligations. J'y consacrerai toute ma volonté »

1. Entretien le 22 octobre 1988.
2. Entretien le 17 février 1989.

(Mitterrand). « Ensemble, nous ferons une France plus forte en assurant l'emploi » (Giscard d'Estaing). « Le chômage ? on peut l'éliminer complètement » (Marchais). « Je m'engage à relancer la croissance pour créer des emplois nouveaux » (Chirac).

Mis en accusation, le président sortant explique que le jeu de la concurrence, l'ouverture des frontières, la hausse de la productivité permettront aux entreprises françaises de surmonter la crise.

Seul de tous les candidats, il ne promet pas de « création » d'emplois, mais parle de la « libération » d'un million d'emplois d'ici 1985 grâce à une croissance qu'il veut d'un demi-point supérieure à celle des principaux partenaires de la France. C'est le libéralisme à la française, la prudence et le réalisme de celui qui vient de passer quatre-vingt-quatre mois aux affaires. Valéry Giscard d'Estaing a-t-il oublié la maxime du général de Gaulle selon laquelle « toute politique qui ne fait pas rêver est condamnée » ?

En revanche, les autres candidats, le « chœur des neuf pleureuses », comme le dit le président sortant, s'engagent, à une exception près, à liquider le chômage grâce à une croissance vigoureuse.

Un million et demi d'emplois avec 4,5 % de croissance, propose le candidat communiste qui promet d'élever le SMIC de 2 650 à 3 300 francs et de construire 500 000 logements HLM par an. Qui dit mieux ? Personne. Toutefois le candidat socialiste chiffre lui aussi ses objectifs économiques : 3 % de croissance, 210 000 emplois par an. Le président du RPR parle de 500 000 emplois nouveaux mais sans calendrier. Huguette Bouchardeau avance le chiffre de 100 000 par an, tandis que Michel Crépeau préconise de recruter 200 000 personnes dans le secteur social. Seule Marie-France Garaud ne promet rien et déconseille une « relance massive par la consommation ».

Debré, Chirac et Marchais voient dans l'arrêt de l'immigration une manière de réduire le chômage. Mitterrand et les petits candidats de gauche misent sur une réduction du temps de travail.

Mitterrand présente un projet ambitieux : « changer la vie ». Ce sont les « 110 Propositions pour la France ». Elles prévoient la nationalisation du secteur bancaire et de neuf groupes industriels. Marchais en propose vingt-trois et déclenche une vraie bataille idéologique.

Les candidats de droite stigmatisent la « coalition socialo-marxiste ». Mais ce programme d'extension du secteur public est perçu par les centaines de milliers de salariés directement ou indirectement concernés comme un facteur important de sécurité d'emploi.

Les poisons d'avril

Les derniers sondages publiés dans la semaine du 10 avril placent Giscard en tête à 27-28 % des suffrages. Il subit une érosion régulière et implacable depuis la fin de l'été 1980, date à laquelle il recueillait environ 35 % des intentions de vote. Mitterrand aborde le scrutin dans une fourchette de 23-24 %, en progrès de 4 points depuis août 1980. Marchais est le plus souvent donné troisième, autour de 17-18 %, devançant généralement Chirac de moins d'un point.

Le dimanche 26 avril, premier tour de l'élection présidentielle, 30 millions de Français votent. Jamais encore les jeunes de 18 à 21 ans n'avaient pris part à un tel scrutin. La participation est plus qu'honorable. Avec 81,09 %, elle est légèrement inférieure aux premiers tours de 1965 et 1974 et supérieure à celui de 1969.

Première surprise : Giscard (28,31 % des suffrages exprimés) ne devance Mitterrand (25,84 %) que de 715 000 voix.

Seconde surprise, déterminante pour la suite : l'effondrement du PCF dont le candidat arrive près de 3 points derrière Chirac, avec 15,34 % des voix. Jamais depuis 1936 les communistes n'étaient tombés aussi bas. Dès le premier tour une fraction de l'électorat communiste a voulu voter utile et s'est portée sur Mitterrand. A en croire les socialistes, ce phénomène du vote utile a été accentué par les sondages, quelque peu « sollicités », qui avaient répandu l'hypothèse d'un Chirac arrivant deuxième, derrière Giscard d'Estaing.

Chez les « petits » candidats, seul l'écologiste Brice Lalonde tire son épingle du jeu avec plus de 1 million de voix (3,87 %). Il est suivi d'Arlette Laguiller (2,30 %) et de Michel Crépeau (2,21 %). Le gaulliste Michel Debré obtient moins de 500 000 suffrages, devançant de peu Marie-France Garaud. Huguette Bouchardeau ferme la marche avec 1,1 % des voix.

Pour la plupart des experts électoraux, la victoire de Mitterrand est inscrite dans ces chiffres du 26 avril. Avec les voix de gauche, les reports écologistes, les réticences de l'électorat Chirac à l'égard de Giscard d'Estaing, le candidat socialiste est assuré d'au moins 51 % des suffrages.

Valéry Giscard d'Estaing se bat. Il se dit le seul capable de faire barrage « à la bureaucratie et au marxisme » : « Mitterrand aura besoin des voix communistes. » Il sort ce qu'il croit être son joker : la proposition, non pas d'un, mais de deux face à face télévisés avec le candidat de la gauche. Il appelle les gaullistes à le soutenir « sans exclusive ni rancune ».

Le maire de Paris, devenu le véritable arbitre du second tour, ne ménage pas les nerfs des partisans de Giscard. Il attend le lundi matin pour annoncer son désistement et appelle à voter Giscard en des termes pour le moins réservés : « Le 10 mai chacun devra voter selon sa conscience. A titre personnel (...) dans la ligne de l'action politique que j'ai toujours menée en faveur d'un certain type de société, je ne puis que voter pour M. Giscard d'Estaing. » Suit, à peine voilé, un véritable réquisitoire de l'action du président sortant. Giscard d'Estaing est appelé à « renouveler profondément sa politique et ses méthodes ».

Plutôt satisfait mais volontairement prudent, François Mitterrand, depuis sa mairie de Château-Chinon, plaide pour la « poursuite du combat » et le « rassemblement de tous ceux qui ont choisi le changement contre la politique de chômage, d'injustice sociale et d'inégalité ».

Persuadé d'un excellent report des voix communistes, malgré les réticences de la direction du PCF, il sait qu'il a aussi besoin des voix modérées. Il lui faut donc tout à la fois incarner la gauche unie et se rallier les électeurs centristes et les anti-Giscard de la droite.

En 1982, il explique cet exercice difficile au communiste Marcel Rigout[1], devenu ministre de son gouvernement : « Pour me permettre d'arriver au pouvoir, il fallait que votre parti soit diminué par rapport au mien, sinon les gens auraient eu peur. Mais je me suis trompé, je vous voyais à 18 %, je n'avais pas imaginé que Marchais vous ferait tomber si bas. Vous m'avez trop aidé. »

Dès le lundi 27 avril, Giscard dénonce à Dijon la stratégie « attrape-tout » de son concurrent : « Pourquoi donc M. Mitterrand ne répond-il pas franchement à M. Marchais quand celui-ci réclame sa part de ministres au gouvernement ? Parce qu'il veut à la fois les voix des communistes et des anticommunistes, parce qu'il veut rechercher l'alliance impossible de l'eau et du feu. Il ne peut y réussir que dans l'équivoque. »

Le lendemain, Mitterrand lui répond sèchement. Sa déclaration est rendue publique depuis Nevers où il vient de présider la session du conseil général. Récusant cette « campagne de violence verbale, qui annonce d'autres violences », il dénonce ce « langage périmé » d'une « vieille droite sectaire et intolérante » et demande au « candidat sortant » de « ne pas insulter ceux qui, contre lui, veulent conquérir la liberté de vivre hors des angoisses du chômage ».

Georges Marchais est effondré. A la fin de sa campagne il comptait atteindre 19 %. Mais dès le dimanche après-midi, avant la publication des résultats, il sait que son parti court à la catastrophe. Des sondages « sortie des urnes », réalisés en banlieue parisienne dans ses

1. Entretien le 26 mai 1989.

bastions de La Courneuve et d'Ivry, le laissent présager. Place du Colonel-Fabien, au cinquième étage où siège le bureau politique, l'atmosphère est atroce. Visages défaits, militants en larmes. Les communistes savent qu'ils n'ont plus aucune marge de manœuvre : ils sont condamnés à soutenir officiellement Mitterrand car ils savent que leur électorat reste profondément unitaire. Ils sont conscients que si Giscard est battu ils ne pourront pas se dérober et qu'ils iront au gouvernement dans un rapport de forces très défavorable.

En début de soirée, Marchais n'a plus d'illusions. Il confie à ses intimes : « Nous ne pouvons pas faire le jeu de la droite, il faudra bien appeler à voter Mitterrand [1]. » Mais cela ne l'empêche pas en même temps de dénoncer « le numéro honteux de duettistes » de Giscard et Mitterrand.

Le mardi 28 avril, le Comité central appelle sans enthousiasme à voter Mitterrand. Le texte initial de cette motion, préparé par Pierre Juquin, a été durci à plusieurs reprises, sur l'insistance du directeur de *L'Humanité* Roland Leroy. Celui-ci demande que les critiques contre Mitterrand soient plus explicites « afin que les communistes entendent bien ce que l'on veut dire ». Ainsi, l'appel à voter Mitterrand n'apparaît-il qu'à la quatre-vingt-dixième ligne de la résolution du Comité central qui en comporte quatre-vingt-seize.

Dans le secret des bureaux du cinquième étage, plusieurs dirigeants, à commencer par Marchais et Fiterman, « ne croient pas » à la victoire de Mitterrand. Ils se disent qu'un déplacement de quelques dixièmes de points pourrait assurer sa défaite. Sentiment très rapidement renforcé par les premières réactions fort réticentes de cadres départementaux, secrétaires de cellules et militants. Ils « traînent les pieds » à l'idée d'envoyer Mitterrand à l'Élysée. « On va se faire posséder par Mitterrand et les socialistes. On ne peut pas avoir confiance en eux », disent-ils sans trop se cacher.

1. Entretiens avec Pierre Juquin le 18 septembre 1989 et avec Claude Poperen le 30 janvier 1990.

De là naît le double jeu des dirigeants communistes avec leurs consignes contradictoires selon qu'elles sont publiques ou non : officiellement, voter Mitterrand ; secrètement, s'abstenir ou même voter Giscard.

Et un vaste bouche à oreille se développe dans les fédérations où, en marge des meetings du deuxième tour, passe la consigne : « Si vous ne voulez pas de Mitterrand, n'allez pas voter. Si vous voulez qu'il soit battu, votez à l'envers, votez contre. »

D'après Pierre Juquin[1] « dès leur retour dans leurs départements de nombreux membres du Comité central s'emploient à transmettre le message aux militants sûrs. Parfois même, ils ne reculent pas devant l'appel direct à " faire échec à Mitterrand ". Le procédé avait déjà servi lors des élections législatives de 1978 après la rupture de l'union de la gauche. De nombreux apparatchiks communistes trouvèrent alors quelque satisfaction à faire trébucher les socialistes.

Mais, le 10 mai 1981, le vote révolutionnaire n'a qu'un effet marginal. Quelques dizaines de milliers de voix, une goutte d'eau par rapport à la vague unitaire des électeurs communistes.

Ce travail de sape clandestin à l'intention de la frange solide de l'électorat communiste est accompagné de déclarations publiques destinées à affaiblir l'allié « social-traître ». Pour effrayer le bourgeois, on insiste sur la participation de ministres communistes. *L'Humanité* martèle ce message.

Tandis que la direction du PCF s'emploie un peu vainement à faire battre Mitterrand, Chirac et l'appareil du RPR sont loin de faciliter la victoire de Giscard.

A l'Élysée et à l'Hôtel de Ville le diagnostic est le même : pour l'emporter, Giscard a besoin des neuf dixièmes des 6 millions de voix qui se sont portées sur Jacques Chirac, Michel Debré et Marie-France Garaud.

Deux jours après le désistement « à titre personnel » du candidat RPR en faveur du fondateur de l'UDF, un comité central du parti gaulliste, réuni à huis clos, ne donne pas de consigne de vote. Les cadres du RPR sont

1. Entretien le 25 janvier 1990.

divisés. Si une majorité se résigne à voter Giscard, d'autres, comme Alain Juppé ou Charles Pasqua, estiment que l'élimination de Giscard suppose dans un premier temps l'élection de Mitterrand. L'écroulement de Marchais transforme la situation : l'alliance PS-PCF n'est plus considérée comme un « pacte avec le diable ».

Certains, comme le député RPR Joël Le Tac, le gaulliste de gauche Philippe Dechartre ou l'académicien Pierre Emmanuel, membre du comité central du RPR, appellent ouvertement à voter Mitterrand. Ils envoient aux militants, dont ils utilisent le fichier, une lettre soulignant la nécessité de battre Giscard d'Estaing.

Jacques Chirac[1] : « Le RPR n'avait pas la volonté de faire battre Giscard, mais il y avait parmi nous des personnalités qui, déterminées dans leur antigiscardisme, ont traîné les pieds ou appelé à voter Mitterrand. Il y avait en plus une réaction anti-Giscard dans l'électorat gaulliste. Moi, je n'ai jamais dit qu'il fallait voter Mitterrand au second tour. »

A la fin de cette semaine décisive, Giscard demande à son conseiller politique Jean Serisé de prendre contact avec le secrétaire général du RPR, Bernard Pons. Il faut que les gaullistes s'engagent à fond dans la bataille contre Mitterrand.

« Étrange rencontre avec ce conseiller que je n'avais jamais vu, organisée dans le plus grand secret dans un appartement de l'avenue d'Iéna prêté par le CNPF, raconte Pons. D'emblée Serisé me dit : le RPR ne veut pas soutenir Giscard mais il doit pourtant le faire. C'est comme dans les matchs de rugby. On se bagarre sur le terrain, mais après le coup de sifflet final on échange les maillots dans les vestiaires[2]. » Jacques Wahl, secrétaire général de l'Élysée, est chargé d'une mission analogue auprès de Claude Labbé, président du groupe parlementaire RPR. Jean-François Deniau approche Charles Pasqua. En vain.

Verba volant, scripta manent. Le 28 avril, Giscard

1. Entretien le 2 septembre 1989.
2. Entretien le 25 janvier 1989.

avait téléphoné à Chirac pour l'inviter à son grand meeting de l'entre-deux-tours, le 3 mai, à la porte de Pantin. Le 30, il écrit au maire de Paris. Sa lettre reste sans réponse.

En 1974, la défection de Jacques Chirac à l'encontre de Jacques Chaban-Delmas avait permis le succès de Valéry Giscard d'Estaing. En 1981, le président sortant comprend bien tard que la « trahison préméditée » du premier assure sa défaite.

François Mitterrand, lui, sait à quoi s'en tenir.

Dès l'automne 1980, il a approché Chirac pour connaître ses intentions et son état d'esprit. En octobre, Pierre Bérégovoy[1] voit Bernard Pons à deux ou trois reprises, notamment dans un hôtel particulier du XVIe arrondissement. Si aucun rapprochement politique n'est envisageable, comme l'imaginaient un temps certains membres du CERES tel Georges Sarre et les gaullistes de gauche proches du « Front travailliste » comme Georges Gorse ou Jean Méo, il est acquis que « Chirac joue l'échec de Giscard ».

Y a-t-il eu rencontre Chirac-Mitterrand ? Certains observateurs l'assurent. A la fin 1981, dans *La Chute de la maison Giscard*[2], Stéphane Denis fait état d'un dîner chez la princesse Irène, mère du député RPR charentais Jean de Lipkowski, qui fréquenta comme Mitterrand le collège Saint-Paul d'Angoulême. Six ans plus tard, dans sa biographie *Jacques Chirac*[3], Franz-Olivier Giesbert assure que ce dîner s'est déroulé chez Édith Cresson à la fin du mois d'octobre 1980, en présence de l'hôtesse et de Lipkowski qui fut son fiancé.

Les quatre « convives », interrogés huit ans plus tard, démentent tous la réalité de cette rencontre. François Mitterrand se contente d'une dénégation par un mouvement de la tête. Jacques Chirac[4] indique « n'avoir

1. Entretien le 28 novembre 1988.
2. Paris, Lattès, 1981.
3. Paris, Le Seuil, 1987.
4. Entretien le 2 septembre 1989.

jamais, ni de près ni de loin, confirmé ces contacts qu'il faut tenir pour nuls ». Édith Cresson[1] parle d'un « non-dîner » et Jean de Lipkowski répète dans plusieurs interviews qu'il s'agit d'« affabulations grotesques ». Quant à Bérégovoy et Pons, alors émissaires des deux hommes, ils n'y « croient pas ».

Que cette rencontre ait eu lieu ou non, cela n'a aucune importance. Chirac et Mitterrand n'ont pas besoin de prendre le risque de dîner ensemble pour savoir à quoi s'en tenir l'un sur l'autre. Leurs messagers sont là pour ça. Ce sont des adversaires, mais aussi des animaux politiques qui savent que leurs intérêts convergent. Ils veulent éliminer Valéry Giscard d'Estaing.

Le général Pierre Guillain de Bénouville, député RPR de Paris et porte-parole influent du lobby Dassault, a joué un rôle dans cette période. Il aime beaucoup Jacques Chirac, à l'égard duquel il nourrit des sentiments paternels. Il est aussi l'ami d'enfance de Mitterrand et voit en lui un « homme exceptionnel ».

La campagne du second tour s'engage. Les deux candidats adoptent des tactiques opposées. Giscard veut apparaître comme le challenger pugnace décrivant sous les acclamations « l'apocalypse » d'une victoire de la gauche. Il tient meetings sur meetings, douze réunions publiques en douze jours, et ne cesse d'ajouter des engagements à un programme déjà surchargé.

Mitterrand, estimant que les Français ont fait leur choix, supprime certains déplacements et annule le grand rassemblement prévu pour le 1er mai au parc des Princes. Pas la peine de faire trop de démonstrations de force, estime-t-on rue de Solférino d'où sont même partis des appels à la prudence et à la modération à destination des grandes centrales syndicales. Il convient d'éviter que les défilés de la fête du Travail ne tournent à la revanche sociale.

Ce 1er mai, le candidat socialiste le passe en Camargue, après avoir visité la veille une ferme dans le Maine, comme s'il voulait montrer qu'il fait bel et bien « partie

1. Entretien le 26 octobre 1989.

du paysage de la France ». Mais au soir de la fête du Travail, à Montpellier, il dénonce avec une vigueur particulière « le candidat finissant » et appelle les « travailleurs à l'unité » pour débarrasser le pays « des maîtres du chômage » qui gouvernent « pour quelques jours encore ».

A chacune de ses philippiques, où la vindicte cède parfois le pas au récit lyrique de la condition ouvrière au XIXe siècle, Mitterrand goûte au plaisir d'être acclamé par des foules en délire.

L'homme de « la force tranquille » n'oublie pas pour autant l'électorat chiraquien. Il charge Gaston Defferre de séduire les supporters du maire de Paris en faisant appel au souvenir d'une France rassemblée, celle de la Libération, où communistes, socialistes et gaullistes travaillaient ensemble. Le maire de Marseille propose « une coalition PS-PCF-RPR sur la base d'un programme ».

Toujours le 1er mai, Alice Saunier-Seité, ministre des Universités, se livre à une attaque personnelle contre « le rescapé de la francisque, le fossoyeur de l'UDSR, le bradeur de la SFIO, l'éternel candidat, le vieux cabotin fatigué brandissant sa rose fanée pour cacher ses rides d'Auguste ».

Le débat

Lancée par Giscard dès le soir du premier tour comme un défi à son rival, la proposition de débat radiotélévisé en direct pour le mardi 5 mai est acceptée sous conditions par Mitterrand. D'où un « débat sur le débat » qui polarise les commentaires pendant plusieurs jours.

Le candidat de la gauche exige la présence de deux journalistes « indépendants » pour arbitrer et animer l'émission. Il sait que le président sortant serait plus à son aise dans un face à face sans intermédiaire.

Après une série de prises de bec entre les deux camps, représentés dans cette affaire par Robert Badinter et Jean-Philippe Lecat, Mitterrand rend publique la veille du débat une lettre. Il indique à son adversaire que, faute de la présence de journalistes et d'un réalisateur désignés d'un commun accord, le face à face n'aura pas lieu.

Giscard se fonde sur l'ordre alphabétique pour accepter Jean Boissonnat et Michèle Cotta et récuser Jean-François Kahn et Guy Thomas. Les conditions sont réunies. Le lendemain soir à 20 h 30 les deux lutteurs entrent dans l'arène. Plus de deux Français sur trois sont devant leur poste de télévision.

Mitterrand, cette fois, s'est préparé avec application. Il a réétudié certains dossiers économiques qu'il travaille depuis longtemps avec Jacques Attali, Alain Boublil, Laurent Fabius, Jean Riboud et Pierre Uri. Il a écouté les conseils de Jacques Séguéla. Déjà ce publicitaire vibrionnant, méridional et bronzé l'avait persuadé de faire limer ses canines supérieures inesthétiques mais nullement draculesques, s'était préoccupé de sa garde-robe et lui avait appris à se détendre devant la caméra.

« Je veux faire un match nul, comme ça j'aurai gagné », explique Mitterrand au réalisateur Serge Moati [1], choisi pour sélectionner les images du candidat socialiste pendant le débat. « Faites ennuyeux », lui demande également Mitterrand.

Giscard arrive au studio 101 de la Maison de la radio, sûr de lui, de ses moyens audiovisuels. Il tend la main à son rival qui la serre, bien qu'il ait dit avant d'arriver dans le studio : « On ne peut pas bien combattre quelqu'un à qui l'on vient de serrer la main. » Avant chaque joute électorale de ce type, Mitterrand a toujours eu besoin de se mettre en condition psychologique d'hostilité à l'égard de son adversaire. Giscard, tel un cobra, est immédiatement prêt à dominer son ennemi, à le paralyser par son regard et ses arguments, avant de le tuer.

Paroxysme de la campagne, ce combat des chefs s'achève sans vainqueur. Giscard, qui comptait combler son retard, ne parvient pas à rééditer mai 1974. Mitterrand, dont l'objectif était de conserver son avantage, est parvenu à résister.

Ce débat jugé tendu, mais digne, moins spectaculaire

1. Entretien le 5 avril 1990.

mais allant plus au fond des choses que prévu, n'aurait, selon les politologues, modifié que très faiblement les intentions de vote.

Mitterrand, qui sept ans plus tôt s'était laissé enfermer dans le rôle de l'élève face au professeur Giscard d'Estaing, est parvenu au contraire à se hisser dans la position du futur président, contraignant son adversaire à le suivre sur ce terrain. Devant des millions de Français, Giscard interroge Mitterrand sur ce qu'il fera une fois à l'Élysée. Le tenant du titre traite ainsi son vis-à-vis comme s'il était déjà virtuellement président de la République.

« Si vous êtes élu, prédit Giscard, le chômage augmentera à cause des mesures que vous prendrez et qui pèseront sur les entreprises.

– Si vous ne comprenez pas la formidable volonté de changement qui se produira si je suis élu le 10 mai, lui renvoie Mitterrand, alors vous ne comprenez rien à ce qui se passe dans le pays.

– Vous êtes l'homme du passé, lance Giscard.

– Et vous l'homme du passif », rétorque Mitterrand.

Giscard parvient à pousser son adversaire dans ses derniers retranchements sur la question des ministres communistes. Mitterrand fait face en expliquant qu'il fera appel à eux s'ils acceptent, après les législatives, de former la majorité avec les socialistes. « Les travailleurs communistes sont nombreux (...) ils servent à produire, à travailler, ils servent à payer des impôts, à mourir dans les guerres. Ils servent à tout mais ils ne peuvent jamais servir à faire une majorité en France. Si les Français élisent lors des élections législatives une majorité de rassemblement populaire, bien entendu je travaillerai avec eux. »

Giscard essaie de prendre son adversaire en flagrant délit d'ignorance sur le cours du deutsche Mark. Mitterrand, donnant dans un premier temps l'impression d'esquiver, finit par indiquer ce chiffre non sans avoir au préalable récusé « cette façon de parler » comme s'il était un élève face au président de la République.

Mitterrand se sert constamment de citations de Chirac pour montrer que les socialistes ne sont pas les seuls à dénoncer la gestion du septennat.

Le lendemain, la presse réagit selon ses sympathies. Les commentateurs sont généralement prudents. Fait révélateur, *France-Soir,* quotidien traditionnellement gouvernemental, se contente de titrer : « A vous de juger. »

A trois jours de sa clôture, la campagne, menée jusque-là sans débordements majeurs, va brusquement prendre un tour beaucoup plus passionnel, virant à l'affrontement brutal.

Le mercredi 6 mai, Giscard reçoit enfin l'aide qu'il attendait de Chirac sous la forme d'une déclaration demandant aux électeurs de « prendre conscience des risques que l'élection de M. Mitterrand ferait courir à la France ».

« Bien tard et bien peu », commente, amer, un proche collaborateur du chef de l'État.

Le même jour, Giscard brandit le « Projet socialiste [1] » en le présentant de manière abusive, à la télévision, comme le programme du candidat Mitterrand. Il énumère les « menaces » que ferait courir sa mise en œuvre pour de nombreuses catégories sociales.

Le lendemain, jeudi 7, Mitterrand s'insurge. Il rappelle qu'il n'est engagé que par ses « 110 Propositions ». Giscard a proféré « douze mensonges en vingt minutes », s'écrie le candidat socialiste à la télévision.

Giscard a obtenu un « droit de réponse » pour le vendredi à 13 heures. L'apprenant par une indiscrétion, Mitterrand, qui était sur le point de s'envoler pour ses derniers meetings, retourne toutes affaires cessantes rue de Solférino pour préparer la contre-attaque. Gaston

1. Publié en 1980, le « Projet socialiste » ne constitue pas à proprement parler la charte des engagements du candidat socialiste. Ses promesses sont consignées dans un document plus récent, les « 110 Propositions pour la France » publiées en janvier 1981.

Defferre, hors de lui, téléphone au journaliste Jean-Pierre Elkabbach et le menace des pires représailles si les socialistes n'obtiennent pas immédiatement un temps équivalent. Mitterrand appelle Rocard, en campagne près de Toulouse, et le charge de venir répondre point par point en direct.

L'enfant rejeté du PS fait son devoir de militant, sérieux et compétent. Ce jour-là il a gagné le titre honorifique de « ministre d'État » qui lui sera conféré deux semaines plus tard.

Autre rebondissement des derniers moments : le général Alain de Boissieu, gendre du général de Gaulle, annonce qu'en cas de victoire de François Mitterrand il démissionnera de ses fonctions de grand chancelier de l'ordre de la Légion d'honneur. Il ne supporterait pas de devoir remettre le grand cordon à celui qui fut l'adversaire acharné du fondateur de la Ve République. A la télévision, il conteste le passé de résistant du candidat socialiste. Mitterrand réagit et obtient un temps d'antenne. Au dernier jour de la campagne, l'amiral Antoine Sanguinetti, en tenue d'apparat, toutes médailles dehors, apparaît sur les écrans. Il parle net et haut : le général de Boissieu mérite « les arrêts de rigueur en attendant d'être destitué ».

Le vendredi 8 mai, au terme de la campagne, chacun des deux candidats traverse la France en diagonale.

Giscard va à Verdun, à Tours, puis à Bordeaux où Jacques Chaban-Delmas l'accueille devant 5 000 partisans enthousiastes. Le président sortant lance un ultime appel à la famille gaulliste : « Contre une majorité unie, l'opposition ne peut rien. » En descendant de la tribune il confie à une collaboratrice : « Tout cela c'est très beau, mais attendez-vous dimanche à une journée difficile. »

Mitterrand choisit Épinal, Mulhouse et Nantes. Lui aussi pense aux gaullistes. Avant de quitter Paris, il se recueille devant le mémorial de la déportation, à la pointe de l'île Saint-Louis, à l'occasion du 36e anniversaire de la capitulation du Reich. « Le général de Gaulle avait décidé que ce jour serait une fête nationale, M. Giscard d'Estaing a rayé d'un trait de plume cette célébration », remarque le candidat de la gauche.

« Giscard au rancart », crie à Épinal une foule impatiente. Même ambiance à Mulhouse, puis c'est le délire sur le champ de mars de Nantes où l'acclament plus de 10 000 personnes. Quand il prend la parole à 23 h 35, vingt-cinq minutes avant la clôture de la campagne, Mitterrand sait qu'il a gagné. Il prépare déjà les législatives : « Je veux que la majorité présidentielle du 10 mai se transforme en majorité parlementaire le mois suivant. »

Le 10 mai

Le dimanche du second tour, 85,86 % des électeurs inscrits, soit plus de 31 millions de Français, accomplissent leur devoir électoral. Le taux d'abstention est très faible, mais légèrement supérieur à celui de 1974, car, cette fois-ci, certains électeurs de Chirac ne se sont pas dérangés.

La journée se déroule selon les rites de ces dimanches électoraux. Les télévisions montrent à l'heure du déjeuner les deux principaux candidats votant en famille, qui à Chamalières, qui à Château-Chinon. On meuble les antennes avec la sempiternelle question des conséquences de la couleur du ciel sur le nombre de votants. La classe politique et la presse savent, sur la base des derniers sondages non publiés, que Mitterrand doit l'emporter. Mais un sondage n'est pas un vote et il faut attendre la fin de l'après-midi pour avoir une première confirmation.

Une journaliste du *Point,* Danièle Molho, annonce sa victoire à Mitterrand. Peu après 18 heures, sa rédaction lui a appris que l'IFOP donnait Mitterrand vainqueur dans une fourchette de 52 à 53 %. Dans la salle à manger vieillotte de l'hôtel du Vieux-Morvan où il a ses habitudes depuis trente-cinq ans, Mitterrand refrène l'enthousiasme de ses amis. « Qui donc a dit " les ennuis commencent " ? » demande-t-il, ironique, aux journalistes présents.

A 20 heures, l'imprimante de l'ordinateur CII-Honeywell Bull dévoile ligne par ligne sur les écrans de télévision le visage du vainqueur. Une fois les yeux dessinés, une clameur s'élève dans la salle et à l'extérieur où sont rassemblés sous la pluie deux à trois cents partisans. Enfin, il est au sommet, ce jeune Charentais ambitieux, qui a fondé sa stratégie sur l'opposition au général de Gaulle puis sur l'union de la gauche. On le sent heureux, mais il ne le montre guère. Il était déjà mentalement prêt, assuré de l'emporter. Peu expansif, il ne s'adonne pas à des débordements de joie. « Quelle histoire ! », lâche-t-il avant de s'isoler dans sa chambre pour griffonner sa première déclaration de président élu.

Giscard, beau joueur, a déjà adressé ses vœux à son successeur et annonce qu'il continuera « à défendre les intérêts essentiels » de la France. L'Israélien Shimon Pérès, le premier, parvient à joindre le Vieux-Morvan au téléphone[1].

Dans la salle des mariages de sa mairie, Mitterrand se veut à la fois socialiste et président de tous les Français, vieille dialectique qu'ont éprouvée ses trois prédécesseurs : « J'agirai avec résolution pour que, dans la fidélité à mes engagements, la France trouve le chemin des réconciliations nécessaires. Nous avons tant à faire ensemble. » Puis il remercie Giscard pour son message et lui adresse « les vœux qu'il doit à celui qui pendant sept ans a dirigé la France ». « Au-delà des luttes politiques et des contradictions, conclut-il, c'est à l'Histoire qu'il appartient maintenant de juger chacun de nos actes. »

Vers 23 heures, les Mitterrand, conduits par leur chauffeur-ange gardien Pierre Tourlier, reprennent, sous des trombes d'eau, la route de Paris. Danielle et François jubilent. Quelle n'est pas la surprise de Tourlier quand il les entend entonner *L'Internationale*[2]. Au péage de Fleury, à 50 kilomètres de la capitale, deux motards de la

1. Sept ans plus tard, il sera battu sur un fil, dans cette course aux félicitations, par l'Égyptien Hosni Moubarak.

2. *In* Catherine Demangeat et Florence Muracciole, *Dieu et les siens,* Paris, Belfond, 1990.

République attendent. Ils forment la première escorte du nouveau président.

A Paris, le PS a décidé de canaliser l'explosion de joie populaire place de la Bastille. Des dizaines de milliers de Parisiens se massent autour des deux énormes camions-podium d'où, dans un déferlement de musiques et de projecteurs, les leaders de la gauche prennent la parole tour à tour. Oubliées un moment les rancœurs et les rivalités. C'est la liesse. Michel Rocard exulte. Jean-Pierre Cot déborde. Paul Quilès, l'organisateur de la soirée et le directeur de campagne, a bien achevé sa mission. Même les communistes sont là. Marchais n'a pas voulu être de la fête. Il a désigné son porte-parole Pierre Juquin auquel se sont joints Claude Poperen, Philippe Herzog et Paul Laurent.

Michel Rocard et Jean-Pierre Chevènement réagissent selon leur tempérament et leur culture. « Demain nous commençons à réconcilier le rêve et la réalité. Ce ne sera pas facile, ne l'oublions pas », lance le maire de Conflans-Sainte-Honorine. Celui de Belfort déclare : « C'est la victoire de l'intelligence et de la ténacité. C'est un événement historique. Ce soir François Mitterrand est entré dans l'histoire de la France comme Gambetta il y a un siècle quand il a effacé Mac-Mahon. »

Paris et les grandes villes de France résonneront tard dans la nuit des klaxons et des accents de mille orchestres improvisés. 4 heures du matin à l'Étoile, Roger Hanin et sa femme Christine Gouze-Raynal sont bloqués dans un joyeux embouteillage. Depuis leur voiture cette dernière appelle sa sœur Danielle rue de Bièvre. « Passe-moi François que je lui décrive cette incroyable fête. – Non, je ne peux pas, il dort déjà depuis longtemps », répond Mme Mitterrand.

Aux petites heures du matin, le résultat définitif est annoncé : Mitterrand 51,75 % des inscrits. Giscard d'Estaing 48,25 %.

CHAPITRE 2

D'un président à l'autre

Les réactions à l'élection

Les réactions en France sont convenues. Joie des partisans, désespoir des adversaires. Mais à l'étranger c'est un événement, un immense étonnement, une véritable bombe. Le jeu international est en cause. Cette fois la presse du monde entier ne parle plus que de la France.

La victoire de François Mitterrand a surpris la planète. A Paris la plupart des grandes chancelleries donnaient Giscard réélu ou ne risquaient aucun pronostic. Seules les ambassades soviétique et ouest-allemande avaient vu juste. Dès l'été 1980, l'ambassadeur d'URSS à Paris avait rédigé un télégramme indiquant que Valéry Giscard d'Estaing n'était plus assuré d'être réélu et estimant que François Mitterrand se présenterait [1].

Son collègue ouest-allemand Goetz von Groll décroche la timbale. Dès cette époque il assure au chancelier Helmut Schmidt que Mitterrand sera le prochain président. L'ambassadeur Axel Herbst, qui avait déjà rencontré Mitterrand à plusieurs reprises, parie lui aussi sur sa victoire. « Notre ambassadeur m'avait déjà fait part depuis un bon moment de sa conviction que Mitterrand avait de grandes chances d'être élu », se souvient Hans Dietrich Genscher déjà ministre des Affaires étrangères [2].

1. Selon Iouri Roubinski, alors conseiller politique à l'ambassade soviétique (entretien le 19 juillet 1989).
2. Entretien le 14 mai 1990.

Washington et Moscou auraient préféré la stabilité, c'est-à-dire la réélection de Giscard. L'agence Tass avait traduit l'embarras du Kremlin en ne reproduisant pas la déclaration de Mitterrand à Château-Chinon alors qu'elle avait rendu compte de celle du président battu.

Les premières réactions de la Maison-Blanche et du Kremlin sont quasi identiques. Brejnev aurait pu signer le message de Reagan et réciproquement. Les deux Grands, comme s'ils craignaient d'être dérangés par les initiatives du nouveau pouvoir, formulent le vœu que les relations entre la France et leur pays se poursuivent comme auparavant. « J'ai confiance que les siècles d'amitié franco-américaine ainsi que les valeurs démocratiques que nos deux pays partagent profondément nous permettront de relever les défis et de préserver l'esprit de coopération occidentale de laquelle dépend de manière croissante l'avenir constructif du monde », écrit Ronald Reagan. Plus réservé, le département d'État dans ses premiers briefings souligne « la difficulté » que présenterait l'arrivée de ministres communistes dans le gouvernement français.

Leonid Brejnev « formule l'espoir que l'URSS et la France continueront de favoriser la compréhension mutuelle entre l'Est et l'Ouest pour freiner la course aux armements dans l'intérêt du désarmement ». En fait, rapporte le correspondant du *Monde* à Moscou, « le Kremlin est méfiant et soupçonne Mitterrand d'atlantisme en lui reprochant de ne pas avoir pris position contre l'installation des fusées américaines Pershing en Europe. Les Soviétiques critiquent également son soutien à " l'interprétation américaine et israélienne des accords de Camp David " ».

Outre-Rhin, les milieux politiques sont inquiets. La bonne relation franco-allemande survivra-t-elle à la séparation du couple Giscard-Schmidt ?

Willy Brandt seul est lyrique. Il adresse un télégramme à son camarade de l'Internationale socialiste saluant cet « événement historique ». Mais il fait savoir au gouvernement Schmidt qu'il ne souhaite pas devenir ambassadeur à Paris comme la chancellerie de Bonn l'avait un moment envisagé.

Dans son message, le chancelier fédéral indique qu'« il fera tout, comme avant, dans l'avenir pour favoriser une entente franco-allemande qui reste très importante pour l'Europe ». Genscher assure de son côté que « la France peut compter, comme par le passé, sur la coopération étroite de la RFA ». La presse allemande s'interroge avec une certaine inquiétude sur la nature de l'alliance entre les socialistes et les communistes.

A Londres, les réactions oscillent entre le préjugé favorable et le bénéfice du doute. Whitehall voit partir sans regret Giscard d'Estaing et l'on y remarque complaisamment que ses relations avec Margaret Thatcher n'ont jamais été particulièrement chaleureuses. Le Foreign Office constate avec une certaine satisfaction que, laissant derrière lui un chancelier Schmidt isolé, le départ de Giscard peut signifier la fin de la domination de l'axe Bonn-Paris sur les affaires européennes.

Si le *Guardian* « applaudit » le choix des Français, le *Daily Telegraph* qualifie d'« effrayante la perspective de ministres communistes prosoviétiques en France ». « M. Mitterrand est bien sûr plus favorable à l'OTAN et plus antisoviétique que le président sortant mais comment est-il assuré d'avoir le dernier mot ? », s'interroge ce journal conservateur.

Les réactions au Maghreb n'étonnent guère. « Heureuse surprise » à Alger, « confiance » à Tunis et « prudence » à Rabat. L'Afrique francophone affiche la sérénité. Mais ses ambassadeurs à Paris craignent de voir leur relation privilégiée avec l'ancienne métropole se dissoudre dans le tiers-mondisme tous azimuts du programme socialiste.

Dans le monde arabe la déception prévaut. Les dirigeants de ces pays voient arriver avec mécontentement un des rares hommes politiques français à avoir soutenu les accords israélo-égyptiens de Camp David et qui, circonstance aggravante, affiche son amitié pour Israël.

« Coup d'État en France », titre le 12 mai le quotidien koweitien *Al Rai Al Am.* Son confrère *Al Qabras* déplore que « la France ait choisi un président officiellement sympathisant de l'État d'Israël ». Le Qatar n'hésite pas à se montrer menaçant. Il fait dire par l'éditorialiste de son journal *Al Raya* que la « France de De Gaulle et de Giscard d'Estaing est parvenue à poser les bases d'une coopération solide et étroite avec le monde arabe, du fait de sa position internationale équilibrée ». Et de brandir l'arme du pétrole et des pétrodollars : « M. Mitterrand aurait du mal à préserver ses relations importantes pour l'économie française s'il abandonnait cette attitude. »

Aux Émirats arabes unis, *Al Wahda* appelle la nation arabe à « adopter une position ferme à l'égard du nouveau chef de l'Élysée qui jusqu'ici a apporté son appui total à Israël contre la nation arabe ».

Le porte-parole de l'OLP émet depuis Beyrouth le vœu que le nouveau président ne mette pas en œuvre les idées proche-orientales qu'il a défendues en tant que chef du Parti socialiste.

Si le président iranien Abolhassan Bani Sadr souhaite, prudemment, l'avènement en France d'« une ligne indépendante en matière de politique étrangère », son Premier ministre Ali Radjai, tenant de la ligne dure khomeiniste face au chef de l'État modéré, soumet une normalisation des relations franco-iraniennes à l'arrêt des ventes françaises d'armes et d'uranium à l'Irak.

A Paris, l'ambassadeur irakien, qui ne s'était pas montré avare de propos en faveur d'une réélection de Giscard, tente de rectifier le tir, dès le 11 mai, en envoyant au petit matin une énorme corbeille de fleurs à Danielle Mitterrand.

Deux exceptions remarquées dans ce déferlement de mises en garde. Celles du raïs égyptien et du guide de la révolution libyenne qui, pour des raisons différentes, se réjouissent de la défaite de Giscard. Anouar al-Sadate souligne « la grande confiance que le peuple français » a mise en François Mitterrand et se réjouit du soutien désormais officiel de la France au processus de Camp David. Muammar al-Kadhafi salue la défaite de la « politique impérialiste et irresponsable de Giscard d'Estaing qui agissait sous l'hégémonie américaine ». Dans son premier commentaire, l'agence libyenne Jana estime que « l'élection de François Mitterrand donne une chance de dialogue et de compréhension » et émet le vœu, dans une claire allusion à la situation au Tchad, que Paris tourne la page de sa « politique de domination coloniale en Afrique », alors que les troupes du colonel Kadhafi sont aux portes de N'Djamena.

En Israël, où les 3 500 électeurs français ont décroché la palme en votant Mitterrand à 84 %, la presse reflète avec prudence le sentiment d'une opinion qui espère le retour à l'étroite coopération franco-israélienne des années 1948-1967. Le leader travailliste Shimon Pérès, chef de l'opposition, salue l'arrivée à l'Élysée d'un « ami fidèle » d'Israël. Le Premier ministre Menahem Begin demande immédiatement au nouveau président de cesser de soutenir militairement Bagdad dans son conflit avec Téhéran.

En Amérique latine et en Asie les réactions sont sans surprise. Soutien des régimes démocratiques et progressistes, réserves des régimes autoritaires. A Pékin les dirigeants, qui avaient misé sur la victoire de M. « Énigme parfaitement claire » (signification phonétique du son « mitran » en mandarin), se réjouissent du succès de celui qu'ils avaient reçu trois mois auparavant.

Mais, à l'étranger, le plus heureux est incontestablement le socialiste portugais Mario Soares. Il provoque l'enthousiasme des 4 000 congressistes de son parti quand il leur annonce le dimanche 10 mai au soir, au théâtre du Colisée à Lisbonne, la victoire de son vieux camarade. « Chers amis, grande nouvelle, François Mitterrand est président de la France. Délire, les gens jettent en l'air leurs coussins multicolores, j'abrège mon discours et je lance : demain je me rends à Paris pour donner l'accolade au nouveau président. Tonnerre d'applaudissements », raconte Soares.

Le futur président portugais arrive à Paris le 11 mai et

participe au déjeuner de la rue de Bièvre avec Michel Jobert, le franc-maçon Roger Leray et la famille Mitterrand. De retour à Lisbonne le lendemain, un message pressant du secrétaire américain à la Défense Caspar Weinberger l'attend. Soares est convié à déjeuner à l'ambassade américaine. Le chef du Pentagone, de passage dans la capitale portugaise, est perplexe. Il veut savoir ce que cache l'élection d'un socialiste en France.

« Pensez-vous que Mitterrand va prendre des ministres communistes, demande Weinberger ?

– Oui, c'est sûr, répond Soares[1].

– Mais ne croyez-vous pas que c'est catastrophique pour le monde occidental ?

– Pas du tout. Mon ami François Mitterrand aura une politique Est-Ouest plus claire que son prédécesseur et ne fera pas les mêmes jeux avec l'URSS. Et puis renseignez-vous sur son attitude à l'égard des droits de l'homme. Vous avez tort de vous inquiéter. »

A Paris, la presse commente l'alternance.

« Cette victoire, c'est enfin celle du respect sur le dédain, du réalisme sur l'illusion, de la franchise sur l'artifice, bref, celle d'une certaine morale », écrit Jacques Fauvet dans *Le Monde* qui, ce jour-là, s'est visiblement refusé à retenir sa plume. Max Clos dans *Le Figaro* appelle les électeurs à se ressaisir pour le « troisième tour », celui des législatives de juin : « C'est cette bataille-là qui sera décisive pour l'avenir du pays. Dans celle-là nous serons vainqueurs. » « Victoire de l'espoir », titre *L'Humanité,* qui insiste sur le rôle des 4 millions et demi d'électeurs communistes dans la victoire de Mitterrand. Le quotidien communiste publie à la une le message de Georges Marchais annonçant que les communistes sont « prêts à prendre toutes leurs responsabilités » pour accomplir le changement. « La victoire historique », titre *France-Soir,* tandis que Philippe Tesson, dans *Le Quotidien de Paris,* lâche une volée de bois vert aux « centaines de milliers de suffrages chiraquiens » qui ont donné la victoire à Mitterrand, et met en cause « la

1. Entretien le 26 janvier 1989.

responsabilité morale et historique de soi-disant gaullistes qui ont assuré hier, par haine de Giscard, la victoire de celui qui a mené depuis 1958 le combat le plus ardent contre de Gaulle ».

Un million de voix d'avance

François Mitterrand l'emporte beaucoup plus aisément que Valéry Giscard d'Estaing en 1974 : « 1 322 854 voix les séparent en métropole contre 344 399 sept ans plus tôt. Le candidat socialiste a plus que doublé ses voix du premier tour[1]. »

En sept ans, François Mitterrand a progressé de 3 % chez les hommes et chez les femmes, de 4 % chez les jeunes, où 63 % des électeurs de 18 à 34 ans ont voté pour lui, tandis que les plus de 65 ans ont continué de voter à 60 % pour Giscard.

Pas de changement dans l'électorat ouvrier qui continue de voter aux deux tiers pour la gauche (68 % en 1974 et 67 % en 1981). Les cadres moyens et employés qui ont voté Mitterrand à 51 % en 1974 le font à 58 % en 1981. L'avance de Giscard chez les petits commerçants et artisans s'amenuise légèrement, passant de 64 à 60 %. Même phénomène pour les cadres supérieurs et professions libérales : de 66 à 62 %.

Les agriculteurs continuent de voter Giscard à 69 % en 1974 et 67 % en 1981.

Les plus bas revenus (moins de 1 000 francs en 1974 et moins de 2 000 francs en 1981) se partagent à égalité entre les deux candidats en 1981, alors que Giscard l'emportait dans cette catégorie en 1974 avec 54 % des suffrages. Au-delà de 3 000 francs mensuels en 1974 et de 7 500 francs en 1981, Mitterrand progresse en sept ans de 40 % à 47 %.

Les catholiques pratiquants ont continué de voter massivement pour Giscard (77 % et 80 %), tandis que les

1. Alain et Marie-Thérèse Lancelot, « L'évolution de l'électorat français », *in* Stanley Hoffmann et George Ross, *L'Expérience Mitterrand,* Paris, PUF, 1988.

catholiques non pratiquants désertent quelque peu Mitterrand (de 74 % à 61 %).

Entre les deux présidentielles, Mitterrand n'a perdu que 5 % de ses électeurs de 1974 et Giscard en a vu 18 % rejoindre Mitterrand. Sur les 30 % de voix chiraquiennes et gaullistes qui ne se sont pas portées sur Giscard au second tour, une moitié est allée vers l'abstention et l'autre vers Mitterrand, selon la moyenne des instituts de sondages.

Majoritaire dans la plupart des grandes villes, mais battu à Paris, Mitterrand l'emporte dans 61 des 95 départements métropolitains. Il bénéficie dans l'Ouest de la poussée socialiste enregistrée aux municipales de 1977 et aux législatives de 1978. Il dépasse les 55 % de suffrages exprimés dans le Nord-Pas-de-Calais et le Sud-Ouest sauf les Pyrénées-Atlantiques et l'Ariège. Tandis que Giscard réalise ses meilleurs scores dans le Massif central, en Alsace et dans l'axe Manche-Mayenne-Maine-et-Loire-Vendée, sans oublier l'outre-mer où il obtient un score moyen de 69 %, avec une pointe à 97 % à Wallis-et-Futuna. Mitterrand ne dépasse le tiers des suffrages qu'à la Réunion, en Guyane et à Saint-Pierre-et-Miquelon.

Rue de Bièvre, rue de Solférino

Le 11 mai à 9 heures, le président Valéry Giscard d'Estaing, rentré d'Auvergne le matin, arrive au palais de l'Élysée. Jean Sérisé l'accueille. C'est « un homme très calme ». Jacques Wahl [1] le sent « très affecté et profondément chagriné par sa défaite ». Une conversation irréelle s'engage. « Quoi de neuf ? » interroge le président. Il écoute attentivement les commentaires de son secrétaire général sur les attaques contre le franc à l'ouverture des places financières de Hong-Kong et de Tokyo.

Il demande que le président élu soit désormais informé des affaires en cours. Wahl donne au Quai d'Orsay les instructions correspondantes.

1. Entretien le 12 juin 1989.

Le chef de l'État téléphone à son successeur rue de Bièvre. Très vite Jacques Wahl et Pierre Bérégovoy se rencontrent pour organiser la transition.

Le soir, dans un communiqué annonçant ses prochains adieux télévisés, Giscard exprime une rancœur, vivace, mais jusqu'ici contenue, à l'encontre de Chirac. Il dénonce « les trahisons préméditées » qui l'ont fait trébucher la veille. Le président a rajouté au stylo le mot « préméditées » sur le projet de communiqué au moment de le rendre public.

Jusqu'à l'installation de son successeur, le 21 mai, le président sortant se rend chaque jour à l'Élysée.

Dans son « bureau-pigeonnier » de la rue de Bièvre, entre le boulevard Saint-Germain et la Seine, Mitterrand reçoit ses futurs ministres.

Son premier geste public, le 11 mai au matin, est sentimental. Il se rend avec les « conventionnels » au cimetière Montparnasse sur la tombe de Georges Dayan, son ami le plus proche et le plus cher, disparu depuis deux ans.

Sa première décision est de confier à Pierre Bérégovoy la responsabilité de l'équipe qui préparera les premières mesures. Bérégovoy et ses collaborateurs s'installent dans un appartement prêté par la FEN, proche du siège du PS, au 6, rue de Solférino, qui deviendra l'antichambre du pouvoir socialiste. Au journaliste de l'AFP Lucien Simon qui lui demande comment désigner cette structure temporaire, « Béré » répond : « Je n'en sais rien, disons que c'est une sorte d'antenne présidentielle. »

A l'« antenne », une douzaine de conseillers s'installent dans l'improvisation. Rien n'est prêt. Les deux conseillers d'État de l'équipe, Jacques Fournier et Nicole Questiaux, se partagent la cuisine et l'office. Quant aux jeunes collaborateurs du PS, Nathalie Duhamel, Michel Vauzelle, Jean Glavany et Hubert Védrine, qui s'est annexé les dépêches diplomatiques, ils campent dans le même bureau. Sous les tables, des téléphones sonnent à tout va. Diplomates, journalistes, quémandeurs et mondaines envahissent les couloirs.

Alain Boublil reçoit des industriels comme le patron de Sacilor ou le responsable des programmes nucléaires d'EDF, et même un charlatan qui demande un rendez-vous pour offrir, au nom d'un consortium de banques suisses, un prêt de 1 milliard à la France.

Jacques Attali[1] accueille un Allemand qu'il prend pour un journaliste. Avec agacement, il répond à ses innombrables questions. Entre alors Claude Cheysson qui, surpris de voir les deux hommes assis sur des caisses, se précipite vers l'Allemand et le présente à Attali : « Herr Lahnstein, secrétaire général de la chancellerie. » Le bras droit d'Helmut Schmidt était venu tout spécialement à Paris pour ce premier contact.

A l'hôtel Matignon, Raymond Barre sort de son silence. Il rend publique une déclaration dont il a pesé chaque mot. Après un bilan flatteur de ses quatre ans et neuf mois à la tête du gouvernement – « une économie rigoureuse, des entreprises assainies, des finances publiques sérieusement tenues, un pouvoir d'achat sauvegardé et une monnaie solide » –, c'est un avertissement aux Français qui « ont cru de bonne foi qu'ils pourraient vivre mieux ». « Je crains qu'ils ne constatent rapidement la détérioration de la situation intérieure et internationale de notre pays. » Enfin, inaugurant le rôle d'oracle qu'il affectionnera dorénavant, Barre conclut : « Le jour viendra où, tirant les leçons de l'expérience, les Français se détourneront des illusions et des chimères pour reprendre avec courage et confiance la voie du réalisme et du progrès. »

Raymond Barre a voulu prendre date. Le lendemain, il annonce qu'il se représentera aux législatives à Lyon.

Chirac, que la défaite de Giscard pare des attributs d'un vainqueur, s'est déjà remis en selle pour conduire la majorité à la bataille des législatives. Dès 8 heures du matin, il réveille Jean Lecanuet, le président de l'UDF, et sans détour lui dit : « Giscard c'est foutu, il faut mainte-

1. Entretien le 2 janvier 1989.

nant s'organiser pour les investitures. » Le lendemain, Chirac réunit son groupe au Palais-Bourbon et s'autoproclame chef de file de la majorité, tandis que les députés de l'UDF, également en conclave à l'Assemblée, se montrent « sans pitié » pour Giscard. Leur survie électorale est en jeu. Lecanuet comprend le message et invite Chirac le mercredi au Sénat pour sceller le pacte de l'« Union pour la nouvelle majorité » (UNM).

Bien que rien ne soit officiel, des élections législatives au mois de juin semblent certaines. Au cours de sa campagne, Mitterrand avait déclaré à plusieurs reprises qu'en cas de victoire il dissoudrait l'Assemblée nationale.

Mais dans l'immédiat, il s'agit d'organiser la passation des pouvoirs. Giscard ayant été élu le 19 mai 1974, son mandat expire le 20 mai 1981 à 0 heure.

Le mercredi 13 mai, Mitterrand reçoit une lettre de Giscard proposant que la cérémonie se déroule le mercredi 20 en fin d'après-midi. Giscard tient en effet à réunir une dernière fois, ce matin-là, le Conseil des ministres. Raymond Barre doit y présenter le bilan de son gouvernement.

Mais Mitterrand, qui a déjà en tête le déroulement de sa journée d'investiture – installation à l'Élysée, dépôt de gerbe à l'Étoile, visite à l'Hôtel de Ville et cérémonie-spectacle au Panthéon –, formule une contre-proposition : que le Conseil des ministres soit exceptionnellement avancé d'un jour. Ainsi la passation aurait lieu le mercredi matin.

Jacques Wahl donne son accord. Mais le soir même Giscard réitère son exigence de réunir le gouvernement le mercredi 20 mai.

« Je ne comprends pas Giscard. Le 20 mai, c'est le 20 mai et pas le 21 », grommelle Mitterrand. Finalement le président élu se range à l'avis de « Béré » [1]. Ces querelles subalternes n'ont que trop duré.

L'intronisation de François Mitterrand est fixée au jeudi matin.

1. Entretien le 28 novembre 1988.

Le « mur de l'argent »

Quatre heures après l'extinction des lampions de la place de la Bastille, la Bourse de Paris se lève du pied gauche. Les opérateurs financiers français et étrangers jouent à fond contre le franc. Sur le marché des changes, la devise tombe brutalement à son cours plancher au sein du SME. La cotation des valeurs françaises est interrompue. Il n'y a plus aucun acheteur !

Le monde de la finance exprime sa défiance envers la gauche. En vingt-quatre heures, 1 milliard de francs passent la frontière. Les petits épargnants se ruent sur le napoléon, ainsi que sur le lingot qui augmente de 5 000 francs par rapport à la clôture du 8 mai.

La panique financière pose à la France un problème urgent. Or, en cette période de passation des pouvoirs, personne n'est prêt à prendre les décisions qui s'imposent. Elles supposeraient une entente entre équipes sortante et arrivante. Mais, au lendemain d'une campagne très dure et d'une élection dans laquelle beaucoup voient l'amorce d'un changement de société, le consensus n'est pas à la mode. Jacques Delors, isolé, était partisan d'une démarche auprès de Raymond Barre. Mitterrand lui a dit non : « Pas question de cogérer pendant cette période. »

Le directeur du Trésor Jean-Yves Haberer se précipite chez Raymond Barre et l'adjure d'agir. Le Premier ministre s'y oppose. Sur l'heure, celui-ci informe le président élu et rappelle au président sortant qu'il est là pour « expédier les affaires courantes ». Il se refuse à prendre toute mesure spéciale pour enrayer la fuite des capitaux et l'effondrement du franc s'il n'en reçoit pas la demande écrite, signée François Mitterrand.

« Herr Barre, fous fallez zinq milliards de tollars », avait dit trois mois plus tôt un directeur de la Deutschebank au Premier ministre français, constatant que les mauvais sondages de Giscard s'étaient déjà traduits par des sorties de ce montant.

Très amer, le chef du gouvernement soupçonne les

socialistes de vouloir lui imputer un contrôle des changes et même une sortie du SME. Il est hors de question qu'il sanctionne lui-même sa propre politique du franc fort. « J'ai dit aux socialistes que ces mesures ne serviraient à rien. Ce qu'il faut c'est que vous annonciez votre politique économique », se souvient Raymond Barre[1].

Mitterrand a donné une consigne formelle à l'antenne : « Tant que nous ne sommes pas aux commandes, c'est le gouvernement en place qui doit assumer ses responsabilités. » Le nouvel élu répond ainsi à une double préoccupation : politique d'une part – il ne veut pas être associé à des décisions alors qu'il n'est pas formellement investi –, économique d'autre part – il craint, comme le pensent plusieurs de ses experts, de provoquer un effet aggravant en demandant lui-même à Barre d'intervenir pour enrayer la chute du franc.

Ce refus d'agir a coûté entre le 11 et le 21 mai 5 milliards de dollars, dépensés pour soutenir le franc. Soit le tiers des réserves françaises en devises.

Au même moment, Mitterrand s'emploie à convaincre les puissants milieux financiers moyen-orientaux de ne pas retirer leurs pétrodollars de France avant d'avoir pu juger des orientations économiques et diplomatiques du nouveau régime.

Le 11 mai, il demande à un vieil ami, Claude de Kémoularia[2] de lui venir en aide. Cet ancien collaborateur de Paul Reynaud a la compétence et les contacts nécessaires pour cette mission. Ce banquier a mis en place le réseau moyen-oriental de Paribas et peut se prévaloir de précieuses relations personnelles avec les émirs. Accompagné de Pierre Bérégovoy, qu'il n'a jamais vu, et d'Hubert Védrine, « Kémou » fait pendant deux jours, les 17 et 18 mai, la tournée des ambassadeurs arabes à Paris. Aux uns et aux autres il tient le même langage : « Mitterrand veut une politique d'équilibre au Proche-Orient et de bons rapports franco-israéliens ne peuvent que rendre service au monde arabe. »

1. Entretien le 5 juillet 1989.
2. Entretien le 27 février 1989.

Mitterrand ira plus loin dans cette action préventive à l'égard des riches nations pétrolières du Golfe. Dans la semaine qui suit son installation il envoie « comme un vol de cigognes » plusieurs diplomates de haut rang faire la tournée des capitales arabes, porteurs de messages présidentiels. Serge Boidevaix se rend notamment à Bagdad et à Amman. Jacques Andréani rencontre Anouar al-Sadate au Caire avant de s'arrêter à Riyad et dans tous les émirats.

Avant lui, dès le 24 mai, le général Jacques Mitterrand, président-directeur général de la SNIAS, a été lui aussi reçu dans la capitale saoudienne par le roi Khaled et le prince héritier Fahd, porteur d'une lettre de son frère qui se veut rassurante. A son retour, l'émissaire français indique que Riyad demande des assurances sur ses investissements et ses dépôts de fonds privés en France. Jacques Mitterrand transmet également à son frère une invitation à se rendre en visite officielle à Riyad, à condition toutefois que ce soit son premier déplacement dans la région. Le 29 mai, Mitterrand écrit au roi Khaled pour accepter cette invitation mais sans évoquer la condition posée. Mitterrand tient en effet à honorer l'engagement pris pendant la campagne de consacrer sa première visite d'État à Israël, où aucun de ses prédécesseurs n'avait voulu se rendre.

Le bombardement israélien de la centrale nucléaire irakienne de Tammouz, dans la soirée du 7 juin 1981 [1], conduira Mitterrand à reporter le voyage de Tel-Aviv. Les princes wahhabites seront donc, en septembre 1981, les premiers à recevoir le nouveau président de la République française.

La sortie de Giscard et les bons comptes de Barre

Giscard prépare sa sortie. Il a réparti les rôles : à lui, celui du personnage de tragédie, à Raymond Barre celui du commissaire aux comptes.

Le mardi 19 mai au soir, le chef de l'État prononce sa

1. Voir IIIe partie : « La France dans le monde ».

dernière allocution télévisée. Ultime appel à « resserrer l'union chaque fois qu'elle est une condition du succès ». Installation dans le recours en se mettant « à la disposition du pays », puis un long silence de sept secondes suivi d'un « au revoir » ému. Giscard, toujours à l'écran, repousse son fauteuil, se lève et s'éloigne, tournant le dos à la caméra qui continue de filmer sa « sortie » jusqu'au moment où retentit *La Marseillaise.*

« Je rêvais pour la France d'une période comparable à celle de la dynastie Song (960-1279), lorsque la Chine réussissait à être un pays très évolué, ouvert sur le monde, doté d'une vie intellectuelle intense, exemplaire et centre de rayonnement. Mais force m'est de constater que je n'ai pas été compris », dira-t-il quelques mois plus tard à Jean Cau, dans une interview à *Paris-Match.*

Jusqu'au bout Giscard aura voulu se servir des moyens de l'État-spectacle. Ce qui était apparu comme jeunesse et rénovation dans une France prospère est devenu gadget et frivolité dans un pays en proie à la crise.

Le lendemain, dans le décor immuable du salon Murat, Raymond Barre présente devant le dernier Conseil des ministres du septennat le « Rapport sur l'état économique et social de la France au 30 avril 1981 », réclamé une semaine plus tôt par le chef de l'État.

Ce document en dix points, précise son auteur, « n'énonce que des faits vérifiables et ne contient aucun jugement de valeur ». Croissance, prix, revenus, emploi, échanges extérieurs, situations budgétaire, monétaire, énergétique, données sociales, Europe. Sept années de travail sont là, réunies dans la sécheresse des chiffres, pour illustrer un message simple : « Je vous rends la France en bon état. »

Experts et commentateurs de tous bords reconnaîtront l'honnêteté des chiffres. Certains, peu nombreux, feront observer que cette « photographie » comptable ne dit rien sur les grandes faiblesses structurelles de l'économie nationale aggravées par l'effet de la crise : inflation à près de 14 %, retards considérables de l'investissement et, corrélativement, vieillissement préoccupant de pans entiers de l'industrie française.

CHAPITRE 3

L'installation, les symboles et les hommes

La passation

Jeudi 21 mai. A 9 h 30 précises une CX grise du parc automobile de la présidence franchit le haut portail de l'Élysée, rue du Faubourg-Saint-Honoré. François Mitterrand, dont la dernière visite en ces lieux remonte à la réception offerte au pape Jean-Paul II en mai 1980, gravit le perron accompagné de Pierre Bérégovoy. Toutes les secrétaires et le personnel du palais sont aux fenêtres pour voir arriver le premier président socialiste depuis Vincent Auriol.

Jacques Wahl, le secrétaire général de l'Élysée, accueille le président élu et Pierre Bérégovoy. Il les conduit aussitôt vers le salon bleu du rez-de-chaussée.

Valéry Giscard d'Estaing s'enferme avec son successeur pour la première passation de pouvoirs de l'histoire de France entre deux présidents élus au suffrage universel[1].

Ce conclave exceptionnel entre les deux adversaires dure plus de trois quarts d'heure. Assez long pour se passer les consignes, trop court pour aller au fond des choses.

Dans la salle des fêtes où attendent les quelque 300 invités – corps constitués, amis et compagnons de route

1. En effet, en 1969 et en 1974, les présidents élus avaient été accueillis par le président du Sénat Alain Poher, qui assurait l'intérim de la présidence rendue vacante par la démission du général de Gaulle et la mort de Georges Pompidou.

du nouvel élu –, dans la cour d'honneur où piétinent plus de 100 journalistes, et devant leurs écrans de télévision où ils assistent en direct à l'événement, tous se demandent : que peuvent-ils se dire ?

La veille, après son dernier Conseil des ministres, Giscard avait soigneusement préparé cette entrevue. A son successeur il révèle quatre secrets, demande un service et transmet une consigne [1].

Mais auparavant, selon François Mitterrand [2], le président Giscard d'Estaing se livre à un bref monologue sur le thème de l'isolement de la fonction présidentielle. Il est « digne », un peu « lassé », la conversation est « urbaine ».

« On est un peu prisonnier ici, vous verrez.

– Monsieur le Président, c'est très dangereux de se représenter au terme d'un septennat. Personne ne pouvait m'empêcher d'être élu. Si vous ne vous étiez pas représenté, vous me succéderiez dans sept ans. »

Giscard sort ensuite une note manuscrite de sa poche. Il fait part à Mitterrand d'informations qu'il est le seul à détenir. Leonid Brejnev a choisi son successeur : Constantin Tchernenko, l'un des derniers gérontes du Kremlin ; la France et les États-Unis collaborent étroitement dans un domaine précis en matière nucléaire ; la société Elf-Erap expérimente un procédé très prometteur en matière d'exploration pétrolière [3] ; le président égyptien Anouar al-Sadate prépare une opération pour renverser le colonel Kadhafi [4]. Curieusement, M. Giscard d'Estaing présentera une version très différente de cette conversation au cours de l'émission « Le pouvoir et la vie », diffusée le 11 mai 1990 sur TF1. En ce qui concerne les Soviétiques, il indiquera seulement que

1. *In* Valéry Giscard d'Estaing, *Le Pouvoir et la Vie,* Paris, Compagnie 12, 1988.

2. Entretien le 9 février 1989.

3. C'est l'affaire des « avions renifleurs » : entre 1976 et 1979, Elf-Erap, entreprise nationale, avait acquis, pour 750 millions de francs, un procédé de détection aérienne des gisement pétroliers, qui s'est révélé une supercherie.

4. Valéry Giscard d'Estaing, *op cit.,* Récit non démenti par François Mitterrand (entretien le 9 février 1989).

Brejnev souhaitait venir en visite officielle en France. Sur la Libye, il parlera de préparatifs avec les Américains et l'Égypte pour déstabiliser fortement le colonel Kadhafi. Rien sur les avions renifleurs mais un nouveau « secret » apparaît : le dernier avis du Conseil supérieur de la magistrature concernant le recours en grâce d'un condamné à mort.

Puis Giscard passe à des considérations plus prosaïques. Il informe le nouveau chef de l'État du nom des hauts fonctionnaires au fait des dossiers en cours, et lui demande de bien vouloir « veiller à la carrière » de ses principaux collaborateurs.

Mitterrand acquiesce : « Ce sera fait. » Jacques Wahl entrera à la BNP, Michel Mosser, le chef de cabinet, deviendra préfet du Gers.

Reste la consigne. Essentielle. La clef du feu nucléaire. Giscard remet à celui qui devient le chef des Armées le code de la bombe atomique, véritable sceptre présidentiel. Le tête-à-tête est terminé. Ils sortent et retrouvent leurs deux chefs d'état-major particuliers, le général Bertrand de Montaudouin et son successeur, le général Jean Saulnier[1], en conversation dans le salon voisin. En présence des deux présidents, Saulnier reçoit les enveloppes qui contiennent les procédures complémentaires à celle du chef de l'État indispensables à la mise en œuvre de la « force de frappe »[2].

Il faut en effet qu'il y ait à chaque stade du processus de déclenchement du feu nucléaire conjonction de deux volontés. Le président de la République ne peut pas, lui seul, appuyer sur le bouton. Il doit être assisté de son chef d'état-major, qui, s'il n'a pas le pouvoir de décider, doit être associé au geste irrémédiable.

Le quatrième président de la Ve République raccompagne son vainqueur de 1974 jusqu'au bas du perron

1. Entretien le 12 avril 1989.

2. Le général de Gaulle n'avait rien voulu laisser au hasard. Il voulait garantir le chef de l'État contre l'imprévisible, serait-ce l'incapacité physique ou mentale d'agir. François Mitterrand : « C'était très bien fait ; je n'ai rien changé aux procédures » (entretien le 9 juin 1990).

de l'Élysée. Et, dans une belle bousculade de photographes et de cameramen, les gardes républicains en tenue d'apparat ont du mal à frayer un chemin à Valéry Giscard d'Estaing. Surprenant son monde, il décide de rejoindre à pied sa 505 Peugeot garée au coin de la rue de l'Élysée et du Faubourg-Saint-Honoré où son fils aîné Henri l'attend au volant.

Fausse note, inélégance, la sortie de Giscard se fait sous les sifflets et les huées de quelques dizaines de militants et d'électeurs de Mitterrand venus pour acclamer l'arrivée de leur candidat au palais présidentiel[1].

Pendant le dialogue au sommet, Jacques Wahl, loyal et courtois jusqu'au bout, faisait faire le tour du propriétaire à Pierre Bérégovoy, André Rousselet et Paul Legatte. « Nous avons donné l'image d'une transition paisible et régulière », note l'ancien secrétaire général, qui se souvient d'avoir regagné la salle des fêtes avec ces trois « nouveaux » où, ensemble, ils ont bavardé et serré de nombreuses mains.

Avant d'y rejoindre ses invités et les officiels qui s'impatientent, Mitterrand passe un court moment dans la bibliothèque du rez-de-chaussée. Quelques instants d'intimité avec son fils cadet Gilbert et Pierre Mauroy, qui sera Premier ministre dans moins d'une heure.

« Tu veux voir le président de la République ? » Dans le hall en pleine agitation, Jean Glavany[2] interpelle son copain Michel Vauzelle. Surpris, ce dernier se demande pendant quelques secondes s'il s'agit de Giscard ou de Mitterrand.

Ils rejoignent la bibliothèque où, benoîtement assis près d'un feu, Mitterrand évoque ses visites à l'Élysée sous la IVe République. Mais très vite on passe à l'organisation du cortège pour la cérémonie de l'Arc de triomphe.

1. Le chef du protocole Jean-Bernard Mérimée gardera un mauvais souvenir de cet incident. Il s'était fait reprocher ensuite par Mitterrand de ne pas avoir fait placer la voiture au pied du perron alors que Giscard l'avait rabroué, refusant de faire entrer son véhicule dans la cour d'honneur.

2. Entretien le 23 octobre 1988.

L'intronisation

Il est 11 heures. Il reste encore au candidat de l'union de la gauche à accomplir deux rites pour devenir officiellement le vingt et unième président de la République française. C'est chose faite vingt minutes plus tard.

Roger Frey, président du Conseil constitutionnel, a proclamé les résultats du scrutin du 10 mai. Puis le général Biard, nouveau grand chancelier, qui a remplacé le général de Boissieu, démissionnaire, a présenté au nouveau chef de l'État le collier de grand maître de l'ordre de la Légion d'honneur, qui lui revient de droit.

Mitterrand le socialiste a repris le cérémonial « dépoussiéré » en 1974 par Giscard, qui avait renoncé à porter la jaquette et à se parer du collier.

Contraste complet, en revanche, au moment du discours d'investiture.

Le 27 mai 1974, à quarante-huit ans, Valéry Giscard d'Estaing, le surdoué qui connaît là l'aboutissement d'un parcours sans échec, avait annoncé, dans une allocution concise – douze phrases courtes apprises par cœur –, l'avènement « d'une ère nouvelle de la politique française » et s'était présenté comme l'homme du « changement », prononçant quatre fois ce mot-slogan de sa campagne.

Sept ans plus tard, un homme de soixante-quatre ans chausse ses lunettes à monture épaisse pour lire, d'une voix assourdie par l'émotion, le discours qu'il rêve de prononcer depuis plus de vingt ans.

De ses seize longues phrases, où apparaît le labeur de l'écrivain, les éditorialistes retiendront les mots « fracture » et « socialisme », ils oublieront « rassemblement » et « liberté ».

« En ce jour où je prends possession de la plus haute charge, je pense à ces millions et ces millions de femmes et d'hommes, ferment de notre peuple, qui, deux siècles durant, dans la paix et dans la guerre, par le travail et par le sang, ont façonné l'histoire de France sans y avoir accès autrement que par de brèves et glorieuses fractures de notre société », déclare Mitterrand. Il veut s'inscrire dans la lignée de Jaurès, du Front populaire et de la Libération.

« La majorité politique des Français vient de s'identifier à sa majorité sociale. Dans le monde d'aujourd'hui, quelle plus haute exigence pour notre pays que de réaliser la nouvelle alliance du socialisme et de la liberté. »

« Pour cela j'avancerai sans jamais me lasser sur le chemin du pluralisme (...) président de tous les Français, je veux les rassembler pour les grandes causes qui nous attendent et créer en toutes circonstances les conditions d'une véritable communauté nationale. »

Pierre Mendès France a les larmes aux yeux. Quand Mitterrand arrive à sa hauteur après avoir salué les personnalités placées en demi-cercle autour de la salle, il l'embrasse et lui murmure : « Sans vous tout cela n'aurait pas été possible. »

Le président de la République se retire. Les invités quittent le palais. Le vent de l'Histoire vient de tourner. Edgar Faure, pourtant partisan déclaré de Giscard jusqu'au 10 mai, zézaie à qui veut l'entendre que « ce Mitterrand » qu'il « connaît depuis trente ans est un homme remarquable ».

A cet instant précis, Michel Rocard[1] entraîne Pierre Mauroy à part près d'un pilier de marbre de la salle des fêtes et l'adjure de décider immédiatement une forte dévaluation :

« Pierre, tu dois dévaluer tout de suite et sec, car dans quarante-huit heures on ne pourra plus dire que c'est la faute des autres. Tu n'as que deux jours devant toi pour dire que nous venons de prendre connaissance des comptes. Il faut solder la gestion de nos prédécesseurs et apurer nos 7 à 8 % d'écart avec le Mark. Et en plus nous devrions prendre une marge. Tout ça pour dire qu'il faut dévaluer de 15 % sans sortir du SME sauf si nos partenaires ne nous en laissent pas le choix.

– Michel, tu dramatises, ce n'est pas si urgent », lui

1. Entretien le 21 décembre 1989.

répond Mauroy pressé de rejoindre Mitterrand pour la suite des festivités.

Côté cour, Bérégovoy, tout juste désigné secrétaire général de la présidence, vient d'annoncer que Pierre Mauroy a été chargé de former le premier gouvernement de la gauche.

Côté jardin, l'« homme du 10 mai » passe pour la première fois en revue la garde d'honneur du palais avant de prendre place avec son Premier ministre à bord du cabriolet Citroën SM décapoté. La pluie commence à tomber.

Première cérémonie en dehors du palais : le dépôt de gerbe devant la flamme du soldat inconnu sous l'Arc de triomphe. « Dès ce moment Mitterrand s'est installé en majesté », note alors Michel Jobert[1]. Le chef du Parti socialiste, debout dans la voiture descendant les Champs-Élysées, prend d'un coup le masque du monarque républicain.

Retour vers le palais où est servi un déjeuner de 200 couverts offert au gotha de l'Internationale socialiste, à une brochette d'intellectuels progressistes[2], aux amis de la Nièvre et à l'équipe de campagne du président. A l'Étoile, l'écrivain Jean-Edern Hallier s'est engouffré dans la voiture de Roger Hanin, Michel Vauzelle et Jean Glavany.

« Je suis avec ces messieurs », lance-t-il, péremptoire, aux huissiers de l'Élysée, postés dans le vestibule. L'auteur iconoclaste de la *Lettre ouverte au colin froid* devient ainsi le premier pique-assiette du nouveau régime.

L'« élite rose » sort de table à l'heure du goûter des enfants et il faut repartir. Tradition oblige, le nouveau souverain rend visite au prévôt de la capitale.

Jacques Chirac accueille François Mitterrand au pied

1. Entretien le 13 avril 1989.
2. Willy Brandt, Shimon Pérès, Mario Soares, Felipe Gonzalez, Olof Palme, Melina Mercouri, Julio Cortázar, Gabriel García Márquez, William Styron, Élie Wiesel, etc.

du grand escalier d'honneur de l'Hôtel de Ville et le conduit dans la prestigieuse salle des fêtes, où deux fauteuils sont placés à l'avant d'une tribune. Le président du RPR, qui apparaît déjà comme le premier opposant au pouvoir socialiste, évoque sainte Geneviève, Jeanne d'Arc et de Gaulle. Mitterrand à son tour en appelle à l'Histoire – 1792 et la Ire République, 1848, la Commune de Paris et de Gaulle –, évitant ainsi toute allusion au récent combat électoral et à ce qu'il doit à une partie des électeurs de Jacques Chirac. Il fait toutefois un clin d'œil à son hôte à qui il reconnaît déjà la fonction de « premier contre-pouvoir devant le château du seigneur ».

De lourds nuages assombrissent le ciel de la capitale lorsque Mitterrand franchit la Seine au pont Saint-Michel. Sur la rive gauche, il va chercher la consécration populaire au Quartier latin. C'est la cérémonie du Panthéon, grand-messe républicaine. Une véritable liturgie que le nouveau président a lui-même choisie et dont il a désigné les metteurs en scène : Jack Lang et son préposé aux grandes célébrations socialistes, Christian Dupavillon, avec l'aide du réalisateur de télévision Serge Moati et la complicité obligée de Roger Hanin.

Suivi d'une foule fervente, le président socialiste remonte à pied la rue Soufflot à partir du Luxembourg. La foule est immense, des grappes de jeunes sont juchées sur les kiosques à journaux, d'autres sont accrochées aux lampadaires. L'orage éclate, le service d'ordre est débordé, des haut-parleurs font résonner l'« hymne à la joie » que dirige Daniel Barenboïm au pupitre de l'Orchestre de Paris, devant la faculté de droit.

C'est l'état de grâce. Le peuple de gauche est dans la rue, « son » président a triomphé. « Quelque chose a changé, un homme s'avance, une rose à la main », chantera Barbara pour que l'on se souvienne de cette image de Mitterrand qui gravit seul le parvis du temple de la République. Il va dans la crypte déposer une rose rouge sur les tombeaux des trois « grands hommes » qu'il a retenus pour symboliser les valeurs auxquelles il croit : le résistant Jean Moulin, le socialiste Jean Jaurès et l'antiesclavagiste Victor Schœlcher.

Les téléspectateurs n'ont pas vu les assistants vêtus de noir qui guidaient les pas de Mitterrand et lui tendaient les roses à déposer sur les tombeaux. Moment d'angoisse pour le réalisateur, qui, dans le car de régie, avait « perdu » le président sur ses écrans de contrôle. Dans la crypte il avait accéléré le pas, sortant du champ des caméras pendant cinq secondes qui parurent interminables aux techniciens.

« L'ensemble ne manquait ni de grandeur, ni, bien sûr, de signification. Déjà François Mitterrand suggère les premiers éléments de sa propre légende qu'il veut républicaine », écrit quatre ans plus tard Jean-Marie Colombani dans son *Portrait du président*[1]. En revanche, Franz-Olivier Giesbert[2] voit dans cette cérémonie « la plus grande faute de goût de Mitterrand ». « Il se prend pour l'histoire qui passe. Il s'est déjà érigé en monument. Tandis qu'il monte les marches du Panthéon, la poitrine gonflée d'allégresse et d'importance (...), Mitterrand est en état de lévitation », écrit-il.

Léon Blum n'est pas oublié. Mitterrand a demandé à Jacques Attali d'aller, le jour même, à Jouy-en-Josas fleurir de rouge la tombe de l'homme du Front populaire.

Pierre Mauroy, Premier ministre depuis quelques heures, s'arrache à regret à cette atmosphère de fête et de liesse populaire que, socialiste du Nord, il affectionne tant. Le successeur de Raymond Barre a rendez-vous à Matignon avec la réalité monétaire.

Jacques Delors l'attend. Il lui fait rapidement visiter la demeure et l'initie au fonctionnement du téléphone interministériel.

Pierre Mauroy reçoit tout d'abord en tête à tête le gouverneur de la Banque de France, l'austère Renaud de La Génière qui s'attend au pire, c'est-à-dire à la dévaluation, après trois semaines de fuite des capitaux et d'attaques contre le franc. Si la gauche dévalue, La Génière demandera à être relevé de ses fonctions.

« Nous ne le ferons pas, nous allons nous battre », lui

1. Paris, Gallimard, 1985.
2. In *Le Président,* Paris, Le Seuil, 1990.

assure Mauroy[1], fort de l'appui du président qui lui a confirmé le matin même dans la voiture, en redescendant les Champs-Élysées, la décision prise collectivement avant le 10 mai par Mauroy, Delors, Bérégovoy, Deflassieux et lui-même, de ne pas commencer le septennat par une dévaluation. Mauroy avait de nouveau posé la question à Mitterrand car il avait encore à l'oreille le discours insistant de Rocard le pressant de dévaluer « vite et sec »[2].

Mauroy fait alors entrer Bérégovoy et le directeur du Trésor Jean-Yves Haberer auxquels vont se joindre une heure plus tard Delors, qui sera ministre des Finances le lendemain, et deux proches du maire de Lille, le banquier Jean Deflassieux et l'économiste Jean Peyrelevade.

Pour endiguer la fuite des capitaux, la première décision économique de la gauche est le renforcement du contrôle des changes. Mauroy et ses interlocuteurs se rangent aux arguments du directeur du Trésor, hostile à la prise de mesures concernant les particuliers : « Nous donnerions là un signal de détresse. » Avant de signer les décrets, arrêtés et circulaires qui doivent être publiés le lendemain au *Journal officiel,* le Premier ministre téléphone au président de la République pour lui demander son accord définitif.

« Pendant qu'ils faisaient la fête au Panthéon, c'est moi, installé à Matignon, dont je connaissais chaque recoin, qui ai préparé ces textes », se souvient Jacques Delors[3].

Au soir de « son » 21 mai, Mitterrand soupe en famille dans les appartements privés de l'aile est de l'Élysée. Après cette longue journée, le palais s'est vidé.

1. Entretien le 4 janvier 1989.

2. François Mitterrand (entretien le 27 mars 1989) dément « formellement » que la « décision » de ne pas dévaluer ait été prise le 21 mai sur les Champs-Élysées. Selon Thierry Pfister (*La Vie quotidienne à Matignon au temps de l'union de la gauche,* Paris, Hachette, 1985), Mitterrand aurait répondu : « On ne dévalue pas un jour comme aujourd'hui » à Mauroy qui lui demandait quelle attitude adopter devant la crise monétaire.

3. Entretien le 5 juin 1989.

Un jeune avocat, Michel Vauzelle, qui fut un collaborateur de Jacques Chaban-Delmas avant de rejoindre le PS entre les deux tours de 1974, assure la permanence de l'État. « Tous étaient allés dîner dehors et, avant de partir, André Rousselet m'a demandé de garder la Maison. Le premier étage est désert, je m'assois derrière le bureau de De Gaulle tandis que la nuit tombe sur ce château silencieux », raconte-t-il [1].

Pendant les premiers jours de la mise en place de la nouvelle équipe, les officiers de l'état-major particulier, nommés par M. Giscard d'Estaing, prennent la permanence de nuit, c'est-à-dire la veille auprès des téléphones et des télex, prêts à alerter le nouveau chef de l'État sur les événements importants qui pourraient survenir en France et dans le monde entre 8 heures du soir et 8 heures du matin.

L'organisation

Le vendredi 22 mai il fait gris. Une pluie fine tombe sur Paris. Peu avant 9 heures, le président de la République, installé à l'avant de sa Renault 30, près de son chauffeur Pierre Tourlier, arrive au « bureau », autrement dit au palais de l'Élysée. Le temps est encore un peu frais pour la saison et François Mitterrand est coiffé de son habituel feutre sombre. Son premier geste est de le retirer pour saluer les huissiers qui se précipitent vers lui et le débarrassent de son pardessus.

Michel Vauzelle [2] l'attend. Il l'accompagne au premier étage. A une question posée par le président en montant l'escalier, le jeune collaborateur répond que Giscard d'Estaing était installé « dans le grand bureau d'angle au premier étage ». Il ajoute : « De Gaulle, lui, était ailleurs, au centre du palais. Peut-être serait-il bon, symboliquement, de choisir ce bureau, abandonné par votre prédécesseur. »

1. Entretien le 29 juillet 1988.
2. Entretien le 29 juillet 1988.

La réplique tombe, sèche : « Pfff, vous et vos imbécillités gaullistes. » Le nouveau président fonce dans le bureau de Giscard. Quelques minutes passent. Et il sort, dossiers sous le bras, pour s'établir dans l'ancien bureau du général de Gaulle : « C'est là que je travaillerai. »

« Mitterrand siège où siège l'État », constate le vieux gaulliste Pierre Guillain de Bénouville[1].

« J'aurais préféré m'installer au rez-de-chaussée pour avoir un accès direct sur le parc, mais la disposition des lieux ne s'y prêtait pas. Le salon doré, où travaillaient de Gaulle et Pompidou, est central, bien éclairé. De cette pièce on dispose de la plus belle vue sur le parc », dit Mitterrand[2]. Dans les jours qui ont suivi son installation, il avait un instant envisagé de transférer la présidence de la République aux Invalides. « Trop compliqué, trop coûteux », conclut très vite une première étude du cabinet. Le président reste à l'Élysée.

Ce 22 mai, François Mitterrand tient sa première et dernière réunion de cabinet. Y assistent Pierre Bérégovoy, Jacques Fournier, André Rousselet, Jean Glavany, Michel Charasse, Jean-Claude Colliard, Hubert Védrine, Michel Vauzelle et Nathalie Duhamel.

L'« antenne présidentielle » de la rue de Solférino constitue l'ossature de la première équipe élyséenne :

« Voilà ce que vous allez faire », précise-t-il à ses collaborateurs en leur présentant le premier organigramme de la Maison.

Pas de surprise, Bérégovoy est secrétaire général et Rousselet, le « financier » de la campagne, devient directeur de cabinet.

« Glavany[3], vous serez mon chef de cabinet, directement rattaché à moi avec trois fonctions : l'agenda, les déplacements en France, les contacts avec les élus et le parti. »

Rousselet, élégant séducteur, ancien collaborateur de Mitterrand à la Justice et à l'Intérieur sous la IVe,

1. Entretien le 8 juin 1989.
2. Interview au *Monde* du 2 juillet 1981.
3. Entretien le 23 octobre 1988.

demande que le jeune chef de cabinet soit placé sous son autorité. Il n'est pas suivi.

L'universitaire Jean-Claude Colliard, chargé des sondages pendant la campagne, inquiet du rôle qui allait lui échoir, s'était placé sous l'aile tutélaire de Rousselet. Ce petit gros, barbu, fumeur de pipe, connu pour venir au palais en moto ou en coupé Alfa-Roméo, sera directeur adjoint. Au cours de son premier tête-à-tête avec le président, dans les jours qui suivent, il reçoit une consigne claire : « Ne regardez pas comment la maison fonctionnait à l'époque de Giscard. Intéressez-vous uniquement à l'organisation de l'Élysée sous les septennats de De Gaulle et de Pompidou [1]. »

L'autre poste d'adjoint, celui du secrétaire général, revient à Jacques Fournier, un « pas marrant », une des « têtes pensantes » de Chevènement et du CERES. Conseiller d'État, il est connu d'une génération entière des Sciences po pour son cours de « questions sociales » écrit avec Nicole Questiaux.

Mitterrand veut aussi s'attacher les services d'un gai luron : le truculent Michel Charasse, un proche de Gaston Defferre. Il abandonne le secrétariat administratif du groupe socialiste à l'Assemblée pour devenir conseiller auprès du secrétariat général de la présidence, chargé des questions constitutionnelles et électorales. Grâce à son bagout, à son répertoire d'histoires auvergnates, gauloises ou anticléricales, il partage avec Roger Hanin le privilège de provoquer les éclats de rire de Mitterrand.

Hubert Védrine se voit confier les dossiers diplomatiques et stratégiques. A Michel Vauzelle revient la redoutable tâche de devenir le porte-parole d'un homme persuadé depuis toujours d'être lui-même son porte-parole. « Pas question pour Mitterrand de s'encombrer d'un porte-parole, qui sonne sans cesse pour demander : qu'est-ce que je dois dire ? », constate rapidement ce jeune avocat arlésien, gendre de Jacques Fauvet, le directeur du quotidien *Le Monde.* La blonde Nathalie Duhamel, vive et passionnée, belle-fille de Pierre Mendès

1. *In* Sammy Ketz et Maurice Szafran, *Les Familles du président,* Paris, Grasset, 1982.

France, continue de diriger le service de presse, gère les demandes d'interviews, ce qui fut sa tâche sept années durant auprès du premier secrétaire du PS.

« Que doit-on faire avec le personnel de la présidence, doit-on garder les secrétaires ? » Mitterrand tranche : « On les garde, on utilise leurs compétences, s'ils se montrent déloyaux on les remplacera. »

Quid de Jacques Attali ? Mitterrand s'interroge. Il sait que son proche conseiller de la rue de Solférino, à la fois ordinateur et encyclopédie vivante, ne souhaite entrer ni au gouvernement ni au Parlement.

Depuis le 10 mai, Jacques Attali est chargé avec Jacques Fournier, Nicole Questiaux et Alain Boublil de mettre en forme celles des « 110 Propositions » que le gouvernement de la gauche devra appliquer sans attendre. Il travaille d'arrache-pied avec des hauts fonctionnaires dans son appartement de la rue du Docteur-Blanche, à la Muette. Il rêvait de devenir secrétaire général de la présidence.

« Le vendredi je ne sais toujours pas ce que je vais faire, je n'ai pas de nouvelles [1]. » Son inquiétude se transforme en angoisse. Pierre Bérégovoy [2], conscient du « drame humain » que vit le jeune homme, suggère à Mitterrand d'appeler Attali pour lui proposer le poste de « conseiller personnel » du président. Mitterrand écarte ce vocable. « Ce n'est que le samedi matin qu'il me fait venir à l'Élysée pour me dire : vous serez conseiller spécial, comme Henry Kissinger le fut auprès de Richard Nixon. Votre bureau sera à côté du mien. Vous n'aurez d'ordre à recevoir de personne d'autre que moi. » Attali [3], sitôt nommé, déloge Jacques Fournier du bureau des aides de camp pour s'y installer. Il siège ainsi dans l'antichambre du vrai pouvoir.

Mitterrand avait tout d'abord envisagé la cohabitation d'Attali avec ses quatre secrétaires particulières dans l'immense bureau attenant au sien. Devant le ferme refus

1. Entretien avec Jacques Attali le 16 janvier 1989.
2. Entretien le 28 novembre 1988.
3. Entretien le 16 janvier 1989.

de Marie-Claire Papegay, sa plus ancienne collaboratrice, le chef de l'État a fait machine arrière.

Les hommes sont en place. Ils n'auront plus guère d'occasions de se retrouver ensemble dans le bureau du chef de l'État. Car Mitterrand n'aime pas le travail en groupe : il préfère le contact en tête à tête. Désormais l'Élysée fonctionnera surtout par notes écrites.

« Je n'ai pas de cabinet, ça n'existe pas », répète Mitterrand avec insistance. Ses collaborateurs, note André Rousselet [1], perçoivent ainsi la consigne : « Tout attroupement est interdit et sera dispersé. »

Désarçonnés par ce changement d'ambiance, se retrouvant isolés dans leurs bureaux, écrasés par le poids des lieux et de leurs nouvelles responsabilités, les nouveaux venus tentent de recréer au « château » la convivialité du Parti socialiste. Très vite le pli est pris de se retrouver en fin de journée dans le vaste bureau de Pierre Bérégovoy autour d'un whisky, pour bavarder à cinq ou six.

Le cocon va même prendre des allures d'institution avec la réunion, autour du secrétaire général adjoint, le mercredi matin, tandis que le Conseil des ministres siège. Dans ce grand bureau, triste, bas de plafond, tout en longueur, situé au premier étage de l'aile ouest du palais, ils jouent les prolongations au cours de déjeuners très détendus qui, à l'insu du président, permettront souvent d'harmoniser le travail de l'équipe. Au bout de quelques mois, ce lieu sans nom deviendra la « salle Fournier ».

Pendant les premières semaines, le style décontracté des nouveaux occupants étonne le petit personnel du palais, habitué à des manières plus compassées. « Huissiers et protocole nous prenaient pour des ploucs qui ne savaient pas manger avec un couteau et une fourchette. Mais ça n'a pas duré longtemps », se souvient Marie-Claire Papegay.

Le nouveau maître des lieux – qui a longtemps affectionné costumes de velours, lodens et grandes écharpes – a d'ailleurs donné le ton en se faisant faire six costumes sur mesure par le tailleur Marcel Lassance. Il approuve

1. Entretien le 20 février 1989.

une note interne du directeur de cabinet « déconseillant fortement » de venir au palais en blue-jeans.

La prédiction

L'annonce de la composition du premier gouvernement Mauroy est attendue ce 22 mai. Mitterrand s'apprête à prendre sa première grande décision politique et constitutionnelle : la dissolution.

Il sait très bien, et il l'a dit à maintes reprises pendant la campagne, qu'un gouvernement socialiste ne pourrait pas tenir avec l'Assemblée nationale à majorité de droite élue en 1978. Il ne retient pas les arguments de Michel Rocard. Ce dernier avait plaidé contre une dissolution, tant que le gouvernement de la gauche n'aura pas été mis en minorité par les députés.

Le président engage le processus en consultant pour la forme, conformément à l'article 12 de la Constitution, les présidents du Sénat et de l'Assemblée nationale, Alain Poher et Jacques Chaban-Delmas, déterminé à ne pas tenir compte de leur avis défavorable.

Avec Alain Poher – pour la première fois depuis que la Ve République change de président, il n'a pas assuré d'intérim – l'entretien est bref. Ils n'ont pas grand-chose à se dire.

En revanche, avec Chaban [1] une longue conversation se déroule, bien au-delà de l'objet de leur rencontre.

A vrai dire, le maire de Bordeaux n'est guère peiné par la défaite de Jacques Chirac et de Valéry Giscard d'Estaing, qui s'étaient unis pour lui barrer la route de l'Élysée en 1974. Chaban arrive avec une note écrite. Selon lui, Pierre Mauroy devrait présenter son programme à l'Assemblée. La dissolution ne devrait intervenir qu'après le vote d'une motion de censure. C'est la formule préconisée par Michel Rocard.

« Pas question, Jacques, lui répond Mitterrand. Il faut que j'agisse le plus vite possible, dans la foulée de mon

1. Entretien le 26 avril 1989.

élection. L'élan donné le 10 mai nous offre les meilleures chances de remporter les législatives. »

Cette question rapidement évacuée, les deux hommes, liés par trente années de souvenirs communs et par une réelle amitié, parlent de l'avenir. Chaban trouve Mitterrand « très maître de lui, un peu euphorique mais pas grisé du tout ».

« Nous allons créer un socialisme à la française qui concilie justice et liberté (...) Après mon passage, la France ne sera jamais plus ce qu'elle a été auparavant. Toi, tu voulais créer une nouvelle société, plus juste, plus humaine, plus contractuelle. J'en étais partisan, c'était la même. Tu voulais transformer, améliorer, changer la société. Moi, je ne veux pas changer la société, je veux changer de société. »

« Tu aurais été président tu aurais fait ceci et cela. Mais ce n'est pas toi, c'est moi. Et voilà ce que je vais faire », poursuit Mitterrand, qui commence par rassurer son ami préoccupé par la perspective de l'entrée des communistes au gouvernement.

« J'ai besoin des communistes, je vais les utiliser, je vais continuer à les réduire. A moins qu'ils ne reçoivent un ordre de Moscou, ils ne rompront pas. Ils ne vont pas bouger. Je les aurai à ma main, au moins jusqu'aux municipales. S'ils partent avant, c'est leur perte et ce n'est pas bon pour les socialistes. J'ai donc deux bonnes années de tranquillité, d'appui des communistes. »

Maurice Faure[1] évoque lui aussi cette question quelques jours plus tard avec Mitterrand. Il reçoit la même réponse : « Ma politique d'alliance avec les communistes consiste à les faire disparaître[2]. » « Mitterrand, dès le départ, essaie de les garder le plus longtemps possible, observe le vieux radical. Le président cherche à les compromettre en les obligeant progressivement à tenir

1. Entretien le 26 avril 1989.

2. Mitterrand poursuit la tactique exposée, dès juin 1972, devant ses camarades de l'Internationale socialiste réunis à Vienne peu après la signature du Programme commun de la gauche : « Avec cet accord, je parviendrai à prendre 3 millions de voix aux communistes. »

un double langage : solidaires à l'intérieur du gouvernement et critiques à l'extérieur. »

En mai 1981, Jacques Attali confie à des amis journalistes le « scénario » du septennat qu'il tient de la bouche même du président. « Il y aura trois périodes : la mise en œuvre des réformes, une longue et dure gestion de la crise, enfin une sortie réussie du tunnel », dit-il à Guy Claisse du *Matin* et à Serge July de *Libération.*

La composition

Le premier Conseil des ministres de la gauche est réuni le mercredi 27 mai à 9 h 30 dans le salon Murat au palais de l'Élysée.

L'alternance n'a nullement affecté le rythme de la vie républicaine. Sept jours après le dernier Conseil du précédent septennat, quarante-trois nouvelles têtes ont pris place autour de l'immense table ovale, recouverte de feutrine beige.

L'huissier à chaîne annonce, détachant bien les onze syllabes : « Monsieur le président de la République. » François Mitterrand fait son entrée, suivi de Pierre Mauroy. Le chef de l'État fait le tour de la table, serrant la main de chacun. Il s'assoit, flanqué de Gaston Defferre et de Michel Jobert, face à son Premier ministre.

L'ambiance est joyeuse, quelque peu chahuteuse. Pour interrompre ce brouhaha, Mitterrand parle d'un ton sec, devant des ministres stupéfaits. Il se penche alors vers Jobert [1] et lui glisse : « Il ne faut pas qu'ils croient qu'ils sont encore au comité directeur du PS. »

Le chef de l'État souhaite la bienvenue aux membres du gouvernement. Il pose quelques règles : les ministres ne devront pas lire leurs communications, leur temps de parole ne devra pas excéder dix minutes. Puis il donne la parole au chef du gouvernement.

Mauroy s'exprime. La dignité de son ton ne dissimule pas l'allégresse. Nommé depuis six jours, il savait de façon certaine depuis seize jours qu'il serait Premier

1. Entretien le 13 avril 1989.

ministre et s'en doutait depuis vingt-six semaines au moins.

Dès l'été 1980, dans *Ici et maintenant*[1], Mitterrand lui rendait un hommage éclatant : « Il y a entre lui et moi un lien que rien n'effacera. Nous avons reconstruit ensemble le socialisme français et ce, dans un climat exceptionnel de confiance mutuelle. »

A la mi-novembre 1980, quelques jours après l'annonce de sa candidature, Mitterrand déjeune aux Halles avec Mauroy. « Il faut quand même qu'on y aille, il faut qu'on fasse un ticket ensemble, vous ne croyez pas ? »

Plus un mot sur le sujet jusqu'au lendemain du 10 mai. Mais le maire de Lille[2] perçoit un signe dans sa nomination comme porte-parole du candidat Mitterrand.

« Êtes-vous heureux, Pierre ?

– Eh bien oui, quoi !

– Alors on pourrait peut-être continuer comme ça pendant quelque temps. »

Le tandem, qui avait si bien fonctionné entre Épinay et Metz, est reformé dès le 11 mai 1981 dans le « bureau-pigeonnier » de la rue de Bièvre. Il n'est pas question ce jour-là de la composition du gouvernement. Mitterrand indique simplement qu'il a « quelques idées » et lui suggère de « réfléchir » de son côté à l'attribution des portefeuilles. Mauroy comprend les limites de son pouvoir : non seulement l'usage de la Ve République veut que le chef de l'État compose en fait l'équipe gouvernementale, mais en outre le premier secrétaire a prouvé dans sa gestion du PS qu'il attachait une haute importance à choisir lui-même « ses » hommes.

Outre François Mitterrand, onze fois ministre sous la IVe République, quatre hommes seulement connaissent le rituel du salon Murat, pour avoir participé aux Conseils sous Vincent Auriol, René Coty ou Georges Pompidou. Ce sont Gaston Defferre, Michel Jobert, Maurice Faure et Alain Savary.

1. *Op. cit.*
2. Entretien le 4 janvier 1989.

Numéro deux du gouvernement, ministre d'État chargé de l'Intérieur et de la Décentralisation, Gaston Defferre, soixante et onze ans, doyen de l'équipe, aurait été Premier ministre si Mitterrand avait gagné en 1974. Sept ans après, ce dernier aurait bien vu le maire de Marseille à la présidence de l'Assemblée nationale. Il avait confié le 11 mai à Michel Jobert : « Vous serez le seul ministre expérimenté car je ne prendrai pas Defferre, il est trop vieux. »

Mais François Mitterrand ne peut rien refuser à son vieux complice, patron de la « fédé » des Bouches-du-Rhône, la plus puissante de France, qui, dix ans auparavant, lui a permis de prendre le contrôle du Parti socialiste. Defferre arrivera cependant place Beauvau, persuadé de n'y rester que quelques semaines, jusqu'aux législatives de juin. Mitterrand lui a en effet laissé entendre qu'il le verrait bien au « perchoir ».

Defferre, sous la IVe, a laissé son nom à la loi-cadre, celle de la décolonisation en Afrique noire. Sous la Ve, il fait la loi de décentralisation.

Dans ce gouvernement monocolore [1], un seul transfuge venu d'« ailleurs » : Michel Jobert, très proche collaborateur de Georges Pompidou. Mitterrand a tenu à gratifier du titre honorifique de ministre d'État ce petit homme sec et noueux, qui pendant onze mois, jusqu'en avril 1974, a dirigé la diplomatie française en ferraillant sans complexe avec le géant américain.

Le 11 mai, Jobert est autour de la table ronde de la rue de Bièvre avec le leader socialiste portugais Mario Soares et le franc-maçon Roger Leray où l'on partage à la bonne franquette les quiches préparées par Danielle Mitterrand. Jobert, fondateur et président du chétif « Mouvement des démocrates », avait appelé à voter Mitterrand au second tour après avoir tenté de réunir les 500 signatures qui lui auraient permis d'être candidat. Au lendemain de l'élection présidentielle, il apprend qu'il est ministre du Commerce extérieur avant même d'avoir rencontré le chef du gouvernement.

1. Trente-neuf socialistes, trois radicaux de gauche.

Le même jour, tout juste descendu du Capitole, qui le ramène de Cahors, Maurice Faure[1] arrive rue de Bièvre pour le café. Lionel Jospin et André Rousselet se sont joints aux hôtes du déjeuner. Mitterrand prend à part son ami Maurice : « Cette victoire est inespérée, alors il faut gouverner. Vous êtes l'un de mes plus vieux compagnons de route. Je souhaite que vous entriez au gouvernement. Il vous faut un grand ministère de portée politique et morale. Le Quai d'Orsay ? Évidemment cela semble tout indiqué, mais vous ne parlez pas l'anglais et la politique étrangère c'est moi. Je la définis et je la garde. Et puis ce n'est pas dans nos habitudes que de vous mettre dans la position d'avoir toujours à vous retourner vers moi. »

Entre « routiers » de la IVe, on passe alors en revue les portefeuilles possibles. Maurice Faure écarte d'emblée l'Agriculture, « source formidable d'emmerdements », de même que l'Intérieur, qu'il a connu sous Pflimlin[2], et l'Éducation nationale. Va pour la Chancellerie.

Mitterrand[3] avait noté que Maurice Faure, après vingt-trois ans d'« école buissonnière », ne voulait pas passer sa vie en avion comme doit le faire le chef de la diplomatie. « A la Justice il faisait l'affaire car il est un homme de doigté. »

Choisi par Mauroy, Alain Savary, ancien secrétaire d'État de Mendès France aux Affaires marocaines et tunisiennes, est à Barcelone lorsque le maire de Lille l'appelle le 19 mai pour lui proposer l'Éducation nationale. Michel Rocard guignait ce poste. Le Premier ministre[4] l'en avait dissuadé : « Mitterrand n'acceptera jamais. »

Mitterrand accepte en revanche de confier la mission délicate de régler définitivement la querelle scolaire entre enseignements public et privé à Savary, homme de dialogue, compagnon de la Libération. Et pourtant Mitterrand n'éprouve pas une grande sympathie à son endroit.

1. Entretien le 26 avril 1989.
2. Pendant trois jours, du 14 au 17 mai 1958.
3. Entretien le 16 mars 1989.
4. Entretien le 30 mai 1990.

A deux reprises Savary s'est trouvé sur sa route. En 1965, il est le seul dirigeant de la FGDS à s'être opposé à la candidature de Mitterrand à la présidentielle. Six ans plus tard, à Épinay, il est le premier secrétaire que Mitterrand doit détrôner pour prendre le contrôle du Parti socialiste.

Dans ce gouvernement d'attente et de transition, qui se veut novateur et rassurant, à trois semaines des élections législatives, on trouve aussi une spécialiste des questions sociales, membre du Conseil d'État et animatrice du CERES, Nicole Questiaux. Première femme dans l'histoire élevée au rang de ministre d'État, elle est chargée de la Solidarité nationale, nouvelle appellation du ministère des Affaires sociales, qui recouvre la Santé, la Famille, la Sécurité sociale et l'Emploi.

Après Simone Veil, tirée à quatre épingles dans ses tailleurs Chanel, c'est donc une intellectuelle en jupe et pull-over, le chignon grisonnant, un peu aléatoire, qui s'installe avenue de Ségur. A la table du Conseil elle est assise à la droite du Premier ministre qui, paradoxe du protocole, a sur sa gauche Michel Rocard.

Quatrième ministre d'État, ce dernier reçoit le Plan et l'Aménagement du territoire. Piètre consolation pour celui qui, il y a encore six mois, pouvait prétendre, sur la foi des sondages, porter les couleurs socialistes dans la course à l'Élysée. « C'était mon purgatoire, j'ai payé comptant », confie Michel Rocard[1] alors installé à l'hôtel Matignon.

Cinquième dans la hiérarchie gouvernementale, lui aussi ministre d'État, Jean-Pierre Chevènement, ancien de la SFIO, devenu le « gourou » du CERES, pétri de marxisme et de patriotisme, décroche le portefeuille de la Recherche et de la Technologie.

Outre la Police, les trois autres « ministères de souveraineté », selon la terminologie du général de Gaulle, sont attribués à des hommes qui ne pèsent guère dans les luttes intestines du PS. Aux Affaires étrangères Claude

1. Entretien le 18 novembre 1989.

Cheysson surprend, aux Armées Charles Hernu s'impose, aux Finances Jacques Delors rassure.

Dès le 11 mai, Mitterrand avait appelé Claude Cheysson[1] à Bruxelles : « Passez me voir mercredi matin à Paris. » Comme convenu, le commissaire européen au Développement s'était rendu rue de Bièvre d'où il était ressorti quelque peu perplexe : « Je ne sais pas très bien ce que je vais vous demander. Secrétaire général de l'Élysée, vous êtes trop vieux (soixante et un ans) et vous n'avez pas assez d'expérience administrative. Les Finances, ce n'est pas pour vous. Je pense plutôt au Quai d'Orsay ou alors je vous garde encore à Bruxelles. » Cheysson apprend sa nomination aux « Relations extérieures » dans le bureau de Pierre Bérégovoy le jour de la formation du gouvernement.

La venue de Charles Hernu rue Saint-Dominique n'est une surprise pour personne. C'est même une formalité.

« Ma secrétaire arrive la première à l'hôtel de Brienne et lit l'angoisse sur le visage des officiers et gendarmes de service : tudieu un socialiste, c'est la fin de l'armée ! Quand ils ont su que c'était moi, ils ont respiré. » Charles Hernu[2] exagère à peine. A juste titre les cadres des armées lui imputent la conversion du Parti socialiste à la dissuasion nucléaire.

Mitterrand aime son côté grognard. Ce fils de gendarme le rassure. Il apprécie ce Breton carré, buté, entier. Le vieux « conventionnel » qu'est Louis Mermaz[3] connaît bien les deux hommes : « Hernu, c'est agréable quand on vit entouré de porteurs de dagues. »

D'une pudeur totale sur les problèmes de religion, François Mitterrand n'aime guère qu'un homme politique fasse état publiquement de sa foi. Il n'a pas une grande affection pour Jacques Delors, ce chrétien de la « deuxième gauche » entré au PS en 1974 après l'échec de Jacques Chaban-Delmas au premier tour de la présidentielle. Mais s'il n'appartient pas au sérail, Delors est compétent. Depuis plusieurs mois le candidat socialiste

1. Entretien le 10 mars 1989.
2. Entretien le 30 juillet 1988.
3. Entretien le 20 octobre 1988.

consulte beaucoup cet économiste, dont la modération est largement reconnue dans les milieux industriels et financiers en France comme au-delà de l'hexagone.

Comme Attali, Delors avait souhaité être secrétaire général de l'Élysée ou, à défaut, commissaire au Plan. Par la radio il apprend son affectation rue de Rivoli. Il n'est que quatorzième dans la hiérarchie gouvernementale, une rétrogradation protocolaire sans précédent depuis la Libération. De plus, on ne lui a pas demandé son avis sur le choix du ministre délégué au Budget : Laurent Fabius. Pour qui l'ignorait encore, Mitterrand rappelle ainsi symboliquement que « le politique prime sur l'économique ».

CHAPITRE 4

Les premiers pas

Premiers hôtes étrangers : Schmidt et Khaled

Le 28 mai 1981, Mitterrand consacre son premier dimanche à l'Élysée à deux problèmes essentiels : l'Est-Ouest avec la querelle des euromissiles ; les relations économiques et monétaires franco-allemandes.

Il reçoit ce jour-là son premier visiteur étranger, le chancelier Helmut Schmidt, qui fait escale à Paris, de retour de Washington.

D'emblée le chef du gouvernement de Bonn fait un récit à Mitterrand de ses entretiens de la Maison-Blanche. Il a dit à Ronald Reagan que l'arrivée d'un socialiste à l'Élysée « ne conduirait pas à un changement de la politique française dans les domaines des affaires étrangères et de la sécurité[1] ».

Mitterrand est à ce moment-là surtout préoccupé par la situation monétaire française. Il explique à son visiteur les orientations de la nouvelle politique économique et obtient alors de son principal partenaire européen, satisfait que la France n'ait pas dévalué, l'assurance que la solidarité monétaire franco-allemande continuera dans le cadre du SME.

C'est au tour du chancelier de faire part de ses préoccupations. Dans la confrontation Est-Ouest qui fait rage sur la question du déploiement des fusées Pershing américaines face aux SS 20 soviétiques, il recherche le sou-

1. *In* Helmut Schmidt, *Menschen und Machte,* Berlin, Siedler Verlag, 1987.

tien de Paris, jugeant comme Mitterrand que Giscard d'Estaing s'était montré « lent » à réagir à l'installation des missiles soviétiques entreprise dès 1977, et par trop « complaisant » à l'égard du Kremlin, indique Cheysson. Il sait que Mitterrand s'est prononcé pour l'installation des Pershing à défaut du retrait des fusées soviétiques. Pour le nouveau président français, les missiles russes, dont la portée de 4 000 kilomètres n'est pas intercontinentale, menacent non seulement l'équilibre stratégique Est-Ouest mais aussi et surtout la propre sécurité de la France.

La réponse de Mitterrand est nette, se souvient Claude Cheysson [1]. Il partage les craintes et l'analyse de son hôte. Il rappelle que « la France reste seule maîtresse de sa dissuasion nucléaire ». Puis fait observer que, « n'étant pas partie prenante puisqu'elle n'est plus dans le dispositif intégré de l'OTAN, la France ne peut pas se mêler à cette discussion et doit éviter à tout prix le moindre geste risquant d'aboutir à la prise en compte de la force nucléaire française dans une négociation sur le désarmement en Europe ».

S'ils se sont déjà croisés dans les réunions de l'Internationale socialiste, Mitterrand et Schmidt se connaissent mal. Tout, la culture, la vision de l'Histoire, rapproche le nouveau président de Willy Brandt. En revanche, les affinités de Valéry Giscard d'Estaing avec Helmut Schmidt sont profondes. Avec l'économiste hanséatique, son « ami Helmut », il s'entretient en anglais, à bâtons rompus, de l'avenir du Mark, du franc et de l'Écu.

En recevant Schmidt à l'Élysée, Mitterrand observe attentivement ce partenaire obligé, qui parle fort et en allemand, avec une assurance exceptionnelle, et en impose par sa prestance physique.

Le samedi 13 juin, un homme malade, très fatigué, qui parle peu et ne cesse d'avaler pilules et potions, gravit le perron de l'Élysée au bras du président français : le roi Khaled d'Arabie Saoudite est le premier chef d'État reçu par le nouveau régime.

1. Entretien le 10 mars 1989.

Dans le nouveau jeu international de la France, cette visite est essentielle. Il faut d'abord confirmer le maintien des capitaux arabes déposés en France, une trentaine de milliards de francs. Leur retrait serait dramatique pour l'économie française.

Le vieux souverain, véritable maître de la diplomatie des émirats pétroliers du Golfe, jouit d'une influence certaine dans le monde musulman. Il exprime la triple inquiétude des Arabes : le nouveau président est l'allié des communistes, l'ami affiché d'Israël et le bruit court d'un revirement d'alliance dans lequel la France reviendrait sur son engagement décisif auprès de l'Irak contre l'Iran.

Ces faits alimentent un procès d'intention. Mais Khaled sort apaisé de sa rencontre avec Mitterrand.

Premières mesures sociales

Le mercredi 3 juin, le deuxième Conseil des ministres de la gauche décide les premières mesures sociales destinées à amorcer la relance par la consommation populaire.

Le SMIC horaire passe de 15,20 à 16,72, francs soit une hausse de 10 %, dont le tiers correspond à la seule prise en compte de la hausse des prix. Pour tenter d'enrayer les critiques du monde patronal, le gouvernement recommande aux employeurs de ne pas répercuter ces hausses sur l'ensemble de l'échelle des salaires. D'autres revalorisations de moindre ampleur interviennent par la suite. Le SMIC augmentera de 38 % en valeur nominale entre juin 1981 et mars 1983, c'est-à-dire jusqu'au deuxième tour de vis de la rigueur. Certaines cotisations sociales patronales sur les bas salaires sont réduites afin de compenser la hausse du salaire minimum.

Les allocations familiales sont relevées de 25 % à compter du 1er juillet et l'allocation logement de 25 % en juillet et de 20 % en décembre. Le minimum vieillesse passe de 1 417 à 1 700 francs par mois, soit un gain de 20 %. Son augmentation sera de 62 % en deux ans.

L'ensemble des mesures sociales 1981-1982-1983 injecte 30 milliards de francs de pouvoir d'achat pour les ménages les moins aisés. « La consommation populaire rallumera la production », avait promis le candidat socialiste. En réalité l'importation reçoit un coup de fouet : 23 milliards sont consacrés à l'achat de biens à l'étranger[1].

Ces premières mesures en juin 1981 sont adoptées sans débat. Tout avait été bouclé avant le 10 mai. Jacques Delors[2] était tout à fait d'accord pour les prendre : « La gauche ne peut pas arriver au pouvoir sans prendre quelques mesures pour ses électeurs qui sont les plus défavorisés du pays. » Il concède que « le rêve est un élément qu'un homme politique doit prendre en compte ». Mais il sera le premier à tirer publiquement la sonnette d'alarme à l'automne 1981.

Faux pas au Bourget, bain de foule à Montélimar

Les hasards du calendrier veulent que la première sortie officielle du nouveau président soit, le vendredi 5 juin, l'inauguration du salon aéronautique qui se tient tous les deux ans sur l'aéroport du Bourget.

La nouvelle équipe de l'Élysée, encore débutante, commet l'erreur de ne pas effectuer de mission préparatoire rigoureuse à ce déplacement. Son organisation échappe largement aux collaborateurs du président.

Accueilli par le président du GIFAS[3] et le patron de la SNIAS[4], le général d'aviation Jacques Mitterrand, le chef de l'État prend place dans une Citroën SM découverte au côté du ministre de la Défense. Il parcourt à bonne allure

1. Voir l'étude macro-économique de référence, *La Gauche face à la crise,* d'Alain Fonteneau et Pierre-Alain Muet, Paris, Presses de la Fondation nationale des sciences politiques, 1985.
2. Entretien le 5 juin 1989.
3. Groupement des industries françaises aéronautiques et spatiales.
4. Société nationale des industries aéronautiques et spatiales.

la piste où sont exposés les avions civils et militaires présentés par les principaux constructeurs mondiaux.

La plupart des appareils militaires sont montrés sans leurs armes. C'est une « première ». Elle provoque étonnement et critique sur l'« hypocrisie » d'un président socialiste qui aurait honte de ce fleuron rentable de l'industrie française. Comme si, dès son arrivée aux affaires, il avait dit : « Cachez-moi ces armes que je ne saurais voir. »

« M. Mitterrand, par son refus de voir mettre des matériels militaires offensifs en évidence, a voulu user de symboles qui présagent probablement sa politique restrictive de ventes d'armes », observe le lendemain Jacques Isnard dans *Le Monde.*

Pendant le parcours, Charles Hernu[1] explique au président : « Les armes ont été enlevées comme vous le souhaitiez.

– C'est une bêtise, d'où viennent ces ordres ridicules ? », lui répond Mitterrand qui sent qu'il va être piégé.

Hernu se rappelle avoir reçu consigne de faire retirer les armes, persuadé que telles étaient les instructions de l'Élysée. Il avait également été prévenu que Mitterrand ne s'arrêterait pas sous les avions en armes ; il ne devait pas y avoir de photographies de lui sur fond de missiles.

Or, Jean Glavany[2], le jeune chef de cabinet, assure qu'aucune consigne en ce sens n'avait été donnée par l'Élysée.

En réalité, il s'agit d'une initiative des organisateurs du salon, pressés de devancer les désirs présidentiels. Sachant que le président de la République avait l'intention de remettre en cause les ventes d'armes – à l'Afrique du Sud et au Chili, pour l'Irak la décision n'était pas prise –, le général Saulnier[3] avait demandé au GIFAS de « ne pas exposer d'armements considérables, de ne pas en rajouter » par rapport aux années précédentes. Cette suggestion est appliquée au pied de la lettre. Lorsque le

1. Entretien le 30 juillet 1988.
2. Entretien le 23 octobre 1988.
3. Entretien le 12 avril 1989.

général Saulnier[1] l'apprend, il est trop tard. Il réussit à faire maintenir *in extremis* quelques missiles sous les ailes des avions.

Très mécontent de la tournure de l'affaire du Bourget, Mitterrand souhaite transformer sa prochaine apparition publique en succès médiatique. Il s'agit d'une visite dans la Drôme, annoncée dans un premier temps comme un déplacement privé. Le président avait en effet accepté de dîner le 9 juin chez son ami socialiste, Henri Michel, le député-maire de Suze-la-Rousse, après avoir inauguré le nouvel hôpital de Montélimar. Mitterrand se dit que, à cinq jours du premier tour des élections législatives, cette visite pourrait lui fournir l'occasion d'indiquer « le bon choix » aux Français. Une étape à la mairie de Montélimar est donc ajoutée au programme.

Trois jours avant, à la veille de son « pèlerinage » de la Pentecôte à Solutré, le président appelle Jean Glavany : « Je veux un bain de foule et pas un seul policier, je veux de l'enthousiasme et de l'adhésion. » Le lundi de Pentecôte, l'Élysée annonce que le chef de l'État prononcera « un discours important » à l'hôtel de ville de Montélimar.

Le chef de cabinet découvre ce jour-là qu'il lui faudra désormais organiser systématiquement des « missions préparatoires ». Les choses se présentent mal car, en plein week-end de Pentecôte, rien n'est possible avant le mardi matin, jour même de la visite.

Recourant pour la première fois à un Mystère 20 du GLAM[2], Jean Glavany, flanqué de Michel Vauzelle et de Nathalie Duhamel, de l'aide de camp, d'un membre du protocole et de plusieurs policiers des VO (Voyages officiels), arrive à 10 heures dans la sous-préfecture de la

1. Le général Saulnier précise : « J'avais dit aux organisateurs que le Bourget ne devait pas devenir un deuxième Satory [salon international des équipements militaires]. Ils l'ont mal pris, ils ont fait du zèle en retirant les armes au dernier moment. »

2. Groupe des liaisons aériennes ministérielles, dépendant du ministère de la Défense et assurant les déplacements des hautes personnalités de l'État.

Drôme où les attendent sur le pied de guerre le préfet et quatre-vingts fonctionnaires.

Au préfet qui lui demande ses instructions, Glavany, pris de court, propose un tour de table. Les questions fusent. « Doit-on prévoir des pots de fleurs à l'entrée de la mairie ? demande un commissaire. – Ce n'est pas la peine, il faut faire simple », répond le chef de cabinet, déclenchant le rire de l'assemblée. Un inspecteur compatissant lui explique que, dans le langage professionnel, « pots de fleurs » désigne des policiers en faction.

Le 9 juin dans l'après-midi, Mitterrand vole à son tour vers Montélimar. Gaston Defferre et Michel Charasse sont dans l'avion. Ils débattent d'un sujet important. Les conseillers du président ont-ils le droit d'inviter une jeune femme pour partager leur nuit dans l'appartement de permanence à l'Élysée ? Le président lève le nez de son livre.

Mitterrand : « De quoi parlez-vous ? »

Charasse : « On se demandait si on pouvait recevoir des dames pendant les permanences. »

Mitterrand : « Rien ne vous empêche de le faire avec votre femme. »

Defferre : « Et si c'est pas leurs épouses aux permanents ? »

Mitterrand : « Ah. C'est délicat. Mais, si vous ne pouvez pas faire autrement... »

A l'hôtel de ville, où les dispositions prévues pour les journalistes étaient insuffisantes, le président prend la parole. C'est un appel direct au vote socialiste : « La France doit pouvoir entendre universellement pour sa paix et pour la paix du monde ce message de liberté et d'espérance, de force et de tranquillité. Puisque l'occasion lui en sera bientôt donnée, je souhaite que le pays m'en donne les moyens (...) et qu'il sanctionne les 14 et 21 juin la politique de l'échec comme il l'a fait le 10 mai. »

A sa sortie de l'hôtel de ville Mitterrand s'avance vers une foule enthousiaste. Tous veulent serrer la main du président. C'est la panique, un non-sens absolu en termes de sécurité. Gaston Defferre et Michel Vauzelle doivent faire un mur de protection autour de Mitterrand. Ils s'en sortent leurs costumes en loques.

Cette fois encore Mitterrand est mécontent – et le fait savoir – de la manière dont les médias audiovisuels ont rendu compte de son discours. Il n'a eu droit qu'à de brefs extraits dans les journaux télévisés.

Le candidat Mitterrand avait toujours négligé les impératifs des télévisions, avec leurs lourdes contraintes techniques de retransmission et l'importance cruciale des horaires des journaux.

Le président Mitterrand découvre, à ses dépens, que ce sont là des éléments à ne pas négliger.

CHAPITRE 5

La vague rose et son écume rouge

Législatives : gauche conquérante et droite sonnée

Pour « la revanche du troisième tour », le RPR et l'UDF décident d'effacer la fâcheuse impression de division laissée par la présidentielle. D'où des candidats uniques dans 385 des 474 circonscriptions métropolitaines. Tel est le point essentiel du pacte de l'« Union pour la nouvelle majorité » (UNM) signé le 15 mai par Jean Lecanuet et Jacques Chirac. Cet accord favorise le RPR, dont les députés sortants sont en plus grand nombre. Il consacre l'échec de l'UDF de Giscard qui n'a pas su, en sept ans, devenir la formation dominante de la majorité sortante.

Ce pacte signé à chaud n'est en rien une réconciliation entre les deux familles de la droite, dont les plaies sont encore à vif. Il s'agit tout simplement de « sauver les meubles », un impératif qui, au-delà des rancœurs, s'impose à tous.

Remis en selle par cet accord, Jacques Chirac repart au galop. Moins d'un mois après son échec, le voilà chef de file de la majorité sortante. « Chirac est un grand cheval. Il a du muscle, mais pas de tête. Vous lui mettez des obstacles, il les saute, vous les enlevez et il les saute toujours », confie alors Marie-France Garaud à son voisin de la rue Marguerite à Paris, Patrice Pelat [1], le vieux copain de Mitterrand.

1. Entretien le 20 septembre 1988.

De même que les communistes entre les deux tours avaient tenu un double langage, le maire de Paris tient des propos différents selon qu'il s'adresse aux électeurs de droite ou du centre. Devant les premiers, il agite l'épouvantail du communisme en dénonçant la coalition « socialo-marxiste ». Aux seconds, qui se sont « égarés » en votant Mitterrand, il conseille doctement de « ne pas mettre tous leurs œufs dans le même panier », c'est-à-dire de contrebalancer le pouvoir exécutif socialiste par une Assemblée modérée. L'argument est sommaire, guère convaincant. Mais en avait-il d'autres à sa disposition ?

Bien des centristes considéraient la bataille des législatives perdue d'avance. Dès le 7 mai, Bernard Stasi l'écrit dans *Démocratie moderne,* l'organe presque confidentiel du CDS : « J'ai la conviction qu'en cas de victoire de Mitterrand le 10 mai, les élections législatives qui suivraient verraient la victoire d'une majorité de gauche et donc, inévitablement, la présence de ministres communistes au gouvernement. » Le député-maire d'Épernay appuie sa conviction sur cinq raisons : « la discorde à droite », « la démagogie de Mitterrand » qui prendra des mesures sociales populaires avant les législatives, « le rééquilibrage » à gauche au détriment des communistes qui font moins peur, « la dynamique » provoquée par la victoire de Mitterrand, enfin « la lassitude » des Français qui redouteraient de devoir voter de nouveau très vite s'ils ne donnaient pas une majorité parlementaire au nouveau président.

Stasi avait vu juste.

A gauche, socialistes et communistes signent le 4 juin un accord de désistements réciproques. Le PS sait qu'il en sera le principal bénéficiaire : l'examen des résultats de la présidentielle lui assure que ses candidats devanceront ceux du PCF dans l'immense majorité des circonscriptions. Lionel Jospin avait refusé de favoriser la réélection des députés communistes sortants en retirant les candidats socialistes dans leurs circonscriptions. Cette suggestion avait été présentée par Jean-Pierre Chevènement. Quant aux rocardiens, ils sont laminés dans les investitures socialistes.

En position de force, les socialistes signent avec les communistes une déclaration commune sur la politique du changement à mener. Ils font établir noir sur blanc dans ce texte la liste des divergences PC-PS qui portent sur l'ampleur des nationalisations, le rythme de la croissance et les relations Est-Ouest (Pologne, Afghanistan, SS 20).

La campagne est brève, sans surprise et sans éclat.

Les tenants de la majorité sortante dessinent une vision apocalyptique de la France en cas de victoire de la gauche. Jacques Chirac annonce « pour bientôt » 20 % d'inflation, 2 millions de chômeurs et 100 milliards de déficit du commerce extérieur. Pour Jean Lecanuet, « l'unité nationale ne résisterait pas longtemps » aux réformes envisagées par les socialo-communistes.

A gauche, on joue la sérénité. Lionel Jospin demande tout simplement aux Français de donner à Mitterrand les moyens de mener sa « grande politique ». Marchais appelle au vote communiste. Il faut que son parti entre au gouvernement et pèse sur ses décisions.

Les sondages annonçaient une vague rose. On assiste à un raz de marée le 14 juin, au soir du premier tour. La gauche atteint son niveau record avec plus de 55 % des voix. La droite s'est mal mobilisée comme en témoigne le taux relativement élevé d'abstentions, 29 %.

Pour Mitterrand c'est la confirmation éclatante, dix ans après Épinay, de sa stratégie d'union de la gauche. Elle devient largement majoritaire et les socialistes y sont en position dominante, écrasante pour les communistes. Le PS et le MRG recueillent près de 38 % des voix, soit plus du double du score communiste, 16 %.

A droite, le RPR devance l'UDF d'un point avec 21 % des suffrages.

Dimanche 21 juin, 22 heures. Dans son bureau Mitterrand reçoit par petits groupes conseillers, ministres et nouveaux barons du PS. Au soir du second tour, la joie est à son comble. « Regardez bien cela, vous ne le reverrez plus », observe-t-il.

C'est en effet un scrutin des records historiques : record de progression avec 285 sièges pour le PS-MRG, soit 39 de plus qu'il n'en faut pour atteindre la majorité absolue. Ils étaient 117 dans l'Assemblée sortante. Chute vertigineuse de la représentation parlementaire communiste qui passe de 86 à 44 députés et n'a plus d'élu à Paris. A droite le RPR tombe de 154 à 88, l'UDF de 124 à 63.

D'un point de vue arithmétique, les socialistes s'inscrivent dans la lignée du parti ultra de la « Chambre introuvable » de 1815, du bloc national de la « Chambre bleu horizon » de 1919, et de l'UDR des « élections de la peur » de juin 1968. La victoire du PS en juin 1981 constitue un événement politique fondamental dans l'histoire de la République : pour la première fois en effet, la gauche dispose avec le président, le gouvernement et l'Assemblée de tous les pouvoirs institutionnels et de la durée pour agir.

La droite a échoué car la peur n'a pas joué. « Nous n'avons pas su convaincre les Français », constate Jacques Chirac alors que Jean Lecanuet et les giscardiens relèvent timidement la tête et évoquent le centre comme « recours ».

Au second tour de juin 1981 la gauche a recueilli pratiquement le même pourcentage d'électeurs inscrits qu'au second tour des législatives perdues de 1978 : 40,08 % contre 40,05 %. Mais dans le même temps la droite s'effondre en passant de 40,05 % à 32,18 %. « L'ampleur de la victoire de la gauche n'a donc pas été due à une augmentation du nombre de ses électeurs mais à une diminution considérable de celui des électeurs de droite », observe François Goguel [1].

Quatre communistes sur un perron

Au soir de ce triomphe électoral Mitterrand confirme à Mauroy, Jospin, Mermaz et Bérégovoy sa décision de proposer aux communistes de participer au nouveau

1. *Le Monde,* 11 novembre 1981.

gouvernement, celui de l'union de la gauche. En cela il est fidèle aux propos tenus devant les Français le 5 mai lors de son face à face télévisé avec Valéry Giscard d'Estaing : « Les communistes ne doivent pas seulement servir à produire, travailler, payer des impôts et mourir dans les guerres (...) S'ils participent à une majorité de rassemblement populaire [à l'Assemblée], bien entendu je travaillerai avec eux. »

Tôt le lundi 22 juin, Jacques Fournier, le secrétaire général adjoint de l'Élysée, est chargé de prendre contact avec le PCF par l'intermédiaire de son collègue et ami du Conseil d'État, le communiste Guy Braibant.

Fournier indique à Braibant les conditions posées par l'Élysée. Elles concernent le nombre et la nature des portefeuilles qui pourraient revenir aux communistes. D'entrée de jeu il fait savoir que Mitterrand récusera Georges Marchais, même si celui-ci abandonne le secrétariat général du Parti. Il ne nommera ni personnalités battues aux législatives, ni responsables syndicaux, ni femmes. Cette dernière condition, *a priori* surprenante, répond en fait aux exigences des femmes socialistes, déçues de n'avoir obtenu pour elles que six maroquins ou demi-maroquins.

Fournier rappelle également que l'été précédent, dans son livre-programme *Ici et Maintenant*[1], Mitterrand avait fixé une autre règle : le nombre de postes ministériels revenant aux communistes serait fonction non pas du nombre de suffrages recueillis au premier tour des législatives, mais du nombre de leurs élus. Or, s'ils ont obtenu 16,17 % des suffrages exprimés le 14 juin, ils ont eu le 21 juin seulement 44 députés. Ils représentent légèrement moins de 10 % de l'ensemble de l'hémicycle. Ils n'ont donc droit, aux yeux du nouveau président, qu'à 10 % des postes gouvernementaux, soit 3 ou 4 sur un total de 44.

Après avoir transmis ces directives place du Colonel-Fabien, Braibant rappelle l'Élysée. Le Parti revendique cinq ministères. Les communistes évoquent l'Énergie, les

1. *Op. cit.*

Transports, les PTT, la Culture, la Santé et, plus timidement, le Travail. Ils se savent trop affaiblis pour demander la séparation du ministère de l'Économie de celui des Finances, qu'ils avaient pourtant souhaitée, espérant ainsi obtenir un portefeuille important : l'Économie et le Plan.

Le même jour, rue de Solférino, l'accord de gouvernement au niveau du programme est scellé sans trop de mal entre les délégations conduites par Jospin et Marchais. Tard dans la soirée, le secrétaire général revient au siège de son parti et lance aux membres du bureau politique qui commençaient à s'endormir dans les bureaux du cinquième étage : « Les conditions politiques sont réunies. »

Le lendemain commence le marchandage sur le nombre de ministres et leur affectation. De part et d'autre on note une réelle volonté d'aboutir.

Le Comité central siège sous la blanche bulle de béton au pied de l'immeuble de verre dessiné par Oscar Niemeyer, tandis qu'au cinquième étage Marchais, entouré des membres du bureau politique, justifie une nouvelle fois son revirement participationniste : « Mitterrand est vraiment un homme de gauche, je m'étais trompé. » Avec une certaine envie de sourire, Claude Poperen[1] et Mireille Bertrand se rappellent les virulentes attaques de Georges Marchais contre le candidat socialiste, l'allié de Giscard et Chirac au sein de la « bande des trois ». Le patron du PCF les raye de sa mémoire...

Il a dans sa poche une petite fiche, pense-bête, avec une douzaine de noms et autant de portefeuilles. Au fil de la journée plusieurs ministrables sont récusés : notamment Danièle De March, battue au premier tour dans la 4e circonscription du Var, et Gustave Ansart, élu dans le Nord et de ce fait écarté par Mauroy. Il bénéficiera d'un lot de consolation avec la présidence de la commission de la production et des échanges à l'Assemblée nationale. *Exit* également l'agrégé de géographie Félix Damette, le cégétiste René Le Guen, le Nîmois Bernard Deschamps et Philippe Herzog, le seul polytechnicien dont s'enorgueillit la direction du Parti.

1. Entretien le 30 janvier 1990.

A l'heure du déjeuner, Marchais confie à Marcel Rigout[1] qu'il entrera au gouvernement à un poste non précisé. Il lui demande le secret.

Au café, les négociations piétinent. A ce moment un seul point paraît acquis : Anicet Le Pors aura les PTT.

Marchais et Fiterman vont voir Mauroy. Ils reviennent à « Fabien » tard dans l'après-midi. Rien ne va plus. Mauroy, tiraillé par les exigences de ses amis socialistes, n'accorde plus que deux portefeuilles au partenaire communiste, dont l'Équipement et les Transports pour Fiterman, pourtant battu dans le Val-de-Marne. Mitterrand concède cette exception à la règle des battus en raison d'une autre entorse à ses principes, la nomination à l'Environnement d'un chef de parti, Michel Crépeau, président du Mouvement des radicaux de gauche (MRG).

Le second ministère, non précisé cette fois, doit revenir à Le Pors[2]. Mais il n'est plus question des PTT. Les socialistes ont réalisé que cette administration maniait trop d'argent pour la confier à un ministre qui n'est pas des leurs.

Marchais, excédé, parle de rupture. Le trio Braibant-Fournier-Bérégovoy s'emploie à débloquer la situation.

A 18 heures l'Élysée appelle : d'accord pour quatre ministres avec la Formation professionnelle à Marcel Rigout et la Santé à Jack Ralite.

Restent les attributions de Le Pors.

A 18 h 15 les socialistes lui proposent la Consommation. Marchais refuse immédiatement.

A 19 heures nouvel appel téléphonique de Pierre Bérégovoy. Il suggère la Fonction publique. Les communistes acceptent à condition qu'on y associe les Réformes administratives.

Bérégovoy cède sur ce point. Il annonce en revanche que Fiterman doit renoncer à l'Équipement et ne conserve que les Transports. Mais il aura le titre prestigieux de ministre d'État. Il peut ainsi prendre part aux Conseils restreints à l'Élysée.

1. Entretien le 26 mai 1989.
2. Entretien le 9 novembre 1989.

Marché conclu. Une heure plus tard, l'Élysée rend publique la composition du deuxième gouvernement Mauroy.

Cette journée laisse une impression de désordre et de cafouillage. La radio et la télévision, installées dans la cour de l'Élysée, ont en effet insisté toute la journée sur la longue attente d'une annonce officiellement prévue pour le début de l'après-midi. Le lendemain, la presse égratigne la gauche sur le thème : ils ont eu près de deux mois pour préparer leur gouvernement et ils se chamaillent jusqu'au dernier moment.

Aussitôt connue la composition de ce deuxième gouvernement Mauroy, les quatre ministres communistes sont invités à Matignon par le secrétaire général du gouvernement, le très professionnel Marceau Long. Sur le conseil de son ami Braibant, il veut leur expliquer sans attendre le fonctionnement de la machine gouvernementale. La tâche est aisée avec Anicet Le Pors. Agé de cinquante ans, ce fils d'un cheminot catholique breton, nourri simultanément de la Bible et du *Capital,* est devenu en 1965 haut fonctionnaire à la direction de la Prévision du ministère des Finances après un diplôme d'ingénieur de la météorologie complété par un doctorat d'État d'économie. Courtois, classique et rigoureux comme ses costumes trois pièces, cet intellectuel du Parti, militant cégétiste, s'est affranchi de la religion à la lecture de Teilhard de Chardin. Bien noté par ses ministres, et en particulier par Valéry Giscard d'Estaing, il lui arrive de publier pour son parti, sous le pseudonyme d'Alexis Cousin, tandis que dans un bureau voisin le jeune Michel Rocard, militant au PSU, écrit sous le nom de Georges Servet.

Comme Anicet Le Pors, Charles Fiterman compte aussi parmi les proches de Marchais. Il est en fait le numéro deux du Parti. Cet aristocrate de la classe ouvrière, ouvrier électricien issu d'une famille juive polonaise installée à Saint-Étienne puis à Paris, a fait toute sa carrière dans l'appareil. Secrétaire de Waldeck-Rochet puis de Georges Marchais, il a longtemps animé l'école de formation des cadres du PCF à Choisy-le-Roi. Autant son patron, Marchais, est hâbleur et péremptoire, autant « Fit » cultive la nuance et le calme, même s'il n'a alors aucun état d'âme sur la ligne du Parti. Sensible et attachant en privé, Fiterman est un « dur » dans le jeu politique. Mitterrand lui-même n'est pas près d'oublier leurs sévères affrontements lors de la renégociation du Programme commun en 1977.

Il reviendra à « Charles » d'être le chef de file des ministres communistes et d'assurer en permanence la liaison avec le Parti dont il reste membre du bureau politique.

Proche d'André Lajoinie, avec lequel il a travaillé sur les dossiers agricoles, Marcel Rigout incarne le communisme de la Résistance. A cinquante-deux ans, ce Limousin chaleureux, fier d'avoir été ouvrier tourneur, anime le grand quotidien communiste régional *L'Écho du Centre.* François Mitterrand et lui se connaissent bien. Ils se sont souvent rencontrés chez une cousine du nouveau président, voisine de la maison des Rigout près de Limoges. Ces deux hommes de terroir ont des proches enterrés dans le même cimetière communal. C'est important pour eux. De tous les ministres communistes, Marcel Rigout est assurément celui dont la présence autour de la table du Conseil est la plus agréable au président.

Intime de Roland Leroy, Jack Ralite, cinquante-trois ans, député-maire d'Aubervilliers, est l'homme du théâtre et de la culture populaires place du Colonel-Fabien. Très influencé par l'aventure de Jean Vilar au festival d'Avignon et au TNP, Ralite est présent partout où se trouvent les créateurs et les gens du spectacle. Il aurait bien aimé la Culture, mais c'est l'autre Jack (Lang) qui brille rue de Valois.

En sortant de chez Marceau Long, les quatre décident de s'organiser et de se répartir le travail. Il leur incombe de faire valoir en Conseil des ministres la position des communistes sur l'ensemble des dossiers.

Au-delà de leurs propres domaines d'action ministérielle, Fiterman suivra les grandes questions politiques (affaires étrangères, commerce extérieur), Ralite s'occupera des dossiers culturels, Le Pors aura un œil sur l'économie et les finances et Rigout sur l'agriculture, la décentralisation et la presse.

Presque chaque mardi soir, après avoir pris connaissance de l'ordre du jour du Conseil des ministres, ils se retrouveront dans l'appartement de fonction de Marcel Rigout pour mettre au point leurs interventions. « Je vous fais confiance », leur avait dit d'emblée Georges Marchais, marquant ainsi qu'il n'avait pas l'intention de téléguider depuis l'immeuble du Parti leurs activités ministérielles.

« Et demain, comment on fait pour aller au Conseil des ministres ? demande Fiterman en quittant ses trois camarades.

– On pourrait y aller ensemble. Rendez-vous à 9 heures à l'Assemblée », suggère Rigout, bien content d'avoir écouté sa femme. Le matin même, le voyant quitter Limoges en chemisette, elle lui avait conseillé – « on ne sait jamais » – de prendre un complet et une cravate.

Les quatre ministres communistes font donc ensemble leur entrée dans la cour d'honneur de l'Élysée, dans la bousculade des photographes. Arrivé en haut du perron, Rigout a le réflexe de prendre Fiterman par le bras. Il demande à ses trois camarades de faire face aux journalistes. La photo fait le tour du monde.

« La présence de quatre ministres communistes au gouvernement est aussi pour François Mitterrand la marque de la fidélité à ses engagements à gauche, souscrits il y a longtemps et constamment réaffirmés. C'est l'achèvement d'une stratégie », écrit Jean-Marie Colombani dans *Le Monde* du lendemain.

Dès l'ouverture du Conseil, ce 24 juin 1981, François Mitterrand prend la parole. Il explique la signification qu'il donne à l'entrée des quatre ministres communistes dans le gouvernement : « Cet élargissement correspond au souhait des Français », dit-il, avant de dresser un parallèle historique entre les situations de 1981 et de 1946. De Gaulle avait voulu « rassembler toutes les énergies » pendant la guerre et à la Libération. Aujourd'hui la France affronte une guerre économique et notre devoir est de « rassembler toutes nos forces », ajoute-t-il.

Plusieurs ministres d'alors se souviennent que Mitterrand, ce jour-là, avait bien marqué que le gouvernement n'était pas composé de « représentants des partis », mais de « membres de partis ». Une remarque qui s'applique aux communistes comme aux autres.

Avant que Pierre Mauroy, lyrique, exalté par la vague rose, n'exprime sa joie et « l'allégresse des temps nouveaux », Mitterrand a calmé les ardeurs en jetant un froid : « Nous serons mis en cause par l'opinion, plus encore avec l'arrivée de nos quatre collègues membres du Parti communiste. »

Il lui faut abréger son propos car il attend, d'une minute à l'autre, l'arrivée à l'Élysée du vice-président américain George Bush. Il prend toutefois le temps de dire que « la politique de la France se fait ici et non ailleurs ».

Charles Fiterman, au nom de ses trois collègues, parle brièvement. Il assure Mitterrand et Mauroy de « l'esprit de solidarité et de totale loyauté » des ministres communistes qui ont conscience de contribuer à « une chance historique qu'il ne faut pas gâcher ». Il demande aux ministres socialistes d'aider dans leur travail les quatre communistes qui sont « inexpérimentés [1] ».

Charles Hernu est le dernier à intervenir. Il lui revient d'énumérer la longue liste des décorés figurant dans la promotion 14 juillet de la Légion d'honneur.

Mitterrand : « Évidemment on ne connaît pas tous ces gens, alors on n'a rien à en dire. »

Hernu : « J'ai leurs fiches, je peux les lire, si vous le souhaitez. »

Mitterrand : « Pas la peine, ça va comme ça. »

1. Le ministre d'État, ministre des Transports, est le premier communiste à s'exprimer à la table du Conseil depuis Maurice Thorez, vice-président du Conseil, révoqué du gouvernement avec ses quatre collègues – Marcel Paul, François Billoux, Ambroise Croizat et Charles Tillon – le 5 mai 1947 par le président du Conseil socialiste Paul Ramadier.

Les « rouges » dans la bergerie occidentale

Le président de la République est conscient des répercussions internationales de la présence des communistes au gouvernement. Il doit faire comprendre aux États-Unis que cette décision de politique intérieure n'implique aucun changement pour les alliances extérieures de la France. Il a prié son ministre des Relations extérieures de se rendre à Washington. Dès le 4 juin Claude Cheysson est à la Maison-Blanche. Ronald Reagan lui annonce la prochaine visite de Bush à Paris, dans le cadre de sa première tournée en Europe.

« Beaucoup ont cru que j'allais voir les Américains pour parler de la prochaine entrée des communistes au gouvernement. C'était faux, explique Cheysson[1]. J'ai dit à Ronald Reagan, George Bush et Alexander Haig que pour la France l'Alliance atlantique est fondamentale et que nous sommes aux côtés des Américains. »

Pourtant, à la Maison-Blanche les interlocuteurs du ministre socialiste ont bel et bien parlé des communistes. Mais uniquement sous l'angle de leur soutien à la majorité présidentielle. La question de leur éventuelle participation au gouvernement n'a pas été évoquée.

Dans le bureau ovale il s'est passé quelque chose. Ces trois responsables américains, qui rejettent dans un même opprobre communisme et socialisme, qu'il leur arrive de confondre, découvrent avec étonnement que le nouveau responsable de la diplomatie française ne détone pas dans le cercle habituel de leurs interlocuteurs occidentaux. « Il n'a ni corne, ni queue, il n'est pas le diable[2] » et, *« jolly good ! »,* parle le même anglais que Margaret Thatcher.

De retour à l'ambassade de France, Cheysson informe Mitterrand par téléphone de la venue de George Bush. Le président propose immédiatement deux dates : le 24 juin ou début juillet. Bush choisit la première. Elle coïncide

1. Entretien le 10 mars 1989.
2. Entretien avec Claude Cheysson le 10 mars 1989.

avec le premier Conseil des ministres du deuxième gouvernement Mauroy : celui auquel les communistes devraient participer.

« Je fais remarquer à Bush, poursuit Cheysson, que sa visite interviendrait au lendemain des législatives. Je n'en dis pas plus, je pense qu'il comprend, mais il confirme le choix du 24 juin. »

Le mardi 23, quelques heures avant l'annonce officielle de la composition du gouvernement où entrent quatre ministres communistes, Mitterrand demande à Cheysson de « préparer les Américains à ce qui va arriver ».

L'ordre est exécuté une heure seulement avant la publication de la liste gouvernementale. Alexander Haig est à Hawaii, et Claude Cheysson a dû multiplier les tentatives infructueuses avant de parvenir à le joindre.

« Et Bush ? interroge le général Haig qui se demande si la venue à Paris du vice-président n'est pas remise en question.

– C'est lui qui a choisi de venir à Paris demain », répond Cheysson au secrétaire d'État américain.

Très vite, Washington confirme la venue de George Bush et il est convenu que le lendemain de sa rencontre avec le président français le vice-président des États-Unis exprimera à Paris la position de son pays sur l'évolution de ses relations avec la France.

Aussitôt François Mitterrand adresse par le télétype spécial Élysée-Maison-Blanche un message à Ronald Reagan. Il lui écrit sans détour que « la démocratie s'étant pleinement exprimée » le nouveau gouvernement français sera « représentatif de la nouvelle majorité parlementaire ». Il réaffirme les engagements de la France en matière de sécurité dans le cadre de l'Alliance atlantique et se réjouit de pouvoir évoquer cela « longuement et franchement » avec George Bush.

Comme prévu, ce mercredi 24 juin, Bush et Cheysson entrent à l'Élysée côté parc, tandis que côté cour d'honneur les quarante-cinq membres du gouvernement d'union de la gauche quittent le palais à l'issue du Conseil des ministres. « Le bras droit de Reagan ne devait pas croiser les représentants français de l'Empire du mal. » L'explication, non dépourvue d'ironie, émane d'un diplomate de la présidence.

Mitterrand quitte le Conseil pour accueillir Bush dans un salon. Sans préambule, le chef de l'État révèle à l'envoyé de Reagan sa ligne de conduite à l'égard des communistes : « Mon adhésion au socialisme n'est en rien un ralliement au marxisme mais le moyen pour la gauche française de parvenir au pouvoir, et aussi de ramener le communisme à son vrai niveau[1]. »

Il veut persuader Bush du bien-fondé de sa stratégie : « A l'intérieur du gouvernement les communistes perdent leur originalité car ils sont liés aux décisions des socialistes. Ils resteront, ils vont se cramponner aux postes et leur érosion sera grande », prédit Mitterrand.

Devant l'Américain étonné, note Cheysson, le Français enchaîne sur l'Histoire, mêlant spirituel et politique : « N'avez-vous jamais été frappé que les communistes soient plus nombreux en pays catholique que protestant ? C'est que l'Église romaine a appris la discipline aux catholiques, qui, ainsi habitués, ne discutent pas les ordres d'une autre Église. En revanche, les protestants doivent trouver leur salut par eux-mêmes et il n'y a pas de hiérarchie pour leur dire comment penser. »

Ces propos impressionnent Bush au plus haut point. Durant des années, à chacune de ses rencontres avec les dirigeants français, il évoque cette conversation.

« J'ai dit à Bush : je prends des ministres communistes à des postes qui ne mettent pas en danger l'Alliance. C'est la France qui décide, c'est ma politique et il n'y a pas de risque pour l'Alliance », raconte François Mitterrand[2] huit ans plus tard.

Le problème des communistes ainsi évacué, on passe à table et à d'autres sujets. Mitterrand interroge Bush sur son séjour en Chine en 1974-1975, sur la politique éner-

1. Document d'archives.
2. Entretien le 16 mars 1989.

gétique américaine et, à un mois du sommet des sept pays industrialisés à Ottawa, sur les relations Nord-Sud.

Au sortir de ce déjeuner, Mitterrand raccompagne son hôte sur le perron de l'Élysée. Les micros se tendent. Le vice-président américain ne peut s'empêcher de dire que la présence des ministres communistes « est certainement appelée à causer du souci aux alliés de la France ». « La position des États-Unis au sujet de la participation communiste dans les gouvernements de nos alliés est bien connue », ajoute-t-il. Mitterrand s'approche alors des micros pour assurer, dans une tautologie quasi gaullienne : « La politique de la France est celle de la France et restera celle de la France. »

Les deux hommes se séparent. Mitterrand croit qu'il a réussi une partie difficile : faire admettre aux Américains la présence des ministres communistes.

C'était compter sans la tenace hostilité des durs de Washington. Le département d'État, contrairement à ce qui avait été convenu, obtient de Reagan et de son entourage le feu vert pour publier un communiqué sur les conséquences négatives de l'entrée des communistes dans le gouvernement français.

Pendant qu'il reçoit Mauroy et Cheysson à dîner à l'ambassade des États-Unis, à quelques pas de l'Élysée, avenue Gabriel, Bush est appelé deux fois au téléphone de Washington. Il avertit aussitôt Cheysson : « *We have a problem,* Al Haig va publier un communiqué. »

Peu avant minuit le texte américain tombe à Paris : « Le ton et le contenu de nos rapports en tant qu'alliés seront affectés par l'arrivée des communistes dans le gouvernement français, comme dans tout gouvernement d'un de nos alliés ouest-européens. »

« We are not amused », lâchait, impériale, la reine Victoria quand ses *dominions* se faisaient trublions. Le leader du « monde libre » lui fait écho cent ans plus tard.

Le lendemain, à Orly, Bush s'envole pour Londres après une brève déclaration au ton très modéré.

Étrangement *L'Humanité* et *Le Figaro* réagissent de manière identique à l'attitude américaine. « La France est un pays souverain, allié des États-Unis, elle n'est pas un protectorat américain », écrit le quotidien communiste tandis que son confrère observe : « Nous ne nous réjouissons pas de l'intervention ouverte des États-Unis dans les affaires intérieures françaises (...) Ronald Reagan fera fausse route s'il confond la France avec le Salvador ou Saint-Domingue. »

Le vendredi, les autorités françaises répliquent en deux temps au communiqué du département d'État : sèchement par la voix du ministre des Relations extérieures, fermement par celle du président de la République.

Au journal télévisé de 13 heures, Claude Cheysson qualifie de « surprenante et inacceptable » la déclaration américaine. Le ministre socialiste se réjouit de l'appui apporté par l'ancien Premier ministre gaulliste Pierre Messmer. Lui aussi juge « inacceptable » le comportement américain : « En tant que gaulliste je ne peux accepter les commentaires des dirigeants d'un pays, quel qu'il soit, sur la composition d'un gouvernement de la France. »

Dans l'après-midi, à Dun-les-Places, petit village du Morvan où il vient chaque année commémorer le martyre des Nivernais abattus en 1944 par l'armée allemande en retraite, Mitterrand s'adresse aux journalistes : « On a écrit : Reagan se fâche. Et après ? Reagan éternue. Et après ? Je ne vais pas aussitôt mettre le doigt sur la couture du pantalon. Je ne me suis pas posé la question de savoir si ma décision d'appeler des communistes correspondait au désir ou à la volonté de tel ou tel pays et je ne me la poserai pas. La réaction des Américains c'est leur affaire ; la décision c'est la mienne. La France est un bon allié des États-Unis. Nous avons des intérêts communs qui ne sont pas à la merci des événements du moment. Les Américains sont loin de chez nous et ils ne comprennent pas nos évolutions. Tout cela c'est l'humeur du moment. »

En fin de compte, Bush réussira à atténuer la réaction américaine. Le samedi 27 juin, de retour à la Maison-Blanche, il rend compte à Reagan de ses entretiens de Paris. Haig, à la télévision, déclare dans la foulée : « Nous devons reconnaître que la nomination d'un gouvernement est une affaire interne. »

Les autres responsables occidentaux sont désireux d'apaiser les choses. Ainsi, le Premier ministre canadien Pierre Elliott Trudeau, de passage à Paris pour préparer le sommet des Sept : la participation de communistes au gouvernement français « ne change rien et n'a aucune importance », déclare-t-il en sortant de chez Mitterrand, ajoutant qu'il « ne voulait pas indiquer à un autre pays comment il devait former son gouvernement » et que « la nomination de ministres communistes ne gêne pas les relations franco-canadiennes ».

Même son de cloche à Londres, où Lord Carrington assure que le Royaume-Uni désire « coopérer avec le gouvernement français » et qu'il « appartient de toute évidence au président de la République et au Premier ministre de décider qui occupera individuellement les postes du gouvernement »[1].

A Bonn, le gouvernement fédéral du chancelier Schmidt a estimé que l'entrée des communistes au gouvernement « ne présentait pas de danger » pour la sécurité européenne et atlantique.

« *Why did you take communist ministers ? could you explain, Mr. Jobert*[2] ? » Interpellé fin juin lors d'un dîner de gala à Monaco par des hommes d'affaires américains, le ministre du Commerce extérieur répond, comme toujours malicieux et pince-sans-rire : « Il y a des communistes au gouvernement à Reykjavik et, à ma connaissance, les Islandais ne sont pas au ban de vos escales stratégiques. »

Les explications de Mitterrand à Bush n'ont pas complètement convaincu Reagan de la fidélité de la France

1. Le *Times* se plaît à souligner que « François Mitterrand connaît assez bien les communistes pour ne pas leur faire confiance » et qu'il « est maintenant dans une position assez solide pour ne pas avoir à leur faire confiance ». Pour le *Guardian,* « les communistes ont fait toutes les concessions ». Le *Financial Times* souligne que « le Comité central du PCF a trouvé dure à avaler une déclaration politique commune [avec le PS] qui est essentiellement un catalogue des politiques du Parti socialiste ».

2. Entretien le 18 mai 1989.

socialiste à son allié américain. Paradoxalement, l'intervention involontaire du KGB est décisive.

A Ottawa, le 20 juillet, Mitterrand participe à son premier sommet des Sept. Il y fait connaissance avec Ronald Reagan. Et il n'arrive pas les mains vides à cet entretien.

Il est porteur d'informations sans précédent depuis la guerre sur le réseau d'espionnage technologique et industriel soviétique en Occident.

Depuis près de quatre mois, le contre-espionnage français, la DST, reçoit de Moscou un flot continu d'informations explosives émanant d'un haut gradé soviétique. Cet officier général du KGB, membre du cercle étroit des décideurs, trahit les secrets parmi les mieux protégés de l'État soviétique. Il a choisi d'en faire profiter la France où il a été en poste vingt ans plus tôt. C'est l'agent « Farewell », entré dans les annales du renseignement au premier rang des maîtres espions contemporains.

Dans la semaine qui suit l'installation de François Mitterrand, le ministre de l'Intérieur, alerté le premier par son directeur de cabinet, le préfet Maurice Grimaud [1], lui-même « mis au parfum » par le patron de la DST, Marcel Chalet [2], accourt à l'Élysée. Il informe le président de cette opération en cours. Devant l'importance de l'affaire, Mitterrand et Defferre décident d'œuvrer dans la plus grande discrétion. Seul le général Jean Saulnier, chef d'état-major du président, est chargé de suivre le dossier. Le ministre de la Défense Charles Hernu est tenu à l'écart. Il convient d'éviter une guerre des services. L'agent « Farewell » est « traité » par la DST, qui, en principe, ne devrait pas opérer en dehors du territoire national. Mais c'est un agent de la DST, dépendant du ministère de l'Intérieur, qui a été contacté par « Farewell ». Les renseignements en dehors de nos frontières dépendent du SDECE, sous l'autorité du ministère de la Défense. Le SDECE ne doit donc pas connaître ce dossier dont il pourrait revendiquer le traitement.

Sans aller jusqu'à lever le voile sur l'ampleur des révé-

1. Entretien le 8 février 1990.
2. Voir le livre-entretien de Marcel Chalet et Thierry Wolton, *Les Visiteurs de l'ombre,* Paris, Grasset, 1990.

lations du Soviétique, les Français autorisent la DST à fournir à leurs « correspondants » américains certaines des informations les concernant. Il s'agit d'utiliser les compétences de la CIA afin de tester l'authenticité des renseignements recueillis.

A la mi-juillet, la masse de renseignements – contenant notamment des documents signés par le chef du KGB Iouri Andropov et des pièces annotées de la main de Leonid Brejnev – est telle que la question d'une coopération intense avec les Américains ne peut être éludée.

Mitterrand décide de faire bénéficier Washington des livraisons de « Farewell », qui au fil des arrivages révèlent l'ampleur de la pénétration soviétique dans le complexe militaro-industriel nord-américain.

A Ottawa, installé dans les fauteuils de jardin du domaine de Montebello, il informe lui-même son homologue américain de cette décision. « J'en parle à Reagan en présence de Haig et de Cheysson. Nos deux Américains nous assurent qu'il s'agit de la plus grosse affaire de ce genre depuis la guerre », raconte Mitterrand[1].

Au cours de l'été, Chalet, le patron de la DST, est envoyé en mission à Washington. Avec le vice-président Bush, ancien directeur de la CIA, il met au point les modalités de la coopération entre les « services » des deux pays. La centrale américaine procure alors un appareil photographique spécialement conçu pour faciliter le travail de « Farewell ». Dans un premier temps, le Russe passait ses messages par l'intermédiaire de l'épouse d'un diplomate français à Moscou avant qu'elle ne soit remplacée par un agent venu de Paris.

Quand ils reçoivent les renseignements transmis par Paris, les Américains affichent une surprise qui confine à l'incrédulité. Le général Saulnier[2] : « On était tombé sur une mine extrêmement riche. » L'Occident détient ainsi la preuve manifeste que les Soviétiques sont engagés dans la construction d'une navette spatiale et qu'ils sont à l'affût de toute information sur des « points durs » comme son revêtement de refroidissement.

1. Entretien le 9 février 1989.
2. Entretien le 12 avril 1989.

Grâce au dossier « Farewell », Mitterrand convainc Reagan que la France socialo-communiste n'était pas « livrée aux Rouges » ; qu'elle se trouvait même au côté de son allié américain pour faire front contre les menées du Kremlin.

Cette affaire est l'une des rares occasions où l'espionnage a modifié un comportement politique et stratégique. Avec « Farewell » et, dix-huit mois plus tard, le discours du Bundestag[1], Mitterrand a établi les deux piliers de la confiance franco-américaine de l'après-1981.

« L'affaire " Farewell " a rassuré les Américains, mais aujourd'hui j'ai de sérieux doutes... » En février 1989, Mitterrand[2] se demande si « ces informations ne venaient pas en fait des États-Unis qui voulaient ainsi tester la France socialiste et me tester personnellement. Je n'ai aucune preuve, mais si tel était le cas, on devait avoir l'air malin Cheysson et moi devant Reagan et Haig à Ottawa en leur révélant l'affaire... ».

Quoi qu'il en soit, l'exploitation franco-américaine du filon « Farewell » se poursuit jusqu'à l'hiver 1982. A cette date la « taupe » francophile soviétique, haut gradé de la première direction principale du KGB, installé dans le tristement célèbre immeuble de la Loubianka, après avoir fourni quelque trois mille documents à la DST, cesse ses envois.

En effet, par une maladresse digne d'un débutant, « Farewell » est piégé un soir de février 1982. Garé près d'un parc tranquille de Moscou, l'agent partage ce soir-là une bouteille de champagne français avec sa maîtresse Ludmilla, une secrétaire affectée au quartier général du KGB. Soudain un homme se penche à la fenêtre de la voiture. « Farewell » reconnaît un de ses collègues des services secrets. Surpris, inquiet, l'esprit embrumé par l'alcool, croyant son double jeu sentimental et d'espionnage découvert, il sort de la voiture, se rue sur le curieux et le tue à coups de couteau. Terrifiée, sa compagne tente de s'échapper. Il la rattrape dans le parc et lui inflige le même sort. La laissant pour morte il s'enfuit. Mais le

1. Voir IIIe partie : « La France dans le monde ».
2. Entretien le 9 février 1989.

doute et l'angoisse ont raison de son élémentaire prudence et il revient sur les lieux de ses crimes une heure plus tard. C'est l'erreur fatale car Ludmilla n'est pas morte et, soutenue par les miliciens qui l'ont retrouvée, elle reconnaît son amant et crie : « C'est lui l'assassin. »

A sa grande surprise, le procès se limite à une affaire de droit commun. Sa trahison n'a pas été décelée et il se retrouve à l'automne dans la prison d'Irkoutsk, condamné à douze ans de réclusion criminelle. Il commet alors sa deuxième erreur en évoquant dans des lettres à sa femme, Svetlana, fille d'un célèbre amiral, « l'énorme affaire » qu'il a dû interrompre avec cette condamnation, mettant ainsi sur la voie le KGB qui, naturellement, surveille toute sa correspondance. Interrogé enfin sur ses activités réelles, il avoue rapidement et conclut sa déposition, qu'il titre « La confession d'un traître », par les mots : « Mon seul regret est de ne pas avoir pu causer davantage de tort à l'Union soviétique en rendant davantage de services à la France. » A la fin de 1982, « Farewell » est fusillé. Il avait cinquante-quatre ans.

Ce récit digne de John Le Carré vient à la connaissance de l'Occident en 1985 avec la défection à l'Ouest d'un autre gros poisson du KGB, Vitaly Iourchenko, qui, pendant cinq ans, avait été responsable de la sécurité et du contrôle des activités du personnel central du KGB. Il a interrogé « Farewell » dans la prison d'Irkoutsk. On doit ces révélations à l'écrivain britannique Gordon Brook-Shepherd, dans son ouvrage *The Storm Birds,* publié en 1988[1].

Marcel Chalet, patron de la DST à l'époque, ne dément pas cette version des faits, de même qu'il confirme celle du passé de « Farewell » : francophile, « Farewell » l'était devenu à Paris en 1965 où, après un diplôme d'ingénieur spécialisé dans l'automobile, il avait été envoyé en mission par le KGB sous la couverture classique de diplomate, écrit Brook-Shepherd. Il se lie notamment avec un industriel français dont les activités scientifiques intéressent évidemment Moscou. Cette

1. Londres, Weidenfeld and Nicolson.

relation, d'abord vaguement amicale, se transforme en véritable lien le jour où le Français remet à neuf gratuitement la voiture officielle de l'ambassade que « Farewell » a emboutie dans une rue encombrée. « Farewell » regagne Moscou en 1970 et, onze ans plus tard, tente de reprendre contact avec son ami français. Il a des choses à lui montrer. C'est le début de l'extraordinaire moisson dont bénéficie la DST.

Extraordinaire, le mot n'est pas trop fort : 3 000 secrets de la plus haute importance, le nom de 250 agents travaillant dans seize pays occidentaux pour l'Est, l'acharnement avec lequel Moscou veut connaître la technologie des avions à décollage vertical, le secret du « cryogène », carburant de la fusée Ariane, les moyens d'accélérer le programme de navette spatiale, etc.

Le doute est toutefois permis sur la réalité de la mort de cet agent exceptionnel. « Est-on sûr qu'il a bien été exécuté (...) personne n'a vu son cadavre », observe Chalet, qui s'abrite derrière son « éthique » pour ne pas dévoiler l'identité de cet agent. Comme Saulnier, Grimaud et Mitterrand, il qualifie de « purement imaginaire » le nom de Vladimir Volodia, avancé par un auteur[1].

Son nom n'est pas rendu public, avance le général Saulnier, parce que les services français n'ont pas la « certitude absolue » de son décès et se demandent encore si « Farewell » ne bénéficiait pas de complicités de sa famille et d'autres personnalités soviétiques toujours en activité. « Nous n'avons jamais très bien su le degré de complicité de ses proches », ajoute-t-il.

Selon l'un des cinq responsables français ayant suivi l'affaire dès le début, mais qui, sur ce point, a refusé d'être cité, outre les agents français ayant servi de maillons dans le cheminement des documents transmis par « Farewell », « plusieurs Soviétiques étaient compromis dans ce processus ».

Cette personnalité assure que, à la suite de la découverte des agissements de « Farewell », « le KGB a approché les services français pour savoir ce qu'ils savaient

1. Franz-Olivier Giesbert, in *Le Président, op. cit.*

exactement sur la façon dont cet agent avait procédé. En échange, ils étaient prêts à nous donner un certain nombre de choses sur leurs activités en France. On ne leur a pas dit non et on les a laissés venir. Mais comme rien n'est venu, le marchandage en est resté là. Les Soviétiques ne sont jamais remontés jusqu'au processus mis en place pour la livraison des documents. De toute façon nous n'aurions rien dit sur les complicités soviétiques dont a bénéficié " Farewell " », affirme encore ce haut responsable, laissant entendre que certains de ces Soviétiques pourraient encore être utilisés par l'Occident.

Le Kremlin, qui n'a pas accepté – on le comprend ! – cette terrible trahison, monte plusieurs opérations de représailles. En voici une.

Au cours de l'été 1983, un Soviétique fait défection en Grande-Bretagne, porteur de « documents » du KGB révélant, entre autres, l'« identité » de trois « taupes » soviétiques : de hautes personnalités françaises. Les services secrets britanniques du MI6 préviennent la DST, dirigée alors par Yves Bonnet. Celui-ci préconise des interpellations immédiates. Il alerte Hernu, Saulnier et Mitterrand, qui prennent cela très au sérieux. Charles Hernu[1] : « J'ai été prudent, méfiant, j'ai fait surveiller des gens de mon cabinet, de Matignon, d'autres ministères, à leur insu. J'en ai muté certains. Soyez prudent, restez vigilant, mais attention aux manipulations, me disait Mitterrand quand nous évoquions ces affaires. »

Les suspects ne sont pas informés des soupçons qui pèsent sur eux. L'un des plus proches collaborateurs du ministre de la Défense au sein du cabinet civil, le très brillant François Heisbourg[2], n'obtient pas la direction des affaires internationales de la Délégation générale pour l'armement, la prestigieuse DGA, à laquelle Mitterrand et Hernu le destinaient.

Il ne reçoit aucune explication. L'ingénieur général René Audran est nommé à ce poste, qu'il occupe jusqu'à

1. Entretien le 8 avril 1989.
2. Entretien le 24 mars 1989.

son assassinat le 25 janvier 1985 par un commando d'« Action directe ».

Au printemps 1984, les services britannique et français, qui exploitent les renseignements du transfuge de Londres, découvrent qu'il s'agit d'une manipulation du GRU [1], et du KGB : les documents dont il était porteur concernant les Français ont été fabriqués boulevard Lannes, à l'ambassade d'URSS à Paris.

Thierry Pfister, influent conseiller politique et talentueux porte-plume du Premier ministre Pierre Mauroy, figurait également sur cette liste de contre-intox. Lui ne connaît pas de disgrâce à la différence d'Heisbourg. « Je n'en ai jamais rien su [2]. »

Heisbourg retrouve plus tard des responsabilités chez Thomson avant de diriger à Londres l'Institut international d'études stratégiques. En septembre 1988, il reçoit une lettre de Raymond Nart, numéro deux de la DST, reconnaissant son « parfait loyalisme » et confirmant la manœuvre soviétique, qui « visait à créer des difficultés entre la DST et le gouvernement ».

Le vendredi 29 mars 1985 à 20 heures, François Mitterrand [3] est dans sa chambre à la résidence de France à Bruxelles où il participe au Conseil européen. « J'étais en train de me changer avant le dîner. La télévision était allumée. En mettant ma cravate, je regardais distraitement les nouvelles. J'entends Masure, qui annonce un reportage exclusif sur l'affaire " Farewell " jusqu'ici tenue secrète. J'appelle aussitôt Joxe à Paris. Il était catastrophé. Je lui demande de convoquer Bonnet, le patron de la DST. Dans la nuit Joxe me rappelle et me dit : c'est lui. Bonnet, m'a-t-il dit, m'a parlé comme un mystique de l'anticommunisme en m'assurant qu'il avait fait son devoir. »

Yves Bonnet ne restera pas longtemps à son poste. Mitterrand estime qu'en révélant l'affaire à la presse [4], le patron de la DST « a pris le risque de brûler ce réseau ».

1. Service de renseignements de l'armée soviétique.
2. Entretien avec Thierry Pfister le 17 mai 1990.
3. Entretien le 9 février 1989.
4. TF1 diffusera deux reportages et *Le Monde* un grand article.

DEUXIÈME PARTIE

Le socialisme

CHAPITRE 1

Changer la vie ?

« Ça alors ! Le président est socialiste et la tour Eiffel est toujours à sa place ! » s'écrie un Parisien en ouvrant sa fenêtre le 11 mai au matin, tandis que son voisin de balcon s'exclame : « Incroyable ! » Ce croquis de Plantu, publié à la une du *Monde* du 12 mai, restitue le climat d'espoir et de crainte, de lyrisme et de réalisme qui règne au lendemain du 10 mai 1981.

La gauche est enfin au pouvoir. Elle tient le monde entre ses mains : un président confortablement élu pour sept ans, disposant pour cinq ans d'une majorité inouïe à l'Assemblée nationale ; un gouvernement engagé sur un ambitieux programme de transformation économique et sociale qui se proclame ouvertement en rupture avec la logique capitaliste libérale dominant le monde occidental.

En droit, Mitterrand et son équipe disposent de tous les leviers institutionnels.

En fait, de puissantes forces se dressent contre lui : une opposition parlementaire réduite et sonnée, mais rapidement pugnace ; des milieux industriels et financiers globalement hostiles à l'expérience en cours ; une presse libre qui ne se prive pas, à juste titre, de donner son opinion, le plus souvent sans la moindre complaisance ; le regard sceptique et méfiant du capitalisme international et des dirigeants occidentaux.

Prêts à soutenir les nouveaux gouvernants, les syndicats sont une force en déclin. Désunis, ils sont également affaiblis dans leur combativité par la montée du chômage et les ravages des licenciements économiques.

L'élite de l'État, formée des strates successives du gaullisme, du pompidolisme et du giscardisme, n'est pas *a priori* acquise au nouveau pouvoir. Elle serait même plutôt hostile dans les grandes féodalités que sont les Finances, les Armées, les Polices ou la Diplomatie. La haute administration se montre pourtant le plus souvent loyale. Son renouvellement se fait progressivement, en deux ou trois ans, au profit d'une classe technocratique acquise, à des degrés divers, aux idées et aux hommes du pouvoir.

La gauche a gagné par son « changer la vie ». Ce slogan, exhumé de Rimbaud, a d'abord mobilisé les forces progressistes du pays puis a su attirer une partie des couches sociales traditionnellement proches de la droite et du centre, déçues par vingt-trois années sans véritable alternance.

Les Français attendent des mesures concrètes qui traduisent les promesses ou les « propositions » de changement. Ils ne sont pas fondamentalement inquiets, même si des voix s'élèvent, surtout à droite, pour prédire la catastrophe, parfois sans la moindre nuance : « La gauche c'est le Goulag, vous verrez. Nous aurons bientôt les chars soviétiques place de la Concorde. »

Mais que signifie concrètement ce « socialisme du possible » promis par le nouveau président ? D'abord une plus grande justice sociale, un meilleur partage, une vraie redistribution. Ensuite une richesse nationale accrue par une politique économique de croissance. Enfin des réformes de structures assurant un plus grand dynamisme de l'appareil de production, grâce essentiellement aux nationalisations.

Comment porter un jugement au terme de l'expérience ? Septennat de paille ou septennat de plomb ? Illusions ou réalisations ? Ont-ils changé la vie ? Ont-ils changé d'avis ? Mitterrand avait-il tout prévu ou s'est-il laissé ballotter par les événements ?

Si l'on retient le seul critère du suffrage universel, les législatives de mars 1986 traduisent un réel désaveu mais pas une condamnation sans appel. La présidentielle d'avril-mai 1988 signifie tout autant un refus de la poursuite de l'expérience Chirac qu'un satisfecit à Mitterrand.

Si l'on fonde son jugement sur les résultats économiques et sociaux, alors la gauche n'a amélioré qu'à la marge le sort des plus défavorisés. Mais elle a étendu de nombreux droits sociaux, modernisé le tissu économique national, vaincu l'inflation, réconcilié les Français avec l'entreprise, poursuivi l'ouverture du pays vers l'extérieur, donné davantage de moyens à la recherche et fait le bonheur des boursiers.

Elle n'a pas vaincu le chômage, son objectif premier en 1981. Elle n'a pas su prévenir la montée de l'insatisfaction d'une bonne partie de l'opinion à l'égard de l'insécurité, de l'immigration, de la violence terroriste. Elle ne s'est pas donné les moyens d'une vraie amélioration du service public (école, santé, logement social, transports urbains).

Si l'on se penche sur la société et la culture, on doit constater un élargissement des droits individuels et collectifs, prendre acte de l'abolition de la peine de mort et des tribunaux d'exception et déplorer la misère de l'institution judiciaire et carcérale. Les Arts et la Communication se sont répandus dans la Cité, mais la barrière demeure entre cultures élitiste et populaire. Le rêve d'une télévision plus intelligente s'est assez vite évanoui sous la loi d'airain de l'« audimat », c'est-à-dire de l'argent.

Les institutions de la Ve République, soumises pour la première fois au test de l'alternance dans l'alternance, ont fonctionné sans crise. La continuité l'a emporté dans la pratique institutionnelle avec un président tout à fait à l'aise dans son rôle de monarque républicain, un gouvernement retrouvant progressivement ses prérogatives, et un Parlement toujours cantonné dans sa fonction législative, sans vrai pouvoir d'initiative ou de contrôle. Seule inflexion entre 1981 et 1986, la participation accrue du parti majoritaire à l'élaboration des grands choix de politique intérieure.

Si l'on se livre au jeu de la confrontation des discours et proclamations, on n'a aucun mal à relever les contradictions. La gauche triomphante, à commencer par son chef, véhicule pendant les années de sa montée en puissance une idéologie de rupture avec le capitalisme, un engagement de moralisation contre les profiteurs, les exploiteurs, les spéculateurs et les marchands de canons. Trois ans aux affaires et elle célèbre le profit, modernise la Bourse, amorce la libération des prix et mène une politique active de ventes d'armes.

Contradictions ? Reniements ? Sans aucun doute. La gauche, comme la droite, s'est soumise à la loi du pouvoir. Elle a dû prendre en compte les rapports de force. Apprendre le compromis qui s'impose entre le rêve et la réalité, avec, au bout du chemin, la sanction du bulletin de vote.

A la différence de Blum et de Mendès France, Mitterrand dispose de la durée. Il la doit à une Constitution qu'il a combattue. Mais il sent qu'il doit agir vite, avant que l'opinion « changeante » et « versatile » ne brûle ce qu'elle avait adoré. « Si on n'agit pas très vite, dès les premiers mois, on se trouvera toujours de bonnes raisons après pour ne rien faire », dit-il. Élu du « peuple de gauche », porté au pouvoir par un immense effort collectif, il doit tenir ses promesses consignées dans les « 110 Propositions pour la France ». Réformes économiques, avancées sociales, réformes de société : le grand chantier du changement est immédiatement mis en route. Le président se donne deux ans pour faire entrer dans les esprits et dans les faits « l'autre logique », celle du « socialisme à la française ».

Alors que le Premier ministre s'apprête à monter à la tribune de l'Assemblée nationale pour présenter le programme du gouvernement de l'union de la gauche, le mercredi 8 juillet en Conseil des ministres, le président déclare : « Malgré la durée que nous assurent les institutions, il nous faut réussir. C'est eux ou nous. Vous n'êtes pas un gouvernement banal. Le peuple a voulu que le pouvoir change de mains. Nous ferons ce que nous avons dit au cours de la campagne, ni plus ni moins. Mais prenons garde, on ne fait pas ce que l'on ne fait pas vite. »

Pour la nouvelle équipe dirigeante française, une idée-force : les difficultés économiques et sociales du pays trouveront leur solution dans un retour à la croissance. Afin de stimuler l'activité économique, les socialistes sont décidés à donner un coup de fouet à la consommation populaire par le biais de hausses substantielles des bas salaires et des prestations sociales. Tout est simple pour eux. Les ménages modestes vont pouvoir acheter plus et ils achèteront français, ce qui relancera la production et l'investissement intérieurs, donc la croissance et l'emploi. Étroitement liées à cette stratégie, plusieurs réformes structurelles et quelques priorités budgétaires doivent encourager l'investissement vers les secteurs d'avenir. Avec les nationalisations industrielles et bancaires, l'État éclairé, incarnant l'intérêt national, pourra orienter les projets et les crédits vers la reconquête du marché intérieur et le développement de l'emploi. Grâce à la politique des « filières », qui doivent défendre la variété des productions françaises, au lieu de ne porter l'effort que sur les points forts de son industrie – la politique giscardienne des « créneaux » –, la France évite la dépendance de la division internationale du travail. Elle sera forte et indépendante. Elle maintient ses compétences dans le plus grand nombre possible de domaines.

S'ajoutent les engagements budgétaires annoncés pour la formation des hommes et la recherche. Sortir de la crise, expliquent les socialistes dès le congrès de Metz, au moment du deuxième choc pétrolier, c'est aussi préparer aux métiers de l'avenir.

Tout est fondé sur le postulat de la croissance. Les nouveaux gouvernants sont renforcés dans leur analyse par les experts, qui prédisent en ce printemps 1981 une reprise internationale à la fin de l'année, ou, au plus tard, au premier semestre 1982. Il est donc possible de tenter un pari en anticipant de quelques mois sur cette relance occidentale par des mesures expansionnistes immédiates [1].

1. En 1952, Antoine Pinay, président du Conseil, avait tenté un pari de la sorte. Il l'avait gagné en misant sur la reprise avant tout le monde. Les socialistes de 1981 font le même pari, qui ne réussit pas.

Les socialistes de 1981 ont fondé, dix ans plus tôt à leur congrès d'Épinay, leur stratégie de conquête du pouvoir sur l'union avec les communistes et la rupture avec le capitalisme. Le Programme commun de 1972, signé par les communistes, les socialistes et les radicaux de gauche, reflète cette vision « révolutionnaire » de la société qu'il s'agit de transformer dans le cadre de la démocratie pluraliste. Le « Projet socialiste » publié en 1980 maintient cette volonté de rupture avec la « société libérale avancée ». Mais il représente essentiellement les idées de la gauche du parti. Sa rédaction a été conduite par Jean-Pierre Chevènement, le plus antilibéral de ses énarques. Ce gauchissement du programme socialiste est aussi un moyen de plus pour Mitterrand de se démarquer du réformisme de Michel Rocard, de montrer que la rivalité qui les oppose n'est pas seulement une question de personnes.

Ces hommes et ces femmes socialistes vont rêver tout au long de la décennie 70 à une société dans laquelle la justice serait le résultat d'un partage plus équitable des fruits de la croissance. Une pensée redistributive héritée de ces « trente glorieuses » années d'expansion de l'après-guerre au cours desquelles la droite, selon eux, n'a pas suffisamment réparti les fruits de la prospérité. Malgré les deux chocs pétroliers de 1973 et 1979, les penseurs économiques de gauche abordent les années 80 cette idée toujours à l'esprit : il est possible de mieux partager une croissance qui pourtant n'est plus là. La crise n'est pas une fatalité, « c'est l'œuvre et la stratégie des dirigeants des sociétés multinationales » qui ont pu ainsi « multiplier leurs profits par dix », assure Mitterrand à l'été 1980.

Pourtant, à l'approche de l'échéance, le ton et le contenu des « 110 Propositions » du candidat socialiste se démarquent assez nettement du caractère radical du « Projet socialiste ». Les engagements de réformes sont là, mais le principe d'une rupture avec la société existante n'est plus posé. Mitterrand a même pris ses distances avec le « manifeste » adopté au congrès socialiste de janvier 1981 qui réduisait pourtant sa proclamation révolutionnaire à une seule phrase, biscornue : « Les socialistes, assurés qu'il n'est pas dans la société industrielle de libération de l'homme qui ne commence par sa libération des structures économiques imposées par le capitalisme, refusent pour autant d'enfermer l'homme dans les mécanismes de tout autre système comme celui du marxisme-léninisme. »

Dans la nuit du 8 au 9 janvier 1981, à son domicile auvergnat de Puy-Guillaume, Michel Charasse[1], secrétaire du groupe socialiste à l'Assemblée nationale, reçoit un appel téléphonique de Mitterrand : « Vous avez vu les cent trente et un points de Marchais[2], l faudrait que nous fassions quelque chose de ce genre en une centaine de propositions. Prenez le Programme commun, le Projet socialiste, faites-en un catalogue complet et on triera après. Je suis à Lusigny chez Grossouvre[3], venez me voir demain avec votre travail. Il faudrait que l'on soit prêts pour la convention nationale du PS qui doit me désigner. » Charasse raccroche et s'enferme dans son petit bureau de maire avec son adjoint. Ils rédigent toute la nuit et sortent 270 propositions. Le lendemain matin, Charasse se rend dans l'Allier et les livre à Mitterrand. Les deux hommes se mettent aussitôt au travail. A midi un texte est mis au point. Mitterrand le met dans sa poche. Ce sera la base de ces 110 Propositions rendues publiques quinze jours plus tard.

A quelques mois de la présidentielle, le chef de file des socialistes se veut rassurant. Il prend soin de se présenter comme celui qui veut améliorer le sort de ses compatriotes sans remettre en cause fondamentalement les règles de fonctionnement de leur économie. « Je ne préconise pas le passage brusque d'un système à un autre, ce que l'on entend par une révolution. Mais comment chan-

1. Entretien le 28 février 1989.

2. Le candidat communiste avait présenté le 20 novembre un « plan de lutte » en 131 points.

3. François Durand de Grossouvre : compagnon de François Mitterrand depuis vingt-cinq ans. Il suivra à l'Élysée les dossiers proche-orientaux et les affaires d'espionnage

ger la société sinon par des réformes ? Vigoureuses évidemment », déclare-t-il le 4 avril à *L'Express* auquel il livre un programme économique et social, largement inspiré par Jacques Delors.

En meetings, le candidat demeure porteur des espoirs du peuple de gauche. Il continue de dénoncer avec violence les excès du capitalisme, mais ne dit pas que les socialistes vont radicalement changer le système.

Pourtant, au congrès de Metz d'avril 1979 où, avec l'appui de Chevènement, ils l'avaient emporté sur Rocard et Mauroy, les « mitterrandistes » avaient imposé une ligne économique plus radicale que celle des minoritaires. Aux mises en garde de Rocard contre les illusions de ceux qui pensaient pouvoir gouverner en dehors des lois du marché, Mitterrand, par la voix de Laurent Fabius, avait répondu qu'entre l'économie de marché et l'économie étatisée il existait une troisième voie, celle du socialisme à la française. Ce clivage, très présent dans les esprits en 1981, pèse sur nombre d'arbitrages au cours des deux premières années du gouvernement de l'union de la gauche. A plusieurs reprises les vaincus de Metz se voient renvoyés dans les cordes quand ils plaident pour une approche plus progressive des réformes économiques et sociales. On leur dit : « La politique mise en œuvre est le résultat du vote des militants à Metz. »

Au moment où la France s'engage dans une politique de stimulation de la demande, déjà discrètement amorcée par Raymond Barre fin 1980, ses principaux partenaires font l'inverse. Ils mènent une politique récessionniste pour tenter d'enrayer les déséquilibres provoqués par le deuxième choc pétrolier. Coupes budgétaires en Grande-Bretagne et en RFA, politique des taux d'intérêt élevés aux États-Unis. Le produit intérieur brut américain chute de 2 % en 1982 alors que la France connaît une croissance de 2 %. Ce décalage conjoncturel entre une France, qui anticipe seule une relance qui ne vient pas, et un environnement international qui se rétracte, fut fatal. Le déficit du commerce extérieur français variera de 57,8 milliards de francs en 1980, à 50,9 en 1981 et 93,5 en 1982.

Quand ce risque de dérapage du commerce extérieur est évoqué en 1980 devant le candidat socialiste, il répond que ce sont là des « arguments de MM. Giscard d'Estaing et Barre ». On lui dit « conjoncture » et il répond « structures ». Pour Mitterrand, la critique est irrecevable à partir du moment où l'on n'intègre pas dans le raisonnement économique les réformes de fond qui doivent modifier les flux d'importations et d'exportations. Mitterrand pense aussi pouvoir jouer une carte nouvelle : la réduction de la facture pétrolière grâce à une diversification des sources d'énergie et à une politique d'économies d'énergie.

Ce clivage entre les deux approches « structurelle » et « conjoncturelle » de la politique économique, qui correspond peu ou prou à celui de Metz, est très présent chez les experts socialistes. Mais il n'y a pas de débat puisque le courant majoritaire a imposé démocratiquement sa ligne. De plus, Mitterrand fonctionne à l'instinct. Il n'y a pas pour lui de vérité économique. L'économie n'est pas une science exacte. Il est convaincu que la volonté politique, en créant la confiance, peut modifier le comportement des agents économiques.

Quand les experts « rocardiens » s'inquiètent, avant le 10 mai, des projections catastrophiques que leur ressortent, après examen des modèles de simulation du PS, les ordinateurs de la direction de la Prévision du ministère des Finances, les « mitterrandistes » leur répondent : « Ce sont les ordinateurs du capitalisme, ils ne sont pas programmés pour intégrer les changements de comportement que nous provoquerons par nos réformes. »

« Avez-vous réussi ? Votre Projet socialiste est-il devenu réalité ? » demandèrent les auteurs, au terme du septennat, à Jean-Pierre Chevènement [1].

Il répondit : *« Welt Geschichte, Welt Gericht* [2] *»*.

1. Entretien le 9 juin 1989.
2. « L'Histoire est le tribunal du monde » (Friedrich Hegel, *Leçons sur la philosophie de l'histoire*).

CHAPITRE 2

La relance pour l'emploi

La reprise au coin de la rue

Au premier semestre 1981, les experts occidentaux [1] annoncent la reprise de la croissance de l'économie mondiale pour le printemps 1982, voire pour la fin de 1981. Ils estiment que le ralentissement économique consécutif au choc pétrolier de 1979 arrivera alors au bout de sa course et cédera la place à l'expansion. L'OCDE prévoit notamment une croissance du produit national brut (PNB) moyen de l'économie occidentale de 2 % en 1982. Ces 2 points de croissance devraient représenter environ 60 milliards de recettes supplémentaires pour la France, soit l'équivalent de son déficit commercial de 1980.

La reprise est au coin de la rue, ne l'attendons pas, se disent les futurs gouvernants français, qui préparent leur programme de « relance sélective par l'accroissement de la consommation populaire ». Ils chiffrent déjà à la hausse les grandes masses du budget rectificatif de 1981, correction socialiste du budget Barre-Monory. Dès leur installation ils anticipent de six mois sur la reprise.

Cette relance prend la forme d'une sorte de plan de lutte contre la pauvreté. On injecte du pouvoir d'achat vers les catégories sociales les plus modestes : augmentation du SMIC et des prestations sociales.

Parallèlement, le gouvernement Mauroy crée près de

1. OCDE, CEE et, pour la France, INSEE et direction de la Prévision du ministère de l'Économie et des Finances.

200 000 emplois publics et parapublics entre 1981 et 1983. Très critiquée par l'opposition, cette politique d'« embauche de fonctionnaires » s'est révélée plus efficace en termes de dépense publique que toutes les autres mesures d'incitation à la création d'emploi[1].

Le troisième volet de la politique de relance porte sur les dépenses des administrations, les subventions au logement, les aides à l'industrie et les dotations en capital pour les entreprises nationalisées.

Globalement, la relance sociale 81-82 représente une dépense budgétaire de 60 milliards de francs, soit environ 2 % du PIB. Une ampleur moindre que la relance Chirac de 1975-1976 d'une cinquantaine de milliards essentiellement destinés à l'investissement des entreprises, correspondant à 2,8 % du PIB.

A l'effet des mesures expansionnistes Mauroy-Delors s'ajoute la « mini-relance » électoraliste opérée à la fin de 1980 par Raymond Barre. Le « Joffre de l'économie » avait injecté 20 milliards dans l'économie par le biais de la suppression du prélèvement de 1 % sur les cotisations sociales des salariés et par le report d'augmentations de tarifs publics (gaz, électricité et taxes sur les carburants et les tabacs). La relance Barre a permis 0,4 % de croissance et dégradé la balance commerciale de 8 milliards en 1981, soit un effet de même ampleur cette année-là que les mesures Mauroy-Delors.

Mitterrand[2] justifie cette relance : « Nos obligations devant les Français étaient autant sociales qu'économiques. Nous n'avions pas été élus pour répondre aux espérances du *Figaro,* mais pour respecter avec ces mesures sociales la partie authentique du socialisme. Ce que nous avons fait en arrivant correspondait à un plan

1. *In* Alain Fonteneau et Pierre-Alain Muet, *La Gauche face à la crise, op. cit.,* p. 111. Calculé sur une moyenne de « dix mille emplois publics créés en moyenne de 1981 à 1983, le coût annuel *ex post* est de 0,5 milliard de Francs pour les finances publiques. Soit quatre fois plus faible que celui d'une création d'emplois privés par relance budgétaire et presque dix fois plus faible que celui d'une création de postes par les mesures sociales d'incitation ».

2. Entretien le 1er juin 1988.

et à des engagements qui n'avaient rien à voir avec une quelconque exaltation du moment. Nous savions que l'ensemble des réformes et des mesures sociales que nous allions mettre en place seraient coûteuses et viendraient s'ajouter aux difficultés de la crise. Évidemment tout aurait été parfait si nous n'avions rien fait. On nous aurait alors considérés comme des gens sérieux, mais nous ne pouvions ignorer l'attente de ceux qui nous avaient portés au pouvoir. Nous donnions du mieux-être, ce qui justifiait notre action et nous permettait d'être mieux assis politiquement. »

« Tout le problème, conclut-il, consistait à prendre ce risque et à savoir à quel moment il faudrait cesser de le prendre pour en écluser les conséquences. »

Pas plus que Mitterrand, aucun des principaux ministres de l'époque, y compris Michel Rocard, ne regrette ces choix initiaux. A partir de l'automne 1981 seulement le débat s'ouvre au sein du gouvernement sur l'opportunité d'en revenir à une politique économique plus rigoureuse.

Le jeudi 30 juillet 1981, une première dans l'histoire de la Ve République : le chef de l'État et son épouse vont déjeuner à l'hôtel Matignon chez Pierre et Gilberte Mauroy. Tout va bien, c'est la belle harmonie, l'été de tous les espoirs. Deux semaines plus tard, le 17 août, le Premier ministre vient passer la journée à Latche avec le président. Cette visite coïncide avec les « cent jours » du nouveau septennat. Les Français partagent cette apparente félicité, mais déjà il semble qu'ils ne se font plus d'illusions. Selon un sondage IFRES du *Journal du dimanche,* 44 % sont satisfaits de l'action engagée, 76 % se réjouissent des mesures sociales adoptées, 53 % sont favorables aux nationalisations, mais le scepticisme l'emporte sur les promesses de retour à l'emploi : 51 % estiment que la lutte contre le chômage menée par la gauche ne sera pas efficace, contre 29 %.

« Ce n'est pas en trois mois que l'on peut réparer les dommages causés par une politique qui a duré des années et des années. Notre action est d'autant plus difficile à mener que, dans de nombreux domaines, nous subissons les effets de la crise. Pas un chômeur n'est dû à notre politique », observe Mitterrand au lendemain du week-end du 15 août. A ses ministres il dit dix jours plus tard en Conseil : « Vos discours sont trop narratifs et pas assez dynamiques, ripostez aux reproches de flou que nous font la presse et l'opposition. Sachez que, état de grâce ou pas, nous ne gagnerons pas la confiance de ceux qui nous l'ont refusée en perdant celle de ceux qui nous l'ont donnée. » Et pour donner l'exemple, il annonce publiquement qu'il s'adressera au pays dans le cadre d'une conférence de presse, le 24 septembre, pour faire le point de l'action engagée depuis quatre mois.

Le plan emploi

Dès la rentrée, le gouvernement se lance dans une politique tous azimuts dont l'ambition est énorme : « relever le défi du chômage ». « Nous refusons la résignation face à la montée du chômage », proclame Mauroy le 15 septembre devant les députés en annonçant les grandes lignes de la politique socialiste : réduction de la durée du travail avec l'objectif des 35 heures hebdomadaires en 1985 ; aides financières aux entreprises qui pratiqueront cette réduction ; extension du travail à temps partiel ; abaissement et modulation de l'âge de la retraite ; contrats de solidarité État-employeurs visant, par la négociation, à faciliter la retraite anticipée des travailleurs de plus de 55 ans afin de favoriser l'embauche des jeunes ; prêts participatifs aux PME, aides aux entreprises qui embauchent, et, bien sûr, nationalisations.

Ce plan emploi prévoit également la possibilité pour les jeunes d'exercer au sortir de l'armée, pendant six mois à un an, des « travaux d'intérêt public », comme la mise en valeur des massifs forestiers, ce qui ne manque pas pour certains de faire penser aux « chantiers de jeunesse » du régime de Vichy. « Maréchal nous voilà », lance le boutefeu du RPR Robert-André Vivien. L'opposition se réveille. Pierre Mauroy est constamment interrompu dans son discours de politique générale, soumis à la première motion de censure de la législature, déposée par le parti de Jacques Chirac. Claude Labbé, président du groupe RPR, dénonce « l'impuissance du gouvernement à combattre le chômage ». « Vous ne manquez pas d'audace », rétorque Lionel Jospin, avant que Georges Marchais, réclamant une « accélération » des réformes, ne provoque un chahut général auquel se joint même Raymond Barre, qui, sortant de son apparente somnolence, se met à claquer son pupitre.

Modeste, mais novateur, le plan emploi provoque à la buvette du Palais-Bourbon la dérision de l'opposition : « C'est du Barre, je me bidonne », confie Jacques Toubon, tandis que Philippe Séguin juge que « c'est à se rouler par terre ». « Il n'y a rien du tout là-dedans », observe Jean Foyer dans les couloirs. François d'Aubert qualifie de « gadget » cette « volonté de résoudre la crise de l'emploi par du scoutisme ».

En mai 1981, la France compte 1 794 900 chômeurs, en données corrigées des variations saisonnières, soit 21 % d'augmentation en un an. En octobre 1981 ils sont 1 818 000. En mai 1982, après un an d'« expérience » socialiste, 2 005 000, soit 12 % de progression en un an. Le résultat après douze mois est incontestablement en deçà des espoirs du 10 mai. Les gouvernants se consolent en faisant observer qu'il y a ralentissement du rythme de progression du chômage. L'opposition pavoise : « La gauche a échoué, elle n'a pas tenu ses promesses. »

A partir de l'été 1982, Mauroy s'arc-boute sur sa fameuse « crête » des 2 millions de chômeurs.

Le budget de l'euphorie

« La relance est l'objectif que s'est assigné le gouvernement, qui veut d'abord redresser la situation économique, inverser la courbe du chômage, pour répondre au premier souci des Français. » En une phrase le jeune ministre délégué au Budget, Laurent Fabius, trente-cinq ans, présente le 30 septembre à la presse le projet de loi de finances pour 1982.

Son slogan : « Une volonté : l'emploi ; une méthode : la relance ; un moyen : la solidarité. »

Pour lui, la lutte contre l'inflation est une résultante de celle engagée contre le chômage : « Tout chômeur qui trouve du travail est une branche retirée au feu de l'inflation. »

Le patronat dit l'inverse. Pour François Ceyrac, président du CNPF, la relance est inconciliable avec la lutte contre l'inflation, ce que *Le Figaro* appelle « le cercle vicieux » du déficit budgétaire.

Les économistes libéraux dénoncent le budget Fabius d'inspiration banalement keynésienne : choix du déficit pour relancer la croissance, stabilité de la pression fiscale globale pour ne pas peser sur la consommation. La progression des dépenses, de l'ordre de 27 %, finance les créations d'emplois publics et les priorités du nouveau pouvoir qui se lisent dans quelques chiffres spectaculaires : 512 % d'augmentation par rapport à 1981 pour la Recherche, 112 % pour le Travail, 101 % pour la Culture, 37 % pour le Logement, 28 % pour la Justice. Le budget prend en compte l'alourdissement considérable de la charge de la dette publique, qui augmente de 42 % pour atteindre près de 54 milliards de francs. Le déficit prévisionnel atteint 95 milliards de francs, soit 2,6 % du PIB.

Fin juillet, Mauroy avait demandé à Fabius de refaire sa copie dans un sens plus restrictif puisque en additionnant les exigences de chaque ministre, le jeune homme en était arrivé à un déficit de 180 milliards. Il faut aussi payer l'accroissement des charges dues à la hausse des taux d'intérêt et financer la part de l'État dans le gouffre qu'est devenu l'UNEDIC.

Le budget Fabius a son contraire, celui que Helmut Schmidt, au même moment, prépare en RFA : stagnation des dépenses publiques, compression des dépenses sociales, réduction des déficits.

L'effet de relance du budget français est accru par le quasi-doublement du déficit du budget de 1981 qui, après la loi de finances rectificative votée en août, est passé de 29,4 à 51,6 milliards de francs. Le collectif budgétaire de 1981 fera apparaître un déficit encore plus grand : 81 milliards.

Ce budget 1982 a été préparé à une vitesse record par l'équipe Fabius en liaison directe avec l'Élysée. Ni Mauroy à Matignon, ni Delors rue de Rivoli n'ont véritablement pesé sur les arbitrages. Au point que le chef de l'État décide qu'il revient à Fabius de présenter et de signer seul le projet de loi. « Delors en a pleuré ce jour-là dans le bureau de Mauroy. J'étais là et je ne savais plus où me mettre », se souvient Jean Peyrelevade[1], le conseiller économique de Matignon. La version officielle sera que Delors, en désaccord avec ce budget, a refusé de contresigner le texte de son ministre-délégué.

« Delors entre alors dans sa période des lamentations », note Hervé Hannoun[2], un des adjoints de Peyrelevade. « Jacques Delors était court-circuité. Laurent Fabius décidait et tranchait avec la caution de François Mitterrand », ajoute Philippe Lagayette[3], le jeune et influent conseiller du ministre des Finances.

Quant à Rocard, il se fait « moucher » par Fabius en Conseil des ministres le 23 juillet pour avoir reproché au ministre du Budget d'avoir présenté la loi de finances sans prononcer le mot de « plan ». C'cst une nouvelle version de l'apostrophe du congrès de Metz (entre le plan et le marché, il y a le socialisme) que Fabius lance à Rocard ce jour-là : « Entre les priorités du budget et les priorités du plan, il y a celles du gouvernement. »

Élaboré dans une inévitable précipitation – « Nous sommes pris de court », lance plusieurs fois Mitterrand à ses ministres et conseillers – par un gouvernement inexpérimenté mis en place le 24 juin alors que l'administration réclame les arbitrages pour le 14 juillet, le premier budget de la gauche donne lieu à un accrochage

1. Entretien le 20 juillet 1989.
2. Entretien le 31 janvier 1990.
3. Entretien le 18 juillet 1989.

sérieux et tenu alors secret entre le Premier ministre et le premier des ministres communistes, Charles Fiterman.

Le ministre des Transports[1] raconte : « Je prenais quelques jours de détente dans ma maison varoise de Tavernes, quand mon directeur de cabinet Denis Cotton m'annonce au téléphone que les crédits prévus pour combler les trois milliards de déficit du Concorde ont disparu de la lettre-plafond de Matignon. Je les avais pourtant arrachés à Mauroy et Delors qui voulaient me faire arrêter l'exploitation du supersonique. J'appelle sans succès Robert Lion, le directeur de cabinet de Matignon, puis Mauroy pour lui demander un rendez-vous immédiat. J'accours à Paris et, dans le bureau du Premier ministre, j'ai un véritable coup de sang. Je dis à Mauroy : je ne travaille pas dans ces conditions. Tu fais ce que tu veux, mais je n'assumerai pas la responsabilité de cette décision. C'est une opération politique que je n'avale pas. »

Mauroy finit par céder. Fiterman reste convaincu qu'il s'agissait d'un test pour mesurer la capacité de résistance des ministres communistes dans la gestion gouvernementale.

Faire payer les riches

« Au-dessus de 40 000 francs je prends tout », répétait le candidat Marchais pour souligner sa détermination à faire « payer les riches ». Mitterrand reprend cette idée populaire mais place la barre cent fois plus haut.

Au-dessus d'un patrimoine de 3 millions de francs, 200 000 contribuables français, soit 1 % des foyers fiscaux, devront payer un impôt allant de 0,5 % à 8 %. C'est l'« impôt sur les grandes fortunes » (IGF) promis par Mitterrand.

Fabius abaisse le taux supérieur à 1,5 %. Cet impôt n'est pas révolutionnaire. Une taxe annuelle sur la fortune existe déjà dans tous les pays scandinaves ainsi que dans cinq autres pays d'Europe : RFA, Pays-Bas, Suisse,

1. Entretien le 3 juillet 1989.

Autriche et Luxembourg. Aux États-Unis, la *property tax* locale s'apparente à un impôt sur la fortune.

Inscrit aux recettes du budget 1982, cet impôt déclaratif, c'est-à-dire perçu sur la base de la propre évaluation de son patrimoine par le contribuable, doit rapporter 4,5 milliards de francs. Il n'en rapporte que 3 en 1982 après que le gouvernement a décidé d'en exempter les œuvres d'art et les antiquités. Mitterrand a tranché dans ce sens, sensible aux arguments de ceux qui, au gouvernement et dans son entourage, craignaient une fuite des œuvres d'art vers l'étranger pour échapper à l'impôt. Fabius, fils d'un marchand d'art, a été désavoué au dernier moment, la veille du jour où il devait défendre son budget devant les députés, qui se gausseront de lui. Le jeune ministre du Budget ne voulait pas qu'il soit dit qu'il avait lui-même voulu exclure les œuvres d'art en raison de l'activité professionnelle de son père. « Bravo la France », lance le peintre Marc Chagall depuis la Riviera. Mitterrand ce jour-là s'est gagné le soutien discret des marchands de tableaux.

L'outil de travail, c'est-à-dire les biens individuels affectés à un usage professionnel agricole, industriel et commercial, en est exonéré au-dessous de 2 millions. La mise en place de l'IGF « va provoquer l'échauffement de l'opposition et des réactions pour le moins paniquées des petits propriétaires. Le rouge est mis et François Mitterrand en portera longtemps l'opprobre », observe Philippe Bauchard[1].

Jacques Delors fait remarquer au cours du Conseil des ministres du 7 octobre 1981 que l'IGF alourdit davantage le climat économique que les nationalisations. A peine plus de la moitié des 200 000 contribuables visés par l'IGF déclareront un patrimoine imposable. Selon les différents sondages, plus des deux tiers des cadres sont favorables à l'IGF alors qu'un sur deux seulement approuve les nationalisations. Le patronat lève les bras au ciel : « Très lourde erreur », s'écrie le président du Conseil national du patronat français, François Ceyrac, qui reprend l'antienne du libéralisme : « Il faut prendre

1. In *La Guerre des deux roses,* Paris, Grasset, 1986.

garde à ne pas décourager ceux qui entreprennent et qui osent. » « Impôt suicidaire pour les moyennes entreprises », renchérit le porte-parole des PME, Yvon Gattaz, qui réclame une exonération totale de l'outil de travail.

Mitterrand et Mauroy répondent la main sur le cœur qu'ils n'ont rien contre l'esprit d'entreprise. « Le juste intérêt des employeurs de France, c'est de travailler en commun accord avec ceux qui viennent d'être choisis par la volonté populaire », déclare le chef de l'État le 24 septembre après que Mauroy eut affirmé : « Nous voulons encourager l'esprit d'entreprise et associer les chefs d'entreprise à notre effort de relance. »

La gauche concrétise aussi sa volonté de solidarité en augmentant l'impôt des couches sociales les plus favorisées. Ainsi la loi de finances rectificative prévoit-elle une majoration exceptionnelle de 10 % de la fraction de l'impôt sur le revenu des personnes physiques supérieure à 15 000 francs et le plafonnement du quotient familial pour les tranches de revenus supérieures. Cette mesure, qui rapportera 5,3 milliards, est présentée comme un moyen de financement du programme de lutte contre le chômage.

Quatre milliards supplémentaires sont perçus avec un tour de vis sur les frais généraux des sociétés et les profits exceptionnels des sociétés pétrolières auquel s'ajoutent la majoration des taxes sur certains produits de luxe et la levée de l'anonymat sur les transactions sur l'or.

Pour démontrer la « cohérence » de l'action engagée, les socialistes, traditionnellement favorables à la planification indicative, adoptent au début de l'automne un « plan intérimaire », dessinant les « étapes de la relance dans la justice » pour les années 1982 et 1983. Ce texte de loi, présenté au Conseil des ministres du 14 octobre par Michel Rocard, camoufle largement la réalité. Alors que la nouvelle politique économique commence à se lézarder, avec la dévaluation du 4 octobre [1], le plan intérimaire est porteur d'illusions : objectif de croissance de

1. Voir IVe partie : « La rigueur. »

3 %, création de 400 000 emplois par an, développement de l'investissement et reconquête du marché intérieur. Il en reste deux innovations rocardiennes : les contrats de plan État-région, dont la réalisation est l'œuvre de Jean Le Garrec, et l'amorce d'une économie sociale mutualiste et coopérative, confiée plus tard à Jean Gatel.

Michel Rocard [1] : « Mon Plan a été relu rue de Rivoli, à Matignon et à l'Élysée et on m'a demandé de réécrire ma copie en rose. » Rocard s'incline dans un souci tactique. Il lui faut sortir de son isolement et tenter de gagner la confiance du président. « Je voulais être écouté par Mitterrand, j'en avais assez de rester dans ce placard avec ce hochet qu'était le Plan. Quel degré de confiance François Mitterrand pouvait-il m'accorder ? Il n'avait pas de raison de savoir que j'étais loyal car jusqu'ici je m'étais installé dans un refus d'obéissance. Nous avions vécu entre 1975 et 1981 dans une situation de désaccord organisé. »

De mai à octobre 1981, Rocard a déjà subi moult rebuffades de Mitterrand et des « majoritaires ». Refus quand il a demandé d'installer une antenne du Plan dans les grands ministères. Échec quand il a tenté de faire passer l'idée de prises de participations de l'État à hauteur de 51 % du capital des entreprises à nationaliser. Humiliation de n'avoir été associé à aucune des grandes décisions de politique économique depuis le 21 mai.

Rocard continue d'intervenir sur tout en Conseil des ministres. Il finit par se rendre compte des réactions amusées qu'il suscite autour de la table. Michel Jobert [2] : « Il était très nerveux, il avait toujours une intervention à faire. Le président le laissait s'enfoncer avec une terrible ironie sur le visage, que lisaient tous les mitterrandistes, prenant cela pour un feu vert. Alors la meute se mettait à gronder autour de lui, et, paternel et impérial, le chef de l'État calmait ses troupes : chutt, laissez parler le ministre d'État. » Jobert a l'impression de revivre l'époque Pompidou, lorsque Jacques Chaban-Delmas s'enferrait en plaidant pour sa Nouvelle Société.

1. Entretien le 18 novembre 1989.
2. Entretien le 18 mai 1989.

CHAPITRE 3

Plus d'État, les nationalisations

Principes et méthodes

Le 6 juillet 1981, tout est bouclé, mais rien n'est réglé. Quinze jours à peine après l'installation du gouvernement d'union de la gauche, le Premier ministre, réunissant les principaux ministres et leurs collaborateurs en Conseil interministériel, a tranché dans le sens souhaité par le président de la République.

En prenant la tête du gouvernement, Pierre Mauroy a passé un contrat avec François Mitterrand. Il le respectera. Le chef de l'État sait qu'il peut compter sur lui et le dossier des nationalisations en apporte la preuve éclatante. Jamais, ni en public, ni en privé, Mauroy ne laisse apparaître le moindre doute sur sa détermination à suivre la voie tracée par Mitterrand et la majorité du PS. Pourtant, dans l'affaire des nationalisations, certains de ses proches conseillers assurent qu'il fut un moment ébranlé par certains arguments plaidant pour la modération.

Les engagements du programme et de la campagne sont scrupuleusement tenus : neuf groupes industriels entrent dans le secteur public et la nationalisation du crédit est totalement accomplie.

Au sein de la gauche toutes les oppositions, remises en cause, réticences et réserves ne furent en fait que des combats d'arrière-garde. Car pour Mitterrand l'affaire est entendue. « Politiquement nous estimons que la construction socialiste n'est possible qu'à ce prix », avait-il dit à l'été 1980, marquant ainsi qu'il s'agissait là de la réforme économique centrale du nouveau pouvoir.

Pourtant Mitterrand n'a pas toujours été un chaud partisan des nationalisations. Dans sa profession de foi de candidat à l'élection législative de novembre 1946 dans la Nièvre, il s'est prononcé contre. A trente ans à peine il n'a pas encore de doctrine établie en matière économique. Il est préoccupé, comme beaucoup d'hommes politiques de la Libération, par le poids menaçant des communistes. Premier parti de France, le PCF est soupçonné de préparer une prise du pouvoir comme les « partis frères » l'ont fait dans les pays d'Europe centrale et orientale libérés du nazisme par l'Armée rouge. Cette crainte explique chez Mitterrand et de nombreux candidats modérés ou de centre-gauche ces prises de position hostiles au programme de Maurice Thorez. Positions également payantes dans les circonscriptions rurales où l'on n'aime guère les « partageux ».

Cinq ans plus tard le danger communiste s'est éloigné. L'hypothèque paraît levée. En octobre 1951, au Ve congrès national de l'UDSR [1], Mitterrand se prononce pour la « socialisation des moyens de production », notion « consubstantielle » à l'idéal socialiste. Il fait désormais de la dénonciation du pouvoir de l'argent, des « oligarchies financières », de la « confiscation » de la démocratie par les puissants capitalistes, bref de la « lutte des forces ouvrières contre les maîtres des forges », le thème économique dominant de son discours. « Je ne suis pas un maniaque des nationalisations », remarque-t-il en 1964, avant d'expliquer que « chaque fois que les intérêts privés se coalisent pour exercer un véritable monopole sur un domaine important de l'économie nationale (...) je tiens pour nécessaire qu'il faut s'en libérer ».

Deux ans avant de s'emparer du Parti socialiste à Épinay, Mitterrand écrit le 15 décembre 1969 dans la revue

1. Union démocratique et sociale de la Résistance, parti charnière de centre-gauche, dont François Mitterrand est l'un des membres fondateurs.

Dire : « Aucune expérience socialiste ne pourra être tentée sans nationaliser certains secteurs comme l'industrie d'armement, l'industrie pharmaceutique, l'espace, le crédit, etc. »

Le « etc. » disparaît en 1972 au moment où la liste limitative des neuf groupes industriels nationalisables est dressée dans le Programme commun. Mitterrand refuse d'aller au-delà, notamment sur la nationalisation des filiales de ces groupes, au moment de l'actualisation de la plate-forme PCF-PS-MRG en 1977.

En tenant bon face aux communistes et au CERES de Chevènement, Mitterrand décide alors d'être « fidèle pour deux » à l'union de la gauche. Cette logique le conduit à l'Élysée.

« Dans cette affaire tout est politique et ma ligne c'est le programme, tout le programme, rien que le programme », affirme-t-il inlassablement, définissant ainsi son premier « ni-ni » : ni plus, ni moins que promis.

Après avoir résisté pendant quatre ans aux maximalistes de la nationalisation, il n'éprouve une fois au pouvoir aucune difficulté majeure à tenir tête aux minimalistes.

Ces derniers ne manquent pourtant ni d'arguments ni de porte-parole de taille. Dans le secret des Conseils des ministres et des Conseils interministériels, ils bataillent pendant trois mois pour tenter d'infléchir la ligne majoritaire.

Le débat interne porte sur deux points : le nombre de banques à nationaliser et la part de l'État – 100 % ou 51 % – dans les entreprises qui rejoindront le secteur public.

Dès le 6 juillet, Jacques Delors[1] monte le premier au créneau. « Pour les banques je trouvais qu'on en faisait trop, il aurait fallu se contenter de quelques-unes. Pour les entreprises industrielles, 51 % auraient suffi. » Le ministre de l'Économie et des Finances met pour la première fois sa démission dans la balance au cours d'un aparté à Matignon avec Mauroy. Il n'est pas suivi ce jour-là. En quittant, très en colère, le cabinet du Premier

1. Entretien le 5 juin 1989.

ministre, Delors se rend chez Jacques Chaban-Delmas[1], son patron à Matignon du temps de l'aventure de la Nouvelle Société.

Le maire de Bordeaux est hostile à une rupture. « Je lui ai dit : avale les couleuvres, ne laisse pas le champ libre aux forcenés. » Chaban fait également valoir à son ancien collaborateur qu'une démission si rapide serait sa mort politique alors que son maintien rue de Rivoli pourrait servir plus tard à peser sur d'autres décisions.

Delors se range aux arguments de Chaban. Le surlendemain, en Conseil des ministres, il « s'incline devant les arbitrages rendus », mais « tient à faire part de toutes ses inquiétudes ». Parlant pour l'Histoire, il réaffirme sa préférence pour une nationalisation du crédit limitée à cinq banques de dépôt et deux holdings (Suez et Paribas). Sur la méthode, il dit aussi qu'il aurait mieux aimé la formule des 51 %.

Delors était loin d'être seul à défendre ces positions. Pourtant, autour de la table du Conseil, ceux qui pensent comme lui, à commencer par Michel Rocard, n'entendent pas organiser un front commun. Inspirés par les mêmes préventions que Delors et Rocard, des ministres aussi importants que Pierre Dreyfus, Robert Badinter ou Claude Cheysson font entendre leur voix, mais ils ne livrent pas bataille. Trois certitudes expliquent leur prudence : Mauroy ne les suivra pas contre Mitterrand. La majorité du PS ne les soutient pas. Le maintien des communistes au gouvernement est en jeu. Ils pensent aussi que leurs avis, même frappés au coin du bon sens, ne pèsent pas dans une affaire où la raison politique est déterminante. Enfin, ils ne négligent pas l'argument tactique : emprunter la voie parlementaire, obligatoire si l'on nationalise à 100 %, évite d'avoir à traiter directement avec les grands patrons des nationalisables[2]. Or le gouvernement aurait été conduit à négocier avec ces

1. Entretien le 26 avril 1989.

2. Notamment le PDG de la CGE Ambroise Roux, celui de la Compagnie financière de Paris et des Pays-Bas Pierre Moussa, et celui du Crédit commercial de France Jean-Maxime Lévêque.

PDG incommodes s'il avait opté pour la formule de prises de participations majoritaires de l'État.

S'il y a désaccords sur l'étendue, les modalités et la méthode des nationalisations, les socialistes se rejoignent pour penser qu'elles doivent permettre à l'État de mener une politique industrielle volontariste, cohérente et moderne. Ils sont convaincus d'agir dans l'intérêt du pays et reprochent aux libéraux qui les ont précédés d'avoir soutenu « à fonds perdus » les grandes entreprises privées, comme la sidérurgie, sans se donner les moyens d'orienter les investissements lourds vers de vraies stratégies industrielles. A travers cette vision, qui s'oppose souvent à celle des entreprises multinationales, surgit le fonds commun « gaullo-socialiste », hérité des idéaux et du programme du Conseil national de la Résistance.

Nommé secrétaire d'État en juin 1981, Jean Le Garrec, cadre supérieur et délégué CFDT dans la multinationale de l'informatique IBM, est un ami de Pierre Mauroy. Le Premier ministre lui confie le dossier des nationalisations. Il écarte d'emblée la démarche envisagée par Pierre Joxe, ministre de l'Industrie dans l'éphémère premier gouvernement Mauroy. Joxe s'était inspiré d'un rapport confié au molletiste Jacques Piette, pour préconiser la mise en place immédiate d'administrateurs provisoires nommés par l'État à la tête des nationalisables.

« Illégal, on ne passera pas au Conseil constitutionnel », observe immédiatement Le Garrec[1]. Il repart à zéro et se met au travail en liaison avec Jean Peyrelevade à Matignon et Alain Boublil à l'Élysée. Trois soucis guident sa démarche : faire vite, car les nationalisables sont fragiles ; disposer d'une base juridique non contestable ; indemniser de manière à éviter les procès en France et à l'étranger. Pour cela, il propose le recours à la loi et la nationalisation à 100 % des actions de ces entreprises. Pour lui, nationaliser à 51 % est une erreur car le rachat des actions risque de se faire dans des délais difficiles à maîtriser et il est pratiquement impossible de

1. Entretien le 12 avril 1990.

prévoir l'évolution du cours de ces actions. Il aurait aussi fallu compter avec les moyens boursiers des conseils d'administration hostiles à la nationalisation de leurs groupes industriels. Le Garrec avance un autre argument, qu'il ne pouvait alors rendre public : « Ces entreprises nationalisables n'étaient pas chères car, faute de fonds propres, elles étaient nettement sous-capitalisées. »

Dix Conseils interministériels, souvent mouvementés, se tiennent pendant l'été à Matignon, quatre Conseils des ministres sont essentiellement consacrés à ce dossier, les 8 juillet, 2, 9 et 23 septembre.

Épargnons au lecteur le récit chronologique et détaillé de ces discussions interminables et contentons-nous d'exposer l'essentiel des arguments échangés.

Début septembre au Conseil des ministres, qui se tient exceptionnellement à Rambouillet, Rocard[1] ouvre le feu. Après l'exposé de Mauroy énonçant le détail des mesures de nationalisation, le ministre du Plan se souvient d'avoir parlé pendant vingt minutes, reprenant tous les arguments budgétaires, juridiques, internationaux et économiques en faveur des nationalisations à 51 %. Robert Badinter[2], ancien avocat d'affaires, intervient ensuite dans le même sens. Son argument : « 51 % ça suffit, 100 % c'est une technique dépassée, un cadeau divin aux actionnaires qui en plus sont nos ennemis politiques. Pourquoi payer trop cher ce qu'on peut avoir pour presque rien ? » conclut-il, provoquant, comme Rocard, la consternation de la plupart de ses collègues.

Claude Cheysson, lui aussi, se prononce en faveur de la formule des 51 %. Il est préoccupé par les conséquences juridiques des nationalisations sur les filiales françaises à l'étranger et les banques françaises imbriquées dans des participations internationales. « 100 % j'en suis resté pantois, mais finalement tout cela n'a pas eu grande importance », constate le ministre des Relations extérieures[3].

1. Entretien le 18 novembre 1989.
2. Entretien le 7 juin 1989.
3. Entretien le 10 mars 1989.

Ce jour-là, dix-huit ministres parlent. Delors, qui sait que les jeux sont faits, intervient brièvement pour rappeler sa conception qui rejoint celle de Rocard, son rival de la « deuxième gauche ». Laurent Fabius, prudent, soucieux de ne pas se hasarder avant de connaître la position de Mitterrand, ne sort pas de son rôle de ministre du Budget. Il se borne à indiquer le coût pour l'État selon que les nationalisations se feront à 51 % ou 100 %. « C'est le courage politique personnifié », se souvient d'avoir pensé Rocard en écoutant le futur Premier ministre.

« Il y a eu débat », confirme Charles Fiterman[1]. Il assistait « amusé » à ces affrontements de courants entre socialistes et savait que Mitterrand « les laissait parler sachant, non seulement ce qu'il allait entendre, mais aussi ce qu'il avait déjà décidé ». Fiterman, comme Jean-Pierre Chevènement, insiste surtout sur la nécessité d'aller vite et de ne pas se laisser impressionner par les nombreux obstacles techniques, juridiques et financiers.

« Je vous remercie, ce débat a été extrêmement intéressant, nous en reparlerons mercredi prochain. » La conclusion de Mitterrand résonne encore dans l'oreille de Rocard, qui a cru ce jour-là que ses idées allaient peut-être l'emporter.

Mitterrand, son labrador et son Premier ministre s'en vont se dégourdir les jambes dans le parc du château de François Ier. D'autres, comme Édith Cresson, vont canoter sur la pièce d'eau. L'image séraphique d'un gouvernement solidaire, d'une équipe fraternelle, est répandue par les médias. Les affrontements du huis-clos gouvernemental sont restés confidentiels.

Le mardi suivant, 8 septembre, les ministres se retrouvent autour de Pierre Mauroy pour préparer le projet de loi.

« Le débat n'est pas tranché, lance immédiatement Rocard.

– Si, c'est réglé, répond Mauroy.

– Où ? Quand ? interroge Rocard.

– C'est tranché », réplique Mauroy.

1. Entretien le 3 juillet 1989.

Sans dire un mot Rocard[1] se lève, ramasse son gros cartable débordant de dossiers. Il quitte la grande salle des Conseils, donnant sur le parc de Matignon.

Le lendemain, mercredi 9 septembre, Mauroy présente au Conseil des ministres une communication sur « la mise au point du projet de loi sur les nationalisations ». Il confirme les 100 %. Il annonce aussi que le montant de 1 milliard de francs de dépôts est retenu comme seuil pour la nationalisation des banques. L'idée de départ, fortement combattue par Delors et Dreyfus, était de 400 millions de francs. Il propose de retenir, pour le calcul du montant de l'indemnisation des actionnaires privés, le seul critère de la valeur boursière, plus avantageux pour l'État – de quelque 30 % – que la combinaison de trois critères : rentabilité, actifs nets et cours en bourse.

Le Garrec lui prête main-forte avec un argument : le seuil de 1 milliard signifie qu'avec 36 banques nationalisées l'État maîtrisera 94 % du montant des dépôts. Il annonce que le plus dur dans toute cette affaire sera le débat parlementaire. Ce jour-là Jacques Attali[2] s'est senti soulagé. Favorable à la nationalisation du crédit, essentiellement pour priver la droite des moyens de jouer contre la gauche, il ne souhaitait pas « provoquer » le monde de la finance internationale. « Si l'on avait placé le curseur à 400 millions, une puissante banque d'affaires comme Lazard, fortement implantée aux États-Unis, aurait été nationalisée et nous aurions eu tout Wall Street contre nous. Or nous n'aurions nationalisé que des bureaux et des machines à écrire. Lazard aurait illico refondé une banque à Londres. »

Rocard, une fois encore, mais avec l'autorisation préalable de Mauroy, s'inquiète du coût élevé de la nationalisation à 100 %. Elle risque de priver l'État de capitaux à investir dans ces entreprises. Il évoque le spectre de la célèbre manufacture de Saint-Étienne à deux doigts de la faillite : « Nous courons le risque de transformer ces nationalisées en autant de Manufrance, si nous ne leur donnons pas assez de fonds propres. »

1. Entretien le 18 novembre 1989.
2. Entretien le 15 mars 1989.

Delors, Cheysson et Badinter, qui a rencontré la veille le président du Conseil constitutionnel Roger Frey, attirent l'attention de Mauroy sur les risques de procès, recours, voire mises sous séquestre, des actionnaires étrangers et des multinationales peu enclins à la générosité envers la France socialiste. Ces trois ministres s'appliquent à faire entendre à leurs collègues que le monde capitaliste extérieur n'éprouve aucune sympathie pour ces nationalisations. En outre, les partenaires occidentaux de la France mènent une politique diamétralement opposée de libéralisation et de privatisation. Ils se rendent compte à quel point la France de l'automne 1981, vue de l'étranger, pouvait être baroque. La France nationalise quand tout le monde déréglemente.

A l'intérieur, l'opposition relève la tête ; à l'extérieur, pour employer un euphémisme, on s'étonne.

Autant d'éléments qui renforcent Mitterrand dans sa volonté de tracer son sillon original, de ne pas se laisser « thatchériser ».

Mauroy a très bien senti ce ressort psychologique du président de la République. Coupant court à cette délibération qui traîne en longueur, il conclut : « Si nous sommes ici ce n'est pas pour faire plaisir aux autres pays, ni pour gérer ce qui existe. Mais pour préparer une société nouvelle, attendue par ceux qui nous ont élus et par tous ceux qui attendent notre succès en Europe et dans le monde. C'est la loi de nationalisation qui marquera le plus le septennat. »

Dassault : « Le Premier ministre est gentil. »

Au cours de ce Conseil du 9 septembre 1981 se pose le problème de Dassault. Georges Lemoine, historien, germaniste, maire de Chartres et familier de Mitterrand dans les Landes, rend compte, en tant que secrétaire d'État à la Défense, de la négociation avec le célèbre avionneur français. Il annonce que Marcel Dassault a proposé d'offrir à l'État 26 % de ses actions de la société AMD-BA (Avions Marcel Dassault-Bréguet Aviation) qui fabrique les Mirage et représente 12 milliards de francs de chiffre d'affaires.

Ces 26 % venant s'additionner aux 20 % du capital de Dassault que l'État possède déjà, depuis une négociation menée par Raymond Barre, ajoutés à son privilège du droit de vote double en assemblée générale, permettent aux pouvoirs publics d'être majoritaires en voix. Le calcul est simple : 26 + 2 × 20 = 66 % des voix. Mais en termes de propriété, l'État ne dispose que de 26 + 20 soit 46 % des actions. Pour parvenir aux 51 % du capital, l'État prend une option pour acheter dans un délai de cinq ans 5 % des actions encore entre les mains de Marcel Dassault.

Devant cette belle construction, Chevènement, lucide et perfide, fait observer en Conseil que, si la gauche n'est plus au pouvoir dans cinq ans, Dassault restera en fait une société privée.

Un ange passe. Ceux qui sont dans le secret se gardent bien de le révéler. Le dossier Dassault a en effet été directement réglé par Mitterrand et son ami d'enfance, le général Pierre Guillain de Bénouville, homme de confiance du vieux Marcel Dassault et député RPR de Paris.

Au début de l'été, Lemoine, accompagné du contrôleur général des Armées, se présente chez Dassault, en son hôtel particulier du rond-point des Champs-Élysées. Il annonce à l'avionneur et à Bénouville que l'État est décidé à le nationaliser en lui laissant toutefois une minorité d'actions. Marcel Dassault, déjà nationalisé à deux reprises avant et après la guerre[1], écoute, le sourire aux lèvres. Il se saisit d'une boîte d'allumettes, y griffonne rapidement quelques chiffres de sa main tremblante et la tend à Lemoine. Le secrétaire d'État lit, éberlué : 800 milliards de centimes.

Bénouville[2] affiche lui aussi une belle sérénité. Alors

1. En dépit d'une première nationalisation par le Front populaire en 1937, Dassault fit fortune. Il avait en effet pris la précaution de conserver un petit atelier dans lequel il mit au point un brevet dont il avait conservé la propriété.

2. Entretien le 8 juin 1989.

Lemoine : « Je sais, général, qu'après mon départ vous irez voir le président de la République, mais moi, je vous aurai dit ce qu'on m'a demandé de vous dire. »

Quelques semaines plus tard, le petit général, courtois, pimpant et plein de vie, pénètre dans le bureau du chef de l'État. Il relate ainsi leur entretien :

« François, avec tes idées de nationalisations tu vas mettre l'industrie aéronautique française par terre.

– Je ne demande qu'une chose, Pierre, que vous proposiez une solution dont le gouvernement ne pourra pas faire fi et qui ne nous rende pas ridicules. »

Pierre prend congé ; il embrasse François avec lequel il a servi la messe lorsqu'ils avaient neuf ans au collège Saint-Paul d'Angoulême, et s'en va rendre compte à Marcel.

Assez rapidement l'accord se fait sur la formule Dassault d'une offre de 26 % des actions. Le jeudi 8 octobre, une Rolls Royce dépose Dassault et Bénouville dans la cour de Matignon. Le maire socialiste de Lille et le député RPR de l'Oise apposent les signatures au bas de la convention passée entre l'État et la société de l'avionneur : avec 46 % des actions l'État aura les deux tiers des votes. « Le Premier ministre est gentil », dit simplement à sa sortie, de sa voix chevrotante, le génial ingénieur devenu l'une des cinq plus grandes fortunes de France.

Dassault, raconte Bénouville, s'est bien gardé ce jour-là de dévoiler à Mauroy son projet secret : Valéry Giscard d'Estaing et Jacques Chirac lui ont promis d'abroger le vote double, privant ainsi l'État de la majorité de contrôle, s'ils retrouvent le pouvoir en mars 1986. Marcel Dassault meurt le 18 avril 1986. Jacques Chirac, devenu Premier ministre, néglige cet engagement. Quelques mois avant la fin de la cohabitation Bénouville agit. Il demande à une relation d'affaires de racheter toutes les actions Dassault possibles et d'attaquer la société devant la justice française sur le principe du vote double. Le tribunal de commerce de Paris se prononce en effet sur l'irrégularité du vote double peu avant l'élection présidentielle. Chirac est furieux mais ne réagit pas.

« Pierre, quand tu fais ça aux autres ça m'amuse, mais

quand tu me le fais à moi c'est autre chose », dit Mitterrand à Bénouville peu après sa réélection, en promettant toutefois de ne pas faire casser ce jugement.

C'est ainsi qu'à l'âge de quatre-vingt-dix ans le malicieux Dassault (Avions Marcel Dassault-Bréguet Aviation) a échappé à l'emprise de son principal client : l'État.

Le 12 octobre 1981, à la veille de l'ouverture du débat parlementaire sur les nationalisations, un accord est également signé avec Matra, le deuxième fabricant d'armes nationalisable (missiles, espace). Ce compromis, établi au terme d'une négociation extrêmement complexe, prévoit la nationalisation à 51 % des activités militaires et civiles de Matra, mais épargne le puissant secteur presse accumulé par Jean-Luc Lagardère. Via Hachette, il contrôle Europe 1, *Le Point* ou *Les Dernières Nouvelles d'Alsace*.

La guerre d'usure

Le dossier global des nationalisations est ficelé au niveau gouvernemental le 23 septembre 1981 quand Pierre Mauroy présente enfin le projet de loi au Conseil des ministres. La gauche a encore un vrai problème à régler puisque la presse, grâce à des fuites, a fait partiellement état de l'avis consultatif et secret du Conseil d'État sur le projet de loi. Les juristes du Palais-Royal opposent deux critiques principales au texte Mauroy-Le Garrec : l'indemnisation des actionnaires ne peut se faire sur la seule base des cours boursiers ; elle doit prendre en compte plusieurs critères. Le seuil de 1 milliard de francs de dépôts pour la nationalisation des banques pose le problème du sort des établissements financiers étrangers.

Mauroy suggère de céder sur les critères d'évaluation de l'indemnisation et de maintenir le seuil de 1 milliard. Il est soutenu par Mitterrand, qui ne se prive pas de qualifier de « stupide » l'avis du Conseil d'État qu'il croit inspiré par la droite retournée en force au Palais-Royal après l'alternance de mai-juin. A l'inverse de Mauroy il marque sa préférence personnelle pour le critère unique : « Nous sommes chez nous et nous faisons la loi qui nous plaît. Soyons très fermes et très sévères même si nos adversaires trouveront toujours des moyens de provoquer des incidents juridiques faits pour briser notre élan[1]. » Delors et Badinter plaident pour la formule multicritères, tandis que Fiterman, Chevènement et Nicole Questiaux argumentent pour le critère unique. « Il n'y a pas de complaisance à attendre de nos ennemis, leur céder ne peut que les encourager », fait notamment valoir le chef de file des ministres communistes, qui illustre bien par ses propos le climat d'affrontement droite-gauche de l'automne 1981.

A lire la presse, en dépit de l'état de grâce, pour toute une partie de l'opinion, pour les « possédants », les réformes économiques de la gauche, c'est l'horreur, l'abomination.

Cette atmosphère de guerre civile idéologique se manifeste de manière plus éclatante, voire caricaturale, à l'Assemblée nationale où le débat s'ouvre le 13 octobre 1981.

Quel est l'enjeu ?

En termes de propriété, c'est le passage sous le contrôle de l'État de 15 % des effectifs et de 30 % du chiffre d'affaires de l'industrie ainsi que de 95 % du crédit. Si les nationalisations industrielles sont adoptées, la nation possédera en plus des secteurs nationalisés en 1937 et en 1945 la quasi-totalité de la sidérurgie, toute la production d'aluminium, la moitié du verre, toute la chimie fine, une grande partie de la construction électrique, la moitié de l'informatique et une bonne part des travaux publics, de la pharmacie et de la métallurgie fine.

17 % du PNB contre 11 % auparavant relèveront des pouvoirs publics.

En termes économiques, il s'agit pour la gauche de remédier aux « insuffisances d'un capitalisme français, archaïque et vieillissant ». De juillet à octobre, Mitter-

1. Document d'archives.

rand[1] multiplie les déclarations sur le bien-fondé économique des nationalisations : « Trop de gens croient à tort que l'on veut nationaliser pour une question symbolique, parce qu'il faut tenir un engagement. Or, si nous voulons étendre rapidement le secteur public, c'est pour que ces entreprises jouent le plus vite possible le rôle pilote qui doit être le leur en matière de politique industrielle », dit-il pendant l'été. « Les investissements publics depuis 1976 se sont accrus de 51 % et les investissements privés de 1 % au cours de la même période. Les nationalisations sont pour nous une arme de défense de la production française », assure-t-il le 24 septembre au cours de sa première grande conférence de presse élyséenne. Trois semaines plus tard, il va plus loin dans la métaphore guerrière : « Je fais par les nationalisations ce que le général de Gaulle a fait en matière de stratégie nucléaire : je dote la France de la force de frappe économique », assure-t-il en octobre dans l'avion qui le ramène du Caire où il a assisté aux obsèques de Sadate[2].

Les nationalisations ? « Ça ne sert à rien », lâche Antoine Pinay, l'incontournable pythie du libéralisme. « C'est un drame pour la France », assure Yvon Gattaz qui s'apprête à remplacer François Ceyrac à la tête du CNPF.

La nationalisation de la sidérurgie est accomplie par le vote, fin octobre, d'un article du projet de loi de finances rectificative au budget de 1981, qui transforme en actions des sociétés déficitaires Usinor et Sacilor les prêts de l'État (14 milliards entre 1978 et 1981) accordés par le gouvernement Barre dans le cadre du plan de redressement de 1978. Désormais l'État possède 98 % des actions de ces deux groupes. Cette mesure « met fin au plus grand scandale financier français depuis l'affaire de Panama », lance Laurent Fabius à la tribune de l'Assemblée[3].

1. Document d'archives.
2. Propos tenus en présence de l'un des auteurs.
3. Les socialistes et les communistes dénoncent le « cadeau » de l'État-Giscard aux actionnaires de la sidérurgie, qui n'ont pas utilisé cette manne pour moderniser leur industrie.

Au cours de la deuxième quinzaine d'octobre, moins de six mois après l'élection présidentielle, et alors que la popularité de la gauche demeure forte, deux débats révèlent les tensions sous-jacentes et montrent la violence extraordinaire de l'affrontement idéologique.

Du 13 au 26 octobre, une bataille rangée, la plus dure de la législature, mobilise au Palais-Bourbon les députés de l'opposition.

Du 22 au 25 octobre, les socialistes ouvrent un second front à Valence à l'occasion de leur « congrès de la victoire ».

Curieusement Jean-Paul II est appelé à la rescousse dès l'ouverture du débat parlementaire. En effet, Pierre Mauroy cite abondamment l'encyclique *Laborem exercens* de 1981. Cette directive du vicaire du Christ, explique Mauroy le catholique, qualifie d'« inacceptable » la position d'un « capitalisme rigide » qui défendrait comme un dogme intangible de la vie économique le droit exclusif de la propriété privée des moyens de production. Puis, quittant le terrain des enseignements de l'Eglise, le Premier ministre s'en prend au « manque de civisme choquant » et à « la mentalité d'émigrés » de « certains dirigeants de banques d'affaires ».

Le ton est donné, il ne change plus. Jean Foyer inaugure ce jour-là ce qui, au fil de la législature, devient sa spécialité. Comme il le fit pour la plupart des grandes lois socialistes, il défend pendant une heure trente l'exception d'irrecevabilité, estimant que l'extension envisagée du secteur public ne répond pas à la notion constitutionnelle de « nécessité publique ». Les députés RPR comptent beaucoup en effet sur le relais du Conseil constitutionnel présidé par un des leurs, le gaulliste Roger Frey, pour rejeter la loi de nationalisation.

Un juriste socialiste, professeur de droit lui aussi, porte la contradiction à Foyer. Le député-maire d'Issoudun, André Laignel, laisse ce jour-là son nom dans l'histoire parlementaire en proférant une évidence juridique. Mais de telle façon que son propos apparaît aussitôt comme une profonde maladresse politique : « Est de nécessité publique ce que le peuple souverain qualifie de tel. Il n'existe aucune définition préalable ou immanente de la nécessité publique. C'est au législateur qu'il revient d'apprécier souverainement. M. Foyer a donc juridiquement tort car il est politiquement minoritaire. »

La flibuste, cette obstruction parlementaire visant à empêcher le débat de progresser par le recours à tous les moyens de la procédure, se poursuit avec la question préalable et la motion de renvoi en commission, rejetées après plusieurs heures de palabres.

Le lendemain, Mauroy fait déclarer l'urgence, limitant le débat à une seule lecture par assemblée. Le Premier ministre redoute en effet d'être déstabilisé par la détermination de l'opposition qui entend combattre ce texte « article par article, amendement par amendement, séance après séance ».

Ce sont les termes de la déclaration de guerre du jeune député RPR du Rhône Michel Noir. Avec deux collègues de l'UDF, François d'Aubert et Charles Millon, il monte « une coopérative de production au feu », qui fonctionne selon « les trois huit pendant quatorze jours et quatorze nuits. Il fallait survivre, nous nous sommes organisés en commando de choc car dans ce débat idéologique d'un autre temps il n'était pas question que l'on reste KO », explique Noir[1]. Assistés par de nombreux experts juridiques et financiers du patronat, de la banque et de la haute administration, soutenus par d'autres jeunes députés comme les ultra-libéraux Gérard Longuet et Alain Madelin, Noir, d'Aubert et Millon défendent un bon millier d'amendements. Bravant les quolibets de la majorité, ils se relayent, infatigables, pour harceler les membres du gouvernement. Avec cette bataille, Le Garrec affronte son baptême du feu parlementaire et a recours à sa pugnacité de première ligne de rugby pour résister au choc.

Débat surréaliste. Millon se prévaut de l'« attitude constructive » de l'opposition et d'Aubert envisage d'émigrer en Autriche ou au Liechtenstein car « nous ne sommes plus dans une République des libertés ». Même

1. Entretien le 6 décembre 1989.

Noir, fils d'un résistant déporté, dérape en parlant de l'« étoile jaune » imposée aux patrons par la gauche.

L'opposition ne cache pas qu'elle cherche à retarder la mise en œuvre des nationalisations. Cela gêne le gouvernement, soucieux d'en finir avant le congrès de Valence et surtout avant l'ouverture du débat budgétaire prévu pour le 22 octobre. Le 19, alors que l'opposition gagne une nouvelle nuit en déposant 36 sous-amendements pour exclure de la nationalisation la liste des 36 banques, Mauroy, devant la télévision, prend l'opinion à témoin : « La majorité des Français ne pourrait pas supporter que ceux qui sont devenus minoritaires puissent contrarier le changement, que ce soit au Parlement, dans les entreprises ou ailleurs. » Le même journal télévisé apprend aux Français qu'outre-Manche Margaret Thatcher vient de lancer le plus vaste programme de dénationalisation jamais entrepris en Grande-Bretagne.

Le sommet des invectives, du ridicule et du mauvais goût est atteint dans la nuit du mardi 20 au mercredi 21 octobre, quand le député socialiste de l'Essonne Michel Berson, élu barbu de la vague rose de juin, provoque le scandale et le tumulte en dénonçant les attaches personnelles ou familiales de certains responsables comme Valéry Giscard d'Estaing, Maurice Couve de Murville, Jean-Pierre Fourcade et Roger Frey avec les dirigeants des entreprises et des banques nationalisables. « La lutte des classes est enfin entrée au Palais-Bourbon », commente Laignel dans les couloirs où Jacques Toubon promet que ça finira par des « coups de poing dans la gueule ». Berson est rappelé à l'ordre par le président de séance Bernard Stasi, une procédure exceptionnelle inutilisée depuis 1964. Cette sanction est annulée par le bureau de l'Assemblée convoqué à 2 heures du matin. La fatigue aidant, le Parlement connaît une accalmie. De courte durée. Le vendredi 23 octobre, tandis que les militants et les élus socialistes se retrouvent à Valence, l'Assemblée enregistre un record de suspensions de séances (8), de rappels au règlement (20), de demandes de sanctions et d'attaques personnelles. La droite veut à tout prix empêcher l'adoption de la loi avant la fin du congrès socialiste.

Les excès de Valence

Cinq mois après la victoire du 10 mai, cette grand-messe du parti du président se présente sans enjeu de pouvoir au sein du PS. A la différence du congrès de Metz en 1979, les rocardiens ont renoncé à livrer bataille. L'adoption de la motion unique présentée par le nouveau premier secrétaire Lionel Jospin est acquise d'avance. Dans ce texte, les socialistes confirment leur volonté d'« engager le processus de rupture avec le capitalisme », tout en recherchant « une situation de compromis avec le pouvoir économique ».

Cette ambivalence, pour ne pas dire contradiction, se retrouve dans le message que Mitterrand adresse à ses anciens camarades, depuis Mexico, où il vient de proclamer ses convictions tiers-mondistes. Dans une allusion aux affrontements de l'Assemblée nationale, il dit aux socialistes : « Je comprends votre impatience devant certaines lenteurs et certaines résistances, mais puisque nous avons la durée, il faut savoir la gérer. »

Ce message déclenche chez les congressistes le syndrome du « je vous ai compris ». Décidés à en découdre avec « ceux qui veulent freiner le changement », les orateurs ne retiendront pour la plupart que la « compréhension » présidentielle à l'égard de leur « impatience », de même que la foule algéroise n'avait gardé du discours de De Gaulle que sa reconnaissance qu'il avait « entendu » les slogans sur l'Algérie française.

« Nous nc voulons pas la guerre » mais « nous souhaitons l'accommodement et le compromis » à condition qu'ils ne se réalisent pas « au prix du reniement de la volonté populaire ». Jean Poperen, numéro deux et « idéologue » du parti, ouvre ainsi les débats. Il ajoute même que le gouvernement a eu raison de faire quelques concessions aux chefs d'entreprise car « il ne servirait à rien de faire couler le bateau en le chargeant trop d'un coup ». S'il dénonce « la politique du pire » menée par l'opposition parlementaire, le discours de Poperen est plutôt conciliant. Mais ce n'est pas lui qui donne le la.

La base du parti et de nombreux ministres sont dans un état d'esprit beaucoup moins apaisé. Ils se rendent compte, sur le terrain et dans les palais nationaux, que le changement promis se heurte aux résistances et aux habitudes. Ils découvrent que gouverner n'est pas si aisé. Devant cette frustration, certains laissent parler leur colère. Ils ne savent pas encore que leurs propos les plus excessifs et les plus violents vont causer un grand tort au parti, au gouvernement et au président.

Paul Quilès, l'organisateur efficace de la campagne de Mitterrand, resté rue de Solférino pour garder la maison, monte alors à la tribune. Ce polytechnicien rigoureux, ancien cadre de la Shell, axe son discours sur la nécessité pour le nouveau pouvoir de s'assurer la maîtrise de l'appareil d'État. « Pas de chasse aux sorcières, je ne veux pas de l'élimination systématique d'hommes et de femmes en raison de leurs opinions », mais cependant « la naïveté serait de laisser en place des gens déterminés à saboter la politique voulue par les Français, recteurs, préfets, dirigeants d'entreprises nationales, hauts fonctionnaires. Il ne faut pas non plus dire : “ des têtes vont tomber ” comme Robespierre à la Convention, mais il faut dire lesquelles et le dire rapidement. C'est ce que nous attendons du gouvernement car il en va de la réussite de notre politique ».

En tenant ce propos, Quilès ne veut pas répandre la terreur. En revanche il demande au gouvernement de désigner précisément, rapidement et une fois pour toutes ceux qui doivent être remplacés aux commandes de l'administration et du secteur public. Pas question pour lui de laisser s'installer dans le pays un climat de suspicion et de crainte.

Mais ses propos, par leur énoncé maladroit, produisent l'effet inverse de celui recherché. Quilès le polytechnicien a en effet mal restitué la leçon d'histoire que Mitterrand donnait à ses amis en 1977. Le prétexte en était la volonté des communistes d'étendre le champ des nationalisables tout en laissant planer le doute sur leur nombre. Le parti de Georges Marchais voulait même accorder aux travailleurs le droit de réclamer le passage de leur entreprise dans le secteur public. Mitterrand réunissait ses conseillers rue de Bièvre ; il leur racontait que Robespierre commençait ses discours en disant « liberté, liberté » et les concluait en lisant la liste des prochains guillotinés. Un jour (le 8 thermidor an II, 26 juillet 1794), expliquait Mitterrand, Robespierre a commencé par les mêmes mots, mais il n'a pas terminé par la liste des condamnés à mort. Tous ses amis révolutionnaires se sont alors sentis menacés. Ils ont pris peur et c'est lui qui, le surlendemain (10 Thermidor), est monté sur l'échafaud. « Il faut toujours être précis, sinon on inquiète tout le monde », concluait Mitterrand.

Quilès s'en souvient à Valence mais pas tout à fait. Car, pour ne pas avoir cité de noms, il lui arrive exactement ce qu'il dénonçait. Le député du XIIIe arrondissement de Paris ne pourra plus se défaire du surnom de « Robespaul » et suscitera les lazzis quand il lancera en 1983 sa campagne municipale à Paris sur le slogan « Quilès-Tendresse ».

Le samedi 24 octobre, les propos de Valence attisent le feu au Palais-Bourbon. C'est une nouvelle nuit d'invectives. A leur tour, les effets de tribune de Gaston Defferre et de Louis Mermaz alimentent la surenchère.

Le ministre de l'Intérieur reprend une formule de Mitterrand en Conseil des ministres et l'applique au « rôle néfaste » de certains banquiers. « C'est eux ou nous », s'écrie-t-il, déchaînant l'enthousiasme de la salle lorsqu'il évoque la possibilité de placer sous surveillance les dirigeants des sociétés et des banques nationalisables. Les congressistes ont en tête l'hostilité déclarée de banquiers nationalisables, comme Pierre Moussa chez Paribas[1] ou Jean-Maxime Lévêque au CCF, qui s'emploient à mobiliser actionnaires et clients contre la politique du gouvernement.

A dix mille kilomètres de là, à Cancùn, où il lit les dépêches sur le congrès de Valence, Mitterrand se rend compte du dérapage et de ses inévitables dégâts dans l'opinion. Il avait pourtant dépêché Bérégovoy de

1. Voir *infra.*

Mexico à Valence, mais cela n'a pas suffi à apaiser les esprits. Le chef de l'État appelle Jospin et Mauroy.

Le Premier ministre monte peu après à la tribune et jette des seaux d'eau sur les braises : « N'oubliez pas qu'au-delà des affrontements de la vie politique et des péripéties parlementaires nous sommes désormais responsables de la France devant tous les Français. Je ne ferai aucun geste, je ne prendrai aucune initiative qui puisse remettre en cause notre communauté nationale. N'oublions jamais que nous sommes le gouvernement de la force tranquille. » Puis il assure que le nouveau pouvoir peut compter sur la loyauté des fonctionnaires et que la gauche a besoin du soutien des entrepreneurs.

Jean-Pierre Chevènement tient le même discours en s'élevant contre la démagogie ambiante. « Le basisme est légitime quand il vient de la base, il est condamnable quand il vient du sommet », dit-il avant de faire l'éloge des socialistes « godillots (...) une belle et bonne chaussure que je préfère aux escarpins ». Même tonalité chez Rocard qui met en garde contre les facilités de tribune.

Les socialistes lui préfèrent la prestation de Louis Mermaz qui exige la « fin de la dictature des banques ». « Il faut frapper vite et fort contre le sabotage de notre économie », s'écrie le président de l'Assemblée nationale avant d'appeler à la curée contre « cette droite qu'il faut débusquer et chasser des pouvoirs qu'elle exerce indûment ». Plus grave encore, il prête le flanc aux accusations de totalitarisme lorsqu'il déclare : « il dépend de nous que l'alternance s'exerce désormais entre les seules forces de l'avenir », même s'il a pris la précaution de dire que l'alternance est « un droit imprescriptible et sacré ».

Ces discours et incantations sont pain bénit pour les radios et télévisions qui, de par les contraintes du minutage et de la concurrence, sont conduits à privilégier les petites phrases. Avec Quilès, Defferre et Mermaz, les journalistes de l'audiovisuel sont servis. Les discours plus modérés ne passent donc pas la rampe. La presse de gauche est plutôt embarrassée. *Le Matin* estime que « les choses se gâtent ». *Libération* relève « la détermination des sans-culottes socialistes ». Indulgent, *Le Monde* « fait la part de la surenchère propre à tout débat de congrès ». A droite, *L'Aurore* parle d'un « Congrès de la guerre civile et du fascisme rose » tandis que *Le Quotidien de Paris* constate que « la paisible capitale de la Drôme s'est transformée, l'espace d'un week-end, en place de Grève ».

Valence s'était déroulé en trois temps : thèse, antithèse et synthèse. Mais seul le premier restera dans les mémoires : celui du durcissement (Quilès). Les deux autres : la prudence (Mauroy) et le compromis (Jospin : les socialistes ne doivent ni céder à l'« intimidation » de la droite, ni « se complaire dans la dramatisation »), ne seront pas retenus.

Mitterrand rentre de Cancùn le dimanche 25 octobre. Devant la meute des journalistes venus l'attendre à Orly, il s'emploie à éteindre l'incendie : « Il faut que les Français, quoi qu'ils pensent, qu'ils soient pour ou contre la politique que je mène, se sentent véritablement en sécurité dans le cadre de la République. » Il assure qu'il a « ménagé » la haute fonction publique et que « la juste mesure » en matière de remplacement des responsables de l'administration « n'a jamais été dépassée ».

A l'égard des affrontements parlementaires et des excès de Valence il se veut arbitre et renvoie dans leurs cordes les boxeurs des deux camps : « C'est l'inexpérience. » La majorité sort de vingt-trois ans d'opposition, l'opposition doit s'accommoder de la perte d'une position dominante qu'elle a « exercée avec intolérance ».

Bien qu'il se garde de le laisser paraître, Mitterrand est mécontent. Les choses ont mal tourné à Valence et il ne peut s'empêcher de penser que la « compréhension » qu'il a exprimée à l'égard de « l'impatience » des militants n'était pas de nature à décourager les surenchères verbales. Circonstance aggravante, plusieurs responsables socialistes se souviennent, comme Jean-Pierre Chevènement[1], que Mitterrand avait donné avant Valence le conseil de la pugnacité : « Ne gardez pas votre drapeau dans votre poche. »

1. Entretien le 9 juin 1989.

En ce premier automne de la gauche, devant les difficultés de la mise en œuvre des réformes, les ratés de la relance illustrés par la dévaluation du 4 octobre, le président broie du noir. Il n'écarte pas la possibilité de l'échec. « Si j'échoue, ce sera une radicalisation du pouvoir. L'opposition commet une erreur historique car elle devrait comprendre qu'elle a le meilleur gouvernement possible dans les circonstances économiques et politiques actuelles. » Radicalisation, le mot est lâché le 10 octobre devant quelques journalistes dans l'avion qui le ramène du Caire après les obsèques de Sadate.

Le mercredi suivant, 28 octobre, Mitterrand se montre très sévère lors du déjeuner qui réunit à l'Élysée Mauroy, Defferre, Mermaz, Joxe, Jospin, Poperen, Quilès et Estier. Selon Mermaz[1], Mitterrand les a admonestés : « Le congrès s'est très mal passé. Il a été mal géré. On va payer cher ces dérapages verbaux. Vous avez donné à la droite des verges pour vous faire battre. » Estier[2] se souvient du jugement critique de Mitterrand : « C'est une mauvaise page dans l'histoire du parti. »

Jospin[3] reconnaît que « par manque d'expérience » – il était premier secrétaire depuis moins d'un an – il « n'avait pas acquis l'autorité suffisante pour reprendre le congrès à rebrousse-poil le deuxième jour. Mitterrand nous a surtout reproché de ne pas avoir trouvé le juste ton ».

Au lendemain de Valence, le 26 octobre, l'Assemblée nationale adopte l'ensemble du projet de loi de nationalisations, bloc contre bloc, par 332 voix (PS-PCF) contre 154 (RPR-UDF). Trois jours plus tard, le Sénat repousse l'ensemble du texte. Fin novembre, la Haute Assemblée vote la question préalable, rejetant ainsi de nouveau le texte après son passage en commission mixte paritaire. Le 1er décembre, le projet de loi revient en seconde lecture au Palais-Bourbon. L'opposition semble décidée à rejouer l'obstruction puisqu'elle dépose 100 amende-

1. Entretien le 20 octobre 1988.
2. Entretien le 12 juillet 1989.
3. Entretien le 26 janvier 1989.

ments et engage la partie par les moyens procéduriers : exception d'irrecevabilité et interminables vérifications du quorum au moment de chaque vote. Ce n'est qu'un baroud. Le 3 décembre, l'opposition renonce à l'obstruction. Le texte est adopté « définitivement » par 332 voix contre 157 au bout de quelques heures, grâce à la présidence efficace et constructive de Philippe Séguin.

Sans attendre, sénateurs et députés de l'opposition, entraînés par le député Jean Foyer et le sénateur Étienne Dailly, saisissent le Conseil constitutionnel. Pierre Joxe dépose sur le bureau des neuf sages un « mémoire » juridiquement sans valeur contestant les moyens invoqués dans les recours de la droite et du centre.

Le 16 janvier 1982, le Conseil constitutionnel déclare les nationalisations conformes à la Constitution à l'exception de certaines dispositions concernant l'indemnisation des actionnaires. Consulté par le gouvernement, le Conseil d'État estime qu'il faut donc « saisir le Parlement d'un nouveau projet de loi dans son ensemble ».

Cet avis est la cause du retard du Conseil des ministres du 20 janvier 1982. Ce matin-là Mitterrand et Mauroy ont en effet un très long tête-à-tête. Contre l'avis du groupe parlementaire et des ministres CERES, comme Chevènement et Questiaux, le président et son Premier ministre décident d'écouter le Conseil d'État. Mais, cette fois, ils ne veulent pas que le nouveau débat parlementaire s'éternise. Ils décident donc de faire passer le texte par la procédure de l'article 49, alinéa 3 de la Constitution, qui permet son adoption sans vote si le gouvernement n'est pas censuré.

Leur souci est aussi de libérer les députés socialistes et communistes pour la campagne des cantonales de mars. Quant aux sénateurs, se disent les deux hommes, ils peuvent continuer de s'opposer, auquel cas le 49-3 sera de nouveau utilisé à l'Assemblée. Mitterrand estime qu'en suivant scrupuleusement les décisions et les avis du Conseil constitutionnel et du Conseil d'État, il a la meilleure chance d'éviter un nouvel échec devant les neuf sages : « Si le Conseil constitutionnel annule une nouvelle fois malgré tout, nous utiliserons de nouveau le

49-3 et il ne pourra continuer longtemps cette jonglerie », dit Mitterrand devant ses ministres. Le calcul est bon puisque le texte est adopté à l'Assemblée le 28 janvier. Le Sénat le rejette sans le discuter. Épilogue : les nationalisations reviennent le 5 février au Palais-Bourbon où l'opposition renonce cette fois à prolonger le débat. De nouveau saisi par la droite, le Conseil constitutionnel statue en urgence et déclare le texte conforme à la Constitution. La loi est promulguée le 13 février 1982, quatre mois, jour pour jour, après l'ouverture du débat à l'Assemblée nationale.

« S'ils sont bons on les garde, s'ils ne veulent pas être nationalisés qu'ils partent, on trouvera bien d'autres patrons compétents. » Cette consigne élyséenne fait rapidement le tour des cabinets ministériels. Elle devient la règle des nominations à la tête des grandes entreprises publiques. « Il n'y aura pas de chasse aux sorcières mais il ne faudrait pas que les sorcières nous chassent », avait lancé Mitterrand dans sa conférence de presse du 24 septembre. Pour les vingt-quatre fauteuils les plus importants, douze ne changent pas de titulaires. Sur les douze « entrants », trois sont proches du Parti socialiste et deux sont membres du Parti communiste.

Pour les grands groupes déjà sous contrôle de l'État, peu de changements majeurs. Pierre Alby reste à GDF, Marcel Boiteux à EDF, Albin Chalandon à Elf-Aquitaine, Pierre Giraudet à Air France, Jacques Mitterrand à la SNIAS, Bernard Hanon chez Renault. André Chadeau, ancien directeur de cabinet de Chaban-Delmas, est nommé à la SNCF, et deux communistes deviennent PDG : Georges Valbon aux Charbonnages de France et Claude Quin à la RATP.

Aux commandes des nationalisées de 1981-1982, Roger Fauroux reste à Saint-Gobain, Jean Gandois à Rhône-Poulenc, qu'il quitte avec éclat six mois plus tard en désaccord avec les choix industriels du gouvernement. Il est remplacé par le troisième patron de gauche de cette vaste redistribution, Loïk Le Floch-Prigent, proche de Chevènement. Georges Besse entre chez Péchiney, Alain

Gomez, l'un des fondateurs du CERES, quitte une direction de Saint-Gobain pour prendre la présidence de Thomson-Brandt. A la CGE, Georges Pébereau reste directeur général et l'ambassadeur de France Jean-Pierre Brunet y remplace le président Ambroise Roux qui ne souhaitait pas rester à la tête de son empire une fois nationalisé.

Usinor revient à Raymond Lévy, qui prendra la présidence de Renault après l'assassinat de Georges Besse le 17 novembre 1986. Sacilor passe sous l'autorité de Claude Dollé, qui va ensuite au Crédit agricole.

A la BNP, René Thomas remplace Jacques Calvet, l'ancien directeur de cabinet de Giscard. Jean Deflassieux, proche de Mauroy, succède au Crédit lyonnais à Claude Pierre-Brossolette, ancien secrétaire général de l'Élysée sous Giscard. Jacques Mayoux quitte Sacilor pour la Société générale. A Jean-Yves Haberer, directeur du Trésor sous Monory, revient la charge de remplacer Pierre Moussa chez Paribas.

Moussa est à lui seul un symbole. Celui de la « trahison » de la finance, largement exploité par la gauche. Normalien, major de l'inspection des finances, homme de grande culture tourné vers l'étranger, ce banquier est soupçonné d'avoir couvert la perte délibérée du contrôle des filiales du groupe en Belgique et en Suisse. Mis en minorité par son conseil d'administration, il doit démissionner alors que le gouvernement saisit la justice qui l'inculpe pour infraction à la législation des changes. Il sera relaxé, tandis que l'État renoncera à poursuivre la société Paribas au prix d'une transaction avec la direction des Douanes négociée par le nouveau patron de Paribas, Jean-Yves Haberer[1].

1. L'affaire Moussa-Paribas provoque un drame. Léonce Boissonnat, cinquante-neuf ans, fondé de pouvoir du service de gestion de la clientèle privée de Paribas, met fin à ses jours dans la nuit du 19 au 20 décembre 1981. Plusieurs mois avant l'alternance de mai-juin 1981, une cinquantaine de ses clients sont mis en cause pour infraction à la législation sur le contrôle des changes. Ils sont soupçonnés d'avoir placé une partie de leurs avoirs à l'étranger. Procédé usuel, une transaction intervient entre la direction des Douanes et les clients de Paribas qui acceptent cette procédure sur le conseil de

Bouc émissaire à Valence, Moussa avait cru jusqu'au bout qu'il pourrait convaincre Matignon et l'Élysée, via Attali et surtout Delors, lui-même acquis à cette idée, de renoncer à nationaliser les compagnies financières Suez et Paribas.

Raoul Duval remplace Jean-Maxime Lévêque au Crédit commercial de France et David Dautresme est nommé à la tête du Crédit du Nord. Georges Plescoff, venu des AGF, prend les commandes de Suez.

Comme Ambroise Roux, Jean-Maxime Lévêque avait fait publier dans la presse au moment du débat parlementaire des lettres ouvertes à ses actionnaires, déplorant le non-versement de dividendes au titre de l'exercice 1981 et dénonçant le caractère « inéquitable » des indemnisations prévues. Dans une lettre à Jacques Delors, le président de la Commission des opérations de Bourse (COB), Bernard Tricot, avait estimé que les indemnisations envisagées par la loi n'avaient « en aucune façon un caractère spoliateur ».

Ces nominations en rafales sont un vaste mouvement de chaises musicales, qui ne s'apparente guère à une chasse aux sorcières, ni même à une application à la lettre du système des dépouilles à l'anglo-saxonne. L'État nomme des responsables dont il attend compétence et loyauté, conscient que la tâche est difficile et qu'une politisation excessive ne la simplifierait en rien.

M. Boissonnat. En novembre 1981, alors qu'éclate l'affaire Moussa, le ministère du Budget, dont dépend la direction des Douanes, porte plainte contre les auteurs de ces transferts illicites de capitaux, évalués à 100 millions de francs. C'est l'abandon de la transaction en cours. Léonce Boissonnat se sent désavoué : il a conseillé à ses clients d'accepter la transaction, donc de reconnaître leur faute, et voilà qu'ils sont passibles de la justice. Il se suicide. Le comportement de l'administration est jugé choquant dans les milieux économiques et financiers qui y voient une marque d'irresponsabilité des nouveaux gouvernants.

CHAPITRE 4

Moins d'État, la décentralisation

Derrière ce mot barbare se cache une révolution

Pour la première fois depuis un siècle, l'État abandonne au profit des communes, des départements et des régions, en métropole et outre-mer, une large partie de ses pouvoirs réglementaires et financiers. Avec les socialistes, la tutelle du gouvernement est abolie au bénéfice des élus locaux. 33 lois, 219 décrets et des milliers de circulaires codifient ce bouleversement des institutions et des habitudes. Il est très vite accepté par l'ensemble des forces politiques.

Cette gigantesque réforme a des avocats de poids. L'ex-président du conseil général de la Nièvre la réclame depuis toujours. Le maire de Lille en est un partisan convaincu. Le maire de Marseille est entré au gouvernement pour la mettre en œuvre.

Pour la plupart des socialistes, l'expérience du pouvoir jusqu'en 1981 s'est limitée à l'exercice des responsabilités locales. Privés du relais politique gouvernemental parisien, ils ont enduré les frustrations imposées par les contrôles et les blocages des administrations centrales. Mitterrand se fait leur interprète quand il reprend dans ses discours de campagne ce thème de l'impuissance de l'élu local face à « l'arrogance des préfets et à l'indifférence des bureaux parisiens ». Il met ainsi sous le boisseau son penchant jacobin, qui s'affirmera davantage au fil du septennat.

« La France a eu besoin d'un pouvoir central fort et centralisé pour se faire. Elle a besoin de pouvoirs décentralisés pour ne pas se défaire », écrit le candidat socialiste dans *Ici et Maintenant*[1], avant de dénoncer « l'obsédante domination de Paris par le canal d'une administration qui reste coloniale ».

Mitterrand annonce la couleur : « La décentralisation de l'État sera prioritaire », affirme d'emblée la 54e proposition du candidat, qui promet « l'élection des conseils régionaux au suffrage universel, un statut particulier pour la Corse » et la suppression de « l'autorité des préfets sur les collectivités locales ».

Le seul engagement qu'il ne tiendra pas sera la création d'un département du pays basque. « Démagogique, irréaliste et dangereux », convient quelques années plus tard un proche collaborateur du président chargé de ces questions, qui enterre ainsi les pulsions régionalistes du socialisme d'opposition.

Les lois Defferre

Le 15 juillet 1981, le gouvernement de la gauche rompt spectaculairement avec le pragmatisme et la prudence décentralisatrice de ses prédécesseurs. La seule grande réforme de la droite, après l'échec du référendum de 1969 sur la régionalisation et la réforme du Sénat, avait été, trois ans plus tard, la création, sous la forme d'établissements publics, d'assemblées régionales composées des parlementaires et d'élus cantonaux. En 1980, un début de décentralisation financière avait accordé aux collectivités locales une certaine latitude pour fixer le taux des impôts locaux.

Gaston Defferre annonce ce jour-là son programme législatif au Conseil des ministres. Il se heurte aussitôt à des difficultés politiques et institutionnelles. Que faire de Paris ? Comment traiter la Corse ?

A l'égard de la capitale et de son maire, Mitterrand recommande la prudence : « Pour la région parisienne, le

1. *Op. cit.*

principe doit être le droit commun, ce qui n'exclut pas la différenciation. Pas question de mettre le préfet de police sous les ordres du maire. Prenons garde à ne pas nous faire accuser d'être des Versaillais contre la Commune en revenant sur ce que M. Giscard d'Estaing avait accordé à Paris. »

Pour la Corse, il est convenu d'adopter sans tarder un statut particulier et de procéder, avant le Continent, à l'élection au suffrage universel de l'assemblée régionale corse. Au printemps 1981, Defferre a obtenu du FLNC une trêve des attentats. En agissant rapidement sur le plan institutionnel, il espère qu'elle se prolongera.

Au cours de ce Conseil des ministres, Jack Lang s'oppose violemment à l'article 61 du projet de loi, qui prévoit le transfert de crédits du ministère de la Culture vers les collectivités locales. En pleine bagarre pour le doublement de son budget et avant même d'avoir obtenu gain de cause, il voit déjà les millions lui passer sous le nez. « Construisons d'abord une grande politique culturelle nationale pendant deux ou trois ans, avant d'établir un plan de décentralisation. On ne peut pas commencer par dévêtir celui qui n'a pas été vêtu », s'écrie Lang, immédiatement soutenu par Ralite.

Mauroy n'apprécie pas : « Si tous les ministres tiennent le raisonnement de Lang, il n'y aura pas de décentralisation. » Mitterrand soutient mollement son ministre de la Culture. Puis il se montre lui aussi jacobin sur une question qui l'obsède, la forêt française : « Je suis résolument centralisateur dans ce domaine car la France n'a aucune politique forestière. Elle ne peut être seulement le lieu où l'on ramasse le bois mort, ce qu'elle tendrait à être si elle était gérée par la commune. »

Defferre en vient au sort des préfets. Il voulait les supprimer, mais la Constitution l'en empêche. Deux articles[1] de la loi fondamentale consacrent leurs pouvoirs. Ils survivront donc sous le nom de « commissaires

1. Article 13 : « Les préfets (...) sont nommés en Conseil des ministres » ; article 72 : « Dans les départements et les territoires, le délégué du gouvernement a la charge des intérêts nationaux, du contrôle administratif et du respect des lois. »

de la République », retrouvant le titre que leur avaient donné les constituants à la Libération.

Mitterrand sur ce point réagit en gardien de la Constitution, « garant de l'unité nationale » : « Nous donnons aux collectivités locales des responsabilités démocratiques, c'est bien. Mais il reste des agents qui doivent répondre de l'unité de l'État : ce sont vos commissaires de la République. Il faut que l'État soit unique en face des élus. Si avec la décentralisation on fait sauter l'appareil de l'État, nous tomberons sous le coup de la critique d'atteinte à cette unité. »

Douze jours plus tard, le 27 juillet, « la grande affaire du septennat », selon la formule de Mauroy, est soumise au feu de la bataille parlementaire. Immanquablement, l'opposition tente d'en repousser l'examen au nom de la défense de l'unité de la nation. Michel Debré, commandeur de l'État fort, plaide l'irrecevabilité. Olivier Guichard, qui fut le premier délégué général à l'Aménagement du territoire dans les années 60, défend la question préalable. Charles Millon tente le renvoi en commission. Peine perdue face à une majorité socialo-communiste déterminée. Elle fait adopter au pas de charge ce projet de loi-cadre « relatif aux libertés des communes, départements et régions ». Le débat connaît des moments de tension. Mais, à la différence du marathon des nationalisations, il aura plus de tenue. Philippe Séguin [1] l'un des principaux intervenants du RPR, y voit « l'un des plus beaux débats de la législature ». Il rend hommage à Defferre, « un vrai parlementaire qui a accepté des modifications non négligeables ». Michel Noir [2] porte un jugement comparable : « Il n'y a pas eu de vrai débat frontal. Defferre s'est montré plus souple sur la décentralisation que Le Garrec sur les nationalisations. La réforme était indispensable, mais nous avions peur d'une manipulation politique. »

Pourtant le manichéisme faisait à l'époque ses ravages dans les deux camps. Assailli par Guichard et Debré, qui

1. Entretien le 11 avril 1990.
2. Entretien le 6 décembre 1989.

déposent une motion de censure sur ce texte, estimant « l'unité de l'État menacée », le ministre de l'Intérieur et de la Décentralisation s'est parfois emporté. Il leur cloue un jour le bec par un : « Vous êtes centralisateurs, un point c'est tout. »

L'UDF est plus ouverte à la réforme que le RPR. *La Lettre de la Nation* publie des éditoriaux très critiques. L'organe gaulliste dénonce « les risques d'une certaine anarchie » inhérents à l'élection du conseil régional au suffrage universel direct, y voyant « les germes d'une dislocation de l'unité territoriale » et « un risque de paralysie de l'action de l'État ». Neuf ans plus tard, Séguin remarque : « Ceux qui étaient censés voter contre, se vautrent aujourd'hui dans la décentralisation. » Jacques Chirac concentre lui aussi ses griefs sur la régionalisation : « L'élection d'assemblées au suffrage universel désignant leur exécutif régional contient un germe délétère de l'unité nationale. Nous n'avons pas le droit de prendre un tel risque pour ce pays », déclare-t-il en recevant, le 5 novembre 1981, dans son hôtel de ville le 64e congrès de l'Association des maires de France. Le maire de Marseille lui répond : « La France restera une République, Une et Indivisible. »

Le 12 septembre, la loi est votée. Communes, départements et régions ne sont plus soumis à la tutelle de l'État. Le contrôle du pouvoir central intervient désormais *a posteriori.* En attendant l'élection au suffrage universel des conseils régionaux, un nouvel homme fort apparaît dans le paysage français : le président du conseil général. Cet élu supplante le préfet pour la mise en œuvre des décisions de l'assemblée départementale. Mais très vite les maires et présidents, nouveaux roitelets de la France moderne, font appel à des préfets en retraite ou détachés, seuls capables de rivaliser en compétence avec les commissaires de la République et de gérer les finances du département. Le notable se transforme progressivement en entrepreneur politique. Plus riche et peuplé est son département ou sa commune, plus grand est son rôle. Dans les régions défavorisées, les élus continueront de se tourner largement vers l'assistance technique et financière du pouvoir central. On finit par parler d'une « décentralisation à deux vitesses ».

Bastion de la résistance à l'État socialiste, le Sénat, pourtant composé d'élus locaux attachés aux pouvoirs de leurs cantons, s'oppose avec énergie à la loi Defferre. La Haute Assemblée multiplie les « contre-projets », freine l'enthousiasme réformateur des socialistes. Mais la Chambre rose a le dernier mot. Le 2 mars 1982, la loi-cadre est promulguée. De nombreux textes ultérieurs précisent les compétences, les ressources et les modalités du contrôle budgétaire des collectivités locales, ainsi que le statut de la fonction publique territoriale.

Cette façon de procéder correspond à une tactique mise au point par Mitterrand et Defferre. Conscients que l'état de grâce ne durerait qu'un été, ils avaient décidé de hâter l'adoption des grands principes régissant la décentralisation et de prendre ensuite leur temps pour en fixer les modalités.

L'urgence corse

Depuis des décennies les Corses se sentent négligés par le Continent. La minorité agissante autonomiste du FLNC a pris le maquis. Elle manifeste sa revendication par la violence. Les attentats contre l'administration et les *pinzuti*[1] sont devenus monnaie courante. Le 4 avril 1981, le candidat François Mitterrand confirme, à Furiani, près de Bastia, son intention, s'il est élu, de faire voter un « statut particulier » pour la Corse. Le FLNC avait décrété la veille une trêve des attentats jusqu'à l'élection présidentielle.

Faire vite pour prolonger la trêve des plastiqueurs : c'est l'objectif de Gaston Defferre qui présente, le 23 décembre 1981, au Conseil des ministres le projet de loi « portant statut particulier de la collectivité territoriale de Corse ». Il peste contre le Conseil d'État qui a rejeté son texte par 17 voix contre 14. Pour le Conseil d'État, la

1. Littéralement : « les pointus ». Ce terme très péjoratif en corse désigne les continentaux établis dans l'île.

situation dans l'île ne justifie pas de dérogations. L'importante dévolution de compétences aux élus corses en matière de culture, d'éducation et de développement économique, crée une inégalité juridique par rapport aux autres régions de France, dit-on au Palais-Royal.

« C'est à nous et pas aux conseillers d'État qu'il revient d'apprécier s'il faut un statut spécial pour la Corse. Si nous les écoutions les bombes éclateraient de nouveau », déclare Defferre[1]. Il suggère de passer outre à leur avis consultatif. « Attention, intervient Mitterrand, il ne faudrait pas que l'on pense que le gouvernement se moque du droit. » Le chef de l'État rappelle qu'« une belle brassée » de textes importants sont soumis à l'avis de cette prestigieuse institution. « Le Conseil constitutionnel serait tenté de suivre le Conseil d'État si nous faisions fi de ses avis. »

Mauroy est d'accord. Il propose de légiférer en deux temps comme pour la décentralisation en métropole : un texte général « tout de suite » et un autre « au printemps » fixant les compétences de l'assemblée régionale corse.

Defferre ne veut rien savoir. Il est inquiet : « La trêve est fragile. Si tout va mal, l'opinion s'intéressera plus aux attentats et aux victimes qu'à vos arguments juridiques. »

Mitterrand avance un nouvel argument : « A vouloir aller trop vite on risque de prendre du retard car le Conseil constitutionnel pourrait annuler le texte. » Mauroy rappelle que le gouvernement risque d'être mis en difficulté par les neuf sages du Palais-Royal sur la question pendante de l'indemnisation des actionnaires des entreprises nationalisées.

Le chef de l'État se propose d'aller en Corse pour expliquer que la décentralisation s'y fera en deux temps.

Defferre : « Votre autorité morale et politique est très grande. Mais aller en Corse pour que le lendemain les bombes éclatent, il vaut mieux pas. Moi j'irai en Corse. Je me ferai tuer. Ce serait excellent. Mais je n'ai pas le goût du suicide. » Il s'emporte : « Je ne comprends pas

1. Document d'archives.

bien le lien qu'établit Mauroy entre les nationalisations et la Corse. »

Le président met fin au débat et maintient son arbitrage en faveur du renvoi du texte sur les compétences après l'adoption du statut régional.

« Je suis discipliné, je m'incline, mais je vous fais une proposition », dit Defferre. Pour calmer les nationalistes corses il suggère que l'on annonce dès ce jour l'adoption par le Conseil des ministres des deux textes (statut et compétences), quitte à les faire discuter l'un après l'autre par les Assemblées. Non, lui répond Mitterrand, « nous ne pouvons préjuger du vote du Parlement ».

Le Conseil des ministres examine donc le 6 janvier 1982 le premier projet de loi sur le statut de la Corse. Une vive discussion s'engage dès l'examen de l'exposé des motifs :

Chevènement : « On parle page 6 du " peuple corse ". Cette expression m'inquiète. Va-t-on parler demain du " peuple basque " et du " peuple breton " ? Nous mettons là le doigt dans un engrenage sans savoir où il nous entraînera. »

Mitterrand : « C'est vrai, il faut faire attention au vocabulaire. Nous avons tous parlé du " peuple corse ". Il y a aussi un " peuple breton ". Pour moi tout cela c'est d'abord un problème de culture. »

Cheysson : « L'expression " peuple corse " me gêne tout de même pour des raisons internationales. »

Mitterrand : « Vous pensez au " peuple palestinien " ? »

Cheysson : « Oui, c'est gênant. »

Mitterrand : « L'objection n'est pas décisive. L'orientation est choisie. Ne nous laissons pas arrêter par des prudences de vocabulaire. »

Mauroy : « Il n'y a pas de danger car on a pris soin dans l'alinéa précédent de réaffirmer le caractère indivisible de la République. »

Labarrère (maire de Pau) : « Je suis tout de même préoccupé à cause du " peuple basque ". »

Chevènement : « Le peuple est le lieu de la souveraineté. La Justice est rendue au nom du peuple et un peuple a droit à un État. »

Mitterrand : « Mais la France ne s'est pas faite tout d'un coup. Tous ces peuples sont des composantes du peuple français. »

Defferre : « Eurêka ! voilà la solution. Je propose d'écrire : " le peuple corse, composante du peuple français ". »

Mitterrand : « Je vous donne mon accord. L'exposé des motifs reprendra votre formulation. »

Le statut particulier de la Corse est adopté par le Parlement début février en dépit de l'hostilité du Sénat, où se distingue le radical de gauche François Giacobbi. Pour permettre l'intégration des autonomistes dans le processus démocratique, Defferre a fait adopter le système de la proportionnelle intégrale pour l'élection des 61 conseillers régionaux qui siégeront à Ajaccio.

La loi sur le transfert des compétences de l'État aux assemblées corses est adoptée au printemps, dans la foulée du texte général sur les modalités de la décentralisation sur le Continent. Craignant une reprise des attentats, le gouvernement pousse à l'adoption rapide de la loi sur la Corse afin d'organiser au plus tôt les élections régionales dans l'île. Le texte prévoit une nouvelle amnistie pour les autonomistes. Gaston Defferre fait état le 7 avril en Conseil des ministres de « liaisons entre la Corse et une partie de l'OLP ».

Les élections se déroulent le 8 août dans le calme. Deux jours auparavant, le FLNC a pris ses distances avec les actions terroristes qui ont donné lieu à une nouvelle nuit bleue. Menés par Edmond Siméoni, les autonomistes de l'Union du peuple corse recueillent 10,60 % des voix. Mais l'assemblée est ingouvernable car aucune coalition solide ne se forme entre les élus des dix-sept listes engagées dans cette élection. Deux ans plus tard, les élus corses demandent la dissolution de leur assemblée paralysée par les rivalités de clans. Nouvelle élection le 12 août 1984, mais cette fois avec un seuil de 5 %. Max Siméoni recueille deux fois moins de voix que son frère et n'obtient que 4 sièges dans la nouvelle assemblée. Le RPR prend la présidence avec Jean-Paul de Rocca Serra, qui remplace le MRG Prosper Alfonsi.

La trêve du FLNC avait pris fin dès l'été 1982 avec la fameuse nuit du 19 août où une centaine d'attentats se produisent. Le FLNC est dissous en janvier 1983 et le gouvernement envoie le commissaire Broussard dans l'île comme préfet délégué pour la police. Initialement prévu pour l'été 1982, le voyage officiel de Mitterrand en Corse se déroule dans le calme les 13 et 14 juin 1983 au milieu d'un important dispositif de sécurité. L'accueil populaire est chaleureux. A son retour, le président décide de suivre personnellement les affaires corses et charge Michel Charasse[1] de traiter ces dossiers.

En septembre 1983, le gouvernement dissout la « consulte des comités nationalistes », qui a repris le flambeau du FLNC. Au Conseil des ministres du 27, Mitterrand appelle à la fermeté de la justice et de la police : « L'autorité judiciaire est là-bas en dessous de tout. Les Corses n'ont pas le sentiment que nous ayons une politique déterminée. Les poursuites, notamment vis-à-vis de la presse, ont été menées avec mollesse. Il faut en finir avec ce train-train quotidien. »

Corse par sa mère, auvergnat par son père, Charasse se met immédiatement au travail. Il devient de fait le ministre de la Corse. « Mitterrand voulait que l'ordre républicain soit rétabli et que l'on mette fin aux innombrables abus. Pour lui, le problème corse tenait au fait que la loi n'était pas appliquée et que les élus ne mettaient pas en œuvre toutes les possibilités du statut particulier. On change les préfets, on mute des fonctionnaires, on révoque des maires, on remplace le procureur général de Bastia. On s'efforce de rétablir l'ordre ; Broussard s'en charge. Les attentats diminuent et l'on mène parallèlement toute une action anti-combines. »

La carotte puis le bâton. La gauche n'est pas venue à bout de la surenchère indépendantiste corse. Elle est parvenue tout au plus à désamorcer une situation potentiellement explosive. Un résultat qu'elle n'obtient pas

1. Entretien le 7 mai 1990.

dans une autre île française. A l'autre bout du monde. En Nouvelle-Calédonie.

Lointaine Calédonie

A 18 000 kilomètres de la métropole, le « Caillou » vit, oublié de tous. Les Caldoches, descendants des colons européens, représentent le tiers de la population et contrôlent l'essentiel de l'activité économique, en particulier l'extraction du nickel. Les trois cents tribus canaques restent largement à l'écart de la prospérité et des responsabilités locales. Les prêtres catholiques et les pasteurs protestants contribuent à la prise de conscience de l'identité canaque. La revendication indépendantiste apparaît en 1969.

« On en arrive là-bas à une situation de désespoir qui précédera, je peux vous le garantir, une situation d'affrontement. » Ainsi François Mitterrand juge-t-il le contexte néo-calédonien dans un discours prononcé le 23 novembre... 1979 devant l'Assemblée nationale. Parvenu au pouvoir, il a l'ambition de mettre fin au « pacte colonial » en établissant une équité élémentaire entre les communautés caldoches et mélanésiennes du Caillou. L'objectif est transparent : préparer l'émancipation du peuple kanak, qui peut déboucher à terme vers l'indépendance.

La situation n'est en rien comparable avec les quatre départements d'outre-mer où la revendication indépendantiste, essentiellement limitée à une minorité guadeloupéenne, n'est pas prise en considération. Pointe-à-Pitre, Fort-de-France, Cayenne et Saint-Denis-de-la-Réunion auront une assemblée unique dépositaire des pouvoirs nouveaux issus de la décentralisation. Incident juridique : le Conseil constitutionnel rejette cette fusion en une seule assemblée des conseils généraux et régionaux. Le principe d'égalité devant la loi, brandi par les neuf sages, contraint le gouvernement à revenir sur le bon sens. L'absurde est institutionnalisé : Guadeloupe, Martinique, Guyane et Réunion seront à la fois régions et départements avec deux assemblées élues au suffrage universel.

En Nouvelle-Calédonie, la gauche démarre sur le terrain économique et culturel. « Il faut faire des réformes, il faut s'en donner les moyens et agir vite », lance le secrétaire d'État aux DOM-TOM Henri Emmanuelli en présentant le 9 décembre 1981 au Conseil des ministres le contenu des ordonnances qu'il veut faire adopter. Réforme foncière, nationalisation des mines, l'État revient en force dans le territoire pour rééquilibrer le pouvoir économique en faveur des Kanaks et des petits propriétaires caldoches.

Un haut-commissaire socialiste est dépêché à Nouméa, Christian Nucci. Ce pied-noir, élu de l'Isère, est chargé de reprendre en main une administration civile et militaire soupçonnée par la gauche d'être sous l'influence de la filiale néo-calédonienne du parti chiraquien, le RPCR. Mitterrand indique la marche à suivre : « Tout est psychologique, c'est une affaire de doigté et d'autorité sur place. Il faut faire sans tapage les mutations nécessaires. »

La victoire de la gauche a avivé les tensions latentes entre les communautés de l'île. De nombreux Kanaks attendent de Mitterrand qu'il leur accorde l'indépendance. Les Caldoches sont persuadés que le président socialiste va « brader » la Nouvelle-Calédonie. Dans la nuit du 19 septembre 1981, Pierre Declercq, le secrétaire général du parti indépendantiste légaliste, l'Union calédonienne, est abattu d'un coup de fusil. C'est le point de départ d'une ère d'affrontements. Prémonition ? *Le Monde* se demande le lendemain si cet assassinat « ne risque pas d'entraîner la Nouvelle-Calédonie dans le cycle de la violence à laquelle elle avait jusqu'à présent échappé ». Dans ce climat incertain, Nucci met en œuvre les réformes économiques et sociales tout en travaillant au rapprochement de l'aile modérée du RPCR avec les indépendantistes les moins virulents. L'opération débouche sur une nouvelle majorité à l'assemblée territoriale. L'action réformiste butte sur les pesanteurs et les traditions mélanésiennes et ne fait qu'attiser les antagonismes des fractions dures des deux communautés.

« Ce territoire devient par procuration le forum de l'antagonisme droite-gauche [1]. »

Le 1er septembre 1982, Jacques Chirac se rend en Nouvelle-Calédonie avec le secrétaire général du RPR Bernard Pons. Dès son arrivée à Nouméa, le maire de Paris met en cause devant la presse « la légitimité des gouvernants » : « L'évolution de la situation politique et économique en France fait que l'expérience socialiste ne durera pas deux ans. » Le soir même il se rend à La Foa, en brousse, à la rencontre des populations. Devant une centaine de Caldoches très inquiets, il précise : les socialistes mènent le pays vers « une situation dans laquelle le gouvernement et le chef de l'État seraient conduits à faire des élections anticipées ». Sept ans plus tard [2], il décrit l'ambiance : « Ces Caldoches avaient le sentiment que le gouvernement allait abandonner le territoire et qu'ils allaient devoir déguerpir le plus vite possible. J'ai vu là la déplorable perspective d'une Calédonie qui se viderait physiquement. Alors j'ai voulu leur remonter le moral. Je leur ai dit : ne vous inquiétez pas, tout cela ne va pas durer. Les socialistes vont quitter le pouvoir bien avant les échéances, ils font tellement de bêtises. »

L'envoyée spéciale de l'AFP câble le soir même : « Jacques Chirac : l'expérience socialiste ne durera pas deux ans. » A Paris, le climat politique est tel que cette déclaration du maire de Paris provoque l'effervescence des rédactions. A gauche, certains y voient des propos factieux. Jacques Chirac pourtant a pris soin d'envisager un changement de gouvernement par la voie éminemment démocratique d'élections anticipées. Ses lieutenants, Bernard Pons et Claude Labbé, se montrent beaucoup plus véhéments. Ils instruisent depuis des mois le procès en illégitimité du pouvoir socialiste.

Georges Lemoine succède à Henri Emmanuelli en mars 1983. Plus discret, le nouveau secrétaire d'État aux

1. In *Bilan de la France,* Paris, La Table ronde, 1986 (ouvrage collectif de 29 élèves de l'ENA couvrant l'échiquier politique du PS au RPR).

2. Entretien le 28 novembre 1989.

DOM-TOM n'en est pas moins tenace. Chargé de préparer un nouveau statut pour le territoire, cet homme de dialogue parie sur un processus d'indépendance en douceur. Il réussit l'exploit de réunir pendant quatre jours, du 8 au 12 juillet 1983, à Nainville-les-Roches, tous les protagonistes du conflit calédonien : Jacques Lafleur, richissime patron du RPCR, Dick Ukeiwé, Mélanésien loyaliste, Jean-Marie Tjibaou, leader du Front indépendantiste, et Eloi Machoro, chef charismatique de l'Union des peuples mélanésiens. Les quatre signent un document proclamant « l'abolition du fait colonial », la « reconnaissance de la légitimité du peuple kanak » ainsi que son « droit inné et actif à l'indépendance dans le cadre de l'autodétermination prévue et définie par la Constitution ». Comme l'explique le journaliste Alain Rollat [1], spécialiste de la Nouvelle-Calédonie, les deux camps se font des concessions mutuelles. Les Caldoches acceptent le principe d'une revendication d'indépendance. Les Kanaks acceptent que toutes les communautés du territoire, et en particulier les Caldoches qui représentent le tiers de la population, participent à un scrutin d'autodétermination.

Cet accord est très important, mais il intervient trop tôt. Lemoine prépare aussitôt un nouveau statut d'autonomie interne prévoyant six régions, associant élus et chefs coutumiers dans le but de faire accéder les Kanaks à un début de responsabilisation politique, administrative et économique. C'est un premier pas sur la voie de l'indépendance avec à l'horizon 1989 l'organisation d'un référendum d'autodétermination. Cette belle construction fondée sur la bonne volonté des deux camps se heurtera [2] à une nouvelle radicalisation et à l'explosion de la violence à l'automne 1984.

L'« opération Paris »

Le 21 mai 1981, Mitterrand consacre selon la tradition sa première visite de président au maire de Paris. Pre-

1. Entretien le 20 mai 1989.
2. Voir VIIe partie : « L'attente ».

nant la parole après Jacques Chirac[1], il présente l'Hôtel de Ville comme « le premier contre-pouvoir » devant « le château du seigneur ». Puis il parle du « vieux face à face du roi et du prévôt ».

Le 30 juin 1982, le roi en son château décide de casser la toute-puissance du prévôt.

Une bombe politique éclate ce matin-là sous la forme d'un communiqué publié à l'issue du Conseil des ministres : « Le nombre d'habitants de Paris, l'existence depuis de très nombreuses années de mairies d'arrondissements, la nécessité de rapprocher les élus des administrés ont orienté le gouvernement vers la création d'une municipalité de plein exercice par arrondissement conformément à l'ensemble des dispositions sur la décentralisation. Les municipalités d'arrondissements désigneront leurs représentants au Conseil de Paris qui élira le maire de Paris. »

En clair Mitterrand a décidé de dépouiller Chirac de l'essentiel de ses prérogatives municipales.

Jacques Chirac[2] : « J'étais en train de déjeuner et on vient me dire que le sénateur de Paris Roger Romani veut me parler au téléphone. Je sors de table en bougonnant et il me lit le communiqué de l'Élysée. J'en tombe de l'armoire. Je n'avais eu aucun signe avant-coureur de cette opération coup de canon. Je réagis très vivement. C'est un mépris souverain à l'égard des élus parisiens. »

Selon son entourage, Jacques Chirac était convaincu que François Mitterrand ne toucherait pas au statut de Paris. En effet, le 4 janvier 1982, à l'occasion de l'échange de vœux entre le président et le maire de Paris à l'Élysée, les deux hommes s'étaient félicités que les textes sur la décentralisation aient maintenu l'unité de Paris en préservant le droit commun[3].

Le secret avait été bien gardé. Une heure auparavant, à la table du Conseil, Gaston Defferre[4] a fait une commu-

1. Voir Ire partie : « L'alternance ».
2. Entretien le 2 octobre 1989.
3. *In* Claude Estier et Véronique Neiertz, *Véridique Histoire d'un septennat peu ordinaire,* Paris, Grasset, 1987.
4. Document d'archives.

nication non annoncée à l'avance sur les élections municipales : « Il faut pour Paris sortir du système exceptionnel où les élus sont à la fois conseillers municipaux et conseillers généraux, et revenir au droit commun. Chacun des vingt arrondissements deviendrait une commune de plein exercice. Ces vingt communes seraient regroupées dans une communauté urbaine. »

Mauroy est tout à fait d'accord : « Paris sera une communauté urbaine, comme Lille ou Lyon. »

Lang trouve le projet « astucieux » et demande qu'au sommet de l'édifice le maire de Paris perde ce titre et devienne le « président de la communauté urbaine ». Labarrère le soutient.

Ils sont désavoués par Defferre : « Supprimer ce titre serait très mal vu ; on nous accuserait de faire une manœuvre politique. Peu importe que ce soit un homme de droite, il faut le conserver. » Fiterman acquiesce.

Mitterrand intervient longuement : « Ne donnons pas l'impression de vouloir tordre le cou au maire de Paris. Il faut que son pouvoir aille très au-delà de celui d'un président de communauté urbaine. Ne soyons pas mesquins : à prendre une attitude de parti, nous risquerions de perdre la partie. L'opération Paris pourrait être étendue à Lyon et à Marseille. »

« Nous aurons à affronter des campagnes véhémentes, mais nous pouvons répondre en nous appuyant sur un principe fort : les arrondissements ont pris leur identité, ce sont au fond les anciens villages de Paris qui se transformeront en vingt communes. Cela ne changera pas la majorité dans la capitale mais, au moins, ce qui ne sera pas majoritaire existera. Il y aura équité sur le plan politique. »

« L'affaire est délicate, nous pouvons réussir, mais pas un geste de trop. Le moindre dérapage retournerait l'opinion publique contre nous. »

Derrière ces arguments se cache une manœuvre politique évidente : donner aux élus socialistes de Paris une possibilité de contrôler quelques mairies d'arrondissement et briser l'omnipotence de Jacques Chirac sur l'ensemble de la ville.

Pressés d'agir dans ce sens par les élus socialistes de la capitale comme Lionel Jospin, Claude Estier, Paul Quilès ou Georges Sarre, le président, le Premier ministre et le ministre de l'Intérieur ont mis un an à se décider. L'« opération Paris », pour reprendre la formule de Mitterrand, se retourne contre ses auteurs. En mars 1983, ce projet, largement édulcoré, n'empêchera pas Jacques Chirac de conserver son emprise sur Paris. Bien plus, ses candidats l'emporteront dans les vingt arrondissements.

Quelques heures après le communiqué du Conseil des ministres du 30 juin 1982, Chirac déclare à Claude Estier[1] dans les couloirs de l'Assemblée : « Faites comprendre à Mitterrand qu'il ne respecte pas les engagements qu'il a pris envers moi. Puisque c'est ainsi, c'est la guerre. »

Le lendemain, 1er juillet, Chirac réunit la presse : « Les engagements formels et publics du président de la République de ne pas remettre en cause l'unité de la capitale sont violés. La ville de Paris est menacée de dissolution et de dislocation. » Le premier maire de France demande à ses administrés « d'exiger du gouvernement l'organisation d'une consultation populaire pour exprimer librement et démocratiquement l'avenir qu'ils choisissent ».

Chirac a gagné. L'union sacrée se fait dans l'opposition autour du maire de Paris. Les Parisiens, majoritairement à droite, soutiennent leur élu. Sa forteresse est imprenable. La presse critique unanimement la « manœuvre » du gouvernement. « Cette affaire a constitué le point d'orgue des hostilités entre Mitterrand et Chirac. En pratiquant cette politique de clan, les socialistes ont donné à Chirac une arme formidable pour gagner aux municipales de 1983 », conclut Jacques Toubon, maire du XIIIe arrondissement[2].

Après la vive réaction de Chirac, le gouvernement multiplie les déclarations apaisantes et finit par proposer un projet de loi dit « PLM », accordant des pouvoirs accrus aux maires d'arrondissement à Paris, Lyon et

1. In *Véridique Histoire..., op. cit.*
2. Entretien le 14 novembre 1989.

Marseille. Les socialistes font également adopter une modification de la règle électorale permettant, grâce à l'instillation d'une dose de proportionnelle, aux élus de la minorité d'être représentés dans les conseils municipaux des villes de plus de 3 500 habitants.

CHAPITRE 5

Travailler mieux, travailler moins

Six mois déjà

A l'approche de l'hiver 1981, la gauche arrive au cap de ses six mois de gouvernement. Le grand chantier des réformes est largement engagé. Selon un sondage publié par *Le Journal du dimanche,* le 8 novembre, 53 % des Français jugent ces six mois positifs contre 31 %. 57 % ont l'impression d'assister à un changement de société.

Au Parlement, majorité et opposition bataillent durement sur les lois de décentralisation et de nationalisations. A coups de sessions extraordinaires et de séances de nuit, la machine législative n'avait jamais autant produit depuis le début de la Ve République. Les projets de lois s'empilent sur les bureaux de l'Assemblée nationale, saturée par la longueur des débats assortis de centaines d'amendements déposés par l'opposition et parfois par la majorité.

A la différence de De Gaulle et Debré qui, privés d'une majorité disciplinée à la Chambre, avaient choisi à la fin de 1958 la voie expéditive des ordonnances pour mettre en place les grandes réformes de la « République nouvelle », Mitterrand et Mauroy, forts d'une majorité solide et obéissante, ont choisi celle du débat parlementaire.

Les réformes sont donc plus longues à venir et de nombreux socialistes, à l'instar des communistes, trouvent qu'elles se font un peu trop attendre. Pour ces partisans du changement à vive allure, il est indispensable, alors qu'on approche des élections cantonales de mars 1982 et que la reprise n'est toujours pas au rendez-vous, de mettre en œuvre sans tarder les réformes sociales promises en mai 1981. Quand Jacques Delors demande publiquement le 29 novembre une « pause dans l'annonce des réformes », il exprime un sentiment très isolé à gauche[1].

Le 18 novembre 1981, en Conseil des ministres, Pierre Mauroy obtient l'autorisation d'accélérer les réformes sociales en procédant par la voie des ordonnances. « Le calendrier parlementaire est encombré. Or, la situation sociale presse, nous avons dépassé le seuil des deux millions de chômeurs et, en dehors des réponses économiques, le gouvernement peut d'ores et déjà contribuer à la solution de ce problème en agissant sur le partage du temps de travail », fait-il valoir. C'est la grande idée que partagent le PS et la CFDT : en répartissant mieux le travail et en faisant tourner davantage les machines, il doit être possible d'employer davantage de gens. Mauroy propose de faire adopter par ordonnances la réduction de la durée hebdomadaire du travail, l'abaissement à 60 ans du droit à la retraite, la 5e semaine de congés payés pour ceux qui ne l'ont pas, la réglementation plus restrictive des cumuls emploi-retraite, et certains aspects de la formation professionnelle des jeunes de 16 à 18 ans.

En revanche, il estime que le ministre du Travail Jean Auroux doit défendre lui-même devant le Parlement les projets de loi étendant les droits des travailleurs et modernisant les relations sociales dans l'entreprise.

Mitterrand approuve sans réserve le choix du Premier ministre et fait valoir qu'il ne faut « pas être indifférent aux conséquences électorales » de ces mesures sociales.

« C'est un très bon terrain pour le gouvernement. Ces ordonnances vous permettront d'avoir réglé ces problèmes importants de la durée du travail et de l'âge de la retraite avant la campagne des cantonales. Nous n'avons pas comme la droite les pouvoirs économiques, alors contre-attaquons avec tous les moyens que nous donne la Constitution. »

Au nom des communistes, Charles Fiterman donne

1. Voir IVe partie : « La rigueur ».

son accord, d'autant que, selon lui, « pour la majorité des salariés la vie quotidienne n'a pas connu pour l'instant de grands changements ».

Le mercredi suivant, 25 novembre, le Conseil adopte la loi d'habilitation autorisant le gouvernement à légiférer par ordonnances en matière sociale. Mauroy y fait ajouter au dernier moment le projet cher au ministre du Temps libre André Henry de « chèque-vacances » pour les salariés modestes, financé par l'État et les employeurs.

Le Premier ministre insiste également auprès de ses collègues pour qu'ils n'oublient jamais de présenter ces « avancées sociales » comme des éléments du vaste projet socialiste de « changer la vie » et pas seulement comme des mesures de lutte antichômage.

Les 39 heures payées 40

Le 13 janvier 1982 est adoptée l'ordonnance réduisant à 39 heures la durée hebdomadaire du travail. Promulgué le 16 pour entrée en vigueur dès le 1er février, ce texte est immédiatement interprété de manière restrictive par nombre d'entreprises qui cessent de payer la quarantième heure. Fureur des salariés qui débrayent çà et là, y compris chez les douaniers. Ces mouvements sont soutenus à fond par la CGT et par FO qui exigent les 39 heures payées 40. Krasucki et Bergeron viennent protester à Matignon et à l'Élysée, tandis que la CFDT et les rocardiens font valoir qu'une réduction de la durée du travail accompagnée d'une réduction correspondante des salaires constitue un instrument essentiel dans la lutte contre le chômage. Mauroy et Auroux partagent ce sentiment.

Las ! Le mercredi 10 février, le secrétaire général de l'Élysée Pierre Bérégovoy rend compte des travaux du Conseil des ministres et de l'arbitrage présidentiel : « Pas un seul travailleur ne doit craindre pour son pouvoir d'achat à la suite de l'application des 39 heures. »

En fait, Mitterrand n'a pas été aussi net que cela puisqu'il a déclaré : « Pour tout ce qui dépend de notre autorité [c'est-à-dire le secteur public] nous ne pouvons offrir la réduction du temps du travail contre une réduction des salaires. Pour ce qui sort de notre autorité il faut veiller au grain et éviter que les employeurs ne reprennent ce qu'ils ont perdu. Les travailleurs ne peuvent avoir l'impression qu'ils vont perdre en rémunérations ce qu'ils gagnent en temps de travail. »

Quand il quitte le salon Murat pour se rendre devant les journalistes, Bérégovoy croise le conseiller économique rocardien de l'Élysée, François-Xavier Stasse. En apprenant l'arbitrage présidentiel il blêmit. « Ce n'est pas possible, la politique de l'emploi est par terre. C'est l'erreur majeure du septennat, l'erreur historique. » « Béré » sourit et lui répond : « Mon cher François, cette politique a été décidée au congrès de Metz. »

Stasse a raison d'être affolé puisque, à peine annoncée, la décision de payer 40 heures pour 39 bloque immédiatement les quelque trois cents négociations de branches sur la réduction progressive de la durée du travail à 35 heures avec diminutions salariales correspondantes.

Pourquoi Mitterrand a-t-il pris cette décision ?

Selon Jean Auroux [1], il s'agit d'« un arbitrage d'opportunité politique à un mois des élections cantonales, qui a cassé la machine à réduire le temps de travail et donc empêché l'évolution contractuelle vers les 35 heures négociées ».

François Mitterrand [2] s'explique : « Dans ce débat difficile, j'ai estimé que puisque nous ne réduisions que d'une heure la durée hebdomadaire du travail pour des salariés qui vivaient déjà difficilement, nous avions là une occasion de faire progresser très légèrement leur pouvoir d'achat. Ça n'était pas le moment de leur en reprendre. » Puis il balaie les arguments des rocardiens et de bon nombre de ses ministres de l'époque : « Il y a, c'est vrai, des démocrates-chrétiens chez les socialistes.

1. Entretien le 19 avril 1990.
2. Entretien le 16 mars 1989.

La CFDT pensait comme eux, il y avait donc une querelle d'école et j'ai tranché. »

Les 39 heures payées 40 n'ont pas eu d'effets catastrophiques sur l'économie. Selon les études les plus sérieuses, elles ont été absorbées par la hausse de la productivité. D'après les prévisions du commissariat au Plan, le passage aux 39 heures aurait dû permettre à terme la création de 100 000 emplois. Une enquête réalisée par l'INSEE en 1983 évalue à environ 20 000 le nombre d'emplois « créés ou préservés » par cette mesure sociale, soit une réduction de 1 % du nombre de chômeurs. On ne peut évidemment pas calculer le nombre d'emplois qu'aurait permis de créer dès 1982 une réduction négociée de la durée du travail à 35 heures hebdomadaires accompagnée de réductions de salaires.

La 5e semaine de congés payés, adoptée le même jour que les 39 heures, est coûteuse pour les patrons. Sa mise en œuvre ne pose pas de problèmes majeurs dans les grandes entreprises. Mais elle crée des désillusions chez les salariés bénéficiant déjà de plus des quatre semaines légales et qui s'attendaient à profiter, eux aussi, d'une semaine supplémentaire de vacances. Le Front populaire avait ouvert la voie en instituant les deux semaines de congés payés, la IVe République avait généralisé la troisième, le gaullo-pompidolisme la quatrième, l'union de la gauche a elle aussi apporté sa pierre au bonheur des travailleurs.

En trois ans, le gouvernement Mauroy met en œuvre un total de dix-huit réformes sociales.

Cette avalanche de réformes, généralement bien préparées au niveau des administrations et des cabinets ministériels, continue d'encombrer le calendrier parlementaire.

Le 10 février 1982, Mitterrand et Mauroy doivent faire face à une véritable foire d'empoigne de ministres qui se plaignent de ne pas voir leurs projets inscrits à l'ordre du jour des Assemblées.

Defferre, qui a eu droit à la part du lion, avec les débats de décentralisation, réclame l'examen d'urgence du texte sur les fonctionnaires locaux.

Fiterman demande « impérativement » que l'on vote cette année sa loi sur la réforme de la SNCF.

Rocard estime « indispensable » de faire passer sans délais la réforme du Plan et la mise en place de l'économie sociale.

« Rien de significatif n'a été fait jusqu'ici pour le droit des femmes et il faudrait des textes en 1982 », s'écrie Yvette Roudy.

« Il faudrait au moins un texte sur les femmes et les jeunes », renchérit Edwige Avice.

« Il est inadmissible que les tribunaux appliquent tous les jours la loi Peyrefitte " sécurité et liberté " », intervient alors Badinter, qui assure que la Chancellerie est prête à remplacer ce texte du jour au lendemain.

« Il n'y a pas de loi agricole encore votée », déplore Édith Cresson, qui demande que la session de printemps prenne « une tonalité agricole ».

« Nous ne pouvons décevoir l'attente des enseignants » et il faut absolument faire voter cette année la loi sur l'enseignement supérieur, demande Alain Savary.

Fabius insiste pour que l'on adopte sans attendre la réforme fiscale annoncée par Mauroy.

André Delélis s'inquiète du sort de son projet de loi sur la coopération artisanale.

Jack Ralite souligne le « caractère indispensable » de sa Charte de la santé et de la loi hospitalière, qui « est une nécessité ».

André Henry demande que sa loi sur la promotion de la vie associative soit déposée à l'automne.

« Il n'est pas possible d'ajouter tout cela. Je ne peux dire oui à tout le monde. La session de printemps est déjà bourrée », répond Mauroy, qui a peine à contenir la boulimie législative de son gouvernement. André Labarrère, ministre des Relations avec le Parlement, vole à son secours : l'examen des textes est long à cause de la multiplication des amendements.

Mitterrand conclut ce « débat » sur le programme de travail du Parlement en soulignant qu'on ne pourra tout faire cette année. Mais il ajoute lui aussi ses priorités :

l'agriculture, l'épargne populaire indexée et la loi sur l'audiovisuel.

L'avancée sociale

Le 25 mars 1982, au lendemain des élections cantonales perdues par la gauche[1], le Conseil des ministres adopte sept ordonnances sociales parmi lesquelles le droit à la retraite à 60 ans à taux plein après 37,5 ans de cotisation au régime général de la Sécurité sociale. L'âge légal est abaissé à 57 ans pour les fonctionnaires. Cette mesure, inscrite dans la proposition 82 du candidat Mitterrand, est une ancienne revendication syndicale. Elle apporte un réel progrès aux salariés modestes et aux chômeurs en fin de droits. Pour les cadres et les revenus moyens, les difficultés rencontrées dans l'adaptation et le financement des retraites complémentaires n'entraînent pas d'améliorations substantielles.

Le même jour sont adoptées les ordonnances sur le cumul emploi-retraite, le travail à temps partiel, le chèque-vacances et l'insertion sociale et professionnelle des jeunes de 16 à 18 ans.

L'insertion, c'est le dossier de Marcel Rigout, dont l'ambition est de « rattraper les jeunes à la rue », faute de formation et d'emploi. « Toute mon idée c'était de ne pas faire revenir les jeunes à l'école puisqu'ils l'ont quittée dégoûtés et ne veulent plus en entendre parler », explique ce communiste limousin[2]. Dans son effort visant à donner à 100 000 jeunes une formation débouchant sur un emploi, il se heurte aux réticences de la FEN et de la CGT, pour lesquelles ses idées de formation hors du système scolaire sont contraires au vieux principe de gauche selon lequel il faut séparer l'enseignement de l'entreprise. Rigout s'appuie sur les chambres de commerce et de métiers pour obtenir essentiellement des PME un effort en faveur des jeunes désœuvrés.

Comme Pierre Mauroy avec son « tour de France pour

1. Voir IVe partie : « La rigueur ».
2. Entretien le 26 mai 1989.

l'emploi », comme Jack Ralite avec son « tour de France de la santé », comme Jean-Pierre Chevènement avec son « tour de France de la recherche », Rigout suit le conseil de Mitterrand qui, très vite, avait invité ses ministres à aller expliquer sur le terrain la politique du gouvernement. Le ministre communiste part implorer les partenaires économiques et sociaux de prendre conscience du drame du chômage des jeunes. Son bilan de trois ans de formation en alternance : 600 000 jeunes concernés, 300 000 BTS ou CAP et 250 000 embauches. Il formalise son action dans la loi du 23 février 1984 sur la formation professionnelle, sur laquelle RPR et UDF s'abstiennent. Ce texte modernise la loi Delors de 1971, que Rigout jugeait « déjà très en avance sur son temps ».

Moins connue est l'expérience de Vénissieux où Rigout a cru au pari du maire communiste Marcel Houel et du préfet pompidolien Olivier Philip. Ces deux hommes ont mis en place une mission locale pour l'insertion des jeunes. Cette commune de la banlieue lyonnaise, qui abrite la grande cité ouvrière des Minguettes, est devenue tristement célèbre depuis plusieurs années pour ses « étés chauds », cocktails de violence, de délinquance et de répression policière. Grâce à des moyens importants et avec l'aide d'un personnel d'accueil et d'orientation qualifié fourni, ces jeunes, souvent fils d'immigrés, ont été en six mois placés en stages d'insertion. « Presque tous ont trouvé du boulot. On a pris le mal à sa racine, ça a coûté beaucoup d'argent mais plus personne ne parle des Minguettes », observe Rigout. De nouveaux incidents se produisent en 1983, mais d'une ampleur bien moindre qu'à l'arrivée de la gauche.

Le ministre du Travail Jean Auroux est chargé de mettre en œuvre, par la voie législative, les propositions 60 à 63 du candidat socialiste sur les « droits nouveaux des travailleurs ».

L'ambition est grande : faire vivre le changement jusque sur le lieu de travail, là où règnent le patron, le contremaître et le règlement intérieur face à des syndicats divisés, politisés et nettement moins puissants que dans les autres grandes démocraties occidentales.

Rue de Grenelle, où il succède au gaulliste de gauche Jean Mattéoli, Jean Auroux n'avait jamais pensé connaître une telle destinée. Ce prof barbu, provincial et socialiste est un inconnu à Paris. Le 19 mai 1981, il est de passage à Madrid, au terme d'un séjour à Guadalajara, ville jumelle de Roanne, la commune dont il est le maire [1]. Bérégovoy le joint au téléphone et lui transmet une invitation de Mitterrand à venir « prendre le café » à l'Élysée le 21 mai, jour de l'installation.

« Après le café dans le parc, Mitterrand me prend à part et, peu familier des lieux, hésite un peu avant de me diriger vers un salon » :

« J'ai pensé à vous pour le gouvernement, mais on a eu du mal à vous trouver car à la différence de beaucoup d'autres vous ne dormiez pas près de votre téléphone. Je vous propose le ministère du Travail.

– C'est un énorme chantier, monsieur le Président, et je ne suis pas juriste car nous voulons revoir le Code du travail, n'est-ce pas ?

– Ça ne fait rien, au contraire. Je ne veux pas d'un juriste, mais d'un homme de dialogue, de contact et qui connaisse la réalité du terrain. Et puis des juristes, vous n'aurez pas de mal à en trouver pour rédiger vos lois. »

Pendant tout l'été 1981, Auroux et son équipe, assistés notamment de Martine Aubry, directrice du Travail et fille de Jacques Delors, de Bernard Brunhes à Matignon et du spécialiste de droit social Jean-Jacques Dupeyroux, préparent un rapport complet sur la réforme des rapports sociaux dans l'entreprise et les droits des travailleurs. Ils consultent largement les partenaires sociaux. L'ambition de la gauche est de donner de réelles compétences aux comités d'entreprise, jusqu'ici cantonnés pour l'essentiel dans la gestion des activités de solidarité, de culture et de loisirs du personnel.

Auroux présente son rapport à la rentrée, contre l'avis de Mauroy, inquiet des réactions patronales. Deux engagements essentiels de la campagne avaient pourtant été écartés pendant l'été au cours de conversations entre le

1. Entretien avec Jean Auroux le 19 avril 1990.

président et le ministre du Travail. Le « droit de veto » des comités d'entreprise sur l'embauche et le licenciement des travailleurs est abandonné, ainsi que le pouvoir donné aux comités d'hygiène et de sécurité d'arrêter un atelier ou une machine pour des raisons de sécurité. C'est le type même des « fausses bonnes idées », explique Auroux au chef de l'État, avant de proposer des solutions alternatives.

Auroux juge le veto « très dangereux » en cette période de crise économique, car porteur d'un « vrai risque d'immobilisation » des entreprises par des syndicats tout naturellement conduits à s'opposer aux licenciements. « Pour sauver quelques salariés on risquait de couler toute la barque. » Cette réforme hardie pouvait provoquer « plus de dégâts que de bien » pour les entreprises et leurs salariés. Il propose la solution du « droit d'alerte » permettant aux syndicats, en cas de difficulté de l'entreprise, de faire procéder à un audit par un cabinet de leur choix.

Au droit d'arrêter les machines, qui n'existe qu'en Suède où il est tombé en désuétude, est préféré un « droit de retrait », qui permet au travailleur s'estimant en danger de quitter son poste de travail. « Cela revient à protéger sa vie sans arrêter la machine », dit Auroux au président qui acquiesce.

Ces deux « reculs » par rapport aux promesses de mai témoignent en faveur du sens des réalités économiques qui saisit certains socialistes dès lors qu'ils se trouvent confrontés avec la nécessité de ménager la libre entreprise.

Les syndicats y souscrivent à la suite de longs pourparlers. Les groupes parlementaires socialiste et communiste n'opposent pas de réserves insurmontables. Submergés par la masse des réformes votées, ils trouvent leur compte et ne pinaillent pas systématiquement sur les concessions du gouvernement aux réalités économiques et sociales. Le patronat hurle, se déclare « ruiné », attise les réserves d'un encadrement méfiant devant les atteintes portées à ses prérogatives. C'est la peur des « soviets » dans l'entreprise. Au bout du compte les patrons sont heureusement surpris par le réformisme, audacieux sans être révolutionnaire, du ministre du Travail.

Quatre lois sont votées au terme de nouveaux débats marathons à l'Assemblée nationale où s'illustrent les jeunes députés Séguin, Noir ou Millon. Ils déposent jusqu'à 3 500 amendements pour des textes atteignant un total de 101 articles. Ils ne font pas de cadeaux et ferraillent jusqu'à l'aube avec ce jeune ministre peu expérimenté.

– La loi du 4 août 1982 sur les libertés des travailleurs dans l'entreprise instaure un véritable droit disciplinaire protégeant les salariés. Elle pose le principe du droit du personnel à l'expression sur le contenu et l'organisation de leur travail. La négociation annuelle sur l'application de ces mesures est rendue obligatoire.

– La loi du 28 octobre 1982 organise les institutions représentatives du personnel et confie des attributions aux syndicats, aux délégués du personnel et aux comités d'entreprise.

– La loi du 13 novembre 1982 sur la négociation collective et le règlement des conflits du travail institue l'obligation de négocier dans les branches et les entreprises.

– La loi du 23 décembre 1982, dont le rapport fut confié au député communiste Jacqueline Fraysse-Cazalis, étend les compétences des comités d'hygiène et de sécurité et institue des mécanismes rigoureux sur la prévention des risques du travail.

En dépit des critiques véhémentes du patronat, des affrontements parlementaires et de la surenchère syndicale, les « lois Auroux » deviennent à l'issue du quinquennat socialiste un symbole du réformisme de la gauche. Elles ont contribué à une amélioration du climat social dans les entreprises, même si dans les PME leur mise en œuvre s'est avérée plus difficile. La critique qu'en fait Charles Fiterman[1] revient à reconnaître la nature social-démocrate de cette refonte du Code du travail : « Les lois Auroux n'ont eu aucune traduction

1. Entretien le 3 juillet 1989.

concrète dans la réalité. Procédant d'une démarche juridique et formelle, elles n'ont en rien été une prise de pouvoir des salariés dans l'entreprise. »

Autre avancée sociale : la loi Quilliot sur la protection des locataires et la modération des loyers. Adoptée à l'été 1982, elle donne également lieu à un affrontement idéologique. Le ministre du Logement, soutenu par les associations de locataires et les organismes de logement social, est vivement combattu par les entreprises du bâtiment et les promoteurs-constructeurs. Assurer la sécurité du locataire sans pour autant dissuader les propriétaires de louer a toujours constitué un exercice difficile. La balance socialiste penche en faveur des locataires. Le projet de Roger Quilliot est animé des meilleures intentions à l'égard des locataires. Ils sont pourtant pénalisés par la réaction de nombreux propriétaires qui invoquent la rigidité des nouvelles dispositions pour cesser de louer leurs biens immobiliers. C'est tout le problème des réformes de la gauche dans un environnement hostile.

A partir de 1982, la construction de logements neufs non aidée chute vertigineusement. Les propriétaires et les investisseurs ne placent plus leurs fonds dans l'immobilier. En 1980, le quart des clients des promoteurs-constructeurs d'Ile-de-France étaient des particuliers qui achetaient pour louer. Ils ont disparu en 1982 et 1983 : ils craignent d'être bridés par la loi Quilliot, redoutent d'être repérés par le fisc et donc assujettis à l'impôt sur la fortune. D'autres facteurs parfois indépendants de la politique gouvernementale expliquent le marasme qu'a connu ce secteur sous la gauche : le taux élevé du crédit (de 17 à 19 %), la rareté et donc le prix exorbitant des terrains à Paris et dans les grandes villes, l'inquiétude face au chômage qui n'épargne pas les cadres et, à partir de 1983, l'absence de perspective de progression du pouvoir d'achat. Enfin, la chute de l'inflation, mauvaise affaire pour ceux qui s'endettent pour acheter un logement, puisque les remboursements ne sont pas dévalués par la montée des prix. Dès la fin de 1981, les placements spéculatifs français s'orientent davantage vers le marché financier au détriment de « la pierre ».

Candidat, Mitterrand promettait 450 000 logements par an. Quillot réduit l'objectif à 400 000 pour 1982. Il en sera construit cette année-là 343 000.

Immigrés : « Chez nous ils sont chez eux. »

L'immigration n'a occupé qu'une place secondaire dans la campagne présidentielle. Jacques Chirac et Michel Debré se sont prononcés pour « l'arrêt de l'immigration », une décision inscrite dans les textes depuis le début du septennat Giscard, mais bien difficile à faire appliquer. Jean-Marie Le Pen, incapable de réunir les 500 signatures pour être candidat, estime que l'immigration est un « problème grave », qu'il faudra « enrayer ». Mais il préfère axer ses discours de précampagne sur quatre « grands défis : la menace thermonucléaire, l'hégémonie communiste, la distorsion entre la démographie des races blanches et l'explosion démographique du Tiers-Monde et le déficit énergétique de la France ».

Sous le titre « Des droits nouveaux pour les immigrés », Mitterrand fait plusieurs propositions : droit d'association, droit de vote aux élections municipales après cinq ans de présence en France, maintien de l'égalité des droits entre immigrés et nationaux et, enfin, renforcement de la lutte contre le trafic de main-d'œuvre clandestine.

Consciente que la montée du chômage risquait d'engendrer des réactions xénophobes chez les Français les plus vulnérables à la crise économique, l'équipe Giscard-Barre avait agi. Notamment par la loi Bonnet facilitant les expulsions en les plaçant sous la responsabilité de l'autorité administrative. L'une de ces dispositions, jugée des plus efficaces par le ministre de l'Intérieur de Giscard, avait été annulée par le Conseil constitutionnel en janvier 1980. Il s'agissait de la possibilité de détenir un étranger en cours d'expulsion sans intervention judiciaire « pendant le temps nécessaire à son départ ». Dans le même esprit de respect des droits individuels, le Conseil d'État avait annulé une circulaire du secrétaire d'État chargé des Travailleurs manuels et immigrés Lionel Stoléru, qui interdisait la régularisation des étrangers entrés en France avec un visa de tourisme.

La gauche, aiguillonnée par la CFDT, soutient avant 1981 les mouvements et les manifestations de solidarité avec les immigrés en difficulté. Le PS s'associe à ces « luttes ». Il s'oppose à la direction du PCF quand celle-ci appuie le maire communiste de Vitry-sur-Seine Paul Mercieca qui, à la tête d'un commando, avait mis à sac un foyer prévu pour des travailleurs maliens. Les communistes engageaient là une campagne contre la concentration d'immigrés dans les communes ouvrières qu'ils contrôlent politiquement.

Pas de portefeuille ministériel pour traiter le dossier de l'immigration dans le premier gouvernement Mauroy. Le vide est comblé un mois plus tard par le député socialiste de Loire-Atlantique François Autain, médecin, ancien du PSU passé au CERES.

Dans la logique des engagements du 10 mai, le nouveau secrétaire d'État chargé des Immigrés amorce sans tarder une politique généreuse, conforme aux idéaux tiers-mondistes de la gauche non communiste.

Le 11 août, François Autain fait signer une circulaire portant « régularisation exceptionnelle » des immigrés clandestins, ceux qu'on appelle les « sans papiers ». Ils seraient 300 000 sur une population étrangère totale de 4 200 000. 130 000 clandestins, majoritairement maghrébins, profitent de cette décision, qui entraîne un considérable appel d'air. Des dizaines de milliers d'Arabes et d'Africains se passent le mot : la France régularise, précipitons-nous. En l'absence de statistiques officielles pour ces nouveaux clandestins – impossibles à quantifier de par leur nature même –, l'estimation retenue alors confidentiellement par le gouvernement est de 300 000 nouveaux clandestins.

L'adoption de cette circulaire s'était heurtée à une opposition déterminée du ministre de l'Intérieur. Le 23 juillet, en Conseil des ministres, Gaston Defferre avait mis en garde contre le risque de voir le nombre de chômeurs « gonfler d'au moins 200 000 » en raison de la régularisation des clandestins. Il obtient ce jour-là une modification importante du projet de circulaire. Au lieu de stipuler que « ceux qui sont à même d'occuper un emploi stable verront leur situation régularisée », le texte dira : « ceux qui feront la preuve qu'ils occupent un emploi stable ».

En cet été 1981, les socialistes découvrent toutes les contradictions potentiellement explosives que recèle le dossier immigration. Ils sont pris en tenaille. Nécessaire fermeté pour éviter l'afflux d'immigrés et donc la hausse du chômage. Indispensable intégration, faute de quoi « une situation à l'anglaise », comme le dit Hernu, risque de se développer en France.

Les dernières semaines avaient en effet été marquées en Grande-Bretagne par de sanglantes émeutes à caractère racial dans les banlieues paupérisées des grandes villes, Londres, Manchester, Liverpool. En même temps, des violences sporadiques ont explosé dans certaines cités ouvrières de France, en particulier aux Minguettes, près de Lyon. Cette situation inquiète les nouveaux gouvernants. Elle explique pour une bonne part leur attitude à l'égard de l'immigration.

Stoléru critique ces régularisations « démagogiques » : « Offrir trois cent mille cartes de travail à des clandestins, alors qu'il y a un million huit cent mille chômeurs, c'est de la fausse générosité. C'est être généreux avec l'emploi des autres. »

Mais, alors même qu'il préconise « la plus extrême bienveillance » pour les « sans papiers », le gouvernement socialiste renvoie au-delà des élections de 1983 l'adoption du droit de vote des immigrés aux municipales. Le 10 août à Alger, Claude Cheysson confirme que le gouvernement entend accorder ce droit aux immigrés. Il s'attire immédiatement une mise au point de François Autain : « Toute précipitation en la matière serait préjudiciable » ; il n'est pas « envisagé » de faire cette réforme pour les municipales de 1983.

Pas de droit de vote aux immigrés pour le moment. « Mitterrand n'a jamais demandé que cette question soit étudiée de près en vue d'une mise en œuvre rapide de cette réforme d'ordre constitutionnel[1] », assure Michel Charasse[2]. Pierre Mauroy[3] confirme : « A aucun moment je n'ai envisagé de reprendre cette proposition. A aucun moment je n'en ai parlé au président. Plus tard, Mitterrand et moi, lorsque nous faisions le point sur la mise en œuvre des 110 Propositions, nous glissions dessus. En 1981 cela ne faisait pas partie des urgences. Après, c'eût été de la provocation. »

« En 1981, ajoute le président[4], un référendum sur les questions de ce type serait tombé dans l'indifférence. Je n'ai trouvé ni l'occasion, ni le moment privilégié et j'ai très vite acquis la conviction que j'aurais été battu d'avance. Outre cet inconvénient politique, on aurait enterré cette réforme pour trente ans. J'estime que dans cette affaire il revient au Parti socialiste de mener le combat politique vers l'opinion. Ils ont un rôle pédagogique à mener, qui n'est pas lié au dépôt d'un texte. »

La gauche adopte en revanche dès septembre une loi alignant leur droit d'association sur celui des Français : suppression de l'autorisation préalable et droit de se porter partie civile pour les adhérents.

Derniers volets des mesures immédiates en faveur des immigrés : renforcement des sanctions contre les employeurs de clandestins et abrogation de la loi Bonnet, c'est-à-dire transfert de l'autorité administrative (préfet et police) au pouvoir judiciaire (police judiciaire et tribunaux) de la maîtrise des procédures d'expulsion. L'aide au retour instituée en 1977, proposant un pécule de 10 000 francs aux travailleurs étrangers rentrant défini-

1. En effet l'article 3, alinéa 4 de la Constitution stipule : « Sont électeurs, dans les conditions déterminées par la loi, tous les nationaux français, majeurs des deux sexes, jouissant de leurs droits civils et politiques. » Le droit de vote des étrangers requiert une révision constitutionnelle par la voie du référendum ou l'adoption du projet par les trois cinquièmes des membres des deux Assemblées réunies en Congrès.

2. Entretien le 7 mai 1990.

3. Entretien le 30 mai 1990.

4. Entretien le 9 juin 1990.

tivement dans leur pays, est abandonnée et les regroupements familiaux sont facilités.

Ces décisions marquent, dans ce domaine de plus en plus sensible, la fin de la politique d'ouverture. L'année 1982 va être placée sous le signe du contrôle de l'immigration clandestine. Un débat en Conseil des ministres en témoigne. Il se déroule le 28 avril 1982, après l'échec de la gauche aux cantonales. Les ministres se rendent compte que les Français sont de plus en plus sensibles à l'amalgame entre immigration et insécurité fait par certains responsables de la droite. Il s'agit pour le gouvernement de faire machine arrière sans toutefois donner l'impression de se renier.

Pour certains intellectuels de gauche, parler d'insécurité revenait à tenir un discours de droite. Or, quelques ministres socialistes ont le courage de dénoncer cette erreur d'analyse. C'est le cas de Gaston Defferre et de Charles Hernu, qui, étant maires de grandes villes, sont aux prises avec la réalité mal vécue de la petite délinquance.

« Qu'allons-nous faire des cinquante mille clandestins que nous avons refusé de régulariser ? Allons-nous les laisser dans la nature au prix du développement accéléré de la délinquance ? » lance le ministre de l'Intérieur [1] qui cite un rapport de police faisant état de l'arrestation la veille d'un immigré soupçonné de soixante-treize vols en un mois. Defferre parle de l'engrenage racisme-insécurité-autodéfense. « Les gens commencent à s'armer ; un jour ou l'autre ils vont tirer. » Le maire de Marseille, aux prises avec les tensions de sa ville, l'insécurité et la violence des quartiers nord, s'exprime ce jour-là devant des socialistes plus habitués à entendre ces arguments chez leurs adversaires de la droite dure. « La conséquence de tout ceci ce sera le racisme, le développement d'une situation explosive », ajoute-t-il avant de se prononcer clairement pour l'expulsion de tous les clandestins répertoriés.

Charles Hernu tient à son tour ce discours sécuritaire :

1. Document d'archives.

« Nous allons vers un problème politique grave qui résultera de l'insécurité et du sentiment de l'insécurité. Chez moi à Villeurbanne il y a aussi des gens qui s'arment et qui achètent des chiens policiers. Un jour ou l'autre nous aurons le drame. »

Alain Savary, l'homme de la décolonisation tuniso-marocaine au côté de Mendès France, renchérit : attention aux écoles où « certaines classes atteignent parfois 70 % d'immigrés. Les familles françaises désertent et envoient leurs enfants dans l'enseignement privé ». « Le racisme risque de naître dès l'école », s'inquiète le ministre de l'Éducation nationale.

Que fera-t-il ? Que feront ses successeurs devant ce vrai problème de société ? Rien, sinon quelques courageuses expériences pilotes, c'est-à-dire isolées.

Chevènement s'élève contre ces propos à tonalité sécuritaire, pressentant là « une pente dangereuse ». « Ne donnons pas l'impression, dit-il, que nous pouvons faire mieux que la droite dans sa conception de la sécurité. Pour nous, les solutions c'est l'emploi, c'est le logement. »

Fabius demande que l'on distingue bien entre les immigrés en situation régulière « qui peuvent et doivent rester », ceux en situation irrégulière « qui doivent partir » et enfin ceux qui continuent d'entrer clandestinement et à l'égard desquels « il faut se montrer intraitable ».

Badinter est d'accord pour mettre fin à l'immigration clandestine et va jusqu'à accepter l'idée de rendre un certain pouvoir à l'autorité administrative pour procéder aux expulsions. La justice est débordée et ne peut à elle seule traiter par milliers ces dossiers d'expulsion.

Fiterman exclut toute idée de « renvoi massif » des clandestins ou des irréguliers. Le Garrec se demande s'il « n'est pas trop tard ». Il rejette sur la droite la responsabilité des « ghettos » créés dans certaines villes de France.

Le gouvernement se montre donc hostile aux expulsions massives, mais constate en même temps qu'il est impossible de fermer les frontières à l'immigration clandestine. « Les Allemands eux-mêmes n'y sont pas arrivés, pourtant ils avaient mis une division sur la frontière espagnole pendant la guerre. On ne peut contrôler les frontières dans un pays comme la France à notre époque », remarque Defferre, qui évoque les entrées irrégulières en provenance de « pays inhabituels » comme le Ghana ou les Indo-Pakistanais venus par l'Angleterre. « Quantité d'immigrés clandestins s'engouffrent dans les avions Genève-Paris », renchérit Charles Hernu.

Mitterrand prend la mesure de l'inquiétude de nombreux ministres et propose une synthèse. Il se prononce pour le maintien de l'attitude bienveillante à l'égard des étrangers en situation irrégulière arrivés depuis plusieurs mois. Pas d'expulsion pour ces gens-là. En revanche, il demande que l'on soit « implacable » envers ceux qui viennent d'entrer illégalement. « Il faut les reconduire à la frontière immédiatement, sans hésiter et, au besoin, sans le dire au garde des Sceaux. Ils ne doivent pas rester en France. Entre les quinze mille expulsés au maximum chaque année par les gouvernements précédents et les six cent mille expulsés par l'Allemagne, il y a tout de même une marge », conclut-il.

Defferre et Cheysson prennent contact avec les gouvernements d'Afrique du Nord. Ils s'efforcent d'apaiser le courroux des gouvernements d'Alger, de Tunis et de Rabat très mécontents de l'augmentation du nombre des refoulements aux frontières. En France, la voix des partisans de « la France aux Français » commence à se faire entendre. En octobre 1982, à Nice, Jean-Pierre Stirbois, secrétaire général du Front national, lance : « Immigrés d'au-delà de la Méditerranée, retournez à vos gourbis. »

En 1982, les étrangers représentent un peu moins de 9 % de la population et près de 12 % des demandeurs d'emplois. Ils versent 13,7 milliards à la Sécurité sociale et perçoivent 11,1 milliards de prestations. Ils cotisent à hauteur de 6,6 milliards pour les allocations familiales dont ils reçoivent 12,3 milliards. Un détenu sur quatre est étranger, mais, à niveau de vie et d'éducation égal, la proportion de délinquants est équivalente entre Français et immigrés.

Pas plus que les gouvernements précédents, celui de Pierre Mauroy ne s'est donné les moyens de résoudre ce problème économique, social et culturel, souvent passionnel, qu'il juge quasiment insoluble.

Durant les cinq années suivantes l'immigration passe progressivement au premier rang du débat intérieur français.

CHAPITRE 6

La Justice selon Badinter

« Ce qui restera du premier septennat Mitterrand sera pour une bonne part l'abolition de la peine de mort et ce qui a été fait pour la Justice. » Sur la centaine de ministres qui ont occupé les palais nationaux de 1981 à 1988, Robert Badinter[1] revendique avec la plus grande fierté l'importance de son bilan.

Symbole de la « gauche morale » à son arrivée, violemment dénoncé par la droite comme l'incarnation du laxisme, renié un temps par les socialistes, ce brillant professeur de droit et avocat d'affaires a disposé d'un atout essentiel dans son combat de près de cinq ans : le soutien constant de François Mitterrand.

Sa nomination au ministère de la Justice n'était pas programmée, raconte Badinter. Lorsqu'il le reçoit le vendredi 15 mai rue de Bièvre, le président élu demande à son ami quel ministère il souhaiterait.

« La Justice, sinon rien, répond Badinter.

– Trop tard, je l'ai déjà donnée à Maurice Faure.

– Alors parlons d'autre chose. » Et Badinter évoque les dernières pièces de théâtre qu'il se propose de faire découvrir à Mitterrand.

« Si Maurice Faure n'avait pas été dégoûté de la place Vendôme au bout d'un mois, je n'aurais pas pris sa place », se souvient Badinter. Lors de la formation du deuxième gouvernement Mauroy, il se voit tout naturellement proposer la succession du maire de Cahors[2]. Il

1. Entretiens les 20 avril et 7 juin 1989.

2. Mitterrand était prêt à faire passer Maurice Faure sur un autre poste afin de confier la Justice à Badinter, alors que Mauroy avait

accepte de s'asseoir sur « cette chaise électrique incandescente », sur ce « cheval capricieux » qu'est le ministère de la Justice. « C'est un des pires postes du gouvernement depuis Alain Peyrefitte, le dernier garde des Sceaux de la droite. Les médias et l'opinion manifestent un intérêt dévoyant pour la Justice qui se doit d'être sereine. »

Badinter débarque place Vendôme avec un « projet très précis ». Il sait, pour en avoir souvent parlé avec lui, que Mitterrand partage ses points de vue. « Mes idées étaient les siennes », dit-il.

L'amnistie généreuse et malheureuse

En s'installant dans le fauteuil de Maurice Faure, Badinter trouve sur son bureau le traditionnel projet de loi d'amnistie qui suit chaque élection présidentielle. Tout est apparemment ficelé : le projet d'amnistie « large et généreuse » a été présenté par son prédécesseur le 10 juin en Conseil des ministres. Il a été préparé à la Chancellerie où Maurice Faure avait conservé l'équipe administrative de Peyrefitte, en particulier le directeur des affaires criminelles et des grâces Raoul Béteille et le procureur général Paul-André Sadon. Les prisons sont plus surchargées que jamais : 42 000 détenus dans un parc pénitentiaire prévu pour 28 000. L'élection d'un nouveau président a fait naître espoirs et tensions dans les établissements pénitentiaires. A la chancellerie certains estiment, contre l'avis de Béteille, qu'il faut décongestionner les prisons. Badinter dit avoir eu le « vertige » lorsqu'il a examiné le détail de l'amnistie, qui prévoit la libération de 5 000 détenus condamnés à des peines de prison inférieures à six mois ou condamnés par la Cour de sûreté de l'État à des détentions allant jusqu'à huit ans de prison et parvenus presque au terme de leur incarcération. Mais il pense qu'il ne peut plus faire machine arrière sinon à provoquer révoltes et mutineries.

suggéré, sans insister, qu'André Chandernagor devienne garde des Sceaux.

« J'aurais fait le même tarif que Giscard en 1974 et j'aurais confié aux juges de l'application des peines le pouvoir de décider au cas par cas. » Mais ce qui choque le plus le nouveau ministre dans ce texte, dont il a hérité et qu'il estime devoir assumer, c'est le sort réservé aux détenus pour actions terroristes.

Sous l'impulsion de Gaston Defferre au ministère de l'Intérieur, l'amnistie a été étendue aux autonomistes corses du FLNC qui, en échange, ont accepté une trêve des attentats. Seuls les assassins de gendarmes sont écartés de cet accord secret. Ainsi, lorsque Defferre propose publiquement le 6 août à Ajaccio un « dialogue permanent » entre le gouvernement et la Corse, le FLNC réagit avec modération en faisant savoir que « chacun doit prendre en compte les propos de Defferre et en mesurer la dimension politique. C'est pour nous la reconnaissance de la légitimité de notre cause », ajoutent les indépendantistes dans une belle unanimité. Mais, quelques mois plus tard, ils se divisent entre partisans et adversaires du dialogue avec le gouvernement de la gauche.

A partir du moment où l'on faisait un sort particulier aux autonomistes corses, il était difficile, en raison du principe d'égalité devant la loi, de ne pas en faire bénéficier les indépendantistes basques ou guadeloupéens. Les militants d'« Action directe » et leurs avocats demandent à leur tour à être associés à cette mesure de clémence politique.

En 1981, Action directe n'est pas encore un groupe de dangereux tueurs. Ses militants ont enfreint la loi mais n'ont pas commis de crimes de sang. Ils ont certes mitraillé des façades et plastiqué des lieux symboles de l'« exploitation capitaliste » et de l'« impérialisme », mais la mort n'est pas encore au bout de leurs armes. « Ils jouent à faire peur », dit-on alors un peu légèrement dans certains commissariats de police. Ils sont même facétieux. Au début juillet 1981, ils volent la Renault 14 de Lionel Jospin dans le parking public de la place Saint-Sulpice. On la retrouve un mois plus tard dans la rue, le jour même où *Libération* reçoit une photographie de quatre militants d'Action directe masqués et armés installés sur la voiture du premier secrétaire du PS.

En septembre, ils jouent les « Zorros » et se veulent défenseurs des opprimés. Un groupe de leurs sympathisants saccage le rez-de-chaussée du très luxueux restaurant La Tour d'argent et bombe sur les murs de cet auguste temple de la bonne chère : « Nous frappons les cénacles de la grande bouffe, goinfrez-vous de votre abondance, de votre indifférence, de votre richesse. » Ils réclament la libération de leurs sept camarades, auteurs du hold-up de la perception de Condé-sur-Escault (Nord) en 1979, soustraits de l'amnistie car la Cour de sûreté de l'État, avant sa dissolution, a transmis leurs dossiers à la justice pénale. Liberté d'appréciation est donc laissée aux juges. Ainsi sont élargis des terroristes inculpés pour attentats, mais jamais pour homicides ou assassinats. C'est le cas de Jean-Marc Rouillan et de sa compagne Nathalie Ménigon, qui a pourtant ouvert le feu sur un policier au moment de leur arrestation le 13 septembre 1980. Elle est libérée sur instruction du Parquet, à la suite d'une grève de la faim entamée le 31 août.

« En 1981 Action directe n'était pas ce qu'elle allait devenir en 1985 », remarque François Mitterrand[1].

Robert Badinter assume les décisions prises pendant le bref passage de Maurice Faure à la Chancellerie. Mais il considère tout cela comme une faute majeure. Pour lui qui préparait alors un ouvrage sur le phénomène terroriste[2], il est une forme de terrorisme à l'égard de laquelle il faut se montrer intraitable : le « terrorisme anarchiste » du style Action directe, bande à Baader, Fractions armées rouges ou Brigades rouges, formé de « petits-bourgeois schizophrènes qui s'investissent dans une mission et se veulent la conscience du prolétariat. Ils sont hors de la réalité, il faut les arrêter, les casser psychologiquement, ce sont des gangsters, des terroristes de droit commun, qui ne peuvent en aucune manière réclamer le statut de délinquants politiques ». L'erreur a été,

1. Entretien le 16 mars 1989.
2. Entretien avec Robert Badinter le 20 avril 1989.

selon lui, de pratiquer l'amalgame avec la deuxième forme de terrorisme, celui de la « revendication régionale ou nationale », représenté par le FLNC, l'IRA ou l'ETA. « Avec ces gens-là il n'est de solution durable que politique. » Quant au « terrorisme international », iranien, palestinien, syrien ou libyen, on ne peut y remédier « qu'en agissant sur les causes qui se situent hors de nos frontières ».

En fait, c'est le souci des socialistes de mettre fin au terrorisme corse, momentanément interrompu, qui a provoqué cette dérive, dont Badinter portera toujours la responsabilité. A tel point que la droite dure et une partie de la presse d'opposition parviennent pendant un temps à imposer le vocable de « badinter » pour désigner les amnistiés récidivistes, et cela même après avril 1982, date à laquelle, même sans amnistie, ces condamnés seraient de toute façon sortis de prison.

Le 1er juillet, Badinter présente le projet de loi d'amnistie au Conseil des ministres [1]. Il tente de le durcir par l'adjonction de toute une série d'exclusions, notamment pour les délits économiques, fiscaux et douaniers, le proxénétisme, le racisme, le travail au noir, les ports d'armes, la pollution, les profanations de sépultures et de monuments aux morts, la conduite en état d'ivresse. Devant cette multiplication des exceptions à l'amnistie, Mitterrand s'impatiente. La clémence ne concerne que des personnes condamnées à des peines allant jusqu'à six mois et dès lors, dit-il, les infractions « particulièrement graves » en sont écartées. Si l'on y met autant d'exceptions, l'amnistie sera vidée de son sens. « Les exclusions n'ont une signification que si elles sont rares », souligne le président. Laurent Fabius intervient alors pour demander l'exclusion des délits fiscaux, ce que Badinter approuve. Excédé, Mitterrand demande au garde des Sceaux de revoir sa copie.

Le même jour, Badinter se voit infliger un deuxième reproche présidentiel. Il demande le remplacement de Raoul Béteille par Michel Jéol à la direction des Affaires criminelles et des Grâces et la désignation de Pierre

1. Document d'archives.

Arpaillange à la place de Paul-André Sadon comme procureur général. S'il accepte ces noms, ironisant au passage sur Béteille qui « était beaucoup plus directeur des Affaires criminelles que des Grâces », Mitterrand reproche vivement à Badinter de proposer des nominations aussi importantes dans un délai trop court, rendant impossible au Premier ministre et au chef de l'État l'examen des dossiers.

A son tour Mauroy avertit : « Tout projet de nomination qui ne sera pas sur mon bureau le vendredi précédant le Conseil des ministres, ne sera pas pris en considération. »

Le 8 juillet, Badinter présente de nouveau le projet de loi d'amnistie au Conseil des ministres, qui l'adopte sans discussion. La loi est votée fin juillet par le Parlement. A la demande des parlementaires de gauche, elle prévoit la réintégration de certains élus du personnel dont le licenciement aurait pu revêtir un caractère antisyndical. L'amnistie de 1981 diffère en cela des précédentes. Elle n'est plus seulement pénale et juridique, mais s'étend au droit du travail.

Si l'on ajoute les grâces présidentielles traditionnelles des 14 juillet et 15 août, un total de 6 200 détenus sortent de prison, soit un sur sept. 61 % des Français, selon un sondage IFRES du 16 août, réagissent négativement à ces libérations.

La France en accord avec son temps

Une fois débarrassé de cette amnistie, qui, sur le plan politique, constitue un magnifique cadeau à la « droite sécuritaire », Badinter annonce son programme. Pour lui, et c'est une conviction que partage Mitterrand, « la France pèse aussi par une certaine idée de la liberté que s'en font les étrangers. Chaque fois qu'à travers le monde elle est porteuse de liberté, elle accroît et amplifie son rayonnement ». Mais le nouveau ministre estime que la France de 1981 « a cessé d'être un modèle en Europe au point d'être devenue un repoussoir ». Pour Badinter, la

France, dernier pays d'Europe occidentale à pratiquer la peine de mort, est également « déshonorée » par le maintien de juridictions d'exception comme la Cour de sûreté de l'État et les tribunaux permanents des forces armées[1]. Elle est « entachée dans son droit » par des « lois sécuritaires, scélérates et ridicules, promulguées pour de misérables raisons politiques ». Les lois « sécurité et liberté[2] » et « anti-casseurs[3] » sont dans la ligne de mire de Badinter.

« Je voulais liquider tout cela et mettre la France en accord avec son temps en la ramenant au niveau européen. Bien que néophyte de la politique, j'ai très vite compris qu'il fallait réformer en tir groupé et vite. Je sentais bien qu'au bout de quelques mois le groupe socialiste n'aurait plus le courage de me soutenir[4]. » Le garde des Sceaux décide donc de commencer « par le plus difficile ».

Le 8 juillet, le Conseil des ministres adopte le projet de loi d'abrogation de la Cour de sûreté de l'État. Les trente-deux affaires en instance sont renvoyées devant les juridictions ordinaires. Il est décidé que les inculpés corses ne seront pas déférés devant les tribunaux de l'île, mais seront jugés à Paris. La Cour de sûreté de l'État est donc supprimée par le vote de la loi du 4 août 1981.

« Il est essentiel que ce septennat soit marqué du sceau des libertés : c'est une exigence absolue de la gauche au pouvoir », explique à la fin du mois d'août Robert Badinter[5] alors que le Parlement est saisi du projet de loi portant abolition de la peine de mort. La veille, il avait dû surmonter un dernier obstacle au sein du gouverne-

1. Juridictions instituées par le général de Gaulle à la suite du putsch des militaires d'Alger en avril 1961.

2. Adopté en février 1981 à l'initiative d'Alain Peyrefitte, ce texte controversé élargit notamment la notion de circonstances aggravantes et restreint les circonstances atténuantes et les réductions de peine.

3. Présenté par le garde des Sceaux René Pleven un an après mai 1968, ce texte introduisait la notion de responsabilité collective des manifestants en cas de violences ou dommages matériels.

4. Entretien avec Robert Badinter le 20 avril 1989.

5. Document d'archives.

ment, celui de Charles Hernu qui demandait le maintien de la peine capitale en temps de guerre.

La guillotine a fonctionné soixante et une fois en trente ans. De Gaulle avait refusé à onze reprises d'accorder la grâce présidentielle. Pompidou et Giscard d'Estaing trois fois seulement. Le dernier exécuté fut Hamida Djandoubi, le 10 septembre 1977. A l'été 1981, six condamnés à mort attendent dans les prisons françaises. Mitterrand en a gracié le 25 mai un septième, le jeune Philippe Maurice[1].

Badinter obtient l'inscription rapide de l'examen de l'abolition à l'Assemblée. Depuis plus de vingt ans il se bat pour la suppression de la peine de mort[2]. Il craint que l'année judiciaire ne s'ouvre alors que la peine capitale est toujours en vigueur. Avec le risque de voir les jurys d'assises la prononcer d'autant plus aisément qu'ils savent que Mitterrand pourra user du droit de grâce.

Le 17 septembre, le débat s'engage au Palais-Bourbon. Un sondage SOFRES publié le jour même par *Le Figaro* indique que 62 % des Français souhaitent le maintien de la peine capitale. « J'ai l'honneur, au nom du gouvernement de la République, de demander à l'Assemblée nationale d'abolir la peine de mort en France », lance le ministre de la Justice en présentant son projet. Badinter sait que les députés le suivront majoritairement. Il s'oblige cependant, dans son discours, à rappeler tous les arguments classiques des abolitionnistes. Les uns sont d'ordre moral, les autres se veulent politiques : « La peine de mort est contraire à la fois à l'esprit du christianisme et à l'esprit de la Révolution. » Elle n'est pas dissuasive, affirme-t-il chiffres à l'appui. La France est le dernier pays d'Europe occidentale à maintenir ce châtiment dans son droit, rappelle-t-il, avant de souligner que l'application de la peine de mort « contre les terroristes

1. Condamné à mort en 1979 pour le meurtre d'un agent de police à Paris. A la suite de la grâce présidentielle, sa peine est commuée en détention criminelle à perpétuité.

2. A l'appui de ce combat Me Robert Badinter publie en 1973 un livre-réquisitoire contre la peine de mort : *L'Exécution*, Paris, Grasset et Fasquelle.

c'est pour une démocratie faire siennes les valeurs des terroristes ». Et il conclut, lyrique : « Demain, grâce à vous, la Justice française ne sera pas une justice qui tue ; demain, grâce à vous, il n'y aura plus dans les prisons, pour notre honte commune, d'exécution furtive à l'aube sous un dais noir ; demain, grâce à vous, les pages sanglantes de notre justice auront été tournées. » Les députés socialistes et communistes se lèvent et applaudissent pendant de longues minutes.

Pour les partisans du maintien de la peine capitale, le député UDF de la Loire Pascal Clément pose la question préalable dont l'objet est de rejeter l'examen du texte. Il dénonce la « soumission » au gouvernement des députés de la majorité, exige un référendum et déplore l'absence de peine de substitution dans le projet de loi. « Le 17 septembre restera la fête des assassins », s'écrie Pierre Micaux (UDF, Aube). Mais l'opposition compte aussi des partisans de l'abolition. Philippe Séguin avait obtenu en 1980 que la commission des lois se prononce majoritairement sur son rapport abolitionniste, ce qui lui avait valu une explication orageuse avec le garde des Sceaux de l'époque, Alain Peyrefitte.

369 députés votent l'abolition, 113 se prononcent contre. Les 44 communistes suivent Robert Badinter, 3 seulement des 286 socialistes ne le font pas. A droite, où aucune consigne de vote n'est donnée, 16 RPR sur 88, dont Jacques Chirac, Philippe Séguin, Jacques Toubon, Michel Noir, Michel Barnier, Pierre Bas et François Fillon, votent le texte gouvernemental. A l'UDF, ils sont 21 sur 62, avec notamment Jacques Barrot, Bernard Stasi, Pierre Méhaignerie, Jean-Pierre Soisson, Olivier Stirn, Jacques Blanc et Michel d'Ornano. Badinter offre la guillotine de la prison de la Santé à la Ville de Paris dans l'espoir de la voir exposée au musée Carnavalet. Elle aboutit dans celui des Arts et Traditions populaires, porte Maillot à Paris.

Le 29 septembre, le Sénat adopte lui aussi l'abolition par 160 voix contre 126, à l'issue d'une véritable plaidoirie de Badinter. « Quand j'ai quitté l'hémicycle après le vote je suis allé m'asseoir au Luxembourg près de la fontaine Médicis, parmi les enfants qui jouaient, et je me suis dit : ça y est, c'est fini[1]. »

Mitterrand offre à son ministre le parchemin original de la loi du 9 octobre 1981 portant abolition de la peine de mort. « J'aurai une dette de reconnaissance éternelle à l'égard de Mitterrand. Il m'a permis d'abolir la peine de mort », confie Badinter. Pour rendre la chose quasi irréversible, la France adhère dans la foulée au protocole annexe de la Convention européenne des droits de l'homme sur la peine de mort, un texte que le Parlement ne ratifie qu'à l'automne 1985. Depuis cette date, un délai de cinq ans est juridiquement nécessaire pour rétablir la peine capitale.

En avril 1982, Badinter fait supprimer par la loi une autre juridiction d'exception : les tribunaux permanents des forces armées (TPFA). Il avait fait abroger quatre mois auparavant la « loi anti-casseurs ». Les délibérations du Parlement sur la suppression des TPFA provoquent une nouvelle passe d'armes entre le garde des Sceaux et le député RPR Jean Foyer, qui, sous de Gaulle, fut le ministre de la Justice pendant de longues années. Deux mois plus tard, Badinter fait supprimer l'article 331 du Code pénal, hérité du régime de Vichy, qui réprime le délit d'homosexualité entre mineurs de 16 à 18 ans. Rejeté en mai par le Sénat, ce texte est finalement adopté par l'Assemblée en seconde lecture le 27 juillet.

Droits de l'homme et sécurité

Le garde des Sceaux arrive en revanche au plus mauvais moment, quand, au cours de cette session de printemps 1982, il demande au Parlement l'abrogation de la loi « sécurité et liberté ». Le terrorisme vient en effet de frapper la France. L'attentat de Carlos contre le Capitole Paris-Toulouse, le 29 mars, et l'assassinat à Paris du diplomate isréalien Yaacov Barsimentov le 3 avril ont frappé l'opinion. En outre, la gauche est sur la défensive

1. Entretien le 20 avril 1989.

face à l'opposition qui vient de remporter les cantonales de mars en utilisant avec succès les thèmes sécuritaires. Le débat parlementaire est reporté à l'été. Alain Peyrefitte pousse l'ironie jusqu'à « rendre hommage au bon sens du gouvernement ».

En même temps surgit un conflit à l'intérieur du gouvernement. Il montre à quel point les problèmes de sécurité et de justice sont sensibles. Gaston Defferre est en conflit avec sa hiérarchie policière et son administration. Il est jugé autoritaire et brutal par les policiers, notamment dans l'affaire de la mutation à Marseille du commissaire Marcel Leclerc, chef de la brigade criminelle. Exaspéré par la réputation de laxiste qui lui est faite, il convoque le 15 avril place Beauvau les principaux chefs de la police nationale. Il leur tient le discours sécuritaire qu'ils attendent de lui. Non seulement il se prononce pour le maintien de la procédure administrative pour les contrôles d'identité, mais il suggère que la police, comme la gendarmerie, ait le droit de faire usage de ses armes au-delà des cas de légitime défense.

C'est une déclaration de guerre au garde des Sceaux. Le ministre de la Justice voulait soumettre les contrôles d'identité à l'accord de l'autorité judiciaire et considérait comme une « effrayante » régression du droit l'extension aux policiers du droit de tirer, jusqu'ici accordé aux seuls gendarmes. Pour lui, une telle mesure « reviendrait à rétablir la peine de mort ». Pour condamner les contrôles d'identité, il n'hésite pas à recourir à des souvenirs, Dieu merci, hors de propos. « Pour moi, enfant juif de douze ans pendant l'Occupation, le contrôle d'identité c'est la mort. Le *papieren* c'est le premier pas vers les chambres à gaz. Ces contrôles ne servent guère car les grands truands ont toujours des papiers en règle[1]. »

Les propos du ministre de l'Intérieur « n'engagent que lui », conclut Robert Badinter.

La presse, l'opposition et l'opinion s'emparent de ce désaccord gouvernemental devenu public. Defferre appelle Badinter. Son discours sécuritaire « était unique-

1. Entretien le 20 avril 1989.

ment à usage interne pour calmer la police ». Badinter lui répond : « Je ne suis pas un politique, l'image que tu donnes d'un gouvernement de gauche est une image sécuritaire que même Peyrefitte n'aurait pas réussi à donner. »

Entre l'avocat idéaliste qui veut « construire une œuvre » et le ministre de l'Intérieur qui « réagit à tout moment en maire de Marseille[1] », l'incompréhension semble insurmontable.

Mauroy les convoque le lundi 19 avril 1982 au matin et leur soumet, sous la forme d'un texte, une proposition de réconciliation désavouant Defferre sur l'usage des armes et ouvrant la voie à un compromis sur les contrôles d'identité. Ce dernier point sera réglé le mercredi en Conseil des ministres, leur indique le chef du gouvernement.

Mauroy est prêt à mettre sa démission dans la balance[2] pour obtenir du chef de l'État – en voyage officiel au Japon – un arbitrage conforme à ce compromis. Cette affaire laisse une fâcheuse impression de désordre et de cacophonie dans la conduite des affaires de l'État. Mauroy s'efforce d'y remédier sur le plan politique en publiant le soir même dans *Le Monde* un article intitulé « Gouverner autrement ». Dans ce papier, le Premier ministre défend sa méthode fondée sur le droit pour les ministres d'alimenter publiquement la discussion à condition que la solidarité reprenne tous ses droits dès lors que la décision est prise. Pour Mauroy, qui connaît là sa première véritable épreuve de force gouvernementale, les choses semblent rentrer dans l'ordre.

Le mardi 20, au cours du petit déjeuner hebdomadaire réunissant, autour du président, le Premier ministre, le premier secrétaire du PS et le secrétaire général de l'Élysée, l'affaire des contrôles d'identité est évoquée. Mitterrand penche vers la position de Badinter.

Le lendemain, en Conseil des ministres, le président

1. Selon son directeur de cabinet le préfet Maurice Grimaud, entretien le 8 février 1990.

2. Selon Thierry Pfister, in *La Vie quotidienne à Matignon au temps de l'union de la gauche, op. cit.*

tranche. « L'affaire est très fâcheuse », déclare-t-il en abordant la question ce mercredi 21 avril[1]. Pour lui, la controverse publique entre Badinter et Defferre est d'un « effet déplorable ». Et Mitterrand tance ses ministres, allant même jusqu'à menacer de les renvoyer : « Si le gouvernement se détruit lui-même, je ne peux l'empêcher de le faire et je peux même lui donner un coup de main ». Il reproche également à Mauroy « l'ambiguïté » du mot « débat » dans son article du *Monde*. Pour le chef de l'État, « les divergences de vues entre ministres sont légitimes, mais débat ne signifie pas nécessairement débat public ». Puis il renouvelle sa confiance au Premier ministre, et là son propos sera répercuté en direction de la presse.

Après les sermons et les pardons, Mitterrand aborde le fond du problème, celui de la loi « sécurité et liberté ». « On ne corrige pas une mauvaise loi, on l'abroge (...) la République a vécu longtemps et s'est défendue sans la loi Peyrefitte », comme l'a fait de Gaulle face à l'OAS et en mai 1968. « Ce sont les régimes faibles qui ont besoin de lois d'exception. »

Mitterrand exclut qu'en matière de contrôles d'identité l'autorité administrative puisse se substituer à l'autorité judiciaire. Puis il cède la parole à Mauroy, non sans avoir demandé que l'affaire soit réglée sur la base du double « respect du droit et du bon sens ».

Le Premier ministre donne lecture du compromis accepté par Badinter et Defferre : « Les agents de police judiciaire peuvent inviter à justifier par tout moyen de son identité toute personne à l'égard de laquelle existe un indice donnant à penser, soit qu'elle a commis ou tenté de commettre une infraction, soit qu'elle se prépare à commettre un crime ou un délit, soit qu'elle peut fournir des renseignements utiles à l'enquête en cas de crime ou délit (...). L'identité de toute personne peut être vérifiée dans des lieux déterminés lorsque la sécurité des personnes et des biens se trouve immédiatement menacée. »

Mitterrand se déclare satisfait de ce texte. Badinter tente alors de restreindre les possibilités d'action de la

1. Document d'archives.

police en suggérant d'écrire au pluriel le mot « indice », puisqu'il n'avait pas été écouté quand il voulait utiliser la formule « indice objectif ». Mitterrand rappelle que c'est le Conseil d'État qui, « légitimement », a préconisé la suppression du mot « objectif ». Il rejette la demande de Badinter. « Indice » est condamné au singulier.

Fiterman demande que dans le dernier paragraphe le mot « lorsque » soit remplacé par la formule « là où ». Il s'agit d'une amélioration formelle. Mitterrand donne son accord et on en reste globalement au texte proposé par Mauroy[1].

Defferre et Hernu, les deux ministres en charge de la sécurité, l'un avec la police dans les villes et l'autre avec la gendarmerie dans les campagnes, informent alors le Conseil de la poussée « considérable » de la délinquance depuis un an. « L'augmentation atteint les 30 à 40 % », relève le maire de Marseille. « Les cambriolages ont progressé de 33 % », renchérit celui de Villeurbanne, avant de conclure : « Ne laissons pas à la droite l'argument selon lequel la gauche c'est l'insécurité. » Badinter ne leur répond pas car, pour lui, la première cause de la délinquance c'est le chômage des jeunes. L'augmentation de la délinquance des 18-25 ans avait commencé avant 1981 et se poursuivait.

« Je ne me laisserai pas gouverner par les statistiques », leur répond Mitterrand, soucieux du respect du droit. Puis il concède qu'aucune loi « ne remplacera la présence dans les rues de policiers en uniformes ». « Que notre texte soit dix fois meilleur, cela ne rassurerait pas un Français de plus. Ce qui les rassurera c'est la présence d'un agent en uniforme ou d'un gendarme. Les agents à bicyclette étaient plus efficaces que ceux qui passent aujourd'hui en voiture », dit-il, regrettant le temps des « hirondelles » en pèlerines. S'il accepte le principe de recrutements supplémentaires, il suggère à Defferre de faire sortir les fonctionnaires de police de leurs bureaux

1. Le 2 juin, le Conseil des ministres adopte le projet de loi après un nouvel arbitrage de Mauroy entre Badinter et Defferre, qui s'est étonné de voir légèrement modifié le texte approuvé en avril.

et de les mettre dans la rue. « Il faut que l'on voie l'ordre », conclut le chef de l'État.

Deux mois plus tard, au cours de sa deuxième conférence de presse, il annonce le recrutement de 11 000 « agents de la paix civique », c'est-à-dire des policiers et des gendarmes. Les policiers doivent être vus, « il faut que tous soient dévoués et affectés au maximum à la sécurité des braves gens qui peuvent compter sur le gouvernement de la République pour être à la fois vigilant et, quand il le faut, sévère, afin que ne déborde pas l'appel à la violence ».

Il faudra un an et deux lectures par les deux Chambres pour que la loi soit enfin adoptée et promulguée le 10 juin 1983. Le Sénat, plus sécuritaire, a tenté jusqu'au bout d'obtenir une prolongation de la durée de garde à vue et il a fini par avoir partiellement satisfaction.

Avec ce débat sur l'abrogation de « sécurité et liberté », le ministre de la Justice a atteint le zénith de l'impopularité. On assiste à une véritable hystérie anti-Badinter. « 1981-1983, j'ai connu là des années de haine, j'avais droit à des torrents d'infamie, je recevais des lettres d'inspiration antisémite. La rumeur et les braves gens colportaient l'idée que les mesures que je prenais favorisaient les scélérats et les terroristes. Toute la frange activiste de droite de la police jouait contre moi. Dans certains commissariats on disait aux gens : on ne reçoit pas votre plainte car le garde des Sceaux n'en veut pas. Chaque fois que je sortais en famille au restaurant, j'étais pris à partie. Il se trouvait toujours un dîneur pour dire à haute voix : il y a encore eu un cambriolage dans mon immeuble... à qui la faute ! Et les regards se tournaient vers moi. Même certains de mes amis socialistes se gardaient de prendre ma défense. Leurs plumes étaient gelées. J'étais devenu en quelque sorte la cousine que l'on cache. Je vivais dans la solitude du coureur de fond. Defferre, craignant une action de l'extrême droite, m'avait donné un revolver que j'ai aussitôt égaré derrière une pile de livres dans ma maison de campagne. Quant à Mauroy, courageux, il ne mettait pas d'obstacle à mes projets mais il me disait parfois : pourquoi vas-tu si vite, ça nous coûte cher électoralement. »

Deux affaires ont alimenté cette campagne. Elles ont porté sur les démêlés avec la justice de Roger Knobelspiess et de Christina von Opel. Le premier, soutenu par l'intelligentsia parisienne, est gracié le 7 novembre 1981 par François Mitterrand. Il a passé plus de la moitié de sa vie en prison pour un hold-up minable qu'il a toujours nié et une évasion lors d'une permission de sortie. Son élargissement coïncide avec la suppression des quartiers de sécurité renforcée[1] dans les maisons d'arrêt. « Truands : le jour de gloire », titre *L'Aurore,* tandis que *Le Figaro* parle de « prime à la violence ». Quelques mois plus tard la nouvelle arrestation de Knobelspiess, après récidive, soulève un déchaînement de critiques dénonçant le laxisme de Badinter et des socialistes.

Christina von Opel, richissime héritière du constructeur automobile allemand, a été graciée le 12 août 1981 par le chef de l'État et interdite de territoire après avoir purgé plus de la moitié de sa peine de prison pour détention de stupéfiants. Plusieurs centaines de kilos de haschisch avaient été entreposés dans sa villa de Saint-Tropez par le père de sa fille, trafiquant notoire. Cette grâce est ressentie comme une faiblesse à l'égard des « gros », d'autant plus que Badinter avait été l'avocat de la famille avant mai 1981. Robert Badinter[2] apporte les précisions suivantes : « Peu avant mai 1981 Christina von Opel était en instance de libération conditionnelle après avoir purgé la moitié de sa peine. Avant le 10 mai 1981 j'en avais parlé à François Mitterrand. Le juge de l'application des peines avait demandé la libération conditionnelle car la fille de la détenue était en fait abandonnée. La commission de libération conditionnelle avait rejeté cette requête. Après le 10 mai, les deux autres avocats de la jeune femme sont allés voir François Mitterrand pour lui demander la grâce de leur cliente. Je me suis dit alors que ce n'était pas le moment qu'elle sorte. Mais en même temps je ne pouvais pas aller voir le pré-

1. Connus sous l'appellation de « quartiers de haute sécurité ».
2. Entretien le 20 avril 1989.

sident, sous prétexte que j'étais devenu ministre de la Justice et que cela n'arrangeait pas mes affaires, pour lui dire le contraire de ce que je lui avais dit avant mai 1981, à savoir qu'il fallait libérer cette femme. Quand il a examiné le recours en grâce, le président m'a interrogé. Je lui ai répondu qu'il connaissait l'affaire puisque nous en avions parlé avant son élection. Christina von Opel est graciée et interdite de territoire en France. Trois ans plus tard j'ai commencé à me dire : si cela se reproduisait je me demande si j'aurais agi de la même façon. »

Les attaques les plus dures contre Badinter culminent à l'automne 1981. Le gouvernement multiplie les « démolitions » et « la population tout entière est inquiète de la montée de la violence », tonne Jean Foyer le jour où Badinter défend son budget à la tribune de l'Assemblée nationale. « Vous avez transformé le ministère de la Justice en un véritable comité de défense des assassins. Vous êtes obsédé par la libération des assassins », s'empourpre le vieux député réactionnaire de Paris Édouard Frédéric-Dupont.

Le 5 novembre, Jean Foyer déclare au *Quotidien de Paris* : « Le PS montre une fâcheuse propension à se conduire comme se sont conduits les partis totalitaires de l'Europe de l'entre-deux-guerres, en Allemagne, en Italie et ailleurs : épuration de la haute administration, endoctrinement et encadrement systématique de la population, substitution de l'État aux individus, et, après avoir contrebattu leurs activités sur le terrain, bâillonnement des opposants au Parlement. Nous n'en sommes pas encore arrivés à ce point, mais nous y allons d'un bon pas. »

Bref, c'est un goulag à la française que l'ancien garde des Sceaux semble redouter, s'attirant une réplique outragée de Lionel Jospin : « Quiconque diffamera le PS devra en rendre compte devant la Justice. » Mais, dans son procès d'intention qui exprime avec outrance le sentiment répandu à droite que les socialo-communistes ont « usurpé » le pouvoir, le dernier mot reste à Jean Foyer : « M. Jospin menace de poursuivre à l'avenir ceux qui auront usé de la liberté d'expression. Tout est permis à la majorité, rien ne l'est plus à la minorité. »

Ces excès de langage témoignent du climat de guerre civile froide qui se répand dans une partie de la classe politique. Après Valence et les affrontements sur les nationalisations, les passions sont exacerbées.

Le drame des prisons indignes

« Mon laxisme c'est le refus du tout-carcéral et Mitterrand était comme moi convaincu de cela. » Pour le ministre de la Justice de la gauche, il faut prioritairement remplacer les courtes peines jusqu'à six mois par des peines de substitution et développer la prévention. La fermeté doit être réservée aux criminels, aux délinquants récidivistes et au crime organisé.

Cette politique ne suffit pas à résoudre le problème endémique de la surpopulation des prisons. Badinter n'est pas parvenu à arracher les crédits indispensables à la construction et à la modernisation des établissements pénitentiaires. « Il aurait fallu multiplier par deux ou trois ce budget mais ce n'était pas une priorité du gouvernement, comme la Culture, le secteur public et le social. C'était la misère budgétaire totale comme toujours pour les prisons et j'ai eu beau me traîner aux pieds des ministres du Budget, il n'y a pas eu de choix politique en faveur des prisons. »

Le ministre de la Justice assure avoir toujours eu le soutien du chef de l'État. Mais l'hostilité envers la gauche était si grande, et les difficultés budgétaires si aiguës, que le gouvernement n'était pas prêt à consentir l'effort coûteux que représente une véritable amélioration matérielle de la condition pénitentiaire. Quel qu'ait été le désir du président et de son garde des Sceaux, ils n'ont pu l'imposer dans un contexte politique marqué par les accusations de la droite contre le laxisme et la complaisance de la gauche à l'égard des truands et des délinquants. Malgré ce climat épouvantable, Badinter a tout de même essayé.

Pour illustrer sa conception de la politique pénitentiaire, il fait dessiner puis construire une prison modèle par deux architectes qui ont travaillé pour le Club Méditerranée. Inaugurée par son successeur Albin Chalandon à Mossac, près de Bergerac, elle répond à l'objectif de responsabilisation des détenus. Réservées aux peines de deux à cinq ans, les maisonnettes-prisons de Mossac sont conçues pour neuf détenus. Ils en referment la porte eux-mêmes le soir, sans gardiens. Le self-service y remplace l'ordinaire. « C'est trop joli, ce n'est pas assez austère », s'exclame Badinter quand il voit la maquette pour la première fois.

En cinq ans, il a fait construire quelque 600 places supplémentaires par an, soit le double de ce qui était fait depuis vingt ans.

Et, par une série de mesures, il tente d'améliorer les conditions de détention des détenus et des gardiens. « Il faut faire progresser en même temps le statut des deux partenaires de ce couple indissociable, c'est la loi d'airain de l'univers carcéral. » Ainsi l'uniforme du détenu est-il supprimé en même temps que le gardien change de tenue et n'a plus obligation de porter la casquette. « Leurs croquenots bruyants sont remplacés par des mocassins. La nuit, les détenus y trouvent leur compte ; les gardiens ne sont plus humiliés par des tenues chiourmesques. »

Dans les prisons, Badinter fait supprimer les quartiers de haute sécurité, modernise la médecine pénitentiaire en la rattachant à l'assistance publique, autorise la décoration des cellules par les détenus, multiplie les parloirs libres, développe l'enseignement et la culture dans les prisons, fait installer progressivement la télévision et organise dans le plus grand secret à Fleury-Mérogis des concerts de rock afin d'apaiser les tensions. Le droit au téléphone est interprété libéralement. « Votre faiblesse, Badinter, c'est que vous connaissez trop bien les prisons », lui lance un jour Jean Foyer, une critique que Badinter reçoit comme un hommage.

Mais, à partir de l'automne 1982, Badinter s'est surtout occupé des victimes. Et le 8 juillet 1983 est promulguée la loi sur leur indemnisation. Avancée incontestable, cette loi ouvre droit à réparation pour quelque

15 000 victimes chaque année. Un texte de 1985 assure également l'indemnisation des piétons ayant commis une faute (jusque-là un piéton qui traversait en dehors des passages cloutés ne bénéficiait d'aucun secours en cas d'accident).

Badinter ne parvient pas à obtenir de Mitterrand l'inscription à l'ordre du jour du Parlement de la vaste refonte du Code pénal à laquelle il souhaitait laisser son nom. De même la gauche n'a-t-elle pas réalisé la 51e proposition du candidat Mitterrand promettant une « réforme » du Conseil supérieur de la magistrature dans le sens d'une plus grande indépendance du pouvoir judiciaire.

En vertu des articles 64 et 65 de la Constitution, le chef de l'État, « garant de l'indépendance de l'autorité judiciaire », préside le Conseil supérieur de la magistrature dont il nomme lui-même les neuf membres. Ce Conseil se réunit régulièrement à l'Élysée et désigne les principaux magistrats du siège (Cour de cassation et présidents de cour d'appel). Les dossiers sont préparés par le secrétaire général du Conseil – en l'occurrence Mme Danièle Burguburu – nommé par le chef de l'État, qui peut ainsi intervenir dans les grandes orientations de la magistrature en fonction des personnalités qu'il désigne.

Pour détacher réellement la magistrature du pouvoir exécutif, c'est-à-dire ôter au chef de l'État la présidence du Conseil supérieur de la magistrature, une réforme constitutionnelle était donc nécessaire. Mitterrand a écarté la voie du référendum. A partir de 1982, son issue était incertaine. En outre, la nécessité de consulter les Français sur le sujet, important mais limité, de la nomination des magistrats, n'est pas évidente. Il faut donc user de la procédure parlementaire et obtenir le vote à une majorité des trois cinquièmes des deux Chambres réunies en Congrès. Or, il était exclu que le Sénat donnât ses voix.

Devant ces obstacles politiques, une réforme moins ambitieuse sur le statut des magistrats, défini par une loi organique, a alors été envisagée. Un questionnaire en soixante-dix points a été envoyé à sept mille magistrats. Au premier : « Voulez-vous une réforme de votre statut ? » les trois quarts des réponses étaient positives. Mais aucun des soixante-neuf autres n'a recueilli plus de 40 % d'opinions favorables. Au vu de ces chiffres, Badinter a préféré renoncer à ouvrir un nouveau front, celui de la magistrature. Le pouvoir socialiste était déjà en difficulté sur l'école, la presse et l'hôpital.

A l'automne 1983, au congrès du PS à Bourg-en-Bresse, Badinter revient en grâce chez les socialistes qui lui réservent une ovation. Edmond Maire, le premier, avait donné le signal : « Badinter est l'honneur de la gauche. »

« Ma plus grande satisfaction, je l'aurai eue en retournant en janvier 1986 devant mes étudiants à Tolbiac pour présenter le bilan de la législature en matière de justice. Ils m'ont fait un accueil triomphal. Ils m'ont offert un livre dans lequel ils ont tous signé au-dessous de la dédicace : Merci M. Badinter. J'étais bouleversé. J'en avais bavé, mais ça valait la peine. »

CHAPITRE 7

« Inventer une culture » ?

1 % pour la Culture

« Le socialisme de la liberté est avant toute chose un projet culturel : un choix de civilisation. Je propose aux Français d'être avec moi les inventeurs d'une culture, d'un art de vivre, bref d'un modèle français de civilisation. » Vaste ambition que celle du candidat Mitterrand, qui s'exprime ainsi le 2 mai 1981 dans une interview au *Point.*

Elle est à la mesure des espoirs et des rêves des créateurs, artistes et intellectuels qui comptaient sur la gauche pour voir enfin mis en œuvre ce mot d'ordre de mai 68 : « l'imagination au pouvoir ».

Ils seront pour la plupart déçus. En raison essentiellement de l'échec de la politique audiovisuelle du septennat. Pourtant la gauche a fait davantage, en termes de transformations et de financement, que la droite pompidolienne ou giscardienne. Avec le recul du temps Jack Lang apparaîtra peut-être, toutes proportions gardées, comme le continuateur d'André Malraux par son action inlassable en faveur du développement culturel tous azimuts à travers le pays.

La gauche n'a pas « inventé » une culture. Elle n'a pas donné vie à un « modèle français de civilisation », comme Mitterrand invitait les Français à le faire. Mais elle s'est montrée inventive et dynamique en portant la culture et ses fêtes dans la rue. En donnant une dimension culturelle à ce qui n'appartenait pas aux beaux-arts, mais qui était de l'art : le rock, la bande dessinée ou le cirque.

« Le 10 mai les Français ont franchi la frontière qui sépare la nuit de la lumière. » Par cette formule insensée, extravagante et démesurée, celui qui allait devenir ministre de la Culture s'est installé dans un rôle sans précédent de « grand prêtre de la flagornerie mitterrandolâtre », selon la formule de Catherine Nay[1]. Jack Lang fut en réalité rue de Valois un animateur hyperactif, le ministre le plus populaire et sans doute parmi les plus conscients des mouvements profonds de la société. Il est aussi le plus pugnace quand il s'agit de défendre son budget.

Agrégé de droit, mais surtout homme de théâtre, ancien directeur du festival de Nancy, puis du théâtre national de Chaillot, ce Lorrain a été de ceux qui, pendant la décennie 1970, ont drainé l'intelligentsia vers le premier secrétaire du PS. A la suite de Dominique Taddéi, Lang a participé à la reconquête de ce terrain largement occupé par les communistes et leurs compagnons de route depuis la Libération. Artistes, intellectuels, mais aussi savants et universitaires sont ainsi présentés à Mitterrand au fil des déjeuners de la rue Danton, chez Lang, ou de la rue de Bièvre. Lang ratisse au CNRS, au Collège de France, dans le monde du cinéma, du théâtre et de la chanson, persuadé que les socialistes peuvent gagner à leurs idées une large partie de l'électorat en bénéficiant du soutien de ces leaders d'opinions. Jacques Attali, Roger Hanin et Christine Gouze-Raynal, Paul Guimard, Claude Manceron, chacun à leur échelle, butinent pour la même ruche.

Délégué du PS à la Culture à partir de 1979, Lang organise manifestations populaires et rencontres d'intellectuels. Il parvient à faire afficher le poing et la rose dans des sites prestigieux pour faire gagner aux socialistes la respectabilité que la droite leur dénie : ce seront la fête du printemps de l'Europe au Trocadéro, les rencontres méditerranéennes de l'abbaye de Saint-

1. In *Les Sept Mitterrand,* Paris, Grasset, 1988.

Maximin ou les colloques internationaux des écrivains à l'UNESCO, des scientifiques à Valençay.

Le soir du 21 mai 1981, Jack Lang, qui n'est pas encore ministre, inaugure le théâtre de la Criée à Marseille ; le lendemain il prend tout naturellement possession du célèbre bureau du Palais-Royal.

« Foncez, il faut que ça bouge partout, allez de l'avant, encouragez artistes et créateurs, et donnez-moi des idées. » Muni quelques heures plus tard de cette consigne présidentielle, Lang[1] se lance aussitôt dans une première bataille, celle du prix unique du livre (100e des 110 Propositions).

Instaurée trois ans auparavant par un arrêté du ministre de l'Économie René Monory, la libération du prix du livre permet aux grandes surfaces, FNAC et autres grandes librairies comme Le Furet du Nord à Lille, de pratiquer des réductions importantes. Mais elle menace les petits libraires, les éditeurs spécialisés et les auteurs à tirages limités. Type même de la décision politique fondée sur le respect de la diversité de la production littéraire et de l'égalité devant la culture, la proposition de rétablir le prix unique se heurte au principe de la libre concurrence.

Mitterrand demande à plusieurs reprises à Lang d'agir vite afin que cette décision à la fois pratique et symbolique entre dans les faits au plus tôt. Lang, qui s'est vu refuser par le chef de l'État de tenter sa chance aux législatives de juin dans le IIIe arrondissement de Paris, est donc l'un des rares ministres socialistes à pouvoir se mettre immédiatement au travail à plein temps. Après consultations contradictoires des associations de libraires, des grandes surfaces et des éditeurs, un projet de loi en cinq articles est rédigé en trois semaines. Le 23 juillet, en Conseil des ministres, Mitterrand ouvre le débat sur cette question. C'est un déluge de critiques. Pierre Mauroy est sceptique. Catherine Lalumière, secrétaire d'État à la Consommation, trouve que le projet, « un peu corporatiste, perd de vue l'intérêt des consommateurs ». Lang fait passer un petit mot à Defferre :

1. Entretiens les 13 septembre et 23 octobre 1989.

« Gaston, soutenez-moi. » Le ministre de l'Intérieur intervient : « Le texte est bon sur le fond (...) la politique Monory conduit à la disparition des librairies. » Lang revient à la charge : « Si nous repoussons l'examen du texte à la rentrée, ce sera plus difficile. C'est maintenant qu'il faut le faire sinon nous n'aurons plus de front uni. »

Mitterrand demande à Mauroy de trancher. « Il ne s'agit pas d'un dossier comme les autres, explique le Premier ministre. C'est la culture que nous protégeons, la possibilité pour un auteur d'être édité. »

Le texte est voté le 30 juillet, la loi promulguée le 10 août. Elle entre en vigueur le 1er janvier 1982, assortie d'une possibilité de réduction limitée à 5 %.

Un gros effort est parallèlement amorcé pour irriguer le pays de bibliothèques publiques. Les Français restent toutefois l'un des peuples d'Europe qui lisent le moins.

Les nombreuses promesses du candidat socialiste en matière culturelle ne sont pas chiffrées. Les Grands Travaux dépendent directement de lui[1]. Son ministre bataille pendant l'été 1981 avec la rue de Rivoli pour obtenir une progression des crédits de la rue de Valois vers le fameux « un pour cent pour la culture[2] ». « Je harcèle Delors, Fabius, Mauroy et Mitterrand qui tranche en faveur de 0,75 %, soit un doublement en francs courants », dit Lang.

Entre 1981 et 1982, les crédits de la Culture augmentent de 101,3 %, passant de près de 3 à près de 6 milliards de francs. Avec embarras, l'opposition vote contre le budget de la Culture le 17 novembre, alors que Lang plastronne : « L'échec économique de nos prédécesseurs, ce fut d'abord un échec culturel. » Il dresse en quelques chiffres un terrible réquisitoire, que l'on pourrait lui opposer dans des proportions à peine plus flatteuses cinq ans plus tard : trois Français sur quatre ne vont jamais au théâtre ou au musée, un sur trois achète ou emprunte des romans ou des livres d'art. Et de conclure que désormais

1. Voir Ve partie : « Le président ».

2. Ce slogan avait été lancé douze ans auparavant par Jean Vilar à la tête d'un comité *ad hoc* auquel Mitterrand s'était associé.

la rue de Valois se préoccupera « d'abord » des « travailleurs ».

Avec cet afflux d'argent – 3 milliards de plus représentent de quoi construire 100 kilomètres d'autoroutes –, Lang ouvre d'innombrables chantiers. Il ne néglige pas la province. Le 9 mars 1982, il obtient du Conseil des ministres le feu vert pour une dizaine de grands projets : le Zénith, salle de concert pour le rock et la chanson, à La Villette, la danse à Marseille, la bande dessinée à Angoulême, la photographie en Arles, l'opéra à la Bastille et la sculpture à Montpellier. L'année suivante, malgré la rigueur, son budget augmente de 17 %. De 15 % en 1984. Le « un pour cent » est quasiment atteint.

En juillet 1981, Jack Lang téléphone à son rival sur le terrain culturel, le communiste Jack Ralite, ministre de la Santé :

« J'emmène Mitterrand au Festival d'Avignon pour un hommage à Vilar, j'aimerais autant que tu ne sois pas là.

– D'accord, j'irai un autre jour », répond Ralite [1].

Peu après, dans le bureau du ministre communiste, le téléphone sonne. C'est Mitterrand.

« Je pars pour Avignon rendre hommage à Vilar. Vous étiez son ami, venez donc avec moi. »

Dans la cour d'honneur du palais des Papes, Mitterrand assiste à une répétition du *Roi Lear,* ce monarque vieillissant qui finira fou. Il regagne Paris dans la nuit. Ralite, assis en face de lui dans l'avion, s'est plongé dans *L'Humanité.*

« C'est un bon journal qui apprécie bien les choses », l'interrompt Mitterrand qui veut parler culture. On évoque Aragon, Gracq, Claudel et Saint-John Perse, et Mitterrand conclut :

« Je vous découvre, tout cela est un peu votre vie. Vous auriez aimé être ministre de la Culture.

– A dix mille mètres d'altitude tout est possible », sourit le maire d'Aubervilliers.

Quelques mois plus tard, au sortir d'une émission de télévision avec ses copains Ettore Scola et Marcello

1. Entretien le 3 juillet 1989.

Mastroianni, passablement éméchés, Ralite les emmène finir la soirée au Train bleu où Mitterrand a organisé un dîner d'artistes. Il font leur entrée dans la célèbre brasserie de la gare de Lyon, où Jack Lang les accueille et, bon prince, leur fait une place près de Mitterrand.

Mastroianni lui demande : « Pourquoi mon ami Ralite n'est pas à la Culture ? »

Mitterrand répond devant Lang : « Un Jack ou l'autre, ça n'aurait rien changé. »

En septembre 1981, Lang provoque stupeur et indignation dans le monde du show-business en refusant ostensiblement d'ouvrir le festival du cinéma américain de Deauville. Il lui préfère quelques jours plus tard un déplacement à Rome, d'où il revient en proposant la création dans le bassin méditerranéen d'« un front commun contre la standardisation et contre l'hégémonie culturelle des multinationales ». En son absence, Deauville réserve un triomphe aux *aventuriers de l'Arche perdue* de Steven Spielberg. Ce réalisateur bouleverse un an plus tard le président, quand il voit, au cours d'une projection privée d'*E.T.* à l'Élysée, la scène de la séparation du petit monstre sympathique et du jeune héros.

« Je ne suis pas allé à Deauville car je pensais qu'il y avait d'autres chantiers plus novateurs pour la France. J'étais choqué de constater que les dirigeants allaient toujours vers les choses qui marchaient déjà. De plus, en septembre 1981 je n'avais encore rien fait pour le cinéma français. Je n'avais aucun goût pour l'atmosphère de cet endroit mondain », explique Lang en 1989 alors qu'il est devenu le familier de la jet-set, la coqueluche des divas, le « cher Jack » des célébrités du spectacle.

A l'époque, l'air du temps chez les nouveaux maîtres de la France est au rejet de l'impérialisme culturel américain. « Je ne suis pas opposé à l'art américain, mais à [son] excessive pénétration de nos écrans et de nos musées », déclare Jack Lang le 5 septembre 1981 au *Monde,* qui publie le même jour une statistique éclairante : sur 235 films diffusés en 1980 à la télévision française, 195 sont américains, 30 européens, 10 proviennent du reste du monde.

« Quelles sont vos priorités ? » demande-t-on alors à ce ministre-agitateur. « Ne rien sacrifier à rien est la seule priorité. » Ne rien sacrifier et aussi éviter de passer à côté de son époque. Ainsi l'État puis les régions multiplient les commandes publiques et développent leurs politiques d'achat de tableaux et de sculptures. Une nouvelle génération s'installe dans les théâtres subventionnés : Patrice Chéreau à Nanterre, Bernard Sobel à Gennevilliers, Daniel Mesguich à Saint-Denis. Antoine Vitez est promu à Chaillot.

Ne rien sacrifier, c'est aussi encourir la critique de « saupoudrage » des fonds publics sur l'ensemble du secteur culturel.

Cet « antiaméricanisme » du gouvernement de la gauche fut l'une des causes du divorce avec les intellectuels français. On critique sa sympathie exclusive pour les cultures latines, africaines et tiers-mondistes et on lui reproche de ne pas voler au secours des dissidents de l'Est, en dépit des interventions de François Mitterrand [1]. Ces intellectuels, qui ont intégré dans leur raisonnement le Goulag de Soljenitsyne, le Solidarnosc de Walesa et la Charte 77 de Vaclav Havel, voient en Fidel Castro le « Brejnev des Caraïbes ». Au moment de l'état de guerre en Pologne [2], ces mêmes milieux dénoncent l'attitude prudente de Paris.

Quand, en août 1982, Lang dénonce l'impérialisme culturel yankee à Mexico et s'arrête à La Havane sur le chemin du retour, il n'est pas suivi par Saint-Germain-des-Prés, même s'il a contribué à la libération du poète Alfredo Valladares après vingt ans de cachot castriste. Lang ferraille contre « Dallas, » et les intellectuels

1. Le président de la République a notamment envoyé une lettre début décembre 1981 à Leonid Brejnev lui demandant d'accéder au vœu de l'académicien Andreï Sakharov et de sa compagne Elena Bonner, qui entament leur troisième grève de la faim pour obtenir un visa de sortie pour leur fille Lisa Alexeiva. En juin 1984 au Kremlin, Mitterrand citera le nom de Sakharov lors de son toast officiel devant Constantin Tchernenko. Voir VIIe partie : « L'attente ».

2. Voir IIIe partie : « La France dans le monde ».

parisiens, soutenus par *Libération,* louent le pluralisme américain.

Libérer l'information, faire une télévision « intelligente » : telle est la double ambition des vainqueurs de l'alternance, au premier rang desquels François Mitterrand, qui n'a cessé de dénoncer la mainmise du pouvoir sur les médias audiovisuels. Pour lui, les choses se sont aggravées avec Valéry Giscard d'Estaing. « Il m'arrive de penser que le président de la République dîne et couche à la télévision. On l'y retouve presque chaque soir » au point que « ce pouvoir informatif ou déformatif, dont il s'est rendu maître, devient son principal instrument de gouvernement », affirme-t-il dans *Ici et Maintenant*[1].

Il critique le caractère aliénant des programmes et s'inscrit là dans la doctrine néo-soixante-huitarde qui veut faire de la télévision, au-delà de sa fonction ludique, un instrument d'éducation, de culture, de libération. « Notre premier objectif sera de renouveler le patrimoine audiovisuel. » Mitterrand épouse le discours de la gauche intellectuelle, encore largement réticente face à cet instrument : « Les hommes du pouvoir organisent le décervelage pour invoquer ensuite, au nom de la démocratie, une demande qu'ils ont eux-mêmes fabriquée », dit-il à l'été 1980. Et de fustiger « la télévision prisonnière de la loi du racolage » et « envahie par les sous-produits standardisés ».

A partir de ce constat, le candidat socialiste fait plusieurs propositions : « La télévision et la radio seront décentralisées et pluralistes (...) Les dispositions assurant l'indépendance des journalistes et des journaux, face aux pressions du pouvoir, des groupes privés et des annonceurs, seront prises. Toute censure de l'information sera abolie. »

Neuf ans plus tard, François Mitterrand déclare : « Je prétends que l'un des acquis de mon premier septennat est que, jusqu'ici, il n'y a pas eu une seule pression du pouvoir exécutif sur les moyens d'informations. C'est considérable par rapport à la situation antérieure. Je ne

1. *Op. cit.*

dis pas qu'il n'y a pas quelques interventions personnelles de tel ou tel ministre ou parlementaire. Mais je dis que le cordon ombilical est coupé[1] ».

Au soir du 10 mai, dans l'exaltation délirante de la victoire, un mot d'ordre révélateur fait très vite le tour de la place de la Bastille. C'est l'hallali contre ceux qui incarnent la « télévision giscardienne » aux yeux du « peuple de gauche » : Jean-Pierre Elkabbach et Patrice Duhamel, responsables des informations politiques d'Antenne 2 et de TF1. Le premier fut limogé par le conseil d'administration de sa chaîne. Le second, « placardisé » avant de rejoindre le groupe Hersant.

Les choses ne vont pas traîner pour les patrons de l'audiovisuel public. Dans les jours qui suivent son installation, Mitterrand convoque Georges Fillioud[2], le nouveau ministre-délégué à la Communication, et lui demande d'« obtenir leur démission ». Georges Fillioud entreprend aussitôt cette délicate négociation avec des patrons qui ne sont pas révocables aux termes de la loi sur l'audiovisuel de 1974 : un an auparavant ils ont été désignés en Conseil des ministres pour trois années. « Je leur ai expliqué qu'ils devaient comprendre la réalité de la nouvelle situation provoquée par l'alternance. " Rien ne peut vous obliger à partir " », leur précise Fillioud. Il les informe que Mitterrand est disposé à leur offrir des postes ou des compensations « correspondant aux responsabilités qu'ils ont occupées ».

Maurice Ulrich à Antenne 2 et Claude Contamine à FR3 n'offrent guère de résistance. Diplomate de carrière, le premier se voit offrir une ambassade. Préférant rester à Paris, il demande et obtient d'être nommé au Conseil d'État. Au second, également diplomate de formation, est offerte la Cour des comptes.

Avec Jean-Louis Guillaud, PDG de TF1, les choses sont plus difficiles. Elles seront résolues par une indemnité à sa convenance. De même, Jacqueline Baudrier, PDG de Radio-France, fait valoir qu'étant journaliste elle n'a pas de point de chute. « Elle fait monter les

1. Entretien avec François Mitterrand le 9 juin 1990.
2. Entretien le 10 mai 1990.

enchères » et finit par obtenir le poste envié d'ambassadeur auprès de l'UNESCO.

Le 1er juillet, en Conseil des ministres, Fillioud fait le point : « La situation s'est normalisée, nous allons vers l'apaisement, les choses vont mieux qu'il y a un mois. » De fait, l'arrivée de la gauche avait provoqué turbulences et émoi dans ce secteur sensible, entre les responsables nommés par le régime précédent et ceux qui exigent que le nouveau pouvoir « fasse enfin le ménage ».

Les PDG des trois chaînes, qui, paradoxalement, sont plus proches du camp chiraquien que de la mouvance giscardienne, ont donc démissionné les uns après les autres : le 22 juin, Ulrich est remplacé à la tête de la deuxième chaîne par Pierre Desgraupes, figure connue de la télévision. Mauroy a imposé ce professionnel à François Mitterrand. « C'est le seul candidat du Premier ministre, je ne peux pas le refuser », explique alors le président à Georges Fillioud [1].

Contamine abandonne la présidence de FR3 au profit du journaliste Guy Thomas, soutenu par Michel Jobert [2]. A TF1, Guillaud laisse son fauteuil à Jacques Boutet. Mitterrand a choisi ce conseiller d'État, relation de longue date, qui avait présidé la commission de contrôle de l'audiovisuel pendant la présidentielle. *Last but not least,* Boutet est un fils de la tradition radicale-socialiste du Sud-Ouest. Son prédécesseur rejoindra le groupe Hachette après avoir indiqué qu'il avait « été démissionné ». Jacqueline Baudrier, que Mitterrand avait accusée un an auparavant de diriger « la radio du gouvernement », est remplacée par Michèle Cotta, chef du service politique de RTL, qui a souvent côtoyé le premier secrétaire du PS.

Un mois plus tard, la tension n'est toujours pas retombée et Mauroy s'en inquiète devant le Conseil des ministres. « Il n'est pas normal que tous les éditorialistes soient de droite. Nous devons demander aux conseils

1. Entretien le 10 mai 1990.

2. Jobert obtient également la nomination d'un de ses amis politiques, Michel Caste, à la SOFIRAD.

d'administration de l'audiovisuel public d'être attentifs à la pluralité des tendances[1]. »

Mitterrand n'est pas satisfait non plus : « Le gouvernement est allé trop loin dans la prudence, les forces contraires restent maîtresses des moyens d'information qui nous ont mis sous surveillance. Que se passera-t-il dans six mois lorsque l'état de grâce sera passé ? » Il s'étonne de voir que les éditorialistes ne changent pas sur France Inter : « Ne pourrait-on pas demander à Michel Droit[2] et à Henri Amouroux[3] d'alterner au lieu de se doubler ? » Quant à ceux, tel Michel Bassi, ancien porte-parole de Valéry Giscard d'Estaing à l'Élysée, débarqué de RMC avec de substantielles indemnités, il les voit « avec curiosité devenir les flambards de la liberté d'expression ».

Fillioud s'emploie à rassurer Mitterrand. Il a pris les mesures nécessaires à Radio France pour instaurer « le pluralisme des éditorialistes ». Ce sera fait sans tarder par Michèle Cotta, qui remplace ses sept chroniqueurs réguliers. Mitterrand ajoute alors : « Je tiens à dire aussi que je veux que l'opposition soit représentée convenablement. » Fin août, malgré les protestations de la CGT, Mitterrand offre la présidence de l'INA (Institut national de l'audiovisuel) au gaulliste Joël Le Tac, seul député RPR à s'être rallié au candidat de la gauche entre les deux tours.

Au total, la « chasse aux sorcières » de l'été 1981 apparaît comme bien modeste si on la compare à la « normalisation » d'après mai 68, et surtout à celle de l'été 1974 après l'élection de Giscard. Selon une enquête du *Monde,* publiée à chaud le 26 septembre 1981, les chiffres, toutes mesures confondues (licenciements, démissions, mutations non voulues), s'établiraient à 40 pour 1981, 110 pour 1968 et 440 pour 1974.

Georges Fillioud : « Mitterrand a traité dès le début toutes ces questions directement. Il me téléphonait et me

1. Document d'archives.

2. Journaliste au *Figaro,* célèbre pour ses interviews télévisées du général de Gaulle.

3. Journaliste et historien.

convoquait souvent pour me demander mon avis, achevant ses entretiens sur un : “ Soyez gentil d'informer le Premier ministre de nos décisions .” Le président était soucieux de la loyauté et de la valeur professionnelle des nouveaux responsables [1] ».

Mais le « changement » à la radio et à la télévision fut surtout, en matière d'information, marqué par l'arrivée dans les rédactions d'une petite cohorte de journalistes communistes. Mitterrand, Mauroy et Marchais se sont mis d'accord pour mettre fin à cet ostracisme qui frappait jusqu'ici ces journalistes. Pierre Juquin [2] est chargé par le bureau politique d'organiser ce « rééquilibrage ». A l'Élysée, il rencontre André Rousselet qui lui demande d'« opérer en douceur ». A Matignon, il traite avec Mauroy. Ses conseillers sont chargés de traiter cette affaire dans un esprit de « concertation ». « Marchais est d'accord pour que nos journalistes ne constituent pas une cinquième colonne et soient nommés en tenant compte de leurs compétences professionnelles. » Des journalistes comme Michel Cardoze, Marcel Trillat ou Michel Naudy entrent à la télévision. « Au Parti, chacun essaie de pousser ses protégés, d'autres trouvent là un moyen de se débarrasser de certains », affirme Pierre Juquin. Au moment de la succession de Jacqueline Baudrier à Radio France, ce dernier avait avancé le nom de Francis Crémieux, « stalinien » cultivé, journaliste à France Culture depuis toujours, sachant très bien qu'il serait récusé et montrant par ce geste sa bonne volonté à Marchais et à Plissonnier.

Par ailleurs, Fillioud obtient des chaînes et des radios l'intégration de centaines de pigistes permanents ou de journalistes temporaires. Certains journalistes ou techniciens licenciés en 1968 et en 1974-1975 pour « raisons extra-professionnelles » sont également réintégrés, sur la base de listes préparées en liaison entre les services de Fillioud et les syndicats de l'audiovisuel.

En dépit de ces changements à la direction et dans les

1. Entretien le 10 mai 1990.
2. Entretien le 18 septembre 1989.

rédactions de l'audiovisuel public, les socialistes bougonnent contre la manière dont ils sont traités sur les ondes et les écrans. Claude Estier se fait le 23 octobre, à Valence, le porte-parole de ce mécontentement partagé par Mitterrand : « C'est une erreur de ne pas avoir considéré que la réforme de l'audiovisuel était la priorité des priorités. Il était urgent de changer les statuts de l'audiovisuel et non pas quelques hommes ici ou là. Il ne s'agit pas de couper des têtes ; ce que nous mettons en cause c'est un système d'information qui reste le produit de l'ancien pouvoir et qui n'est pas en mesure d'expliquer honnêtement la politique du gouvernement. » Le lendemain, dans les couloirs de l'Assemblée, l'orateur socialiste s'attire la réplique du RPR Robert-André Vivien : « En M. Estier les Français voient un nouveau Goebbels, c'est ça qui leur donne froid dans le dos. »

Lc 16 novembre, à l'occasion du débat budgétaire sur l'audiovisuel, le député radical de gauche de l'Eure François Loncle assure, sous les huées de la droite, qu'avant 1981 75 % de la presse était gouvernementale et que depuis mai-juin 65 % est d'opposition.

Radios : liberté sans argent

La première mesure structurelle de la gauche est la suppression des brouillages systématiques et l'adoption, en septembre, d'une loi autorisant les radios libres par dérogations au monopole d'État. En 1981, François Mitterrand est toujours inculpé pour avoir parlé sur les ondes de « Radio-riposte », la station pirate du Parti socialiste. La CGT avait connu début janvier 1981 des déboires avec « Radio Lorraine-Cœur d'acier », poursuivie par la police.

Contre l'avis de la droite, ce texte provisoire, en attendant la réforme globale de l'audiovisuel annoncée pour le printemps suivant, interdit le financement des radios locales par la publicité.

A l'intérieur même du gouvernement cette question provoque un conflit. Le Premier ministre veut limiter les autorisations d'émettre aux radios gérées par des collectivités locales. Il est farouchement hostile à la publicité sur ces fréquences. « Je ne veux pas de Radio-Auchan, je ne veux pas voir le pays submergé de radios commerciales, financées par les grandes surfaces. Je suis contre les radios-fric, c'est comme ça et pas autrement, je ne céderai pas. » Le ministre de la Communication a des positions différentes. Sur le premier point, il obtient gain de cause : le droit d'émettre est élargi au mouvement associatif. En revanche sur le second – la publicité –, le Premier ministre l'emporte. A deux reprises, Fillioud [1] avait tenté de persuader le président du bien-fondé de sa thèse : « A quoi bon ouvrir une liberté si on ne donne pas en même temps les moyens de l'exercer ? ». Mais Mitterrand ne veut pas le suivre : « Vous avez sans doute raison, mais sur cette affaire, qui n'est qu'une modalité de la loi, je ne veux pas arbitrer contre le Premier ministre. »

Et le 1er juillet, en Conseil des ministres, Mitterrand tranche : « Les radios libres, c'est séduisant mais nous savons bien qu'elles passeront vite sous le contrôle des puissances d'argent et rien n'y résistera si nous laissons faire [2]. » Mitterrand et Mauroy sont également sensibles aux inquiétudes des patrons de la presse régionale ou départementale qui redoutent de voir leurs ressources publicitaires réduites au profit des radios locales.

Fillioud défend l'arbitrage de Mauroy devant les parlementaires de l'opposition et les responsables des radios locales, fort mécontents. « L'invention d'une nouvelle liberté se termine en farce », constate le libéral Alain Madelin le jour de l'adoption du texte en seconde lecture.

Le 24 septembre, au cours de sa première conférence de presse, Mitterrand réaffirme le refus de la publicité et laisse entendre que l'État pourrait participer partiellement au financement de ces radios par le biais d'une caisse de péréquation financée pour une part par les « bénéfices publicitaires » des télévisions publiques.

1. Entretien le 10 mai 1990.
2. Document d'archives.

Six mois plus tard, Fillioud revient à la charge, dans le huis clos du Conseil des ministres, en présentant l'ensemble de son projet de loi sur la communication audiovisuelle. « Nous devrions revenir sur l'interdiction de la publicité », lance-t-il à deux reprises en faisant valoir qu'avec le système actuel la droite, proche de certains puissants groupes de presse, presque seule, a les moyens de mettre en place des « radios d'opposition ». Il pense notamment à « Radio service tour Eiffel », qui émet depuis décembre 1981 et que les Parisiens ont immédiatement baptisée « Radio-Chirac ».

Peine perdue, car Mauroy, toujours « approuvé » par Mitterrand, continue de faire front en insistant « sur les dégâts culturels énormes qui résulteraient de radios aux mains des grandes surfaces ». La loi du 30 juillet 1982 n'autorisera donc pas non plus la publicité pour les radios libres.

Ces stations proliféreront. 850 autorisations d'émettre seront accordées sur quelque 3 000 demandes, provoquant une guerre des fréquences qui reproduit l'anarchie survenue quelques années plus tôt en Italie au moment de la libération des ondes. Faute de moyens, nombre d'entre elles péricliteront. Celles qui survivent enfreignent parfois allégrement la loi en émettant sur des fréquences interdites à des puissances bien supérieures aux autorisations et en diffusant de la publicité de marques.

Deux ans plus tard, au printemps 1984, volte-face du président. Au cours de son voyage officiel aux États-Unis, il se déclare prêt à revenir sur l'interdiction du financement publicitaire des radios. Fillioud[1] apprend la nouvelle dans son bureau de la rue Saint-Dominique où on lui porte la dépêche de l'AFP. Le lendemain il appelle le président, tout juste rentré des États-Unis : « C'est vrai, vous autoriserez la pub ? » Mitterrand confirme. Alors Fillioud : « Mais, président, de quoi j'ai l'air, vous me mettez dans une situation impossible.

– Écoutez, Fillioud, ça fait trois ans que vous êtes

1. Entretien le 10 mai 1990.

pour la publicité, vous n'allez tout de même pas me reprocher de m'être finalement rendu à vos arguments. »

Le 4 avril 1984, interrogé lors de sa troisième grande conférence de presse, le chef de l'État confirme ce changement de cap : « L'expérience montre que la loi dans sa rigueur, notamment sur le plan de la publicité, a accordé une liberté qui reste, pour beaucoup, plus une espérance qu'une réalité. » Il indique que, sans remanier la loi, il « donnera des instructions » pour que la publicité, « limitée à quelques minutes raisonnables par heure », puisse entrer dans la pratique « le plus tôt possible ».

Mitterrand s'était rangé en 1981 et 1982 aux arguments de Mauroy, estimant que l'absence de publicité empêcherait la droite de s'emparer de nouveaux moyens de propagande antigouvernementale. Mais l'inverse s'est produit : l'interdiction de la publicité sert en fait les puissances financières. Quant aux associations et aux municipalités de gauche, elles n'ont pas su se montrer à la hauteur.

Que d'illusions perdues depuis l'été 1981 au cours duquel les créateurs et les producteurs de gauche réunis dans la commission Moinot[1] disaient, candides : « La pub c'est l'ennemi ; halte au fric. »

Mauroy, en bout de course à Matignon, ne monte pas au créneau contre Mitterrand sur ce dossier alors que surgissent devant lui d'autres périls : la crise de l'école, le déferlement des vagues de licenciements industriels. Fillioud remporte une amère victoire à retardement et choisit d'appliquer le premier terme du postulat chevènementien[2]. Deux ans plus tôt, en mars 1982, Fillioud avait remis sa démission à Mitterrand après sa défaite aux cantonales dans la Drôme. Le chef de l'État avait

1. Notamment André Harris, futur directeur des programmes de TF1, Serge Moati, qui fut directeur général de FR3, Jean-Claude Héberlé, qui fera un passage éclair à la tête d'Antenne 2, ou encore Danielle Delorme, Maurice Faillevic et Françoise Mallet-Joris.

2. Critiqué par Mitterrand au Conseil des ministres du 2 février 1983, sur sa façon de contrôler les entreprises nationalisées, Jean-Pierre Chevènement avait ensuite déclaré : « Quand on est ministre on ferme sa gueule, ou si on veut l'ouvrir on démissionne. »

refusé de le laisser partir afin qu'il défende personnellement son projet de loi sur l'audiovisuel.

La Haute Autorité

Principal apport de la gauche à la noria des réformes de l'audiovisuel public : la création d'une « Haute Autorité de la communication audiovisuelle ». Il lui appartient de nommer les responsables des chaînes et des radios, jusqu'ici désignés en Conseil des ministres, de contrôler l'application des cahiers des charges et de délivrer les autorisations d'émission pour les radios puisque la libération hertzienne, c'est-à-dire la création de chaînes privées, n'est pas encore à l'ordre du jour.

La composition de cette nouvelle institution, qui s'inspire, moyens matériels en moins, de la FCC américaine[1], donne lieu à un débat. Fillioud n'est pas suivi quand il propose une instance de six membres, dont quatre sont nommés par le président de la République, deux de son seul choix et deux sur proposition du Conseil d'État et de la Cour des comptes, et les deux derniers respectivement par les présidents de l'Assemblée nationale et du Sénat. Avec cette formule, Mitterrand peut être assuré de la loyauté de trois membres sur six.

Cela lui semble insuffisant. Il préfère une autre formule, qui présente l'avantage de suivre l'exemple du Conseil constitutionnel, et évite ainsi d'encourir la critique de mainmise du pouvoir sur l'audiovisuel : trois membres nommés par le chef de l'État dont le président, trois nommés par le président de l'Assemblée et trois par celui du Sénat.

Le 6 août, deux semaines après la promulgation de la loi du 21 juillet 1982 créant la Haute Autorité, Louis Mermaz, Georges Fillioud, André Rousselet et Claude Estier sont conviés à Latche pour dresser une première liste sur laquelle seront choisis les six sages nommés par Mitterrand et Mermaz. Sept noms sont retenus : Michèle Cotta, Jacques Boutet, l'écrivain Paul Guimard, le

1. Federal Communications Commission.

conseiller d'État André Holleaux, le diplomate Stéphane Hessel, le cégétiste Roger Huart et le journaliste Marc Paillet. La liste est déjà trop longue d'autant que, union de la gauche oblige, il faut laisser une place à un communiste, de préférence un professionnel. Pour le PCF, Juquin avait tout d'abord proposé un seul nom, celui de son adjoint à la propagande, le jeune réalisateur Jacques Bidou. Fillioud a immédiatement refusé, expliquant que le PCF devait proposer plusieurs noms. Juquin soumet alors deux candidatures : l'écrivain André Stil et le réalisateur Daniel Karlin. Pour ne pas heurter de front le bureau politique, Juquin[1] avait mis en tête le nom de Stil, représentant de l'orthodoxie. Puis, au cours d'une entrevue avec Louis Mermaz à l'hôtel de Lassay, il avait laissé entendre à demi-mot que Karlin, un homme beaucoup plus indépendant de la place du Colonel-Fabien, serait le bon choix. Karlin fut nommé.

Rousselet a transmis à Mitterrand les trois noms proposés par Alain Poher : Bernard Gendrey-Réty, Jean Autin et Édouard Balladur. Ce dernier fut finalement remplacé par Gabriel de Broglie. Mitterrand n'avait pas récusé Balladur, qu'il avait rencontré à plusieurs reprises chez Mme Pompidou.

La présidence de la Haute Autorité reste en suspens au terme de cette réunion landaise. Estier a plaidé pour Michèle Cotta, qui réunit selon lui deux qualités : elle est « femme et professionnelle ». Mitterrand semble plutôt pencher pour son ami Guimard.

De retour de Latche, Fillioud, chargé de prendre contact avec les heureux élus, a les plus grandes difficultés à joindre Marcel Huart, parti avec sa caravane se reposer dans la Nièvre. La gendarmerie le localise et le fait revenir à Paris. Quant à l'ambassadeur Hessel, il a pris avec sa femme la route vers Montpellier ; il compte rallier en deux ou trois jours la capitale de l'Hérault. Fillioud sort une carte de France, calcule et conclut que le couple Hessel doit se trouver aux abords de Lyon. Le soir il appelle six des meilleurs hôtels de la ville ; il finit par trouver le diplomate qui vient d'arriver sur la rive droite

1. Entretien le 10 mai 1990.

du Rhône, au Sofitel. Le lendemain Fillioud saute dans un avion du GLAM pour s'entretenir à l'aéroport de Lyon avec l'ambassadeur.

Le mercredi 18 août, après le Conseil des ministres, Fillioud alerte Mitterrand. Le décret de nomination des neuf sages de l'audiovisuel doit impérativement être publié au plus tard par le *Journal officiel* du dimanche 22 août. « Vous venez samedi au mariage de la fille de Guy Ligier dans l'Allier ? – Oui, répond Fillioud. – Bon, eh bien nous réglerons cela là-bas. » Au jour dit, entre la cérémonie et le banquet, Mitterrand s'isole dans le hall du château avec Fillioud et sort un petit papier de sa poche. Il lit les neuf noms. « Qui sera président ? demande Fillioud. – Je peux vous le dire, le président sera une présidente. » Fillioud s'empare de la liste ; il saute dans une voiture avec Michel Charasse qui l'emmène dans sa mairie voisine, à Puy-Guillaume. Sur la machine à écrire de son secrétaire de mairie, Charasse tape le décret de nomination.

Depuis une semaine, Michèle Cotta connaissait ses chances. Le 14 août, Mitterrand lui avait envoyé un avion sur la Côte d'Azur ; à Latche il lui avait annoncé la nouvelle. « Je ne demande qu'une chose, que la fonction présidentielle ne soit pas atteinte. Votre sens de la déontologie vous empêchera-t-il de jouer ce rôle ? » La future présidente répond : « Nous aurons sans doute des conflits. Je ne ferai rien pour les créer mais je pense qu'il m'arrivera de m'opposer à vous ou à votre gouvernement. Et si je vais trop loin ? » Dans son livre *Les Miroirs de Jupiter*[1], la journaliste assure que Mitterrand n'a rien ajouté.

Outre Cotta, Mitterrand a nommé Huart et Guimard. Mermaz a désigné Hessel, Karlin et Paillet. Gendrey-Réty, de Broglie et Autin ont été choisis par Poher.

La Haute Autorité nomme sans tarder Michel May à TF1, vite remplacé par Hervé Bourges. André Holleaux succède à Guy Thomas à FR3 et Jean-Noël Jeanneney à Michèle Cotta à Radio France. Pierre Desgraupes est

1. Paris, Fayard, 1986.

renouvelé à Antenne 2, malgré les réticences de Mitterrand.

Mais, pour le chef de l'État, la loi du 13 septembre 1984 sur la retraite obligatoire à 65 ans pour les hauts fonctionnaires tombe à point nommé. Conçue pour accélérer le renouvellement des responsables de la haute administration et des grands corps, cette loi s'applique en effet aux patrons de l'audiovisuel. La Haute Autorité doit donc remplacer Desgraupes qui a dépassé d'un an l'âge obligatoire de la retraite.

Mitterrand, selon Fillioud, « exerce de fortes pressions » en faveur du journaliste Jean-Claude Héberlé, alors directeur de RMC. Le chef de l'État a gardé un bon souvenir du tournage du « portrait » sympathique qu'Héberlé avait réalisé de lui avant mai 1981. A ce journaliste de talent, nombre de ses confrères reprochaient un tempérament autoritaire et tatillon.

Arguant de son indépendance, Michèle Cotta propose Janine Langlois-Glandier. Mais elle se retrouve seule à voter pour elle. Héberlé l'emporte au second tour. Cotta s'abstient. La presse parle de pressions du pouvoir. Cotta dit qu'elle n'en a subi aucune du président de la République.

L'affaire fait grand bruit et vaut au pouvoir socialiste d'être accusé de l'interventionnisme dont il a toujours accusé ses prédécesseurs. Moins d'un an plus tard, Héberlé, isolé, est remplacé par Jean Drucker.

Quelques mois plus tard, à l'approche des élections législatives de mars 1986, Mitterrand dit à Fillioud : « Au fond, nous ne devrions pas chercher à mettre des gens à nous, car une fois en place ils n'ont souvent rien de plus pressé pour se laver du péché originel que de se démarquer de nous. Nos adversaires nous sont hostiles et nos amis veulent avoir des élégances. »

Télévision pour le peuple ou télévision populaire ?

Les socialistes et leurs partisans installés aux commandes de l'audiovisuel public sont animés de bonnes intentions. Ils veulent mettre la télévision entre les mains des citoyens. Serge Moati, réalisateur de talent, nommé directeur des programmes de FR3, incarne cet état d'esprit : « En arrivant, nous étions très généreux, nous voulions rendre sa dignité au peuple. Nous n'avions pas de mots assez durs pour dénoncer l'argent, la publicité et la course aux indices d'audience. C'est la droite et l'argent qui créent ce miroir déformant dans lequel le peuple se complaît. Pour donner la parole aux téléspectateurs nous voulions qu'ils soient représentés dans des instances de concertation placées auprès des chaînes. »

Il fallait que la télévision, lieu de la modernité, devienne aussi celui de la Culture. Cette vision se traduit par une programmation inventive et parfois audacieuse : *Le Chagrin et la Pitié,* documentaire-vérité sur la France occupée, est diffusé à la rentrée 1981. Le cinéma du Tiers-Monde fait entrer les cultures du Sud dans les foyers français. Les émissions de jeu ou de variétés tentent, parfois au prix de l'ennui du grand public, de tourner le dos à la facilité. La littérature, la peinture, le théâtre d'auteur disputent la place à la chansonnette. Les commandes de séries françaises sont encouragées, de même que les coproductions de premiers films. Mais la gauche n'a plus d'argent. Elle a consenti un énorme effort financier pour intégrer les pigistes et revaloriser les salaires. De plus, elle a englouti des sommes considérables dans un plan de régionalisation de FR3. Il ne reste pratiquement rien pour la création. De nombreux réalisateurs se retrouvent au chômage.

La presse de droite dénigre ces tentatives : « Halte à la télévision socialiste », s'écrie l'opposition.

Le 18 novembre 1981 dans *Le Monde,* Moati ne cache pas ses difficultés : « Pour changer vraiment il faudrait une révolution culturelle qui n'est pas arrivée. On se heurte à des craintes et à des résistances. Ce n'est pas parce que la gauche a gagné que les problèmes sont réglés. A l'extérieur on dirait que les gens veulent et ne veulent pas le changement. Toute avancée se fait dans le malaise, mais ce n'est pas parce qu'il y a malaise qu'il ne faut pas avancer. »

C'est déjà l'annonce du repli. A gauche, de nombreux élus inquiets du recul de la majorité dans l'opinion, puis de son échec aux cantonales du printemps 1982, voient dans la télévision une des causes du reflux. « Avec tes conneries à la télévision tu nous fais perdre les élections », disent à Moati plusieurs députés ou maires socialistes.

Antenne 2, la chaîne la plus regardée avant mai 1981, conserve la préférence des Français. TF1 comprend à son tour le message et, sous l'impulsion d'Hervé Bourges et de son bras droit Pascal Josèphe, revient progressivement à un style moins déconcertant. FR3, lancée dans une ruineuse régionalisation, cédera la dernière à l'alignement culturel.

1983. « On n'a pas voté contre Guy Lux en votant pour Mitterrand », déclare publiquement Moati alors que la presse populaire et les journaux de télévision ne tarissent pas de regrets sur la mise à l'écart de cet animateur sympathique, populaire et conformiste. Mitterrand appelle alors Fillioud [1] dans sa mairie de Romans.

« Qu'est-ce qui se passe avec Guy Lux, qu'avez-vous contre lui ?

– Rien contre sa personne, président, mais pensez-vous que son style d'émissions corresponde à notre volonté de faire une télévision plus intelligente ?

– Je sais bien, Fillioud, mais moi j'aime beaucoup ce que fait Guy Lux. »

« Nous en restons là et j'apprends que Mitterrand avait reçu l'animateur-vedette. »

Puis Moati [2] est convoqué à l'Élysée. Mitterrand : « J'ai bien aimé ce que vous avez dit à propos de Guy Lux. Il n'est pour rien dans tout cela, c'est vrai. Et puis vous savez, il ne va pas bien du tout. Il est désespéré car il ne travaille pas. Essayez de voir ce que vous pouvez faire. »

Guy Lux fait vite son retour à la télé, mais par la petite porte de FR3. « C'est l'époque où j'achète Disney Channel et où on lance Tapie avec son émission “ Réussite ” », commente Moati.

1. Entretien le 10 mai 1990.
2. Entretien le 5 avril 1990.

La « normalisation » de la télévision s'accomplit en 1983 au moment – mais est-ce un hasard ? – où la gauche rentre dans le rang de l'économie occidentale[1]. Le SME dicte sa loi sur les marchés. L'audimat impose la sienne sur les télés.

L'élite audiovisuelle rose devient gestionnaire d'une télévision recentrée. C'est la fin d'un rêve, ces gens-là sont devenus orphelins d'une utopie.

« On a capitulé », s'indigne Régis Debray[2].

La presse, le pluralisme et le « papivore »

La France a un grand patron de presse, Robert Hersant. Il est de la classe des Bertelsmann, Springer, Hearst, Murdoch et Maxwell, ces *tycoons* anglo-saxons qui ont édifié de puissants empires de communication, seuls capables par leur surface financière d'assurer la survie de nombreux titres. Entrepreneur dynamique et audacieux, Hersant a démarré avec *L'Auto-journal* puis il a pris son essor. Achats ou prises de contrôle se succèdent. Il règne au début des années 80 sur plus du cinquième de la presse française. *L'Aurore, Le Figaro* et *France-Soir* lui appartiennent. La réussite du *Figaro-Magazine* est digne d'une *success story* à l'américaine. Au point de devenir une référence culturelle de la bourgeoisie française conservatrice ou néo-libérale. Il y a un « style *Fig-Mag* » qui réhabilite la fierté de proclamer : « Je suis de droite » et qui, sans fausse honte, ouvre ses colonnes aux thèses de l'extrême-droite.

Mais le succès de « RH, le papivore » a provoqué du ressentiment. Il est poursuivi en justice par les syndicats de journalistes qui l'accusent de violer la sacro-sainte ordonnance de la Libération édictée le 26 août 1944 contre les concentrations de presse.

En novembre 1978, Hersant est inculpé pour infraction à ce texte qui interdit à la même personne d'être directeur ou directeur délégué de plus d'un quotidien. La

1. Voir IVe partie : « La rigueur ».
2. Entretien le 14 novembre 1989.

justice, agissant sur plainte des organisations de journalistes, lui reproche en fait d'avoir contourné l'ordonnance de 1944 en faisant appel à des prête-noms pour diriger ses nombreuses publications.

En juillet 1981, Hersant bénéficie du grand pardon consécutif à l'élection présidentielle, mais Fillioud s'empresse de dire que rien dans la loi d'amnistie n'empêche le dépôt d'une nouvelle plainte sur la base de l'ordonnance de 1944. Badinter explique qu'en matière d'« infractions continues » la possibilité de condamnation demeure, même après amnistie. Le feuilleton des démêlés de Robert Hersant avec la justice se poursuit au rythme des dépôts de plainte et de l'extension de son groupe. Pourtant, la justice ne le condamne jamais.

Pour la gauche triomphante de 1981, Hersant est un homme à abattre. Il s'est emparé de nombreux titres en province, il est rejeté par de nombreux journalistes qui voient en lui une menace pour le pluralisme, mais il sait bien s'y prendre avec le syndicat du Livre contrôlé par la CGT. *Le Figaro, France-Soir* et de nombreux titres régionaux sont acquis à l'opposition.

Soumis à un contrôle fiscal au moment où le groupe connaît certaines difficultés de trésorerie, Hersant entre en contact avec le nouveau pouvoir socialiste, qui cherche alors un moyen de prendre le contrôle de *France-Soir* par l'intermédiaire du patron de presse Max Théret, proche des nouveaux gouvernants. André Rousselet[1], directeur de cabinet de Mitterrand, reçoit le « papivore ». « Robert Hersant souhaitait au fond que ce contrôle se termine, que les inspecteurs ne soient pas trop inquisiteurs. » Mais, affirme Rousselet, « il n'y a pas eu de *deal* entre ce contrôle fiscal et la vente de *France-Soir*. Hersant a accepté que je le mette en contact avec Théret pour que des négociations s'engagent en vue de la vente du quotidien de la rue Réaumur. Les pourparlers durent des mois, tandis que le contrôle fiscal continue, et j'étais convaincu qu'il voulait vendre le titre. Mais à un moment donné il y a eu rupture car Hersant voulait

1. Entretien le 20 février 1989.

conserver le couplage des petites annonces entre *France-Soir* et *Le Figaro...* »

Dans le conflit entre Hersant et la gauche, « ce n'est pas Mitterrand qui brandit le glaive, mais il n'a jamais rien fait pour nous stopper », assure Rousselet. Fillioud ajoute : « Mitterrand n'avait ni indulgence, ni complicité à l'égard de Hersant et il me disait : “ Comment ? Vous n'arrivez pas à enrayer l'expansion de ce personnage ? ” » Jean Glavany[1] observe : « Mitterrand sait très bien apprécier les rapports de force. Il n'a pas cherché à attaquer Hersant, sachant que ce dernier lui volerait dans les plumes. » Jacques Toubon[2] n'est pas loin de partager ce sentiment : « Tous les socialistes avaient Hersant dans le collimateur. Mais ça n'a jamais été la cause de Mitterrand. Le coup de pouce décisif de l'Élysée n'est peut-être pas venu. »

Dans les rangs socialistes, l'échec de la prise de contrôle de *France-Soir* est durement ressenti. Rousselet est accusé par de nombreux responsables socialistes d'avoir mal conduit cette affaire, d'avoir fait preuve d'arrogance. « Rousselet s'est planté », observe Fillioud[3], qui lui reproche également de ne pas avoir mené à bien la prise de contrôle du *Journal du dimanche* et du *Dauphiné libéré.* « Il s'est fait rouler dans la farine à chaque fois. »

Les socialistes n'arrivent pas non plus à refréner l'expansion du groupe Hersant. « Beaucoup pensaient qu'il y avait pourtant, par des moyens financiers et fiscaux, la possibilité d'y arriver, explique Fillioud. A l'époque l'on disait Hersant à bout de souffle, on croyait qu'il n'avait plus de crédits et certains à gauche comptaient sur des pressions sur les banques pour affaiblir cet empire de presse. Puisque nous n'arrivions à rien par les voies économiques et que l'ordonnance de 1944 était impuissante, faute de décrets d'application précis, nous avons décidé de recourir à la loi. » Pendant l'été 1983, les cabinets de Fillioud et de Mauroy élaborent en grand secret un projet adaptant l'ordonnance de 1944 visant à limiter

1. Entretien le 23 octobre 1988.
2. Entretien le 22 mai 1990.
3. Entretien le 10 mai 1990.

la concentration et à assurer la transparence financière et le pluralisme des entreprises de presse.

Fillioud se souvient d'une ultime réunion de mise au point à l'automne 1983 dans les bureaux de Max Gallo, le porte-parole du gouvernement. Là « nous avons décidé la confidentialité absolue sur ce texte avant qu'il ne soit présenté au Conseil des ministres. Nous voulions éviter les inévitables matraquages qui suivraient sa publication ». C'était peine perdue. L'indiscrétion est venue d'en haut.

Quelques jours plus tard en effet, au congrès socialiste de Bourg-en-Bresse, Mauroy jette en pâture à des militants démoralisés par la rigueur économique le projet de loi sur la presse, qu'ils accueillent avec enthousiasme. « J'arrive devant les militants aux prises avec toutes ces difficultés économiques, et je décide de lancer la réforme idéologique. Plutôt que de rester le nez collé sur cette rigueur difficile à avaler, j'ai voulu mobiliser des camarades qui commençaient à désespérer », se justifie Mauroy [1].

« Mauroy a fait voter par acclamation la tête de Hersant, c'était la dernière des choses à faire », lui reproche Fillioud [2], auquel il revient de défendre ce texte controversé devant le Parlement.

François Mitterrand [3] reconnaît que ce projet de loi était un peu « une vue de l'esprit » : « Il s'agissait de rendre vie à l'ordonnance prise par le général de Gaulle appuyé par le Conseil national de la Résistance en 1944. Mais depuis lors, de grands groupes de presse s'étaient créés. » Sur l'initiative de cette loi, il ajoute : « Je ne dis pas cela pour me défausser, mais l'inspiration venait de Pierre Mauroy et je l'ai approuvé. »

L'opposition, ravie de ce nouveau faux pas, crie aux liberticides. D'autant que Mauroy a également assuré que son gouvernement ferait voter la loi sur l'enseignement privé [4].

1. Entretien le 4 janvier 1989.
2. Entretien le 10 mai 1990.
3. Entretien le 9 juin 1990.
4. Voir VIe partie : « La disgrâce ».

Le 23 novembre 1983, Fillioud présente au Conseil des ministres le projet de loi anti-Hersant [1] : « Il est anormal qu'un seul groupe de presse puisse contrôler 40 % des quotidiens nationaux, 15 % des régionaux et, au total, 20 % de la diffusion de l'ensemble des quotidiens. » Gaston Defferre soutient le projet : « Il faut rétablir le pluralisme de la presse. A Paris elle est en train de tomber entre les mains d'un seul homme. Le même achète peu à peu l'ensemble des journaux de province. Ceci est choquant sur le plan économique et n'est pas supportable sur le plan politique », déclare le maire de Marseille, qui note que, la loi n'étant pas rétroactive, on ne pourra pas revenir sur les acquisitions déjà réalisées. Le patron du *Provençal* demande toutefois à Fillioud de mettre un bémol à son « idée sympathique » concernant la généralisation des sociétés de rédacteurs.

Robert Badinter se montre plus réservé et attire l'attention sur le risque de « limitation du droit d'entreprendre » recelé par ce texte.

Mitterrand et Mauroy veulent surtout éviter l'accusation d'atteinte à la liberté d'expression, argument beaucoup plus important que les objections juridiques ou techniques soulevées par plusieurs ministres. Mitterrand demande à plusieurs reprises à Fillioud de « coller au plus près » à l'esprit de l'ordonnance de 1944. Le nom d'Hersant n'est jamais prononcé mais il est dans tous les esprits.

La « discussion » parlementaire dure de janvier à septembre. Trois fois plus longtemps que les nationalisations. Le 24 janvier, dans l'hémicycle, le débat s'engage dans un climat passionnel et d'extrême tension. Il a fallu cent quarante-cinq heures d'affrontements en commission pour venir à bout des 1 753 amendements. D'emblée, Alain Madelin annonce que l'opposition poursuivra en séance publique une stratégie de harcèlement. En trois semaines 2 378 amendements nouveaux paralysent l'Assemblée. Joxe parle de « sabotage », Toubon se fait le défenseur de la liberté de la presse.

1. Document d'archives.

Le débat s'enlise et les esprits s'échauffent. Dans la nuit du 1er février 1984, Jacques Toubon s'en prend aux communistes qui, pendant l'Occupation, avaient demandé aux Allemands l'autorisation de faire reparaître *L'Humanité.*

Raymond Forni, président socialiste de la commission des lois, vole au secours du PCF en mettant en cause l'attitude de Robert Hersant à la même époque. « Où était Mitterrand pendant la guerre ? » rétorquent Toubon, Madelin et d'Aubert. Fillioud obtient une suspension de séance. A la reprise, le président Mermaz demande aux trois députés de retirer leurs propos. Ils s'y refusent en dépit de l'intervention du député RPR du XIIIe arrondissement à Paris Bénouville[1], venu à la tribune pour rappeler que Mitterrand fut une « grande figure de la Résistance ».

« J'étais chez moi en robe de chambre quand j'apprends l'incident à la télévision. Je préviens Mermaz que je parlerai à la reprise de la séance. Je m'habille et je file au Palais-Bourbon. Je ne pouvais pas accepter que ces jeunes excités s'en prennent à François. " C'est moi, ai-je rappelé, qui ai conduit Mitterrand vers Henri Frénay dans la clandestinité pour le faire partir à Alger, puis à Londres dissimulé derrière des moustaches et sous un grand chapeau. " » Dans l'hémicyle, Pierre de Bénouville s'est écrié à l'adresse de ses amis gaullistes : « Mitterrand était des nôtres ! » L'assemblé sanctionne les trois députés, privés pour un mois de la moitié de leur indemnité.

Après cent soixante-six heures de bataille, Georges Fillioud obtient le vote en première lecture de son texte qualifié par l'opposition de « loi de règlement de compte ».

Le Sénat est saisi du texte le 24 mai et l'opposition, menée par Charles Pasqua, le transforme en « contre-projet » supprimant toutes les entraves à la concentration. A l'Assemblée où il revient en juin, les socialistes mettent huit jours à supprimer l'article 1er du texte des sénateurs qui stipulait : « La presse est libre. » Le 2 juillet, alors que la gauche est prise à partie dans la rue par

1. Entretien le 8 juin 1989.

les défenseurs de l'école libre[1], la bataille de procédure reprend dès l'ouverture de la session extraordinaire. 58 rappels au règlement, 18 suspensions de séance. Qui donc avait parlé de chambre d'enregistrement ! Le 5 juillet, Pierre Mauroy livre son dernier combat et fait adopter le texte par le 49-3. Échec de la commission mixte paritaire Sénat-Assemblée. En septembre 1984 Laurent Fabius, devenu Premier ministre, fait passer le texte par le 49-3 au terme de la plus longue session extraordinaire de la Ve République.

L'opposition saisit le Conseil constitutionnel qui, le 11 octobre 1984, déclare non conformes certaines dispositions visant le groupe Hersant qu'il juge rétroactives. Le texte n'est donc pas appliqué et Hersant conserve son empire.

« Bel exemple d'effet boomerang. Au bout du compte les socialistes ont définitivement assis la situation du groupe Hersant », conclut Jacques Toubon.

1. Voir VIe partie : « La disgrâce ».

TROISIÈME PARTIE

La France dans le monde

CHAPITRE 1

L'héritage, le consensus, l'instrument

Au moment où le président du conseil général de la Nièvre accède à la responsabilité suprême de la troisième puissance nucléaire mondiale, de la quatrième puissance économique occidentale et d'un des cinq pays membres permanents du Conseil de sécurité, quel est l'état du monde ? Où en est la diplomatie française au terme du septennat de Valéry Giscard d'Estaing ? Y a-t-il consentement national autour des grandes options internationales et stratégiques de la France ? Quels sont les principes, les analyses et les propositions de François Mitterrand ? S'est-il préparé à la gestion de ce « domaine réservé » qui fait du président de la Ve République le maître de l'action extérieure et le chef des Armées ?

Un monde en crise

La décennie 80 s'ouvre par une série de tensions internationales qui semblent marquer un retour à la période de la guerre froide. Tandis que Leonid Brejnev se fossilise à l'intérieur du Kremlin, l'Armée rouge rallume les foyers de tension dans le Tiers-Monde : intervention en Afghanistan fin décembre 1979, activisme en Angola avec les forces supplétives cubaines, durcissement en Éthiopie, soutien au régime sandiniste du Nicaragua et, face à l'Europe et au Japon, déploiement des missiles nucléaires sol-sol SS 20. 1980 est une année charnière : celle du durcissement de l'Empire soviétique. C'est un défi que s'apprête à relever le nouvel élu de la Maison-

Blanche, Ronald Reagan. Ce républicain conservateur fait rapidement oublier à ses compatriotes l'humiliation subie par son prédécesseur démocrate Jimmy Carter dans l'affaire des otages américains retenus pendant plus d'un an à l'ambassade des États-Unis à Téhéran par les « gardiens de la Révolution » de l'imam Ruhollah Khomeiny. Reagan brandit plus fièrement que Carter le flambeau du monde libre. Il peut compter, dans son combat contre l'expansionnisme soviétique, sur le soutien idéologique et atlantiste du Premier ministre britannique Margaret Thatcher, au pouvoir depuis mai 1979.

Sur les plans économique et financier, on ressent les effets du deuxième choc pétrolier de 1979. Les démocraties occidentales se replient sur elles-mêmes et s'imposent une cure de déflation. Mais le dollar et les taux d'intérêt américains s'envolent, réduisant presque à néant les maigres efforts de développement des pays de l'hémisphère Sud.

En Europe occidentale, la construction communautaire est enlisée. Querelles sur le montant de la ristourne consentie par les pays d'Europe continentale à l'insulaire Grande-Bretagne, remises en cause douloureuses de la politique agricole commune, atermoiements devant la double candidature espagnole et portugaise.

Au Moyen-Orient, le processus de paix israélo-égyptien lancé par les accords Begin-Sadate-Carter de Camp David donne des signes d'essoufflement. La guerre fait rage entre l'Irak et l'Iran.

Au Tchad, les troupes libyennes sont aux portes de N'Djamena. Alger et Rabat s'opposent dans le conflit du Sahara occidental.

En Indochine, le Vietnam refait son unité et occupe le Cambodge. D'où le grand exode, souvent fatal, de dizaines de milliers de réfugiés de la mer.

Tensions, conflits, misère et crise : la planète souffre, l'humanité survit, la prospérité si inégalement répartie semble vaciller sur ses bases.

La diplomatie giscardienne

Valéry Giscard d'Estaing quitte le pouvoir après sept années dominées par la problématique Est-Ouest qui continue, notamment par le biais des questions européennes, d'être au cœur du jeu diplomatique français. Il introduit néanmoins dans l'action extérieure de la France les préoccupations Nord-Sud, avivées par le double choc pétrolier.

Le président Giscard d'Estaing, conscient du grave danger que fait peser sur l'indépendance et la prospérité de la France le problème de son approvisionnement énergétique, a réagi sur deux terrains : lancement d'un ambitieux programme de construction de centrales nucléaires et approfondissement de la « politique arabe » notamment en direction de l'Irak et des monarchies pétrolières du Golfe. Il poursuit en cela l'orientation proarabe, initiée par de Gaulle et poursuivie par Pompidou et maintient toutes les distances établies par ses prédécesseurs à l'égard d'Israël.

Le septennat de Valéry Giscard d'Estaing est celui de la décrispation des rapports franco-américains. Il n'est traversé par aucune crise majeure entre Paris et Washington. Les tensions transatlantiques qui ont marqué les mandats de Charles de Gaulle et de Georges Pompidou semblent appartenir à un lointain passé. Jugées « faibles » à Paris, les présidences de Gerald Ford et de Jimmy Carter contribuent à créer ce climat, qui n'est pas modifié par les premiers mois de Ronald Reagan à la Maison-Blanche.

Avec Giscard d'Estaing, la France continue d'ignorer les sommets de l'OTAN, mais elle se montre un partenaire actif en organisant le premier sommet économique des pays riches à Rambouillet en 1974, embryon des conférences annuelles des sept pays les plus industrialisés du camp occidental[1]. Censées faciliter une coordination des politiques économiques des grandes nations indus-

1. États-Unis, Japon, RFA, France, Royaume-Uni, Italie et Canada.

trialisées, elles permettent surtout à la France et à ses partenaires britannique et ouest-allemand de débattre « d'égal à égal » avec le géant américain. Elles marquent aussi la reconnaissance de l'entité européenne par le club occidental avec la présence à la table des Sept du président de la Commission de Bruxelles, Gaston Thorn.

« Centriste, libéral et européen », le successeur de Georges Pompidou joue activement la carte de la construction européenne. Avec l'appui de Bonn, il institutionnalise les réunions triannuelles du « Conseil européen » réunissant les chefs d'État ou de gouvernement des Neuf, puis des Dix avec l'adhésion de la Grèce en janvier 1981. La première élection au suffrage universel direct du Parlement européen, en juin 1979, lui doit aussi beaucoup.

Avec le social-démocrate Helmut Schmidt, le tandem franco-allemand connaît de beaux jours. Moins exaltants que l'épopée des fondateurs de Gaulle et Adenauer, mais très productifs en termes de construction européenne. On doit notamment à la connivence intellectuelle entre « Valéry » et « Helmut », deux esprits de géométrie, deux hommes de chiffres, la mise en place du système monétaire européen.

A l'égard de l'Union soviétique, Giscard d'Estaing semble moins à son aise. Fermeté et dialogue s'entremêlent, laissant une impression de flou. Dans la querelle des euromissiles, il se tait, soucieux de tenir la force de frappe française à l'écart d'un marchandage entre superpuissances. Sa rencontre avec Leonid Brejnev à Varsovie au printemps 1980 est perçue dans l'opinion comme son seul véritable faux pas diplomatique en sept ans. Elle lui vaut, dans les rangs de l'opposition, le reproche de complaisance et de faiblesse à l'égard du Kremlin au moment où le monde entier fait chorus pour condamner l'invasion de l'Afghanistan par l'Armée rouge.

Valéry Giscard d'Estaing est également animé d'un dessein mondialiste. Il prend la forme d'un « trilogue » euro-arabo-africain et d'un « dialogue Nord-Sud », qui débouchera sur la conférence des pays les moins avancés à Paris, en septembre 1981. Pas plus que ceux du général de Gaulle, ses efforts ne se concrétiseront par la mise en place d'un nouvel ordre économique international.

Au début de son septennat sont toutefois signés, en 1975, les accords CEE-ACP de Lomé, renouvelés quatre ans plus tard. Ils instaurent une coopération économique et commerciale tournée vers le développement entre la Communauté économique européenne et quarante-six pays d'Afrique, des Caraïbes et du Pacifique (ACP). Ces conventions internationales constituent, pour un temps, un modèle de coopération entre nations riches et pays en voie de développement.

Face à l'Afrique, Giscard connaît succès et déconvenues dans une politique marquée par la continuité.

Incertitudes au Maghreb, où son soutien au Maroc dans le conflit du Sahara occidental lui vaut un fort ressentiment de l'Algérie de Houari Boumedienne puis de Chadli Bendjedid. Valéry Giscard d'Estaing avait pourtant brisé un tabou en devenant, un an après son élection, le premier chef d'État français à se rendre en visite officielle à Alger, treize ans après l'indépendance.

Échec au Tchad, où les troupes libyennes du colonel Kadhafi entrent à N'Djamena fin 1980.

Succès en Afrique noire avec l'envoi de parachutistes sur Kolwezi en mai 1978 pour protéger des ressortissants belges et français menacés par les rebelles de la province zaïroise du Shaba. Mais échec aussi, qui ternit son image, avec la pantalonnade du sacre de l'empereur Bokassa, où la France est représentée par le ministre Robert Galley. Par la suite le président va « lâcher » le dictateur centrafricain, chassé de son pays au lendemain du coup d'État de Bangui organisé par Paris en septembre 1979.

En matière de défense, ce septennat fait apparaître, au-delà de la continuité de la stratégie gaulliste de dissuasion nucléaire, un infléchissement vers la modernisation des forces conventionnelles et, en particulier, la professionnalisation de l'Armée de terre.

La force de frappe demeure le môle de la défense française. Mais l'équipement des armées ne lui est plus systématiquement sacrifié comme en témoigne le retard pris par le projet de sixième sous-marin nucléaire. Le président s'éloigne aussi du dogme dans ses réflexions stratégiques, marquées par la tentation d'impliquer davantage la France dans le dispositif allié au centre de l'Europe, c'est-à-dire de lui donner un rôle accru dans ce que les experts appellent la « bataille de l'avant ».

Valéry Giscard d'Estaing voyage beaucoup, tantôt en super-technocrate européen, tantôt en chef d'État majestueux. Il prend personnellement en main le dossier de l'entrée de la Grèce dans la CEE, mais il délaisse le Sud-Est asiatique et l'Amérique latine. Il recherche le contact personnel avec les grands de ce monde et en séduit beaucoup, à l'exception notable de Margaret Thatcher.

Sur la scène internationale, le « style Giscard » c'est aussi l'accentuation du rôle présidentiel dans la conduite des affaires diplomatiques. Il place successivement à la tête du Quai d'Orsay deux ambassadeurs qu'il souhaite discrets, effacés, compassés. Ce sont Jean Sauvagnargues et Louis de Guiringaud. Puis, renouant avec la lignée des Maurice Couve de Murville et Michel Jobert, il fait appel à Jean François-Poncet.

Un consentement national

En mai 1981, les Français dans leur immense majorité ne s'affrontent plus sur la politique étrangère. Les divergences portent sur la méthode ou l'ordre des priorités, pas sur les options majeures. Indépendance nationale garantie par une force de dissuasion nucléaire autonome, appartenance à l'alliance Atlantique, engagement pour la construction de l'Europe, solidarité avec le Tiers-Monde et en premier lieu avec l'Afrique ; là-dessus le consensus existe.

« La France, au fond, n'est pas gaulliste, giscardienne ou mitterrandienne, elle est franciste. » La formule est du général américain Vernon Walters[1]. Observateur de la

1. Entretien le 1er octobre 1988.

diplomatie française, il en discerne la permanence, à la fois soucieuse de ses intérêts hexagonaux et ouverte sur le monde.

Si l'on excepte les communistes, qui épousent globalement les thèses soviétiques dénonçant l'alignement sur Washington, la politique colonialiste ou l'abandon de la nation dans l'Europe du capital, les divergences entre la droite, le centre et la gauche sont de dosage plus que de nature.

Dans l'esprit des Français, qui se sont déterminés essentiellement en avril-mai 1981 sur les questions économiques et sociales, Giscard d'Estaing est plus « européen », François Mitterrand plus « tiers-mondiste » et Jacques Chirac plus « nationaliste ».

La raison fondamentale du consensus par rapport aux débats présidentiels de 1965, de 1969 et, dans une moindre mesure, de 1974 réside dans la conversion de la gauche à la dissuasion nucléaire.

Jusqu'à 1971, François Mitterrand n'a eu de cesse de pourfendre « la course à la bombe atomique dans laquelle le général de Gaulle a jeté notre pays en poursuivant la mise en œuvre d'une force de frappe nationale ». L'arme nucléaire « accroît objectivement le risque de guerre », écrit en 1967 le leader de la FGDS.

« Au moment où il prend le contrôle du PS [à Épinay en juin 1971] sa conversion intellectuelle à la dissuasion est acquise. Mais il n'en fait pas état car son parti est encore loin de l'avoir suivi. Tout son problème est de préparer la conversion des socialistes sur cette question », assure Hubert Védrine[1], son conseiller stratégique à l'Élysée.

Mitterrand a tout d'abord limité l'annonce de ce tournant aux cercles spécialisés. Lors d'une conférence devant les élèves de l'IHEDN[2], peu après le congrès d'Épinay, il déclare que, désormais, la mise en œuvre du programme de lancement des sous-marins nucléaires équipés de missiles balistiques intercontinentaux – les

1. Entretien le 8 juillet 1988.
2. Institut des hautes études de défense nationale.

SNLE[1] – confère à la force de dissuasion française une crédibilité dont elle était auparavant dépourvue.

Deux ans plus tard, en 1973, le premier secrétaire du PS va plus loin. Il écrit dans *L'Unité :* « J'ai dit pendant ma campagne présidentielle de 1965 que j'interdirai la force de frappe. Je ne pourrai plus le dire demain. La politique militaire du général de Gaulle a été approuvée par les Français qui l'ont réélu avant d'élire le successeur de sa lignée [Georges Pompidou]. Bientôt notre armement atomique sera une réalité irréversible. On ne le noiera pas comme des petits chiens. »

Le général Georges Buis, parmi les premiers, fait percevoir au futur président l'efficacité opérationnelle des sous-marins nucléaires. Jusque-là, explique Charles Hernu[2], Mitterrand, au-delà de son antigaullisme, mettait en avant un argument technique pour rejeter cette stratégie : en cas de conflit, les Mirage porteurs de la bombe ne passeront pas et seront abattus.

Jusqu'à ce tournant des années 1971-1973, Mitterrand ne fait pas exception dans les milieux non communistes opposés au général de Gaulle. Il est imprégné de la culture atlantiste, relayée en France par des intellectuels aussi prestigieux que Raymond Aron. Leur influence s'exerce jusque dans les milieux hétéroclites de l'UNR et de la majorité.

Les technocrates gaullistes engagés dans la course à la bombe atomique font figure de secte.

Au sein du nouveau PS, trois hommes, à des degrés divers, sont convaincus depuis longtemps du bien-fondé de la doctrine de dissuasion nucléaire française. Il s'agit du conventionnel Charles Hernu, du chef de file du CERES Jean-Pierre Chevènement et d'un notable de la SFIO, Robert Pontillon.

Ils forment les « conventions pour l'armée nouvelle », groupes de réflexion du PS sur les questions de défense, en s'inspirant, pour baptiser leur cénacle, du livre de Jean Jaurès, *L'Armée nouvelle.*

« Vous êtes à la tête d'un groupe de francs-tireurs.

1. Sous-marins nucléaires lanceurs d'engins.
2. Entretien le 8 avril 1989.

Faites une percée, passez le mur, si le parti suit je ne vous désavouerai pas. Si vous échouez, comme pour tous les corps francs, vous serez sacrifiés », dit Mitterrand à Hernu [1] en 1972. Ce dernier évoque avec émotion les bagarres épiques au sein du PS contre les deux courants pacifiste et atlantiste hostiles à la dissuasion. « Les socialistes avaient besoin qu'on leur dise que de Gaulle n'avait pas tort. »

L'idée fait lentement son chemin : convention nationale sur l'armée nouvelle à Suresnes en 1973, où Mitterrand indique seulement des pistes d'études. Pour convaincre les socialistes, tous les détours sont bons : Chevènement plaide en faveur d'une armée populaire à la yougoslave. Hernu préfère s'inspirer du modèle suisse. La « révolution des œillets » de 1974 au Portugal contribue à atténuer l'antimilitarisme latent chez nombre de militants.

Les voltigeurs de l'équipe, François Heisbourg, François Cailleteau, Charles Bonhommet et Jean-François Dubos (qui fut un proche conseiller de Hernu au ministère de la Défense), parcourent les fédérations. Ils expliquent que « le nucléaire est la moins militariste des stratégies. Qu'elle vise à éviter la guerre. Que l'arme atomique est placée sous le contrôle exclusif de l'autorité politique civile [2] ».

En 1978, le PS adopte officiellement la doctrine de dissuasion, non sans s'être laissé prendre de vitesse par les communistes. Le ralliement du PCF à la bombe remonte en effet au rapport de Jean Kanapa, rendu public en juin 1977.

En 1981, Mitterrand a donc les mains libres pour assumer complètement la stratégie de dissuasion. Il en promet « le développement » dans la 105e de ses 110 Propositions.

1. Entretien le 30 juillet 1988.
2. Entretien avec Jean-François Dubos le 17 mars 1989.

Mitterrand et la politique étrangère

Le nouvel élu est surtout perçu comme un homme de politique intérieure. Les Français ont de lui l'image du chef de l'opposition, du fondateur du Parti socialiste, de l'adversaire du général de Gaulle.

« La sensibilité de François Mitterrand est fondamentalement hexagonale. Sa curiosité pour l'extérieur est guidée par la nécessité et l'intelligence. Mais au départ ce n'est pas enfoui en lui. » Premier chef de la diplomatie de la gauche, Claude Cheysson [1] semble bien placé pour en témoigner. « L'intérêt de Mitterrand pour l'Europe procède de sa vision hexagonale dans la mesure où cette question affecte directement le peuple de France. »

Cette interprétation mérite pourtant d'être nuancée. François Mitterrand accède au pouvoir après une très longue réflexion sur les questions internationales et les rapports de force planétaires. Marqué par la Seconde Guerre mondiale, les conflits coloniaux, la guerre froide, et les espérances européennes de l'après-guerre, il s'est forgé une opinion sur les questions centrales de la décennie qui commence : les rapports Est-Ouest, la construction européenne, les relations franco-allemandes et l'avenir du Tiers-Monde.

« Quand il arrive en 1981 il a une idée précise de ce qu'il veut faire s'agissant du rôle de la France dans le monde et de sa place en Europe [2]. »

« Patriote européen », Mitterrand reste marqué par les idées des pionniers de l'après-guerre, les Monnet, De Gasperi, Schuman, Churchill, Spaak, Reynaud ou Adenauer. Il a modestement soutenu leur combat pour l'unité européenne dès la réunion historique de La Haye en mai 1948, à laquelle, jeune député de la IVe République, il assiste. Il l'évoque souvent [3] : « Dans ce palais

1. Entretien le 6 avril 1990.
2. Entretien avec Hubert Védrine le 8 juillet 1988.
3. Notamment dans *Réflexions sur la politique extérieure de la France,* Paris, Fayard 1986.

de Binnenhof, ce fut le début de la grande aventure qui restera l'œuvre majeure de notre génération. »

Trente et un ans plus tard, les désillusions se sont accumulées. En mai 1981, l'Europe communautaire est enlisée dans une série de contentieux : Londres exige chaque année une « ristourne » à sa contribution au budget des Dix. La politique agricole commune (PAC) dévore les finances bruxelloises ; les candidatures espagnole et portugaise inquiètent la paysannerie méditerranéenne française et italienne. Si les relations ne peuvent que s'améliorer avec Margaret Thatcher, qui s'estimait traitée avec « condescendance » par Valéry Giscard d'Estaing, l'entente franco-allemande pose un problème au nouvel élu français. Mitterrand est gêné par l'image du couple solide Giscard-Schmidt qui personnalise trop, à ses yeux, les relations entre Paris et Bonn. Il connaît les préventions du chancelier ouest-allemand à son égard : « Ce Mitterrand, ce politicien qui ne comprend rien à l'économie. »

Le nouveau président ne s'appuie donc pas au départ exclusivement sur le binôme franco-allemand. Conscient de l'importance des relations personnelles au niveau européen, il tisse en trois ans les amitiés politiques qui l'aideront à réussir le Conseil européen de Fontainebleau en juin 1984 et, un an plus tard, à lancer le projet « Eurêka » d'Europe de la technologie. François Mitterrand va partout, ne néglige guère que le Luxembourg : Italie, Espagne, mais aussi Danemark, Norvège, Autriche, Suisse. Ces déplacements lui valent le reproche d'aimer trop les voyages. « Madone des aéroports », lance Michel Poniatowski. Pour le président, ce sont les années de semailles, préalables aux moissons européennes de 1984-1985.

Avec la « Dame de fer », le président s'efforce d'établir de bons rapports personnels et humains. Il s'agit de contenir les désaccords dans des limites acceptables.

Parallèlement, il poursuit le dialogue franco-allemand. Recevant à Latche en octobre 1981 un chancelier Schmidt malade et fatigué, il évoque la relance de la défense franco-allemande prévue par le traité de 1963 signé par de Gaulle et Adenauer. L'idée prend corps avec Helmut Kohl en novembre 1982 à l'occasion d'un sommet franco-allemand. C'est à Latche, se souviennent plusieurs membres des deux entourages présents dans la bergerie landaise, que Schmidt a apparemment « découvert » Mitterrand. Il a apprécié la demeure, rustique et emplie de livres, discrète et confortable. Un intérieur *gemütlich* qui aurait pu être le sien, mêlant tradition et modernité, paniers d'osier et fauteuils Eames.

Avec Mitterrand, la France procède à un retournement tactique dans la permanente partie de poker américano-soviétique. Il l'explique[1] : « Giscard avait accentué sa politique à l'Est pour contraindre les États-Unis, moi j'ai accentué la politique à l'Ouest pour contraindre les Russes à une meilleure conception de nos rapports. Sous Brejnev, le Kremlin en prenait trop à son aise car mon prédécesseur les avait habitués à accourir au premier coup de sifflet. »

Pour Giscard, le chemin de Washington passait par Moscou, pour Mitterrand, le chemin de Moscou passe par Washington.

Mitterrand soumet d'emblée les relations franco-soviétiques à une « cure de désintoxication ». Elle se manifeste par l'interruption des rencontres au sommet tant que pèsera sur la France et l'Europe la menace des fusées soviétiques SS 20. Elle prend fin le jour où les alliés d'Europe occidentale acceptent l'installation sur leur sol des fusées américaines Pershing 2 qui assurent l'équilibre de la terreur sur le vieux continent. « Tant qu'on est dans le bras de fer sur les euromissiles on ne reprend pas les relations au sommet. » Le 22 novembre 1983, le jour même où le Parlement ouest-allemand approuve l'installation des Pershing et des missiles de croisière américains, Mitterrand demande à Cheysson de faire savoir à l'ambassadeur d'URSS qu'il est prêt à se rendre au Kremlin. Le voyage à Moscou a lieu en juin 1984.

Dans *Ici et Maintenant*[2], rédigé à l'été 1980, Mitter-

1. Entretien avec François Mitterrand le 9 février 1989.
2. *Op. cit.*

rand avait annoncé la couleur : « Les Russes possèdent avec les SS 20 un arsenal qui leur permet de gagner une guerre sans la faire. Il est de notre devoir de poser aujourd'hui la grave question de l'équilibre des forces en Europe (...). Les Russes négocieront d'autant mieux avec nous qu'ils nous estimeront, je veux dire qu'ils estimeront notre capacité à dire non quand il le faut, cela donnera du poids à nos oui. »

A l'égard des États-Unis, Mitterrand est animé d'un double sentiment : admiration pour cette grande démocratie et agacement contre les tendances « impérialistes » de Washington.

« Mitterrand se fait une idée assez utopique des États-Unis, note Védrine. Il est attaché au mythe des Pères fondateurs, il vénère Jefferson et Washington, leur idéal démocratique, le prix qu'ils attachent à la liberté individuelle et au règne du Droit. »

Avec cette grande puissance, les rapports seront souvent difficiles. Pays ami, allié dont il n'est pas question de se défaire, même si pour Mitterrand « l'OTAN repose sur une fiction, celle d'une intervention américaine en Europe en cas d'agression soviétique ». Mais en même temps puissance envahissante, hégémonique et désinvolte dans ses relations avec l'Europe occidentale.

De 1981 à 1990, l'histoire des relations franco-américaines est faite de coopération étroite et de désaccords entremêlés.

Elles commencent par le haut-le-cœur de l'administration Reagan au moment de l'arrivée des communistes au gouvernement. Washington redoute avant tout la « contagion de ce mauvais exemple » vers l'Europe du Sud, en particulier l'Italie où le Parti communiste est puissant. Mais la visite de Bush à Paris en juin et l'épisode « Farewell » en juillet ont apaisé l'inquiétude des Américains[1].

Pour le nouveau président, il est facile d'être courageux avec l'URSS qui procède par intimidation : « Il suffit de dire non et l'opinion publique est d'accord. Il est

1. Voir Ire partie : « L'alternance ».

moins aisé de l'être avec les États-Unis : ils sont dans notre pensée, notre histoire et notre culture. Ils sont nos alliés, nos amis, et on ne peut pas leur dire “ fichez-nous la paix ”. » Ainsi pour Mitterrand, comme pour ceux qui l'ont précédé, toute politique visant à réduire la pression américaine est plus difficile à conduire.

Partisan depuis toujours de la sécurité collective et du désarmement équilibré, Mitterrand attend la conclusion de la bataille sur les euromissiles et le début des vraies négociations soviéto-américaines pour s'engager à fond en faveur du désarmement sous toutes ses formes. Cette attitude le conduit à approuver haut et fort les initiatives de Ronald Reagan et Mikhaïl Gorbatchev, à condition que la force nucléaire française n'entre pas, à ce stade, dans ce grand marchandage.

A l'égard du Proche et du Moyen-Orient, Mitterrand arrive à l'Élysée porteur d'une éthique plus que d'une politique. Il veut corriger, réparer ce qui lui est apparu être une injustice et une erreur moralement choquantes : l'ostracisme à l'égard d'Israël. Aucune visite française pendant des années, un embargo économique partiel. Il veut changer cela. Avec ténacité, il s'attache à renouer les liens entre la France et Israël.

« Marqué par le monde paysan, le milieu catholique qui l'a formé, il rejette très vite l'antisémitisme latent chez certains de ses maîtres et, convaincu par l'ouverture d'esprit de sa très pieuse mère, il ressent au fond de lui la nécessité pour la France d'expier ce péché. » L'analyse est de Claude Cheysson[1].

Nourri de l'histoire du Peuple élu et de l'Ancien Testament, fervent avocat des réfugiés de l'*Exodus*[2] en juillet 1947 alors qu'il est ministre des Anciens Combattants du

1. Entretien le 10 mars 1989.

2. Nom d'un cargo transportant de Sète vers la Palestine 4 551 juifs, pour une bonne part rescapés des camps nazis, que la Grande-Bretagne, puissance mandataire de ce territoire, veut empêcher d'accoster. Ces réfugiés seront renvoyés en Europe. Cet épisode, qui émeut l'opinion internationale, contribue à l'avènement de l'État d'Israël, proclamé le 14 mai 1948.

gouvernement Ramadier, Mitterrand est sans le moindre doute un « ami d'Israël ».

Il ne veut pas pour autant tirer un trait sur le volet arabe de la diplomatie française. D'où, en partie, la nomination de Claude Cheysson, le propalestinien, au Quai d'Orsay, et de Michel Jobert, l'ami des Arabes, au quai Branly. Mitterrand, qui avait approuvé les accords de Camp David, contre l'avis de Giscard et des principaux partenaires européens de la France, renonce à soutenir les efforts de négociations directes entre Israël et les Palestiniens quand le processus lancé par Sadate et Begin lui semble enlisé. Il plaide dès lors pour l'organisation d'une conférence internationale réunissant l'ensemble des protagonistes. Sceptique dès 1981 sur les perspectives d'une solution au problème palestinien, il a considéré d'emblée que l'essentiel pour la diplomatie française était de ne pas laisser ces peuples sans perspectives ni espérances.

Dans le conflit Irak-Iran, Mitterrand tranche rapidement pour la poursuite du soutien à Bagdad face à la menace millénaire de l'Empire perse sur le monde arabe. Il le fait après avoir demandé au Quai d'Orsay et aux services de renseignement civils et militaires français une analyse serrée de la situation politique, économique et militaire des belligérants.

Au Maghreb, il applique un principe simple, même s'il ne l'énonce pas clairement sur le moment : « déshystériser » les relations entre Paris, Alger, Rabat et Tunis, trois pays qu'il veut traiter à égalité. Froissés par les relations privilégiées entre Giscard et son « cousin » chérifien Hassan II, les Algériens sont ainsi les premiers à recevoir Mitterrand en décembre 1981. Quand les liens franco-algériens lui paraissent « remis à niveau », Mitterrand se rend à Rabat en janvier 1983 et à Tunis en octobre de la même année.

Le chef de l'État a mis un soin scrupuleux à maintenir l'équilibre entre Chadli Bendjedid et Hassan II, calculant même le temps passé avec l'un et l'autre. Dès son installation, il rejette les arguments très répandus au PS en faveur d'un soutien exclusif à l'Algérie socialiste et aux revendications du Front Polisario sur le Sahara occidental.

Au sud du Sahara, l'Afrique noire. Mitterrand l'aborde avec ses bons et ses mauvais souvenirs. Ancien ministre de la France d'Outre-Mer du gouvernement Pleven en 1950, il connaît l'attachement des dirigeants africains pour la France, qui reste leur patrie affective. Il a siégé au côté de Félix Houphouët-Boigny – qu'il a fait venir du PCF dans les rangs de sa formation, l'UDSR –, d'Ahmed Sékou Touré et de Léopold Sédar Senghor, l'un de ses « camarades » de l'Internationale socialiste. Sans vouloir remettre en question les liens étroits hérités du colonialisme, Mitterrand, partisan de l'émancipation, dit vouloir changer ce type de relation, en finir avec le « pacte colonial ». Il soutient l'approche tiers-mondiste du brillant ministre rocardien de la Coopération Jean-Pierre Cot. Mais en même temps, dès le 21 mai, il s'assure que ce nouveau style ne remet pas en cause les fondements traditionnels des rapports franco-africains. Le conflit du Tchad joue un rôle déterminant dans ce maintien de la politique traditionnelle de puissance tutélaire à l'égard de l'Afrique subsaharienne.

A l'égard des autres continents de l'hémisphère Sud, Mitterrand engage son septennat avec une double préoccupation : la démocratie n'est pas possible sans développement ; il faut donc jouer à fond la carte de l'aide multilatérale, puis plus tard du rééchelonnement des dettes. Cette attitude le conduit à instruirc sans cesse le procès du comportement impérialiste de Washington. Il apporte le soutien de la France aux régimes progressistes d'Amérique centrale, en particulier au Nicaragua, estimant que la Maison-Blanche, par son soutien aux dictatures, fait en dernière analyse le jeu de Moscou.

En Amérique du Sud, la diplomatie mitterrandienne vise à encourager moralement le retour à la démocratie, que le président salue en se rendant au Brésil, puis en Argentine une fois ces peuples débarrassés de leurs régimes militaires. En même temps, il ne rompt pas les relations diplomatiques avec le Chili, encore sous la dictature du général Augusto Pinochet, depuis l'assassinat de Salvador Allende en 1973. Pour lui le principe de Talleyrand demeure valable : la France reconnaît les États, pas les gouvernements.

En Asie, Mitterrand s'efforce à son tour de relancer les relations bilatérales. Il privilégie les grands pays, c'est-à-dire les grands marchés, l'Inde, le Japon, la Chine. Sans illusions excessives. Il sait qu'il faut du temps pour transformer des relations amicales en coopération dense et nourrie.

« Avocat du Tiers-Monde », Mitterrand n'a de cesse de dénoncer la politique monétaire, budgétaire et commerciale américaine qui non seulement freine la reprise de la croissance en Europe, mais aussi contribue à creuser le fossé entre pays riches et pauvres. Chaque tribune est pour lui l'occasion de répéter que le sous-développement constitue une menace pour la paix bien pire que le surarmement. Il n'est guère écouté. Pourtant l'administration américaine, après avoir tourné en dérision son « romantisme » tiers-mondiste, prend progressivement conscience de l'urgence du problème. Quand les États-Unis constatent que le poids de la dette privée du Tiers-Monde met en péril le système bancaire international, ils se mettent à leur tour à entonner le grand air de la solidarité planétaire.

« On ne peut traiter du devenir des pays pauvres sans s'intéresser aux structures économiques et financières qui commandent aujourd'hui les relations Nord-Sud », écrit François Mitterrand en 1980[1]. Il dresse là un constat proche de celui de Giscard d'Estaing, mais, homme de gauche, il dénonce avec plus de vigueur que son prédécesseur « le caractère irresponsable de la politique monétaire des États-Unis ».

Le « partage inégal » et le désordre monétaire international constituent le plat de résistance des interventions mitterrandiennes dans le huis clos des sommets économiques annuels, Versailles, Williamsburg, Venise,

1. In *Ici et Maintenant, op. cit.*

du haut de la tribune de l'ONU, au cours de la conférence des pays les moins avancés. Les accords monétaires de l'hôtel Plaza à New York en 1985, qui marquent le début d'une véritable concertation monétaire entre Occidentaux, correspondent à ce qu'il réclame depuis quatre ans.

« La politique extérieure de la France, résume Mitterrand, s'ordonne autour de quelques idées simples : l'indépendance nationale, l'équilibre des blocs militaires dans le monde, la construction de l'Europe, le droit des peuples à disposer d'eux-mêmes, le développement des pays pauvres. » Continuité donc par rapport à « la trace continue du sillon creusé par le destin bientôt millénaire de la plus ancienne nation d'Europe », mais changement aussi en raison de « la marque particulière qu'imprime à la vie d'un peuple celui qui le conduit [1] ».

Maîtriser l'outil

Si le nouveau président aborde les relations internationales la besace pleine de concepts, d'idées et de principes, il ne maîtrise pas l'instrument diplomatique.

Vingt-trois années d'opposition ont permis à cet homme insatiable de voyager beaucoup et de croiser les acteurs politiques de son temps : Mao, Nasser, Sadate, Arafat, Kamal Joumblatt, Begin, Pérès, Brandt, Indira Gandhi, Brejnev, Allende et autres Kreisky, Kadar et Kissinger. Mais il connaît mal les mécanismes de l'action extérieure. Rancunier, il n'oublie pas le comportement des ambassadeurs français qui, sur instructions de serviteurs zélateurs du régime gaulliste, l'ont souvent très mal reçu. « Ils me regardaient de travers allant même jusqu'à interdire au troisième secrétaire d'ambassade de venir m'accueillir à l'aéroport », se plaît-il à rappeler.

Aussi, quand il prend en main les affaires étrangères, n'a-t-il guère confiance dans la docilité du Quai d'Orsay.

1. In François Mitterrand, *Réflexions sur la politique extérieure de la France, op. cit.*

Il place à sa tête un « atypique » qu'il va chercher à Bruxelles. Il nomme plusieurs ambassadeurs politiques dont l'engagement socialiste fait frémir les excellences du Quai.

Normalien, énarque, homme d'entreprise, ancien ambassadeur à Djakarta, après avoir longtemps travaillé pour Mendès France, puis forgé à Bruxelles les accords de Lomé, Claude Cheysson est non seulement compétent, mais il a des idées. Pas toujours les mêmes que François Mitterrand qu'il abreuvera de lettres et de notes.

Claude Cheysson a tout d'abord une conception précise de ce qu'il appelle « les relations extérieures ». « Il n'y a pas d'affaires étrangères en soi. Informer les diplomates du Quai et en rester là ne sert à rien. Il faut associer à l'action extérieure l'ensemble des administrations tournées vers l'étranger. Il nous fallait donc un ministère qui mette en relation et coordonne les activités de relations extérieures », avait-il fait valoir à Mitterrand le 13 mai 1981 rue de Bièvre[1]. Mitterrand avait accédé au schéma innovant de Cheysson, lui refusant seulement, pour des raisons de dosage politique, le rattachement du Commerce extérieur, dont il fait un ministère d'État pour Michel Jobert.

Le jour de la formation du premier gouvernement Mauroy, Mitterrand reçoit Cheysson. Il accepte de rebaptiser le Quai, ministère des « Relations extérieures », et lui adjoint, avec le titre de ministres-délégués, Jean-Pierre Cot à la Coopération et André Chandernagor aux Affaires européennes. « Jobert vient de m'appeler, il veut bien être ministre d'État, mais il exige un portefeuille. Il m'a demandé le Commerce extérieur car il veut un bureau et une administration. J'ai accepté », ajoute Mitterrand.

Le chef de l'État dira à Claude Cheysson qu'il l'a nommé en raison de « sa grande expérience ».

« Il n'y a qu'un problème sur lequel nous n'avions pas la même sensibilité, celui du Proche-Orient », note Cheysson.

1. Entretien avec Claude Cheysson le 10 mars 1989.

Mitterrand est parfois « agacé » par ce que la presse appelle les « gaffes » de Cheysson. Le ministre des Relations extérieures a en effet le don de dire publiquement ce qui devrait rester du domaine des entretiens confidentiels. « C'est juste, mais vous le dites trop tôt. Vous n'êtes pas politique », lui reproche Mitterrand après chacune de ces déclarations abruptes, comme ses commentaires sur l'assassinat de Sadate ou l'état de guerre en Pologne[1]. Si le vrai diplomate est cet homme qui sait tourner sept fois sa langue dans sa bouche avant de se taire, Cheysson, alors, n'est pas fait pour ce métier.

Mais cela ne l'empêche pas de rester en place jusqu'à décembre 1984. Il est alors remplacé par Roland Dumas, qui, lui, est maître dans l'art du secret, du silence et de la litote.

« Mitterrand a dit vingt fois dans des dîners officiels et en ma présence que le moins diplomate des Français était son ministre des Relations extérieures », plaisante aujourd'hui Claude Cheysson. Il assure pourtant qu'« à aucun moment le président ne m'a empêché de prendre les initiatives que je croyais nécessaires ».

Le président fait venir à l'Élysée trois autres « atypiques » de la diplomatie : Hubert Védrine, Jacques Attali et Régis Debray.

Fils de son compagnon de résistance Jean Védrine, le jeune Hubert, énarque de trente-quatre ans, devient conseiller diplomatique. Il a renoncé à un début modeste de carrière politique d'élu local dans la Nièvre pour s'immerger dans les questions stratégiques. C'est en autodidacte, après ses études, qu'il forge son analyse des rapports de force avant d'apprendre « sur le tas » les relations internationales. Il se définit comme « un réaliste froid », certains diront qu'il est cynique. Bien que socialiste, parce que son maître à penser, Mitterrand, l'est, il méprise tout ce qui lui semble dogmatique. Il est sans doute avec Attali, puis, après 1982, avec Jean-Louis Bianco, celui qui connaît le mieux le cheminement complexe de la réflexion présidentielle sur les affaires internationales. Mais, au début du septennat, il est si

1. Voir *infra.*

proche de son patron qu'il n'a pas de mal à s'en faire écouter.

Le dimanche de Pentecôte 1980, Mitterrand a invité Védrine à participer au pèlerinage familial de Solutré en compagnie de Charles Hernu, un habitué de cette journée bourguignonne. Autour de la table d'auberge, une vive conversation s'engage entre Hernu et Védrine. C'est l'époque du durcissement soviétique : Afghanistan, SS 20, Angola, Éthiopie. Mitterrand écoute. Le maire de Villeurbanne, dirigeant de l'association France-URSS, plaide pour la détente. Il dit croire aux intentions pacifistes du Kremlin. Védrine, lui, n'y croit pas. Il s'inquiète du poids grandissant des militaires au sein du pouvoir soviétique.

C'est à ce garçon qui dénonce sans appel les dangers du système soviétique que Mitterrand confie, à l'Élysée, le suivi des grands dossiers Est-Ouest.

En matière internationale, Jacques Attali est l'homme des sommets multilatéraux, de la prospective et, ponctuellement, du Proche-Orient. Véritable machine à « pondre » des notes, à apporter des idées, à inventer des thèmes nouveaux, en pillant parfois le cerveau des autres conseillers. Après le sommet industrialisé d'Ottawa, dont Mitterrand avait confié la préparation à l'ancien ministre gaulliste Jean-Marcel Jeanneney, Attali devient le « sherpa » des sommets industrialisés. Il inaugure cette tâche à Versailles en 1982.

Tandis qu'Attali essaie de trouver les moyens de convaincre les Américains de réduire leurs taux d'intérêt et de remettre de l'ordre dans le cours erratique du dollar, un autre collaborateur pousse Mitterrand à assumer par des actes ses choix tiers-mondistes face à l'impérialisme « yankee » en Amérique centrale ou latine : Régis Debray. A quarante ans, « le guérillero de l'Élysée », l'ami du Che, l'ancien prisonnier politique de la dictature bolivienne en 1967, l'écrivain de talent, conserve cette image de révolutionnaire bien qu'il soit devenu depuis déjà dix ans un social-réaliste.

Mis en cause par la DST, qui voit en lui l'« homme de Fidel Castro » et fait même parvenir un rapport confidentiel à Mitterrand, Debray conserve la confiance du Prince qui traite ces attaques par le mépris. Chez Debray il apprécie au départ la plume et la dialectique dérangeantes, le raisonnement bien huilé de l'agrégé de philosophie.

Bien d'autres encore sont consultés par Mitterrand, qui nourrit sa réflexion aux meilleures sources, sans préjugé idéologique. Il écoute l'ambassadeur Étienne Manac'h sur la Chine, Edgard Pisani sur le monde en développement, Charles Salzmann sur les Juifs et les Russes, Maurice Faure sur l'Europe et Edgar Faure sur tout.

CHAPITRE 2

Est-Ouest

Le chemin de Moscou passe par Washington

En arrivant aux affaires, François Mitterrand est obsédé par la menace directe que font peser sur l'Europe et la France les fusées nucléaires soviétiques SS 20 déployées à partir de 1978.

Pour rétablir l'équilibre des forces, seul moyen à ses yeux de garantir la paix, le président français approuve le principe d'une élimination des armes nucléaires de moyenne portée de part et d'autre du « rideau de fer ». Mais l'époque n'est pas au désarmement. François Mitterrand soutient donc publiquement la décision de déployer des missiles américains Pershing 2 dans les pays européens de l'OTAN, si le Kremlin s'obstine à ne pas vouloir retirer ses fusées.

Candidat à la présidentielle, il observe qu'« il s'agit là du problème numéro un pour la paix en Europe » et « s'étonne du silence » de M. Giscard d'Estaing sur ce sujet. « J'admets que les Pershing », dont le déploiement est décidé par l'OTAN pour 1983, « soient insupportables pour les Russes, mais j'attends d'eux qu'ils comprennent que les SS 20 sont insupportables pour la France », écrit-il dans *Ici et Maintenant*[1]. Il répète ces arguments au cours de la campagne présidentielle, bien qu'il ait besoin du soutien des communistes français. Un an auparavant, à la tribune de l'Assemblée nationale, il

1. *Op. cit.*

avait résumé son point de vue d'une formule : « Ni SS 20, ni Pershing. »

Président de la République, il confirme sa position. Il déclare le 9 juillet 1981 à l'hebdomadaire ouest-allemand *Stern,* trois jours avant son premier voyage à Bonn, qu'« il existe une suprématie de l'URSS en Europe », porteuse d'« un réel danger ». « Les États-Unis ont les moyens de rétablir le rapport de force (...) c'est un jeu serré qui suppose que soit éliminée toute faiblesse, qu'on sache s'armer quand il le faut et négocier quand il le faut. »

François Mitterrand épouse ainsi en apparence le point de vue de Ronald Reagan et de Helmut Schmidt, dont il partage l'inquiétude. Mais il n'agit pas dans le seul but de se montrer un bon allié. L'« atlantisme » n'inspire pas son propos. Son souci premier n'est autre que la sécurité de la France.

En septembre 1981, l'Institut international d'études stratégiques de Londres confirme l'analyse occidentale : « Le rapport nucléaire eurostratégique Est-Ouest est de trois contre un en faveur des forces du pacte de Varsovie. »

Les cent cinquante fusées soviétiques sur rampes mobiles dirigées vers l'Europe occidentale n'ont pas une portée intercontinentale. Elles ne menacent pas le territoire américain. Elles peuvent en revanche anéantir en un quart d'heure l'ensemble du dispositif militaire occidental du cap Nord au cap de Correnti, au sud de la Sicile.

Mitterrand est très gaullien, très « franciste », à l'égard de la Russie soviétique. L'histoire et la géographie obligent Paris et Moscou à s'entendre. Mais pas au point de négliger les déséquilibres militaires. « Je n'ai jamais cessé de croire à la nécessité de l'amitié et de bons traités entre l'URSS et la France. Cela me paraît indispensable à l'équilibre européen (...) mais on ne fonde pas l'amitié sur la complaisance », écrit-il[1]. Il reproche essentiellement à Valéry Giscard d'Estaing de s'être montré « complaisant »[2].

1. In *Ici et Maintenant, op. cit.*

2. En réalité, M. Giscard d'Estaing avait accepté la « double décision » prise par l'OTAN en décembre 1979 de déployer les Pershing en 1983 tout en ouvrant des négociations avec les Soviétiques pour

François Mitterrand considère que l'intérêt national commande de peser avant tout en faveur du camp occidental face à la supériorité de première frappe soviétique.

Il le dit le 31 juillet 1981 au lugubre Stepan Tchervonenko, qu'il reçoit pour la première fois. A l'ambassadeur soviétique en France, il explique qu'il est pour l'équilibre stratégique. « Si je vois que l'Union soviétique est plus forte que les États-Unis, je souhaite que les États-Unis se renforcent. Et cette proposition est valable dans l'autre sens. Je dis cela bien que je sois spectateur car la France n'a pas l'intention de retourner dans l'OTAN. Mais je donne mon avis car je m'inquiète devant l'accumulation des SS 20. C'est l'Europe occidentale qui est très exposée. Nous ne sommes pas partie prenante, mais Londres et Bonn sollicitent notre avis alors que ni Brejnev ni Reagan n'ont besoin de l'avis des autres car ils sont directement impliqués[1]. »

Et, raccompagnant l'ambassadeur qui va rendre compte aux gérontes du Kremlin, Mitterrand conclut par un euphémisme : « Nos relations ne sont pas dans leur meilleur état. » Sur le perron de l'Élysée, le vieux diplomate déclare dans la même veine : « Nous avons des points de vue différents sur certaines questions. Quant à un sommet soviéto-français, il faut du temps pour préparer certaines choses, on en reparlera quand ce sujet sera mûr. »

Trois jours plus tard, un émissaire officieux de la Maison-Blanche est reçu discrètement par Mitterrand. Henry Kissinger passe en effet la journée du lundi 3 août à Latche avec le président français. L'ancien secrétaire d'État de Richard Nixon se dira « très satisfait » de ses conver-

limiter les armements eurostratégiques. Mais il avait gardé sa position secrète dans le souci de ne pas mêler la France à une négociation sur le désarmement nucléaire en Europe. « La force militaire française étant purement nationale et indépendante ne devrait pas être incluse dans les négociations américano-soviétiques sur les forces nucléaires de moyenne portée », explique l'universitaire américain Stanley Hoffmann (in *L'Expérience Mitterrand,* Paris, PUF, 1988), à l'appui de la prudence giscardienne.

1. Document d'archives.

sations, concédant même que « l'expérience engagée en France depuis le 10 mai est très intéressante ». La position du président français ne peut que plaire à ce disciple de Metternich, qui a succombé ce jour-là au charme mitterrandien. « J'ai changé d'opinion sur Mitterrand avant l'administration américaine, car je dois dire qu'en rentrant de notre marche en forêt il m'a montré sa bibliothèque et, devant tous ces livres, je me suis dit : cet homme-là ne peut qu'être finesse et ouverture d'esprit[1]. » Ils se reverront régulièrement. « Dear Henry » aime s'afficher avec des chefs d'État. Cela renforce son image de consultant planétaire. Mitterrand, lui, trouve son compte à une telle fréquentation. Elle ne peut, pense-t-il, que désamorcer les critiques de la droite.

« Mon jugement à votre égard a évolué de la même façon que mon opinion sur la pyramide du Louvre. Au début j'avais les plus grandes réserves puis j'en suis devenu un partisan enthousiaste », confie Henry Kissinger à François Mitterrand qui le reçoit à l'Élysée le 7 avril 1989.

Jusqu'à la sortie du bras de fer sur les euromissiles, marquée par la décision du Bundestag à la fin de 1983 d'accepter l'installation des missiles américains sur son sol, Mitterrand se refuse à reprendre le dialogue politique régulier au sommet avec Moscou.

Il maintient toutefois le contact personnel en recevant longuement une demi-douzaine de fois l'ambassadeur Tchervonenko, tandis que Cheysson rencontre Andrei Gromyko dans les salons des Nations unies.

Les conversations de l'Élysée sont importantes. Elles constituent en effet l'essentiel du contact franco-soviétique pendant trois ans, de mai 1981 à novembre 1983, date du premier voyage de Claude Cheysson en URSS. Michel Jobert[2] souligne la portée de ces rencontres : « Mitterrand affectait d'être brouillé avec les Russes, mais il maintenait un circuit ouvert, tout en tenant un discours très ferme à Tchervonenko. »

1. Entretien le 7 avril 1989.
2. Entretien le 18 mai 1989.

Mitterrand reçoit aussi à Latche ou à Paris le responsable des affaires européennes au Comité central du Parti communiste soviétique, Vadim Zagladine. Il répète à cet émissaire du Kremlin qu'il n'est pas question pour la France d'accepter la prise en compte de son arsenal nucléaire dans une négociation Est-Ouest, tant que Moscou et Washington n'auront pas commencé par démanteler « considérablement » leurs immenses arsenaux intercontinentaux. « Mon pays refusera de négocier à la table soviéto-américaine sur le désarmement nucléaire en Europe, car cela reviendrait à dire : deux pays étrangers, l'URSS et les États-Unis, décideraient du sort d'un troisième pour la réduction d'armes dont eux ne discutent pas[1]. »

A Moscou, une fois passée la déception de la défaite de Giscard d'Estaing, on analyse le durcissement de Mitterrand. Si les responsables du Kremlin admettent sans le dire que la France peut se considérer comme directement menacée par le déploiement des SS 20, ils estiment que deux raisons majeures ont conduit le nouveau président français à prendre publiquement fait et cause pour ses alliés de l'OTAN. « Élu à un moment où le reaganisme et le brejnévisme s'affrontent, Mitterrand savait qu'il n'avait pas beaucoup de marge de manœuvre et qu'il devait choisir son camp », explique Iouri Roubinski[2], conseiller politique à l'ambassade d'URSS à Paris.

Il ajoute : « Mitterrand espérait que les États-Unis le paieraient en retour sur le plan économique. » Il est vrai que dès leur arrivée les socialistes n'ont cessé de demander aux Américains de réduire leurs taux d'intérêt dont le niveau élevé bloquait la reprise de la croissance en Europe. « Reagan ne fera rien pour aider l'expérience socialiste française, fondée sur une politique de relance, qu'il considère comme inacceptable sur le plan idéologique », constate Roubinski. Il a raison.

En outre, le Kremlin a toujours feint de penser que Mitterrand s'était « aligné » sur Washington et avait

1. Document d'archives.
2. Entretien le 19 juillet 1989.

adopté une position « atlantiste » pour se dédouaner de la présence au gouvernement des ministres communistes.

Cet argument ne tient pas. Beaucoup plus importante en revanche a été pour Mitterrand la préoccupation d'éviter que la tendance neutralo-pacifiste qui se développait en RFA, en Grande-Bretagne et au Bénélux ne finisse par peser sur l'attitude de ces gouvernements. Le risque était grand de voir la France se retrouver, seule, en première ligne à faire front aux Soviétiques.

La thèse du *deal*, fermeté diplomatique française contre bienveillance économique américaine, n'est pas non plus très convaincante. En réalité, pour Mitterrand et ses conseillers, la fermeté à l'égard de Moscou est inspirée par un réflexe de défense nationale face à la menace des SS 20[1].

Il est vrai que Paris attend des Américains une attitude plus solidaire en matière économique et monétaire. Il n'y

1. Le bras de fer des euromissiles a inspiré Serge July : « Pour le président la crise des euromissiles est une crise grave, aussi grave que celle de Berlin en 1948 ou des fusées [de Cuba] en 1962, mais il n'a aucune raison de paniquer : la situation n'est pas désespérée. Cette crise, comme les précédentes, peut être maîtrisée à condition que les chefs d'État en charge du destin du monde gardent leur sang-froid. Mitterrand est le seul chef d'État occidental à faire publiquement cette analyse. Même Ronald Reagan prend un soin méticuleux à éviter toute allusion sémantique à une " crise des missiles ", qui l'enfermerait dans le champ clos d'une inévitable surenchère avec l'URSS. Tous les leaders occidentaux, s'ils se cramponnent à la double décision de l'OTAN, cherchent à la dédramatiser par tous les moyens, notamment pour des raisons de politique intérieure. Tous, sauf Mitterrand, qui s'est engagé dans une véritable croisade internationale en faveur du déploiement des Pershing et des missiles de croisière. Du Bundestag à la tribune des Nations unies, en passant par Bruxelles et Londres, Mitterrand va répétant depuis son arrivée au pouvoir que la décision soviétique d'installer des SS 20 braqués sur l'Europe occidentale vise à assurer au Kremlin une supériorité militaire, politique et finalement psychologique sur tout le continent européen. Comme il est seul – indépendance nucléaire oblige – à pouvoir tenir ce langage sans contrecoups pacifistes, il apparaît peu ou prou comme le principal défenseur de l'Europe face aux menaces que fait peser la " persuasion nucléaire " soviétique » (in *Les Années Mitterrand*, Paris, Grasset, 1986).

a pas de lien direct entre les deux démarches, sauf à dire que les difficultés économiques de la France affaiblissent l'Alliance atlantique. Ce que Mitterrand dira à Reagan à chacune de leurs rencontres.

C'est une idée fondamentale chez Mitterrand. La solidarité politique des Occidentaux, y compris du Japon, n'a de sens que si elle s'appuie sur une solidarité économique concrète et immédiate.

Paris axe sur ce terrain l'essentiel de son effort dans la préparation et le déroulement des sommets économiques d'Ottawa en juillet 1981 et de Versailles un an plus tard.

Le pouvoir socialiste français échouera sur ce plan. En faisant la sourde oreille à ces lamentations, Ronald Reagan contraint la France à de déchirantes révisions. Ce sera le tournant de politique économique de juin 1982[1].

Ottawa ou le premier dialogue de sourds

François Mitterrand n'a que deux mois pour se préparer au rendez-vous d'Ottawa. Ce sommet prévu pour les 20 et 21 juillet marque son entrée dans le club libéral des sept chefs d'État ou de gouvernement des pays les plus industrialisés. Il est décidé à engager le fer avec Washington sur la question des taux d'intérêt américains. Déterminé à réduire l'inflation dans son pays, Reagan, s'inspirant peu ou prou des recettes monétaristes de l'école de Chicago, joue à fond le renchérissement du crédit pour freiner l'activité économique. D'où l'envol du billet vert et le renchérissement de la facture pétrolière française libellée à plus de 60 % en dollars. Reagan n'a que faire des Européens qui comptent sur la puissante machine économique américaine pour donner le signal de la relance. Rien ne lui semble plus incongru que la décision française d'anticiper de six mois sur la reprise internationale[2].

A la mi-juin, Mitterrand donne à Jean-Marcel Jeanneney des instructions écrites[3] précises sur la façon d'abor-

1. Voir IVe partie : « La rigueur ».
2. Voir IIe partie : « Le socialisme » et IVe partie : « La rigueur ».
3. Document d'archives.

der avec les autres « sherpas » la préparation des travaux d'Ottawa : « Vous insisterez sur la gravité des conséquences qu'entraîne la montée des taux d'intérêt aux États-Unis et rechercherez l'accord des Européens » pour établir une position commune de « grande fermeté » face à Washington.

Parallèlement, Mitterrand demande que ce sommet des pays riches soit aussi l'occasion de travailler à « l'établissement de rapports d'un type nouveau » avec les pays du Sud, fondés notamment sur « la stabilisation des cours des matières premières ».

Enfin, il donne à son représentant la consigne de tout faire pour éviter que le sommet ne soit dominé par l'objectif américain de verrouiller les relations commerciales entre l'Est et l'Ouest : « Commençons par progresser sur le problème le plus urgent, celui des taux d'intérêt américains », conclut Mitterrand dans sa lettre d'instructions.

Tous les éléments du dialogue de sourds entre l'Élysée et la Maison-Blanche sont donc réunis. Jeanneney le relève dans une note au président français, faisant le point sur les travaux préparatoires, huit jours avant l'ouverture du sommet : « Il serait illusoire de penser que l'on peut infléchir la politique américaine », observe l'ancien ministre des Réformes du général de Gaulle.

Les chefs d'État se retrouvent dans la capitale canadienne le 20 juillet. Le premier entretien Mitterrand-Reagan se déroule aussitôt sur les pelouses du domaine de Montebello en présence de Haig, Baker, Cheysson et Delors. « On s'adore », note Claude Cheysson qui se souvient d'un Reagan paternaliste assurant « François » que la crise est terminée et que la relance internationale est au mieux pour la fin de l'année, sinon, certainement, pour le début de l'année prochaine. « Vos efforts de relance sont un peu prématurés, vous devriez les différer de quelques mois. Par prudence, attendez plutôt décembre ou janvier », suggère l'homme de la Maison-Blanche.

Claude Cheysson[1] n'accuse pas le président améri-

1. Entretien le 6 avril 1990.

cain : « Reagan ne trompe pas volontairement Mitterrand en lui promettant la relance. Il se trompe lui-même de bonne foi, car à ce moment-là tout l'Occident croit que la reprise est à sa porte. »

Malgré ces propos sympathiques et le gage d'amitié fourni par Mitterrand à Reagan avec les révélations du dossier « Farewell »[1], l'incompréhension franco-américaine est totale. A preuve, la conversation parallèle de Jacques Attali[2] avec le « sherpa » américain Richard « Dick » Allen.

« Expliquez-moi votre politique extérieure, Nord-Sud, Est-Ouest, Proche-Orient », demande l'Américain au jeune conseiller spécial.

Après un long exposé d'Attali, Allen conclut :

« Okay, pas de problèmes, j'ai bien compris vos objectifs diplomatiques, mais je ne saisis toujours pas la différence entre votre politique économique et celle des pays communistes. »

Au même moment, le conseiller économique Edwin Meese demande à Jacques Delors de lui rédiger une courte note pour expliquer au président américain la différence entre le système soviétique et le système français des nationalisations !

Dès la séance inaugurale, le ton est donné.

Reagan, qui participe à son premier sommet, sort ses fiches et lit : « Contre l'inflation, la plus longue que l'on ait connue, il faut agir. Je sais que les hauts taux d'intérêt sont gênants pour certains pays. Nous espérons qu'au fur et à mesure que l'inflation diminuera ils pourront baisser. » Puis il cite Alexis de Tocqueville et Frédéric Bastiat[3] à l'appui de son credo libéral. L'Amérique a parlé. Ses alliés savent à quoi s'en tenir : il n'y aura pas d'infléchissement de la politique économique.

François Mitterrand intervient après Helmut Schmidt et l'Italien Giovanni Spadolini. Il ne renonce pas à pré-

1. Voir Ire partie : « L'alternance ».
2. Entretien le 15 mars 1989.
3. Frédéric Bastiat (1801-1850), théoricien du libéralisme économique, auteur de *Harmonies économiques.* L'ancien acteur d'Hollywood a des lettres !

senter ses arguments : « Les taux d'intérêt élevés ne sont pas l'unique réponse à l'inflation comme le prétendent vos monétaristes. Nous ne partageons pas les mêmes analyses car il y a un seuil de chômage au-delà duquel les risques d'explosion sociale dépasseraient les risques de l'inflation. »

« Nous avons fait le choix de la croissance par la consommation populaire, explique le socialiste français [1], mais pour réaliser cette relance nous butons sur les taux d'intérêt. J'essaie de vous comprendre, essayez de nous comprendre pour que nous nous entraidions », lance-t-il, avant de conclure à l'adresse de Reagan : « Je n'accuse pas les États-Unis mais je veux qu'ils sachent que cela nous gêne, que cela nous crée des risques de désordres économiques et sociaux, que cela nous affaiblit et donc crée des risques politiques et militaires. »

A Reagan, qui avait réclamé un resserrement des règles du commerce avec l'Est dans le cadre du COCOM [2], Mitterrand répond : « On ne va pas faire un blocus comme Napoléon, cela ne marche jamais. Pourquoi mettre à la disette des pays affamés ? »

Et de conclure sur une parabole dénonçant de façon plaisante l'absurdité de l'emballement de la hausse du coût de l'argent, celle des deux marchands : « L'un a une pièce d'or et propose à l'autre de la lui vendre 25 francs, lequel accepte et dit : " Je suis prêt à te la revendre 40 francs. " Le premier dit oui et aussitôt la lui repropose à 80 francs. Cela dure jusqu'au jour où l'un des deux dit non. " Dommage, s'écrie l'autre, nous gagnions si bien notre vie ! " »

Au cours de ce sommet, Mitterrand s'est en fait montré circonspect, restant à sa place de « petit nouveau dans la classe des grands », rapporte un haut responsable ouest-allemand présent dans la capitale canadienne. Selon lui, c'est Schmidt qui s'est montré le plus virulent contre Reagan, s'emportant à deux reprises sur les

1. Document d'archives.

2. Comité coordinateur pour le contrôle des échanges Est-Ouest, créé en 1949 entre les pays de l'alliance Atlantique et le Japon pour filtrer les exportations sensibles vers les pays du pacte de Varsovie.

affaires de sécurité et de commerce Est-Ouest [1]. « Le territoire allemand est truffé de bombes, ça peut sauter à tout moment et nous n'avons même pas notre mot à dire », s'est-il écrié à l'adresse de Reagan. Le lendemain, excédé par les pressions américaines en faveur d'une limitation des échanges avec l'Est, il explose : « J'en ai marre *(Ich hab's satt)* de vos interdictions, ça fait plus d'un siècle que nous avons des relations commerciales avec la Russie et l'Europe centrale et il faut peut-être que je vous rappelle qu'il y a vingt millions d'Allemands de l'autre côté du rideau de fer. »

Les Sept se séparent, comme c'est l'usage, sur un communiqué lénifiant qui cache mal leurs divergences économiques. Reagan a maintenu ses positions. L'insistance mise par la France sur une meilleure prise en compte des déséquilibres Nord-Sud n'a guère rencontré d'échos.

Après ce round d'observation, la relation franco-américaine se déroule pourtant sur un fond de solide alliance qu'une cascade de désaccords et d'irritations réciproques ne remettent jamais en cause. Reagan a compris que Mitterrand n'est pas un communiste. Mais il reste pour lui « une énigme absolue » avec son attitude pointilleuse, tatillonne et têtue dès qu'il pense que l'indépendance de la France est mise en cause. Mitterrand énerve prodigieusement les Américains avec ses prises de position favorables aux régimes et aux forces progressistes d'Amérique centrale (Nicaragua et Salvador). Il provoque la Maison-Blanche avec la signature du contrat gazier avec l'URSS. Il est quant à lui « irrité, agacé, voire choqué » par la politique étrangère « hégémonique » des Américains, par leur « manière brutale de rameuter les alliés au sifflet quand ils gèrent en fait leurs intérêts nationaux ». « Ils sont terrifiants quand ils ont quelque chose en tête. Ils nous démarchent comme des marchands d'aspirateurs et ils se soucient autant des conséquences de leur action sur nous que nous des retombées

1. Document d'archives.

de notre diplomatie sur le Luxembourg », ironise Hubert Védrine[1].

A son retour en France, Mitterrand confie à plusieurs membres de son entourage ses impressions sur Reagan : « Chaleureux, sympathique, d'un abord agréable. C'est un homme de bonne volonté qui a une idéologie simple, celle de l'Américain moyen. Il a une vue nationale des choses, mais on peut toujours débattre avec lui, même s'il n'a pas la connaissance des dossiers qu'avaient Nixon et Carter. » Quelques années plus tard, Mitterrand confiera aux auteurs de ce livre, au détour d'un couloir de l'Élysée : « Son étroitesse d'esprit est évidente. Cet homme-là n'a que quelques disques qui tournent et retournent dans sa tête. »

Mais au-delà de ces récriminations réciproques, la France a soutenu l'Alliance au moment décisif des années 80 dans la confrontation des euromissiles.

« Mitterrand a été un très bon allié, le meilleur de tous les présidents français », observe Henry Kissinger[2]. « Les États-Unis ont compris que Mitterrand était un bon allié et l'administration républicaine a beaucoup apprécié sa collaboration avec lui », renchérit Jeane Kirkpatrick[3]. Son successeur à la tête de la délégation américaine à l'ONU, le général Vernon Walters[4], autre « faucon » farouchement anticommuniste, partage ce sentiment : « La France est une alliée difficile, mais il est assez facile de se mettre d'accord avec elle pourvu qu'on ne lui parle pas avec condescendance, qu'on se comporte avec elle d'égal à égal. »

« Nous n'avons jamais eu le moindre doute sur l'engagement profond de la France au sein de l'Alliance », constate pour sa part Ty Cobb[5], qui fut directeur des Affaires européennes au département d'État avant d'entrer au Conseil national de sécurité de la Maison-Blanche. Il rapporte à cet égard une remarque de Reagan

1. Entretien le 4 juillet 1988.
2. Entretien le 7 avril 1989.
3. Entretien le 30 septembre 1988.
4. Entretien le 1er octobre 1988.
5. Entretien le 30 septembre 1988.

à Mitterrand, le 4 juillet 1986 à New York, à l'occasion du centenaire de la statue de la Liberté : « Vous savez, François, il y a probablement davantage de terrain d'entente en politique étrangère entre les États-Unis et la France qu'entre les États-Unis et aucun autre pays. »

Sur le plan personnel tout aurait dû opposer les deux présidents. Ronald Reagan, le libéral lancé dans sa double croisade nationale et internationale contre la bureaucratie et le totalitarisme. Le gouverneur très conservateur de Californie entré en politique après une carrière moyenne dans les studios de Hollywood. Rien à voir avec François Mitterrand, son cadet de cinq ans, pétri d'histoire et de littérature, qui a fondé son succès sur l'alliance avec les communistes et croit au rôle modernisateur, protecteur et égalisateur de l'État. Entre un de Gaulle de gauche et un Roosevelt de droite ça ne pouvait pas marcher.

Et pourtant ils s'entendront plutôt bien. Il est vrai que Mitterrand donne moins de fil à retordre aux Américains que de Gaulle qui avait décroché la France de l'OTAN et n'avait eu de cesse de critiquer l'engagement américain au Vietnam.

Mitterrand et Reagan évoquent la dernière guerre. Ils échangent maintes plaisanteries. Mitterrand admire la manière dont Reagan a su se faire élire puis réélire, même s'il a toujours été étonné que le responsable de la première puissance du monde réduise, la plupart du temps, ses entretiens au sommet à la lecture de fiches succinctes rédigées par ses collaborateurs.

Jacques Attali[1] ne peut oublier une scène surréaliste dans le bureau ovale. A quelques pas de Reagan en conversation avec Mitterrand, Dick Allen se plaint ouvertement de la « nullité » de son patron : « Je ne le supporte plus, il lit mes discours sans changer un mot, sans corriger. La semaine prochaine il doit parler au Congrès et voilà ce que je vais lui écrire : “ Mesdames et messieurs, la situation est grave, c'est pourquoi je viens de passer le week-end à Camp David pour réfléchir. Per-

1. Entretien le 16 janvier 1989.

sonne n'y avait encore pensé, mais ça y est, j'ai trouvé la solution aux grands problèmes de la planète. Tout sera résolu pour des siècles quand je vous aurai dévoilé mon plan. " Et là, poursuit Allen dans un grand éclat de rire, Reagan tournera la page de son discours et aura sous les yeux mon dernier message : *" and now son of a bitch you are on your own ! ! ! "* » (« et maintenant, fils de pute, tu te débrouilles tout seul »).

« Mitterrand a fini par trouver qu'au fond ce vieux cow-boy avait du bon sens », observe pourtant Cheysson. « Un homme du Far West ça vaut peut-être mieux qu'un énarque, et en plus il sait comment se faire élire par le peuple américain », concède Mitterrand[1]. Il applique à Reagan le critère fondamental de respect que représente à ses yeux l'« onction » du suffrage universel.

« Pendant ces sept années nous nous sommes beaucoup écrit, les Américains ne détestent pas les gens qui leur résistent et ils ne sont pas durablement rancuniers », indique encore Mitterrand, qui assure avoir toujours trouvé chez « Ron » l'accueil d'un « homme très convivial ».

C'est cet homme « chaleureux » que Mitterrand retrouve trois mois plus tard dans la douceur de la fin de l'été virginien dans le village colonial de Williamsburg. On y célèbre l'amitié franco-américaine à l'occasion du bicentenaire des batailles de Chesapeake et de Yorktown où les troupes du général Washington, soutenues par celles de Rochambeau et de La Fayette et appuyées par la flotte de l'amiral de Grasse, défirent les Britanniques du général Cornwallis. Mitterrand et Reagan trouvent les mêmes accents pour exalter les valeurs communes de démocratie et d'indépendance, qui font la solidité de la relation entre leurs deux peuples.

En trois phrases Mitterrand définit ce jour-là sa conception des relations franco-américaines : « Nous avons chacun des intérêts nationaux à défendre. Il peut y avoir des contradictions, il y en a eu, il y en aura. Nous avons chacun nos propres convictions sur l'organisation

1. Entretien le 16 mars 1989.

des rapports sociaux et économiques et nul ne peut demander à l'autre de renoncer à ce qu'il croit juste et bon pour son pays. Mais ces différences ne peuvent ni ne doivent porter atteinte aux raisons profondes d'une nécessaire alliance. » Reagan peut reprendre mot pour mot cette analyse.

L'amiral Philippe de Gaulle, inspecteur général de la Marine, est du voyage. Après tout, si les États-Unis existent c'est en partie grâce aux troupes françaises convoyées sur les bâtiments de la Royale. L'écrivain Marguerite Duras est également à bord du Concorde présidentiel. Pour l'auteur de *Détruire, dit-elle,* une invitation de Mitterrand ne se refuse pas. On va donc sans état d'âmes affichés chez ces impérialistes qu'on a dénoncés pendant toute sa vie.

Bref, c'est une France réconciliée le temps d'une traversée supersonique de l'Atlantique qui se retrouve symboliquement rassemblée, en ce bel automne 1981, derrière le président socialiste.

Le vol est agité. A trois reprises le fils du général de Gaulle, aussi raide que l'homme du 18 juin, reçoit les plateaux-repas de son voisin Jacques Attali sur sa « tenue numéro un ». Une première fois, quand le « conseiller spécial » se lève soudainement pour attraper un dossier. Une deuxième, quand un autre passager se prend dans le cordon des écouteurs d'Attali qui se dégage brusquement. Une troisième, quand la tasse de café du conseiller spécial accomplit son destin et atterrit sur les genoux de l'amiral. Le marin se réfugie au fond de l'avion. Il y trouve l'intellectuel de gauche Jean Daniel avec lequel il évoque le passé. Dans son livre *Les Religions d'un président*[1], le directeur du *Nouvel Observateur* raconte que l'amiral s'est flatté devant lui d'avoir dissuadé son père de démissionner en décembre 1965 après avoir été mis en ballottage par François Mitterrand, en lui disant : « Si vous partez, Georges Pompidou sera battu et *on* sera élu et *on* aura pour premier souci d'abolir votre œuvre, c'est-à-dire la Constitution que vous avez donnée à la France. » A chaque « on », Daniel se souvient du mouve-

1. Paris, Grasset, 1988.

ment du nez de l'amiral vers l'avant de l'appareil où a pris place le chef de file des « politiciens au rancart », devenu, par la volonté populaire, le président de la République.

Gazoduc ou le refus de l'injonction

Dans les mois qui suivent, les relations franco-américaines traversent une forte perturbation. Déterminée dès le départ à mener la vie dure aux Soviétiques par des sanctions technologiques et commerciales, l'Amérique de Reagan hausse le ton à la suite de la déclaration de l'état de guerre en Pologne, le 13 décembre 1981[1]. Le président américain annonce alors des mesures de « rétorsion » à l'égard de Moscou, dénoncé comme responsable de la répression à Varsovie. Ce durcissement intervient au moment où la RFA, l'Italie et la France[2] négocient des accords avec l'URSS pour la fourniture de gaz naturel soviétique et la construction du gigantesque gazoduc euro-sibérien entre le gisement d'Urengoi et les sites industriels ouest-européens. Washington demande à ses alliés d'y renoncer. Ils n'obtempèrent pas.

En dépit de la demande pressante formulée par Reagan à Ottawa d'attendre au moins huit mois pour prendre toute décision dans ce domaine, les négociations franco-soviétiques se poursuivent. Et cela malgré de fortes réserves du Quai d'Orsay qui, reprenant l'argumentation du département d'État, fait valoir que l'achat de gaz à l'URSS lui fournirait de quoi accroître un effort d'armement déjà préoccupant.

Pour faire céder les Européens, les États-Unis se livrent à un chantage. Ils indiquent que si les contrats gaziers devaient être signés avec l'URSS, il serait alors très difficile aux Européens de demander aux États-Unis de protéger leurs approvisionnements pétroliers dans le

1. Voir *infra*.

2. Le 1er juillet 1981, Pierre Mauroy avait confirmé l'intention de la France de signer un contrat gazier avec l'URSS. Gaz de France avait alors pris contact avec Soyouzgaz.

golfe Persique. Le sous-secrétaire d'État aux Affaires économiques Myer Rashish est envoyé en tournée en Europe pour porter ce « message » aux récalcitrants.

Mitterrand se braque. Il autorise la poursuite de la difficile négociation franco-soviétique. Il devra, en janvier 1982, assumer politiquement la signature de ce contrat annoncée sans son accord explicite au pire moment : un mois après l'imposition de la loi martiale à Varsovie.

Le 4 janvier 1982, avant d'accepter un nouveau rendez-vous en France avec les négociateurs soviétiques, Gérard Renon, le conseiller de l'Élysée chargé de ce dossier, demande par note le feu vert du chef de l'État. La note, qui transite par le bureau du secrétaire général de l'Élysée Pierre Bérégovoy, lui revient avec la mention manuscrite du président : « Consulter Claude Cheysson. » Renon, estimant que cette formule signifie « suivre l'avis de Cheysson », interroge donc le ministre des Relations extérieures. Ce dernier, bien que réservé au départ, considère que, puisque Mitterrand a rejeté les injonctions américaines, il faut y aller et ce d'autant plus qu'une éventuelle menace d'embargo occidental pourrait permettre à Gaz de France d'obtenir un meilleur prix des Russes.

Le feu vert politique semble acquis. Renon en informe Bérégovoy qui se borne à en prendre acte et, semble-t-il, n'en reparle pas à Mitterrand.

Les Soviétiques arrivent à Paris. C'est l'hiver, ils demandent s'il leur serait possible de mener les pourparlers dans le cadre d'une station de ski. On les emmène à Val-Thorens où il ne se passe rien pendant vingt-quatre heures puisque Baranovski, le président de Soyouzgaz Export, préfère s'intéresser de très près aux productions des bouilleurs de cru locaux. Sa gueule de bois passée, les conversations reprennent à Paris le jeudi 21 janvier 1982. L'accord intervient tard le vendredi soir. Il prévoit la livraison annuelle pendant vingt-cinq ans, à partir de 1984, de 8 milliards de mètres cubes de gaz venant s'ajouter aux 4 milliards livrés chaque année depuis 1975.

Le samedi 23 janvier au matin, François Mitterrand,

chez lui rue de Bièvre, apprend la signature du contrat en écoutant Europe 1. Furieux et conscient de l'effet catastrophique d'une telle information sur l'opinion encore sous le coup de l'affaire polonaise, il cherche à joindre Cheysson et Delors. Sans succès. Il finit par trouver Jobert[1] à son bureau : « " Qu'est-ce que c'est que cette histoire, je l'apprends par la radio. Qui a fait ça ? " me demande-t-il, très en colère devant l'inopportunité de cet accord. » Le ministre du Commerce extérieur suggère au président d'enquêter du côté de l'Élysée puisque c'est Renon, interprétant de bonne foi une annotation imprécise du président, qui a donné le feu vert à la phase finale de la négociation. Trois mois plus tard, Renon quitte l'Élysée. Mais le président ne lui tient pas rigueur. Le conseiller retrouve d'importantes responsabilités dans le secteur public industriel, puis au CEA, avant d'entrer au gouvernement en 1988 comme secrétaire d'État aux Risques majeurs puis à la Défense.

« Mitterrand était d'accord pour signer, observe Michel Jobert, mais il voulait faire traîner les choses car l'affaire polonaise était toute fraîche. Peut-être même voulait-il en profiter pour en tirer davantage de concessions des Russes. »

Bel exemple de dérapage d'une décision importante chargée de fortes implications internationales, qui voit le chef de l'État se trouver placé devant le fait accompli alors qu'il n'a, semble-t-il, jamais donné clairement son feu vert.

Mitterrand demande à Mauroy de défendre publiquement la décision française qui subit les attaques de l'opposition et de certains dans le camp majoritaire, en particulier au PS et à la CFDT. Le mercredi suivant, en Conseil des ministres, il s'en prend vivement à ces accusateurs[2] : « Il n'y pas de dépendance à l'égard de l'URSS qui n'a pas changé de nature avant et après les événements de Pologne. Nous avons, en signant ce contrat, échappé à une autre dépendance, celle du pétrole et du dollar. »

1. Entretien le 18 mai 1989.
2. Document d'archives.

Le lendemain devant l'Assemblée nationale, le Premier ministre affronte les quolibets des parlementaires. Pierre Mauroy fait valoir que la France se refuse à entrer « dans une logique de blocus économique » qui conduirait « à une logique de guerre ». Premier ministre, quel métier !

L'incident n'est pas clos. A deux reprises, le 22 février et le 6 mars, Reagan écrit à Mitterrand pour lui faire part de sa « vive préoccupation » devant l'attitude adoptée par la France.

Sur le conseil de Cheysson, Mitterrand estime le moment venu d'une vraie explication avec ce « cher Ron ». Il s'invite à déjeuner à la Maison-Blanche et s'y rend le 12 mars par un vol régulier du Concorde d'Air France.

Mitterrand et Reagan, entourés de Cheysson et Haig, passent trois heures ensemble avant le déjeuner. En ce début de printemps 1982, les relations bilatérales sont plutôt fraîches. Trois contentieux les empoisonnent : la France vient de signer le contrat du gaz sibérien avec l'URSS ; elle s'apprête à livrer de nouveau bataille au sommet de Versailles, en juin, contre la politique économique américaine ; l'Amérique centrale est devenue un sujet épineux entre les deux pays.

Amérique centrale ou l'incompréhension fondamentale

Il faut dire que, dès le mois d'août précédent, Paris avait profondément irrité Washington. La France avait en effet signé avec le Mexique une « déclaration » affirmant que le Front d'opposition salvadorien, en lutte contre la junte de San Salvador, soutenue par les États-Unis, constitue « une force politique représentative ».

A Mexico, où il avait pris la parole le 20 octobre 1981 avant de se rendre à Cancùn, Mitterrand avait en outre brandi l'étendard de la révolte contre les régimes oligarchiques soutenus par la CIA : « Salut à celles et ceux qu'on bâillonne, qu'on persécute et qu'on torture, qui veulent vivre et vivre libres. Salut aux séquestrés, aux disparus et aux assassinés qui voulaient seulement vivre et vivre libres. A tous la France dit : courage, la liberté vaincra ! »

Plus grave pour les Américains, la France vient d'accéder à la demande du régime sandiniste nicaraguayen qui réclame une aide militaire. Elle se matérialisera par une contribution modeste : deux vedettes, trois hélicoptères Alouette fabriqués sous licence en Roumanie et équipés de roquettes non guidées, et un lot de camions militaires Renault. Un contrat d'une centaine de millions de francs, dont une partie sous forme de don et l'autre de crédits financés par le Trésor qui ne se fait pas d'illusion sur ses chances de les récupérer, tant la mesure est politique.

Charles Hernu [1] en subit les retombées à la mi-janvier 1982 lors de sa première visite officielle aux États-Unis. Le jour de son arrivée, le *Washington Post* rend public « ce mauvais coup fait aux Américains ». Reagan annule l'audience prévue avec le ministre français de la Défense. Haig fulmine et s'affronte vivement avec Hernu au cours d'un petit déjeuner. Le secrétaire à la Défense Caspar Weinberger fait redescendre la température en obtenant de la délégation française la communication confidentielle du calendrier des livraisons au régime de Managua.

Mais retournons dans le bureau ovale, ce 12 mars 1982. Mitterrand indique que devant le « durcissement » continu du régime de Daniel Ortega la France n'a pas l'intention de renouveler ses livraisons d'armes. Il réaffirme cependant que l'évolution des mouvements de libération d'Amérique centrale n'est pas due à une adhésion au marxisme, mais est une conséquence de la politique américaine. Pour lui, le sous-développement est la cause principale de l'existence de régimes oligarchiques. Et Washington, en soutenant les dictatures militaires, les jette dans les bras de Brejnev.

Quelques mois plus tard, d'ailleurs, le ministre ouest-allemand des Affaires étrangères Hans Dietrich Genscher tient des propos analogues à George Shultz : « Vous

1. Entretien le 30 juillet 1988.

finissez toujours par faire venir les Russes. Kennedy avait peut-être réussi à leur faire retirer leurs missiles de Cuba en 1962 mais vous savez bien que nous avons dû le payer en retirant de Turquie des armes de l'OTAN. Je ne veux pas que la prochaine fois que vous devrez payer pour faire reculer les Russes en Amérique centrale la monnaie d'échange soit votre retrait de RFA [1]. »

Pour Mitterrand, la seule politique intelligente dans cette partie du monde exige de « briser le cercle vicieux » du soutien américain aux oligarchies, qui débouche sur la marginalisation progressive des patriotes libéraux au profit des éléments extrémistes « contraints » de se tourner vers Cuba et l'URSS. « C'est la politique américaine qui provoque cet enchaînement. Le président Reagan finira par avoir raison devant son opinion car sa politique renforce les plus durs, ceux qui font la révolution. Le bloc se fera avec l'Union soviétique, c'est une vis sans fin, les USA y ont une formidable responsabilité », explique-t-il de retour à Paris [2].

Mitterrand dit « injustice », Reagan répond « communisme », se souvient Claude Cheysson [3].

A Washington, l'attitude française est jugée naïve, irréaliste, romantique et « rousseauiste », observe l'ambassadeur Jeane Kirkpatrick [4], qui a passé « des heures » à tenter de convaincre Claude Cheysson, qu'elle trouvait « tiers-mondiste et mal informé ». Bravant les interdits du département d'État, elle avait reçu à New York le « dangereux » Régis Debray pour tenter, là encore, de le persuader que Paris faisait fausse route et que la menace marxiste était une réalité en Amérique centrale.

« Nous n'avons pas tellement apprécié la position française sur l'Amérique centrale, surtout tant que Cheysson a été en fonction. Cela dit, il n'a jamais fait grand-chose, il a surtout parlé », conclut Kissinger [5] sur ce point.

La France tient parole. Elle ne livre plus d'armes à

1. Document d'archives.
2. Document d'archives.
3. Entretien le 6 avril 1990.
4. Entretien le 30 septembre 1988.
5. Entretien le 7 avril 1989.

Managua. Quand le président Ortega, invité à Paris pour le 14 juillet suivant, réclame des Mirage 2000, il se heurte à un ferme refus. Il n'a droit qu'aux égards protocolaires. « C'est vrai, j'avais fait venir Ortega à côté de moi pour la revue, c'était un peu tirer sur la ficelle par rapport aux Américains. » Mitterrand[1] en rit encore. La France insolente s'exprime dans ce rire, celui de l'allié fidèle mais incommode, utile mais indocile.

Le 12 mars 1982, toujours à la Maison-Blanche, Mitterrand, qui s'apprête à présider à Versailles son premier sommet industrialisé, évoque les contentieux économiques. Nouveau dialogue de sourds, même si les experts français nourrissent quelque espoir de voir s'infléchir la politique américaine de taux d'intérêt élevés.

Sur la question des euromissiles, Mitterrand observe que les pourparlers soviéto-américains de Genève se sont interrompus parce que Washington préfère déployer ses Pershing avant d'engager une négociation sérieuse. Il estime que la proposition américaine d'option zéro[2] sur les missiles eurostratégiques n'est pas plus réaliste que celle de Brejnev, qui préconise un « gel » maintenant la supériorité soviétique en Europe.

Après avoir lu ses fiches, Reagan improvise et exprime alors ses propres convictions. Posant la main sur la cuisse de Mitterrand il dit : « Vous savez, François, ces Soviétiques ne nous feront pas la guerre. Et vous savez pourquoi ? A la minute même où ils décideraient d'attaquer, le peuple russe envahirait le Kremlin et les tuerait ! »

Cette déclaration laisse Mitterrand sans voix. A l'étonnement de Claude Cheysson[3], il se substitue à son hôte et lui propose de passer à la salle à manger.

Versailles ou la fin des illusions

A partir du printemps 1982, ce que l'on appelle alors « l'expérience socialiste » est confrontée à une sérieuse

1. Entretien le 16 mars 1989.
2. Retrait de tous les SS 20 braqués sur l'Europe et non-déploiement des fusées américaines en Europe.
3. Entretien le 10 mars 1989.

dégradation de la situation économique intérieure. François Mitterrand sait qu'il n'est d'autre choix que le retour à la rigueur[1] pour assurer à la gauche la durée. Il tente alors ou, à tout le moins, fait mine de tenter une dernière fois d'arracher aux Américains un engagement en faveur de la relance internationale[2] qui permettrait d'éviter à la France l'amère potion de la déflation.

Tel est pour lui l'enjeu du sommet industrialisé de Versailles qui se réunit début juin. Mais rien n'a changé depuis Ottawa. Reagan arrive en Europe avec pour seul objectif de contrer l'URSS par un renforcement du contrôle sur le commerce vers l'Est. Il n'a aucune intention de modifier réellement sa politique monétaire.

Les échanges de lettres[3] entre la Maison-Blanche et l'Élysée illustrent de façon éclatante la poursuite de ce dialogue de sourds. Le 8 mai, Reagan écrit à Mitterrand pour lui « suggérer » que le sommet soit l'occasion d'« avancer dans la voie qui rend nos relations avec l'Est compatibles avec nos intérêts en matière d'économie et de sécurité (...). Je souhaite qu'à Versailles nous puissions nous mettre d'accord sur une politique commune de crédit envers l'URSS et sur les moyens de contrôler les flux de crédits vers l'Est. Nous ne devrions laisser planer aucun doute sur le fait que nous partageons une perception commune de la conduite internationale soviétique », conclut l'Américain qui veut amener ses alliés européens à se ranger derrière Washington dans sa confrontation avec Moscou.

Trois jours plus tard, Mitterrand répond par une fin de non-recevoir sur les relations commerciales avec l'Est. En effet, il n'aborde essentiellement dans sa lettre que la question centrale pour la France de « la stabilisation des taux de change et des taux d'intérêt. Il serait important de parvenir à un accord sur ce point et de poser les pre-

1. Voir IVe partie : « La rigueur ».

2. Avait-il le sentiment de pouvoir obtenir une modification de l'attitude américaine ? « Je n'en savais rien, j'étais un peu seul autour de la table de conférence », indique François Mitterrand (entretien le 9 juin 1990).

3. Document d'archives.

miers jalons d'une concertation entre les grandes monnaies ».

Pour lui, la conception américaine de ces sommets est erronée. Il n'accepte pas que ces rencontres excessivement médiatisées ne servent qu'à manifester la cohésion occidentale face à la menace militaire de l'Est. Pas question de transformer les réunions des Sept en « directoire politique mondial » sous le leadership américain.

Dans cette phase préparatoire, les experts français, à commencer par Jacques Attali et son adjoint, le diplomate Pierre Morel, espèrent infléchir la position de la Maison-Blanche. Ils accordent apparemment trop de poids aux propos et au rôle de leurs principaux interlocuteurs économiques américains, Myer Rashish et son adjoint du département d'État Bob Hormats. Ces derniers se montrent en effet plutôt ouverts à l'idée d'une concertation monétaire. Les Français jouent également la carte d'Alexander Haig, considéré comme le plus « européen » des décideurs de Washington. Mais celui-ci est en pleine phase de marginalisation. Il sera remplacé par George Shultz le 25 juin.

En fait, reconnaîtront-ils plus tard [1], « nous sommes tombés dans le panneau. Nous nous sommes fait des illusions ». « Il ne faut pas attendre la moindre complicité avec l'administration Reagan » dominée par les « Californiens pour lesquels l'Europe est très loin ».

Poussé par Attali, François Mitterrand court après la relance internationale, toujours annoncée par les experts occidentaux. Jacques Delors, plus réservé sur les chances de faire évoluer les Américains à Versailles, préconise une tactique des « petits pas ».

Après avoir écarté une proposition initiale d'Attali d'organiser à Latche un « sommet léger » réduit aux chefs de délégation, le président français choisi l'option contraire : faire de ce sommet un succès de politique intérieure en lui donnant un éclat exceptionnel, en montrant que la France socialiste sait recevoir ses alliés dans le meilleur de la tradition française. Ce sera le château de

1. Document d'archives.

Versailles avec ses eaux, ses ors et ses fastes. Mais ce sera aussi la vitrine de la France du XXe siècle avec l'utilisation sur le plan de la communication des meilleurs matériels français de télématique et d'informatique. Le sommet coûtera aux contribuables français 26 796 210 francs, soit un dépassement de près de 8 millions de francs par rapport au devis initial.

Afin de s'assurer la meilleure couverture télévisée, la date des samedi 5 et dimanche 6 juin est retenue. Il faut en effet éviter que le sommet ne soit éclipsé par le Tour de France cycliste et la Coupe du monde de football.

A la veille de l'ouverture du sommet, la France se trouve complètement isolée. Elle est seule à vouloir traiter en priorité de la défense de l'emploi. Sa politique de relance s'essouffle. Tous ses partenaires sont engagés dans une politique récessionniste pour casser l'inflation. Pierre Mauroy[1] a du vague à l'âme : « Nous voguions seuls au vent arrière, toutes voiles dehors, alors que nos concurrents avaient affalé leur grand-voile et s'étaient mis à la cape. »

Le contexte diplomatique est en outre défavorable. La France ne peut compter ni sur la Grande-Bretagne, qui, en pleine guerre des Malouines, se garde de contredire les États-Unis, ni sur la RFA, préoccupée par sa sécurité dans l'affaire des SS 20, qui fait bloc sur le plan économique avec les États-Unis. Pour les Anglo-Saxons, l'inflation doit être traitée prioritairement à la relance pour l'emploi. L'entrée de l'armée israélienne au Sud-Liban, le jour de l'ouverture du sommet, déplace également le centre des préoccupations occidentales. Obligées de tenter de réagir de concert au coup de force de Menahem Begin, les délégations des Sept ont moins de temps à consacrer à l'ordre du jour, essentiellement économique, établi par la présidence française.

En prélude à Versailles, Reagan est reçu officiellement en France. Le déjeuner offert en son honneur le 4 juin 1982 à l'Élysée fournit, sept mois après Yorktown, une nouvelle occasion de célébrer des relations franco-américaines qualifiées d'« exceptionnelles » par le géné-

1. Entretien le 4 janvier 1989.

ral Haig. A table, Mitterrand interroge Reagan sur l'Afghanistan. Le président américain sort plusieurs bristols de son veston, les compulse, ne trouve rien et reste silencieux. Le secrétaire d'État répondra pour les États-Unis.

Les Sept et le président de la Commission européenne Gaston Thorn entament leurs discussions économiques le samedi matin 5 juin, dans la salle du Sacre du château du Roi Soleil, par l'étude du rapport français « Croissance, emploi, technologie ». C'est un acte de foi dans le progrès des sciences et des techniques modernes. Mises en œuvre dans un souci de solidarité planétaire, elles déboucheront sur le développement, la prospérité et la paix. Ce texte est adopté par les Sept, qui chargent un groupe de travail de formuler des propositions concrètes sur la base de l'initiative française. Bien accueilli par Margaret Thatcher, Helmut Schmidt et Zenko Suzuki, ce rapport laisse Ronald Reagan sceptique. Il rappelle qu'à la suite de la crise de 1929 Roosevelt avait fait étudier les perspectives technologiques pour les vingt-cinq années à venir ; ce document n'avait prévu ni la télévision, ni le développement des matières plastiques, ni les avions à réaction, ni même le stylo à bille. « Nous ne pouvons pas prédire les années futures et il ne sert à rien d'étudier aujourd'hui les conséquences des innovations technologiques sur la société de demain », conclut-il goguenard.

Au déjeuner, une discussion dure s'engage sur les crédits à l'Est. François Mitterrand et Helmut Schmidt font corps pour dire à Reagan que les Européens ne peuvent accepter que les États-Unis mettent en place un COCOM financier qui contrôlerait leurs exportations selon un critère politique. « C'est inacceptable pour nous », affirment d'une même voix le chancelier et le président.

L'après-midi, les Sept abordent les problèmes économiques et monétaires. L'ambiance est lourde et morose. Quel contraste avec l'image de faste donnée par les médias ! Une nouvelle fois Schmidt défend sans illusion le point de vue européen : les taux d'intérêt américains sont trop élevés et seule une réduction du déficit budgétaire américain permettra de les faire baisser.

Mitterrand détend l'atmosphère. Il tend le bras vers le grand tableau de David représentant le sacre de Napoléon. « Voyez, dans la tribune, il y a la mère de l'Empereur. Or elle avait refusé d'assister à cette messe et avait dit : " Pourvu que ça dure. " Eh bien nous, on ne doit pas dire " pourvu que ça dure », on doit changer les choses. Et en disant cela je pense à l'avenir de nos sociétés. »

Cette réflexion n'entame en rien les certitudes du libéral américain. Ronald Reagan justifie sa politique par la nécessité de lutter contre les interventions bureaucratiques de l'État. « Certes, il faut stimuler l'économie pour lutter contre le chômage. Mais les aides publiques ne sont que des piqûres de cocaïne qui ne résolvent rien et sont la cause des taux d'intérêt si élevés. » Quant au déficit budgétaire qu'il assure vouloir réduire, il en impute la responsabilité au « Congrès démocrate » qui ne parvient pas à « sortir de cette ornière ».

« Ronald, je vous le demande car le temps commence à manquer, comment parviendrez-vous à convaincre le Congrès ? » l'interrompt le Canadien Pierre Elliott Trudeau.

Toute la nuit les « sherpas », installés au Grand Trianon, mettent au point le projet de déclaration finale. La coordination n'est pas au point. Les ministres des Affaires étrangères commencent eux aussi après leur dîner à rédiger un communiqué.

Le dimanche matin 6 juin, Mitterrand étudie le texte des diplomates qui prend position contre l'octroi de taux préférentiels dans les crédits à l'URSS. Il s'insurge contre ce texte pour lequel il n'a pas donné son accord. Cela au plus grand étonnement de Haig qui assure que Cheysson en a été l'artisan.

Les chefs de délégation vont donc devoir consacrer leur dernière séance à tenter d'harmoniser les textes des sherpas et des ministres. Discussions laborieuses et pénibles. Plume à la main, les Sept raturent le document final qui exprimera finalement la position des uns et des autres.

Reagan demande un contrôle strict des taux des crédits

publics vers l'Est. Mitterrand rétorque qu'il faut dans ce cas exercer aussi un contrôle sur les crédits privés[1]. « Non, les crédits privés c'est la loi du marché », objecte l'Américain. Mitterrand s'emporte : « Si vous ne pouvez pas intervenir sur les crédits privés, je ne vois pas pourquoi je restreindrais mes crédits publics. D'ailleurs votre proposition vise exclusivement la France et l'Italie. »

Les Allemands et les Japonais, qui ont des procédures spécifiques de crédits, ne se sentent pas directement concernés par cette controverse. En revanche les Britanniques, dans la même situation que la France et l'Italie, veulent éviter, Malouines obligent, tout conflit avec les Américains.

Au cours de l'ultime tour de table réclamé par Mitterrand pour éviter « tout malentendu », le président français assure que la déclaration sur le commerce avec l'Est ne comporte pas d'engagements nouveaux.

« Attention, moi je veux quelque chose de substantiel sur les relations commerciales Est-Ouest, autrement ça ne va pas », tonne le président américain alors que Mitterrand s'apprête à lever la séance.

Le communiqué de Versailles cache mal ces divergences. Les Sept s'engagent à appliquer des recommandations suffisamment floues pour permettre à chacun d'y retrouver son compte. Le principe d'une limitation des crédits publics et privés à l'exportation vers l'URSS et les pays du pacte de Varsovie est adopté, assorti d'un engagement de renforcement du contrôle des exportations de biens stratégiques. Un point pour Reagan.

La volonté de mettre en œuvre « d'urgence des politiques monétaires prudentes » et de maîtriser « davantage les déficits budgétaires » est inscrite noir sur blanc, assortie d'un engagement à travailler à « une évolution ordonnée du système monétaire » et à agir « pour contrecarrer les situations de désordre ». Un point pour Mitterrand et Delors. Mais pour les autorités monétaires américaines, l'anarchie qui règne sur les marchés des changes n'est pas assimilable à une « situation de désordre ». Dans l'immédiat, cet engagement n'a aucun effet

1. Document d'archives.

concret. La France ne peut pas tabler sur une baisse des taux américains et donc sur une relance généralisée pour lui éviter la rigueur. A plus long terme, l'idée d'une concertation monétaire fera son chemin. « Le G7[1] » est né à Versailles, dira plus tard Jacques Delors[2]. Sur le plan économique, Versailles est toutefois un coup d'épée dans l'eau au regard des préoccupations immédiates de la France.

Pour l'opinion française, Versailles reste comme le dernier feu d'artifice de l'état de grâce. Il amorce la chute de Mitterrand dans les sondages.

Trois jours après la fin de Versailles, lors de sa deuxième conférence de presse élyséenne, François Mitterrand annonce prudemment le passage à la rigueur. Le 12 juin, le franc est dévalué pour la deuxième fois. Le 13, la France se soumet à la politique économique dominante en procédant à un blocage des prix et des revenus de quatre mois[3].

C'est sans doute après Versailles que Mitterrand a eu le plus envie de renoncer à participer aux sommets industrialisés. Il ne sait pas que le prochain, en juin 1983 à Williamsburg, sera encore plus dur. Trois jours après Versailles il confie : « Ces sommets prennent une mauvaise tournure. Ils deviennent trop des tribunes de propagande ou de publicité. Il était manifeste que c'était le but recherché par Reagan. » Le président se dit « irrité par cette manière de parler de vainqueur ou de vaincu d'un sommet ». « Il reste, concède-t-il, que ces sommets permettent aux chefs d'État de se connaître mieux sur le plan humain. »

Il est d'autant plus amer qu'un sondage commandé par l'Élysée indique que 56 % des Français, dont plus de la moitié appartenant à sa majorité, ont jugé « choquant » le faste de Versailles. Il s'en expliquera en Conseil des

1. Groupe des sept ministres des Finances, qui se concerteront régulièrement à partir de 1985 pour stabiliser l'évolution des cours des principales devises.
2. Entretien le 5 juin 1989.
3. Voir IVe partie : « La rigueur ».

ministres, priant ses détracteurs de « s'adresser à Louis XIV. Il me semble que bien recevoir et ne pas céder était assez conforme au tempérament français ».

Le 2 août à Latche, il observe[1] : « Si ces sommets ne font qu'entériner des accords préalables, ils ne servent à rien. Et si cela devait continuer comme à Ottawa et Versailles, il vaudrait mieux ne plus les réunir car ils ne servent qu'à faire la propagande des États-Unis. » Ce jour-là, le président apprend qu'enfin la descendance mâle est assurée dans sa lignée puisque son fils aîné Jean-Christophe est père d'un petit Adrien. « Je leur ai dit : surtout ne mettez pas de H. Ce serait présomptueux. Imaginez, Hadrien Mitterrand ! Il y a déjà une Justine [la première fille de son fils cadet Gilbert], n'en rajoutons pas. »

Agacé par les critiques soulevées par les dépenses occasionnées, pour le sommet, par les fastes de Versailles et visant, au-delà, le train de vie présidentiel qui n'a pas changé malgré la rigueur, il remarque : « Je dépense beaucoup moins que mes prédécesseurs, j'ai une utilisation radine de ma dotation. »

L'organisation même du sommet de Versailles souligne une erreur fondamentale d'appréciation. La conscience de leur faiblesse a sans doute conduit les responsables français à souhaiter une démonstration éclatante de puissance. D'où le faste de la réception. Elle les a aussi sans doute amenés à surestimer les vertus de la communication. Ils savent le poids aux États-Unis des télévisions et de tous les organes de presse. A Versailles, plus de trois mille journalistes allaient être réunis et il fallait donc leur donner les moyens les plus modernes d'exercer leur métier. On avait parfois le sentiment que ce sommet était fait pour la presse. Mais la forme ne peut changer le fond. Les faits étaient là. L'Amérique de Reagan est une superpuissance décidée à imposer sa loi.

Deux semaines après son retour aux États-Unis, le président Reagan décrète unilatéralement, le 18 juin, un

1. Au cours d'un déjeuner avec plusieurs journalistes, dont l'un des auteurs.

embargo sur les fournitures de matériels destinés à la construction du gazoduc euro-sibérien par les filiales des compagnies américaines, implantées notamment en Europe.

Mitterrand réagit très mal. Il ne cache pas que si ce genre de pratiques devait continuer il ne participerait plus lui-même à un sommet des Sept. « Je n'ai pas l'intention de devenir l'amuseur des Américains », lance-t-il devant quelques ministres.

George Shultz, qui succède au général Haig une semaine plus tard, n'a qu'une idée : sortir de cette situation très critiquée par les milieux d'affaires qui ont su mobiliser le Congrès : *« business is business »*.

Le nouveau secrétaire d'État commence par temporiser. Début octobre, il s'en ouvre à ses homologues de l'OTAN, réunis à La Sapinière, au Canada. Cheysson donne à Shultz son accord pour rechercher « un habillage qui permette à Reagan de lever l'embargo tout en sauvant la face » grâce à un accord entre les principales puissances occidentales.

Il transmet aussitôt à Mitterrand une note manuscrite faisant état du projet de résolution occidentale envisagé par Shultz, qui prévoit de remplacer l'embargo américain par une concertation permanente entre alliés, préalable à toute opération commerciale avec l'URSS. « Pas question », écrit Mitterrand sur le message de son ministre des Relations extérieures.

Pourtant, le Quai d'Orsay continue d'y travailler avec les Américains. Cheysson a pris sur lui d'outrepasser le veto présidentiel, persuadé qu'au vu du résultat, c'est-à-dire la levée de l'embargo unilatéral des États-Unis, François Mitterrand l'approuvera.

Un mois plus tard, le 6 novembre 1982, Cheysson apporte personnellement au président le projet de déclaration de Reagan annonçant le remplacement de l'embargo par un nouvel engagement de concertation occidentale. Le ministre quitte le bureau présidentiel convaincu d'avoir obtenu cette fois le feu vert du chef de l'État.

Le samedi suivant, 13 novembre, le malentendu éclate.

Reagan estime que l'arrivée de Iouri Andropov au Kremlin, deux jours après l'annonce de la mort de Brejnev, et la libération concomitante du leader de Solidarité Lech Walesa créent un climat favorable à son revirement. Son intervention à la télévision est programmée. Il doit y annoncer la levée des sanctions et l'accord occidental sur le commerce Est-Ouest, qui prévoit des consultations avant tout achat de gaz soviétique et l'harmonisation des politiques de crédit à l'exportation vers l'Est.

Le projet d'intervention de Reagan est envoyé quelques heures avant dans les capitales occidentales. Quand, ce jour-là, il en prend connaissance à l'Élysée, Mitterrand explose : « C'est inadmissible, inacceptable. J'ai dit que je n'en voulais pas. C'est le Quai d'Orsay qui n'en fait qu'à sa tête. Voilà encore un pas vers le leadership américain. Pas question d'accepter cette conception américaine selon laquelle tout ce qui est économique est stratégique, donc militaire, donc du ressort de l'Alliance. Aller dans ce sens reviendrait à admettre qu'il n'y a plus d'indépendance pour la France. Reagan méconnaît totalement les besoins de ses alliés et nous voilà en train d'entrer dans une période dure. Nous répéterons qu'il n'est pas question d'englober les échanges de la France dans le champ des obligations qu'elle a contractées sur le plan militaire[1]. »

Devant cette avalanche de critiques, Attali alerte immédiatement la Maison-Blanche du refus de Mitterrand. La présidence américaine rappelle l'Élysée pour faire savoir que Reagan, avant sa déclaration télévisée, souhaite parler personnellement à Mitterrand. Mitterrand refuse de le prendre au téléphone, craignant que ce dernier ne se prévale ainsi de son accord.

Reagan annonce sa décision. Immédiatement le Quai d'Orsay publie un communiqué. La France « n'est pas partie à l'accord annoncé cet après-midi à Washington », mais elle « prend acte de l'annonce par M. Reagan de la levée de l'embargo américain sur les fournitures desti-

1. Document d'archives.

nées à l'URSS en relation notamment avec le gazoduc euro-sibérien ».

En réalité, ce texte a été rédigé par François Mitterrand en présence du secrétaire général du Quai Francis Gutmann, convoqué toutes affaires cessantes dans le bureau présidentiel.

Mitterrand estime avoir réagi comme l'aurait fait le général de Gaulle. Ce dernier « en sortant la France de l'OTAN avait refusé l'intégration militaire, moi je refuserai l'intégration économique, car ce texte américain est un véritable traité », dit-il cinq jours plus tard en Conseil des ministres.

L'ambassadeur de France à Washington, Bernard Vernier-Palliez, s'estime ridiculisé par le communiqué du Quai d'Orsay. Il prévient Paris qu'il compte démissionner. C'est avec l'accord de son ministre qu'il a participé, avant la déclaration de Reagan, aux consultations avec les Américains aux côtés des ambassadeurs allemand, britannique et italien. Mitterrand lui répond qu'il doit rester en place ; il n'est en aucune manière désavoué.

Cet épisode est révélateur de la différence d'approche de la relation franco-américaine entre Mitterrand et Cheysson. Le premier, qui n'échappe décidément pas au qualificatif de « gaullien », ne croit pas qu'un dialogue puisse modifier les données géopolitiques. Le second, plus conciliant, est d'avis qu'il faut toujours rechercher le dialogue pour resserrer les liens avec Washington.

L'incident est clos, provisoirement, le 20 novembre avec une lettre de Mitterrand à Reagan [1] : « Notre intérêt commun, en tant que pays membres de la même alliance, me semble être que celle-ci puise ses forces dans notre diversité. C'est en respectant la personnalité nationale de chaque État, profondément compatible avec la solidarité nécessaire sur l'essentiel, que nous favoriserons l'enracinement dans chaque pays de la volonté commune de défense. »

C'est exactement ce qui va se passer deux mois plus tard à la tribune du Parlement fédéral ouest-allemand.

1. Document d'archives.

Bundestag ou le soutien décisif

1983. L'année s'annonce cruciale pour l'avenir de la paix dans le monde. L'Europe est au centre de la menace nucléaire. L'Union soviétique dispose de 1 273 têtes nucléaires ; depuis 1977 elle a déployé 342 SS 20. En décembre 1979, l'OTAN a décidé d'implanter, en cinq années à partir de 1983, 572 têtes nucléaires si les pourparlers américano-soviétiques de Genève n'aboutissent pas dans ce délai.

Si la négociation échoue, l'Occident s'armera[1].

Le 28 novembre 1982, un an après l'ouverture des pourparlers de Genève, Reagan propose l'« option zéro », c'est-à-dire le renoncement au déploiement des Pershing 2 et des Cruise en échange du démantèlement de toutes les fusées intermédiaires soviétiques pointées vers l'Europe. Moscou rejette cette proposition et avance de nouveau le 21 décembre, par la voix d'Andropov, l'offre d'un « gel » en Europe dans lequel l'URSS ne conserverait qu'un nombre équivalent de missiles à celui dont disposent la Grande-Bretagne et la France.

Cette contre-proposition revient à consacrer le « découplage » stratégique entre l'Europe et les États-Unis puisque les SS 20 ne peuvent atteindre l'Amérique à l'exception de l'Alaska.

La France se déclare contre le gel, contre le découplage. Paris ne croit pas à cette option zéro. François Mitterrand, comme Margaret Thatcher, beaucoup plus discrètement, poursuit deux objectifs : refus de la prise en compte des armes nucléaires françaises et britanniques dans une négociation sur le désarmement en Europe et recherche d'un équilibre au plus bas niveau entre les charges nucléaires de l'OTAN et celles du pacte de Varsovie.

1. C'est la « double décision » de décembre 1979 : faute de résultat dans la négociation, l'OTAN déploiera 108 Pershing 2 en RFA, et 442 Cruise en Europe (96 en Allemagne fédérale, 160 au Royaume-Uni, 90 en Italie, 48 aux Pays-Bas et autant en Belgique), soit 572 têtes nucléaires.

Si Genève n'aboutit pas, Mitterrand est d'accord avec le chancelier Kohl et son prédécesseur Schmidt pour l'installation des fusées américaines, quelles que soient les résistances des pacifistes occidentaux, des communistes et les menaces des Soviétiques.

Le 14 décembre 1982, le président français expose en détail à George Shultz la position de la France[1]. Sceptique quant au succès des conversations de Genève, il assure que les Soviétiques devront « se rendre compte que le prix à payer sera le déploiement des Pershing ». Entre l'option zéro de Reagan et le gel d'Andropov, il faut « trouver un point où l'URSS cessera d'être maîtresse stratégique de l'Europe », ajoute-t-il avant de démontrer à son interlocuteur que si la France, étant hors du commandement intégré de l'OTAN, n'a pas à accueillir les armes américaines, elle ne reste pas les bras croisés. Elle vient de décider la construction du septième SNLE et le remplacement des fusées à courte portée Pluton par les Hadès qui pourront atteindre la RDA et la Tchécoslovaquie. Bref, la France remplit à sa façon ses devoirs envers l'Alliance.

Mitterrand ne cache pas que, comme ses prédécesseurs depuis bientôt vingt ans, il doit surmonter « la difficulté » consistant à concilier ses engagements vis-à-vis du pacte Atlantique et sa propre force autonome de dissuasion.

Le secrétaire d'État américain n'a pas de doute sur l'engagement français dans l'Alliance, illustré à partir de 1981 par deux gestes de Paris : ouverture des ports français aux sous-marins américains et assouplissement des conditions de survol du territoire français par les avions de l'OTAN. Sans oublier les « échanges de renseignements » toujours en cours dans le cadre du dossier « Farewell »[2].

Ce jour-là, Mitterrand et Shultz procèdent également à un tour d'horizon de la menace soviétique dans le reste du monde. Le Français évoque trois points faibles du dispositif occidental : Madagascar, les Seychelles et surtout

1. Document d'archives.
2. Voir 1re partie : « L'alternance ».

les îles du Cap-Vert où Moscou s'efforce d'obtenir des facilités portuaires, voire l'installation de bases aéronavales.

Avec le président malgache Didier Ratsiraka, « ami, mais pas allié » des Soviétiques, Mitterrand a été clair : « Il sait très bien que s'il accepte des bases, il y aura rupture de nos relations. » Aux Seychelles, l'urgence est d'éviter que le gouvernement de France-Albert René soit renversé. L'ambassadeur de France à Victoria, Georges Vinson, un « homme du président », est chargé de surveiller la situation dans ce lointain archipel. Quant au Cap-Vert, même si son président a promis qu'il n'y aurait pas de bases permanentes, la gravité du sous-développement risque de rendre ce pays très sensible aux offres financières du Kremlin. La France souhaite que les États-Unis s'occupent de ce pays guère plus peuplé qu'un département rural français.

Le mardi 18 janvier 1983, Mitterrand achève par un voyage inaugural à bord du « Transgabonais » sa deuxième tournée africaine. Après le Togo, le Bénin et le pays du président Bongo, il est déjà mentalement retourné en Europe. Rendez-vous est pris pour le 20 janvier à Bonn avec le chancelier Kohl. On doit y célébrer le vingtième anniversaire du traité franco-allemand. Temps fort de cette journée : un discours du président français devant le Bundestag.

Dans le compartiment climatisé du train africain qui traverse la forêt équatoriale, Mitterrand entreprend Cheysson : « Ce discours de Bonn, il faudrait peut-être s'y mettre. » Le ministre des Relations extérieures[1] « griffonne un papier » que Mitterrand met dans sa poche.

Le lendemain à Paris, Mitterrand réunit Cheysson, Hernu, Bianco, Attali, Védrine et Saulnier dans son bureau après le Conseil des ministres. « Il était d'une humeur de cochon », se souvient Cheysson, qui le voit, à son grand étonnement, ressortir de sa poche le papier du Gabon et demander à Attali et à Bianco de revoir

1. Entretien le 10 mars 1989.

complètement le projet de discours préparé par la cellule diplomatique de l'Élysée, qu'il juge, avec la délicatesse qui le caractérise souvent dans les rapports de travail, « tragiquement nul ».

Comme toujours, et surtout dans des occasions importantes, François Mitterrand s'y prend au dernier moment. Il convoque à 23 heures ceux qu'il avait réunis en fin de matinée et les pousse dans leurs derniers retranchements : « En cas de crise grave, de risque de guerre mondiale, que devrait faire le président français ? Réfléchissons, imaginons toutes les hypothèses. » Jean-Louis Bianco[1], qui relate cette séance, ajoute : « Le président nous garde jusqu'à 2 heures du matin. Quand il juge que nos idées sont claires, il désigne deux équipes pour rédiger le discours. » Bianco et Hernu se mettent immédiatement au travail. Cheysson et Védrine prennent le relais aux petites heures du matin.

Le jeudi matin, Mitterrand remanie encore le texte dans l'avion. A la chancellerie, où il s'entretient avec Kohl, la délégation française s'affaire nerveusement autour de Christiane Dufour, la secrétaire du président, qui dactylographie la dernière mouture sur un clavier allemand qui lui complique la tâche. Le général Saulnier fait la navette à la photocopieuse. Bianco se procure un sandwich pour la jeune femme. Cheysson consulte sa montre avec angoisse, devant des Allemands étonnés par cette agitation. A 11 heures tout est prêt.

Mitterrand porte encore quelques retouches *in extremis* à son texte, dans un bureau du Bundestag, juste avant de monter à la tribune.

Devant lui, alors qu'il chausse ses lunettes, signe qu'il improvisera peu, et s'apprête à lire ses quarante feuillets, une Allemagne inquiète et divisée. Dans la rue, les pacifistes antinucléaires continuent de manifester violemment. Sur les travées, les chrétiens-démocrates du chancelier Kohl, qui vient de réaffirmer son attachement à l'objectif de l'option zéro, faute de quoi l'OTAN devra déployer ses missiles. A côté d'eux, les libéraux, dont le

1. Entretien le 7 septembre 1989.

chef de file Genscher, plus nuancé, souhaiterait un démantèlement soviétique accompagné d'un déploiement réduit américain. Dans l'opposition, les sociaux-démocrates de Hans Jochen Vogel, hostiles au déploiement et surtout favorables à la prise en compte des forces nucléaires britanniques et françaises dans la négociation Est-Ouest qu'ils réclament haut et fort. Une position qui diverge de celle de l'ancien chancelier Schmidt, l'instigateur de la « double décision ».

Mitterrand ne prend nullement en considération une quelconque solidarité socialiste avec le SPD. La France et l'Occident sont menacés par les Russes. Moscou n'est prêt à aucune véritable concession, comme l'a démontré la visite d'Andrei Gromyko à Bonn l'avant-veille. Il faut « sauter le pas » et marquer devant l'opinion publique allemande sa solidarité atlantique, quitte à se voir reprocher par les commentateurs un alignement sur Washington.

François Mitterrand : « Le discours du Bundestag n'était pas une condition, mais une étape psychologique dans les relations franco-soviétiques[1]. »

A la tribune de l'Assemblée ouest-allemande, il insiste en effet sur la notion d'équilibre pour la paix. Dans son propos, nulle trace d'attaque idéologique contre l'URSS, pas plus que d'adhésion à la vision américaine des relations Est-Ouest. C'est la France qui parle au Bundestag. Si elle penche du côté américain, c'est parce que le risque aujourd'hui vient de Moscou.

« Il faut que la guerre demeure impossible et que ceux qui y songeraient en soient dissuadés (...) Seul l'équilibre des forces peut conduire à de bonnes relations avec les pays de l'Est, nos voisins et partenaires historiques. Mais le maintien de cet équilibre implique à mes yeux que des régions entières d'Europe ne soient pas dépourvues de parade face à des armes nucléaires dirigées contre elles. »

C'est avec cette dernière phrase, exprimant une idée purement défensive, que Mitterrand a dit aux Allemands : il faut accepter les Pershing.

Rejetant « quiconque ferait le dangereux découplage

1. Entretien le 25 avril 1989.

entre le continent européen et le continent américain », facteur de « déséquilibre des forces », il appelle à « la détermination commune et à la solidarité des membres de l'alliance Atlantique », seul moyen, selon lui, de parvenir à un accord de désarmement dans lequel « les forces françaises ne peuvent être prises en compte » étant donné la disproportion entre les arsenaux des deux Supergrands et ceux des puissances nucléaires européennes que sont la France et le Royaume-Uni.

« Amis allemands, en cette année fatidique, recherchons ensemble, et pour longtemps, comme naguère, les chemins de l'équilibre, du développement et de la paix », conclut-il, non sans avoir longuement exalté l'amitié entre Paris et Bonn et son rôle moteur dans la construction européenne.

Le retentissement de ce discours est considérable dans les milieux diplomatiques. Il passe presque inaperçu en France où l'opinion et la classe politique sont davantage préoccupées par les difficultés économiques, le récent faux pas gouvernemental sur le livret de Caisse d'épargne et la préparation de la campagne des municipales de mars [1].

Ronald Reagan écrit huit jours plus tard à François Mitterrand [2]. Il n'est pas avare de superlatifs pour remercier son allié français de cet appui « d'une valeur inestimable ». Exprimant son « admiration » pour le discours du Bundestag, qu'il considère « comme une contribution importante » à la sécurité de l'Ouest, le président américain se fait porte-parole de tous les Occidentaux : « Votre discours renforce l'Alliance » à un moment où les responsables politiques des cinq pays concernés par le déploiement « avouent sinon leur impuissance, du moins une vraie anxiété face au poids de leurs opinions ».

A Paris, où il retrouve le lendemain 21 janvier le président Mitterrand pour le volet français des célébrations de l'anniversaire du traité de l'Élysée, Helmut Kohl ne

1. Voir IVe partie : « La rigueur ».
2. Document d'archives.

cache pas non plus sa satisfaction. « Nous faisons la même analyse : le réarmement soviétique remet en cause l'équilibre militaire en Europe. » Moins « diplomate », le chef de la CSU, le Bavarois Franz Joseph Strauss, confie que, à six semaines des élections générales en RFA, le discours de Mitterrand va déplacer 3 % des voix vers la coalition chrétienne-démocrate-libérale au détriment des sociaux-démocrates, abasourdis par la prise de position du président français. Pire qu'une incompréhension, un véritable fossé vient de s'ouvrir entre le SPD et le PS. François Mitterrand n'en a cure[1]. L'idée d'une victoire du social-démocrate Hans Jochen Vogel aux élections allemandes prévues deux mois plus tard ne le préoccupe pourtant pas outre mesure. S'il peut craindre en effet que ce dernier ait besoin de l'apport des écolo-pacifistes et ne devienne ainsi l'otage de Moscou, il sait aussi que le chef du SPD maîtrise parfaitement les questions de défense et peut éviter cet écueil.

Peut-on reprocher au président socialiste français d'avoir ainsi aidé Kohl à gagner quand dix-huit mois plus tôt le chancelier social-démocrate Schmidt faisait voter Giscard afin d'éviter l'arrivée de ministres communistes à Paris ?

La presse française voit dans le discours du 20 janvier 1983 un ralliement à l'option zéro de Reagan. Une analyse grossière qui ne manque pas d'agacer Mitterrand. « Malentendu (...) cas typique du pas que prend la passion sur l'analyse sérieuse des textes », déclare-t-il le 26 janvier en Conseil des ministres. Pour lui en effet ce discours signifiait que la France est favorable à la recherche d'un « point intermédiaire entre les positions de Washington et Moscou ». Il estime que les Russes n'auront

1. Mitterrand reconnaît le 26 janvier en Conseil des ministres que son discours peut influencer les prochaines élections allemandes en faveur des chrétiens-démocrates : « Indépendamment des amitiés que nous avons et qui vont évidemment vers les sociaux-démocrates, on ne pouvait pas lésiner sur les intérêts de la France. » En clair, pour Mitterrand ce n'est pas parce que Vogel a changé la position du SPD par rapport à Schmidt, que la France doit en faire autant.

pas oublié de noter que son propos est « très différent » de celui de Reagan puisque à aucun moment il n'a parlé de l'option zéro mais d'un niveau de désarmement et de déploiement qui dépendra de la négociation.

Il rejette les critiques de certains gaullistes, qui manifestent, selon lui, un esprit « scolastique » sur la force de frappe en interdisant que l'on s'intéresse à ce que fait l'OTAN. En agissant ainsi, on se placerait à l'égard de « tous nos interlocuteurs sur un terrain agréable puisque l'on ne parlerait pas des choses embarrassantes. Et pourtant il faut bien en parler »[1].

Au sein de la majorité, le discours du Bundestag ne soulève pas de vagues. Les communistes ne bronchent pas. Le bureau politique du PCF avait choisi dès le départ de ne pas rompre sur la politique étrangère, y compris sur la querelle des euromissiles. Pour donner le change, le parti de Georges Marchais poursuit pendant toute cette période sa campagne « pour la paix » dans le cadre de « l'appel des 100 », majoritairement communistes et CGT, auquel s'étaient ralliées plusieurs personnalités de gauche parmi lesquelles l'écrivain Edmonde Charles-Roux, épouse du ministre de l'Intérieur Gaston Defferre.

Au lendemain du discours de Bonn, Marchais affirme sans ciller devant le Comité central qu'« il n'y a pas de divergence entre Mitterrand et nous sur la politique étrangère ». Il répond ainsi au ministre de la Fonction publique Anicet Le Pors[2], qui venait de réclamer une dénonciation publique du « plaidoyer atlantiste » de Mitterrand. « Tu essaies de nous prendre sur notre gauche », lui avait répliqué, plus stalinien que jamais, Maxime

1. Jacques Chirac échappe à cette critique. Le 13 janvier 1983 en effet, devant l'Institut d'études stratégiques de l'université de Georgetown à Washington, le président du RPR s'était clairement prononcé pour la double décision, demandant « une approbation renouvelée et sans réticence des pays d'Europe à l'installation d'armes nouvelles ». Valéry Giscard d'Estaing, au contraire, a répété le 16 janvier : « Il ne faut pas dire aux autres ce qu'ils doivent faire en matière de déploiement des moyens nucléaires. »

2. Entretien le 9 novembre 1989.

Gremetz, le responsable des questions internationales au bureau politique.

En octobre 1983, quand Mitterrand, une nouvelle fois, à l'occasion de sa visite officielle en Belgique, s'efforce de convaincre les dirigeants européens et leurs opinions de la nécessité de résister aux Soviétiques, les communistes français se font tout petits. A l'hôtel de ville de Bruxelles, Mitterrand lance : « Je suis moi aussi contre les euromissiles, seulement je constate que les pacifistes sont à l'Ouest et les euromissiles sont à l'Est. » La formule fait mouche. Elle est perçue comme une réplique au slogan pacifiste et antinucléaire : *« Better red than dead. »* (« Il vaut mieux être rouge que mort. »)

Le Premier ministre belge Wilfried Martens, qui doit faire face jusque dans sa coalition à une forte opposition à la « double décision » de l'OTAN, n'apprécie guère ces propos destinés à lui forcer la main.

Mitterrand n'a pris aucune précaution pour parler ainsi en présence du ministre communiste des Transports Charles Fiterman[1]. Celui-ci pense que le président l'avait « délibérément » invité pour le mettre devant le fait accompli de la position française. « Je n'ai rien dit, car nous avions décidé avec la direction du parti de faire le dos rond. Nous ne voulions pas quitter le gouvernement sur cette affaire. »

Un mois après le voyage de Bonn, Mitterrand estime qu'ayant désormais procédé à l'ultime clarification sur le dossier des SS 20, la cure de désintoxication dans les contacts réguliers franco-soviétiques peut et doit être adoucie : il envoie Cheysson à Moscou. Le ministre des Relations extérieures, qui a rencontré son homologue Gromyko à trois reprises à New York depuis 1981, est fraîchement accueilli, même s'il est reçu par Iouri Andropov. Certes, les Soviétiques sont satisfaits de voir enfin reprendre la concertation à un haut niveau, mais ils ne font, et pour cause, aucun geste vers la France. Rien pour rééquilibrer les échanges commerciaux, largement déficitaires pour Paris. Rien sur l'Afghanistan et la Pologne.

1. Entretien le 3 juillet 1989.

Rien sur la sécurité européenne. Cheysson écourte sa visite. Seul point positif pour les deux puissances européennes : le dialogue n'est pas rompu. Il y a notamment convergences sur le Proche-Orient. Mais sur l'essentiel, c'est-à-dire l'Est-Ouest, la formule anglaise s'applique : « *They have agreed to disagree.* » (« Ils sont tombés d'accord pour ne pas être d'accord. »)

Quand Mitterrand s'est envolé pour Bonn, il avait également en tête un autre dossier important dans le contentieux franco-soviétique.

Le 11 janvier 1983, il prend en effet connaissance par Cheysson d'un message catastrophé de l'ambassade de France à Moscou révélant que depuis 1976 les services de renseignements soviétiques ont capté *tous* les messages chiffrés envoyés au Quai d'Orsay. Thierry Wolton, le premier, a rendu publique cette affaire dans son ouvrage *Le KGB en France*[1] : « Au cours des travaux de remise en état d'un téléimprimeur, il est apparu que le corps du condensateur contenait un appareillage électronique complexe, vraisemblablement destiné à transmettre en clair sur le secteur électrique extérieur les informations télégraphiques. » Les « plombiers » du KGB avaient bien travaillé en installant le même dispositif sur tous les télex de l'ambassade à l'occasion de leur acheminement par wagon plombé non accompagné de Paris à Moscou.

Devant ce « viol inadmissible » de la correspondance diplomatique, Mitterrand décide de sanctionner l'URSS. Ne pas le faire eût été risquer d'apparaître aux yeux du Kremlin comme un chef d'État dénué de fermeté. Il demande à la DST de lui préparer une liste d'officiers du KGB et du GRU particulièrement actifs en France, sur la base des révélations de l'agent « Farewell ».

« Sous de Gaulle le personnel diplomatique soviétique, vous voyez ce que je veux dire, ne dépassait pas 200 personnes, puis ça a augmenté sous Pompidou et Giscard pour atteindre 700 à 800 agents. Il fallait réagir pour se

1. Paris, Grasset, 1987.

faire respecter des Russes qui nous considéraient comme un pays disponible », explique Mitterrand[1] en 1989.

Deux listes sont dressées. La première pour expulsion immédiate. La seconde en cas de représailles soviétiques à l'encontre du personnel diplomatique français en poste à Moscou. Elle restera dans le coffre-fort du président.

Le mardi 5 avril 1983, quarante-sept diplomates et leurs familles, fruit de la sélection personnelle de Mitterrand, embarquent dans un Tupolev de l'Aeroflot à Roissy, les bras chargés de fleurs offertes en adieu par leur ambassadeur.

Parmi les passagers de ce « vol spécial », Nicolaï Tchetverikov, « le résident », son adjoint Gregori Korepanov, et les responsables de l'espionnage scientifique et politique en France Iouri Zevakin et Vitaly Ioudenko.

A l'ambassadeur soviétique Iouli Vorontsov venu le jour même remettre au Quai d'Orsay une note de protestation du Kremlin, Cheysson ne répond pas. Il lui désigne, étalé sur son bureau, un document confidentiel du KGB sorti tout droit du dossier « Farewell ». Le diplomate remballe sa protestation. Iouri Andropov, ancien chef du KGB, n'a pas besoin qu'on lui fasse un dessin. Il explique quelques jours plus tard au *Spiegel* qu'il n'y aura pas de représailles à cette « provocation grossière » afin de ne pas pénaliser les socialistes français et... leurs alliés communistes[2].

Le 6 avril, le président de la République explique à ses ministres[3] que cette affaire sera aisément digérée par le Kremlin, qui a « en ce moment d'autres chats à fouetter ». Les Russes sont dans cette affaire « l'objet d'une vexation que nous n'avons pas recherchée, qui tombe mal peu de temps après l'arrivée d'Andropov, mais l'essentiel pour eux n'est pas là : il est ailleurs, dans le pro-

1. Entretien le 16 mars 1989.
2. Le diplomate Iouri Roubinski (entretien le 6 février 1990) s'interroge sur le choix du printemps 1983 pour procéder à ces expulsions : « Les communistes français venaient d'avaliser le plan de rigueur économique de mars. Ils ne pouvaient quitter le gouvernement sans encourir le reproche d'avoir agi sur ordre de Moscou » !
3. Document d'archives.

blème que leur pose l'installation des fusées Pershing. Dans ces affaires d'espionnage il y a jeu et quand on est pris tant pis (...). Dommage que cela soit tombé sur des espions russes. J'aurais bien aimé qu'on en trouve aussi d'autres. Mais il est vrai que quand il s'agit de nos alliés, ils ont peut-être plus de facilités à se procurer des renseignements que les Russes. Leurs recherches sont moins difficiles ».

Du miel après du poison pour les quatre ministres communistes, qui ne réagissent pas. *L'Humanité* proteste mollement en regrettant la décision française qui « risque de nuire à la cause de la paix et du désarmement ».

L'agacement à l'égard des États-Unis pointe clairement dans ces derniers propos présidentiels. Car déjà se profile une nouvelle crise avec Washington.

Williamsburg ou la tentation hégémonique

Plus se rapproche la fin de l'année 1983, qui doit voir les Occidentaux prendre leur décision sur les Pershing, plus la tension monte entre les deux blocs. Les États-Unis veulent affirmer leur leadership occidental. Deux mois avant la réunion de Williamsburg, où doit se tenir le sommet annuel des Sept, ils demandent à leurs alliés de s'engager par écrit sur une déclaration manifestant leur cohésion face aux Soviétiques.

Pour la France, c'est là une nouvelle dérive par rapport à l'objet économique originel de ces rencontres. Mais Reagan, une fois de plus, ne veut rien entendre.

Le Japon suscite le premier conflit. Les diplomates nippons proposent en effet que leur pays se voie attribuer le statut d'« associé extérieur » de l'alliance Atlantique. L'idée est séduisante. Après tout la démocratie japonaise et les démocraties occidentales ne doivent-elles pas faire front contre le même ennemi principal, le bloc soviétique ? Soutenue par Washington, cette démarche se heurte inévitablement à la conception française. Pour Paris, l'alliance Atlantique ne peut être autre chose qu'un pacte militaire limité à une région géographique donnée : l'Atlantique Nord et ses deux rives.

Et, le 11 mars 1983, Paris oppose une fin de non-recevoir à la suggestion japonaise. Le refus français pèsera lourd dans la détermination américaine à donner à Williamsburg une compensation de principe au Japon en exigeant un communiqué marquant la solidarité de l'Ouest avec l'empire du Soleil levant.

A un mois du sommet, le Quai d'Orsay constate que la France est isolée. Dans la phase préparatoire finale, Washington insiste surtout sur la question des relations commerciales avec l'Est et paraît vouloir instaurer une sorte de « COMECON de l'Ouest » sous son égide.

Afin de bien marquer le cadre des préoccupations françaises, Mitterrand saisit l'occasion de la conférence annuelle des ministres de l'OCDE, le 9 mai à Paris. Il lance l'idée, qu'il souhaite voir débattue à Williamsburg, d'une « reconstruction de l'ordre économique international passant par la croissance économique, la stabilisation des changes et le développement du Tiers-Monde ».

Une fois encore il doit déchanter. Deux jours plus tard, réponse américaine : l'objet essentiel de Williamsburg sera d'ordre stratégique. Et les Américains proposent l'examen d'une déclaration des Sept sur les euromissiles. Constatant que dans le bras de fer Est-Ouest le Japon est lui aussi menacé par les SS 20 en Asie soviétique, le cadre des Sept leur semble tout à fait approprié pour manifester face à Moscou la cohésion entre les Occidentaux et le Japon.

Les 16 et 17 mai à Paris, Helmut Kohl et François Mitterrand s'entendent pour rejeter le principe d'une telle déclaration. Aussitôt, repli tactique des Américains : ils renoncent à leur déclaration. En revanche, le chancelier fédéral ne prend aucun engagement en faveur d'une relance économique dans son pays, au grand dam de son partenaire français désireux de réduire l'énorme déficit des échanges entre les deux pays au détriment de la France[1]. Refus aussi de Bonn de prendre en compte la proposition de Paris de convoquer une nouvelle confé-

1. 38 milliards de francs en 1982.

rence monétaire internationale, un nouveau « Bretton Woods ».

Une semaine plus tard, nouvelle offensive américaine. Ronald Reagan écrit à Mitterrand [1] pour lui indiquer que le sommet devrait permettre aux Sept « d'exprimer publiquement leur détermination commune » sur les problèmes de sécurité, en particulier sur celui des forces nucléaires.

Dans sa réponse Mitterrand ignore cet appel. Il met seulement l'accent sur les relations Nord-Sud et fait état au chef du monde libre des préoccupations que lui a exprimées la veille au téléphone le Premier ministre indien Indira Gandhi, porte-drapeau des non-alignés.

Le samedi 28 mai, les Sept se retrouvent dans la petite ville coloniale virginienne de Williamsburg. Mitterrand est installé dans la seule maison en dur disponible, l'imposante villa coloniale construite du temps de l'esclavage pour un riche planteur. Le président français s'est sincèrement demandé s'il devait assister à ce sommet ou y envoyer ses ministres. Il a décidé de s'y rendre, mais il confie avant de quitter Paris qu'il part « sans illusions » pour l'Amérique. « Il ne faut pas que ce sommet se transforme en une conférence sur le commerce Est-Ouest, autrement dit en une admonestation de Reagan à l'égard de ses partenaires dans leurs relations économiques avec Moscou », répète-t-il encore dans le Concorde qui le conduit pour la troisième fois depuis 1981 vers le Nouveau Monde.

Dès le premier dîner, Margaret Thatcher fait le jeu de Ronald Reagan. Le Premier ministre britannique propose d'ouvrir la discussion sur l'idée de publier une déclaration sur les euromissiles. Seul Mitterrand exprime ses réserves. Mais, constatant son isolement total, il n'oppose pas de veto. Reagan en sortant de table peut donc demander aux ministres des Affaires étrangères de rédiger, sous la présidence de Shultz, un projet de communiqué commun sur la sécurité.

Les ministres se mettent au travail le lendemain matin.

1. Document d'archives.

Comme document de base, le texte américain, qui appelle l'URSS à accepter l'option zéro, exclut les forces britanniques et françaises de la négociation et affirme l'unité des Sept derrière Washington dans sa négociation avec les Soviétiques.

Claude Cheysson demande que soient supprimées toutes références à la double décision de l'OTAN, puisque dans la logique française ce sommet économique n'a pas vocation à se substituer aux organisations internationales existantes.

En fin de matinée, le texte est soumis aux sept chefs de délégation. La discussion dure huit heures. Elle a été précédée d'un tête-à-tête Mitterrand-Reagan peu amène. Le chef de l'exécutif américain avait mis son interlocuteur dans tous ses états en lui proposant, à défaut de la déclaration des Sept, un texte franco-américain réaffirmant leurs objectifs communs au sein de l'Alliance.

La discussion des Sept reste sans doute le moment le plus tendu dans l'histoire des relations entre les deux hommes d'État. « Après Williamsburg, dit Cheysson, les rapports ne seront plus jamais convenables entre François Mitterrand et Ronald Reagan. »

L'affrontement franco-américain, éclipsant la position des autres participants, porte sur deux questions : le projet de déclaration doit-il indiquer que les Sept demandent ensemble à l'URSS d'accepter la proposition américaine d'option zéro ? Doit-il en outre étendre au Japon la solidarité de l'alliance Atlantique ? Deux exigences inacceptables pour Paris.

François Mitterrand doit batailler trois heures durant pour modifier la formulation américaine concernant l'option zéro. Le texte envisagé indiquait : « Nous en appelons à l'Union soviétique pour qu'elle réponde de façon constructive dans les négociations sur les forces nucléaires intermédiaires (FNI) pour l'élimination d'une classe entière de missiles intermédiaires ou sinon pour un accord intérimaire établissant des limites globales sur un nombre égal de têtes nucléaires américaines et soviétiques. » Ce passage devient : « Dans le domaine des FNI en particulier, nous appelons l'Union soviétique à contribuer de façon constructive au succès des négociations. » *Exit* donc toute référence autre qu'allusive à la position américaine.

De même le Français parvient-il à faire supprimer la claire allusion à l'option zéro toujours avancée par Washington dans un autre paragraphe. Grâce au coup de pouce du chancelier Kohl, « suggérant de changer tel mot, telle formule, en recherchant la conciliation avec une imagination inépuisable de congrès radical », se souvient Mitterrand [1], le texte connaît la modification suivante. Au lieu de dire : « Si un accord ne peut être atteint cette année sur l'élimination complète des fusées FNI, les armes américaines seront déployées », les Sept déclarent : « Nos nations souhaitent ardemment qu'un accord FNI équilibré soit atteint d'ici peu. Dans ce cas la négociation déterminera le niveau auquel se situeront les déploiements. » Cette dernière phrase reprend mot pour mot une formulation de Mitterrand employée quatre mois auparavant devant le Bundestag.

En revanche, sur le caractère « global » et « indivisible » d'une alliance occidentale incluant le Japon, la France, totalement isolée, en dépit du soutien courageux mais pas déterminant du Canadien Trudeau, ne parvient pas à infléchir le texte américain. Pour la diplomatie française l'insistance de la délégation américaine évoque un mauvais souvenir : celui du projet défendu en vain par Henry Kissinger en faveur d'une « nouvelle charte Atlantique ». Comme Michel Jobert dix ans auparavant, François Mitterrand se voit contraint de « chicaner » pour atténuer les termes du communiqué de Washington.

On en arrive au septième paragraphe : « La sécurité de nos pays est indivisible et doit être vue sur une base globale. » « Cette phrase peut laisser planer l'idée d'une alliance Atlantique s'étendant à toute la planète, alors qu'elle n'engage que les pays riverains de l'Atlantique Nord », observe aussitôt Mitterrand [2]. Il ajoute : « Il n'est pas question que je souscrive à cette déclaration. L'idée

1. Entretien le 27 mars 1989.
2. Document d'archives.

d'une défense globale ne doit pas être comprise comme signifiant que l'alliance Atlantique devient universelle. Cela ne peut que vouloir dire solidarité entre le Japon et l'Occident par rapport au mouvement des SS 20. »

Reagan, agacé, tape du poing. Dans un geste de mauvaise humeur, il fait voler ses dossiers dont les pages atterrissent à l'autre bout de la table.

Il est vrai que le chef du monde libre était un peu fatigué ce jour-là. Il s'était couché bien tard la veille après avoir regardé *La Mélodie du bonheur,* l'un de ses films préférés[1]. Reagan est en outre agacé par les dernières révélations du *New York Times* selon lequel il suit tous les vendredis matin depuis six mois un cours particulier d'économie politique donné par George Shultz, Donald Regan[2] et plusieurs experts de l'administration républicaine.

A 17 heures, le président français demande une interruption de séance. Kohl et Thatcher se succèdent auprès de lui, se déclarant prêts à tout pour que la France signe. Le chancelier explique au président qu'il ne peut plus résister à ce stade à la pression américaine, car Andropov vient de faire monter les enchères de façon inacceptable en menaçant de procéder à un nouveau surarmement nucléaire si les Pershing finissent par être déployés[3]. C'est le plus dur avertissement de Moscou depuis le début du bras de fer sur les euromissiles.

« Maggie », à huit jours des élections générales dans son pays, explique qu'elle ne peut pas se désolidariser de Reagan. Elle mise sur une manifestation claire de la solidarité occidentale pour clouer au pilori le pacifisme du Labour, dont la victoire signifierait le refus du déploiement des Pershing en Grande-Bretagne. Assurée d'une victoire, elle la souhaite la plus large possible pour pouvoir

1. *In* Larry Speakes, *Speaking out,* New York, Avon, 1989.
2. Le secrétaire au Trésor.
3. En effet, le jour de l'ouverture du sommet, la *Pravda* a publié une déclaration du Kremlin mettant en garde les pays de l'OTAN contre l'installation des euromissiles américains en cas d'échec de la négociation de Genève. La riposte soviétique comporterait alors entre autres mesures le déploiement de « moyens nucléaires supplémentaires » chez ses alliés du pacte de Varsovie.

mieux imposer à son opinion l'installation des missiles américains.

A deux pas de là, dans un petit bureau, William Clark, le conseiller de Reagan pour les affaires de sécurité, prend à part Jacques Attali, le conseiller spécial français. Il lui annonce sans ambages que l'on se dirige vers la rupture. Si Mitterrand ne signe pas, avertit-il, Reagan rompra tous les ponts avec la France, y compris les échanges militaires dans le domaine nucléaire.

Attali, qui connaît bien son homme, est persuadé qu'un tel chantage ne pourrait que renforcer Mitterrand dans son refus de céder et se traduire par une grave crise franco-américaine. Aussi n'informe-t-il son président des menaces américaines qu'après la levée de la séance finale. Il court ainsi le risque de laisser croire à Reagan et à ses conseillers que Mitterrand a finalement cédé et accepté de signer le communiqué final sous la menace de rupture brandie par Clark.

La séance de travail reprend. Mitterrand n'obtient qu'une modification secondaire de la formulation puisque le fameux paragraphe 7, s'il maintient les mots de « sécurité indivisible et globale de nos pays », commence désormais par : « Nos nations sont unies dans leurs efforts pour la réduction des armements », qui remplace : « Nos nations sont unies dans ces négociations. »

Mitterrand quitte Williamsburg fort mécontent. Le récital de la cantatrice noire américaine Leontyne Price qui marque la fin de la rencontre ne le déride pas. Il était « furieux », disent les uns, « exaspéré », assurent les autres. Il pestait contre « ce communiqué bâtard », estimant qu'il s'était fait « piéger ». « Reagan est plus dangereux et plus imprévisible que je ne l'ai cru », confie-t-il un mois plus tard à des journalistes.

« Personne n'aurait compris un blocage de notre part sur ce point », concède Cheysson. Il s'élève lui aussi contre la dérive qui transforme les sommets des Sept en une sorte d'institution super-atlantique, voire, comme l'écrit l'envoyé spécial du *Monde* à Williamsburg, Maurice Delarue, « un conseil de sécurité de l'Occident animé par les États-Unis ».

Le président français a toutefois obtenu une satisfaction d'amour-propre. Les Sept se sont en effet engagés à travailler à l'amélioration du système monétaire international et à envisager la convocation « le moment venu » d'une conférence monétaire internationale de haut niveau. « Il y a eu certains progrès dans les positions prises à l'égard des pays en voie de développement et nous avons obtenu que l'on s'oriente vers un peu plus d'ordre sur les marchés des changes », note Mitterrand à son retour à Paris, se réjouissant du soutien allemand, italien, britannique et canadien sur ces points.

Mitterrand passe outre son ressentiment à l'égard de Reagan. Sur deux plans différents, il veut redistribuer les cartes.

Il lui faut montrer au Kremlin et surtout aux alliés européens, à commencer par les Allemands, que « la France prend toutes ses responsabilités au sein de l'Alliance ».

Il invite le Conseil de l'OTAN à siéger salle Pleyel à Paris les 9 et 10 juin. C'est la première réunion de cette instance dans la capitale française depuis que de Gaulle à décroché la France du commandement intégré de l'alliance Atlantique en 1966. Certains spécialistes voient dans cette décision un retour de la France dans la mouvance américaine.

Il lui faut aussi montrer aux Japonais qu'il ne nourrit aucune hostilité à leur égard. La presse de Tokyo s'était indignée de l'attitude de la France à Williamsburg. Sur le conseil de Jacques Attali, le président demande à Charles Hernu d'organiser un échange dc visites avec son homologue nippon et suggère de proposer au Premier ministre Yasuhiro Nakasone, invité en France après le voyage officiel de Mitterrand au Japon en 1982, de visiter la base de la force océanique stratégique de l'île Longue, qui abrite les sous-marins atomiques français. Le Premier ministre japonais ne viendra en France qu'à l'été 1985.

Parmi les réactions en France, globalement favorables à l'attitude de Mitterrand, on relève une critique de forme du président du RPR Jacques Chirac. Il reproche au chef de l'État « d'avoir répondu très vite et sans examen préalable » à la question du caractère global de l'Alliance. On l'a vu, Mitterrand et ses partenaires n'avaient eu que quelques heures pour réagir à la proposition de communiqué américaine.

Les communistes se contentent d'écorcher le gouvernement en proposant la participation de tous les pays d'Europe à la négociation de Genève.

A l'été 1983, les principaux protagonistes de la bataille de euromissiles savent, même s'ils ne l'admettent pas encore publiquement, que l'accord ne se fera pas sur l'option zéro. La négociation de Genève est compromise. L'implantation des Pershing semble inéluctable. Début juillet, Kohl, de retour de Moscou, informe Mitterrand de ses conversations avec Andropov. Le chancelier n'a pu faire bouger le maître du Kremlin. Et pourtant Bonn se sépare désormais de Washington sur le préalable de l'option zéro. Les Allemands en effet préconisent comme les Français une « solution intermédiaire ». « Il est inconcevable d'exiger des Russes qu'ils détruisent leurs 350 missiles déployés en Europe préalablement à toute négociation », estime Mitterrand à l'automne. Puisque le Kremlin a déployé son arsenal, il n'est plus réaliste aujourd'hui de continuer de crier « ni SS 20, ni Pershing ». Cela reviendrait à rejoindre la position erronée de Reagan en faveur de l'option zéro, explique-t-on à l'Élysée.

Le 31 août 1983, la tension Est-Ouest monte brusquement. Un Boeing sud-coréen est abattu par la chasse soviétique au large de l'île Sakhaline. Il y a 269 morts. L'Occident, unanime et outré, accuse l'URSS. Le 6 septembre, le Kremlin reconnaît sa responsabilité. Reagan, qui entre en campagne électorale, exploite à fond ce drame[1].

Le 9 septembre Andrei Gromyko débarque à Paris, sa venue ayant été retardée de quelques jours, en raison de

1. On apprendra plusieurs années plus tard que la destruction du Boeing des lignes aériennes coréennes est probablement due pour partie à la présence à sa proximité d'un avion espion américain.

l'affaire du Boeing. La veille de son arrivée, Mitterrand expliquait à ses collaborateurs que, si l'on devait bien sûr condamner ce meurtre, on ne pouvait imaginer que le pouvoir politique soviétique ait eu « la volonté d'abattre un avion civil avec trois cents personnes à bord ». Quant aux Américains, « ils ont commis quelques imprudences », dit-il elliptiquement, avant d'observer qu'ils crient « haut et fort » et que leur première sanction a été d'annoncer la fin des vols d'Aeroflot vers les USA alors que ceux-ci ont pratiquement cessé depuis trois ans.

Mitterrand tire de sa première conversation avec Gromyko la conclusion qu'aucun accord n'est possible à Genève. Mais il voit dans cette visite la preuve qu'à l'approche du dénouement sur les euromissiles un dialogue nourri est possible entre Moscou et Paris.

Fin octobre, les mouvements pacifistes organisent des manifestations de plusieurs centaines de milliers de personnes dans les grandes capitales européennes, comme Bonn, Bruxelles, Rome et Londres. La mobilisation antinucléaire échoue à Paris et Mitterrand déclare en Conseil des ministres : « Il nous faut résister à cet entraînement général de lâcheté. » Il résume une dernière fois la position française au moment où s'annoncent selon lui « trois mois de tourmente : pas de missiles si on le peut, sinon le moins possible. La France n'est pas concernée par cette discussion ».

L'échec de la négociation américano-soviétique de Genève constitue pour Mitterrand l'un des moments les plus dramatiques de l'histoire de l'Europe depuis 1945.

Engagés le 30 novembre 1981, les pourparlers soviéto-américains sur le désarmement nucléaire en Europe sont interrompus le 23 novembre 1983. En effet, au lendemain du vote du Parlement ouest-allemand approuvant l'installation des Pershing sur son territoire, la délégation soviétique quitte la conférence[1].

1. La veille, le chef de la délégation soviétique à Genève, Iouri Kvitsinski, avait sans attendre tiré les conséquences du vote ouest-allemand en annonçant unilatéralement à son homologue américain Paul Nitze que « les négociations sont interrompues *sine die* ».

Le 20 novembre, réunis en congrès extraordinaire à Duisbourg, les Verts ouest-allemands expriment à l'unanimité leur opposition totale au déploiement des missiles. Pour eux la RFA doit sortir de l'OTAN.

Alors que s'ouvre le débat au Bundestag, des dizaines de milliers de pacifistes antinucléaires manifestent bruyamment dans les rues de Bonn. Kohl disposait en réalité des pouvoirs constitutionnels pour faire procéder au déploiement des Pershing sans vote du législatif. Mais, devant l'importance de l'enjeu, il avait accepté le débat.

Le 22 novembre 1983, par 286 voix contre 226, le Bundestag adopte la résolution proposée par le chancelier [1].

Ce résultat illustre l'état de division de l'opinion et de la classe politique ouest-allemandes. Le SPD a voté contre à la suite de son congrès extraordinaire au cours duquel l'ex-chancelier Schmidt s'était retrouvé en minorité face aux pacifistes, qui réclament l'instauration d'une zone dénucléarisée au cœur de l'Europe.

Le lendemain, 23 novembre, à l'occasion du 42e sommet franco-allemand dans la capitale fédérale, Mitterrand salue le « courage » du chancelier. Il a su faire « un choix plus difficile pour l'Allemagne que pour tout autre pays ». Helmut Kohl avait exprimé deux semaines auparavant, dans une interview au *Point*, sa reconnaissance à l'égard de François Mitterrand qui lui « avait apporté une aide très grande en défendant absolument la même position que la RFA en matière de sécurité ».

Pour Mitterrand, le bras de fer s'achève par une victoire. La cure de désintoxication à l'égard de l'URSS touche à sa fin. Le préalable à une reprise des contacts au sommet avec les Soviétiques est levé. A la minute où il apprend le résultat du vote du Bundestag, il dit à Cheysson : « Vous pouvez dire à Vorontsov que je suis prêt à

1. En dépit de nouvelles manifestations pacifistes, les fusées américaines sont immédiatement déployées en RFA, en Grande-Bretagne, puis plus tard en Hollande et en Belgique.

me rendre à Moscou. Nous pouvons désormais répondre oui aux invitations du Kremlin. »

Et le 15 décembre 1983 à Belgrade, au cours du dîner officiel qui ouvre sa visite d'État en Yougoslavie, il déclare, après un long développement sur la « fraternité d'armes » entre les Slaves et les Français contre le nazisme, que « l'harmonie en Europe passe par le dialogue franco-soviétique ».

Le principe d'une visite d'État française en URSS est immédiatement accepté. Le 20 juin 1984, François Mitterrand débarque à l'aéroport de Moscou-Vnoukovo.

CHAPITRE 3

L'Orient compliqué

Tammouz ou le baptême du feu

La volonté de resserrer les liens franco-israéliens est au cœur de l'action proche-orientale de François Mitterrand. Ses réflexes et sa réflexion s'ordonnent autour de cette conviction. « Je suis du côté du droit, donc du droit d'un grand peuple », explique-t-il avant son élection. Il veut signifier que dans cette partie du monde la France doit être dans le camp d'Israël, ce petit État courageux, assiégé par ses voisins. En accédant au pouvoir, il connaît mal les dirigeants arabes. Il faut attendre les premiers mois de sa présidence pour qu'il trouve avec eux un langage commun. Sur le problème palestinien, il prône la reconnaissance mutuelle et simultanée entre Israël et les Palestiniens, dont l'OLP n'est alors à ses yeux que l'un des représentants.

Quinze jours à peine après son installation, Mitterrand précise la position française. Il déclare au *New York Times* : « Je ne ferai rien qui puisse nuire à l'existence de l'État d'Israël et aux moyens de cette existence, mais je pense qu'il n'est pas réaliste d'oublier le problème palestinien (...) Je suis partisan d'une négociation bilatérale entre les adversaires et je pense qu'il est normal que les Palestiniens aient une patrie où ils bâtiront à leur gré des structures d'État. » Il réaffirme son soutien au processus de Camp David.

Dès le départ du septennat, la France partage donc avec Washington la volonté de soutenir l'État hébreu, mais se sépare des Américains sur le problème palestinien.

Trois jours après la publication de cette interview la belle ordonnance de la formulation mitterrandienne est mise à mal. Le 7 juin 1981, l'aviation israélienne bombarde le centre nucléaire irakien de Tammouz, construit en coopération avec la France. Un jeune technicien français, Damien Chaussepied, trouve la mort sous les quinze tonnes de bombes larguées par les huit F15 et les huit F16 venus d'Israël.

Mitterrand se déclare « outré ». Il doit condamner à contrecœur l'opération militaire décidée par le Premier ministre Menahem Begin en pleine campagne électorale. Le leader du Likoud a voulu jouer sur la fibre nationaliste en affirmant que les réacteurs détruits étaient destinés à produire la bombe atomique.

Signé en novembre 1975, l'accord-cadre franco-irakien pour la construction de deux réacteurs « Isis » et « Osirak » alimentés en uranium enrichi prévoit que Bagdad respectera les exigences de l'Agence internationale de l'énergie atomique de Vienne (AIEA) sur la non-prolifération nucléaire. Quatre ans plus tard, un accord secret renforce le contrôle de la France par la présence permanente de techniciens français sur le site de Tammouz. Soucieux d'apaiser les craintes de Tel-Aviv, Claude Cheysson avait proposé dès son arrivée au Quai d'Orsay à son homologue Itzhak Shamir d'envoyer des experts nucléaires français s'expliquer auprès de leurs collègues israéliens. Juste avant le raid israélien, cette mission française venait de rédiger un rapport préconisant de remplacer l'uranium enrichi par un combustible recelant moins d'énergie, le « caramel ». Une formule qui aurait dû apaiser les inquiétudes israéliennes. Ces experts étaient même sur le point de quitter Paris pour Tel-Aviv au moment où Begin, après avoir retardé à deux reprises le déclenchement de l'opération, l'a finalement lancée.

Claude Cheysson[1] est affirmatif : « Ce fut un choc pour Mitterrand, au point que sa vision idéaliste des diri-

1. Entretien le 10 mars 1989.

geants israéliens en a été fortement ébranlée. Pour lui, c'est une trahison de Begin et, dès lors, les deux hommes ne pourront plus s'entendre. » En agissant aussi brutalement, Begin a objectivement aidé un Cheysson désireux de voir Mitterrand adopter une attitude moins pro-israélienne.

Pierre Mauroy, le premier, condamne ce « raid tout à fait inacceptable ». Deux jours plus tard, Mitterrand, moins abrupt, « condamne cette violation du droit, quels que soient nos sentiments pour Israël ».

Cet épisode fut, on le sait, déterminant dans la décision du président d'effectuer à Riyad, et non plus en Israël, sa première visite d'État.

Dès le 18 juin, il tire dans le *Washington Post* une leçon nuancée du comportement inamical de Begin : « Son premier geste a altéré le capital de confiance, c'est dommage. » Mitterrand indique que Paris condamnera le raid au Conseil de sécurité de l'ONU, mais observe que, si la France « critique l'action des dirigeants » de Tel-Aviv, « elle ne demande pas de sanctions contre le peuple israélien ».

Pour illustrer la fidélité de cette amitié, Mitterrand, contre l'avis du ministre du Commerce extérieur Michel Jobert, soucieux de la réaction arabe, annonce le lendemain, 19 juin, la levée de la circulaire Barre de juillet 1977 autorisant les sociétés nationales françaises à cesser leurs relations avec Israël si elles estimaient leurs intérêts menacés par la décision arabe, prise en 1973, au lendemain de la guerre du Kippour, de boycotter toute entreprise commerçant avec l'État hébreu.

Conscient du risque politique pris à l'égard des capitales arabes, il envoie de nouveau son émissaire Claude de Kémoularia en tournée dans le Golfe. Le messager sait s'y montrer convaincant et la levée du boycott sera sans conséquences sur les relations franco-arabes.

Le mois suivant, Mitterrand persiste dans son refus de jeter la pierre à Israël alors engagée dans une série de bombardements de représailles sur les « concentrations palestiniennes » au Sud-Liban et à Beyrouth-Ouest. On dénombre près de 500 morts en une semaine.

Tout en estimant que ces actes de représailles sont « hors de proportion », le président français fait valoir publiquement qu'il serait « injuste de considérer qu'Israël est seule à procéder à ce genre d'action. Je n'attribue pas la responsabilité de l'escalade à Israël ou aux Palestiniens. Je dis qu'il faut qu'elle s'arrête ».

Saddam contre les Perses

Si, dans les deux premiers mois de sa présidence, François Mitterrand conserve presque intacte son amitié pour Israël, en dépit du comportement des « faucons » de Tel-Aviv, les événements du Golfe vont le conduire à confirmer très vite le choix de la France en faveur de l'Irak.

A la fin de juillet 1981, le chef de l'État, au plus haut dans les sondages, vit pleinement son « état de grâce ». Il vient de se faire couper un habit et, muni d'un haut de forme, il s'envole pour Londres où l'a convié la reine Elizabeth. L'événement n'est pas ordinaire : elle marie son fils aîné Charles avec la fraîche et séduisante Lady Diana Spencer.

C'est dans ce moment idyllique qu'éclate une crise avec l'Iran menaçant le nouveau président d'une terrible épreuve : une prise d'otages français à Téhéran [1].

Dans la nuit du 29 au 30 juillet 1981, les deux principaux opposants au régime des ayatollahs, l'ancien président Bani Sadr et le chef des moudjahidine du peuple Massoud Radjavi, débarquent sur la base militaire d'Évreux et demandent l'asile politique.

Le gouvernement français donne son accord à la condition que les deux hommes n'exercent aucune activité politique. L'Iran, très vite, réclame leur extradition. Deux cents gardiens de la Révolution manifestent le 30

1. Sept mois auparavant, toute l'Amérique avait tremblé au moment du dénouement de l'affaire des otages américains. L'imam Khomeiny avait alors terrorisé la plus grande démocratie du monde et précipité la défaite électorale de son président, le sympathique Jimmy Carter.

devant l'ambassade de France à Téhéran. Ils sont cinq mille le lendemain après qu'à Paris Bani Sadr et Radjavi ont multiplié les déclarations à la presse étrangère, dont une en farsi retransmise en Iran par la BBC. De retour de Londres, Mitterrand joue immédiatement l'apaisement en autorisant l'arsenal de Cherbourg à laisser prendre la mer aux trois dernières vedettes lance-missiles commandées par le shah en 1974. Elles étaient retenues en France depuis deux ans. Le lendemain, Mitterrand adresse un message de félicitations anodin au nouveau président iranien Ali Radjai.

Pourtant Téhéran ne relâche pas la pression. Face aux menaces de « réactions appropriées » proférées par le porte-parole du gouvernement iranien, qui accuse la France de devenir « un centre de contre-révolutionnaires », Paris décide le rapatriement préventif de ses ressortissants.

Les Iraniens semblent rejouer l'opération des otages américains en interdisant le 6 août, sous prétexte d'un contrôle fiscal, à 62 Français d'embarquer à bord de l'avion spécial d'Air France.

A l'Élysée, le spectre de la prise d'otages est dans tous les esprits. Mitterrand préside pendant cinq heures sa première cellule de crise. Finalement l'avion regagne Paris mais sans les Français. Après plusieurs heures de palabres, Pol Depis, envoyé spécial de Mitterrand à Téhéran, arrache aux autorités iraniennes la promesse d'un départ groupé des quelque 100 Français les 10 et 12 août. Cheysson envoie son très influent conseiller sur le Proche et Moyen-Orient, Bruno Delaye, à Auvers-sur-Oise auprès de Bani Sadr et Radjavi. Il est porteur d'un message sans appel de Mitterrand : « Tant que nos ressortissants ne seront pas rentrés vous devrez vivre coupés du monde. »

Le 12 au soir, les Français ont enfin quitté Téhéran. Le président est soulagé. Il a évité le drame, mais, désormais et pour longtemps, la France qu'il représente sera aux yeux des chiites iraniens l'un des « satans » honnis à Téhéran.

Dans ce contexte de quasi-rupture avec l'Iran arrive à

Paris, le 19 août, Tarek Aziz, le vice-Premier ministre irakien. Il vient demander la reconduction de la coopération militaire française et la reconstruction des réacteurs de Tammouz.

Mitterrand est plus que réticent à l'égard du régime baasiste de Saddam Hussein, dictatorial et animé d'un virulent antisionisme. Mais le président se range très vite aux avis multiples qui lui conseillent la *Realpolitik.* Bagdad est en effet le deuxième fournisseur de pétrole de la France et son endettement à l'égard de Paris est considérable du fait des importantes livraisons d'armes et munitions françaises [1]. De plus, les pays arabes du Golfe pressent la France de maintenir son appui militaire à l'Irak face à la menace iranienne. A vrai dire, le conflit Irak-Iran arrange les acteurs internationaux. Certes, on redoute la victoire de l'Irak, mais on voit dans cette guerre un frein à la poussée khomeiniste. Quelles que soient leurs réserves à l'égard du régime de Bagdad, les monarchies du Golfe comptent sur Saddam Hussein pour contenir les chiites au Moyen-Orient. La France s'en tient à cette ligne : elle accorde à Bagdad les moyens lui permettant de tenir et non de gagner.

Dans leurs notes au président, les experts français font valoir que, compte tenu de la nature du terrain, l'Irak ne peut pas l'emporter militairement : il est en mesure d'empêcher l'avancée des héritiers de l'Empire perse en terres arabes. Sur le plan politique, ils pensent que le régime de Saddam Hussein est solidement installé.

« La guerre entre l'Irak et l'Iran se déroule là où l'histoire et la géographie se confrontent depuis des millénaires, à la charnière des mondes arabe et persan. S'y ajoutent aujourd'hui les enjeux du pétrole ; qu'ils se mettent à flamber et la prédiction de Helmut Schmidt sera proche de se réaliser : on assistera, avait dit le chan-

1. A la suite des accords franco-irakiens de 1976-1977, Bagdad a commandé en 1981 pour 14,5 milliards de francs d'équipements militaires à la France. En 1982, ce montant atteint 13 milliards. 30 Mirage F1 et plus tard autant de Mirage 2000, 100 chars AMX 30, 50 AMX 10, 40 hélicopères Puma et 20 Gazelle, 90 canons de 155 : l'Irak est le premier client militaire de la France.

celier, au début de la Troisième Guerre mondiale. » En écrivant ces phrases quatre ans plus tard dans l'introduction de ses *Réflexions sur la politique extérieure de la France*[1], Mitterrand confirme cette analyse. Il faut empêcher l'Irak de perdre, mais Bagdad ne doit pas gagner car, ajoute-t-il, « il est capital que soit maintenu le statu quo sur le Chott el-Arab », c'est-à-dire la vraie frontière arabo-persique. « Cette affaire Irak-Iran est la plus importante pour l'équilibre mondial, d'ailleurs les deux superpuissances font preuve d'une extrême prudence au point que chacune soutient militairement le belligérant qui semble politiquement le plus éloigné d'elle », écrit également le président français.

Tarek Aziz est reçu successivement par Mitterrand, Mauroy et cinq de leurs principaux ministres. Il repart rassuré : l'axe Paris-Bagdad est reconduit sur le plan militaire. La France est décidée à fournir de nouveaux crédits à Bagdad dans l'espoir que celle-ci honorera ses anciennes créances.

En ce qui concerne la reconstruction de Tammouz, les Français ne prennent pas d'engagement formel. Des pourparlers sont ouverts. Ils sont interrompus par Paris deux ans plus tard, à la veille de l'arrivée en France d'une délégation irakienne venue signer le contrat d'études pour la reconstruction. Mitterrand, hostile à ce projet, avait laissé s'engager les conversations, se réservant le droit de tout bloquer au moment où il le jugerait nécessaire. Cheysson a ensuite eu la délicate mission de faire admettre aux Irakiens qu'ils avaient d'autres priorités, à commencer par l'effort de guerre contre l'Iran.

Mort d'un ambassadeur

Depuis plus de sept ans, le Liban, anciennement sous mandat français, s'enfonce dans la guerre civile[2].

1. *Op. cit.*

2. L'harmonie entre les communautés musulmanes et chrétiennes, en force égale dans ce pays prospère de 2 millions et demi d'habitants, est brisée en 1975 par les affrontements entre l'armée libanaise et les réfugiés palestiniens. En 1976, l'armée syrienne intervient pour garantir un énième cessez-le-feu entre les innom-

Comme ses prédécesseurs, Mitterrand estime que la France « ne peut ni se taire, ni détourner les yeux » et doit s'employer, en se gardant de jouer « la politique de la canonnière », à renouer les fils de la réconciliation entre chrétiens et musulmans. Pour lui, la cause immédiate du drame est le résultat de l'exode des Palestiniens chassés de leur terre. A cette analyse il ajoute la poussée démographique musulmane qui place les chrétiens sur la défensive, alors que montent les intégrismes.

A la suite des raids israéliens de juillet, Mitterrand décide un geste politique à l'égard du gouvernement libanais et du président Elias Sarkis. En Conseil des ministres il annonce le 23 juillet l'octroi à l'armée libanaise d'un crédit supplémentaire de 300 millions de francs qui s'ajoute à l'enveloppe de 100 millions de francs déjà accordée. Paris fait en outre don de 13 chars AMX 13 et de 5 véhicules de l'avant blindés (VAB) à l'armée libanaise, dont 120 officiers sont invités à des stages de formation en France.

Un mois plus tard, Claude Cheysson obtient de Mitterrand, qui n'a pas admis l'affront israélien de Tammouz, le feu vert pour effectuer sa première tournée au Proche-Orient. Il se rend successivement à Amman, Beyrouth et Damas. En Jordanie, le 28 août, il explique la formule de Mitterrand « sécurité des États, justice pour les peuples » de la région. Le lendemain, il arrive dans une capitale libanaise en pleine décomposition. Beyrouth est coupée en deux entre l'Ouest musulman et l'Est chrétien. Il espère y rencontrer le leader de l'OLP, Yasser Arafat, qui met une condition à cette entrevue : qu'elle ait lieu au quartier général de son organisation. Finalement les deux hommes se voient en terrain neutre, dans la résidence privée du chef du gouvernement libanais Chaffik el-Wazzan. Pendant la demi-heure de leur conversation

brables factions libanaises qui s'affrontent au gré d'alliances changeantes. Les pays arabes endossent la présence syrienne devenue « Force arabe des dissuasion ». Après l'invasion israélienne au Sud-Liban en 1978 qui repousse les Palestiniens vers le Nord, le gouvernement et la petite armée régulière libanaise perdent leur autorité. Puissance mandataire depuis 1920, la France a vu son audience, encore très forte, décliner progressivement.

Cheysson se borne à réaffirmer les positions françaises : association « des Palestiniens » au processus de paix et droit d'Israël à vivre dans des frontières sûres et reconnues. « Si vous marquez clairement que vous reconnaissez les résolutions de l'ONU sur le droit à l'existence d'Israël, Mitterrand vous recevra à Paris », conclut Cheysson.

« Le président était réticent à l'idée de cette rencontre mais il m'a laissé faire ; il a souligné qu'il ne fallait pas considérer Arafat comme un chef de gouvernement en exil[1]. »

Réaction positive de Riyad, négative on s'en doute de Tel-Aviv, mais aussi de Damas. Pour la Syrie, le Liban est sa chasse gardée. Il n'est pas admissible que la France en discute avec Arafat ; pas tolérable qu'elle livre des armes à l'armée libanaise.

Le vendredi suivant, 4 septembre, l'ambassadeur de France à Beyrouth Louis Delamare, cinquante-neuf ans, qui avait préparé la rencontre Cheysson-Arafat et plaidé pour l'aide militaire française au Liban, regagne sa résidence des Pins à l'heure du déjeuner. Sa 604 arborant le fanion tricolore est arrêtée non loin d'un barrage de l'armée syrienne dans Beyrouth-Ouest, près de la résidence française, par une BMW d'où surgissent quatre hommes armés. Ils tentent d'ouvrir les portes. Veulent-ils enlever le diplomate ? Mais le chauffeur de l'ambassadeur a verrouillé les portes de l'intérieur ; deux terroristes vident les chargeurs de leurs pistolets-mitrailleurs sur l'ambassadeur.

Le coup est dur pour la France. Avec Louis Delamare disparaît un homme essentiel pour la réconciliation entre les factions et les communautés libanaises.

Le 9 septembre 1981 en Conseil des ministres, Mitterrand le fait élever à titre posthume à la dignité d'ambassadeur de France, mesure exceptionnelle pour un homme « qui méritait cet honneur pour avoir encouru avec beaucoup de lucidité des risques qu'il connaissait ».

Une semaine avant d'être assassiné, Louis Delamare avait exprimé son pessimisme dans une lettre au pré-

1. Entretien avec Claude Cheysson le 10 mars 1989.

sident de la République : « Aucune solution n'apparaît en vue et le désespoir commence à s'emparer du peuple libanais martelé de toutes parts dans sa chair et son économie[1]. »

Très vite l'OLP, après enquête, prévient ses interlocuteurs français que les services syriens ont tenu la main des tueurs de Delamare. François Mitterrand informe la veuve de l'ambassadeur qu'il prendra des mesures pour ne pas laisser ce crime impuni, mais il ne donne pas l'ordre de représailles physiques contre les auteurs présumés de l'assassinat. On apprendra plus tard que deux assassins de Delamare ont trouvé la mort, dont l'un au cours de combats au Liban. Dans les milieux français du renseignement on estime qu'il y aurait eu élimination par le truchement de l'OLP. Mais il n'existe pas de preuve tangible de cette version des faits.

Selon d'autres sources, la responsabilité de l'assassinat de Delamare reviendrait à l'Iran. Ce serait un acte de vengeance de Téhéran après l'asile accordé par la France à Bani Sadr et Radjavi deux mois plus tôt. Pour la DST, la piste iranienne ne peut être totalement écartée pour une autre raison : Louis Delamare, s'il avait été enlevé et non abattu, aurait pu servir de monnaie d'échange, d'otage, pour la libération du commando des cinq tueurs menés par Anis Naccache qui avaient tenté d'assassiner à Neuilly le 18 juillet 1980 l'ancien Premier ministre du shah, Chapour Bakhtiar[2].

Le 29 novembre 1981, l'explosion d'une voiture piégée près de la présidence du Conseil à Damas fait une soixantaine de morts et plus de cent blessés. Les Syriens dénoncent publiquement les Frères musulmans. A Paris, les informations recueillies aux meilleures sources demeurent contradictoires sur l'origine de cet attentat. Certaines avancent la thèse de la responsabilité française alors que d'autres l'écartent totalement, estimant qu'il

1. In *Réflexions sur la politique extérieure de la France, op. cit.*

2. Une voisine et un gardien de la paix avaient été tués. Quatre des agresseurs, dont Naccache, ont été condamnés à la détention criminelle à perpétuité et le cinquième à vingt ans d'emprisonnement. Ils seront grâciés par François Mitterrand le 27 juillet 1990.

est l'œuvre des fondamentalistes islamiques. Pourquoi la France aurait-elle voulu punir la Syrie alors que l'hypothèse d'une responsabilité iranienne dans l'assassinat de Delamare est, on l'a vu, également plausible ?

L'Orient est compliqué.

Voyage à Riyad

Alors que le secrétaire général de la présidence le représente en Normandie aux obsèques de Louis Delamare, Mitterrand reçoit à l'Élysée, le 8 septembre 1981, l'homme fort du régime saoudien, le prince Fahd. Il est l'auteur d'un plan de paix au Proche-Orient qui porte son nom et énonce quatre principes : reconnaissance du droit de tous les États de la région à vivre en paix, retrait d'Israël des territoires occupés, liberté d'accès aux lieux saints de Jérusalem et création d'un État palestinien, l'OLP étant préalablement reconnue comme représentant du peuple palestinien.

Le prince Fahd effectue une tournée en Europe. Il cherche à obtenir le soutien des principales puissances à son plan.

Mitterrand explique à son hôte qu'il approuve l'initiative saoudienne. A ses yeux elle signifie la reconnaissance « implicite » d'Israël, même si elle lui semble loin du compte pour aboutir à la paix et s'il conserve intacte sa préférence pour des contacts bilatéraux au Proche-Orient.

Dès cette période, Mitterrand considère que « Camp David arrive sans doute au bout de la course de ses effets » et, dès lors, le plan Fahd constitue pour lui l'un des itinéraires possibles dans la recherche de la paix.

Au cours de son entretien avec le prince wahhabite, Mitterrand a fait appel au « sens de l'honneur » des Arabes. Ils doivent admettre que la France peut avoir des relations plus étroites avec les pays musulmans sans avoir à renier son attachement à l'État juif. « Vous savez, vous Arabes, que l'on ne bâtit pas une amitié en trahissant une autre amitié », lance-t-il à Fahd qui opine.

A Cheysson qui, après l'entretien, a remarqué la solidité du prince Fahd, Mitterrand répond : « Il a la bonne santé des successeurs. »

Le samedi 26 septembre 1981, premier jour de la semaine islamique, Mitterrand entreprend à Taef la première visite d'État de son septennat. Dans la capitale d'été du royaume, puis à Riyad, ses entretiens avec le roi Khaled et le prince Fahd permettent de confirmer le soutien de la France « à la plupart des points » du plan saoudien, l'exception portant en particulier sur l'installation à Jérusalem de la capitale d'un futur État palestinien.

L'avant-veille à Paris, au cours de sa première conférence de presse, le chef de l'État a réitéré ses positions sur les affaires proche-orientales : dire à chacun la même chose, ne pas changer de langage suivant l'interlocuteur [1].

Invité dans l'oasis de Darriah, berceau de la dynastie des Saoud, Mitterrand, qui se repose sous une tente en poil de chameau, se souvient des conseils de son ami Kémoularia : « Une fois assis, ne montrez pas vos semelles, c'est signe de mépris ; acceptez le thé et respirez ostensiblement et fort quand il y a de l'encens. » Il laisse à ses hôtes l'impression que « l'on peut s'entendre » avec cet ami d'Israël.

Avant de regagner Paris, il se réjouit d'avoir pu « élargir le champ de ses amitiés, sans pour autant échanger une amitié pour une autre ». Il annonce qu'il se rendra en Israël, ajoutant, à propos du problème palestinien : « Il n'y a pas d'interdit au regard de l'OLP qui représente un grand mouvement et un peuple qui s'affirme. »

Ce premier voyage est un succès. Mitterrand n'a pas sacrifié sa sympathie pour Israël à de bonnes relations avec les Arabes. Manifestement, les Saoudiens ont apprécié sa « franchise » en même temps que « la dimension mondiale » qu'il a conférée à la diplomatie de Riyad en

1. « En quelques phrases simples, sans recourir aux prudences ambiguës de ses prédécesseurs, François Mitterrand a enfin défini une politique claire, avec laquelle on peut ne pas être d'accord, mais qui a le mérite de la franchise et de la logique sans oublier celui d'une certaine morale », commente le lendemain dans *Le Monde* le correspondant diplomatique Jacques Amalric.

ne se limitant pas à évoquer le Proche-Orient avec Khaled et Fahd, mais en abordant les dossiers européens, Est-Ouest et Nord-Sud.

Habilement, Mitterrand n'a pas mis en avant au cours de son séjour les volets économiques et financiers de la coopération bilatérale, qui sont pourtant essentiels pour Paris. Important acheteur d'armes françaises, l'Arabie Saoudite fournit à la France plus de la moitié de son pétrole, et sa surface financière fascine la rue de Rivoli comme l'ensemble des milieux financiers internationaux.

Moins de deux semaines plus tard, le 10 octobre, le président français revient dans la région. Le 6 octobre au Caire, le raïs Anouar al-Sadate est tombé sous les balles de militants islamistes alors qu'il présidait un défilé militaire. Le président français assiste en direct à cet assassinat en compagnie du chancelier Schmidt qu'il avait convié ce jour-là dans sa maison de Latche. Ils regardaient la télévision qui retransmettait les événements du Caire. François Mitterrand annonce aussitôt sa décision d'aller porter en terre le président égyptien, l'homme du voyage à Jérusalem qui, pour son peuple, a « exploré, bravant les interdits, les chemins de la paix ».

« Les services de sécurité vivaient dans la hantise », raconte Mitterrand à qui la plupart de ses collaborateurs avaient déconseillé ce voyage à haut risque dans un pays où l'armée réprimait encore un soulèvement intégriste en Haute-Égypte. Pour la première fois la police française a fait acheminer au Caire la 604 blindée du président. Lui-même, accompagné de Claude Cheysson et de Robert Badinter, arrive dans un DC 8 bourré d'inspecteurs en armes.

Le chef de l'État s'entretient avec le vice-président Hosni Moubarak, désigné comme candidat officiel à la succession au lendemain de l'attentat. Moubarak confirme à Mitterrand son intention de « maintenir le cap » à l'intérieur et à l'extérieur. « S'il parvient à s'implanter on pourra parler avec Moubarak, il continuera la politique de Sadate avec plus de souplesse », confie alors Mitterrand.

Les funérailles ont lieu sous haute protection, la population cairote ayant été tenue à l'écart. A son retour à l'hôtel Sheraton-Héliopolis, François Mitterrand croise Valéry Giscard d'Estaing dans le hall. Il l'invite à faire le voyage du retour avec lui. L'ancien président décline cette offre, un jet privé doit le ramener directement à Clermont-Ferrand. Mitterrand a également rencontré ce jour-là trois autres anciens présidents : les Américains Nixon, Ford et Carter.

L'assassinat de Sadate fournit l'occasion à Cheysson de commettre l'une de ses plus célèbres gaffes puisqu'il affirme : cette mort, « horrible en elle-même, fait disparaître un obstacle au rapprochement à l'intérieur de la nation arabe ».

« Parler trop tôt ne sert à rien », concède Cheysson [1]. Il évoque les reproches de François Mitterrand : « Cheysson, vous êtes trop carré, je ne suis pas choqué par vos formules provocantes, mais celle-ci est vraiment pénible. Ce qui me gêne c'est qu'elles sont souvent prématurées. Vous choquez, même si ce que vous dites est juste. Le jour où l'on se rendra compte que ce que vous avez dit était fondé, vous aurez disparu depuis longtemps. L'ennui c'est qu'entre-temps vous risquez de provoquer des réactions inverses à ce que nous souhaitons et vous aurez retardé les choses. »

« Ce type de propos provocateurs va à l'encontre de l'idée très profondément ancrée chez Mitterrand selon laquelle il faut dire les choses au moment opportun, c'est-à-dire quand on sera porté par les éléments, comme un surfeur sait choisir sa vague au moment où elle l'entraînera le plus loin possible », ajoute Cheysson [2].

Huit jours plus tard à Yorktown, en Virginie, Mitterrand tire devant Reagan la leçon de la disparition de

1. Entretien le 6 avril 1990.
2. Les faits ont-ils donné raison à Claude Cheysson ? Avec Moubarak, l'Égypte – mise au ban depuis la signature des premiers accords de Camp David d'octobre 1978 – retrouve progressivement sa place dans la famille arabe. Sadate vivant, le retour de l'Egypte dans le giron arabe était sans doute tout aussi inéluctable, mais peut-être pas au même rythme.

Sadate. Sonne-t-elle le glas du processus de Camp David ? Faut-il désormais envisager d'autres voies que le strict cadre bilatéral israélo-égyptien ? Et, pour la première fois, il suggère, lors de sa conférence de presse, que soit recherchée dans cette affaire la « caution utile » de Moscou. Mitterrand a très nettement marqué ce jour-là sa volonté de voir la France adopter au Proche-Orient une démarche autonome qui se départit du consensus stratégique antisoviétique défendu par Reagan.

Pour Mitterrand, Camp David n'a peut-être plus d'avenir, mais il a encore un présent. Sollicité courant novembre 1981 par l'Égypte pour participer à la force multinationale d'observateurs du retrait israélien du Sinaï, le président français s'en fait l'avocat auprès de ses partenaires européens. Malgré l'« hostilité » de la Ligue arabe, Paris, Londres, Rome et La Haye, en accord avec la CEE, envoient des observateurs militaires dans le Sinaï, tout en rappelant que ce retrait partiel de Tsahal[1] doit être suivi de retraits analogues de Cisjordanie et de Gaza.

Discours à la Knesset

Ayant consolidé les rapports avec les États arabes, Mitterrand peut maintenant travailler à la normalisation au plus haut niveau des relations franco-israéliennes.

Le premier contact de travail franco-israélien remonte à la mi-septembre 1981. Mitterrand a en effet envoyé Attali prendre langue avec les dirigeants israéliens et égyptiens. Le conseiller spécial revient à l'Élysée avec un cadeau, deux certitudes et trois hypothèses. Begin lui a en effet remis, sans en avertir les Américains, le compte rendu écrit de ses derniers entretiens avec Reagan : c'est le cadeau. Les travaillistes de Pérès ne sont plus en mesure de revenir à la tête du gouvernement, il faudra donc traiter avec Begin et Camp David s'essouffle : ce sont les certitudes. Enfin les hypothèses : Attali suggère au président de travailler à un rapprochement saoudo-

1. L'armée israélienne.

égyptien ; un accord égypto-israélien sur l'autonomie des territoires occupés est possible mais il sera difficile de trouver une élite palestinienne désireuse d'en assurer la gestion sans l'accord de l'OLP.

Cheysson succède à Attali dans la capitale israélienne début décembre et annonce la venue de Mitterrand du 10 au 12 février 1982. En sept ans, pendant la présidence de Valéry Giscard d'Estaing, deux ministres français seulement se sont rendus officiellement dans l'État hébreu. Cheysson, unanimement condamné par la presse israélienne à la suite de sa rencontre de Beyrouth avec Arafat quatre mois auparavant, adopte un profil bas dès son arrivée. Il n'est pas reçu par Begin, hospitalisé, et ne voit que son homologue Itzhak Shamir. « Je viens resserrer les liens qui depuis sept ans s'étaient distendus avec Israël », déclare-t-il avant de développer une conception très limitée du rôle de la France dans la région : « Nous n'avons de leçons à donner à personne, nous ne sommes porteurs d'aucun plan, projet ou initiative français ou européen. » « Agréable surprise », titre la presse de Tel-Aviv le lendemain de son départ, alors que la commission mixte franco-israélienne se remet au travail après dix années de sommeil.

Huit jours après la visite de Cheysson, Israël annexe juridiquement par un vote de la Knesset le plateau syrien du Golan, occupé par Tsahal depuis la guerre des Six Jours de 1967. Désapprobation unanime. D'où un nouveau report de la visite présidentielle. Le 5 janvier, Mitterrand l'annonce lui-même. Dix jours plus tard, il précise que son voyage interviendra début mars. Impossible de le retarder indéfiniment car « la France risque d'avoir tous les six mois des pépins diplomatiques avec l'État hébreu ».

Ainsi Mitterrand se rend-il bel et bien en Israël entre deux « pépins » : l'annexion du Golan en décembre 1981 et l'invasion du Sud-Liban en juin 1982.

Comme après l'affaire de Tammouz, Mitterrand s'oppose dans celle du Golan à l'adoption de sanctions internationales à l'encontre d'Israël. Washington avait demandé à Paris d'opposer, au Conseil de sécurité de l'ONU, son veto à l'adoption de sanctions. La France, mise en garde par les chancelleries arabes devant une telle pression, finit par s'abstenir lors du vote.

Ainsi, à l'approche du voyage de Mitterrand en Israël, un climat de suspicion s'instaure-t-il au Proche-Orient à l'égard de la diplomatie française. Les « durs », menés par la Syrie, dénoncent l'alignement total de Paris sur l'État hébreu, tandis que les « modérés », comme le roi du Maroc Hassan II, de passage à Paris le 26 janvier, considèrent que cette visite peut aider la cause de la paix.

Du 19 au 21 février 1982, Claude Cheysson est envoyé dans les Émirats et à Bagdad. Il s'agit d'allumer des contre-feux à la visite de Mitterrand à Tel-Aviv. Il accomplit sa mission avec un zèle qui lui vaut d'être vertement tancé par Mauroy et Mitterrand. A Abou Dhabi, en effet, il déclare : « Un État palestinien doit être créé dans les territoires occupés qui doivent être évacués par Israël, conformément à la résolution 242 de l'ONU[1] à laquelle nous souscrivons. »

Pierre Mauroy prend connaissance des déclarations de Cheysson alors qu'il se trouve lui-même à Tunis sur le point de tenir une conférence de presse. Par chance pour lui, aucune question ne lui est posée sur les propos du ministre des Relations extérieures. A son retour il s'en prend à Cheysson, dont la mission était de « rassurer les Arabes sans faire de déclarations publiques » : « Claude, tu n'es plus le haut fonctionnaire qui avait l'habitude de parler beaucoup. Tu dois le savoir. »

Le mercredi suivant, 24 février, en Conseil des ministres[2], c'est du chef de l'État que vient la réprimande : « Dans la diplomatie le langage codé est fonda-

1. Adoptée à l'unanimité par le Conseil de sécurité de l'ONU le 22 novembre 1967 après la guerre des Six Jours. Elle demande le retrait des forces israéliennes « des » territoires occupés. Le texte anglais est plus imprécis. Il demande le retrait « de » territoires occupés.

2. Document d'archives.

mental et tout changement, même le déplacement d'une virgule, peut être pris comme un changement sur le fond. Il faut donc parler le moins possible pour ne pas donner prise aux accusations de renversement de politique. » Puis il avertit : « Plus un mot d'ici mon départ, attention aux mille provocations de ceux qui voudraient empêcher mon voyage. Nous sommes dans un domaine où un serpent se cache sous chaque pierre ! »

La veille de son départ, dans un entretien accordé au mensuel juif *L'Arche,* Mitterrand réaffirme que la reconnaissance préalable du droit à l'existence d'Israël demeure la condition de la participation de l'OLP à des négociations de paix.

Il ne parle pas des « territoires occupés ». Ses conseillers reconstituent ainsi son analyse : pour Mitterrand les territoires occupés ne sont pas tous de même nature. Il y a d'abord avec la Cisjordanie une terre historiquement donnée au peuple juif par le Dieu d'Israël : c'est la Samarie et la Judée. Difficulté : des Arabes peuplent en majorité cette terre d'Israël.

Il y a ensuite le Golan et le Sinaï, qui n'ont jamais appartenu aux Juifs, mais qu'ils ont conquis par les armes.

Mitterrand juge possible de redéfinir par la négociation les frontières de la Cisjordanie afin de mieux garantir la sécurité d'Israël. Pour Jérusalem, il est favorable à un statut particulier qui n'entérine pas l'occupation israélienne : « Les Juifs y ont des droits depuis trente siècles, mais c'est une cité arabe à 95 %. » Là encore, la négociation peut résoudre le casse-tête.

Négocier, c'est aussi pour lui le moyen de ne pas laisser le champ libre aux superpuissances.

Enfin, Mitterrand insiste sur sa ligne d'action : la France doit tenir le même langage aux Israéliens et aux Arabes. « Prise entre ses amitiés, la France les a gardées, au risque de les perdre par le respect du droit », écrira-t-il en 1985, reprenant une formule qu'il développait alors à chaque fois qu'il était question du Proche-Orient.

« L'embrouille durera tant qu'Israël dira " jamais " à l'existence d'un État palestinien et l'OLP " jamais " à l'existence d'Israël. Nous devons faire la sourde oreille au rappel insistant de ces pétitions de principe et traiter la réalité en médecins de campagne », expliquait le candidat Mitterrand dans *Ici et Maintenant*[1].

C'est dans la même disposition d'esprit, et avec « un certain plaisir de la difficulté à vaincre », qu'il débarque ce mercredi 3 mars 1982 à l'aéroport Ben Gourion, plus de sept siècles après la dernière visite en Terre sainte d'un chef d'État français : Saint Louis lors de la septième croisade en 1251.

Si l'on excepte le voyage du pape Paul VI en 1964, Mitterrand est aussi le premier chef d'État européen à se rendre en visite officielle en Israël.

La première journée se déroule dans une ambiance imprégnée d'émotion biblique. Après l'accueil sous la pluie par le président Itzhak Navon et Menahem Begin, cloué sur une chaise roulante à la suite d'une fracture du col du fémur, Mitterrand gagne en voiture la porte ouest de Jérusalem pour la cérémonie du pain, du sel et du vin offerts par le maire Teddy Kollek. « Puissants et vivants symboles », s'exclame Mitterrand, qui salue Jérusalem « haut lieu de la spiritualité des hommes ».

Le contraste est brutal dès le premier entretien avec le chef du Likoud. Begin ouvre en effet son propos par une diatribe contre l'OLP, qu'il traite de « bande de tueurs », avant de rejeter sans appel toute idée d'un État palestinien. Le général Yehoshoua Saguy, chef du Mossad, explique à Mitterrand comment ses services de renseignements s'efforcent de prévenir le pays des menaces du « terrorisme palestinien » et sort des cartes pour montrer d'où partent au Liban les commandos de tueurs palestiniens. Ce jour-là, Mitterrand a la quasi-confirmation qu'Israël se prépare à une opération au Liban. Il doit alors se dire qu'il a bien fait de venir à Tel-Aviv avant le déclenchement de ces hostilités. En effet, après le retrait du Sinaï, prévu pour la fin avril, première véritable concession territoriale depuis la guerre du Kippour, Begin éprouvera sans doute le besoin de démontrer à son

1. *Op. cit.*

électorat nationaliste qu'Israël, qu'il juge assiégée par ses voisins arabes et les Palestiniens, est encore capable de fermeté.

Le dîner tardif dans les salons de la Knesset, décorés de tapisseries de Chagall, offre à Mitterrand l'occasion d'improviser longuement sur son amitié pour Israël et d'appeler au dialogue et à la compréhension entre Juifs et Arabes, « frères issus par définition d'un même père ».

Mitterrand dort peu cette nuit-là. Dans sa suite de l'hôtel King David, en robe de chambre, il travaille plusieurs heures à son discours du lendemain. A 6 heures du matin, il fait venir Cheysson et l'interroge sur ses déclarations d'Abou Dhabi sur la « patrie palestinienne ». Puis il se remet au travail jusqu'au petit déjeuner avec son ami Shimon Pérès, le chef de l'opposition travailliste.

A 11 h 35, c'est un homme désireux de s'inscrire dans l'Histoire qui prend la parole devant les cent vingt députés israéliens. Au-delà, il s'adresse à tous les protagonistes du conflit qui vont examiner à la loupe chaque phrase, chaque mot et même chaque silence.

Après le préambule exaltant « l'amitié franco-israélienne », après l'évocation du drame de l'Holocauste, Mitterrand en vient au point central de son intervention, celui sur lequel tous l'attendent : l'avenir du peuple palestinien.

« L'irréductible droit de vivre » appartient au peuple israélien. « Il est aussi celui des peuples qui vous entourent et je pense bien entendu aux PALESTINIENS de Gaza et de Cisjordanie (...) Pourquoi ai-je souhaité que les habitants arabes de Cisjordanie et de Gaza disposent d'une PATRIE ? Parce qu'on ne peut demander à quiconque de renoncer à son identité. (...) Il leur appartient (...) de décider eux-mêmes de leur sort à l'unique condition qu'ils inscrivent leur droit dans le respect du droit des autres. (...) Comment l'OLP, par exemple, qui parle au nom des combattants, peut-elle espérer s'asseoir à la table des négociations tant qu'elle déniera le principal à ISRAËL qui est le DROIT D'EXISTER et les MOYENS DE SA SÉCURITÉ ? (...) Le dialogue suppose que chaque partie puisse aller jusqu'au bout de son droit, ce qui, pour les PALESTINIENS comme pour les autres, peut, le moment venu, signifier un ÉTAT. »

Mitterrand vient de résumer, dans un langage volontairement non provocant pour ses hôtes, la position française :

– reconnaissance préalable et mutuelle entre Israël et les Palestiniens ;

– solution négociée à partir de la résolution 242 de l'ONU ;

– l'OLP, qui « parle au nom des combattants » palestiniens, ne pourra devenir un interlocuteur qu'après avoir reconnu l'État d'Israël ;

– le droit des Palestiniens à une patrie peut, « le moment venu, signifier un État ».

Il a enfreint le tabou. En prononçant dans la même phrase, sur le sol israélien, les mots d'État et de Palestinien, il est allé plus loin que jamais auparavant. Mais, venu en « ami » et non en « médiateur » ou « arbitre », il s'est interdit d'attiser les antagonismes entre ces deux peuples en guerre. Il a donc évité de parler des actions terroristes des uns et guerrières des autres. Quant à l'annexion du Golan, il ne la condamne que de façon allusive en déclarant que « la France observera avec inquiétude toute action unilatérale, qui, de part ou d'autre, retarderait l'heure de la paix ».

Le président, qui se refuse toujours à s'exprimer autrement qu'en français, déroge ce jour-là à ses convictions francophones. Il conclut en hébreu : « Longue vie au peuple d'Israël, longue vie aux peuples de la région. » Il cherche à « réparer » le terrible jugement de De Gaulle sur ce peuple « sûr de soi et dominateur », proposant sa propre définition : « noble et fier dans sa diversité ».

Aussitôt Begin, depuis son fauteuil roulant, se livre à une diatribe, qualifiant la Charte de l'OLP qui prévoit la destruction d'Israël de « version arabe de *Mein Kampf* ». Il s'en prend à Claude Cheysson et à ses récents propos d'Abou Dhabi avant de conclure que « le principal obstacle à l'unité profonde de la France et d'Israël est le soutien de la France au principe d'un État palestinien ».

Mitterrand lui répond fermement et calmement en fin d'après-midi, lors de la conférence de presse commune, en indiquant qu'il « n'a pas été particulièrement étonné » d'entendre M. Begin « développer les thèses » qu'il connaissait par avance. Quant à Cheysson, « il n'est pas allé à Abou Dhabi sans mon accord. Ce n'est qu'au président et au chef du gouvernement français qu'il est appelé à rendre compte de ses missions », sous-entendu, il n'a pas à se justifier devant le chef de file du Likoud.

Seule véritable surprise dans le concert des réactions : la relative modération des pays du Golfe, qui critiquent l'« équilibrisme » de la démarche française.

Éloges dans les journaux espagnols, italiens et britanniques – le *Times* de Londres « félicite Mitterrand pour son courage, son honnêteté et sa finesse » –, approbations nuancées de leurs confrères allemands et américains, critiques de l'agence Tass sur le « flou » présidentiel à propos des droits des Palestiniens.

« François Mitterrand a le mérite de la franchise et de la clarté », observe le bulletin de l'étranger du *Monde* le 4 mars, avant de relever le lendemain les « réactions arabes plus nuancées qu'il n'y paraît » [1].

A Paris, le représentant de l'OLP Ibrahim Souss se dit « déçu » tandis que, depuis Beyrouth, Abou Iyad, numéro deux de la centrale palestinienne, regrette cet « alignement total sur Israël ». A Rabat, Hassan II se déclare « déçu que François Mitterrand n'ait pas dit leurs quatre vérités aux Israéliens ». A Tunis, Chadli Klibi pour la Ligue arabe reconnaît l'existence d'« éléments satisfaisants » dans le discours de la Knesset même s'il lui reproche « son manque de clarté ». Même tonalité au Caire. Prudence à Riyad et à Amman. C'est évidemment

1. De fait, *Al Ittihad,* quotidien officieux des Émirats, reconnaît « l'audace » de Mitterrand, même si ses confrères voient dans cette visite un « défi intolérable » *(Emirate News),* « une agression » *(Al Bayan)* ou une « trahison impardonnable » *(Al Khalidj).* « M. Mitterrand se fait des illusions car il se heurtera, comme Sadate avant lui, au cynisme de l'équipe dirigeante en Israël et il finira par perdre sur les deux tableaux » israélien et arabe, rapporte dans *Le Monde* Eric Rouleau citant une personnalité des Émirats.

la presse damascène qui se montre la plus virulente, dans la droite ligne des propos du président Assad, recueillis par RTL, à la veille du départ de Mitterrand pour Tel-Aviv : « Ce voyage n'est pas conforme au rôle de la France. »

En France, les réactions négatives ne portent guère sur le fond. *La Lettre de la nation,* comme Jacques Chirac, juge « inopportun » le voyage de Mitterrand en Israël. Pour l'UDF, Jean Lecanuet parle d'« un discours chaleureux et habile ». Il s'inquiète : Mitterrand prend « le risque de mécontenter à court terme les Arabes et à long terme les Israéliens ». Georges Marchais observe qu'il ne peut y avoir de solution sans un « État palestinien ».

Avant de quitter Israël, Mitterrand avait pris les devants. Balayant les critiques, il avait dit aux journalistes : « Il faudra beaucoup de temps pour savoir si ce discours a eu une influence. (...) Si j'attendais des résultats rapides, je serais bien ignorant ou bien naïf. »

Terrorisme

Le printemps et l'été 1982 restent dans l'histoire mouvementée de ce début de septennat comme le temps de l'irruption du terrorisme en France et contre la France.

La série sanglante commence le 15 mars à Beyrouth avec l'explosion d'une bombe au centre culturel français qui fait 15 blessés légers. Le 29 mars, un engin explose à bord du Capitole en route vers Toulouse[1]. On dénombre 5 morts et 27 blessés. Le même jour l'ambassade de France, la mission commerciale et le bureau d'Air France à Vienne sont plastiqués alors que deux attentats à Beyrouth visent le bureau de l'Agence France-Presse et un officier français. Deux jours plus tard, à Paris, Action directe revendique le mitraillage des locaux de la mission d'achats israélienne. Le 3 avril, assassinat dans la capitale du deuxième secrétaire de l'ambassade d'Israël, Yaacov Barsimantov, agent du Mossad. Cet attentat est signé

1. Voir *infra.*

par les Fractions armées révolutionnaires libanaises prosyriennes (FARL) qui avaient également revendiqué le meurtre, le 18 janvier, du lieutenant-colonel Charles Ray, attaché militaire adjoint américain à Paris. Le 15, à Beyrouth-Ouest, un couple de fonctionnaires français, Guy Cavallot, chiffreur de l'ambassade et agent de la DGSE, et son épouse Caroline, sont abattus d'une balle dans la tête à leur domicile. Le 22 avril, une voiture piégée explose rue Marbeuf[1] à deux pas des Champs-Élysées, visant les bureaux de l'hebdomadaire arabe proirakien *Al Watan Al Arabi.* Une passante est tuée, il y a 63 blessés. Quatre heures plus tard Mitterrand fait expulser par Defferre deux « diplomates » syriens : les attachés militaire et culturel, impliqués selon la DST dans une première tentative d'attentat contre ce journal le 19 décembre 1981.

Le 23 avril, le chef de l'État réunit autour de lui en « conseil de guerre » Gaston Defferre, le général Saulnier et les patrons de la DST et de la DGSE. L'Élysée, sous la houlette de François de Grossouvre, l'homme des contacts au Liban et en Syrie, est chargé de suivre ce dossier.

La vague terroriste semble terminée. Mais le 24 mai une voiture piégée tue 11 personnes dans l'enceinte de l'ambassade de France à Beyrouth. 25 kilos d'hexogène avaient été placés sous la voiture d'une des secrétaires de l'ambassade et actionnés à distance. Le jour même Mauroy informe Mitterrand qui se trouve à Dakar, dans le cadre d'une tournée officielle en Afrique, de son projet d'aller à Beyrouth pour rendre hommage aux victimes. Le président donne son accord le lendemain, et le Premier ministre arrive le 26 dans la capitale libanaise au milieu d'un dispositif exceptionnel de sécurité. Quatre hélicoptères décollent simultanément de l'aéroport vers l'ambassade afin de réduire le risque des tireurs isolés.

« Il semble que depuis quelque temps il y ait une sorte d'application terroriste pour frapper les intérêts français. Cela tient sans doute au rôle particulier et éminent

1. Voir *infra.*

rempli dans l'Histoire par la France au Liban », constate Mitterrand dans la capitale sénégalaise. Le lendemain à Nouakchott, il réaffirme « pour la cent vingt-cinquième fois » la position française : les Palestiniens, comme Israël, ont droit à un État.

Le 23 juillet, le numéro trois de l'OLP en France, Fadl el-Dani, est tué dans l'explosion de sa voiture à Paris. Le 8 août, la police désamorce une bombe placée dans le central téléphonique du XVIIe arrondissement. Au même moment les locaux d'une société d'outillage appartenant à des Juifs sont détruits rue Saint-Maur. Action directe revendique.

Le 9 août, à l'heure du déjeuner, c'est le carnage : quatre tueurs masqués mitraillent les clients et le personnel du restaurant casher Jo Goldenberg, rue des Rosiers à Paris[1], et y jettent plusieurs grenades : 6 morts et 23 blessés. Précédé par Jean-Louis Bianco et le directeur de cabinet de Matignon, Michel Delebarre, Mitterrand est sur les lieux quelques heures plus tard. Il se rend ensuite à la synagogue voisine de la rue Pavée avec Gaston Defferre pour marquer sa solidarité avec la communauté juive de France. De jeunes israélites l'accueillent aux cris de « Mitterrand trahison » et le président du Conseil représentatif des institutions juives de France (CRIF) doit s'interposer pour calmer les manifestants. Mauroy va lui aussi se recueillir rue des Rosiers. Les deux chefs de l'exécutif socialiste se souviennent du reproche fait par la communauté juive à Giscard d'Estaing qui ne s'était pas rendu rue Copernic après l'attentat meurtrier contre la synagogue du XVIe arrondissement, le 3 octobre 1980.

Le 11 août, 5 personnes sont blessées par l'explosion d'une voiture piégée devant l'ambassade d'Irak à Paris. Le 17 août, nouvelle voiture piégée devant le lycée Carnot : 45 blessés. Le soir à la télévision, Mitterrand établit un lien entre ces actions terroristes et le conflit du Proche-Orient : « Les extrémistes de tous bords entendent frapper la France parce qu'elle est le principal facteur de paix dans le conflit qui s'y déroule. »

1. Voir *infra*.

Il annonce la création d'un secrétariat d'État à la Sécurité publique confié, sous l'autorité de Defferre, au député-maire d'Alfortville Joseph Franceschi, chargé en 1974 et 1981 du service d'ordre du candidat Mitterrand. Parallèlement, une « Mission de coordination de la lutte contre le terrorisme » est installée à l'Élysée sous la responsabilité du commandant de gendarmerie Christian Prouteau. L'équipe Prouteau commence très mal[1]. Au cœur de l'été, enfreignant les règles élémentaires de la procédure pénale, elle procède à l'arrestation à Vincennes de trois nationalistes irlandais, soupçonnés d'appartenir aux organisations terroristes nord-irlandaises IRA et INLA. Ce sera l'affaire peu reluisante des « Irlandais de Vincennes ». Le 21 août, deux artificiers sont tués dans l'explosion de la voiture de l'attaché commercial américain à Paris Roderick Grant.

En six mois, vingt et un attentats : la vague terroriste frappant directement ou indirectement la France a fait 30 morts et 178 blessés.

Qui sont les ennemis de la France ? Pourquoi ce pays, jusqu'ici largement épargné, est-il devenu la cible des poseurs de bombes et des tueurs ?

La présence active de la France au Liban, ses prises de position dans le conflit israélo-arabe, son engagement confirmé au côté de l'Irak et même le bras de fer avec Tripoli qui se dessine au Tchad sont autant de facteurs susceptibles d'indisposer de nombreux protagonistes de ces conflits. La Syrie d'Hafez El Assad, les fractions dures palestiniennes, menées par Abou Nidal, l'Iran de Khomeiny, la Libye du colonel Kadhafi, relayés par la mouvance terroriste internationale, de Carlos à Action directe ? Autant de pistes, qui se mêlent, se contredisent ou se perdent, auxquelles doivent faire face une police, une justice, des services, un pouvoir politique et une opinion publique peu préparés et donc peu adaptés.

Trois attentats retiennent tout particulièrement l'attention des spécialistes : ceux du Capitole, de la rue Marbeuf et de la rue des Rosiers.

1. Voir V^e^ partie : « Le président ».

L'explosion de la bombe à bord du Capitole Paris-Toulouse, le 29 mars, marque l'expiration de l'ultimatum lancé un mois plus tôt par l'insaisissable terroriste vénézuélien Ilitch Ramirez Sanchez, alias Carlos. Il exigeait, dans une lettre à Gaston Defferre, la libération de deux terroristes porteurs d'armes et d'explosifs arrêtés sur les Champs-Élysées le 16 février : l'Allemande Magdalena Kopp et le Suisse Bruno Bréguet, deux « gros poissons » de l'euro-terrorisme, liés également aux réseaux palestiniens. « Je vous donne l'avertissement suivant : nous n'acceptons pas que nos camarades restent en prison, nous demandons qu'ils puissent voyager ensemble vers un pays et par la route de son choix *(sic)* porteurs des laissez-passer français », avait écrit Carlos dans un message manuscrit au nom de l'« Organisation de la lutte armée arabe-bras de la révolution arabe » déposé à l'ambassade de France à La Haye le 25 février. Authentifiée par l'empreinte de ses pouces, cette lettre avait, grâce à une fuite, été publiée à la une de *France-Soir* le 5 mars, empêchant désormais le gouvernement français, si telle avait été son intention, de s'incliner devant les exigences de Carlos.

Ce dernier voulait jouer avec Mitterrand la partie qui lui avait réussi en 1974 avec Giscard d'Estaing. Pour obtenir la libération du terroriste japonais Yukata Furaya, il avait organisé une prise d'otages à l'ambassade de France à La Haye le 13 septembre et lancé lui-même deux grenades le surlendemain dans le drugstore Saint-Germain-des-Prés, faisant deux morts et une trentaine de blessés. Le 16 septembre, Furaya et les trois preneurs d'otages de l'ambassade de La Haye s'étaient envolés vers le Moyen-Orient et la liberté à bord d'un Boeing affrété par le gouvernement français.

Huit ans plus tard, Carlos ne réédite pas son « exploit ». S'il échappe à une chasse à l'homme lancée par Gaston Defferre, il n'empêche pas la justice française de condamner le 22 avril, un mois après la bombe du Capitole, Bréguet et Kopp à cinq et quatre ans de prison.

L'explosion le 22 avril de la voiture piégée rue Marbeuf visait l'hebdomadaire arabe pro-irakien *Al Watan*

Al Arabi, qui venait d'affirmer que la Syrie était directement responsable de l'assassinat de l'ambassadeur de France au Liban Louis Delamare. Quarante-huit heures auparavant, les autorités françaises avaient recueilli des indices sur la possibilité d'un attentat en préparation. Une voiture appartenant à un diplomate syrien avait été repérée dans la rue. Après l'échec d'une première tentative, le 19 décembre précédent, la France savait à quoi s'en tenir sur l'hostilité de la Syrie à son égard. C'est toute la politique de Mitterrand au Proche-Orient que Damas rejette dès le début du septennat : amitié pour Israël, contacts avec l'OLP d'Arafat, soutien au gouvernement légal du Liban et choix géopolitique et économique en faveur de l'Irak, le frère ennemi baasiste de Damas, dans la guerre du Golfe.

Le 8 avril, Defferre avait fait renforcer le dispositif de protection à l'intérieur de l'immeuble du 33, rue Marbeuf où se trouve le journal, mais pas dans la rue où la voiture explosera. 1 mort, 63 blessés : c'est le prix d'une grave faute des services de sécurité.

Hassan Ali et son collègue de l'ambassade de Syrie, Michel Kassouha, sont immédiatement expulsés tandis que l'ambassadeur de France à Damas est rappelé en consultation à Paris pour deux mois.

Quels griefs pouvait faire à la France la Syrie d'Hafez El Assad pour commander une action terroriste sur le sol français ? Est-elle fondée à soupçonner Mitterrand d'avoir voulu venger Delamare en autorisant l'élimination de ses assassins ? La question est de nouveau posée au moment de l'attentat de la rue Marbeuf. Selon plusieurs témoignages recueillis auprès de ses collaborateurs et des responsables des services, Mitterrand a toujours refusé les opérations « homo », c'est-à-dire les assassinats, proposées par l'espionnage français et notamment par Pierre Marion, le premier chef du SDECE nommé par la gauche. Le SDECE, rebaptisé DGSE en 1982, sera toutefois crédité d'avoir riposté, cette fois, en ouvrant le feu, le 27 avril 1982, sur l'attaché culturel syrien à Madrid, Hassan Dayoub, soupçonné d'organiser des attentats contre les opposants syriens en Europe. Il parvient cependant à réchapper à ces représailles. La DGSE laissera dire que cette opération était un « avertissement ».

Le 9 août, rue des Rosiers, l'horrible atteint cette fois son paroxysme. Le ministère israélien des Affaires étrangères dénonce immédiatement « l'atmosphère anti-israélienne qui règne en France depuis le début de la guerre au Liban » et, le lendemain, Menahem Begin déclare en Conseil des ministres que ce « crime meurtrier en plein cœur de Paris est le résultat des horribles propos sur Oradour et des incitations anti-israéliennes qui reviennent à des incitations antisémites ». Le Premier ministre israélien fait allusion aux propos tenus un mois auparavant à Budapest par Mitterrand au cours d'une conférence de presse. Interrogé par un journaliste palestinien sur les « Oradour » commis au Liban par l'armée israélienne qui encercle Beyrouth-Ouest depuis trois semaines, Mitterrand répond : « Le propre des interventions militaires, lorsqu'elles rencontrent une résistance, c'est de provoquer, comme vous dites, des " Oradour ". Pas plus que je n'ai accepté l'Oradour provoqué par l'occupation allemande en France [1], pas plus je n'accepterai les Oradour, y compris à Beyrouth. » Cet épisode, en pleine guerre du Liban, avait provoqué une spectaculaire montée de fièvre entre Tel-Aviv et Paris.

Mitterrand connaît, avec l'attentat contre le restaurant Jo Goldenberg et les accusations israéliennes ainsi que d'une partie de la communauté juive de France, sa plus douloureuse épreuve depuis qu'il est au pouvoir. L'ami d'Israël, accusé de « trahison » par les représentants du peuple juif, éprouve là un profond sentiment d'injustice au point que ses proches confieront que pendant deux jours Mitterrand en reste « prostré, dans une quasi-hébétude ». Attali [2], qui passe la journée du 12 août avec le président à Latche, se souvient d'un homme « terrible-

1. Le président de la République se réfère au massacre SS de 642 personnes dans le village limousin d'Oradour-sur-Glane le 6 juin 1944.

2. Entretien le 3 mai 1990.

ment marqué » et « révolté » contre « l'injustice des accusations portées contre lui »[1].

Depuis Beyrouth, arrive à l'Élysée le jour de l'attentat un message de solidarité auquel François Mitterrand se dit « sensible » : c'est Yasser Arafat qui exprime son « indignation » et sa « condamnation nette et totale de cet acte inhumain ».

En dénonçant cet attentat, c'est en fait son adversaire Abou Nidal que condamne le chef de l'OLP. L'enquête révèle assez vite que les armes utilisées par les tueurs – des pistolets-mitrailleurs tchèques WZ63 – désignent Abou Nidal, ce « terroriste historique », chef du Fatah-Conseil révolutionnaire, la branche dissidente et impitoyable de la centrale palestinienne associée aux opérations les plus sanglantes de l'après-guerre en Europe et au Proche-Orient. C'est avec une arme identique que l'ambassadeur israélien à Londres Schlomo Argov avait été grièvement blessé le 3 juin au soir dans un attentat qui allait servir de prétexte, quelques jours plus tard, à l'invasion du Sud-Liban par Tsahal.

Après quelques semaines d'enquête, les Français sont convaincus de la responsabilité d'Abou Nidal. Celui-ci savait un mois avant l'attentat que la France se préparait à organiser l'évacuation d'Arafat et de ses hommes de Beyrouth encerclés par Israël. Au début de l'hiver 1982, un émissaire français, qui compte parmi les meilleurs experts du Proche-Orient et des dossiers de terrorisme, se rend en Irak, où se trouve le quartier général d'Abou Nidal. Le Français est porteur d'une requête de l'Élysée demandant aux dirigeants irakiens d'empêcher désormais leur protégé de frapper des intérêts français ou de commettre des attentats en France. Le « contrat » sera respecté comme en témoigne par l'absurde l'assassinat du responsable modéré de l'OLP Issam Sartaoui, l'un des fidèles d'Arafat, le 22 avril 1983, au cours d'un congrès

1. « Begin et ses amis devraient un jour se faire à l'idée que l'on peut être l'ami d'Israël et de son peuple tout en critiquant certains aspects de sa politique sans se faire traiter d'antisémites. Begin devrait savoir que la France n'est pas Gaza », confie le président à quelques journalistes, dont l'un des auteurs, le 2 août 1982.

de l'Internationale socialiste, non pas en France, mais à Albufeira au Portugal. Or Sartaoui résidait à Paris.

Parallèlement, la France avait pris contact avec la Syrie pour demander au régime d'Hafez El Assad de ne plus régler ses comptes sur le territoire français. Cette démarche consécutive à l'attentat de la rue Marbeuf avait abouti en septembre 1982 à la suite d'entretiens secrets à Saint-Nom-la-Bretèche entre Rifaat El Assad, le numéro deux du régime, frère-rival du président, et le patron de la DGSE, Pierre Marion, sous les auspices de François de Grossouvre.

Des contacts secrets sont également pris à Tunis avec Yasser Arafat et à Paris où, au début de l'hiver, le numéro deux de l'OLP Abou Iyad rencontre à deux reprises le secrétaire d'État Franceschi. Ces conversations contribuent à déjouer les opérations terroristes d'Abou Nidal, l'ennemi mortel de Yasser Arafat. L'OLP informe également les services français des menées terroristes des Arméniens de l'ASALA.

Guerre à Beyrouth

La fièvre anti-française au Proche-Orient, qui s'est manifestée par ces six mois de terrorisme, trouve une partie de son explication dans les conséquences de l'offensive militaire israélienne au Liban.

Début juin 1982, au lendemain de l'attentat contre l'ambassadeur israélien à Londres revendiqué par Abou Nidal, Menahem Begin considère que le cessez-le-feu entre l'OLP et Israël a été violé. Il avait été conclu après les combats de juillet 1981 au Sud-Liban. Le gouvernement de Tel-Aviv se sent une nouvelle fois assiégé par les « terroristes » palestiniens.

Et le 4 juin 1982, l'aviation israélienne bombarde les camps palestiniens de Beyrouth-Ouest, l'artillerie et la marine pilonnent les positions d'Arafat au Sud-Liban, qui riposte sur la haute Galilée.

A Versailles, où vient de s'ouvrir le sommet des pays industrialisés, Claude Cheysson déclare que les Sept sont

« atterrés par la nouvelle des violences au Liban sur les camps de réfugiés ».

Au matin du 6 juin, 20 000 soldats israéliens envahissent le Liban. L'opération répond au doux euphémisme de « Paix en Galilée ». Dans un message à Mitterrand, dix lignes auxquelles s'ajoute la copie d'un télégramme à Reagan, Begin explique qu'Israël, sous la menace « d'un agresseur assoiffé de sang », s'estime en droit de faire jouer la « légitime défense », et annonce que Tsahal a reçu ordre de « faire reculer les terroristes de l'OLP de 40 kilomètres vers le nord » à l'intérieur du territoire libanais.

A l'issue du sommet de Versailles, Mitterrand, dans sa conférence de presse, « déplore l'intervention israélienne sur le territoire du Liban » ; il ne s'agit là que d'« une évolution prévisible dans les relations israélo-libanaises ».

Paris avait été informé préalablement, notamment par Washington, de l'imminence d'une « opération de police » israélienne au Sud-Liban, limitée aux 40 kilomètres et visant à anéantir la présence militaire palestinienne. Dans l'esprit de François Mitterrand, contrarié par ce nouveau coup de force israélien deux mois après sa visite à Tel-Aviv, cette opération limitée pouvait être tolérée à condition qu'Israël se replie, une fois détruites les batteries palestiniennes.

Le 6 juin, le représentant français au Conseil de sécurité des Nations unies vote la résolution 509 exigeant le retrait « immédiat et inconditionnel » de toutes les forces militaires israéliennes « jusqu'aux frontières internationalement reconnues du Liban ». Le lendemain, l'armée israélienne est à Tyr. Le 8, elle pénètre dans le Chouf et poursuit ses bombardements sur Beyrouth alors qu'un duel aérien l'oppose aux chasseurs syriens dans la plaine de la Bekaa le 9 juin. L'aviation israélienne cloue les Mig syriens au sol et détruit plusieurs rampes de lancement de missiles. A Washington, Reagan et Haig soutiennent Israël dans sa volonté d'éliminer l'OLP du Sud-Liban.

Le même jour Mitterrand, à l'occasion de sa deuxième grande conférence de presse à l'Élysée, renvoie dos à dos les « trois occupations » du Liban par les forces syriennes, palestiniennes et israéliennes. « Je regrette très vivement qu'Israël se soit mise en situation de supporter une nouvelle condamnation (..) et je continue de sentir le droit éminent du peuple d'Israël à vivre et à vivre en paix et non pas sous la menace constante », déclare le chef de l'État, qui se montre là sensiblement moins ferme dans sa condamnation que le Quai d'Orsay ou même le Parti socialiste.

Très rapidement, les forces israéliennes atteignent les portes de la capitale libanaise. Elles investissent Beyrouth-Est et, le 12, encerclent Beyrouth-Ouest où se retranchent les fedayine. Pour Washington et Tel-Aviv, le moment est venu d'imposer une réorganisation du pouvoir libanais plus conforme aux intérêts d'Israël. Il s'agit de marchander un retrait israélien en échange d'un repli syrien, double opération qui devra être précédée de l'installation à Beyrouth d'une « force multinationale de maintien de la paix ». Haig propose à la France d'être associée à ce projet. Claude Cheysson lui fait remarquer qu'il y manque un « élément essentiel » : le sort des Palestiniens.

C'en est trop pour Mitterrand. S'il pouvait fermer les yeux sur l'opération israélienne « antiterroriste » au Sud-Liban, la perspective d'une bataille à Beyrouth-Ouest permettant l'élimination des Palestiniens et, en filigrane, le partage du Liban en protectorats israélien et syrien, lui est insupportable. « La France demande solennellement à Israël qu'il soit mis fin sans délai aux bombardements et aux combats », déclare un communiqué de l'Élysée le 14 juin, qui signifie que désormais Mitterrand prend publiquement ses distances à l'égard de Tel-Aviv. Paris convainc sans difficulté ses partenaires européens d'envoyer le même jour à Israël un « questionnaire impératif » l'enjoignant de donner des assurances humanitaires et politiques sur le sort des populations du Liban et d'affirmer que l'État hébreu « n'a pas d'intention hostile envers le peuple palestinien ». Pour toute réponse Begin qualifie, une semaine plus tard, ce document de *Fragebogen* [1].

Le 15 juin 1982, le secrétaire général du Quai d'Orsay Francis Gutmann s'entretient au palais présidentiel de Beyrouth avec le conseiller politique d'Arafat, Hani El Hassan, venu de Beyrouth-Ouest dans le coffre d'une voiture de l'ambassade de France. Arafat n'a pu rencontrer l'émissaire français en raison du danger encouru par les bombardements israéliens. L'OLP indique ce jour-là à la France qu'elle acceptera de cesser sa lutte armée contre Israël à partir du territoire libanais en échange d'un retrait israélien du Liban. Elle demande également en contrepartie à la France de l'aider dans son effort pour une plus grande reconnaissance diplomatique. Le même jour à Paris, Mitterrand laisse entendre à Itzhak Shamir que la France n'est pas en principe opposée à l'idée d'une force multinationale au Liban.

Le lendemain, Mitterrand est à Vienne chez le chancelier Bruno Kreisky avec lequel il partage désormais la conviction qu'il faut tout faire pour éviter l'anéantissement de l'OLP à Beyrouth. Pour les deux hommes, la centrale palestinienne, et surtout son chef Yasser Arafat, seul capable d'endiguer l'extrémisme de son camp, constitue le seul interlocuteur représentatif et donc à même de conduire, le moment venu, une vraie négociation avec Israël. Dans une déclaration commune, les deux dirigeants socialistes demandent « que soient assurées la sauvegarde et la protection des populations libanaise et palestinienne » et que « soient reconnus et respectés les droits légitimes du peuple palestinien ».

En huit jours, tout a changé pour François Mitterrand : le 9 juin c'était Israël qu'il fallait protéger. Le 17 c'est les Palestiniens qu'il s'agit de sauver. Même langage pour une préoccupation diamétralement opposée.

A Vienne, Mitterrand indique que M. Arafat « peut parfaitement se rendre en France » et fait préciser le lendemain par un communiqué que le chef de l'OLP pourra

1. En allemand, « questionnaire ». Allusion à celui que tous les Allemands devaient remplir après la guerre dans le cadre de la politique de dénazification.

y rencontrer M. Cheysson et « pourquoi pas » M. Mauroy, mais qu'un entretien avec le chef de l'État n'est pas envisagé « pour l'instant », Paris « ne reconnaissant pas officiellement l'OLP ». Mitterrand estime avoir fait là le plus grand pas possible dans la reconnaissance diplomatique de l'OLP.

Pendant les six semaines suivantes, toute l'attention diplomatique de Mitterrand est concentrée sur le Liban. Les attentats terroristes à Paris sont destinés à le faire renoncer à sa décision de sauver les Palestiniens de l'anéantissement militaire que leur promettent Begin et Reagan.

Pour le président Mitterrand, les temps sont durs. A l'intérieur, l'opinion française l'abandonne : le sommet de Versailles ne fut pas un succès ; la deuxième dévaluation et l'amère potion de la rigueur, avec son blocage des prix et des revenus, n'ont pas été des mesures populaires. A l'extérieur, on assiste à une coalition objective du bloc israélo-américain et de la Syrie pour déterminer l'avenir du Liban. En dépit de tout cela, François Mitterrand tient bon. Il ne lâche pas prise au Proche-Orient. Soutenu par Cheysson et le Quai d'Orsay, il se bat pied à pied.

A Beyrouth-Ouest, la population, à partir de la mi-juin, vit dans l'attente d'un assaut généralisé. Le paquebot français *Azur* a évacué, le 14, 800 Français et 400 étrangers. L'OLP se dit prête à retirer ses combattants de Beyrouth-Ouest et à se regrouper dans les camps de réfugiés de Sabra, Chatila, Borj el-Barajneh et Fakahani. Mais cette offre ne suffit pas à amadouer les Américains. Haig déclare à l'ambassadeur de France à Washington le 22 juin que « les États-Unis ne sont pas décidés à exercer de fortes pressions sur les Israéliens pour les dissuader de passer à l'attaque ». La France propose à l'ONU un texte prévoyant « la neutralisation de Beyrouth-Ouest sous le contrôle d'observateurs des Nations unies » avec un désengagement des forces en présence. Haig, qui quitte la scène politique et diplomatique le lendemain, téléphone à Cheysson dans la nuit du 24 au 25 juin, se déclarant « terrifié » par l'initiative française qu'il qualifie de

« provocation dangereuse » à l'encontre d'Israël. Il annonce le veto américain contre le texte français adopté par tous les autres membres du Conseil de sécurité.

Le 29 juin, au Conseil européen de Bruxelles, Mitterrand obtient des Dix une déclaration préconisant un cessez-le-feu au Liban permettant aux Palestiniens « de participer à cette solution dans l'honneur ». Il double cette démarche d'une initiative franco-égyptienne, annoncée le 2 juillet après la visite à l'Élysée de Boutros Boutros-Ghali, ministre des Affaires étrangères de Moubarak. Il s'agit d'un projet de résolution du Conseil de sécurité proposant la neutralisation de Beyrouth sous contrôle de l'ONU et surtout élargissant la résolution 242 à la reconnaissance du peuple palestinien et à la participation de l'OLP aux négociations de paix. Le même jour, trois personnalités juives, Nahum Goldmann, Philip Klutznick et Pierre Mendès France, appellent ensemble à une négociation Israël-OLP. Cheysson estime à peut-être 10 000 le nombre de tués au Liban en un mois.

Le lendemain 3 juillet, Israël impose le blocus alimentaire de Beyrouth-Ouest. L'eau et l'électricité sont coupées.

Le 6 juillet, Reagan demande par lettre à Mitterrand de participer à une force multinationale chargée d'évacuer les combattants palestiniens. Il revient à la charge le lendemain pour demander à « François » de renoncer à l'idée d'un accord de l'ONU pour déployer cette force. « Je ne vois aucune possibilité d'éviter l'intransigeance soviétique » au Conseil de sécurité, explique-t-il. Mitterrand lui répond le 10 en réaffirmant que cette force doit être « placée sous l'égide des Nations unies ou, à tout le moins, bénéficier de leur coopération » par l'envoi d'observateurs. En recevant une délégation de la Ligue arabe à laquelle participe le « ministre des Affaires étrangères » de l'OLP Farouk Kaddoumi, le 15 juillet, Mitterrand explique : « Je dis aux Israéliens : arrêtez-vous, voici vos limites, et aux Palestiniens : engagez les négociations avec votre honneur intact. »

A la fin de juillet, la France tente, sans succès, de faire adopter par le Conseil de sécurité la déclaration « franco-égyptienne » qui lie un règlement à chaud du problème de Beyrouth à l'ouverture de négociations de paix israélo-palestiniennes. Mais l'examen du projet Mitterrand-Moubarak est reporté *sine die* car le Conseil travaille à l'adoption de la résolution 515 exigeant la levée immédiate du blocus israélien de Beyrouth. Le 1er août, le Conseil adopte la résolution 516 sur l'envoi d'observateurs de l'ONU dans la capitale libanaise que Tsahal vient de soumettre à un déluge d'obus.

Le 4 août, Israël lance l'assaut sur Beyrouth-Ouest. Mitterrand téléphone à Reagan [1] et lui demande de faire pression sur Begin pour qu'il accepte un cessez-le-feu. Vingt obus israéliens atteignent l'ambassade de France à Beyrouth. Pour la première fois depuis mai 1981, Paris envisage publiquement d'adopter des sanctions économiques et diplomatiques contre l'État hébreu s'il continue de bafouer les résolutions de l'ONU.

Le 6 août, Mitterrand ordonne qu'un détachement de l'armée française puisse débarquer à Beyrouth dans un délai de six heures au cas où les Israéliens refuseraient le déploiement des Casques bleus de la FINUL dans la capitale.

L'Élysée annonce que des unités françaises peuvent être envoyées au Liban à « très bref délai » dans le cadre d'une « force internationale d'interposition ». Le lendemain, des chars israéliens se déploient sur le port de Jounieh pour bloquer un éventuel débarquement français et des vedettes israéliennes contraignent par la menace trois bâtiments français, le *Dupleix,* la *Dives* et la *Rance,* à s'éloigner des côtes libanaises. Le 9, Paris est ensanglantée par le terrible attentat de la rue des Rosiers. Le lendemain, nouvel assaut israélien sur Beyrouth-Ouest. Le 12, encore dix heures de bombardements israéliens sur la ville. Reagan téléphone à Begin pour lui demander de cesser le feu. Le chef du Likoud accepte et lance le lendemain en Conseil des ministres : « Français, restez chez vous, ne venez pas à Beyrouth. » Il explique par la guerre d'Algérie l'attitude actuelle de la France : « Depuis, aucun gouvernement français ne peut admettre qu'une

1. Document d'archives.

grande puissance comme la France ait été défaite par le FLN et qu'un petit pays comme Israël triomphe de l'OLP. »

Une semaine plus tard, un accord finit par se dégager au terme de l'harassante mission de l'émissaire américain Philip Habib. Le 19 août 1982, Israël finit par consentir au déploiement d'une force multinationale d'interposition franco-américano-italienne. Pour répondre à l'exigence française, cette force reçoit l'aval symbolique de l'ONU sous la forme d'une lettre de son secrétaire général. L'envoi d'un « détachement précurseur » de 350 soldats français à Beyrouth, tous légionnaires du 2e REP, est annoncé par l'Élysée. Avant la mise en place de la force tripartite, Mitterrand écrit à Brejnev pour lui exposer l'objet de cette initiative : « Il s'agit de sauver des vies. »

Mitterrand a dû abandonner son projet de neutralisation de Beyrouth sous le contrôle de l'ONU car il se rend compte qu'Israël n'acceptera pas de desserrer son étau sur la capitale libanaise sans garanties américaines.

La Force multinationale, composée de 900 Français, 850 marines américains et 570 Italiens, est entièrement déployée le 26 août ; l'évacuation par mer des combattants palestiniens, sous la protection des Français, est engagée depuis cinq jours. Avec le départ de leur chef Yasser Arafat le 30 août par bateau vers Athènes, sous bonne escorte franco-américaine, s'achève l'évacuation de 14 700 combattants de Beyrouth-Ouest parmi lesquels 3 600 soldats syriens de la « Force arabe de dissuasion ». L'OLP transfère son quartier général à Tunis tandis que les combattants s'éparpillent dans le monde arabe, du Yémen à l'Algérie, en passant par le Soudan, l'Égypte et même l'Irak pour une centaine d'entre eux.

A Athènes, où il arrive le 1er septembre, Abou Amar (Arafat) ne rencontre pas Mitterrand qui y atterrit le lendemain pour une visite officielle. Pour le président français, l'OLP n'a pas encore accompli le pas nécessaire vis-à-vis d'Israël qui lui permettrait de devenir un interlocuteur reconnu. Pourtant, le Premier ministre grec

Andreas Papandreou, très lié à l'OLP, Claude Cheysson [1] et Ibrahim Souss, le représentant de la centrale palestinienne à Paris, avaient tenté de provoquer une rencontre informelle entre Arafat et Mitterrand. Les deux hommes auraient pu se croiser par un heureux hasard au cours d'une réception organisée au Musée national hellénique, mais, quand Mitterrand y est arrivé, Arafat en était déjà reparti.

Après la guerre, la diplomatie.

Comme il avait approuvé le plan Fahd l'été précédent, Mitterrand donne son accord au « plan » Reagan, qui, le 1er septembre, propose notamment un gel des colonies de peuplement israéliennes en Cisjordanie et à Gaza, suivi d'un retrait négocié de l'armée israélienne des territoires occupés, ouvrant la voie à un *self-government* palestinien. Le 9 septembre, Paris accueille également, comme un pas dans la bonne direction, la reconnaissance implicite d'Israël figurant dans la résolution finale du sommet arabe de Fès.

L'accumulation de ces initiatives diplomatiques conduit Paris et Le Caire à retirer leur projet commun de résolution aux Nations unies.

Chronique d'un massacre annoncé

Le 14 septembre 1982 les soldats français quittent Beyrouth, fermant la marche derrière les Américains et les Italiens, partis respectivement les 10 et 12 septembre. Pourtant le plan Habib prévoyait bien que le mandat des trois contingents occidentaux s'achevait le 21 septembre.

Après le sauvetage des combattants palestiniens – mission supplémentaire par rapport à son mandat initial – la France quitte donc le Liban dans le sillage de Washington et de Rome, qui ont devancé le rapatriement de leurs troupes. Erreur fatale ? Yasser Arafat, en recevant début septembre à Tunis Francis Gutmann, avait imploré les Français de laisser leurs soldats en place au moins jus-

1. Entretien le 6 avril 1990.

qu'au 21 septembre, craignant pour la sécurité des populations civiles palestiniennes de Beyrouth. « Nous ne pouvons, ni militairement, ni politiquement rester seuls sur place. Quelle légitimité aurions-nous ? » lui répond navré le secrétaire général du Quai d'Orsay.

Les inquiétudes d'Arafat sont prises au sérieux par Cheysson, qui en fait part le 5 septembre à son nouveau collègue américain George Shultz : « Les craintes palestiniennes pourraient être fondées et on ne peut exclure après notre départ des initiatives armées ou des actes de représailles. Une telle situation affecterait gravement le crédit des Occidentaux », écrit-il au secrétaire d'État alors qu'Israël refuse de retirer ses troupes à 20 kilomètres de Beyrouth après le départ des forces occidentales. Shultz répond le 7 à Cheysson qu'il n'est pas question de maintenir les marines à Beyrouth sans demande formelle du gouvernement libanais, du nouveau président chrétien phalangiste Béchir Gemayel. Une condition que Washington sait totalement irréaliste puisque Gemayel n'a pas caché aux officiers de la Force multinationale qu'il ne serait pas mécontent de voir Tsahal déloger de Beyrouth les Palestiniens, tenus pour responsables de tous les malheurs du Liban.

Le même jour, l'ambassadeur de France à Beyrouth adresse un cri d'alarme à Paris [1] sur les risques encourus par les 100 000 civils palestiniens réfugiés dans les camps. « Ces populations vivent littéralement dans une nouvelle terreur qui n'est plus celle des bombardements, mais qui tient de l'irruption des forces Kataeb [phalangistes] dans les camps de Beyrouth », écrit, lucide, Paul-Marc Henry. Le lendemain, le président libanais sortant, Elias Sarkis, demande à la France d'étaler le départ de ses militaires jusqu'au 21 septembre. Paris répond qu'une telle demande ne peut être acceptée que si elle est adressée simultanément à Washington, à Rome et à l'ONU. La position de Paris est nette : pas question d'être les seuls à rester à Beyrouth.

Cheysson, craignant « des abus, voire bien pire » après le départ des soldats français, déconseille à Hernu de

1. Document d'archives.

présider à Beyrouth les cérémonies du rapatriement de ses légionnaires. Le ministre des Relations extérieures se méfie en fait des intentions de Gemayel. Il ne veut pas le renforcer en lui accordant la caution de la présence d'un ministre français de haut rang. C'est donc le secrétaire d'État à la Défense Georges Lemoine qui fait le voyage de Beyrouth. Selon le témoignage de l'ambassadeur Henry, Lemoine a été « impressionné par la fermeté du propos de Gemayel, le caractère implacable de son hostilité à tout maintien de la présence palestinienne sur le territoire libanais ».

Les responsables français ont compris la gravité de la menace qui pèse sur les civils palestiniens de Beyrouth. Elle émane des phalangistes et de leurs protecteurs israéliens. Mais Paris refuse de prolonger la présence militaire française qui deviendrait vite intenable sans l'appui des forces américaines et italiennes.

Le jour du départ des Français, Béchir Gemayel est tué dans un attentat à Beyrouth-Est visant le siège du Parti phalangiste. Le lendemain, 15 septembre, en violation avec le plan Habib, l'armée israélienne lance un nouvel assaut sur Beyrouth-Ouest. Deux jours plus tard, elle prend le contrôle de la ville en invoquant, comme l'ont si souvent fait les Syriens, la volonté de Tel-Aviv de prévenir « toute effusion de sang entre les communautés libanaises ». Le 16, Mitterrand, réalisant que la France, comme ses partenaires occidentaux, est ouvertement bafouée par Israël, envoie Cheysson à Beyrouth pour marquer son appui à l'autorité légitime du Liban. A son retour, le ministre reçoit un télégramme de Paul-Marc Henry : l'armée israélienne est sur le point de laisser les phalangistes entrer dans les camps palestiniens de Sabra, Chatila et Borj el-Brajneh[1].

En fait, depuis la veille, à l'insu de tous sauf, semble-t-il, de certains éléments israéliens, des miliciens chrétiens ont pénétré dans ces deux premiers camps et massacré des centaines de civils sans défense. Au matin du

1. Il s'agit de quartiers de la ville transformés en véritables ghettos, où s'entassent dans des conditions précaires des dizaines de milliers de civils et quelques combattants palestiniens.

samedi 18 septembre, le carnage est découvert alors que des bulldozers s'emploient à camoufler les charniers. On parlera de 1 000 à 2 000 voire 3 000 morts, bilan impossible à établir avec précision puisque les corps ont été enfouis dans des fosses communes.

Dans le monde entier, c'est le même cri d'effroi. « Ceux qui portent la responsabilité de tels excès trahissent les causes qu'ils croient servir », déclare pour sa part le président français.

Mitterrand confie[1] qu'à son avis la responsabilité d'Israël est à la fois directe et indirecte.

S'il exclut l'hypothèse d'un ordre du gouvernement de Tel-Aviv, il pense que la décision a été prise à un assez haut niveau de responsabilité, probablement au niveau du commandement militaire israélien en liaison avec les phalanges libanaises de Haddad.

Cheysson, plus dur, estime que Tsahal porte la responsabilité du massacre en ayant envahi Beyrouth-Ouest et laissé faire les forces chrétiennes libanaises.

Dans un rapport confidentiel rédigé le 21 septembre, le secrétariat général de la Défense nationale (SGDN) établit la responsabilité israélienne : les miliciens phalangistes ont attaqué les camps « sous le contrôle des Israéliens ».

Six mois plus tard, la commission d'enquête constituée par le gouvernement israélien conclut à la « responsabilité indirecte » du gouvernement et de l'état-major israéliens alors que le chef de l'opposition travailliste, Shimon Pérès, avait directement mis en cause Begin et son ministre de la Défense Ariel Sharon dans ce « massacre des innocents ».

Dans les heures qui suivent l'annonce des massacres de Sabra et Chatila, Washington et Paris se concertent en vue du retour immédiat de la Force multinationale à Beyrouth. De nouveau, la France plaide pour l'envoi de troupes sous l'égide de l'ONU alors que les États-Unis

1. Document d'archives.

préconisent le renvoi de la Force multinationale, arguant de la rapidité de déploiement que permettrait cette formule.

Le 19 septembre, George Shultz ne laisse que vingt-quatre heures à Cheysson pour s'engager au retour de cette force, faute de quoi les marines retourneront seuls à Beyrouth. Mitterrand donne son accord, prenant en compte les demandes pressantes des Arabes et en particulier de Yasser Arafat qui, le 18 septembre, l'avait « supplié au nom du sang palestinien innocent d'intervenir pour faire arrêter ces massacres ».

Et le lundi 20 septembre, utilisant pour la première fois depuis de Gaulle le 30 mai 1968 le « droit d'intervention présidentielle » sur les ondes, Mitterrand vient à la télévision à 23 heures. En même temps que Reagan à la Maison-Blanche, il annonce en deux minutes le renvoi des soldats français au Liban aux côtés des Américains et des Italiens.

Les premiers soldats reviennent le 24 septembre. Israël évacue Beyrouth le 29 après avoir finalement accepté la venue des observateurs de l'ONU dans la capitale libanaise. Charles Hernu définit au chef du contingent français, le général Granger, le sens de sa mission : « Appui aux opérations engagées par les forces armées du gouvernement libanais. »

Cette seconde opération occidentale est plus délicate que la première. Mitterrand explique à Cheysson qu'il s'agit, à la suite des massacres, d'« assurer une protection des civils palestiniens », de s'interposer autour de Beyrouth et pas dans l'ensemble du Liban. Il insiste sur la nécessaire solidarité des forces des trois pays, qui ne s'est pas réalisée lors de la première intervention car Washington ne voulait pas prendre le risque politique de voir tomber des marines au Liban.

« Il pourra y avoir, dans cette affaire, des soldats français tués. Il faut prendre cette responsabilité, il n'y a pas de guerre sans dommage et on ne peut pas arbitrer sans ramasser des éclats. » Cette déclaration présidentielle à la table du Conseil des ministres du 22 septembre 1982 [1] est

1. Document d'archives.

tristement prémonitoire, puisque, treize mois plus tard[1], 58 soldats français trouvent la mort dans l'attentat visant leur casernement de Beyrouth, l'immeuble baptisé « Drakkar ».

Alors que les 1 100 militaires français font de nouveau route vers le Liban, Mitterrand fait observer à ses ministres qu'il ne sert à rien de regretter le départ de Beyrouth à la veille du massacre car « si nous étions restés nous n'aurions pas pu sortir de notre zone et notre situation aujourd'hui serait tout à fait impossible parce qu'on n'aurait pas pu empêcher ce qui s'est passé. Nous devions partir dès que notre mission était accomplie, c'est-à-dire la sauvegarde des combattants palestiniens ».

En cet automne 1982, le président français ne croit plus aux chances d'un règlement prochain au Proche-Orient. Si Cheysson considère que le plan Reagan, le plan Fahd, la résolution arabe de Fès et le document franco-égyptien constituent un « progrès » dans la recherche de la paix, Mitterrand, lui, est extrêmement sceptique. « Tant que Begin sera là, rien ne se fera », dit-il désabusé.

Sur le terrain, l'action de la Force multinationale aboutit souvent à cautionner le comportement antipalestinien des forces libanaises, mais pour Paris l'essentiel est désormais d'être présent au côté du gouvernement légal, même si le mandat de la force tripartite demeure vague. Le 11 octobre, Paris rectifie le tir en clarifiant les missions de ses soldats, qui doivent désormais se tenir à l'écart des opérations brutales de bouclage, de ratissage et de perquisitions menées par l'armée libanaise. Leur rôle principal est, dès lors, de contrôler les accès aux camps palestiniens.

Sur le plan diplomatique, les secousses de cet automne conduisent la France à rechercher une formule susceptible de sortir de l'impasse israélo-palestinienne en amenant l'OLP et les États-Unis à faire tous deux le pas décisif qui permettrait d'ouvrir le dialogue. Shultz explique

1. Voir VIe partie : « La disgrâce ».

début octobre à Cheysson que son pays est disposé à reconnaître l'OLP comme un interlocuteur à condition qu'Arafat « saute le pas » en reconnaissant Israël, par le biais de l'acceptation de la résolution 242 du Conseil de sécurité.

Cheysson se rend alors à Tunis, et le 13 octobre pendant deux heures interroge Arafat sur l'ouverture américaine. Le chef de l'OLP explique que la reconnaissance de l'État juif représente sa dernière carte et qu'il ne serait prêt à l'abattre qu'à la condition que la France s'engage à garantir la crédibilité de la parole américaine.

Le 15, Cheysson rend compte à Shultz de sa conversation de Tunis[1] : « J'ai la quasi-certitude que nous pourrions amener Arafat à accepter sans ambages la reconnaissance mutuelle Israël-OLP s'il était possible de l'assurer d'un mouvement de votre côté » en faveur d'une reconnaissance de l'OLP. Il demande alors au secrétaire d'État de reconnaître l'OLP comme « un partenaire représentatif du peuple palestinien ».

Washington ne fait pas le geste espéré par Cheysson et Arafat. Dans une lettre du 29 octobre, Shultz explique à son homologue français que les États-Unis ne peuvent garantir à l'OLP une place à la table des négociations sans avoir obtenu au préalable l'accord – improbable – d'Israël.

La guerre au Liban a mis au jour sur le terrain diplomatique les convergences franco-égyptiennes, même si les initiatives communes du Caire et de Paris se sont heurtées au verrou israélo-américain. Le dialogue Moubarak-Mitterrand connaît un point d'orgue au cours de la visite officielle du président français en Égypte du 24 au 26 novembre 1982. La coopération bilatérale est qualifiée d'« exemplaire » de part et d'autre, puisque non seulement Mitterrand inaugure l'hôpital universitaire d'Aïn Chams et le chantier du métro du Caire construits par des Français, mais surtout l'Égypte prend une option sur 20 Mirage 2000 supplémentaires et passe commande d'hélicoptères Gazelle, d'avions d'entraînement Alpha

1. Document d'archives.

Jet et de missiles Crotale. Après un marathon pharaonique qui le conduit d'Abou Simbel à Louksor en passant par Karnak et les tombeaux des rois, Mitterrand achève sa visite à Assouan. Parlant aux journalistes au bord de la piscine du somptueux hôtel Cataracts, cadre du roman policier *Mort sur le Nil* d'Agatha Christie, le président français confirme son choix de l'Irak dans la guerre du Golfe. « Nous souhaitons que l'équilibre millénaire entre le monde arabe et le monde persan soit préservé. Nous ne voudrions pas que l'Irak soit vaincu dans cette guerre. »

Puis il s'envole pour l'Inde où l'attend Indira Gandhi.

CHAPITRE 4

Le Tiers-Monde

Le Jaurès planétaire

Comme de Gaulle, Mitterrand croit à la force du Verbe. Il pense que la France des Lumières finira par rallier le monde à sa vérité. La Parole peut changer l'Histoire, ouvrir les yeux, éveiller les consciences. Le président applique d'emblée cette vision aux relations Nord-Sud.

L'Est-Ouest est gelé, l'Europe enlisée, va pour le Tiers-Monde. C'est là que la « France socialiste » devra se faire entendre. « Le Tiers-Monde a été dès le départ l'un des éléments centraux de notre politique étrangère », explique Claude Cheysson. « La France est plus grande que la France, elle pèse par une certaine idée de liberté que s'en font les étrangers. Chaque fois que par le monde elle est porteuse de ce message, la France accroît et amplifie son rayonnement et sa puissance », insiste Robert Badinter.

Le Mitterrand de 1981 est tissé de cette fibre. Il le restera jusqu'au bout, dénonçant dans tous les forums les méfaits de l'« échange inégal », les séquelles du « pacte colonial », la perversité du libéralisme, « la liberté du renard libre dans le poulailler libre ».

Mais, en même temps, Mitterrand est un pragmatique, un réaliste, un politique sans illusions sur les rapports de force. La France se doit de parler au monde, de délivrer un message – c'est sa fidélité aux idéaux de 1789 –, mais la France de 1981 est une puissance moyenne, en crise, sous-peuplée. Seule, elle n'a pas la force de modifier le cours des choses.

Pour convaincre ses partenaires du Nord, à commencer par les États-Unis, de l'urgence d'une vraie solidarité avec les pays pauvres, Mitterrand développe l'argument de l'intérêt bien compris des pays riches. « Aider le Tiers-Monde, c'est s'aider soi-même à sortir de la crise », lance-t-il le 1er septembre 1981 en ouvrant à Paris la conférence des Nations unies sur les « pays les moins avancés », c'est-à-dire les plus pauvres du monde.

Il prend ce jour-là son premier engagement concret : parvenir, au terme de son septennat, à amener le montant de l'aide publique de la France au développement à 0,7 % de son PNB, objectif fixé par l'ONU cinq ans auparavant. De 0,36 % en 1980, soit la moyenne de l'OCDE, cette proportion atteint 0,51 % en 1983, dépassant pour la première fois le seuil des 20 milliards de francs, puis culmine à 0,56 % trois ans plus tard au moment de la victoire de la droite. Cet effort fut ensuite relayé par une nouvelle priorité : l'allégement de la dette écrasante des pays pauvres.

La force du Verbe connaît de grands moments à Cancùn à l'automne 1981. Là, se tient les 22 et 23 octobre la conférence Nord-Sud. Dans un des luxueux hôtels de cette station balnéaire du Yucatan, au Mexique, les dirigeants des pays industrialisés et ceux du monde en développement se parlent mais ne s'entendent pas.

Le Nord c'est Ronald Reagan, Zenko Suzuki, Helmut Schmidt, François Mitterrand et Margaret Thatcher. Le Sud : l'Inde d'Indira Gandhi, l'Égypte d'Hosni Moubarak, la Tanzanie de Julius Nyerere, le Mexique de José Lopez Portillo, l'Algérie de Chadli Bendjedid... Les premiers n'auront prêté qu'une oreille distraite au discours prononcé l'avant-veille sur la place de la Révolution à Mexico par le président français. Pour les seconds, c'était un vrai message d'espoir et un avertisssement. Cette allocution de Mexico, restée dans les mémoires sous l'appellation « discours de Cancùn », exprime toute la « pensée révolutionnaire » de Mitterrand : pas de liberté sans développement, pas de développement sans droits de l'homme. « En droit international la non-assistance aux peuples en danger n'est pas encore un délit. Mais c'est une faute morale et politique qui a déjà coûté trop de morts et trop de douleurs à trop de peuples abandonnés, où qu'ils se trouvent sur la carte, pour que nous acceptions à notre tour de la commettre. »

« Mitterrand n'avait alors qu'une connaissance théorique du Tiers-Monde. Il a prononcé un discours d'instinct, du Jaurès au niveau planétaire », commente Cheysson, encore imprégné de son expérience de commissaire européen au Développement. « Un poème en prose, il en reste une légende, un souvenir, un beau discours devant dix mille personnes » – traduit depuis la tribune par un comédien mexicain, dont les déclamations étaient ponctuées par mille crécelles agitées par la foule –, se souvient Régis Debray, auteur du projet de discours.

De Cancùn, il ne sortira rien. Le projet de « négociation globale » sous l'égide de l'ONU pour que pays pauvres et riches définissent ensemble des relations économiques plus équitables ne voit pas le jour. Mitterrand s'est engagé sans réserve en faveur des « demandes légitimes des partenaires du Sud », mais il s'est heurté au refus de l'Amérique de Reagan.

Il en restera pour les Français une légende, un mythe, un argument dans les controverses politiques. Les choses pouvaient-elles se passer autrement à Cancùn ? Vraisemblablement pas, car ceux qui pouvaient changer le désordre établi ne comprenaient pas ou ne voulaient pas entendre les arguments des plus démunis. Ainsi Reagan s'efforce-t-il, avec sa désarmante bonne foi de pionnier américain, de convaincre Julius Nyerere : « Ma grand-mère me disait : “ Il suffit de travailler honnêtement, de planter, d'arroser, de tailler et on récoltera. ” » Le Tanzanien répond : « Ma grand-mère disait la même chose, c'est une bonne méthode, mais ça ne marche pas toujours ! »

Pourtant, avant de quitter Cancùn, le président américain semble admettre l'idée de relance par le Sud. Une conception avancée par Mitterrand suivant lequel « aider le Tiers-Monde c'est s'aider soi-même à sortir de la crise ».

L'espoir des Français retombe bien vite. Alors même que l'Air Force 1 qui ramène Reagan à Washington est encore en vol, un message du secrétariat américain au Trésor parvient rue de Rivoli. Il invite tout simplement les autorités françaises à ne pas tenir compte de ces propos de Reagan.

Ce voyage au Mexique a laissé un très mauvais souvenir à Mitterrand. Pas tant à cause des dérapages verbaux du congrès socialiste de Valence[1], qui se tient au même moment, qu'en raison d'un mal au dos aigu et persistant. La souffrance physique, à laquelle il n'est pas habitué – il n'est jamais malade –, ne l'a pas quitté un instant. « Interminables cet hymne national mexicain et ces cérémonies d'accueil », se souvient Mitterrand qui s'était coincé le nerf sciatique quelques jours auparavant en ramassant une balle de golf dans les Landes. A partir de là les rumeurs sur la maladie, voire le cancer du président, se répandent et enflent dans la presse et l'opinion, soigneusement attisées par certains dans le milieu médical où les socialistes ne comptent pas que des amis.

Dix-sept ans plus tôt, le général de Gaulle avait, lui aussi, enduré une véritable épreuve physique au cours de sa tournée mexicaine. Son *« la mano en la mano »,* lancé depuis le balcon de l'hôtel de ville de Mexico, est resté dans les mémoires. Pourtant, pendant ces journées le général n'était pas au mieux de sa forme physique. Il se déplaçait avec une sonde dans la vessie et, un mois après son retour, il devait être opéré de la prostate à l'hôpital Cochin.

Mexico en octobre, Alger en décembre et Delhi un an plus tard. Ces trois capitales constituent le « trépied » sur lequel Cheysson veut établir la politique tiers-mondiste de la France. Dans les années 70, il avait longuement parlé de cette idée avec Mitterrand, séduit par cette construction théorique.

Mais très vite le trépied se révèle bancal. « Rapide-

1. Voir IIe partie : « Le socialisme ».

ment je me suis rendu compte à quel point le Mexique avait partie liée aux États-Unis », concède Cheysson.

De cette « belle idée » il ne restera guère que la déclaration franco-mexicaine de l'été 1981 sur le caractère représentatif de l'opposition armée salvadorienne[1]. Dans ce schéma, l'erreur fut aussi d'avoir voulu privilégier l'« Algérie socialiste » alors que Mitterrand joue d'emblée le rééquilibrage entre les trois capitales du Maghreb. Mauvaise appréciation encore à l'égard du continent indien d'Indira Gandhi. La fille du pandit Nehru est certes le chef de file des non-alignés. Elle ouvre la voie à une coopération exemplaire, notamment dans l'action diplomatique Nord-Sud. Mais elle mène une politique de grande puissance régionale et reste arrimée à Moscou pour sa défense et sa diplomatie. Elle a besoin de cette alliance pour se « protéger » du puissant voisin chinois. Il y eut cependant une véritable rencontre politique et intellectuelle entre François Mitterrand et Indira Gandhi. La « séduction » réciproque a opéré en novembre 1981 à Paris. Mitterrand s'était rendu impromptu à la Mutualité où Indira dévoilait une plaque commémorant le discours prononcé en ces lieux par Nehru en 1937, dix ans avant la partition de l'Inde britannique.

Indira n'attendait pas Mitterrand. Ravie, elle lui avait raconté, en français, sa venue, en cachette, de Cambridge pour entendre du fond de la salle le discours de son père vénéré.

En dehors du grand contrat téléphonique passé par Alcatel, la coopération bilatérale avec l'Inde n'aura pas connu l'essor attendu. Neuf ans plus tard, Cheysson regrette aussi que Mitterrand ait refusé, sans doute pour ne pas indisposer Pékin, de s'associer à part égale avec New Delhi pour le programme de réhabilitation des vestiges d'Angkor au Cambodge[2].

La notion de trépied, comme celle de trilogue avant elle, tourne court. Inventé par Cheysson et soutenu au

1. Voir *supra*.

2. Cheysson eut pendant cette période plus d'une douzaine d'entretiens avec son homologue indien Narisimha Rao, qu'il voit à chacun de ses voyages en Asie.

début par Debray, ce schéma séduisant ne servit à rien. « Un concept tape-à-l'œil qui n'a rien de sérieux », constate Hubert Védrine[1].

François Mitterrand, impressionné par Indira Gandhi[2], s'attache jusqu'à sa fin tragique, le 31 octobre 1984, à la tenir informée et à prendre ses avis avant et après chaque sommet des Sept.

En 1981 Mitterrand pense Tiers-Monde et pas seulement Afrique. Partout où se joue le sort des pays en voie de développement, il veut que la France ait un rôle d'éclaireur, quitte à se désolidariser de ses alliés du Nord. Pour lui, la menace explosive du sous-développement est plus réelle que celle d'un holocauste nucléaire. « Nous refusons l'égoïsme à courte vue du chacun pour soi, le marché pour tous », lance-t-il en se présentant comme « l'avocat du Tiers-Monde ». Les pays riches « ont tous construit leur prospérité sur le dos du Tiers-Monde », renchérit Jean-Pierre Cot, tandis que Jack Lang appelle à « la solidarité dans la lutte des classes nationale et internationale ».

Toutefois, le nouveau cours idéologique de 1981 ne signifie pas ruptures politiques, économiques et diplomatiques. Le tiers-mondisme mitterrandien est un dessein moral, pas une méthode d'action.

Ainsi la France maintient-elle ses ambassadeurs dans les pays dictatoriaux qui bafouent les droits de l'homme, comme le Chili, l'Afrique du Sud ou le Zaïre. Fermer l'ambassade de Santiago du Chili, c'eût été priver les opposants chiliens d'un lieu d'accueil. Vis-à-vis de Pretoria, refus de tous contacts officiels, dissolution du groupe d'amitié France-Afrique du Sud à l'Assemblée nationale, interdiction de la tournée de l'équipe de France de rugby à l'hiver 82-83. Mais dans le même temps pas de sanctions économiques avant la proclamation de l'état d'urgence à l'été 1985. La France honore ses engagements

1. Entretien le 21 juillet 1988.

2. « Une femme de culture qui a des idées, une vision du monde, bref tout le contraire de Margaret Thatcher » (confidence à des journalistes à New Delhi le 28 octobre 1982).

internationaux et livre à Pretoria le deuxième réacteur de la centrale nucléaire de Koeberg au terme d'une bagarre remportée par le ministre de l'Industrie Jean-Pierre Chevènement contre Claude Cheysson, Jean-Pierre Cot et le PS.

Contre l'apartheid unanimement condamné, Paris prend plusieurs mesures concrètes : augmentation de l'aide financière aux pays de la ligne de front (Zambie, Zimbabwe, Botswana, Mozambique, Angola) qui combattent la politique raciste de Pretoria ; augmentation des contributions aux fonds de l'ONU pour les victimes de l'apartheid, ouverture d'un bureau de l'ANC (Congrès national africain) à Paris ; démarches fructueuses pour obtenir la libération de l'écrivain blanc sud-africain Breyten Breytenbach. Le 24 octobre 1984, Cheysson est le premier ministre occidental à prendre la parole à l'ONU devant le Comité spécial contre l'apartheid.

Pour la Namibie, ancien Sud-Ouest africain, sous le contrôle de l'Afrique du Sud, et qui revendique son indépendance, Mitterrand prend le contre-pied de la politique américaine. Il reconnaît à la SWAPO[1] de Sam Nujoma le caractère de seul représentant du peuple namibien et refuse le *linkage* (lien) préconisé par Washington entre le retrait des troupes cubaines d'Angola et l'indépendance de la Namibie.

En revanche, les résolutions et pétitions de principe du PS et du candidat Mitterrand dénonçant les ventes d'armes aux régimes faisant peu de cas des droits de l'homme sont quelque peu oubliées. Les réalités économiques intérieures avec le risque de fermeture des manufactures et arsenaux, de même que la rude concurrence internationale des deux blocs, conduisent Mitterrand à donner raison à Charles Hernu et au lobby militaro-industriel favorables à une politique commerciale agressive sur le marché militaire.

Ainsi, dès son installation, le nouveau président mène-t-il simultanément deux politiques *a priori* contradic-

1. South West Africa People's Organization.

toires. Idéalisme et réalisme sont intimement liés dans l'action extérieure de la France. Seule une analyse un peu sommaire pourrait laisser croire à deux attitudes successives, comme le suggérèrent les commentateurs lors du départ de Jean-Pierre Cot du gouvernement en décembre 1982.

Il n'y eut pas d'abord la rupture avec le mercantilisme et le néo-colonialisme traditionnel de la France puis, après le départ de Jean-Pierre Cot, le retour à des pratiques paternalistes en Afrique francophone. Cot lui-même revendique haut et clair l'étiquette de « néo-colonialiste de gauche »[1].

De 1981 à 1988 la coexistence de cette double démarche – tiers-mondisme et défense du « pré-carré » africain – caractérise la politique de Mitterrand à l'égard des pays en développement et en particulier des États francophones d'Afrique noire.

Mitterrand l'Africain

Le verdict du 10 mai déçoit la plupart des chefs d'État des anciennes colonies africaines de la France. Certes, ils connaissent Mitterrand et Defferre, deux anciens ministres de la France d'Outre-Mer, mais ils sont inquiets des prises de position des socialistes. Ils ont en mémoire les proclamations de ceux qui veulent « décoloniser les rapports franco-africains », encourager la démocratie en Afrique, bref introduire des critères politiques et moraux dans la relation entre l'ancienne métropole et ses États clients.

Pour des souverains africains comme Félix Houphouët-Boigny, Mobutu Sese Seko, Omar Bongo ou Ahmadou Ahidjo, les idées de « développement autocentré », de « décolonisation de la coopération » et de « redéploiement » de l'aide française en Afrique et dans le monde sont dangereuses. Ils y voient non seulement

1. Entretien le 25 avril 1990.

une « ingérence » mais une menace pour leur pouvoir personnel.

L'arrivée de Claude Cheysson au Quai d'Orsay, qui plaide pour un « *new deal* planétaire », ne leur plaît guère. Mais elle ne les inquiète pas profondément car ils savent qu'il est l'un des artisans des accords de Lomé entre la CEE et leurs pays. C'est d'ailleurs à la demande expresse d'Houphouët-Boigny que Giscard d'Estaing avait à deux reprises renouvelé le mandat de ce diplomate socialiste à la Commission de Bruxelles. En revanche, la nomination rue Monsieur, au ministère de la Coopération, qui devient Coopération *et* Développement, de Jean-Pierre Cot, quarante-quatre ans, catalyse leurs préventions antisocialistes.

Convoqué rue de Bièvre entre le 11 et le 20 mai 1981, comme la plupart de ses futurs collègues, Jean-Pierre Cot se voit proposer sans détour ce ministère. Jusqu'au congrès socialiste de Metz, en 1979, il a beaucoup travaillé avec l'équipe de Mitterrand sur les questions de désarmement.

« J'ai pensé à vous pour la Coopération, êtes-vous d'accord ?

– Je vous en remercie, mais ne pensez-vous pas que l'on pourrait marquer clairement nos idées en ajoutant " Développement " dans la dénomination de ce ministère ? »

Mitterrand apprécie le fils de Pierre Cot, le très progressiste ministre de l'Aviation du Front populaire. Il l'a connu enfant et l'a nommé à ce poste de responsabilité pour lui apprendre le métier avec comme arrière-pensée d'en faire peut-être un jour son ministre des Affaires étrangères.

Mitterrand et Cot, en dépit de leurs différences d'âge et de parcours politiques, sont tous deux imprégnés des idées contemporaines sur le développement du Tiers-Monde. Le président a été flatté d'apprendre que le premier geste du jeune ministre, dès son arrivée rue Monsieur, fut de faire photocopier pour toute son équipe le chapitre « L'Afrique d'abord », extrait du livre-programme de Mitterrand *Aux frontières de l'Union française,* publié en 1953 après son passage aux affaires coloniales[1].

Succédant au très gaulliste Robert Galley, Jean-Pierre Cot, professeur de droit international, député rocardien de Savoie, plaît par son style direct et son allure juvénile. Il incarne tout ce que ses futurs interlocuteurs détestent. Cot veut moraliser les relations franco-africaines : mettre fin au pouvoir des barbouzes françaises sur ce continent ; rompre avec les habitudes policières et financières ; défendre les droits de l'homme et établir de nouveaux rapports économiques de « co-développement » avec l'Afrique, toute l'Afrique, y compris les anciennes colonies britanniques ou portugaises.

Cot prévient qu'il consultera les rapports d'Amnesty International avant chacune de ses tournées. Il inclura dans ses voyages une halte anglophone ou lusophone.

Ce n'est pas tout.

Il ne cache pas qu'il est décidé à entretenir des contacts réguliers avec les mouvements africains d'opposition, dont la plupart des dirigeants sont établis en France. Il se montre cependant très ferme, davantage même que le ministre de l'Intérieur Gaston Defferre, quant à l'exigence de la réserve absolue que doivent observer les opposants exilés en France. Enfin, Cot appelle à ses côtés comme directeur de cabinet un ancien administrateur de la France d'outre-mer, Jean Audibert, mis au placard par Galley. S'il a l'avantage de connaître le terrain, les hommes et les rouages administratifs de la Coopération, il n'en apparaît que plus redoutable aux chefs d'État africains puisqu'il est l'expert du PS en matière de relations économiques avec l'Afrique.

Les dirigeants africains se tournent alors vers l'Élysée.

1. Selon Jean Audibert, ce texte fut la « bible » de Cot et de ses collaborateurs. On y lit notamment que « la sécurité, la protection et la défense de l'Afrique nous créent des obligations » et, plus prémonitoire : « Dire à nos alliés que là est notre domaine réservé et dire aux populations d'Afrique que ce domaine est aussi et surtout le leur, c'est je crois commencer par le commencement. »

Ils sont tout de suite rassurés. Mitterrand n'a certes pas rétabli le secrétariat général aux Affaires africaines et malgaches[1], mais il a installé rue de l'Élysée une cellule africaine à la tête de laquelle il nomme un proche, un conventionnel, doyen de la faculté dentaire de Paris, Guy Penne.

« Il n'y aura pas de diplomatie parallèle mais j'ai besoin de quelqu'un de confiance. Ce n'est pas la Santé, ni l'Université, pour vous ce sera les affaires africaines. Foccart, Journiac et Kirsch[2], vous voyez ce que je veux dire. » Tel est l'ordre de mission que reçoit au lendemain du 21 mai ce franc-maçon, maire de la petite commune vauclusienne de Sainte-Cécile-les-Vignes et président de la commission des conflits au PS.

Penne ne connaît le continent noir que par ses contacts universitaires et sa tournée des anciennes sections SFIO d'Afrique, qu'il a réactivées en organisant l'Association démocratique des Français de l'étranger après la présidentielle de 1974.

A peine installé, Penne est envoyé auprès du général Georges Buis, un officier mendésiste que Mitterrand apprécie. « Le roi du Maroc a un problème, explique Buis, il veut abandonner son refus de principe d'un référendum au Sahara occidental avant le sommet de l'Organisation de l'unité africaine (OUA) fin juin. Il faudrait qu'on lui vienne en aide. Mitterrand pourrait le lui suggérer au nom des principaux chefs africains. Vous pourriez aller les voir et leur demander une lettre priant le président français d'intercéder auprès du roi. »

Le conflit territorial du Sahara occidental s'enlise dans les dunes. Rétrocédé au Maroc par l'Espagne en 1976, ce territoire désertique mais riche en phosphate, peuplé de nomades, est l'objet d'un conflit entre les indépendantistes sahraouis du Front Polisario, soutenus par Alger, et l'armée marocaine. Six ans de guerre ont lourdement grevé le budget marocain. Malgré l'unité du royaume

1. Mis en place après la vague d'indépendance des années 60 et dirigé sous de Gaulle et Pompidou par Jacques Foccart.

2. René Journiac et Martin Kirsch dirigèrent la cellule africaine de l'Élysée pendant le septennat de Valéry Giscard d'Estaing.

ressoudée autour de cette cause nationale, le mécontentement populaire est manifeste. Le régime chérifien vient de réprimer dans le sang les émeutes de Casablanca consécutives à une grève générale contre la hausse des prix.

Au lendemain de sa conversation avec Buis, Penne est à Abidjan où le président Houphouët-Boigny le reçoit à déjeuner. Le vieux sage baoulé accepte le principe de la lettre et téléphone à ses frères africains pour leur demander de réserver bon accueil à l'envoyé de Mitterrand. « Serez-vous disponible ? » demande Houphouët en prenant congé de son hôte. Devant cette question sibylline, le conseiller pour les affaires africaines répond par l'affirmative. Il s'interroge sur le sens de cette demande.

Déjeuner chez Diouf sans problème ; « accueil frais » à Conakry chez Sékou Touré qui refuse d'écrire à Mitterrand ; ultime étape à Yaoundé où Ahidjo accepte la démarche française. Au Cameroun, Penne a eu droit a une surprise.

Devant lui le président Ahidjo s'est livré à une longue analyse de la carte politique dans l'Yonne où venaient d'avoir lieu des cantonales partielles. « Avez-vous une propriété dans ce département ? lui demande Penne étonné[1]. – Non, pas du tout mais j'ai une passion pour les scrutins locaux en France et j'ai fait mon livre de chevet du recueil de leurs résultats. »

Deux jours après son retour à Paris, Penne reçoit un appel d'Houphouët-Boigny : « Venez me voir le plus vite possible. » Le président ivoirien ne fournit aucun motif à cet appel pressant. Penne s'interroge. « Allez-y », lui dit Mitterrand.

Nouveau déjeuner au palais présidentiel d'Abidjan en présence de l'inamovible ambassadeur Michel Dupuch, directement protégé de tout mouvement diplomatique par Houphouët-Boigny. « Il ne se passe rien, c'est totalement surréaliste, au moment de partir je demande : " Qu'attendez-vous de moi ? " Il me répond : " Rien. Simplement vous voir. " »

Le conseiller africain a ainsi acquis son brevet de dis-

1. Entretien le 8 août 1988.

ponibilité. Le doyen des chefs d'État africains voulait s'assurer que, comme ses prédécesseurs, Guy Penne pourrait accourir à la demande, avec l'accord du président de la République française.

Le fil direct Afrique-Élysée est ainsi perpétué d'emblée. Un an plus tard, François Mitterrand conforte cette relation particulière avec l'Afrique en appelant au côté de Penne son fils aîné Jean-Christophe, qui a été directeur des bureaux de l'Agence France-Presse à Nouakchott puis à Lomé.

Mitterrand a nommé son fils sachant l'importance qu'attachent les chefs africains au lien familial, quitte à affronter les accusations de népotisme. « Papamadi », comme certains l'appellent à l'Élysée ou au PS, s'acquitte avec discrétion de sa mission de relations avec les dirigeants africains. Il leur porte régulièrement des messages de son père quand il ne les accueille pas à Paris où ils se succèdent pour de longs séjours privés.

Les chefs africains sont viscéralement attachés à la France, leur patrie autant que leur propre pays. Ils ont besoin de la « métropole ». Pas un jour sans qu'ils n'appellent l'Élysée sur tous les sujets. Qu'il s'agisse des cours du cacao et du café ou de l'internat de leurs filles dans les maisons de la Légion d'honneur. « Les détails pour eux prennent parfois le pas sur les choses importantes, c'est pour cela qu'il y a un conseiller à l'Élysée », explique Penne.

La présidence comme le ministère de la Coopération font la même analyse de la situation de leurs partenaires africains : friabilité ethnique, crise économique avec les fluctuations erratiques des cours des matières premières, explosion démographique, sous-alimentation, mortalité infantile, illettrisme : bref, tous les symptômes criants du mal-développement. Sans oublier la corruption endémique qui donne lieu à un détournement de l'aide évalué à plus de 40 %.

Toutefois les désaccords se multiplient entre la cellule africaine et la rue Monsieur, au point que Jean Audibert cesse de représenter son ministre aux réunions hebdomadaires chez Penne.

Le conseiller du président ne cache pas à l'époque son irritation à l'égard de l'équipe Cot, qu'il qualifie de « tiers-mondaine ». Jean-Pierre Cot et ses collaborateurs s'efforcent d'infléchir, sinon de transformer la pratique quotidienne des relations franco-africaines.

Mitterrand joue en fait la coexistence de ces deux approches des relations franco-africaines. A ses yeux, loin d'être contradictoires, elles se complètent. L'Élysée traite de façon personnalisée des rapports avec les chefs d'État et de la conduite de la diplomatie régionale. Et Cot met en place la stratégie de développement, gère le Fonds d'aide et de coopération (FAC), ce que la présidence n'a plus les moyens de faire. En effet, depuis mai 1981, le ministère de la Coopération est seul chargé de l'attribution de ces crédits. Jusque-là cette tâche revenait à la cellule africaine de l'Élysée.

« J'avais le soutien de Mitterrand sur les crédits de développement et la garantie qu'il les protégerait contre les assauts de l'administration du Budget à partir du tournant de la rigueur de l'été 1982, dit Cot [1]. Mitterrand était content d'avoir quelqu'un qui avait une stratégie du développement. Cette politique le servait et lui donnait une notoriété internationale, d'autant qu'il ne s'intéresse pas à la mise en œuvre précise des projets de co-développement. »

Les épisodes des tumultueuses et tragi-comiques relations franco-gabonaises après le scrutin du 10 mai illustrent le rôle croissant de l'Élysée dans la conduite des affaires africaines. Le franc-maçon Albert Bongo, ancien de la « Seufio » (SFIO), devenu Omar Bongo après sa conversion à l'islam en 1973, six ans après son accession au pouvoir, craint que le changement politique à Paris ne déstabilise son régime. Il s'appuie sur les militaires et agents français. Il bénéficie du soutien total de l'ambassadeur de France, Maurice Robert. Il est fort du poids stratégique et économique de son pays, qui recèle d'importants gisements d'uranium et de pétrole. Enfin, sa puissance financière lui permet d'être la « pompe à phy-

1. Entretien le 25 avril 1990.

nances » des partis politiques français, de gauche comme de droite.

Bongo sait que Mitterrand n'apprécie guère cette situation. Afin de s'assurer du maintien du statu quo dans les relations entre Libreville et Paris, gage de la survie de son pouvoir, Bongo n'hésite pas à menacer de se tourner vers l'Amérique de Reagan si la France socialiste venait à lui faire défaut. Il brandit l'épouvantail d'une multiplication des régimes marxisants à l'image de ceux de l'Angola, du Bénin et de la république populaire du Congo.

Quand Omar Bongo arrive à Paris, fin juillet 1981, la presse française s'en donne à cœur joie sur les liens du régime gabonais avec les « barbouzes » du SAC qui viennent d'être dénoncées dans le règlement de comptes sanglant d'Auriol le 24 juillet près de Marseille. Pierre Debizet, le patron du SAC, a été inculpé. Les journaux ressortent l'affaire de l'assassinat en France, à l'automne 1979, du décorateur Robert Luong et soupçonnent Bongo d'être lié à la disparition de ce Français-Vietnamien qui « aurait » été l'amant de sa femme, Marie-Joséphine Bongo.

Le président gabonais demande à Mitterrand de museler ses journaux. Ce dernier lui répond, comme toujours dans ces cas, qu'en France la presse est libre. Nouvel article sur l'affaire Luong début août dans *Le Journal du dimanche.* Mitterrand envoie Penne à Libreville pour apaiser l'ire de Bongo. Ce dernier, hors de lui, menace de nationaliser la moitié des intérêts pétroliers et miniers français au Gabon. Il exige que cessent les attaques et les « provocations » des journaux français contre lui et sa famille. Pour lui, il ne s'agit de rien de moins qu'une tentative de « déstabilisation » de son régime. Une alliance Libreville-Washington pourrait se substituer à l'axe Paris-Libreville, laisse-t-il entendre une nouvelle fois. Le remplacement de l'ambassadeur Maurice Robert par Robert Cantoni ne fait rien, au contraire, pour apaiser Bongo.

« Dans toute cette affaire, écrit alors *Le Monde,* certains milieux financiers et policiers français de Libreville, très étroitement liés à l'ancienne majorité, s'étaient méthodiquement employés à brouiller les cartes entre la France et le Gabon pour tenter de préserver des positions personnelles. »

En mars 1982, les choses rentrent provisoirement dans l'ordre à la suite de la mission à Libreville d'un autre homme de confiance de Mitterrand, François de Grossouvre. Il recommande le compromis avec Bongo et suggère d'arrêter le processus de limogeage des divers conseillers et coopérants civils et militaires français liés au régime gabonais et hostiles aux socialistes. La nomination à l'ambassade de France du gaulliste de gauche Pierre Dabezies, ancien officier reconverti dans la polémologie, concrétise l'enterrement de la hache de guerre entre l'Élysée et le « palais de la Rénovation ». A l'été 1982, Bongo renonce ainsi à son projet de prise de contrôle de 51 % des parts d'Elf-Gabon et ne parle plus de coopération économique et militaire avec Reagan.

En décembre 1982, Jean-Pierre Cot quitte le ministère de la Coopération. Il est remplacé par Christian Nucci. Selon Cot, la raison principale de la dégradation de ses relations avec l'Élysée est la mise en œuvre de sa réforme du ministère de la Coopération, qui vise à étendre ses compétences et son autorité à l'ensemble du Tiers-Monde. Les chefs d'État africains font savoir qu'ils ne veulent pas voir disparaître leur « ministère de l'Afrique », et Mitterrand, partagé entre le soutien au réformisme de Cot et la volonté de maintenir le pré-carré africain, laisse agir son ministre. Sans enthousiasme. Cot, habile manœuvrier, s'est assuré du soutien du Quai d'Orsay et de la rue de Rivoli qui ont appuyé sa réforme auprès de Matignon. « Comme il n'y avait pas de litige entre les ministres sur cette affaire, Mitterrand n'avait pas de raison d'intervenir [1]. »

Le 27 juillet 1982, Pierre Mauroy signe le décret qui étend la compétence du ministère à l'action de coopération avec l'ensemble du Tiers-Monde.

1. Entretien avec Jean-Pierre Cot, le 25 avril 1990.

Mais, à peine la réforme adoptée, le climat change. « A partir de là, j'ai senti que je n'avais plus le soutien actif de l'Élysée », explique Cot.

Les attaques fusent de toutes parts. Une sournoise campagne, relayée par la presse de droite, accuse Jean Audibert d'être sous l'influence de Moscou et de ses séides cubains. On rappelle que ce grand serviteur de l'État eut l'heur de flirter dans sa jeunesse avec le communisme. L'Élysée se montre agacé. Cot comprend le message : il fait permuter Jean Audibert au poste de chargé de mission qu'occupait le jeune rocardien Renaud Vignal, qui devient alors son directeur de cabinet.

Au même moment un conflit éclate avec le nouveau directeur général des Relations culturelles au Quai d'Orsay, Jacques Thibau, successeur de Jean-Bernard Raimond. Ancien directeur adjoint de l'ORTF, Thibau, gaulliste de gauche rallié à Mitterrand, voit d'un très mauvais œil les bouleversements administratifs qu'implique la réforme de Cot. « Irascible et indiscipliné, il s'attache à saboter notre réforme et à désorganiser son propre service à tel point qu'il provoque, pour la première fois dans l'histoire du Quai d'Orsay, une grève contre sa personne et ses pratiques administratives », écrit Cot[1].

La dégradation des relations entre la rue Monsieur et l'Élysée se traduit notamment par un petit bras de fer qui tourne au désavantage de Cot. Bongo a demandé à la France de financer une deuxième école polytechnique à Franceville, ville natale du président gabonais. Pourtant la première école d'ingénieurs à Libreville ne forme que la moitié des effectifs prévus. La Coopération renâcle. Furieux, le président gabonais menace de solliciter l'aide japonaise ou allemande. Mitterrand cède : la France paiera.

La même année, Omar Bongo, grâce à François Mitterrand, remporte une nouvelle « victoire » sur Jean-Pierre Cot. Un Tunisien soutenu par le jeune ministre et un Gabonais appuyé par son président sont candidats au

1. In *A l'épreuve du pouvoir,* Paris, Seuil, 1984.

poste de secrétaire général de l'Agence de coopération culturelle et technique (ACCT)[1].

Au cours de l'assemblée générale qui se tient à Libreville, Bongo prévient Cot que le candidat de la France n'a aucune chance. Puis il appelle Penne au secours. Rapidement, le conseiller élyséen informe le président gabonais de l'accord de François Mitterrand pour la désignation de son protégé, M. Owono N'Guema. Penne a-t-il sollicité le président de la République pour cet accord ? Ce n'est pas certain. Davantage qu'un désaveu de Cot, l'Élysée a consenti là un geste de plus à l'égard de Libreville.

Le climat est donc suffisamment apaisé pour permettre à Mitterrand de se rendre officiellement au Gabon, où il achève les 17 et 18 janvier 1983 sa troisième tournée africaine.

A l'automne 1983, nouvel accès de fièvre de Bongo. Dans son livre *Affaires africaines*[2], le journaliste-écrivain français Pierre Péan révèle les méthodes du régime gabonais et la réalité de l'affaire Luong. « Bongo explose contre le gouvernement français et refuse de recevoir notre ambassadeur. Il s'enferme dans son palais et ne veut voir personne[3]. » Roland Dumas, alors simple député socialiste de la Dordogne, est appelé au secours : « Mitterrand, braqué contre l'attitude de Bongo, me demande de me rendre discrètement à Libreville. Je passe deux jours avec Bongo, nous parlons beaucoup, je lui explique les affaires et le fonctionnement de la presse en France. Nous nous rabibochons avec le Gabon ... »

En avril 1984 c'est au tour de Pierre Mauroy d'aller rechercher les bonnes grâces de Bongo. Il arrive à Libreville les bras chargés de promesses alléchantes : on parle d'une centrale nucléaire, on s'engage à de nouveaux crédits et, surtout, on invite Bongo en visite d'État en

1. Organisme réunissant trente-cinq pays francophones et chargé de développer les politiques culturelles et les échanges entre les francophones d'Europe, d'Afrique et d'Amérique.

2. Paris, Fayard, 1983.

3. Entretien avec Roland Dumas le 14 mars 1989.

France. Le tapis rouge est déployé en octobre 1984 pour accueillir avec les égards qui lui sont dus le redoutable Bongo[1].

L'Afrique d'abord

Entre le chef de l'État, fidèle à la tradition de la Ve République, interlocuteur obligé de ses homologues africains, et le ministre de la Coopération et du Développement qui cherche son espace de responsabilité, il n'y a pas de désaccord de fond sur la façon de gérer l'aide au développement.

Pas de désaccord non plus sur le maintien de la présence militaire française en Afrique. Ni le président, ni son ministre ne veulent que le continent noir ne devienne le nouveau champ de la confrontation Est-Ouest. Cot, plus méfiant à l'égard de l'expansionnisme soviétique, et Mitterrand, plus au fait de l'appétit reaganien pour l'Afrique, se retrouvent dans une même volonté de maintenir la France présente et puissante dans ses anciennes colonies.

« J'étais très sensible aux intérêts stratégiques de la France et à ses positions en Afrique. Je ne voulais pas casser la baraque, j'ai toujours intégré les éléments de sécurité dans notre politique africaine[2]. »

Sur le plan économique, il n'y a pas non plus de divergence profonde. La priorité au maintien des crédits à l'Afrique noire francophone est officiellement confirmée au cours d'un Conseil restreint à l'Élysée le 8 juin 1982 alors que la France s'apprête à entrer dans le tunnel de la rigueur. Les socialistes, quand ils étaient dans l'opposition, avaient songé à répartir l'aide en fonction des aspirations et des démarches des pays africains, asiatiques et latino-américains en faveur de la démocratie.

« Le militant socialiste que je suis souscrit à ces objectifs, le responsable politique que je suis devenu ne peut

1. Il partage avec six autres chefs africains le privilège d'une telle visite au cours du premier septennat Mitterrand.

2. Entretien avec Jean-Pierre Cot le 25 avril 1990.

pas les mettre en œuvre (...) les priorités suggérées par le PS méconnaissent le poids de l'Histoire et la nécessité de concentrer nos crédits au service de l'influence de notre pays », écrit Cot dans *A l'épreuve du pouvoir*[1] un an après son départ. Il souligne que « la France ne peut pas disperser ses efforts sans distendre les liens qui lui sont importants ». « Priorité à l'Afrique et pas question de disperser nos crédits sur le plan mondial. »

« J'ai accepté sa répartition des crédits entre l'Afrique francophone et le reste du Tiers-Monde et nous n'avons pas réduit l'aide à nos anciennes colonies », constate Mitterrand[2], qui qualifie de « pure invention » la confrontation de « deux écoles, la réaliste et la tiers-mondiste ».

Le maintien des priorités géographiques traditionnelles de l'aide publique française est ainsi confirmé. En 1980, l'Afrique subsaharienne reçoit 61,9 %, un an plus tard le ratio tombe à 52,2 % pour se rétablir à 60,4 % en 1982. Les principaux destinataires restent le Sénégal, le Cameroun, la République centrafricaine, Djibouti, la Côte-d'Ivoire et le Tchad, suivis de près par le Congo, le Gabon, Madagascar et le Mali.

Quant à l'application des principes, quelques exemples illustrent à quel point se mêlent accords et désaccords entre le « souverain » et son ministre de la Coopération.

Quand Jean-Pierre Cot suggère que le premier sommet franco-africain du septennat, en novembre 1981, ne se tienne pas chez Mobutu au Zaïre comme prévu, mais à Paris, François Mitterrand accepte. Un an plus tard, la grand-messe franco-africaine se déroule cependant à Kinshasa. Et pourtant Jean-Pierre Cot estime que le régime de Mobutu est « sans doute celui qui laisse le plus à désirer sur la question du respect des droits de l'homme les plus élémentaires ». Il s'inquiète dans chacun de ses entretiens avec le général-président des « excès » de la gendarmerie zaïroise.

Quand Jean-Pierre Cot souhaite que la France prenne ses distances avec les régimes africains les plus corrompus et les plus tortionnaires, François Mitterrand

1. *Op. cit.*
2. Entretien le 9 février 1989.

répond : « Ce sont des maladies de jeunesse, n'y attachez pas trop d'importance, je me chargerai de dire ce que je pense aux chefs d'État concernés. » Mitterrand assure l'avoir fait régulièrement. « Le président n'était pas mécontent de se décharger sur moi du sale boulot qui consiste à interpeller sur les questions des droits de l'homme certains partenaires africains, qui pourtant nous recevaient avec beaucoup d'égards », observe Cot.

Quand il affirme, à propos de l'instabilité politique en Centrafrique, qu'il n'y aura pas de « Barracuda de gauche »[1], François Mitterrand acquiesce.

Lorsque Jean-Pierre Cot invite à la table de l'ambassade de France à Bangui le chef de l'opposition, un très honorable recteur, en présence du chef de l'État centrafricain, François Mitterrand trouve qu'il y va un peu fort. Mais, là aussi, il faut nuancer la légende du Cot provocateur et intransigeant. On ne trouve pas trace dans ses déclarations publiques de dénonciations des carences démocratiques des régimes africains. Cot marque bien la différence entre la mise en cause publique de la violation des droits de l'homme – « elle a des vertus dissuasives », dit-il – et la critique du système de parti unique ou de l'absence de libertés publiques en Afrique noire.

« Cot avait tendance à être un peu donneur de leçons. Il faisait la morale aux chefs d'État africains qui s'en plaignaient auprès de moi en me disant que mon ministre de la Coopération s'ingérait dans leurs affaires intérieures. A Niamey, première étape de ma première tournée africaine [le 21 mai 1982], j'avais quand même dit : présence oui, ingérence non. Cot compliquait un peu les choses mais je m'en accommodais, explique Mitterrand[2]. Je n'avais pas l'intention de me séparer de Cot (...) je l'appréciais. »

Selon Michel Jobert, observateur attentif des Conseils des ministres, Cot était profondément agacé de voir à

1. En septembre 1979, la France a appuyé le coup d'État de David Dacko pour renverser l'empereur Bokassa. L'opération, baptisée « Barracuda », avait été conduite par un officier français d'infanterie de marine, le colonel Mantion.

2. Entretien le 27 mars 1989.

quelle vitesse « Mitterrand a chaussé les chaussons de Foccart ». Du coup, « il se rétracte face à Mitterrand », qu'il ne verra que trois fois dans son bureau en dix-huit mois. Quand Cot doit intervenir en Conseil, raconte Jobert[1], « Mitterrand lit encore plus ostensiblement son courrier », manifestant ainsi, « comme il le fait devant les interventions fleuves de Rocard, son irritation » à l'égard de ceux qui « adhèrent à sa politique tout en passant leur temps à en suggérer une autre ».

Le vendredi 3 décembre 1982, Cot qui reçoit à dîner au Quai d'Orsay une délégation ministérielle marocaine est appelé au téléphone par Pierre Mauroy : « Jean-Pierre, nous avons des problèmes avec l'entrée de l'Espagne dans le Marché commun. Il y a ces questions empoisonnantes de terrorisme. Il nous faut là-bas un homme de compétence et de poids, un vrai politique quoi ! J'ai pensé à toi pour prendre l'ambassade à Madrid. »

Cot lui répond : « Non, Pierre, si vous ne voulez plus de moi au gouvernement, je préfère retourner à l'université. »

Pendant le week-end, Cot se concerte avec ses conseillers. Il décide qu'il est préférable pour lui de quitter les affaires publiques.

En fait, Cot est le deuxième sur la liste des pressentis pour l'ambassade de Madrid, puisque, dans un premier temps, Mauroy avait essuyé le refus d'Alain Savary, le ministre de l'Éducation nationale, qui peine dans ses négociations sur l'école privée[2].

Dans les deux cas, l'initiative vient de l'hôtel Matignon, soucieux d'affirmer son autorité à l'égard de deux ministres qui ont un peu trop pris l'habitude de le court-circuiter. Savary traite le dossier de l'école privée en comité restreint et Cot s'entend directement avec Delors et Cheysson pour éviter l'arbitrage de Matignon.

Cot décline donc la proposition du Premier ministre, estimant qu'il s'agit là d'un « désaveu » de son action rue Monsieur. Le lendemain, il est reçu par le directeur

1. Entretien le 13 avril 1989.
2. Voir VIe partie : « La disgrâce ».

de cabinet de Matignon, Michel Delebarre, auquel il confirme son refus. Il demande sans succès une audience à Mitterrand. La presse révèle l'affaire et laisse entendre que Cot aurait remis sa démission. Ce n'était pas encore vrai. Le ministre obtient finalement un rendez-vous avec le président de la République. Il remet sa démission le 8 décembre[1].

Le ministre démissionnaire assure qu'au cours de cet entretien Mitterrand n'a rien fait pour le retenir. « Tout était consommé, Mitterrand en voulait un peu à Mauroy d'avoir mal géré cette affaire. Il ne s'était pas rendu compte de la démarche du Premier ministre à mon égard. »

« Cot avait mal pris cette proposition d'ambassade à Madrid, mais l'idée de le nommer là-bas n'était pas de moi et en tout cas il n'y avait aucune signification idéologique dans ce choix », assure Mitterrand[2]. Le chef de l'État reconnaît toutefois qu'à l'époque le climat politique avec les rocardiens n'était pas bon.

C'est finalement le troisième sur la liste de Mauroy, le député chevènementiste de l'Aude Pierre Guidoni, qui part pour Madrid.

Mitterrand nomme alors rue Monsieur l'antithèse du ministre sortant, un responsable socialiste dont le style chaleureux, direct et parfois léger ne pourra que convenir aux chefs africains : le député de l'Isère Christian Nucci, pied-noir volubile et démonstratif, un protégé de Louis Mermaz, qui abandonne sa fonction de haut-commissaire à Nouméa. Aux yeux des Africains conservateurs il symbolise la fin des rêves tiers-mondistes du régime socialiste. « On ne fait pas de la coopération avec des formules mais avec des hommes qui se voient, qui s'apprécient, avec des contacts humains », annonce Nucci en prenant ses fonctions.

1. Trois semaines après sa démission, Jean-Pierre Cot déclare que, s'étant rendu compte qu'il ne jouissait « pas tout à fait » de l'« appui positif et constant du chef de l'État dans le domaine réservé » que sont les affaires africaines, il lui était apparu qu'« il était temps de passer à autre chose ».

2. Entretien le 25 avril 1989.

« L'arrivée de Nucci c'est la normalisation, on ne discute plus, on fait plaisir aux chefs d'État. Nucci n'a aucune prétention, il obéit aux ordres, mais il n'y a pas d'ordres[1]. »

A Yaoundé, le 22 juin 1983, Mitterrand tire la leçon africaine des deux premières années de pouvoir socialiste : « Il n'y a pas de hiatus dans la politique africaine de la France avant mai 1981 et après. Si la méthode a changé, l'objectif est resté. Il consiste à préserver le rôle et les intérêts de la France en Afrique. »

Trois ans plus tard, Mitterrand procède à une permutation inverse puisque à la tête de la cellule africaine de l'Élysée un « tiers-mondiste » succède à un « réaliste ». Jean Audibert, l'ancien directeur de cabinet de Cot, entre-temps ambassadeur à Bruxelles, remplace Guy Penne, devenu sénateur et mis gentiment sur la touche alors que montent les polémiques sur l'affaire du « Carrefour du développement »[2].

Penne et Nucci avaient le tutoiement facile avec la plupart de leurs interlocuteurs africains ; Cot et Audibert n'avaient pas ce penchant[3].

Tournées et sommets

François Mitterrand maintient la pratique des « conférences annuelles des chefs d'État de France et d'Afrique », instaurée en 1973 par Georges Pompidou, sous l'appellation plus directe de « sommet franco-africain ».

Les 3 et 4 novembre 1981, c'est à Paris et Versailles que Mitterrand reçoit trente-trois délégations dont vingt chefs d'État, parmi lesquels un général Mobutu vexé de n'avoir pu comme prévu être l'hôte de la réunion chez

1. Entretien avec Jean Audibert le 28 décembre 1988.
2. Voir VIIIe partie : « La revanche ».
3. Sur les différentes approches des socialistes français à l'égard de l'Afrique, voir le travail très documenté de Thomas Fozein Kwanke : *La politique africaine de la France du 10 mai 1981 au 16 mars 1986* (doctorat d'État, 1988, Paris II).

lui, à Kinshasa. « Nous sommes comme nous sommes, on veut de nous ou on ne veut pas de nous », lâche à Mitterrand, le jour de son arrivée, le richissime dictateur zaïrois. Il confie à Penne qu'il se considère comme l'héritier de Léopold II, et obtient que la capitale de son empire, ex-colonie belge, convoité mais ingérable, soit choisie pour le sommet de 1982.

A Paris comme à Kinshasa, les mêmes thèmes sont développés dans les discours : stabilisation des prix des matières premières, accroissement de l'aide publique au développement et priorité aux pays les plus pauvres. L'essentiel, c'est-à-dire les marchandages bilatéraux, se déroule dans les couloirs de la conférence, les suites des hôtels et les salons des ambassades.

A son retour de Kinshasa, Mitterrand estime que ce type de rencontres est trop lourd : trop de ministres, trop de conseillers. Désormais il faudra alléger tout cela, dit-il en Conseil des ministres[1]. Sur le fond il constate « l'extraordinaire influence de la France » en Afrique au point de s'inquiéter de « la somme d'espérances qui repose sur notre pays ». Surtout quand on sait « la fragilité de ces États qu'un rien peut faire basculer ». Il se dit convaincu que pour les Africains « la France n'est ni colonialiste, ni impérialiste » et finalement « moins dangereuse » que les autres pays riches, en particulier l'URSS et les USA, chacun « montrant le bout de son nez aussitôt que l'autre pointe le sien ». Quant au Zaïre, où il a participé au sommet, la situation lui paraît « dramatique ». « Tout y est pratiquement en panne et c'est le règne de la concussion. »

En dehors de ces grandes retrouvailles du « Commonwealth français », Mitterrand sacrifie également au rite de la tournée africaine à laquelle il prend du plaisir, retrouvant le goût de ses équipées tropicales du temps où il était ministre de la France d'Outre-Mer. Deux périples en 1982, au printemps (Niger, Côte-d'Ivoire, Sénégal et Mauritanie) et à l'automne (Burundi, Rwanda, Zaïre et Sénégal). Le Togo, le Bénin et le Gabon en janvier 1983.

1. Document d'archives.

Le Cameroun en juin où il invite la star du tennis Yannick Noah, gloire nationale originaire de ce pays.

En route vers le sommet de Bujumbura, en décembre 1984, Mitterrand se rend en visite officielle au Zaïre. Mobutu, mécontent de la rencontre Mitterrand-Kadhafi, quelques jours auparavant en Crète[1], refuse d'aller à Bujumbura. Finalement Mitterrand réussit à le faire revenir sur sa décision. L'organisation matérielle de ce sommet, sur les bords du lac Tanganyika, est à l'origine d'un scandale qui éclatera au printemps 1986 : l'affaire du « Carrefour du développement ». Totalement sous-équipé pour ce type de conférence, le Burundi a bénéficié de la manne française. Le Burundi réclame une route entre l'aéroport et la ville, un central téléphonique, un hôtel de classe internationale, une flotte de limousines, la formation de services de sécurité... Paris finance. Il faut aller vite. Et l'administration n'est pas très regardante sur les procédures suivies. Certains fonds transitent par l'association « Carrefour du développement », créée pour former des cadres africains. Son trésorier, Yves Chalier, chef de cabinet du ministre de la Coopération Christian Nucci, fut soupçonné de détournement de deniers publics. Le ministre sera inculpé pour avoir utilisé des fonds pour financer ses campagnes électorales dans l'Isère[2].

Après Bujumbura, Mitterrand effectue une visite officielle de deux jours en Centrafrique. On en retiendra l'image d'un Mitterrand, coincé et mal à l'aise, ouvrant le bal à l'issue du dîner officiel. Il n'a pu refuser l'invitation à danser de la plantureuse épouse du président André Kolingba dans les jardins du palais Berengo, cette résidence qui vit les beaux jours de l'empire d'opérette de Jean-Baptiste-de-La-Salle (Bedel) Bokassa.

Mêmes foules, mêmes rythmes de tam-tam, mêmes boubous imprimés de portraits de Mitterrand, mêmes « accueils populaires » à Conakry, Lomé, Bamako et Ouagadougou en novembre 1986. Au soir de l'assassinat

1. Voir VIIe partie : « L'attente ».
2. Voir VIIIe partie : « La revanche ».

de Georges Besse[1] à Paris, Mitterrand est l'hôte du dîner officiel offert dans les jardins du palais du jeune président burkinabé, le capitaine Thomas Sankara. Dans son splendide uniforme bleu à brandebourgs dorés, Sankara tient un discours vigoureusement anti-impérialiste et fait la morale sur le conflit israélo-palestinien en dénonçant violemment l'attitude d'Israël et de ses amis. Il est très tard. Mitterrand ne peut laisser passer tous ces propos sans réagir. Pendant plus d'une heure, il répond point par point au président du Burkina-Faso et n'hésite pas à lui faire la leçon. Puis il conclut, paternel : « Vous avez trente-cinq ans, j'en ai le double, il vous faudra mûrir. »

Le Tchad

Guerre coloniale, rezzous, désert, Fort-Lamy, Faya-Largeau, Tombalbaye, Malloum, Libye, Kadhafi, Goukouni, Habré : le Tchad, pays pauvre parmi les plus pauvres, enclavé, sans ressources minières ; et surtout, cauchemar et échec de tous les prédécesseurs de Mitterrand.

Quand il se saisit du dossier tchadien, le président socialiste n'a guère d'atouts dans son jeu. Depuis mars 1980, les légions libyennes sont au Tchad, frontière saharienne de la zone d'influence française en Afrique. Conduit par l'un des chefs de bandes[2] qui se le disputent, le pays est en lambeaux[3]. Il a été évacué par les forces françaises. En décembre 1980, les blindés libyens ont pris position dans N'Djamena, capitale détruite d'un

1. Le PDG de Renault abattu devant son domicile parisien le 17 novembre par Action directe.

2. Goukouni Oueddeï, chef coutumier musulman toubou, lieutenant d'Hissène Habré jusqu'à 1976.

3. L'un des plus pauvres du monde (PNB par habitant inférieur à 500 francs). L'aide de la France passe de 500 millions de francs en 1981 à 3,6 milliards en 1985. Le Tchad, 5 millions d'habitants, n'a pas d'unité nationale réelle. Il est divisé entre le Nord désertique, peuplé essentiellement de nomades touaregs musulmans, et le Sud, chrétien, le « pays utile » d'agriculture vivrière et de coton.

pays déliquescent. Le président en place, Goukouni Oueddeï, a choisi l'appui du colonel Muammar al-Kadhafi pour défaire son rival toubou Hissène Habré, réfugié dans les contreforts du Soudan voisin.

Les relations franco-libyennes sont plus distendues que jamais. Au début de 1981, l'ambassade de France à Tripoli a été mise à sac par une foule de manifestants protégés par la police du chef de la Jamahiriya libyenne populaire. Si Kadhafi accueille avec un bruyant enthousiasme la défaite de Giscard, il n'est pas prêt à évacuer le Tchad, même s'il proteste de ses bonnes intentions auprès des nouvelles autorités françaises.

Mitterrand, Cheysson et Cot font fi des réticences des diplomates du Quai d'Orsay. Ils choisissent de soutenir économiquement et humanitairement Goukouni, qui représente aux yeux de l'Afrique ce qui reste de légitimité dans ce pays disloqué. Goukouni freine autant qu'il le peut le processus d'islamisation du Sud du pays chrétien encouragé par Kadhafi. Paris considère de son devoir de ne pas abandonner le leader tchadien. Ce serait faire le jeu de Tripoli et de Moscou. Pour Mitterrand, Goukouni est davantage un « patriote » que son rival Habré [1].

En revanche, les États-Unis financent la guérilla d'Hissène Habré à la tête des « Forces armées du Nord » et le Sénégal recommande à la France de soutenir ce chef rebelle. Les services spéciaux français jouent également la carte Habré, qui très vite fait preuve sur le terrain d'une meilleure efficacité dans les combats que l'armée tchadienne légaliste. C'est la cacophonie : Goukouni, porté au pouvoir par Kadhafi, tente de prendre ses distances avec le leader libyen. Habré, officiellement ignoré par les autorités françaises, bénéficie pourtant du soutien des services français.

Durant des semaines les chefs d'État africains, d'accord pour envoyer au Tchad une force interafricaine

1. Hissène Habré fut le ravisseur de l'ethnologue Françoise Claustre en 1974 et le responsable de l'assassinat du commandant Galopin, négociateur français envoyé dans les sables et les rochers du Tibesti pour libérer la jeune femme.

d'interposition sous l'égide de l'OUA, palabrent sans arriver à mettre sur pied ce corps de casques bleus des sables. A l'automne 1981, Goukouni se sent de plus en plus menacé par Habré ; au point d'appeler la France au secours. Le 22 octobre il adresse un télégramme que Mitterrand reçoit à Cancùn où il participe au sommet Nord-Sud. Mitterrand réagit par un message au président de l'OUA, le Kényan Daniel Arap Moi. Il demande le retrait libyen du Tchad et, fait décisif, promet « une contribution matérielle, financière et logistique » de la France à la force interafricaine qu'il souhaite voir déployée « sans délai ». Cependant Paris exclut explicitement toute participation de soldats français.

Dès lors, Paris engage un nouveau bras de fer avec Tripoli, dix-huit mois après le retrait militaire français du Tchad. Il faudra plus de trois ans au président François Mitterrand pour parvenir à repousser les Libyens hors du Tchad, au moyen d'une adroite « gesticulation » diplomatico-militaire.

En octobre 1981, la France exerce sa pression sur Goukouni pour qu'il demande publiquement le départ des troupes libyennes de son pays. Ce qu'il finit par faire le 4 novembre à Paris lors de la conférence annuelle franco-africaine. Le Tchadien est fort de quelques alliances : Mobutu Sese Seko a promis d'envoyer immédiatement des parachutistes zaïrois et Abdou Diouf, pour sa part, des troupes sénégalaises, renforcées par des soldats nigérians.

Comme Rommel, Kadhafi joue de l'effet de surprise. Il parie sur la déstabilisation du régime précaire de Goukouni. Il annonce le jour même le retrait « immédiat » des quelque 10 000 soldats déployés au Tchad. Tout le monde réclame le retrait libyen, mais tout le monde en même temps le redoute : ce « retrait brutal » préoccupe en particulier les Français, qui ne veulent pas se voir contraints d'envoyer des troupes en attendant l'arrivée des casques bleus de l'OUA.

A ce moment-là, l'analyse de Mitterrand est la suivante : Goukouni croit pouvoir consolider son emprise sur le pays en s'appuyant à la fois sur Tripoli et Paris.

« Cet homme courageux est un prolibyen certes, mais il est très attaché à la France où il a vécu et fait ses études. Ce n'est pas, loin de là, notre adversaire », confie le président français après ses longs entretiens de Paris avec Goukouni [1].

Paris va donc contribuer au relèvement de l'économie tchadienne, payer la solde des forces de Goukouni, soutenir son régime exsangue, estimant que ce dernier saura ménager Kadhafi. La France croit qu'ainsi le pire sera évité. Elle veut échapper à une radicalisation du conflit mettant en cause l'intégrité du pays et contraignant Mitterrand, après de Gaulle et Giscard, à envoyer des « Français occuper le Tchad ».

Occuper le Tchad, tel était pourtant le but d'une opération de déstabilisation et d'« intox » menée à l'instigation du clan des « Gabonais », ce club hétéroclite d'agents secrets, barbouzes, hommes d'influence relayés par certains journalistes, aussi antisocialistes que nostalgiques de la politique de la canonnière. Dans la nuit du 28 octobre 1981, Mitterrand est réveillé par le permanent « d'alerte » à l'Élysée qui vient de lire sur le télescripteur de l'AFP qu'un coup d'État libyen est en cours à N'Djamena. A Washington, le département d'État confirme peu après l'information. Un message urgent indique que l'armée américaine est à la disposition de la France. Mitterrand regagne son bureau à l'aube. Il demande à Guy Penne de l'informer plus précisément sur ce qui se passe. Le conseiller le rappelle très vite : « J'ai téléphoné à l'AFP à Paris, ils s'en tiennent à leurs dépêches. – Que dit Marion ? » interroge alors Mitterrand agacé. Le SDECE confirme lui aussi l'AFP. Excédé, le président décroche lui-même son téléphone et réveille Charles Malo à Tripoli et Raymond Soubeste à N'Djamena. Les deux ambassadeurs ne sont au courant de rien. Ils vérifient, rappellent l'Élysée et démentent.

En même temps qu'ils cherchaient à affoler Paris en parlant de coup d'État libyen, les manipulateurs du clan

1. Document d'archives.

des Gabonais tentaient de faire croire à Tripoli qu'une intervention française était imminente.

« Tout cela s'est passé comme si l'on avait voulu nous pousser à engager une troisième opération militaire au Tchad après les équipées malheureuses de De Gaulle en 1968 et de Giscard en 1978 [1]. Je me suis endormi avec un coup d'État ; à mon réveil il n'y en avait plus », commente Mitterrand qui a mal supporté sa nuit blanche. Il demande que « l'on s'occupe » de « nos agents spéciaux incontrôlés en Afrique ».

« Dès la mi-novembre 1981, constate Jean-Pierre Cot, il apparaît clairement que Goukouni, privé du soutien libyen, n'est pas en état de résister à la pression d'Hissène Habré », appuyé par les États-Unis, l'Égypte et le Soudan. Mitterrand ne veut pas intervenir militairement au côté de Goukouni contre Habré. Il s'en tient aux accords Chirac-Malloum [2] qui excluent toute « participation directe à des opérations de guerre, de maintien ou de rétablissement de l'ordre ou de la légalité ». Ils interdisent donc à la France de s'engager physiquement au côté d'une faction tchadienne contre l'autre.

Mitterrand ne parvient pas, pas plus que l'OUA, à convaincre Goukouni, retranché à N'Djamena, de négocier un partage du pouvoir avec Habré, dont les troupes s'emparent des villes du Sud et de l'Est, les unes après les autres.

Le 7 juin 1982, Hissène Habré, armé par Washington, entre dans N'Djamena que vient de quitter Goukouni sous protection libyenne. Le président déchu se précipite à Tripoli, refusant tour à tour de se maintenir dans sa capitale avec la garantie française pour sa sécurité, et de bénéficier d'une offre d'asile politique en France. L'Algérie le lui accorde le 22 juin.

1. En février 1968, la France intervient militairement pour mater la rébellion du Frolinat du Dr Abba Siddick. En février 1978, nouvelle intervention française pour déloger le Frolinat de l'oasis de Faya-Largeau.

2. Le général Malloum, au pouvoir après son coup d'État du 13 avril 1975 contre le président Tombalbaye.

Le 19 juin, un conseil d'État provisoire proclame Hissène Habré chef de l'État. Les capitales africaines le reconnaissent très vite.

Mitterrand confie à son chef d'état-major Jean Saulnier[1] : « Habré n'est pas un ami de la France et ne le sera peut-être jamais, mais nous avons besoin d'un homme qui sache tenir le Tchad. Il est le seul à pouvoir le faire. Hissène Habré nous en veut, mais cela ne durera pas car si nous avons besoin de lui, il a lui aussi besoin de nous. Cela dit, quel que soit celui qui gagne, Goukouni ou Habré, cela m'est au fond indifférent. Ce qui compte c'est l'unité, l'intégrité et la souveraineté du Tchad[2]. »

La France se résout donc à reconnaître la légitimité du nouveau président. Elle continuera à participer à la reconstruction du Tchad. Jean-Pierre Cot débarque quelques semaines plus tard à N'Djaména où il retrouve, fier et dur guerrier drapé dans son ample boubou immaculé, Hissène Habré, son ancien étudiant de Sciences po. La situation est tragique : l'État a cessé de fonctionner, les hôpitaux sont vides, les épidémies repartent de plus belle, plus d'école, plus de fonctionnaires. La rapine et le pillage sont érigés en système. On tourne le dos à la réconciliation nationale.

Paris, beaucoup trop « chichement », selon Cot[3], aide Habré à reconstruire son pays. A Tripoli, Goukouni prépare déjà sa revanche. Il s'est de nouveau placé sous l'aile tutélaire du colonel Kadhafi. Si le Libyen le méprise, il décide néanmoins de l'utiliser, le moment venu, contre Hissène Habré, homme de trempe et de caractère, dont il sait qu'il ne réussira jamais à en faire son obligé.

Pendant neuf mois, le Tchad disparaît de la une des journaux. Kadhafi souffle. Il récupère. Les aventures tchadiennes lui ont coûté cher en devises et en matériel. Des services de renseignements occidentaux font état à

1. Entretien le 12 avril 1989.

2. Huit ans plus tard, le jugement du président français sur son homologue tchadien est nettement plus laudatif : « Il était un chef de guerre, il est devenu un chef d'État » (entretien le 25 avril 1989).

3. Entretien le 25 avril 1990.

cette époque d'un mécontentement dans l'armée et même dans certaines couches de la population, notamment chez les étudiants. Le guide de la Révolution libyenne se retire sous sa tente.

Il en ressort au printemps 1983. Les caisses de l'État sont renflouées par une embellie sur le marché pétrolier. Il faut s'attendre à « quelques initiatives audacieuses de Tripoli en politique extérieure, plus particulièrement à des actions indirectes de subversion et de déstabilisation[1] ». Ce genre d'avertissement est pris très au sérieux dans les pays d'Afrique noire qui, selon l'expression de Mitterrand, voient « la main de Kadhafi derrière la moindre grève d'instituteurs dans leurs provinces ».

Le 24 juin 1983, les forces libyennes, aidées de conseillers est-allemands et tchèques, encadrent les soldats du GUNT[2] de Goukouni qui investissent la palmeraie de Faya-Largeau[3]. Hissène Habré perd plusieurs centaines d'hommes. Contre l'avis des conseillers militaires français, il tente de reprendre la palmeraie un mois plus tard. Il doit battre en retraite « à la vitesse du Paris-Dakar », après avoir pris une « belle déculottée », selon l'expression d'un officier général français.

Devant cette nouvelle offensive de Tripoli, Washington insiste auprès de Paris pour que la France prenne les devants en intervenant militairement. Mitterrand s'y refuse toujours : « Pas question de se laisser entraîner dans ce guêpier. » Il s'irrite des pressions américaines, de celles des chefs africains conservateurs et supporte encore moins les appels à l'intervention émanant de responsables de l'opposition en France.

La France cherche à mettre en avant les forces africaines, et Mobutu, poussé dans le même sens par les États-Unis, annonce l'envoi d'un premier contingent de 2 000 hommes. Il promet un début de couverture

1. Selon le rapport d'un officier des services français au terme d'une mission dans la capitale libyenne à la fin de l'hiver.

2. Gouvernement d'union nationale de transition.

3. Capitale-oasis de la vaste province saharienne du Borkou-Ennedi-Tibesti.

aérienne pour N'Djamena. Le 4 août, Reagan débloque une rallonge de 15 millions de dollars au titre de l'aide militaire d'urgence aux troupes d'Hissène Habré. Il envoie également des instructeurs pour enseigner aux Tchadiens le maniement des missiles sol-air Redeye. Au même moment le porte-avion *Eisenhower* croise au large de la Libye, dans le golfe de Syrte.

Reagan dépêche son ambassadeur itinérant en France, le général Vernon Walters, ancien de la CIA, pour rencontrer Mitterrand en vacances à Latche. Dans son français impeccable, l'ancien interprète du général Eisenhower fait valoir à son hôte que « le devoir de la France est de repousser la Libye et donc de livrer bataille à Kadhafi ». Mitterrand[1] lui explique que c'est techniquement une gageure que d'aller bombarder les troupes de Kadhafi dans les montagnes du Tibesti, à plus de 1 500 kilomètres de la base de N'Djamena, bien au-delà de l'autonomie de vol des Jaguar et des Mirage français. Walters, pour emporter la décision, propose l'envoi d'avions ravitailleurs américains. Nouveau refus de Mitterrand. Il ne veut surtout pas que ce conflit du désert prenne, avec une participation logistique américaine, une dimension Est-Ouest, d'autant que les Soviétiques, déjà présents en Éthiopie, pourraient intervenir à leur tour.

Ce jour d'été landais, Mitterrand se retient de rappeler à son pressant invité américain qu'il ne manque pas de toupet en demandant à la France de guerroyer avec Kadhafi alors que 6 000 Américains travaillent en Libye, que deux compagnies américaines sont associées aux exportations de pétrole libyen et que plusieurs milliers de Libyens sont en stage aux États-Unis.

Mitterrand est exaspéré par l'outrecuidance des États-Unis : ils viennent de nous faire courber l'échine à Williamsburg et voilà qu'ils nous donnent maintenant des leçons de morale.

Et puis le président français a peut-être encore à l'esprit le conseil de Pierre Messmer, l'ancien ministre de la

1. Document d'archives.

Défense du général de Gaulle [1], qui lui a tout récemment confié : « Le Tchad ? Surtout n'y allez pas, ce pays n'a pas de réalité, ce fut la plus grande erreur africaine du général de Gaulle en 1968-1969. »

Il constate aussi que les Français sont majoritairement hostiles à de nouvelles équipées coloniales.

Enfin Mitterrand, qui a une conception géographique de l'Histoire, juge dérisoire d'aller risquer la vie de soldats français pour cette immensité désertique où ne vivent que 3 % des quelque 5 millions de Tchadiens : « Hors les dattes on n'y produit rien, aucune grande voie de circulation n'y passe. C'est le plus rigoureux des déserts, le Tchad utile commence au sud du 15ᵉ parallèle », loin de la palmeraie de Faya, dit-il à ses ministres.

Ne pas s'engager au Nord soit, mais il n'est pas question de laisser la Libye s'approcher de l'Afrique noire, ce qui serait chose faite si ses troupes revenaient à N'Djamena. Si Kadhafi n'a pas les moyens de s'enfoncer très loin dans le continent noir, il a cependant réussi à faire croire qu'il le pouvait. De Niamey à Bangui, en passant par Yaoundé et Abidjan, les chefs d'État « modérés » redoutent la menace libyenne. Au lendemain de la prise de Faya-Largeau, Mitterrand a confié : « Dans cette affaire compliquée il faut avoir une idée simple. Si le Niger et le Cameroun craquent, c'en est fini de l'influence française en Afrique [2]. »

En cet été 1983, le président français marche sur des œufs. Il est tiraillé entre deux exigences : ne pas jouer les gendarmes en Afrique en se comportant comme « les Américains au Salvador », mais en même temps ne pas donner l'impression d'abandonner l'Afrique noire française. De plus, il sait que la France n'est pas juridiquement fondée à intervenir militairement au Tchad car, depuis 1976, elle n'a plus d'accord de défense avec ce pays [3].

1. Premier ministre de 1973 à 1974, Pierre Messmer fut également gouverneur de la Mauritanie puis de la Côte-d'Ivoire.

2. Document d'archives.

3. Voir *supra*. Paris reste cependant lié par ce type d'engagement avec huit autres États africains dont le Cameroun, où la France a

Dans les tous premiers jours du mois d'août, Mitterrand explique encore à ses collaborateurs qu'il est hors de question de se laisser entraîner dans une guerre contre la Libye. Il fait valoir que, outre les pressions de Reagan, l'URSS et le bloc de l'Est ne seraient pas mécontents de voir la France s'embarquer dans une affaire dont elle aurait du mal à se tirer. Le spectre de l'Afghanistan hante l'esprit du président français.

Si la France intervient par la force, elle redevient « impérialiste ». Pour lui l'essentiel est d'agir en sorte que ce conflit conserve le schéma un peu théorique d'« une bataille de chefs entre Tchadiens ». Quant aux Américains, il faut bien être conscient que s'ils soutiennent la France « c'est pour mieux l'étouffer ».

L'Algérien Chadli Bendjedid et le roi Hassan II du Maroc prennent langue avec le Libyen : il semble que Kadhafi ne veut pas aller au point de non-retour qui obligerait la France à entrer de nouveau dans la danse. Mais pour s'assurer des intentions libyennes et dissuader le guide de la Révolution d'avancer davantage au Tchad, le président charge son fidèle Roland Dumas d'une mission secrète auprès de Kadhafi.

Le dimanche 7 août dans l'après-midi, Mitterrand a réuni à Latche Cheysson et Hernu, le général Saulnier et le chef d'état-major des Armées, le général Jeannou Lacaze. Les cinq hommes se penchent sur les cartes d'état-major, dépliées sur la grande table de verre de la bergerie, chambre-bureau du président : une intervention française est devenue inévitable. L'alternative est claire : soit un bombardement des concentrations libyennes dans le Nord du Tchad, soit une opération préventive interdisant à Kadhafi de progresser vers le Sud.

A Tripoli, Dumas sort de la tente de Kadhafi. Il appelle Latche. Le président lui demande de le rejoindre immédiatement. L'émissaire français se pose dans la nuit sur l'aéroport de Biarritz, rouvert pour l'atterrissage du Mystère 20 du GLAM.

Dumas[1] ne rapporte pas de bonnes nouvelles. Le colo-

dépêché des troupes en juin 1981 face à la menace d'invasion du Nigeria.

1. Entretien le 14 mars 1989.

nel Kadhafi ne s'est engagé à rien. Il a écouté, puis il a argumenté à son tour en demandant : « Quel est le marché, qu'allez-vous me donner en échange si je calme le jeu au Tchad ? » Kadhafi a également avancé l'idée d'un *deal* franco-libyen dans lequel la France lâcherait Hissène Habré tandis que la Libye serait prête à ne plus soutenir Goukouni. Un tel schéma devrait conduire au choix d'un « troisième homme » qui s'installerait à N'Djamena avec la double bénédiction de Paris et de Tripoli. Mitterrand écarte cette idée : seul Habré est en mesure de tenir le pays.

Le lundi matin, 8 août 1983, de retour à l'Élysée Mitterrand convoque son ministre de la Défense[1] :

« Il faut y aller, nous allons contenir les Libyens mais sans leur faire la guerre. Charles, combien de temps faut-il pour que les premiers éléments français atteignent N'Djamena ?

– Cinq ou six heures, monsieur le Président.

– Mais comment peuvent-ils aller aussi vite ?

– Nos hommes sont déjà en place au Cameroun, sur l'autre rive du Chari.

– Restons prudents, nous ne faisons pas la guerre à la Libye. Nous maintenons les frontières du Tchad et nous ne voulons pas de contact entre nos troupes et celles de Kadhafi. Nous voulons protéger le Tchad utile mais à aucun moment nous ne devrons être considérés comme des agresseurs. »

Mitterrand a pris sa décision après avoir examiné les clichés aériens du Pentagone et de l'Armée de l'air française. Ces documents confortent les indications des services secrets et de plusieurs chancelleries amies : une offensive de Kadhafi sur N'Djamena dans les tout prochains jours n'est pas exclue.

S'engage alors un étonnant marchandage entre le président, chef des Armées, et le ministre de la Défense sur l'ampleur du dispositif à mettre en place :

« 1 500 hommes, pas plus.

– Ce n'est pas assez, Président, car il faut assurer la protection au sol des Mirage. Nous avons aussi besoin

1. Entretien avec Charles Hernu le 30 juillet 1988.

des détachements du Génie pour reconstruire Fort-Lamy[1], et puis il ne faut pas oublier les effectifs de Santé et de gendarmerie militaire. »

Hernu tend une note de Lacaze qui préconise l'envoi d'avions de reconnaissance « Bréguet-Atlantic ». Mitterrand la parcourt et sursaute :

« Monsieur le ministre, on est où ici, en France ou aux États-Unis ?

– En France.

– Alors écrivez " Atlantique "... Comment sont les hommes ? demande Mitterrand lapidaire.

– Ils n'attendent que ça et depuis longtemps.

– Attention, Hernu, il y a un président là-bas. Prenez garde, vos officiers ne doivent en aucun cas empiéter sur ses prérogatives. »

Finalement Mitterrand transige à 3 500 hommes.

Hernu est très fier. Il avait bien « anticipé » la décision présidentielle en demandant à la mi-juillet aux officiers d'état-major de Lacaze de préparer un *wargame* sur le scénario suivant : lancer une opération de protection du Tchad sachant que, si l'ordre en est donné à 18 heures, l'exécution devra être effective au plus tard à 4 heures le lendemain matin. Ainsi était mise sur pied la logistique de l'opération « Manta ». Elle est déclenchée le 9 août au soir.

Entre l'ordre et l'exécution, deux heures seulement. Depuis trois semaines, quatre compagnies d'infanterie de marine avaient été discrètement prépositionnées au Cameroun, leurs Zodiac prêts à traverser le fleuve Chari pour entrer dans N'Djamena. Par précaution, Hernu avait également envoyé des renforts au « camp Bigeard » à Bouar, dans le Nord de la République centrafricaine.

L'opération Manta consiste à dissuader les Libyens de pénétrer au sud d'une « ligne rouge » délimitée par le 15e puis, quelques mois plus tard, par le 16e parallèle, ce qui revient à interdire à Kadhafi l'accès au « Tchad utile », c'est-à-dire plus des deux tiers du territoire, là où vivent

1. Charles Hernu utilise très souvent l'ancien nom de la capitale tchadienne, rebaptisée N'Djamena dix ans après l'indépendance.

plus des neuf dixièmes de la population qui produisent la totalité des ressources du pays. Il y avait en outre une deuxième ligne secrète, dite « ligne verte », qui marquait le « territoire interdit » à l'approche de la « ligne rouge ».

Tripoli est informée que toute tentative de franchir cette barrière du 16ᵉ parallèle, voire de s'en approcher de 50 kilomètres, par air ou par terre, provoquerait la riposte de la France.

Tandis que le 9 août Hernu annonce l'envoi de soldats français au Tchad, accusant la Libye d'être responsable de l'internationalisation du conflit, Mitterrand décide de dépêcher plusieurs émissaires dans les capitales amies pour expliquer le sens de l'opération Manta : « Ce sera une intervention limitée dans le temps, fondée sur un principe de riposte graduée à l'action des Libyens, avec laquelle la France jouera à la fois de la souplesse et de la fermeté pour obtenir leur départ. Paris ne cédera ni aux foucades d'Hissène Habré, ni aux pressions des Américains qui souhaitent que la France règle à leur place leurs comptes avec Kadhafi. » Ce « message présidentiel », Claude Estier est chargé d'aller le porter à Rome et à Stockholm chez les socialistes Bettino Craxi et Olof Palme.

Les États-Unis sont plutôt satisfaits, les pays de la CEE se montrent généralement solidaires. Moscou n'apprécie guère. *L'Humanité* évoque les relents de guerre coloniale.

La France n'obtient nul soutien dans les capitales arabes. Ce n'est pas forcément de leur part sympathie pour Kadhafi, mais plutôt la crainte suscitée par la machine libyenne qui les conduit à retrouver une unité de façade.

Deux semaines après le déclenchement de « Manta », Mitterrand se dit convaincu devant quelques proches que, si cette opération n'avait pas été décidée, la France « aurait été entraînée dans une guerre avec le soutien des États-Unis et l'intervention indirecte de l'URSS. Je constate qu'aujourd'hui il n'y a pas de guerre et que c'était là notre objectif. C'est parce que nous sommes là que les Libyens ne vont pas plus loin. Si la Libye décidait quand même d'attaquer, la France serait peut-être conduite à répondre[1] ».

Depuis deux ans qu'il est aux affaires, le Tchad a été un souci presque permanent pour Mitterrand. Chaque matin à partir du déclenchement de l'opération Manta, Jean-Louis Bianco tient une réunion avec Hernu et les principaux chefs militaires dans son bureau, où il a dissimulé sur les portes intérieures d'une armoire une carte du Tchad sur laquelle sont portés les mouvements de troupes françaises et libyennes.

Mitterrand sait qu'il n'a pas le droit à l'erreur, non seulement vis-à-vis des Africains mais aussi et surtout face à l'opinion française prête à s'enflammer au moindre faux pas. Impossible sur ce dossier de déléguer aux militaires, aux services ou aux conseillers. Le chef de l'État est en effet persuadé que dans ce type d'affaires il y a beaucoup d'excitation et de fausses nouvelles. Il s'agit d'une véritable guerre psychologique dans laquelle il faut garder la tête froide pour naviguer au plus près, louvoyer entre les récifs, éviter de s'échouer sur les écueils. Il redoute surtout une réaction imprévisible et brutale de Kadhafi. Il lui faut donc sans cesse être sur ses gardes, attentif aux moindres gestes de ce dirigeant arabe que certains à l'Élysée traitent de « faiseur d'embrouilles ».

« Chaque matin dans cette histoire il faut de nouveau repriser le bas, entre le fossé ou l'abîme on risque toujours de se casser quelque chose », dit également Mitterrand pendant cette période. Et ses conseillers se souviennent d'une expression revenue plusieurs fois sur ses lèvres : « Au Tchad, nous sommes constamment sur le fil de l'épée. »

Mitterrand, contraint d'intervenir en Afrique, a réussi à éviter l'affrontement. Il a montré dans cette affaire des qualités de stratège : la France n'est pas partie en guerre, les superpuissances ont été tenues à l'écart et la menace libyenne ne s'est pas matérialisée[2].

1. Document d'archives.

2. Une coopération économique et un soutien financier plus vigoureux au président Habré dès son retour à N'Djamena, en 1982, auraient-ils dissuadé Kadhafi d'intervenir ? Mitterrand

Le Maghreb dépassionné

Le bras de fer avec Moscou et l'alliance conflictuelle avec Washington dominent les relations Est-Ouest pendant les premières années du septennat. Le difficile rééquilibrage en faveur d'Israël et le début de l'enlisement dans le drame libanais caractérisent la politique proche-orientale de cette période. La dialectique entre tiers-mondisme et présence française en Afrique noire rythme la nouvelle approche de la diplomatie Nord-Sud.

Avec le Maghreb, il s'agit de dépassionner, de parler à chacun et de maintenir une relation ancienne, particulière et intense avec trois États, trois régimes, trois interlocuteurs qui ont une conception exigeante, jalouse et exclusive de leur souveraineté et de leur relation avec Paris.

Pour l'Algérie socialiste de Chadli Bendjedid, l'élection de Mitterrand est un événement prometteur. Les relations avec la France de Giscard d'Estaing étaient loin d'être au beau fixe et la page de l'après-guerre d'indépendance n'était pas encore réellement tournée. Avec la gauche française, y compris les communistes, accèdent au pouvoir des responsables pour lesquels la France a une dette vis-à-vis de l'Algérie. Ils regardent avec une certaine sympathie le non-alignement et le discours progressiste du successeur de Boumediene.

A Tunis, Habib Bourguiba vieillissant voit arriver sans inquiétude à l'Élysée un homme politique de la IVe République qu'il connaît bien, et qui a reçu l'appui moral et politique de son ami Pierre Mendès France.

A Rabat, en revanche, l'expectative prévaut. L'ambassadeur du Maroc à Paris Youssef Ben Abbès avait pronostiqué un nouvel échec du candidat de la gauche, au point de négliger avant le 10 mai de prendre ses premiers

connaît cette critique, il ne la juge pas opérante. Son souci dès lors sera de se désengager du guêpier tchadien, une longue histoire qui culmine un an plus tard avec son entrevue, à Elounda en Crète, avec le colonel Kadhafi (voir VIIe partie : « L'Attente »).

contacts avec l'aréopage socialiste. Hassan II est partagé. Il affiche un réel respect pour Mitterrand depuis qu'en septembre 1953 le jeune ministre de la Justice avait démissionné du gouvernement Laniel pour protester contre la politique coloniale de l'époque et notamment la déposition et l'exil de son père, le sultan Mohammed V. Mais il redoute en même temps la mise en œuvre probable des idées socialistes nettement proalgériennes et favorables aux droits du peuple sahraoui qu'il combat dans l'ancien Sahara espagnol, au sud du royaume chérifien.

Mitterrand ne rejette pas l'analyse du Quai selon laquelle le conflit sahraoui est une affaire montée par Boumedienne pour gêner Hassan II, une invention de la bureaucratie du FLN. Pour Rabat au contraire, la souveraineté sur ses *limes* sahariens constitue une véritable cause nationale. Le président adopte dès le départ la position suivante : ce conflit ne peut se conclure par un fait accompli, par la force. Si le Sahara occidental doit devenir marocain, cela ne peut se faire sans un processus relevant du droit international. Mitterrand se situe donc en deçà des exigences algériennes et marocaines, d'autant plus qu'il refuse d'engager par trop la France dans un rôle de médiateur.

Le roi du Maroc a des raisons de s'interroger sur ce que va faire la France. En prenant le pouvoir, les socialistes français sont en effet divisés. Il y a chez eux deux logiques : celle, militante, des pro-algériens partisans de consacrer au niveau des États la relation suivie entre le PS et le FLN. C'est la conception des Cheysson, Jospin ou Estier. Mitterrand l'a officiellement assumée dans son manifeste de candidat adopté en janvier 1981 par le congrès socialiste. Il s'est en effet prononcé pour l'établissement « de liens privilégiés avec les pays non alignés de la zone méditerranéenne, spécialement l'Algérie ». A cela s'opposent les partisans d'une approche maghrébine, c'est-à-dire d'une diplomatie plus équilibrée entre Alger et Rabat, pour lesquels l'intérêt profond de la France est d'avoir les meilleurs rapports possibles et simultanés avec les capitales du Maghreb. Ces derniers occupent des postes clefs dans le nouveau dispositif en place à Paris puisqu'il s'agit notamment du conseiller diplomatique de Mitterrand, Hubert Védrine, dont le père Jean Védrine fut un confident de Mohammed V, et de Michel Jobert, l'enfant de Meknès, qui a ses entrées au palais royal de Rabat.

Mitterrand, dans un premier temps, semble donner raison aux deux écoles. Décidé à rééquilibrer la politique française au Maghreb, il commence en effet par hisser les relations avec l'Algérie au niveau de celles entretenues avec le Maroc.

Le 22 mai, au lendemain de l'installation du nouveau président à l'Élysée, le roi Hassan II demande à Michel Jobert de venir le voir sans attendre dans son palais de Fès. Il met un avion à sa disposition. « Ce n'est pas possible, je suis maintenant ministre et je ne peux pas aller voir Sa Majesté à titre amical », explique Jobert [1] à son ami l'ambassadeur Ben Abbès. « Invitez plutôt un proche de Mitterrand, suggère-t-il. Pourquoi pas le nouveau secrétaire général de l'Élysée Pierre Bérégovoy ? Le roi pourrait appeler le président pour le lui proposer », ajoute le ministre du Commerce extérieur. Les choses se passent ainsi. Bérégovoy, ravi, rencontre Hassan II. Le contact est maintenu entre Rabat et l'Élysée.

Mitterrand s'occupe donc d'emblée de l'Algérie, où il effectue, les 30 novembre et 1er décembre 1981, la quatrième visite officielle à l'étranger de son septennat. Le Maroc attendra janvier 1983 pour recevoir le président français qui y fera sa vingt-huitième visite officielle à l'étranger.

Si l'on exclut les visites de travail, l'Algérien Chadli sera le quatrième hôte officiel de Mitterrand à Paris en novembre 1983 et le Marocain Hassan le dix-neuvième, vingt-quatre mois plus tard.

Cheysson s'était rendu début août 1981 à Rabat, puis à Alger. Il avait reçu dans les deux capitales une invitation pour le chef de l'État.

1. Entretien le 18 mai 1989.

François Mitterrand débarque à l'aéroport d'Alger-Dar el-Beïda (Maison-Blanche) par une splendide journée d'automne. Son premier geste symbolique en compagnie de Chadli est le dépôt d'une gerbe sur le carré des martyrs de la guerre de libération et sur la tombe de Houari Boumediene au cimetière d'El-Alia. L'après-midi il se recueille à Saint-Eugène (Bologhine) avec l'évêque d'Alger Mgr Duval devant le monument aux morts des pieds-noirs. L'accueil populaire est étonnamment chaleureux, notamment dans les premières ruelles fraîchement repeintes de la Casbah où l'entraîne son beau-frère, l'Algérois de Bab-el-Oued, Roger Hanin.

Le climat des entretiens est loin d'être aussi euphorique. Les Algériens attendent des gestes de leur visiteur. Diplomatiques, sur le conflit du Sahara occidental dans lequel Alger soutient le Front Polisario. Politiques et économiques, avec la négociation qui achoppe sur le prix du gaz vendu à la France. Malgré les régularisations en cours de plus de 100 000 clandestins, dont une majorité d'Algériens, le dossier immigration donne lieu à de délicates négociations entre Gaston Defferre et son homologue Boualem Benhamouda.

En décembre 1981, le président Chadli avait fait escale à Paris. François Mitterrand, estimant avoir affaire à un « homme de bonne volonté », avait eu avec lui une conversation fondamentale. Les deux hommes avaient conçu ce jour-là un scénario progressif de réconciliation franco-algérienne, étalé sur deux ou trois ans afin de ne pas heurter les éléments réticents de leurs opinions publiques, essentiellement les moudjahedine du FLN, d'un côté de la Méditerranée, et les pieds-noirs rapatriés, de l'autre.

Devant les « historiques » du FLN qui l'écoutent à l'Assemblée populaire nationale, Mitterrand souligne, le 30 novembre 1981, la parenté franco-algérienne dans la recherche d'« un nouvel ordre international plus équitable ». Il appelle de ses vœux « une coopération exemplaire » devant « symboliser les nouvelles relations Nord-Sud » ; le moment est venu d'« effacer » les déchirements de la guerre d'Algérie. « Le passé est le passé. Regardons maintenant, et résolument, l'avenir »[1].

Pour prouver sa bonne volonté, Mitterrand conclut son discours par des propos prometteurs. Dans une claire allusion aux négociations sur le gaz, il assure qu'« aucun problème n'est insurmontable » pour peu que l'on fasse preuve « de volonté politique, de compréhension et de générosité ».

Généreuse, la France socialiste l'est. Trois mois plus tard, sur la base de l'accord politique Mitterrand-Chadli, elle accepte d'acheter le gaz algérien 25 % au-dessus du cours mondial. Le contrat Sonatrach-Gaz de France porte sur le quart de la consommation française de gaz pour les huit années à venir. Il s'agit d'importer 9 milliards de mètres cubes de gaz par an, provenant du gisement de Hassi-R'Mel, découvert par les Français en 1956. Liquéfié à Arzew et à Skidda, le gaz algérien est transporté par méthaniers vers Fos, Montoir et Le Havre pour être réinjecté dans le réseau français.

« C'est un désastre », s'écrie au nom de l'opposition l'ancien ministre de l'Industrie André Giraud, quand il apprend la signature de cet accord.

Mitterrand veut faire de ce contrat gazier, signé dix jours après l'accord franco-soviétique sur le gazoduc, un symbole de sa politique de développement. Il faut valoriser les matières premières des pays du Sud, surtout quand il s'agit – c'est le cas pour le gaz en Algérie – de leur principale ressource en devises. Ce surcoût, directement versé par l'État à la Sonatrach, est évalué à 500 millions de francs pour la seule année 1982. Paris espère en retour obtenir à long terme pour 12 milliards de francs de contrats industriels et de travaux publics de cette Algérie qui sort à peine du modèle catastrophique de

1. Cette politique de la page tournée connaît des soubresauts. Ainsi, quand Claude Cheysson assiste en juillet 1982 à Alger aux cérémonies officielles marquant le vingtième anniversaire de l'indépendance, il n'est pas compris par tous. Le passé ressurgit en France : les pieds-noirs s'indignent ; une partie de la droite « Algérie française » polémique avec le gouvernement.

développement étatique et protectionniste de l'ère Boumediene.

« Accord audacieux », proclame Mitterrand le mercredi 3 avril en Conseil des ministres, trois heures après la signature. Il rappelle toutefois que la Belgique, la première, a accepté d'importer le gaz algérien à un prix supérieur aux cours mondiaux. La France souhaitait qu'il apparaisse clairement dans l'accord que le surcoût consenti était une aide au développement, ce qu'Alger, allergique à cette notion néo-colonialiste, avait refusé, obtenant que la Sonatrach encaisse l'intégralité du chèque.

Aux réserves de différents ministres, Mitterrand répond : « Ne soyez pas sur la défensive. C'est un bon accord, faites valoir que les prix norvégiens et anglais du gaz de la mer du Nord sont supérieurs à ceux que nous avons acceptés. » Pour le président, cette politique doit permettre « de repartir sur de nouvelles bases avec l'Algérie »[1].

Le voyage à Alger a également permis de débloquer le contentieux sur les archives algériennes rapatriées en France au moment de l'indépendance. « On ne va pas rendre les archives de la France à l'Algérie, mais on fera en sorte que l'Algérie puisse disposer de celles dont elle a besoin dans un certain nombre de domaines », avait expliqué Mitterrand à la veille de son voyage dans un entretien au quotidien du FLN, *El Moujahid.* En clair, Paris restituera tous les documents antérieurs à la colonisation, c'est-à-dire à 1830. Pour la période coloniale, la France est prête à donner les documents « techniques », comme le cadastre et les plans des villes, de la même façon que les Anglais ont laissé leurs archives aux Indes.

1. Trois mois plus tard, à Niamey, Mitterrand consent un geste analogue. La France continuera d'acheter au Niger l'uranium du gisement d'Arlit à un prix supérieur au cours mondial. Paris garantit ainsi la stabilité des recettes extérieures du régime du général Seyni Kountché, septième producteur mondial d'uranium, entièrement dépendant de ce minerai pour sa survie. Il est vrai que, avec celui extrait au Gabon et en France, l'uranium nigérien est le seul à pouvoir être affecté librement à des usages civils ou militaires par le Commissariat à l'énergie atomique.

Samedi 9 mai 1981, deux heures du matin, le candidat socialiste lit le *Times* dans l'avion qui le ramène de son dernier meeting à Nantes.

Palais de l'Élysée, 21 mai 1981. Le président sortant accueille le président élu.

Élysée, 24 juin 1981, François Mitterrand au vice-président américain George Bush : « Je prends des ministres communistes à des postes qui ne mettent pas en danger l'Alliance atlantique. »

Élysée, 24 juin 1981. Les quatre ministres communistes : Jack Ralite, Charles Fiterman, Anicet Le Pors et Marcel Rigout sur le seuil de l'Élysée pour le premier Conseil des ministres de l'union de la gauche.

Sommet des pays industrialisés d'Ottawa le 20 juillet 1981. Claude Cheysson, François Mitterrand, Ronald Reagan et Alexander Haig. Grâce au dossier « Farewell », Mitterrand convainc Reagan que la France « socialo-communiste » n'est pas « livrée aux Rouges ».

22 juin 1981. Au soir du second tour des élections législatives, le PS de Lionel Jospin dispose de la majorité absolue, le communiste Georges Marchais se dit prêt à un gouvernement d'union de la gauche.

23 octobre 1981. Congrès socialiste à Valence. Louis Mermaz, Jean Poperen, Gaston Defferre tenant par les épaules Lionel Jospin, Christiane Mora, Paul Quilès, Didier Motchane et Véronique Neiertz.

Assemblée nationale, 21 janvier 1982. Les jeunes députés Michel Noir (RPR), Charles Millon (UDF) et François d'Aubert (UDF) présentent leur plan de lutte contre les lois de nationalisation.

Jacques Delors et Yvon Gattaz au forum de l'Expansion le 6 janvier 1983. Les patrons doivent aider le gouvernement.

8 octobre 1981. Pierre Mauroy, Marcel Dassault et Pierre Guillain de Bénouville. Dassault : « Le Premier ministre est gentil. »

Robert Badinter, Pierre Mauroy et Gaston Defferre. Conseil des ministres du 18 novembre 1981 : l'arbitrage sur les contrôles d'identité.

1er septembre 1982. Installation de la Haute Autorité de l'audiovisuel. Marc Paillet, Daniel Karlin, Marcel Huart, Stéphane Hessel, Paul Guimard caché par Michèle Cotta, Bernard Gendrey-Rety et Gabriel de Broglie. François Mitterrand : « Je ne demande qu'une chose, que la fonction présidentielle ne soit pas atteinte. »

Puy-Guillaume (Puy-de-Dôme), 21 août 1982, au mariage de la fille de Guy Ligier. François Mitterrand, Georges Fillioud, Michel Charasse. Le décret nommant les membres de la Haute Autorité doit être signé avant le soir.

20 octobre 1981. Mexico, place de la Révolution. François Mitterrand : « Salut à celles et ceux qu'on bâillonne [...] qui veulent vivre et vivre libres. »

21 octobre 1981. Mexique. Les hommes du président. Assis : André Rousselet, Jacques Attali, Régis Debray, Hubert Védrine. Debout en polo rayé : Christian Sautter.

Sommet de Versailles, 6 juin 1982. Claude Cheysson, François Mitterrand, Jacques Delors et Jacques Attali. La fin des illusions.

François Mitterrand et Ronald Reagan face à face au sommet de Williamsburg, le 29 mai 1983 : le plus dur affrontement franco-américain.

Bonn, 20 janvier 1983. François Mitterrand devant le Bundestag : le soutien décisif.

Fort de Brégançon (Var), 12 août 1985. François Mitterrand, Helmut Kohl : « *Danke schön*, François. »

Varsovie, 9 octobre 1981. Lech Walesa rencontre pour la première fois un dirigeant occidental, Claude Cheysson, qui deux mois plus tard ne fera « rien naturellement » pour la Pologne en « état de guerre ».

Petit déjeuner de travail au Conseil européen de Luxembourg, le 30 juin 1981. François Mitterrand, l'intrus du club communautaire, et Margaret Thatcher, la « petite bourgeoise idéologue ».

« Le Maghreb dépassionné. »

Rabat, 27 janvier 1983.
Avec Hassan II.

Alger, 30 novembre 1981.
Avec Chadli Bendjedid.

Sommet franco-africain de Kinshasa, décembre 1982. En bateau sur le fleuve Zaïre : Mobutu Sese Seko, Félix Houphouët-Boigny, Jean-Christophe Mitterrand, François Mitterrand, Guy Penne.

Claude Cheysson et Yasser Arafat à Tunis, le 13 octobre 1982.

22 avril 1982, Paris, rue Marbeuf. Attentat à la voiture piégée devant l'immeuble abritant le journal pro-iranien *Al Watan al Arabi*.

Beyrouth, 30 août 1982. Les Palestiniens quittent Beyrouth. Les troupes françaises escortent la voiture de Yasser Arafat, leader de l'OLP.

Paris, le 10 août 1982. François Mitterrand quitte la synagogue de la rue Pavée au soir de l'attentat de la rue des Rosiers.

Jérusalem, 3 mars 1982. Menahem Begin accueille François Mitterrand, premier chef d'État occidental à se rendre en visite officielle en Israël.

Jérusalem, 4 mars 1982. François Mitterrand devant la Knesset : « Israël a le droit d'exister… Les Palestiniens celui d'avoir un État. »

Hôtel Matignon, 14 et 17 juin 1982. Pierre Mauroy avec Edmond Maire (à gauche) et Henri Krasucki (à droite) : « J'ai dit aux syndicats, nous allons bloquer les salaires… »

Latche, 20 août 1982. François Mitterrand à Pierre Mauroy : « Si le blocage échoue, je serai obligé d'en tirer les conséquences. »

Réunion monétaire de Bruxelles, 20 mars 1983. Jacques Delors au ministre ouest-allemand des Finances, Gerhard Stoltenberg : « Tout doit être terminé pour midi, car des choses importantes vont se passer à Paris. Il faut en être. »

Paris, 13 avril 1982. Jacques Attali, Pierre Mauroy et Jacques Delors. « La rigueur, nous la faisons. Inutile d'en rajouter dans les discours. »

Lors de l'émission de télévision *L'Enjeu*, le 15 septembre 1983. François Mitterrand prend l'opposition de vitesse. Il annonce la baisse des prélèvements obligatoires.

A Solutré, Pentecôte 1984. Les habitués : Jack Lang, le président, Claude Estier, Charles Hernu, Roland Dumas et Joseph Franceschi.

12 mars 1984. Le président dans son bureau au téléphone avec Helmut Kohl. A gauche, Roland Dumas ; au centre, l'interprète Brigitte Stoffaès, casque sur la tête.

En revanche rien de ce qui touche à la colonisation, à son histoire et aux droits des personnes ne doit quitter le sol français. Après de multiples péripéties, donnant lieu à d'innombrables protestations des associations de rapatriés, les archives, tout au moins une partie, furent restituées en février 1985. La France a pris soin de faire microfilmer tous ces documents techniques et de retirer des cartons entreposés à Aix-en-Provence tous les dossiers délicats, y compris celui du célèbre « procès des eaux » qui remonte à la fin du XIXe siècle. La France garde donc jalousement tous ses secrets sur la colonisation, y compris et surtout ceux de la guerre d'Algérie.

Mitterrand reçoit fin janvier 1982 à l'Élysée le roi du Maroc venu en « visite de travail ». Officiellement les relations sont bonnes puisque le souverain chérifien quitte Paris en « mettant quiconque au défi de trouver le moindre nuage » entre lui et François Mitterrand. Pourtant, sur le dossier du Sahara occidental qui a occupé l'essentiel des conversations, il ne semble pas que Mitterrand ait donné satisfaction à son interlocuteur. Le président français a maintenu sa position de principe sur le droit du peuple sahraoui à l'autodétermination et fait valoir à son hôte que plus le conflit se prolonge, plus il sera difficile d'y mettre fin. Il a aussi évoqué les libertés publiques au Maroc. Des propos qui ne peuvent que heurter Hassan II pour lequel il n'y a pas de peuple sahraoui, mais seulement une population nomade qui relève de la souveraineté marocaine. S'il ne refuse plus l'idée d'un référendum, il y met de multiples conditions, notamment sur l'établissement des listes d'inscrits, rendant impossible un accord régional permettant de l'organiser.

Un mois plus tard, le Maroc et les dix-huit pays qui le soutiennent quittent l'OUA, qui vient d'admettre en son sein la République arabe sahraouie démocratique. La France ne reconnaît pas la RASD tant qu'une consultation des populations sous contrôle des Nations unies n'aura pas eu lieu.

Ce désaccord sur le Sahara occidental n'est pas étranger au report de la visite officielle du président français au Maroc. Prévue pour octobre 1982, elle est différée à janvier 1983. Hassan II estime que ni la France, ni personne ne peut lui dicter sa conduite dans cette affaire. Il dit à ses contradicteurs français : « Pour les Marocains, le Sahara c'est l'Alsace-Lorraine. » Le roi sait que son pays s'épuise dans ce conflit des sables. Chiffre tenu secret, 40 % de son budget est affecté à la défense. Il a donc lui aussi intérêt à retrouver avec Paris un interlocuteur écouté sur le continent africain.

Il est temps pour Mitterrand de faire le voyage de Rabat, faute de quoi sa volonté de rééquilibrer les relations franco-maghrébines risquerait de ne pas aboutir.

François Mitterrand atterrit à Rabat-Salé le jeudi 27 janvier 1983 en grand équipage : six ministres, M. Chaban-Delmas, le maire de Bordeaux où Hassan II a étudié le droit, et tout ce que la famille socialiste compte d'amis du Maroc, parmi lesquels Mme Gaston Defferre, fille de l'ambassadeur François Charles-Roux, proche de Lyautey et, elle-même, liée d'une « amitié fraternelle » au roi Hassan II.

Les autorités n'ont pas lésiné pour l'accueil. Les populations sont massées sur les bords de la route et dans les rues de Rabat. Des kilomètres de tapis sont déroulés sur le bitume où vrombissent les Cadillac du cortège officiel.

La veille de la visite, un magazine de la télévision française dénonçant les atteintes aux droits de l'homme au royaume du Maroc a beaucoup irrité l'entourage du souverain. 129 prisonniers d'opinion croupissent dans les cachots marocains depuis plusieurs années, 200 militants politiques et syndicaux ont été arrêtés depuis les émeutes de juin 1981, selon Amnesty International et les organisations de défense des droits de l'homme au Maroc, qui estiment à 400 le nombre de « personnes disparues ».

Au palais de Rabat, puis dans le train royal qui les conduit vers la palmeraie de Marrakech, les deux chefs d'État parlent longuement, tandis que leurs ministres évoquent la coopération bilatérale. Le quart des importations du Maroc vient de France, le quart de ses exportations va en France. 500 000 Marocains travaillent en France.

Une sorte de connivence froide, mêlant affinités littéraires, goût de la géopolitique et intérêt pour le Proche-Orient, s'établit pendant ces deux journées. Elle contribue à apaiser plusieurs contentieux et à dissiper quelque peu les arrière-pensées.

Mais la répression politique au Maroc assombrit les relations, comme un abcès chronique, entre Paris et Rabat. Pour François Mitterrand, il y a du Louis XI chez Hassan II. Mais il n'est pas question de le heurter de front. Il sait que le régime marocain ne peut que se hérisser dans un nationalisme virulent si ces questions sont portées sur la place publique. Selon des témoins sûrs, Mitterrand entre 1981 et 1983 saisit à chaque fois l'occasion de toucher un mot des droits de l'homme en tête à tête avec Hassan II. Avec quelques résultats.

Mitterrand ajoute à son programme l'inauguration du chantier d'un grand barrage dans le Haut Atlas qui donne lieu à une mémorable fantasia suivie d'un méchoui sous les tentes caïdales. Quatre ans plus tard, le barrage d'Ait-Chouarit est mis en eau et Mitterrand y revient avec le roi, pour une nouvelle fantasia.

Mitterrand quitte Hassan II en 1983 en levant toute objection de principe à la fourniture de réacteurs nucléaires au Maroc « dès lors que les règles du contrôle international seront respectées ». L'affaire reste sans lendemain.

A son retour, le chef de l'État estime que désormais la situation entre la France et les pays du Maghreb « s'est nettement améliorée » [1].

En arrivant au pouvoir, Mitterrand avait l'intuition que la communauté de langue entre la France et l'Afrique

1. Les envoyés spéciaux du *Monde,* Paul Balta et Roland Delcour, décernent un satisfecit au chef de l'État : « On peut penser que M. Mitterrand est en passe de gagner le pari qu'il s'était apparemment fixé : que la France ait d'aussi bons rapports avec le Maroc qu'avec l'Algérie, ce qu'aucun de ses prédécesseurs n'avait réussi à obtenir. »

constituait un bien à préserver. Il se rend compte dix-huit mois plus tard, et notamment après ses conversations avec Hassan II, à quel point le lien de la francophonie compte dans le rayonnement et l'influence de la France sur ce continent. « Hassan II comme plusieurs chefs africains avant lui m'ont dit qu'ils ne comprenaient pas ce que disent les Américains. D'autres, comme le président du Bénin [Mathieu Kérékou], m'ont dit la même chose à propos des Russes[1]. »

1. Entretien le 27 mars 1989.

CHAPITRE 5

L'Europe

L'intrus du club communautaire

Le lundi 29 juin 1981 à Luxembourg, cinq jours après l'arrivée des ministres communistes dans le deuxième gouvernement Mauroy, François Mitterrand fait son entrée dans un club allant de l'ultra-conservatisme au libéralisme social. Le Conseil européen reçoit « le nouveau » avec curiosité, condescendance et perplexité. Non seulement Mitterrand a eu l'outrecuidance de dénoncer « une Europe qui ne serait que celle du Capital et des Marchands », mais en plus il s'est permis de s'élever en termes vifs contre le seul acquis récent de la diplomatie communautaire : les réserves exprimées par les Neuf aux accords de Camp David.

Pour ses partenaires, Mitterrand est le vilain petit canard socialiste au milieu des oies blanches capitalistes. S'ils ont bien lu les dossiers préparés par leurs collaborateurs, les neuf chefs de gouvernement ont en mémoire les propos iconoclastes du futur candidat Mitterrand à l'été 1980 : « L'Europe sera socialiste ou ne se fera pas », avait alors répété le premier secrétaire du PS français avant de déplorer « l'adhésion de la Communauté aux principes de l'économie libérale qui l'infléchissent vers la zone de libre-échange universel où l'attendent de pied ferme les multinationales ». Et de regretter « la timidité de la législation sociale et la présence marginale des classes travailleuses dans les institutions ». Pour Mitterrand en cet été de l'état de grâce, « l'Europe n'a plus de grand dessein.

Elle est paralysée par la règle non écrite du juste retour. Sa nature libérale ne lui permettra pas de résister à la pression du capitalisme multinational[1] ».

L'intérêt de François Mitterrand pour l'Europe se voit avec le choix de ses ministres. Il a nommé aux postes directement en prise avec Bruxelles deux personnalités importantes de la galaxie eurocrate : Jacques Delors, qui quitte la présidence de la commission économique et monétaire du Parlement européen pour la rue de Rivoli, et Claude Cheysson, qui abandonne ses fonctions de commissaire au Développement à Bruxelles pour le Quai d'Orsay. En outre est créé un portefeuille de ministre délégué chargé des Affaires européennes attribué au vieux mollétiste limousin André Chandernagor, qui succède au secrétaire d'État aux Affaires étrangères UDF Pierre Bernard-Reymond. A l'Élysée, le diplomate Pierre Morel suit les dossiers communautaires.

Lorsque Mitterrand arrive au pouvoir, la CEE traverse une période de doute. Elle est enlisée dans la double querelle de la contribution britannique[2] et de la réforme de la politique agricole commune. Elle vient d'admettre la Grèce non sans difficulté alors que l'Espagne et le Portugal, en frappant à la porte, effrayent les agriculteurs méditerranéens français et italiens. Avec la crise économique chacun pratique plus ou moins consciemment la

1. In *Ici et Maintenant, op. cit.*

2. En entrant dans le Marché commun en 1973, la Grande-Bretagne doit respecter la règle prévue par le traité de Rome, dite de la « préférence communautaire » : il s'agit, pour protéger les agriculteurs de la CEE, d'assujettir à une taxe versée à la caisse commune de la PAC les produits moins chers importés du reste du monde. En raison de ses liens économiques avec les pays du Commonwealth, en particulier l'Australie et la Nouvelle-Zélande, la Grande-Bretagne continue de leur acheter d'importantes quantités de produits de la terre, notamment de la viande. Londres reverse donc une importante quote-part, qui finance la PAC. Le conflit provient du fait que Londres estime que ces versements font partie de sa cotisation à la CEE. Ses partenaires, au contraire, considèrent que ces sommes n'ont aucun rapport avec la contribution de chaque membre au fonctionnement du club communautaire. A chaque Conseil européen, les Anglais, jugeant qu'ils paient deux fois, réclament un dédommagement annuel : c'est le « chèque » britannique.

politique du repli sur soi, et aucun gouvernement ne met vraiment d'empressement à faire les concessions nationales nécessaires pour relancer ou décider les politiques communes. C'est l'« euro-pessimisme ».

Au Conseil européen de Maastricht, en mars 1981, le couple franco-allemand Giscard-Schmidt n'est pas parvenu à ébranler le Premier ministre britannique sur la pêche, l'agriculture et le désormais célèbre « chèque » que la « Dame de fer » réclame à chaque fois que les Neuf, devenus Dix, se retrouvent.

Helmut Schmidt s'est fait une raison. Il a perdu son ami Valéry, mais il est décidé à faire pour le mieux avec le successeur qui ne se montre guère familier mais avec lequel il a immédiatement bien accroché. Margaret Thatcher n'est pas entièrement mécontente de voir partir Valéry Giscard d'Estaing, quand bien même son remplaçant préconise une politique à l'opposé de la sienne.

Pour Mitterrand, observe Hubert Védrine[1], sans prendre de précaution de langage, Maggie est une « petite-bourgeoise idéologue ». Mais, ajoute-t-il, le président entend établir avec elle « de bons rapports personnels et humains qui permettront de contenir les désaccords dans des marges acceptables ».

Avec Thatcher, « Mitterrand essaie de voir si le charme agit. Pendant ces sommets il jouera la séduction avec cette seule femme parmi tous ces hommes, la fleur qui éclairait leurs travaux austères », précise Michel Jobert[2].

Mais quand vient son tour de parler, le charme ne suffit plus. L'incrédulité se lit sur les visages au moment où Mitterrand propose une relance par la consommation, un espace social européen et l'émission d'emprunts destinés à soutenir l'investissement industriel. Un langage inacceptable pour ses interlocuteurs, tenants de la rigueur et de la libre entreprise capitaliste.

« Barrage » britannique, « refus » allemand et « raidissement » italien, constate Mitterrand lorsqu'il évoque

1. Entretien le 8 juillet 1988.
2. Entretien le 18 mai 1989.

pour faire bonne mesure une réduction concertée du temps de travail pour lutter contre le chômage. Seuls les Belges et les Danois se montrent quelque peu attentifs à ces propositions. Elles sont jugées carrément loufoques par les autres, qui l'écoutent dans une indifférence polie. A propos de l'espace social européen qui vise, à terme, à aligner point par point les législations nationales sur celles du pays le plus favorisé, Maggie se dit « bobo la caboche » ; c'est tout au moins l'interprétation de Claude Cheysson [1].

Le dialogue ne peut que tourner court entre Paris et ses deux principaux interlocuteurs européens. Si la France a mis l'emploi comme priorité de sa politique économique, le Royaume-Uni et la RFA ont tous deux clairement désigné leur objectif fondamental : la lutte contre l'inflation.

Le 1er juillet, le Royaume-Uni prend la présidence semestrielle du Conseil. Lord Carrington annonce : « Il faut réformer la politique agricole commune qui coûte trop cher et limiter le budget communautaire en deçà du plafond de 1 % de la TVA », c'est-à-dire la part de cet impôt versée par chaque pays à la caisse commune. La France préconise le contraire. Ses agriculteurs sont les principaux bénéficiaires de la PAC. En outre, André Chandernagor vient de réclamer à Bruxelles un déplafonnement du 1 % de la TVA pour augmenter les ressources propres de la CEE.

Et pourtant, le 9 septembre, Claude Cheysson, de retour d'une réunion des ministres européens des Affaires étrangères à Londres, se réjouit devant Mitterrand du « véritable tropisme qui rapproche Français et Allemands sur la plupart des sujets ». Il relève que sur ces mêmes sujets « les Anglais sont à l'écart de cette entente, sans doute parce qu'ils regardent trop et trop souvent vers l'Ouest » où brille le modèle reaganien.

Mitterrand vérifie cette analyse dès le lendemain à Londres où il participe à son premier sommet annuel franco-britannique. Au point que, trois semaines plus tard, il invite Schmidt dans sa bergerie de Latche pour

1. Entretien le 10 mars 1989.

confirmer et approfondir l'axe Paris-Bonn comme moteur de la construction européenne. Il n'y a pas eu de lune de miel franco-britannique, tout juste un début de rééquilibrage qui s'inscrit dans la nouvelle démarche française visant le renforcement des liens avec tous les pays d'Europe occidentale.

Mitterrand s'est rendu à Londres avec un communiste dans ses bagages. C'est une première dans ce type de rencontres entre alliés occidentaux[1]. Charles Fiterman conserve un très bon souvenir de ce voyage et de son premier contact avec son ultra-conservateur homologue britannique Norman Tebbitt, celui qui choquait même le *Times* quand il suggérait aux chômeurs anglais d'enfourcher leurs vélos pour trouver du travail.

Mitterrand se souvient-il, lui, de la mise en garde que lui ont lancée les étudiants londoniens, au soir du premier jour, pendant l'entracte du « concert-promenade » au Royal Albert Hall auquel l'avait convié le Premier ministre « tory » ? « Mitterrand, fais attention, ne te laisse pas thatchériser ! » avaient-ils crié, provoquant un sympathique chahut dans cette salle de concert où chaque été se pressent les mélomanes d'outre-Manche.

L'Histoire retiendra peut-être qu'au cours de leur tête-à-tête Margaret Thatcher et François Mitterrand ont évoqué pour la première fois la relance du vieux projet de tunnel sous la Manche.

C'est pourtant l'époque où tout les sépare. Maggie met en chantier son vaste programme de privatisations, Mitterrand celui des nationalisations. Deux semaines plus tard, en Conseil des ministres, André Chandernagor attire l'attention sur la nécessité de présenter adroite-

1. Huit jours auparavant, Robert Armstrong, le bras droit de Maggie au 10, Downing Street, est venu déjeuner à l'Élysée avec Pierre Bérégovoy pour préparer ce sommet. Au dessert, on évoque la composition des délégations. Bérégovoy indique que le ministre français des Transports sera présent. Armstrong ne réagit pas. Pour être sûr qu'il n'y a pas de malentendu, le Français lit la liste nominative des ministres qui seront du voyage et cite donc Charles Fiterman. « Vous amenez qui vous voulez », répond Armstrong, se rendant compte que le Français attend une réponse claire.

ment l'extension du secteur public à nos partenaires européens, très attachés au libéralisme.

A la fin de novembre 1981, les Dix se retrouvent à Londres pour le Conseil européen. Mitterrand n'est plus le seul socialiste autour de la table. Son ami politique Andréas Papandréou vient de remporter les élections en Grèce. Pas question de lâcher sur le chèque britannique si les Anglais continuent d'exiger comme préalable une réforme de la PAC, explique Mitterrand avant de quitter Paris. Claude Cheysson constate publiquement qu'« il ne se passera rien à Londres » car non seulement c'est l'impasse sur la PAC, mais en outre les Anglais rejettent la notion de « dégressivité » et de « limite dans le temps » de la ristourne accordée chaque année à Londres pour compenser ses importations alimentaires massives en dehors de la CEE.

C'est donc l'impasse avec le double refus qui dure jusqu'à l'été 1984. Paris et Bonn refusent de plafonner les dépenses agricoles tant que Londres n'aura pas accepté le principe d'une réduction de sa ristourne annuelle.

« Rebelote » à Bruxelles fin mars 1982 où la sombre prédiction de Gaston Thorn semble se vérifier. Pour le président luxembourgeois de la Commission, qui prend la parole à l'occasion du 25e anniversaire du traité de Rome, « la Communauté est menacée, sa cohésion est compromise ».

Avril 1982. Malgré la solidarité européenne qui s'est manifestée autour de la Grande-Bretagne pendant l'équipée malouine, Londres ne « renvoie pas l'ascenseur ». Whitehall bloque notamment la fixation annuelle des prix agricoles tant qu'un accord sur la discipline du budget communautaire et le montant de son chèque n'est pas obtenu. Le compromis sur les prix agricoles intervient en mai, adopté à la majorité qualifiée, outrepassant le veto britannique. « Le problème de la présence de la Grande-Bretagne dans la Communauté est posé », avertit Mitterrand le 19 mai lors d'une escale à Alger sur le chemin du Niger.

Trois jours plus tard, Margaret Thatcher lui répond que son pays entend « rester membre à part entière » de la CEE. Elle accepte le montant de 850 millions d'ECU pour l'allégement de sa contribution au budget, soit 550 millions de moins qu'elle n'exigeait au départ de la négociation.

La stratégie française dès lors consiste à jouer la cohésion franco-allemande tandis que Londres s'efforce d'obtenir gain de cause en essayant de diviser les deux grandes puissances continentales.

Les partenaires de Margaret Thatcher inventent un postulat : « A partir du moment où le train européen, tracté par la locomotive franco-allemande, se met en branle, les Anglais finissent par sauter dans le wagon de queue car ils ne veulent pas être abandonnés sur le quai. »

Les désaccords franco-britanniques sur la CEE persistent au point que le sommet bilatéral de Paris, début novembre 1982, n'aboutit qu'à la réaffirmation par Thatcher et Mitterrand de deux conceptions différentes de la Communauté[1].

Nouvel échec au début de décembre 1982 lors du Conseil européen de Copenhague. Mêmes problèmes, mêmes désaccords. Les Dix décident de renvoyer une nouvelle fois l'examen de la demande d'adhésion espagnole et portugaise. Le tout nouveau président socialiste du gouvernement espagnol Felipe Gonzalez Marquez[2] et l'ancien et futur Premier ministre portugais Mario Soares[3] disent à Mitterrand : « Giscard a fait entrer son ami grec Constantin Caramanlis dans le Marché commun, toi, tu dois faire pareil avec nous, tes amis socialistes. »

Après ce sommet pour rien, Mitterrand désespère de ses partenaires. Il lui faut tenter une « relance euro-

1. La première voit dans la CEE une vaste zone de libre-échange et s'inquiète de la multiplication des politiques communautaires – agriculture, pêche, aides régionales – qui à la fois créent trop de bureaucratie à Bruxelles et conduisent à une intégration dont elle se méfie. Le second attend de l'Europe « un dépassement de l'Histoire ». La construction européenne doit porter sur tous les domaines, économiques, culturels et de sécurité.

2. Entretien le 31 mars 1989.

3. Entretien le 26 janvier 1989.

péenne », en dépit des difficultés politiques et économiques qui l'assaillent à l'intérieur de son pays. « Nous ne pouvons pas continuer de camper sur une série de positions négatives. La France a intérêt à un resserrement des liens, actuellement distendus, entre les pays européens. Face aux États-Unis et à la Russie soviétique, l'Europe doit avoir une politique que ni les Anglais ni les Allemands ne sont en mesure de proposer. C'est donc à nous de jouer. »

Mais ce volontarisme bute sur un nouvel obstacle technico-financier inhérent aux mécanismes de la PAC : le démantèlement des montants compensatoires monétaires positifs et négatifs (MCM), diabolique système de primes conçu pour protéger les agriculteurs des variations du cours de leurs monnaies nationales à l'intérieur du système monétaire européen. Ce procédé savant revient à donner une prime à l'exportation aux agriculteurs des pays à monnaie forte et désavantage les paysans des pays à monnaie faible. C'est pourquoi la France souhaite réduire les MCM, qui, selon elle, sont trop favorables aux agriculteurs d'outre-Rhin.

« Les MCM sont un automatisme qui nous est imposé, on les supporte mais on est contre. Le problème est de ne pas heurter de front le monde agricole. Il faut agir avec psychologie dans cette affaire finalement très politique », observe Mitterrand à la fin de 1982 [1], alors que les technocrates des Dix fourbissent déjà leurs arguments pour la fixation des prix agricoles du printemps 1983. Pour Mitterrand et ses ministres de l'Agriculture successifs Édith Cresson et Michel Rocard, c'est la quadrature du cercle. En effet, démanteler les MCM se traduit par une augmentation des prix agricoles, donc une moins bonne compétitivité à l'exportation, et cela alors que le revenu agricole français, s'il a augmenté en 1982 pour la première fois depuis huit ans, baisse en valeur relative par rapport à celui des autres catégories sociales.

Menés par la puissante FNSEA [2], dont la direction est proche du RPR, les agriculteurs expriment violemment

1. Document d'archives.
2. Fédération nationale des syndicats d'exploitants agricoles.

leur mécontentement, notamment en Bretagne et dans l'Ouest. Ces paysans, déjà confrontés à la chute des cours du porc et du lait, exigent la suppression pure et simple des MCM positifs qui profitent à la RFA. Rocard n'a qu'une très faible marge de manœuvre : il ne veut pas augmenter les prix agricoles de 1983 de plus de 8 % afin de gagner le pari de la réduction de l'inflation engagé par Mitterrand depuis juin 1982. Après plusieurs marathons agricoles au cours desquels Rocard agace Mitterrand en sollicitant parfois en pleine nuit un feu vert de Paris, les MCM sont révisés à la baisse le 17 mai 1983 (– 3,2 % en RFA, – 3 % en France).

Les Dix se retrouvent à Stuttgart, le 17 juin 1983, au pied du mur pour régler le lancinant problème de la contribution britannique. Margaret Thatcher arrive dans la capitale du Bade-Wurtemberg regonflée par son éclatante victoire aux élections du 9 juin. Elle s'écrie dès le premier jour : *« I want my money back. »* Pas question d'accepter le principe « mortel pour l'Europe » de la loi du juste retour, lui répond Mitterrand.

C'est un Mitterrand nouveau aux yeux de ses partenaires, qui désormais parle de l'Europe. En effet, trois mois auparavant, le 21 mars 1983, il a fait le choix fondamental de l'Europe en décidant le maintien du franc dans le SME au prix d'un nouveau tour de vis économique draconien accompagné de la troisième dévaluation de la gauche[1]. De Washington à Tokyo en passant par Bonn et Londres, le monde libéral occidental s'est réjoui de voir la France rentrer ainsi dans le rang.

Stuttgart : la rencontre la plus dure dans l'histoire des Conseils européens. A deux reprises la rupture semble consommée. Le chancelier Kohl, président de séance, déploie des trésors de diplomatie pour éviter le désastre. Au cours d'une suspension de séance, il prend Maggie à part et lui dit qu'elle doit se montrer plus « fair play ». Puis il s'isole avec Mitterrand :

L'Europe court à l'échec, fait valoir le chancelier, qui précise que les Anglais voulaient 1 250 millions d'ECU et

1. Voir IVe partie : « La rigueur ».

sont prêts maintenant à en accepter 850. « Vous avez proposé 600, mais nos amis néerlandais, belges et danois sont prêts à aller jusqu'à 820. Que proposez-vous ? » demande Kohl.

Mitterrand accepte de transiger à 750 millions mais à condition qu'un lien soit clairement établi entre cette somme et le règlement des autres problèmes, à commencer par celui de l'augmentation des ressources propres de la Communauté.

Sur cette base un compromis boiteux est établi. Mitterrand a pris congé de ses hôtes et du palais de Frédéric II. Il est attendu le lendemain au Cameroun et laisse à Pierre Mauroy le soin de maintenir la pression jusqu'à la rédaction du communiqué final.

Le Premier ministre français participe pour la première fois à un Conseil européen. Il est abasourdi par la dureté des affrontements. Il se rend compte « combien l'Europe est conservatrice. Même en France les hommes de droite ne se permettraient pas de parler des problèmes sociaux dans les termes employés par Mme Thatcher », confie-t-il à son retour[1].

Le lien entre le chèque britannique et l'augmentation des ressources propres est établi, non pas dans le communiqué final, mais dans des documents annexes, appelés « contre-lettres », dans lesquels chaque délégation précise sa position. De 1 175 millions d'Écu en 1980, le chèque perçu par les Britanniques passe donc pour 1983 à 750 millions.

Afin de réconcilier les positions antagonistes de Paris et de Londres, le petit jeu des virgules et des formules ambiguës, qui avait prévalu un mois plus tôt au sommet industrialisé de Williamsburg, se révèle indispensable pour venir à bout de la déclaration finale : à la demande de Paris, on n'écrit pas « économies » mais « discipline budgétaire » ; pour accommoder Londres, on ne dit pas « augmentation des ressources de la Communauté », mais « calendrier relatif à l'envergure des ressources propres ».

Mais ces finesses de vocabulaire ne mettent pas fin à la

1. Document d'archives.

mésentente anglo-européenne. En effet, dès son retour à Londres, Margaret Thatcher explique qu'elle a accepté 750 millions d'ECU au lieu de 1 250 car la différence de 500 millions doit venir réduire ce qu'on appelle dans le jargon communautaire le « trop-perçu » britannique. Il s'agit de l'accumulation d'une fraction des sommes reçues depuis 1980 par la Grande-Bretagne dans le cadre de sa ristourne surévaluées par rapport à l'accord initial intervenu à cette date entre les Neuf. « Perfidie, mascarade, malhonnêteté », s'écrie Mitterrand pour lequel ce qui a été versé indûment à la Grande-Bretagne doit être intégralement restitué.

Au début de juillet, il met les points sur les *i* dans une lettre à Kohl, dont il envoie le double à Maggie. Celle-ci, habilement, répond qu'elle souscrit à l'interprétation française et se réjouit de voir que l'on peut encore parler de cette affaire de « trop-perçu ».

Sur tous les autres points à l'ordre du jour – élargissement, financement, PAC et nouvelles politiques –, les Dix décident à Stuttgart d'établir un « programme de travail ». Ils renvoient les décisions au prochain Conseil qui se tiendra le 6 décembre à Athènes.

Stuttgart, c'est aussi l'échec de la mise en route du processus d'élargissement proposé par Bonn et rejeté par Paris.

Paris est pourtant favorable à l'entrée de l'Espagne, redevenue une démocratie au développement économique rapide. François Mitterrand a même imposé cette ambition européenne aux socialistes du Midi avant l'élection présidentielle de 1981.

Mais la France doit protéger ses producteurs de vin, de fruits et légumes et ses pêcheurs. Madrid veut entrer dans la CEE et négocier après. Mitterrand choisit la démarche inverse : régler les problèmes avant d'accepter l'élargissement.

« L'Espagne doit faire des pas importants pour que les producteurs français ne soient pas frappés par les conséquences de l'écart entre les coûts sociaux et fiscaux » beaucoup moins lourds outre-Pyrénées, explique-t-il depuis un an à ses interlocuteurs espagnols. En France, l'opposition RPR, les « partenaires » communistes attentifs aux intérêts des petits agriculteurs languedociens et l'ensemble des organisations agricoles sont « vent debout » contre l'entrée de l'Espagne. Felipe Gonzalez[1] estime que dans cette affaire « la France, la RFA et l'Italie n'ont pas d'obstacle à l'élargissement, mais que François Mitterrand a posé des préalables ».

Dans cette affaire, Mitterrand a le sentiment d'être pris en tenaille par « une coalition germano-espagnole ». A un an des élections au Parlement européen, ce dossier de l'élargissement qui divise les formations de l'opposition et celles de la majorité, doit être traité « avec finesse ». « Soyons européens mais ne soyons pas naïfs », lance Mitterrand à ses ministres le 6 juillet 1983. Les Espagnols et leur voisin portugais devront attendre deux ans pour participer au rêve européen et connaître les joies du marchandage communautaire.

La Pologne et la gauche

Dans la nuit du samedi 12 au dimanche 13 décembre 1981, la Pologne est soudain coupée du monde. Le général Wojciech Jaruzelski, cinquante-huit ans, soldat de plomb caché derrière ses lunettes souvent noires, annonce l'instauration de l'« état de guerre ». Il est ainsi mis fin au processus du « renouveau socialiste » amorcé un an auparavant avec la création du premier syndicat libre, Solidarité, à la suite des grandes grèves menées par Lech Walesa et ses amis aux chantiers navals de Gdansk sur la mer Baltique. « C'est notre dernière chance avant la chute de l'État », proclame le général polonais. L'« homme providentiel » annonce la mise en place d'un « Conseil militaire de salut national ». Dans la nuit, des dizaines de milliers d'opposants sont interpellés : syndicalistes, dissidents, intellectuels et anciens dirigeants du POUP[2], comme l'ancien Premier ministre Edward Gierek.

1. Entretien le 31 mars 1989.
2. Parti ouvrier unifié de Pologne (Parti communiste polonais).

Lech Walesa, le héros des chantiers navals Lénine de Gdansk, est placé en résidence surveillée, ainsi que de nombreux prêtres de la puissante Église catholique. On parle de morts, de blessés. On ne sait rien. L'information ne sort plus de Pologne. Les Soviétiques vont-ils intervenir à Varsovie comme à Budapest en 1956, comme à Prague en 1968 ?

Deux jours auparavant, l'agence soviétique Tass avait annoncé que Solidarité préparait le renversement du pouvoir communiste en Pologne. L'URSS de Brejnev ne pouvait mieux signifier aux Polonais et à l'Occident sa menace d'intervention. Le même jour, Varsovie demandait l'ajournement de la visite en Pologne de Pierre Mauroy, prévue pour le 17 décembre.

Le dimanche 13 décembre, les responsables occidentaux réagissent tous avec la même inquiétude mêlée de prudence. Alexander Haig annonce avoir reçu de Varsovie l'assurance qu'il n'y a pas de mouvements de troupes soviétiques.

Claude Cheysson déclare le matin sur Europe 1 qu'il s'agit d'« une affaire interne polonaise ». Il se « félicite de ne voir aucune trace d'intervention extérieure ».

« Le gouvernement français a-t-il l'intention de faire quelque chose ? lui demande-t-on.

– Absolument pas. Bien entendu nous n'allons rien faire », répond le ministre des Relations extérieures. C'est une gaffe monumentale.

« C'est la seule petite phrase que je regrette. Elle m'a échappé », reconnaît Cheysson [1]. Il en décrit le contexte : « Ce matin-là, dès 6 heures, j'étais en multiplex téléphonique avec Haig, Carrington et Genscher sur la question de savoir si l'OTAN devait déclencher l'alerte prévue en cas de mouvements menaçants des troupes soviétiques. Or, comme les satellites américains n'avaient remarqué aucun mouvement important de l'Armée rouge, il avait été décidé de ne rien faire, sur le plan militaire. » Quelques instants plus tard, dans le bureau présidentiel, Mitterrand reproche à Cheysson cette « provocation qui n'a servi à rien » : « Quel besoin

1. Entretien le 6 avril 1990.

aviez-vous de dire ça ? C'était une évidence, il ne fallait pas le dire. »

A New York, Henry Kissinger réagit comme Claude Cheysson, mais en termes moins choquants : « Militairement nous ne pouvons rien faire et nous ne pouvons prétendre le contraire sans tromper les gens. »

Dans tous les pays occidentaux les opinions publiques sont bouleversées.

Pierre Mauroy, le lendemain, exprime la position officielle de la France. Il tente de faire oublier à une opinion émue le faux pas de Cheysson. « La France n'est pas en mesure de mettre un terme aux rapports de force sanctionnés par les accords de Yalta. Il y a une différence entre l'oppression actuelle à caractère national et une intervention étrangère plus massive. » Le Premier ministre demande que, « hors de toute ingérence étrangère, la Pologne trouve dans l'entente nationale les voies de son redressement et de ses libertés ». Avant de parler, Mauroy a consulté le chef de file des ministres communistes Charles Fiterman et constaté qu'il n'y avait pas dans cette affaire « de différences de sensibilité entre les membres du gouvernement ».

A Bonn, les premières réactions sont de la même tonalité. C'est aussi le cas à Londres et à Rome ainsi qu'à Vienne où le chancelier socialiste Bruno Kreisky explique que l'« état de guerre » constitue « la dernière tentative pour éviter le pire », c'est-à-dire les chars soviétiques à Varsovie.

Les Occidentaux ont tous pressenti que la dictature militaire que vient d'imposer Jaruzelski peut prévenir une intervention soviétique. Il ne faut donc rien faire qui risquerait de la provoquer. Dès le dimanche soir, le général Jaruzelski confirme cette impression dans un message secret adressé aux capitales occidentales : « Nous ne sommes pas une dictature militaire, nous ne souhaitons pas que l'état de guerre se prolonge, il n'y aura pas d'interférence extérieure et le processus de renouveau socialiste sera repris. »

Mais la milice et les unités anti-émeutes de la ZOMO répandent à travers la Pologne la peur, l'arbitraire et le totalitarisme en multipliant répression et arrestations.

Pierre Mauroy appelle Mgr Glemp. « Jaruzelski a la confiance des Polonais. C'est un général, mais c'est un général polonais. Lui seul peut nous préserver d'une intervention étrangère », explique le primat de Pologne au Premier ministre français.

On peut traduire ainsi le message de Jaruzelski : mieux vaut un totalitarisme à la polonaise qu'un totalitarisme imposé par Moscou. C'est le vieux raisonnement de l'Occupation en France : mieux vaut la Milice de Pétain que la Gestapo de Hitler.

En France, les éditorialistes de la droite titrent le lendemain : « Jaruzelski n'avait pas le choix, s'il échoue c'est l'intervention soviétique », selon *Le Figaro.* « Jaruzelski n'avait plus d'autre recours », pour *L'Aurore,* tandis que *Le Parisien libéré* explique plus crûment : « C'était les miliciens polonais ou les chars soviétiques. »

La presse de gauche non communiste a beaucoup plus de mal à se résigner : « L'espoir assassiné », titre *Le Matin,* tandis que *Libération* s'indigne des « frousses, hypocrisies, petites prudences et cynismes médiocres de la diplomatie », déplorant que « les socialistes français aient décidé d'abdiquer devant la raison de Yalta » *L'Humanité* reprend les propos de Georges Marchais qui, jusqu'au bout, montrera du doigt Solidarité en « déplorant les surenchères qui ont entravé le processus de réformes en Pologne ».

Le lundi 14 décembre au matin, le drame polonais devient une affaire de politique intérieure française. Pour la première fois depuis sept mois l'union de la gauche au pouvoir traverse une sérieuse épreuve. Le PCF et la CGT refusent de s'associer aux manifestations de solidarité avec le peuple polonais organisées dès le lundi dans une centaine de villes de France à l'initiative des syndicats, des partis et des organisations de défense des droits de l'homme. La centrale de Georges Séguy et de son dauphin Henri Krasucki, né à Wolomin en Pologne, refuse de se joindre le lundi suivant au mot d'ordre de grève d'une heure lancé par toutes les organisations syndicales.

« Comment le PS peut-il encore rester l'allié du communisme ? » s'écrie Jean Lecanuet. La droite cherche à provoquer à chaud la rupture de l'union de la gauche. Après le président de l'UDF, le secrétaire général du PR, Jacques Blanc, revient à la charge. Il demande « le renvoi des ministres communistes ».

Pourtant ces derniers ne se sont pas distingués de leurs collègues socialistes quand il a été longuement question de la Pologne, le mercredi 16 décembre à la table du Conseil des ministres. Pour la première fois ils vont devoir appliquer la consigne du bureau politique de leur parti : « pas question de quitter le gouvernement sur un problème de politique étrangère ».

La Pologne est l'occasion du plus long débat de politique étrangère en Conseil des ministres du premier septennat Mitterrand. Durant deux heures, le président donne la parole à tous ceux qui souhaitent s'exprimer sur cette affaire. Dix-sept ministres sur les trente-cinq présents dans le salon Murat donnent leur avis [1].

Michel Rocard une fois encore intervient en premier. Il ne réitère pas sa proposition, très controversée, de l'été 1980 d'envoyer des bâtiments de la Marine nationale en mer Baltique pour évacuer les opposants au régime polonais fuyant la répression à la suite des grèves interdites organisées par Solidarité. Mais il parle tout de même de « devoir d'assistance à personne en danger ». « Il faut nous mettre au premier rang de la défense des droits de l'homme et des libertés syndicales. »

Gaston Defferre est bref : « Il faut garder l'esprit froid. Le gouvernement polonais a pris les devants et nous pouvons donc être moins inquiets pour la paix. »

Robert Badinter n'est pas d'accord. Pour lui, que Moscou soit ou non intervenue, le résultat est « peu différent ». Et si, comme la plupart des ministres, il est favorable à la poursuite de l'aide alimentaire, il penche pour une suspension de l'aide financière. Héraut des droits de l'homme, il estime que les principes passent avant les considérations géopolitiques : « Le concept d'affaire intérieure à la Pologne doit céder lorsqu'il s'agit

1. Document d'archives.

des libertés fondamentales. Un gouvernement de gauche doit témoigner. Nous ne devons pas nous aligner sur la prudence des autres. »

Seul ministre communiste à s'exprimer ce jour-là, Charles Fiterman se déclare « tout à fait solidaire de l'attitude du gouvernement ». « Il faut éviter le pire, des affrontements sanglants et une intervention extérieure. Les militaires au pouvoir et les syndicalistes en prison, ce n'est pas notre idéal. Tout cela est très regrettable pour les libertés, pour le socialisme et pour la démocratie. » Mais « il y a d'autres pays où des gouvernements ont brisé les libertés, emprisonné les dirigeants syndicaux et arrêté des hommes de gauche ».

Après Nicole Questiaux qui demande à Mitterrand de prendre une position « originale » sur ce problème, Jean-Pierre Chevènement fait un exposé stratégique et politique : « La Pologne étant au cœur du dispositif du pacte de Varsovie, il faut que l'affaire reste entre Polonais. Nous devons prendre position avec responsabilité, contribuer à une mobilisation de la communauté internationale mais il faut prendre garde à ne pas nous prêter aux manœuvres de ceux qui veulent déduire de l'échec de la démocratie en Pologne l'échec de notre gouvernement. »

Charles Hernu, sur la même ligne que Defferre, souligne lui aussi que cette affaire « doit rester polonaise ». « Personne ne veut intervenir militairement », ajoute, réaliste, le ministre de la Défense.

Le Premier ministre prend alors la parole pour recadrer la position de la France : sur les droits de l'homme « nous sommes à l'aise, nous pouvons aller loin sur ce plan ». La Pologne est au milieu du pacte de Varsovie, « nous ne pouvons pas la déplacer d'un trait de plume » et « nous mesurons l'impuissance qui est la nôtre sur le plan militaire ». Pas question de supprimer l'aide alimentaire, conclut Pierre Mauroy, qui, à l'inverse de Badinter, préconise la poursuite de l'aide financière à Varsovie.

Alain Savary s'interroge sur ce dernier point. André Delélis, le ministre du Commerce et de l'Artisanat, se fait l'écho des mineurs polonais de sa circonscription du Pas-de-Calais, qui lui ont tous dit : « Pas d'aide à la Pologne. » Michel Jobert, tout juste rentré de Moscou, soutient Mauroy.

Jacques Delors fait un sort à la question de l'aide financière. Il annonce qu'il a demandé la veille à ses partenaires occidentaux du club de Paris, qu'il préside pour la Pologne, de poursuivre leurs travaux en vue de l'échelonnement de la dette de Varsovie. Delors, le « catho », rejoint Chevènement, le « laïcard », en s'inquiétant des attaques de la droite : « Il ne faut pas qu'elle reprenne le flambeau de la liberté contre nous. Nous devons faire taire tous ces gens qui se servent sans pudeur de l'affaire polonaise. »

Yvette Roudy suggère que l'aide alimentaire ne passe plus par les autorités polonaises mais par la Croix-Rouge et l'Église, tandis qu'André Henry, ancien patron de la FEN, s'interroge sur l'aide financière et demande que la France « exige » la libération des syndicalistes polonais.

Claude Cheysson s'impatiente. Il rappelle seulement que les Dix ont décidé la veille à Londres de poursuivre l'aide alimentaire et émet des doutes sur la capacité de la Croix-Rouge à prendre en charge la distribution des vivres et des médicaments.

Louis Mexandeau demande que la France fasse un effort humanitaire particulier à l'approche de Noël. Jean Auroux est le dernier à défendre la position des partisans d'une attitude dure à l'égard du général Jaruzelski.

Mitterrand prend la parole pour conclure : « Qu'attend-on de nous ? Des mots ? Des vivres ? Des armes ? Pour les mots je suis preneur, pour les vivres je suis d'accord. Pour les armes, pas question d'entrer dans ce raisonnement qu'on veut nous imposer selon lequel il faudrait intervenir militairement à Varsovie pour ne pas être accusés d'un nouveau Munich. 1938 et 1981 n'ont rien de comparable, entre ces deux dates il y a eu Yalta et un partage du monde entre les deux superpuissances qui prennent soin de ne pas se gêner dès qu'il se passe des événements graves (...) Personne, ni les Américains, ni les Allemands, ni les Anglais, n'a envisagé d'envoyer des hommes. »

Mitterrand a devant lui l'appel lancé par Pierre Bourdieu et Michel Foucault et signé par plusieurs intellectuels et artistes, dont Yves Montand. Ce texte, également signé par Jorge Semprun et Bernard Kouchner, évoque la guerre d'Espagne et la non-intervention du socialiste Blum contre le général Franco et critique la présence des communistes au gouvernement. Le président s'insurge et s'en prend à Montand : « Anarchiste de droite ! Qui est intervenu pour les démocrates et syndicalistes turcs emprisonnés en octobre par le gouvernement militaire du général Evren ? La Pologne est pour beaucoup un prétexte à agitation intérieure. » Pour Mitterrand, l'absence du PCF et de la CGT aux défilés du lundi ne « met pas en cause la cohésion du gouvernement ».

« Il y a des patriotes polonais, certains ont rompu avec le système comme les militants de Solidarité, d'autres sont restés dedans, et pourquoi ne serait-ce pas le cas du général Jaruzelski ? Peut-être dira-t-on un jour qu'il a agi de façon intelligente au prix de la perte des libertés ? La France doit parler, comme l'auraient fait tous mes prédécesseurs », même si « cela ne changera pas d'une miette la situation des Polonais ».

Le chef de l'État ramasse en quelques phrases courtes la position française : « Jamais l'URSS n'acceptera que la Pologne échappe à sa stratégie. Le monde occidental ne bougera pas. L'Église ne dira que ce qu'il faut dire et pas plus. Nous n'avons donc que des mots et des vivres. Nous n'abandonnons pas les Polonais mais il n'est pas dans notre pouvoir de les sauver. Mesdames et messieurs les ministres, entrez dans ce raisonnement. »

Dans la demi-heure qui suit, Pierre Bérégovoy s'assoit devant la centaine de journalistes français et étrangers venus exceptionnellement nombreux dans la salle des fêtes de l'Élysée pour le traditionnel compte rendu du Conseil.

Des « mots » : la France « condamne et dénonce, clairement, vigoureusement et constamment la perte des libertés publiques, collectives et individuelles en

Pologne. Devant le régime d'exception instauré en Pologne, le gouvernement français marque sa réprobation ».

Marcel Rigout[1] descend le perron de l'Élysée, assailli par la presse comme ses trois collègues communistes. Il se déclare d'accord avec la position gouvernementale. « Pour nous, cette affaire polonaise était difficile. Mitterrand nous a expliqué ce jour-là pendant une heure que la seule solution c'était bel et bien Jaruzelski qu'il considérait comme un patriote. Quelques semaines plus tard à Rome, l'Italien Giulio Andreotti, dont le gendre était ambassadeur à Varsovie, avait eu la même analyse que Mitterrand. Il nous avait dit que Jaruzelski était le seul capable de sauver les meubles, d'éviter les affrontements. » « C'est un militaire, mais aussi un patriote qui a eu maille à partir avec les Soviétiques », avait alors remarqué le leader de la démocratie-chrétienne.

Au soir de ce mercredi 16 décembre, Jacques Chirac, consacré par les sondages comme le meilleur leader de l'opposition, adopte le ton de la fermeté. « Je récuse tout ce qui, de près ou de loin, ressemble au socialisme », lance le maire de Paris sur le plateau de TF1, avant d'épouser dans l'affaire polonaise les thèses des « faucons » de la Maison-Blanche. Le président du RPR estime que l'Occident doit menacer de cesser ses échanges avec l'URSS. Comme Reagan, il se prononce pour une « révision complète de nos règles et accords commerciaux avec l'Union soviétique et les pays de l'Est ». L'avant-veille Washington avait annoncé la suspension de son aide alimentaire à la Pologne, au moment même où les Dix prenaient la décision inverse.

L'offensive menée contre le gouvernement d'union de la gauche par une opposition qui sort de sa torpeur est relayée cette semaine-là par le parangon de l'anticommunisme Evan Galbraith, ambassadeur des États-Unis à Paris depuis le début du mois. « Nous sommes parfaitement conscients qu'il y a ici [en France] des gens, les communistes, qui à nos yeux sont les agents d'une force

1. Entretien le 26 mai 1989.

extérieure à la France, dirigée par les Russes », accuse-t-il dans une interview publiée le 14 décembre par *Le Matin.*

Dans les semaines suivantes, la répression s'intensifie en Pologne ; 45 000 arrestations en une seule semaine. Et Moscou fait circuler par des « sources officieuses » citées par l'ensemble de la presse occidentale la rumeur selon laquelle Brejnev n'exclut pas une intervention des pays du pacte de Varsovie en Pologne.

A la veille de Noël, Paris décide de durcir le ton. L'ambassadeur de France à Moscou, Henri Froment-Meurice, demande à rencontrer Andrei Gromyko. Il est reçu par l'adjoint du ministre des Affaires étrangères, le camarade Kovalev, auquel il délivre le message suivant : « Non-ingérence ne veut pas dire indifférence quand les droits de l'homme sont violés ; la France déplore l'arrêt brutal du processus de renouveau socialiste en Pologne ; Paris exige la libération immédiate de toutes les personnes arrêtées. » Des mots !

Le PS durcit lui aussi sa position mais le PCF campe sur la sienne. Si la solidarité gouvernementale n'est jamais sérieusement en danger, la méfiance et l'acrimonie s'installent entre la place du Colonel Fabien et la rue de Solférino, au plus grand plaisir de l'opposition. Lionel Jospin et Jean Poperen s'en prennent publiquement à la direction communiste, qui s'abrite derrière les déclarations initiales du gouvernement. Charles Fiterman se dit « indigné et blessé » par la campagne anticommuniste de la droite, relayée, selon lui, par les socialistes. Mitterrand est obligé de lancer un appel au calme au cours du Conseil des ministres du 23 décembre dans l'un des rares moments où les rapports et les désaccords PCF-PS sont évoqués dans cette enceinte. « Ne posez pas les problèmes qui aboutiraient à la rupture de la coalition gouvernementale », lance le chef de l'État à Fiterman et à Rigout. Sur ordre de leur parti, les deux ministres viennent de faire entendre leurs réserves sur la tonalité des commentaires officiels français : le gouvernement « surdramatise ». Les ministres communistes ont le sentiment de s'être fait « piéger ».

« Si par malheur nous rompions notre accord de gouvernement la France aurait moins de chances de se faire entendre à l'Est comme à l'Ouest », plaide le président. Il assure qu'il acceptera « toutes les contradictions » qu'implique la présence de ministres communistes, notamment en politique étrangère où « nos positions ne coïncident pas ».

Le 8 janvier 1982, Lionel Jospin et Georges Marchais se rencontrent à la tête de deux délégations pour constater leurs « différences » et leurs « divergences » d'appréciation sur la situation à Varsovie. Jack Ralite, sans rire, évoque la « richesse » que constitue « la diversité de la majorité »[1].

Le 1er février 1982, deux jours après la brutale répression des grandes manifestations de Gdansk consécutives aux augmentations massives des prix des denrées alimentaires, le ministre polonais des Affaires étrangères Jozef Czyrek arrive à Paris pour un entretien « très franc » avec Claude Cheysson. La droite et la presse se déchaînent. Mitterrand continue d'appeler « à la raison et au sang-froid ». En privé il s'indigne : « Comment ces intellectuels de droite et de gauche peuvent-ils protester ! La France n'a pas rompu ses relations diplomatiques avec la Pologne. On nous interdirait de recevoir ce Polonais alors que Haig et Gromyko se serrent la main publiquement à Genève et que le pape Wojtyla envoie des émissaires de haut rang en Pologne. » Le raté provoqué par l'annonce prématurée de l'accord franco-soviétique sur le gazoduc gêne le gouvernement devant l'opinion.

Peu à peu les passions s'apaisent. La « normalisation » s'installe en Pologne. Après le très vaste mouvement de solidarité des peuples occidentaux qui, jusqu'à l'été, ont envoyé en Pologne des caravanes de camions chargés de vivres, de médicaments et de produits de première nécessité, la crise polonaise passe progressivement au second plan de l'actualité. Tout s'émousse. Walesa est en résidence surveillée. Et d'autres drames polarisent l'attention : la guerre du Liban avec les massacres de Sabra et

1. Le 17 janvier, la droite remporte au premier tour les quatre sièges de députés soumis à élection partielle après invalidation à Paris, en Seine-et-Marne et dans la Marne.

Chatila, l'équipée des Malouines, les affrontements meurtriers du Golfe, et, pour ce qui concerne la France, la rigueur économique de juin, la montée du chômage et l'irruption du terrorisme.

Le 8 octobre 1982, la Diète polonaise adopte une loi sur les syndicats qui signifie la dissolution de Solidarnosc. « Intolérable », s'écrie Mitterrand qui ne modifie pas son analyse sur la situation. Un mois plus tard, l'appel à la grève générale lancé par les amis de Lech Walesa n'est qu'un demi-succès. Conséquence immédiate ? Jaruzelski libère le leader de Solidarité le 14 novembre, trois jours après la mort de Brejnev. Un mois s'écoule, l'état de guerre est « suspendu » et le dialogue renoué avec l'Église de Mgr Glemp.

Mitterrand continue de suivre de très près les faits et gestes de Jaruzelski : « Ce général a compris que rien ne pourrait faire échapper la Pologne à l'Empire soviétique, mais rien ne nous dit que dans dix ans il sera devenu un Kadar », explique-t-il à ses proches, citant en exemple le numéro un hongrois devenu le chef de file de la réforme intérieure à l'Est après avoir été l'un des fossoyeurs de l'insurrection de février 1956. Quant à la France, elle se doit d'être « sans complaisance » par rapport à la situation polonaise, mais il faut savoir que « vouloir remettre en cause l'appartenance de ce pays au glacis soviétique, c'est vouloir la guerre avec Moscou, c'est mettre en cause la paix ». En cet automne 1982, Mitterrand ne croit guère aux chances de survie d'un syndicat libre dans la Pologne communiste. Il voit Andropov succéder à Brejnev et déclare discerner des possibilités d'évolution de l'URSS, mais tout cela, remarque-t-il alors, « sera extrêmement lent ».

Annoncée à l'automne 1982, la deuxième visite pastorale de Jean-Paul II dans son pays natal intervient en juin 1983. Elle suscite, plus encore qu'en octobre 1978, une immense ferveur populaire, un débordement, un moment historique pour la très catholique et très antirusse Pologne nationaliste. L'ancien cardinal-archevêque de Cracovie exalte dans son langage religieux les acquis de Solidarité, les combats pour la liberté, la justice et le mieux-être en Pologne. Le voyage pontifical se déroule sans incident. Le général Jaruzelski en a fait un test. Il est satisfait. Moscou est apaisée. Un mois plus tard Jaruzelski lève définitivement l'état de guerre. Pour le régime militaire, cette visite est la preuve du succès du processus de « normalisation ».

« Le pape est un homme passionné. C'est un nationaliste polonais, il refrène son anticommunisme. Il est clair qu'il considère Jaruzelski comme un moindre mal », observe Mitterrand en privé. Il partage largement l'analyse du souverain pontife.

Les deux chefs d'État, celui de France et celui du Vatican, ont fait connaissance en février 1982 dans la bibliothèque privée du Saint-Père. Ils ont beaucoup parlé de la Pologne, mais aussi de l'école privée, un grand souci pour le chef de l'Église de Rome. Avant de raccompagner son visiteur, qui doit s'entretenir avec son ministre des Affaires étrangères Mgr Casaroli, Jean-Paul II fait entrer les collaborateurs de Mitterrand. Comme à l'accoutumée, il leur tend une corbeille contenant des chapelets et des médailles à son effigie. Mitterrand n'en prend pas. Mais juste avant de quitter la pièce, il chuchote à son porte-parole : « Vauzelle, prenez-en un pour ma sœur. » Il pense naturellement à la très pieuse Geneviève Delachenal, directrice chez Bayard-Presse, le groupe catholique français d'édition. Vauzelle se sert et revient vers Mitterrand. « Au fond, je devrais aussi en rapporter pour d'autres de mes proches. » Vauzelle s'exécute bien volontiers.

Le 14 août 1983, Jean-Paul II retrouve Mitterrand venu l'accueillir à Tarbes à l'occasion du pèlerinage de Lourdes. Dans le bureau du préfet, on évoque la Pologne. Puis le pape s'enquiert de la question scolaire qui recommence à déchirer la France. « Chaque fois que j'ai vu le pape il s'avançait très prudemment sur le sujet de l'école, raconte Mitterrand[1]. Il disait : “ Vous savez bien, la France est fille aînée de l'Église et pour nous le problème de l'école libre est très important ”. Je lui répondais : “ Très Saint-Père, c'est un problème de souverai-

1. Entretien le 16 mars 1989.

neté, c'est le gouvernement et le Parlement français qui trancheront. " »

Les Malouines et les principes

Certains reprochent à François Mitterrand son double langage. En fait, la logique de sa politique extérieure apparaît en une occasion inattendue.

Le 2 avril 1982, les troupes argentines, sur ordre du régime militaire de Buenos Aires, envahissent les îles Malouines[1].

Dès l'annonce du coup de force argentin, Mitterrand choisit son camp. « Sa réaction est instantanée, dit Claude Cheysson[2]. Il m'a dit : " Nous sommes les alliés des Anglais, pas de l'Argentine. La Grande-Bretagne est notre alliée, instinctivement je la soutiens ". » Le ministre des Relations extérieures se souvient d'avoir pensé alors à l'attitude de Charles de Gaulle, soutenant immédiatement l'Amérique de John Kennedy en 1962 au moment de la crise des missiles soviétiques à Cuba.

François Mitterrand[3] : « On me prévient dans la nuit du débarquement argentin. Je demande aussitôt que l'on me passe le diplomate de permanence au Quai d'Orsay. Il me rappelle l'historique de la querelle. Il fait valoir que la France serait elle aussi fondée à revendiquer sa souveraineté sur ces îles. Je coupe court à cette thèse. Mon réflexe : une guerre, donc une solidarité naturelle à l'égard de la Grande-Bretagne. Mais qui n'exclut pas un examen critique de sa position. Je suis solidaire mais je

1. Situé dans l'Atlantique Sud, à 500 kilomètres à l'est de l'Argentine, l'archipel des « Falklands » selon Londres, ou « Malvinas » pour Buenos Aires, est une colonie du Royaume-Uni depuis 1837. Ses 2 000 habitants sont de souche britannique. L'Argentine en revendique la souveraineté estimant que ces îles lui reviennent en tant qu'anciennes possessions espagnoles, la puissance coloniale du cône sud-américain, qui avait reçu ce petit territoire de Louis XV. Elles doivent leur nom de « Malouines » aux pêcheurs à la baleine de Saint-Malo.

2. Entretien le 10 mars 1989.

3. Entretien le 9 juin 1990.

ne veux pas que la France apparaisse comme un défenseur des colonisateurs anglais. »

Aussi, le samedi 3 avril, quelques heures après le débarquement argentin à Port Stanley, le président français téléphone au Premier ministre britannique pour l'assurer « de son soutien politique, de sa solidarité européenne et de sa coopération » dans le conflit qui s'engage. « Je n'oublierai jamais ce geste rapide, opportun et énergique », confie Mme Thatcher un mois plus tard alors que la flotte britannique fait route vers cet archipel perdu de l'Atlantique Sud.

Au Conseil de sécurité de l'ONU, le représentant français Luc de La Barre de Nanteuil dénonce l'agression « condamnable et condamnée » des forces du général Galtieri. La CEE est solidaire, à l'exception sans surprise de l'Irlande.

La France condamne le recours à la force mais se refuse à prendre parti sur le fond du problème, celui de la souveraineté des Malouines. Londres invoque la présence continue sur les îles d'une population désireuse de vivre sous la souveraineté britannique. Buenos Aires estime qu'il s'agit là d'un vestige du colonialisme en Amérique du Sud. Paris et Washington se sont toujours abstenus de prendre parti dans ce litige.

« Sur le plan politique, explique Mitterrand, nous avons pris une position de juste milieu. On ne voulait pas se trouver mêlés à une campagne colonialiste, même si ce n'était pas tout à fait le cas de la part des Britanniques puisque les Malouines étaient peuplées uniquement d'Anglais. » Face à l'acte d'agression argentin, la France, suivie par les Dix, décide un embargo immédiat sur les livraisons d'armes à Buenos Aires, mais refuse la rupture des relations diplomatiques avec l'Argentine demandée par Mme Thatcher.

Dès l'annonce de l'invasion, Charles Hernu[1] avait ordonné à l'administration de bloquer toutes les livrai-

1. A la veille de l'invasion, le ministre français de la Défense se trouvait à Londres. Son homologue britannique John Nott lui avait alors exposé devant une mappemonde le problème des Falklands.

sons d'armes à l'Argentine, une mesure formellement annoncée le mercredi suivant au Conseil des ministres.

Outre les Mirage et Super-Étendard achetés à la France, l'Argentine entreprend l'équipée malouine avec 8 missiles air-mer Exocet de fabrication française. Ces armes sont considérées à l'époque comme les plus redoutables de leur génération. Si les Argentins avaient attendu six mois avant de déclencher les hostilités, ils auraient disposé de 50 Exocet. La France devait en effet les livrer dans ce délai. Or, selon les experts, la possession de ces 50 missiles aurait pu inverser l'issue des combats.

L'embargo décidé par Paris ne prévoyant pas expressément le rappel des techniciens français installés en Argentine pour la maintenance et le montage des Exocet sur les Super-Étendard, la presse britannique, entraînée par le prestigieux *Sunday Times,* se déchaîne contre la France.

Mais dans ce conflit Paris va pourtant se montrer un allié exemplaire. La France refuse de prendre le moindre risque en repoussant à la fin de la guerre la livraison, prévue pour avril-mai, d'un lot d'une dizaine d'Exocet au Pérou. Lima avait envoyé un navire à Cherbourg pour embarquer ces missiles, mais le responsable des exportations militaires au cabinet de Charles Hernu gagne du temps. Il explique au chargé d'affaires péruvien, Iris Valverde, que la Grande-Bretagne a eu vent de la décision du Pérou de prêter plusieurs de ses chasseurs Mirage à ses amis argentins. Le navire péruvien risquerait d'être coulé par la Royal Navy s'il prenait la mer avec son chargement d'Exocet.

François Mitterrand : « Nous savions de façon à peu près certaine que le Pérou avait l'intention de rétrocéder ces Exocet à l'Argentine. Or c'était à l'époque une arme imparable et je ne voyais pas la France livrer ses missiles capables de détruire la flotte britannique. Mme Thatcher m'avait demandé comme un " service immense " de ne pas fournir ces armes à Lima. Nous nous sommes donc pliés à cette sorte de gymnastique pour repousser la livraison au-delà du conflit. »

La consigne est donnée de répondre en toute priorité

aux officiers britanniques venus presque chaque jour au ministère de la Défense s'informer sur les caractéristiques des armes françaises achetées par l'Argentine. L'Amirauté britannique interroge l'état-major français sur les performances des Mirage et Super-Étendard argentins. Comme réponse, Hernu envoie outre-Manche une escadrille de ces appareils. Leur venue, si rapide et inattendue, provoque un instant de panique sur la base aérienne proche de Cambridge où se posent les avions français.

Devant ses partenaires de la CEE, Mitterrand fait valoir que la solidarité européenne n'est pas seulement une affaire bruxelloise de prix agricoles ou de parités monétaires. Elle doit s'exprimer aussi en cas de crise internationale, d'autant que dans ce cas précis les États-Unis sont déchirés sur le plan diplomatique entre leur « relation spéciale » avec le Royaume-Uni et leur solidarité panaméricaine. Cela dit, en mettant à la disposition de l'Amirauté britannique les informations recueillies par ses systèmes d'écoute et ses satellites sur les mouvements navals et aériens argentins, Washington a puissamment contribué au succès militaire, puis politique, de la « Dame de fer ». Mais pour la Maison-Blanche, il ne faut surtout pas laisser à Cuba, et donc au Kremlin, le monopole de la lutte anticolonialiste sur le continent américain.

Dans le raisonnement français entre également en ligne de compte la nécessité de marquer son attachement aux départements et territoires d'outre-mer. En soutenant Mme Thatcher sur les Malouines, Paris indique clairement qu'il en irait de même face à une menace sur la Réunion, la Nouvelle-Calédonie ou l'archipel polynésien.

Tandis que le peuple britannique fait corps avec son gouvernement et son souverain pour défendre son honneur bafoué et montrer que l'Angleterre règne encore sur les mers, la médiation américaine conduite par Alexander Haig échoue. 80 % des Britanniques approuvent une reprise des Falklands par la force. François Mitterrand estime qu'il serait catastrophique d'aller contre cette réaction churchillienne.

Le 2 mai, l'affaire s'aggrave lorsque le croiseur argentin *General Belgrano* est torpillé par les Britanniques dans les eaux internationales, en dehors de la « zone d'exclusion militaire » décrétée par Londres autour de l'archipel avec la menace de couler quiconque la pénétrerait. Le 5 mai, en Conseil des ministres, Michel Rocard s'inquiète de voir les pays du Tiers-Monde prendre fait et cause pour l'Argentine après cet épisode. Mitterrand ne démord pas : « Préservons nos intérêts primordiaux qui sont l'alliance avec la Grande-Bretagne. Si nous paraissons la lâcher après l'avoir soutenue au début, elle n'en sera que plus amère. »

Le chef de l'État reste cependant soucieux de ménager les intérêts de la France en Amérique latine. Il se montre préoccupé de ce qu'il appelle « l'union sacrée Castro-Galtieri, une réalité qui peut s'expliquer par le réflexe anticolonial contre un pays du Nord ». « Il faut avoir dans cette affaire une très grande prudence. Avoir l'ambition de nos moyens et donc s'en tenir à l'affirmation des principes », plutôt que de prendre position à Dix sur les propositions de médiation de Washington. « Avoir l'ambition de ses moyens et s'en tenir à l'affirmation de ses principes » : une grande part du comportement diplomatique mitterrandien tient dans cette formule.

Après la reddition argentine, le 14 juin, au lendemain de la prise de Port Stanley par le corps expéditionnaire britannique, François Mitterrand demeure, sur le plan diplomatique cette fois, solidaire de Margaret Thatcher. A l'ONU, la France continue de voter contre la « résolution argentine » demandant l'ouverture de pourparlers sur l'avenir des Malouines. Pourtant Cheysson, avec le feu vert de Mitterrand, avait obtenu des Argentins un adoucissement réel de la formulation de leur résolution. « Mais à chaque fois, au dernier moment, Mitterrand me téléphonait pour me dire : on vote contre, la France doit rester solidaire des Anglais. » Le chef de l'État précise : « Après le conflit, j'ai dit à Mme Thatcher que je ne voulais pas que la France se trouve dans les rangs des ultras et nous avons fini, à l'ONU, à partir de 1986, par nous abstenir sur la résolution argentine. »

Et pourtant, regrette-t-on au Quai d'Orsay, Maggie n'a « jamais renvoyé l'ascenseur », en particulier en 1985 à propos de la Nouvelle-Calédonie et de l'affaire *Greenpeace.*

Pour Claude Cheysson, « elle aurait pu s'abstenir de nous traîner dans la boue ».

« Dans cette affaire des Malouines, assure François Mitterrand, il n'y a jamais eu de marchandage avec Londres. »

CHAPITRE 6

La défense

« De Gaulle a fait l'impasse sur la guerre et il avait raison. » En formulant ainsi à l'été 1980, dans *Ici et Maintenant* [1] sa conception de la dissuasion nucléaire autonome, François Mitterrand s'inscrit dans la continuité du fondateur de la Ve République et de ses successeurs. « Le but de la dissuasion c'est d'empêcher la guerre. » « Si un conflit nucléaire éclate c'est que la dissuasion a échoué », répète le chef de l'État tout au long de son mandat pour démontrer que la force de frappe française demeure « une garantie de la paix ».

Nucléaire : la foi du converti

« Saulnier, allons voir Jupiter. » Tel est, le vendredi 22 mai 1981, vingt-quatre heures après son installation, le premier ordre du nouveau chef des Armées à son chef d'état-major particulier, le général d'aviation Jean Saulnier. Dans l'après-midi du 27 mai, l'ordre est exécuté. Les deux hommes descendent, seuls, au sous-sol de l'Élysée dans le poste de commandement du feu nucléaire, le PC Jupiter, bunker installé par Giscard d'Estaing sous la cour est du palais. Mitterrand se fait expliquer le mécanisme ultra-protégé qui lui permet de mettre en alerte, en liaison avec le poste de commandement souterrain de Taverny, les trois composantes de l'arme nucléaire stratégique : terrestre, avec les missiles du plateau d'Albion ;

1. *Op. cit.*

aérienne, avec les Mirage de la Force aérienne stratégique (FAS) ; et surtout, maritime, avec les cinq sous-marins nucléaires lanceurs d'engins de la Force océanique stratégique (FOST).

« Je ne veux plus me poser la question du choix du nucléaire », répète le président au général[1] en regagnant son bureau. « Si d'aventure quelqu'un remettait la dissuasion nucléaire en question, il n'y aurait plus de défense pour notre pays. Je ne serai pas l'homme qui fera cela. »

« Saulnier, allons voir Taverny », conclut Mitterrand en remontant du sous-sol du palais vers son bureau où l'attendent comme toujours des piles de notes et de parapheurs. Quinze jours plus tard, le jeudi 11 juin, Mitterrand et Saulnier pénètrent en voiture dans les longues galeries minières creusées sous la colline de Taverny. Ils entrent au cœur du dispositif central de transmission et de réception de toutes les informations militaires, à côté duquel est également installé le très fonctionnel abri antiatomique réservé aux principaux responsables de la vie nationale en cas d'alerte nucléaire.

« Saulnier, allons voir un sous-marin nucléaire. » A peine sorti de Taverny, Mitterrand demande à poursuivre sa tournée des popotes nucléaires. Le 24 juillet, de retour du sommet d'Ottawa, il se rend sur la base de l'île Longue, en rade de Brest. Il déjeune dans l'exigu carré de l'un des cinq SNLE, prêt à partir pour sa patrouille de dix à douze semaines, assurant ainsi la présence permanente de deux sous-marins nucléaires français sous les mers du globe. « Ne peut-on pas en avoir trois en patrouille en permanence ? », demande-t-il. Les officiers d'état-major lui répondent que, compte tenu des cadences de révision et d'entretien des sous-marins, il est très difficile d'atteindre cet objectif avec seulement cinq SNLE opérationnels. Six mois plus tard, au prix d'un effort accru des équipages et des techniciens, la cadence de rotation des sous-marins est accélérée pour assurer la présence simultanée à la mer de trois SNLE.

Le 30 octobre 1981, le chef des Armées préside à l'Ély-

1. Entretien le 12 avril 1989.

sée son premier Conseil de défense. Il a demandé un dossier complet sur le rapport de forces Est-Ouest, nucléaire et conventionnel, en particulier en Europe. Trois conclusions ressortent de ce document « secret-défense » :

– équilibre approximatif entre les forces stratégiques intercontinentales américaines et soviétiques, mais à un niveau très élevé ;

– rupture de l'équilibre au niveau des missiles non intercontinentaux, c'est-à-dire des armes de portée inférieure à la largeur de l'océan Atlantique Nord, du fait de l'implantation des SS 20 soviétiques en Europe

– supériorité conventionnelle et chimique très marquée de l'URSS en Europe.

François Mitterrand procède à un tour de table avec les membres du gouvernement et les officiers généraux qui l'entourent, dans ce conclave où se décide la politique de défense de la France. Y assistent sept ministres, dont le communiste Charles Fiterman, les sept chefs d'état-major et les sept hauts responsables de l'armement.

Le Conseil adopte trois décisions[1] :

construction d'un septième sous-marin nucléaire de « nouvelle génération » prévu pour être lancé en 1994 et non en 1991 comme cela aurait été possible si ce bâtiment avait été construit à l'identique de ses prédécesseurs ;

– lancement du sixième SNLE, *L'Inflexible*, retardé de trois ans afin d'être équipé du nouveau missile M4 qui double la capacité de frappe de la FOST ;

– allongement de 200 à 350 kilomètres de la portée des futurs missiles nucléaires sol-sol Hadès destinés à remplacer les Pluton en 1992. Ces armes « tactiques », rebaptisées armes « préstratégiques », passent sous le commandement du président via le chef d'état-major des Armées. Elles relevaient jusqu'ici de l'état-major de la 1re armée. Ainsi la simple mise en état d'alerte des Hadès deviendra-t-elle déjà un geste de la dissuasion. Un an plus tard, la portée des Hadès est allongée à 400-450 kilomètres. Ce missile nucléaire mobile, lancé depuis la

1. Document d'archives.

France, pourra passer par-dessus la RFA pour atteindre la RDA ou la Tchécoslovaquie. Mitterrand marque ainsi une inflexion par rapport à la pensée militaire de Giscard favorable à une participation de la France à la « bataille de l'avant », c'est-à-dire à une plus grande imbrication dans le dispositif de l'OTAN en cas d'agression des Soviétiques et de leurs alliés du pacte de Varsovie sur le champ de bataille centre-européen. Converti sur le tard à la doctrine gaulliste, Mitterrand l'applique dans une plus grande fidélité au « dogme. » Il a la foi du converti.

Dès ses premières décisions, il marque son souci de « l'absolue priorité » devant revenir au nucléaire, dont il veut maintenir le « seuil de crédibilité » au « niveau de suffisance ».

« La sécurité de la France s'organise autour de l'arme nucléaire. Y renoncer serait ne plus avoir d'armée du tout. On ne peut pas nier vingt ans d'histoire, d'autant que cette arme nucléaire constitue aussi un très bon instrument diplomatique et de présence dans le monde. C'est une réalité, un prestige, un atout pour notre rayonnement », dit Mitterrand[1].

Hostile au départ à l'arme à neutrons, qu'il juge inutile dans la mesure où il exclut la « bataille de l'avant », Mitterrand, devenu président, autorise, au cours du deuxième Conseil de défense en février 1982, la poursuite des études sur sa fabrication. La France ne s'interdit aucune arme que d'autres posséderaient, explique-t-il un peu plus tard, quand les ingénieurs français annoncent qu'ils sont en mesure de fabriquer cette arme à rayonnement renforcé, qui « détruit les hommes et pas les matériels, le pilote du char mais pas le char ».

Les orientations découlant du choix de la priorité au nucléaire se traduisent dans les chiffres : 30 % des crédits d'équipement militaire sont affectés à la dissuasion stratégique et préstratégique. De difficiles arbitrages sont donc nécessaires en ce qui concerne l'avenir des forces conventionnelles, même si en francs constants le budget

1. Entretien le 25 avril 1989.

de la Défense augmente de 2,3 % en 1982, de 1,7 % en 1983 avant de chuter de 0,4 % en 1984 au moment où aucune dépense de l'État n'échappe à la rigueur.

« Il nous faut décourager les tentatives de contournement de notre force de dissuasion par une attaque purement conventionnelle », souligne Mitterrand en lançant le 27 mai 1982 en Conseil de défense le débat sur la future loi de programmation militaire (LPM) 1984-1988. Pour lui, le maintien de la suffisance nucléaire doit s'accompagner d'un effort constant de modernisation des technologies des armes conventionnelles, une préoccupation que partagent bien sûr les responsables du « complexe militaro-industriel ». Trois autres Conseils de défense seront réunis les 2 décembre 1982, 23 février et 13 avril 1983 avant que Charles Hernu ne présente le projet de loi de programmation militaire en Conseil des ministres le 20 avril 1983.

Armées : le ministre en treillis

Véritable plan quinquennal d'équipement militaire, elle succède à la LPM 1977-1982, prolongée de deux ans par les socialistes qui considéraient ce délai supplémentaire nécessaire à son application intégrale puisque, selon la Cour des comptes, ses objectifs financiers n'avaient pas été atteints. En 1982, en effet, le retard dans les dépenses par rapport aux prévisions de 1977 s'élevait à 48 milliards de francs.

Hernu a obtenu 705 milliards de francs sur cinq ans après de durs marchandages avec Mauroy et Delors, obnubilés dès l'été 1982 par la nécessité de réduire les dépenses de l'État.

Les décisions nucléaires prises dès 1981 se retrouvent dans ce programme, qui précise aussi les intentions du gouvernement pour les armes classiques : un porte-avions nucléaire, le *Richelieu* – que Jacques Chirac demandera que l'on baptise *Charles de Gaulle* après mars 1986 – pour remplacer à l'horizon 2000 le *Foch* et le *Clemenceau* vieillissants ; trois sous-marins à propulsion nucléaire équipés de torpilles, les SNA [1], que l'état-major de la rue Royale a réclamés à cor et à cri avec un argument incontestable : leur efficacité dissuasive démontrée pendant la guerre des Malouines ; mise en chantier d'une nouvelle génération d'avions de détection anti-sous-marins, les « Atlantique II », qui remplaceront les bons vieux « Bréguet-Atlantic ». Voilà pour les marins.

Quant aux aviateurs, ils respirent. Le maintien de la flotte de combat à 450 appareils est décidé. La poursuite du programme Mirage 2000 est confirmée. Seul Michel Rocard s'inquiète à juste titre, en Conseil des ministres, des insuffisances de la France en matière de transport aérien militaire à longue distance.

Dans l'Armée de terre, la pilule est plus amère. Sur une diminution totale d'effectifs des trois armes de 7 % en cinq ans, soit 35 000 hommes, les biffins supporteront le plus lourd de l'effort : 22 000 suppressions de postes sans licenciements. Cette mesure d'économie, très impopulaire dans l'encadrement, a coûté son poste au chef d'état-major de l'Armée de terre, le général Jean Delaunay, à la suite de la publication dans *Le Matin* du 6 décembre 1982 d'un document confidentiel dans lequel cet officier mettait en garde contre les réductions d'effectifs. Il s'agit là du seul accroc grave dans le bon climat qui a présidé, après quelques mois de méfiance et d'expectative, aux relations entre les armées et la gauche au pouvoir. « Faute inacceptable », déclare Mauroy qui exige des sanctions. Hernu se sépare de Delaunay et fait venir René Imbot qui s'exécute. L'esclandre n'aura pas été sans effet puisque au départ une réduction totale de 50 000 hommes avait été envisagée.

L'Armée de terre est soulagée d'un autre souci, celui de l'avenir du service militaire. La 105e proposition du candidat Mitterrand prévoyant une « organisation nouvelle du service national réduit à six mois » est renvoyée aux calendes. « Le service militaire devra être réduit un jour, mais pas trop », afin de « préserver l'aspect d'armée nationale des forces françaises », déclare Mitterrand au cours de ce Conseil des ministres du 20 avril 1983. C'est

1. Sous-marins nucléaires d'attaque.

l'oraison funèbre de cette promesse électoraliste, rajoutée *in extremis* par Pierre Bérégovoy, lors du congrès socialiste d'investiture de Mitterrand, le 24 janvier 1981.

Dès le 2 août 1981, à Papeete, Charles Hernu avait annoncé que « l'idée d'un service national à six mois était abandonnée car elle aurait eu pour effet immédiat d'accroître le nombre de jeunes chômeurs ». Devant les réactions furieuses de nombreux socialistes, le président de la commission de la défense à l'Assemblée nationale, Louis Darinot, avait dû mettre un bémol en annonçant que cette promesse « restait un objectif ». Mauroy contredit ce député de la Manche un mois plus tard en confirmant devant l'IHEDN[1] le maintien à un an de la durée du service national.

Le service à six mois, c'est près de 10 % de chômeurs de plus. Un argument de poids auquel est venue s'ajouter la pression des états-majors qui avaient chiffré à 3 200 millions de francs le coût de cette mesure s'il fallait maintenir l'efficacité opérationnelle par une extension de la conscription et un recours à l'embauche de soldats de métier. Devant ces arguments, les quelque 50 000 signatures recueillies par le « collectif national pour le service militaire de six mois » ne pèsent pas lourd.

« On n'a jamais envisagé de réduire à six mois, j'étais contre et les communistes aussi », confirme Hernu[2] quelques mois avant sa mort.

Trente mesures sont prises pour améliorer le service national, à commencer par une très modeste réévaluation du « prêt du soldat » appelé et le triplement du nombre de voyages gratuits pour les permissions. Pas de syndicats élus, comme le demandaient certains socialistes des années 70 reprenant les revendications des « comités de soldats » soutenus par l'extrême gauche. Tous les journaux sont autorisés dans les casernes et un effort de « service à la carte » est entrepris, accompagné d'une extension du « service volontaire de longue durée ». L'objection de conscience, autorisée depuis 1972, est désormais considérée comme une forme du ser-

1. Institut des hautes études de défense nationale.
2. Entretien le 8 avril 1989.

vice national et sort de son caractère semi-clandestin. L'objectif de ces « réformettes » est atteint puisque pendant le premier septennat le calme règne dans les cantonnements.

« J'ai créé des aumôniers juifs et offert la possibilité de repas casher dans tous les régiments. J'ai fait supprimer la référence aux convictions religieuses sur les fiches des soldats, ce qui n'a pas été du goût des prêtres-aumôniers qui ne savaient plus comment retrouver leurs paroissiens », raconte en éclatant de rire le ministre Hernu, franc-maçon d'un modèle particulier puisqu'il allait régulièrement à l'église.

Principale innovation pour l'Armée de terre : la création en 1983 de la « Force d'action rapide » (FAR). Conçue essentiellement comme un geste politico-militaire à l'égard de l'Allemagne de l'Ouest – qui, privée depuis 1945 du droit d'organiser seule sa défense, doit compter sur ses alliés occidentaux – et, accessoirement, comme un signal de la détermination de la France de défendre ses possessions d'outre-mer, la FAR est une idée originale. Elle est le fruit de la réflexion des stratèges socialistes : ils veulent accroître la mobilité et la puissance de feu des forces terrestres et se montrer prêts à entrer dans une bataille sur le théâtre européen sans pour autant réintégrer l'OTAN.

En 1977 déjà, les chevau-légers de l'équipe Hernu, François Cailleteau, Jean-François Dubos et Hubert Védrine, avaient lancé l'idée d'une force d'appui et d'intervention essentiellement prévue pour l'Afrique et l'outre-mer.

En 1981, l'idée est reprise, mais avec l'objectif de montrer aux alliés que la France est décidée à mieux coopérer. Sur la base d'un premier rapport des généraux Bire et Fricot-Chagneau, le cabinet de Hernu, en liaison avec le général de Barry, chef de la 1re armée, teste ces concepts sur les ordinateurs du ministère de la Défense, à l'insu de l'état-major.

A la fin de 1982, Hernu transmet le dossier à l'état-major de l'Armée de terre afin de mettre au point le dispositif et de l'intégrer dans la loi de programmation militaire 1984-1988. Pour désamorcer les critiques attendues de l'opposition, le cabinet Hernu contacte le général Poirier, gaulliste de stricte obédience, qui compte parmi les pères fondateurs de la dissuasion nucléaire. Ce dernier est acquis à la FAR et en dit le plus grand bien dans un article publié au printemps 1983 dans la très sérieuse *Revue de la Défense nationale.* « Du coup le RPR sera neutralisé », se souvient un proche collaborateur du ministre de la Défense. Quant aux communistes, approchés par l'intermédiaire de leurs deux spécialistes à l'Assemblée nationale, Louis Baillot et Jean Combasteil, ils sont apaisés quand on leur explique que la FAR est « tous azimuts » et pas seulement tournée vers l'Est.

Au cours de l'été 1983, le général Gilbert Forray est nommé patron de la FAR. On l'« installe » dans un petit bureau, coincé entre un placard à balais et des armoires d'archives poussiéreuses, au sous-sol de l'état-major, boulevard Saint-Germain. Déshabillant Pierre pour habiller Paul, c'est-à-dire prélevant sur les forces existantes, il constitue une force pouvant mobiliser 47 000 hommes dans cinq divisions, équipée d'hélicoptères anti chars et qui deviendra, telle une cavalerie d'hélicoptères des temps modernes, une force coup de poing très mobile. A la disposition du chef de l'État, elle est particulièrement appropriée pour faire de la « gesticulation » en période de précrise. Forray installe ensuite le QG de la FAR au camp de Maisons-Laffitte, que vient de quitter le 23e régiment d'infanterie de marine, ancien 23e régiment d'infanterie coloniale où fut mobilisé le sergent François Mitterrand en 1939.

En juillet 1985, Forray est récompensé. Mitterrand le choisit comme chef d'état-major particulier pour succéder à Jean Saulnier, promu chef d'état-major des Armées. Saulnier aura joué un rôle important dans la formation du président aux questions militaires. Cet aviateur à la fois volubile, pète-sec, rigolard et professionnel de la dissuasion, dès leur première rencontre, le 11 mai 1981, avait séduit le nouveau président de la République. « Mon frère [le général Jacques Mitterrand] me l'avait recommandé, je l'ai invité à déjeuner, il m'a plu, je l'ai gardé », raconte Mitterrand [1].

Forray, au physique, c'est le retour du Général à l'Élysée. Même taille, même nez, même uniforme, même démarche voûtée et nonchalante. Et lorsqu'on aperçoit, ombres chinoises, le président de la République et son chef d'état-major faisant à la nuit tombante les cent pas en discutant stratégie dans les salons du palais, on sursaute à l'idée de ce clin d'œil de l'Histoire : Mitterrand parle au fantôme du général de Gaulle !

Avec le général Jean Fleury, changement de registre, c'est le sosie de Louis de Funès qui, en 1987, succède à celui du grand Charles. Il finira le septennat et sera nommé patron de l'Armée de l'air, laissant sa place à l'Élysée à... Caspar Weinberger. En effet l'amiral Jacques Lanxade pourrait passer pour le jumeau de l'ancien chef du Pentagone.

Au Parlement, la LPM est votée sans difficulté le 20 mai 1983 par 330 voix (PS, PCF) contre 152 (RPR, UDF). L'opposition concentre ses critiques sur « l'irréalisme » des prévisions financières du texte gouvernemental, qui table sur une inflation de 6,2 % en 1984 et de 5 % pour les quatre années suivantes. Charles Hernu a pris la précaution d'annoncer au Parlement qu'il sera saisi, après deux ans d'exécution, d'un rapport permettant, si nécessaire, de « réévaluer à mi-parcours » les objectifs d'équipement. Le pari sera pourtant largement tenu puisque la hausse des prix atteindra successivement 6,7 % (1984), 4,7 % (1985), 2,1 % (1986), 3,1 % (1987) et 3,2 (1988).

Ce vote politique ne signifie pas rupture du consensus, car après tout la gauche n'a jamais voté les crédits militaires entre 1958 et 1981. Si l'ancien ministre de la Défense Yvon Bourges critique ce « projet médiocre », il n'est pas suivi sur l'essentiel par le jeune député RPR de la Sarthe François Fillon, qui s'affirme au sein du parti néo-gaulliste comme un très fin analyste des questions de défense. Pour lui, la LPM « réaffirme clairement le prin-

1. Entretien le 9 février 1989.

cipe de dissuasion nucléaire globale, même si la priorité au nucléaire n'est pas traduite dans les faits». «Votre conception de la défense reste dans les normes», concède pour l'UDF le général Bigeard, tandis que Raymond Barre observe que «la continuité est assurée».

«J'ai eu le sentiment que l'opposition était un peu ennuyée d'être d'accord avec moi», remarque Charles Hernu, qui conclut avant le vote: «En matière de défense il y a une continuité qui transcende les changements politiques.»

Si les socialistes ont du mal à obtenir l'appui de la droite dans leur politique de défense et de sécurité, ils trouveront chez les conservateurs allemands un soutien déclaré et sans réserves.

L'année 1983 a en effet commencé sous le signe de l'entente franco-allemande. Mitterrand est allé soutenir Kohl le 20 janvier devant le Bundestag dans l'affaire des euromissiles. Le lendemain, le chancelier et le président se retrouvent à l'Élysée pour la cérémonie du 20e anniversaire du traité franco-allemand signé par Adenauer et de Gaulle. Engagée avec Helmut Schmidt, l'idée d'une réactivation de l'article 20 de ce traité est concrétisée avec Kohl. Il s'agit «sur le plan de la stratégie et de la tactique de s'attacher à rapprocher les doctrines des deux pays en vue d'aboutir à des conceptions communes, de multiplier les échanges de personnels entre les deux armées et d'organiser un travail en commun dès le stade d'élaboration des projets d'armement».

Concrètement, cette réactivation échoue en ce qui concerne le char franco-allemand. Ce projet est remplacé par celui de l'hélicoptère de combat franco-allemand qui, lui, aboutira.

Paris et Bonn décident de se réunir quatre fois par an au niveau des ministres des Affaires étrangères et de la Défense pour évoquer l'ensemble des questions de coopération militaire conventionnelle. Certains, notamment au ministère de la Défense, souhaitaient dès la première réunion des quatre ministres, en décembre 1982, que les questions de l'emploi de l'arme nucléaire préstratégique française fussent abordées. Il faudra attendre février 1986 avec l'accord franco-allemand de Paris pour que la France accepte de sauter le pas en décidant de consulter préalablement Bonn avant la mise en œuvre de l'arme nucléaire française[1]. La voie avait été ouverte par Charles Hernu. Il avait évoqué un an auparavant les « intérêts communs » de sécurité entre les deux pays. « En dehors de l'Alliance atlantique, la seule sécurité de l'Europe aujourd'hui repose sur le pilier franco-allemand. Tout ce qui s'en écarte est dangereux », avait-il alors confié à son homologue Manfred Woerner, un « vrai copain, qui n'a rien à voir avec son prédécesseur social-démocrate Hans Apel qui avait été objecteur de conscience ».

Sur les choix stratégiques, les alliances et les crédits militaires, les socialistes ont agi sans états d'âme, dans la continuité avec les régimes précédents. Leur attitude à l'égard des exportations d'armes devait, *a priori,* les conduire à une rupture avec les pratiques précédentes.

Il n'en fut rien.

Les nécessités économiques et le maintien du « rang » international de la France l'ont emporté sur les principes moraux.

« L'exportation des matériels d'armement doit obéir à de nouveaux critères en conformité rigoureuse avec nos objectifs de politique étrangère, notamment à l'égard du Tiers-Monde. Nous refuserons toute livraison aux gouvernements racistes et fascistes. La France doit vendre des produits alimentaires plutôt que des armes », annonce le candidat Mitterrand pendant la campagne.

La France de Mitterrand n'a pas vendu d'armes au Chili « fasciste » de Pinochet, ni au régime « raciste » de Pretoria, et naturellement pas aux pays socialistes qui s'approvisionnent à Moscou et à Prague. Pourtant la dic-

1. Le rôle du couple franco-allemand dans la construction communautaire et dans l'émergence progressive d'une défense européenne est abordé dans la VIIe partie : « L'attente ».

tature militaire argentine, les régimes africains peu soucieux de démocratie, les pays du Golfe, sans oublier l'Irak de Saddam Hussein ou le Pakistan du général Zia, ont été livrés dès lors qu'ils assuraient pouvoir payer !

Dès 1981, Charles Hernu plaide pour une politique « agressive » d'exportations de matériels militaires. Tous les arguments sont utilisés pour justifier la politique de ventes d'armes de la France.

« C'est une nécessité pour le budget militaire de la France. Si nous ne vendions pas d'armes à un certain nombre de pays étrangers, nos industries ne pourraient pas fournir à nos armées les matériels dont elles sont dotées », écrit Charles Hernu dans sa *Lettre ouverte à ceux qui ne veulent pas savoir*[1]. Il reprend là une déclaration de Mitterrand le 8 septembre 1981. Interrogé sur la BBC par Olivier Todd, le président avait affirmé : « L'armée française n'aurait pas un équipement aussi moderne si notre industrie d'armement devait se contenter du marché intérieur. »

A cet argument classique s'ajoute celui de l'emploi dans les arsenaux dominés par la CGT. Le secteur de l'armement emploie directement ou indirectement près d'un million de personnes.

« Je n'aime guère ce commerce des armes, mais il faut bien soutenir notre commerce extérieur », fait également remarquer Mitterrand à ses ministres[2].

« Si ce n'est pas nous, ce sont nos concurrents soviétiques, anglais, américains ou autres, qui décrocheront les contrats », ajoute Hernu, estimant que les pays du Tiers-Monde ont droit à la sécurité et ne doivent pas être obligés de se tourner, pour acquérir les moyens de leur défense, vers les superpuissances. Les États-Unis et l'Union soviétique se partagent 75 % du marché. La France vient en troisième place avec 10 % des ventes, soit entre 20 et 40 milliards de francs selon les années.

Devant la chute des achats des pays pétroliers, la France doit diversifier ses ventes en recherchant des coopérations avec les pays riches. Les États-Unis achèteront

1. Paris, Albin Michel, 1987.
2. Document d'archives.

le système de communication RITA. La RFA s'équipera des missiles Roland.

Dans cette affaire, les socialistes sont passés d'une attitude moralisatrice à un comportement de soumission au réalisme à court terme. Leur évolution fut si rapide qu'elle laisse pantois. Ils ont en revanche tardé à se rendre compte de la nécessité de faire évoluer l'industrie de l'armement vers les marchés occidentaux et une plus grande coopération européenne.

Les choix de politique étrangère, évoqués par le candidat Mitterrand, ont ainsi conduit la France à confirmer ses livraisons à l'Irak, à aider en 1981 l'armée du gouvernement légal libanais, à fournir une livraison symbolique d'armes légères au Nicaragua sandiniste et, bien sûr, à soutenir à bout de bras l'armée tchadienne. Mais il est un conflit dans lequel la France s'est montrée, en ce qui concerne ses livraisons d'armes, très en retrait par rapport à ses prises de position, c'est celui de l'Afghanistan. Sur le plan diplomatique, François Mitterrand a condamné l'intervention soviétique de décembre 1979. Mais il estime que Claude Cheysson est allé « un peu loin » en déclarant le 2 décembre 1981 au journal *Le Monde* que Paris « ne pourrait avoir de cycles réguliers de rencontres avec les dirigeants soviétiques tant que durera leur présence en Afghanistan ». Début 1982, Régis Debray se rend au Pakistan pour contacter la résistance afghane. A son retour, il propose que la France lui accorde une aide militaire. Cheysson s'y oppose et convainc Mitterrand : « Les États-Unis en feront toujours plus que la France et nous ne pourrions qu'en être les supplétifs », explique Cheysson qui ajoute : « Si l'on aide les Afghans, pourquoi pas les Salvadoriens et les Namibiens de la SWAPO ? » Les Français savent aussi que la résistance afghane est très inorganisée et que le régime militaire pakistanais, qui gère la répartition des armes, en soustrait une bonne part au passage. En février 1982, Amin Wardak, l'un des « commandants » de la résistance, vient à Paris demander des armes légères et des missiles sol-air antihélicoptères. Il repart pratiquement bredouille. Pourtant un geste sera fait plusieurs mois après, avec la livraison clandestine de matériels de transmission et d'armes légères ainsi que la mise sur pied par la DGSE de stages d'entraînement pour les moudjahidin.

QUATRIÈME PARTIE

La rigueur

François Mitterrand : « Pendant cette période nous étions comme des chauffeurs sur une locomotive à étudier la chauffe et la surchauffe en se demandant à quel moment il faudrait baisser la manette[1]. »

Pierre Mauroy : « Avec Mitterrand nous circulions sur un rail de confiance. Mais à un moment je me suis levé et j'ai tiré sur le signal d'alarme[2]. »

Jacques Delors : « A bord de cette locomotive j'étais celui qui voulait surtout qu'on mette moins de charbon dans la machine[3]. »

Par ces métaphores ferroviaires, les trois principaux responsables de la politique économique française décrivent leur attitude devant ce tournant majeur du septennat : la rigueur. Nos trois « cheminots » résument bien la problématique de ces mois mouvementés de l'automne 1981 au printemps 1983 au cours desquels le « convoi » France, emballé par la politique de relance, a dû être freiné pour éviter la catastrophe du déraillement.

Le chef de train reconnaît clairement avoir accepté de « monter sur les freins » au dernier moment, quand « la machine risquait de basculer ». Le mécanicien explique qu'il a contraint son chef à bloquer brutalement les roues. Le chauffeur confirme qu'à chaque pelletée de

1. Entretien le 9 février 1989.
2. Entretien le 5 août 1988.
3. Entretien le 5 juin 1989.

charbon il maugréait contre cette surconsommation de combustible.

Une préoccupation réunissait ces trois « roulants » : le lampiste socialiste ne devait pas être condamné à débarquer à la prochaine gare. La gauche devait poursuivre sa route jusqu'au terminus.

CHAPITRE 1

L'enlisement

Été 1981 : la gauche victorieuse lance sa politique de lutte contre le chômage en encourageant la consommation populaire[1]. Ses experts sont convaincus. Ils ne font qu'anticiper de six mois la relance internationale promise par les instituts de prévision économique occidentaux.

Ainsi, le 10 juillet 1981, Jacques Attali remet-il une note de synthèse de trois pages au président de la République. Il annonce pour 1982 et 1983 « une amélioration quasi certaine » de la situation économique internationale. Il prédit pour la France un taux de croissance de 4 % en 1982. Soit une expansion inégalée depuis 1976, année de la relance Chirac, suivie de la rigueur du Pr Barre.

Le conseiller spécial attire cependant l'attention du chef de l'État sur deux « problèmes sérieux » : l'emploi et le déficit du commerce extérieur. Ses prévisions pour 1982 – 2 millions de chômeurs et 80 milliards de déficit extérieur – seront dépassées. Pessimiste sur la hausse des prix (de 13 à 14 % en 1982), Attali parie à tort sur la tenue du franc.

Et de préconiser les recettes classiques du dynamisme à la française : grands travaux, commandes publiques, aide aux PME innovatrices. Bref, forcer la reconquête du marché intérieur « en faisant acheter en France ». Sur cette note Mitterrand écrit : « Vu. » Il est donc alerté dès l'été 1981 sur le fait que sa politique de relance ne provoquera pas de miracle pour l'emploi.

1. Voir IIe partie : « Le socialisme ».

S'il pèche par optimisme, Jacques Attali ne peut être accusé de manque de clairvoyance. Le 5 juin 1981, au lendemain des augmentations du SMIC et des prestations sociales, il écrivait déjà à François Mitterrand : « Le programme décidé conduira à une faible amélioration de la croissance en 1981 et 1982, à une stabilisation du chômage en 1981, mais pas en 1982, ainsi qu'à un déficit considérable de la Sécurité sociale et du commerce extérieur dans un an, alors que la reprise des investissements s'annonce faible [1]. »

Fort de ces informations, Mitterrand surveille la chauffe et compte sur la reprise internationale pour éviter la surchauffe. Il n'a aucune intention de jouer d'entrée de jeu les pères la rigueur. Attali [2] s'inquiète. Mitterrand le rassure : « Pour le moment je fais de la politique ; la rigueur, on verra ça plus tard. »

Dès l'été 1981, assure François-Xavier Stasse [3], François Mitterrand « pensait qu'après avoir lancé la locomotive à fond pendant deux ans, viendrait le moment où il faudrait se tenir debout sur les freins. Tous pensaient alors que la politique économique de mai-juin serait un succès ».

La relance contrariée

La dégradation de la situation économique contraint le gouvernement à ralentir la machine deux fois plus vite que prévu.

« A la rentrée, nous nous sommes rendu compte qu'en dépit de tout ce que nous avions mis dans la machine, la croissance n'était toujours pas là. » Hervé Hannoun [4], jeune conseiller économique de Matignon, fait ce constat : en 1981 la croissance stagne à 1 %. Pierre Mauroy, assure-t-il, en prend immédiatement conscience.

Aux Finances, Jacques Delors [5] se livre à la même

1. Document d'archives.
2. Entretien le 15 mars 1989.
3. Entretien le 23 juin 1988.
4. Entretien le 31 janvier 1990.
5. Entretien le 5 juin 1989.

analyse. Il alerte l'Élysée et Matignon : la reprise internationale n'est pas au rendez-vous. Ce qui ne l'empêche pas de tirer argument du léger mouvement d'expansion perceptible à l'automne pour tenter d'insuffler la confiance aux chefs d'entreprise, dont il déplore l'attentisme. Le 30 octobre à l'Assemblée, au cours du débat budgétaire, il lance : « La reprise économique est là. » Mitterrand lui emboîte le pas deux mois plus tard en présentant ses vœux aux Français : « La reprise est là. »

A Washington, Ronald Reagan veut « remettre l'Amérique au travail » et opère de la même façon. Dans la tourmente économique internationale, il s'agit pour tous les dirigeants occidentaux de susciter l'optimisme.

Fondé sur une prévision de croissance de 3,3 % – elle n'atteindra que 2,3 % –, le budget 1982 souffre de cet optimisme aveuglant. Sa préparation, confiée à Laurent Fabius, échappe largement à Jacques Delors. C'est le grand écart entre le ministre des Finances et le ministre du Budget. Le premier « prêche » dans le désert pour une politique moins expansionniste. Le second, soutenu par le chef de l'État, mise encore en cet automne sur « la relance pour l'emploi ».

Cette contradiction connaît son apogée à la suite de la dévaluation du franc intervenue le 4 octobre 1981 dans le cadre d'un réaménagement des parités au sein du système monétaire européen (SME).

Les mesures de défense du franc prises le 21 mai 1981 ont enrayé la spéculation jusqu'à la fin de l'été. Mais dès l'annonce du projet de budget 1982, avec son important déficit, les attaques ont repris. La devise française et la lire italienne perdent 3 %, tandis que le deutsche Mark et le florin néerlandais gagnent 5,5 %. La dévaluation est décidée fin septembre entre Jacques Delors, le gouverneur de la Banque de France Renaud de La Genière et le directeur du Trésor Jean-Yves Haberer.

« La gauche n'a finalement pas échappé au spectre monétaire qui la hantait depuis le 10 mai », observe *Libération* au lendemain de la première dévaluation du septennat. *Le Monde* s'interroge : Delors va-t-il parvenir à « persuader les autres membres du gouvernement du bien-fondé d'une politique de rigueur »?

Le ministre des Finances échoue cette fois-ci malgré la menace de démission qu'il brandit pour la deuxième fois depuis son arrivée rue de Rivoli. En effet, le lundi 5 octobre, devant un Conseil interministériel réuni à l'hôtel Matignon, Jacques Delors, à la surprise générale, ne présente pas de plan d'accompagnement de la dévaluation digne de ce nom[1]. Il se contente d'extirper de sa serviette un feuillet manuscrit ne comportant que des mesures ponctuelles : quelques souhaits en faveur de blocages ou modérations contractuelles des hausses de prix ; une seule véritable mesure de freinage de la relance : la réduction des dépenses budgétaires de 10 milliards et le gel de 15 milliards supplémentaires. Pour Jean Peyrelevade[2], le directeur-adjoint et principal conseiller économique du cabinet Mauroy, « Delors n'a pas eu le courage d'affronter la ligne dominante Mitterrand-Fabius avec un vrai plan ».

En fait, il semble que Jacques Delors veut alors prouver à Mitterrand la responsabilité du ministre du Budget Laurent Fabius dans la dégradation du franc.

La première dévaluation du septennat, une semaine après l'annonce du budget de relance, ne donne donc pas lieu à un réexamen de la politique économique. Le mercredi 7 octobre en Conseil des ministres[3], au lendemain d'un Conseil restreint au cours duquel il a un peu étoffé son plan d'accompagnement, Delors se heurte en effet à un front des adversaires de la rigueur, unis derrière le ministre du Budget. Il est seul contre tous. Même Rocard ne le soutient pas.

Pendant plus d'une demi-heure, Delors, avec son grand talent de pédagogue, administre à ses collègues une leçon de réalisme. Il leur parle « économie », ils lui répondent « politique ».

1. Certains hauts fonctionnaires assurent que Jacques Delors avait fait étudier un plan d'accompagnement qui ne reçut pas l'aval de l'Élysée.

2. Entretien 20 juillet 1989.

3. Document d'archives.

Pour que cette dévaluation atteigne son objectif – améliorer la compétitivité française –, il faut désormais « montrer à nos partenaires étrangers que la lutte contre l'inflation est aussi importante que la lutte contre le chômage ». Pour cela, il faut que l'État « donne l'exemple en réduisant son train de vie » et en « remaniant » le projet de budget. Delors chiffre sa proposition : 10 milliards de dépenses en moins et 15 milliards gelés.

Pierre Dreyfus ouvre le feu. Il met en garde contre toute réduction de crédits aux entreprises nationalisées. Louis Mexandeau n'a que faire de la lutte contre l'inflation. Il exige la hausse des tarifs téléphoniques promise en juillet par Fabius. Anicet Le Pors démolit l'argumentation de Delors, qu'il compare à celle du chancelier Schmidt : « profit-investissement-emploi ». Le communiste lui préfère celle de Laurent Fabius : « relance-solidarité-emploi ».

Le ministre du Budget est outré que Delors ose remettre en cause la loi de finances adoptée une semaine auparavant. Fabius rejette toute idée d'économies budgétaires. Politiquement, dit-il, « ce serait faire un cadeau à l'opposition » que de modifier le budget au moment où l'Assemblée doit débattre de la première motion de censure de la législature [1]. « Si nous revenions sur le budget une semaine après l'avoir approuvé, la droite mettrait en cause notre cohérence », renchérit Charles Fiterman. « Ne ratiocinons pas sur le passé, des décisions ont été prises, maintenant il faut réussir », ajoute Michel Jobert.

Michel Rocard, cohérent avec son idée de départ de procéder à une forte dévaluation dès le 21 mai, regrette la faible amplitude de celle du 4 octobre : « On a tiré trop court. » Il préconise une nouvelle et forte dévaluation, de l'ordre de 20 % par rapport au Mark, seul moyen selon lui de conduire une vraie politique de relance. De fait, la dévaluation de 8,5 % du franc par rapport au Mark ne fait que neutraliser provisoirement

1. L'UDF a déposé pour le 12 octobre une motion de censure sur le budget. Elle ne recueille que 151 voix.

l'écart d'inflation entre les deux pays qui atteint lui aussi 8,5 %.

Jean-Pierre Chevènement plaide également pour une politique industrielle volontariste, donc financée par le budget.

Delors a perdu. Mauroy et Mitterrand, qui soutiennent l'argumentation de Fabius, font toutefois un geste en direction du ministre des Finances. Ils acceptent, sous la forme d'un « fonds de réserve », le gel des 15 milliards de dépenses sur un budget total de 800 milliards. Le président laisse au Premier ministre le soin d'annoncer l'arbitrage décidé en commun. Il espère, par cette concession plutôt symbolique, que Delors reviendra sur sa menace de démission. Il en redoute l'effet sur les milieux économiques français et internationaux. Delors avale cette nouvelle couleuvre.

Cette querelle de famille du 7 octobre, autour de la table du Conseil des ministres, évoque immanquablement ces irréductibles Gaulois, qui mènent leurs affaires à l'abri de leur petit village, argumentant sur la relance, alors que, sur le reste de l'Europe, règne la *pax rigorosa.*

Quand Delors-Assurancetourix entonne sa rengaine qui sonne faux par rapport à l'hymne de la croissance, tous les Gaulois-ministres lui tombent dessus abraracourcix pour le réduire au silence. Le Romain Fabius-Caius, tout frais émoulu de l'École nationale des affranchis, monte sur ses grands chevaux, contre le refrain du barde. Quant au brave Mauroy-Obélix, il se dévoue comme toujours pour porter les coups tandis que le malin Mitterrand-Astérix se cache derrière le gros quinquin non sans lui avoir promis la potion de longévité matignonnesque. Et Idéfix ? C'est Rocard, qui continue de japper sans relâche son « idée fixe » : il aurait fallu s'y prendre autrement dès le départ.

Un mois plus tard, le déficit des comptes de la Sécurité sociale conduit le ministre de la Solidarité nationale Nicole Questiaux à proposer le rétablissement de la cotisation-maladie de 1 % sur les salaires. Barre l'avait supprimée en février 1981, juste avant l'élection présidentielle. Bien que le gouvernement Mauroy ait pris soin d'étendre la couverture maladie aux chômeurs en fin de droits, cette mesure provoque les premières critiques de la CGT. Ses dirigeants parlent de « contresens économique » et d'« injustice sociale ». Le rétablissement du 1 % se traduit par une ponction de 10 milliards sur les revenus des salariés, de 6 milliards sur celui des entreprises. 1 %, c'est un compromis. Mauroy et Delors souhaitaient 3 % ; l'Élysée penchait pour une augmentation de la TVA pour compenser les déficits des budgets sociaux.

Pour les chefs d'entreprise c'en est trop : les mesures sociales et fiscales prises depuis l'été, les nationalisations qui se mettent en place, les lois Auroux en préparation ne peuvent être compensées par les seules hausses de productivité. Commence alors pour eux une période de malaise, de méfiance et d'inquiétude à l'égard du pouvoir. La situation « est beaucoup plus grave qu'en 1936 », lance François Ceyrac avant de céder à la mi-décembre son fauteuil de président du Conseil national du patronat français (CNPF) à Yvon Gattaz. « Nous ne croyons plus au dialogue », renchérit le patron de la Confédération générale des petites et moyennes entreprises (CGPME), René Bernasconi. Il s'insurge, comme le CNPF, contre la représentativité accordée par Bérégovoy au Syndicat national des petites et moyennes industries (SNPMI), organisation de taille modeste menée par le néo-poujadiste Gérard Deuil.

Yvon Gattaz : « A mon arrivée à la tête du CNPF, deux tendances dominaient mon comité exécutif : ceux qui recommandaient la grève de l'investissement et de l'embauche et, surtout du côté des PME, ceux qui me demandaient de conduire des défilés devant l'Élysée et Matignon [1]. »

Le 16 novembre, un sondage commandé par la CGPME confirme le pessimisme patronal : 83 % des patrons n'envisagent pas d'embaucher dans les six mois ; 56 % n'ont pas l'intention d'investir. « L'État ne

1. Entretien avec Yvon Gattaz le 8 juin 1989.

se rend pas compte qu'il est en train de tuer la poule aux œufs d'or », note tristement Gattaz en prenant ses fonctions avenue Pierre-Ier-de-Serbie.

Le patron des cadres et ingénieurs cégétistes René Le Guen peut, dans sa logique, être fondé à penser que le patronat organise « un véritable sabotage de la relance ».

L'opposition s'engouffre dans ce mécontentement. Le 15 novembre au « Club de la presse » d'Europe 1, Jacques Chirac parle d'un « climat dangereux ». Soumis « à un régime de douche écossaise, les chefs d'entreprise ne peuvent avoir confiance ». Seul Raymond Barre, après plusieurs mois de silence, exhorte les patrons à « maintenir » : « Gardez-vous du découragement, la politique du pire ne sert pas l'intérêt de la France », lance-t-il doctement le 27 novembre à Marseille, ce qui ne l'empêche pas de dénoncer « la détérioration en profondeur de la situation économique et sociale qui, craint-il, se manifestera de façon inexorable à l'automne prochain ».

Pour le président de la République, une nécessité : empêcher l'opinion d'être gagnée par la défiance des chefs d'entreprise. Il demande à ses ministres d'« aller sur le terrain, pour expliquer et mobiliser ». Mauroy commence en Bretagne, au lendemain du désastreux congrès de Valence, un « tour de France de l'emploi ». Il s'agit aussi de convaincre les patrons de jouer le jeu de la relance. « Il est essentiel que s'établisse une convergence entre la volonté du gouvernement et les chefs d'entreprise qui veulent la croissance et l'expansion », dit-il à Brest le lundi 26 octobre.

La « pause » rejetée

A la veille du dernier discours pédagogique du Premier ministre, à Grenoble le 30 novembre, le ministre des Finances prend publiquement le contre-pied de la stratégie présidentielle.

François Mitterrand, on l'a vu, est convaincu de la nécessité d'agir et de réformer vite, faute de quoi la banquise prendra et l'on sera condamné à l'inertie. Or, s'exprimant sur les ondes de RTL le dimanche 29 novembre, Jacques Delors prononce un mot épouvantail pour la mémoire collective des socialistes : « la pause ». Ce vocable évoque irrémédiablement la fin des rêves de 1936 : « Mon opinion personnelle est claire : il faut faire une pause dans l'annonce des réformes, mais en revanche mener à bien celles qui ont été décidées », déclare Delors ce soir-là.

« J'ai dit cela car je trouvais qu'il y avait trop de réformes, mal vendues à une opinion publique qui n'avait pas le temps de les assimiler. Je pensais qu'il fallait une pédagogie, qu'il fallait laisser aux Français le temps de digérer[1]. » Certes, Delors a bien dit « dans l'annonce des réformes », mais il sait très bien que, quand un socialiste entend le mot « pause », il pense immédiatement à Léon Blum[2].

Fureur présidentielle : « Intolérable, il vous faut rectifier au plus tôt et répliquer sévèrement à Delors », ordonne Mitterrand au Premier ministre venu le saluer le lendemain matin à Roissy avant son départ pour Alger. A peine le DC 8 présidentiel a-t-il décollé que Mauroy embarque dans la Caravelle du GLAM qui doit l'emmener à Grenoble. Dans l'avion, il retrouve Delors. Il se borne à lui indiquer « en quelques mots anodins son désaccord avec les propos tenus la veille[3] ».

A bord l'ambiance est tendue, note Delors : « Dans cet avion personne ne me parle, sauf Fiterman qui m'engueule. » « Delors avait alors une mentalité d'assiégé, un réflexe de blockhaus. Il se méfiait de tout le monde et avait l'impression erronée que Mauroy et Mitterrand ne comprenaient rien à la nécessité d'une politique économique rigoureuse[4]. »

A la mairie de Grenoble, où l'accueille le maire socia-

1. Entretien avec Jacques Delors le 5 juin 1989.

2. En février 1937, devant l'aggravation de la situation internationale et française, Léon Blum avait dû proclamer la pause dans les réformes économiques et sociales.

3. *In* Thierry Pfister, *La Vie quotidienne..., op. cit.*

4. Entretien avec François-Xavier Stasse le 23 août 1988.

liste Hubert Dubedout, Mauroy lit l'allocution à laquelle Pfister[1] a ajouté quelques phrases pendant le vol : « Les réformes et les changements annoncés par le président de la République et voulus par les Français se feront. L'immobilisme de nos prédécesseurs a été l'une des principales causes de leur échec. »

Mitterrand apporte sa pierre à la campagne d'explication gouvernementale en saisissant l'occasion du centenaire d'HEC, le 8 décembre. Il tente à son tour de convaincre patrons et cadres du bien-fondé des réformes, de la nécessité de conserver des entreprises « fortes, vivantes et actives ». Pour la première fois en tant que chef de l'État, il entonne l'hymne au profit capitaliste : « Il est évident que le profit est le moteur sans lequel il est inconcevable qu'une entreprise subsiste (...). Les chefs d'entreprise et les pouvoirs publics ne doivent pas être des adversaires, ils doivent être des partenaires. » Et de conclure par un appel à la mobilisation des Français « dans un formidable esprit d'entreprise à l'échelle de la nation ».

« La France qui gagne », leitmotiv qui rythmera tous les discours de la période de la modernisation, à partir du second semestre 1983, affleure déjà dans la rhétorique présidentielle.

Le lendemain, 9 décembre, au cours de son premier entretien télévisé, le président tient un langage plus marqué à gauche : les patrons doivent « ouvrir les yeux ». Il clôt le débat sur la pause : les réformes se poursuivront « à une bonne allure » dans le cadre du « socialisme à la française ».

L'an I de la gauche s'achève. Rien n'est encore joué sur le terrain économique. « Les résultats de 1981 sont trop incertains pour augurer de l'évolution économique en 1982. Certes, écrit *L'Année politique 1981*[2], la catastrophe que certains annonçaient avec l'arrivée de la gauche au pouvoir n'a pas eu lieu, mais le redressement

1. Entretien le 22 février 1982.
2. *L'Année politique 1981*, Paris, Éditions du Moniteur.

promis tarde à se manifester malgré une reprise beaucoup plus modeste qu'on ne l'avait cru. » De fait, l'investissement n'a pas pris le relais de la consommation et les experts revoient leurs prévisions sur la reprise internationale, qu'ils annoncent désormais pour un an plus tard. La France a donc anticipé de six mois l'espoir d'une reprise qui ne viendra réellement que dix-huit mois plus tard. L'horizon est glissant. La prise de conscience tardive de ce décalage conduit aux révisions déchirantes de 1982.

L'année 1982 s'ouvre sur un avertissement politique pour le pouvoir. Le 17 janvier, dès le premier tour, les quatre candidats de l'opposition[1] gagnent les élections législatives partielles organisées après l'annulation des scrutins de juin 1981 par le Conseil constitutionnel. La gauche perd en moyenne près de 6,5 points. Ses électeurs ne se sont pas mobilisés.

Mitterrand dédramatise : « La majorité perd toujours dans les élections partielles ou intercalaires, c'est une règle[2]. » Defferre reconnaît publiquement ce « succès de l'opposition ». Bertrand Delanoé, porte-parole du PS, déclare : « Message reçu, prendre une douche froide de temps en temps, cela peut être salutaire. » Les communistes réclament une accélération du changement, l'opposition pavoise. Jacques Chirac : « Les Français ont compris que la politique suivie par le gouvernement n'apportait aucune solution aux graves problèmes actuels de la France. » Jean Lecanuet : « Ces résultats sont le signe avant-coureur de la grande désillusion que provoquera inévitablement l'expérience socialo-communiste. » Au RPR et à l'UDF on retrousse ses manches pour la bataille des cantonales des 14 et 21 mars. Elles confirment la tendance des scrutins partiels. Le RPR gagne 149 sièges, l'UDF 89, le PCF en perd 45 et le PS 10. L'opposition, qui a voulu faire de la campagne un test politique national, progresse globalement de 7

1. Alain Peyrefitte en Seine-et-Marne, Bruno Bourg-Broc dans la Marne, Pierre Guillain de Bénouville et Jacques Dominati à Paris.
2. Entretien le 26 février 1982.

points et frôle la barre de 50 % des suffrages au premier tour[1].

A l'Élysée et à Matignon, les technocrates s'organisent. Préoccupés par la cascade des mauvais indices (prix, déficit extérieur, chômage) et par la mauvaise tenue du franc, les experts sont convaincus, dès le début de l'année, de la nécessité de mesures douloureuses. Afin d'instruire le Premier ministre, Jean Peyrelevade organise à son intention avec son collègue Henri Guillaume un « mini-amphi » économique hebdomadaire. « Au départ, Mauroy avait une culture économique nulle[2]. » Pour Pierre Mauroy[3], cette « ignorance » est plutôt un atout : « Ma grande force, c'est d'avoir des audaces que les économistes n'ont pas. J'ai la vertu de ceux qui ne sont pas spécialistes. »

A l'Élysée, on préfère la méthode du « cours par correspondance ». Le président ingurgite en effet quantité de notes économiques et monétaires.

On va même jusqu'au « contrôle des connaissances » avec une série de Conseils restreints économiques autour du chef de l'État et du Premier ministre. Au cours de l'une de ces réunions la décision est prise, le 2 février 1982, de limiter le déficit budgétaire à 3 % du PIB. Elle est rendue publique un mois plus tard, à l'issue du Conseil des ministres du 10 mars 1982. Il s'agit aussi de donner un coup d'arrêt à la hausse, continue depuis 1974, des prélèvements obligatoires. Faute de

1. Dix jours avant le premier tour, le climat politique s'était tendu à la suite du suicide, le 4 mars, de M. René Lucet, directeur de la caisse d'assurance-maladie des Bouches-du-Rhône, suspendu de ses fonctions à la suite d'un rapport de l'Inspection générale des affaires sociales révélant des « abus » et des « fraudes » dans la gestion de cette caisse, la plus importante de France. M. Lucet s'était vu retirer son agrément par le ministre de la Solidarité nationale Nicole Questiaux après avoir refusé d'accepter la sanction de suspension. C'est le début d'une vive polémique gauche-droite – l'opposition parle d'« intolérance » et de « chasse aux sorcières » –, relayée sur le plan syndical par des invectives entre FO, largement majoritaire dans cette caisse, et la CGT.

2. Entretien avec Jean Peyrelevade le 20 juillet 1989.

3. Entretien le 30 mai 1990.

quoi la législature s'achèverait sur une ponction de 50 % des revenus des ménages et des entreprises.

L'un des participants observe : « Fabius tourne casaque et rentre dans ce cadrage plus rigoureux de la politique globale. Il va désormais tirer dans le même sens que Delors[1]. »

Les patrons écoutés

Dans le droit fil de cette amorce de retour à l'orthodoxie économique, Mauroy et Mitterrand scellent un pacte secret avec les patrons. Le vendredi 16 avril, pendant toute la journée, le chef du gouvernement entouré de cinq ministres[2] fait face au chef du patronat Yvon Gattaz et à son état-major. Dans la grande salle de l'hôtel Matignon, on joue cartes sur table. A la recherche d'un second souffle, le gouvernement fait d'importantes concessions aux revendications patronales : allégement de la taxe professionnelle de 10 % en 1982 et 1983 (11 milliards d'impôts en moins) ; arrêt à 39 heures de la réduction de la durée hebdomadaire du travail ; et surtout plafonnement des charges sociales des entreprises pour un an. Ce dernier engagement est respecté jusqu'à la fin de la législature. Mauroy demande à Gattaz la plus grande discrétion. Il le prie de s'abstenir de tout triomphalisme, faute de quoi les communistes dénonceraient ces « cadeaux aux patrons »[3]. Pour Yvon Gattaz cette journée est « historique ». Elle marque « le tournant psychologique de la gauche à l'égard des entreprises ». Le président du CNPF avait préparé ce changement de cap une semaine auparavant dans le bureau de François Mitterrand, en présence de Jacques Delors.

En 1982, Gattaz et Mitterrand ont dix rencontres en tête-à-tête. « Il voulait me convaincre qu'il ne cherchait

1. Entretien avec Hervé Hannoun, conseiller économique de Pierre Mauroy, le 31 janvier 1990.

2. Jacques Delors, Nicole Questiaux, Jean Auroux, Laurent Fabius et Pierre Dreyfus.

3. Entretien avec Yvon Gattaz le 8 juin 1989.

pas à détruire l'entreprise et qu'il souhaitait une économie forte dans une France forte. Je prenais garde d'éviter d'entraîner la conversation sur le terrain politique en me cantonnant à plaider pour la réduction des charges sociales des entreprises. Un jour j'arrive tout bouillant. Les patrons me disaient : ça ne peut plus durer. Calmez-vous, me dit Mitterrand. Et il se lance dans un long récit sur la carrière de son père, patron du syndicat des vinaigriers. Il m'interroge sur mes origines modestes, se montre curieux de ma réussite à la tête de l'entreprise Radiall. On s'accroche mais on accroche. Dès cette époque Mitterrand recevait de nombreux grands patrons français. Je savais qu'ils lui tenaient à peu près le même discours que moi. »

Le 20 avril 1982, les patrons de PME bénéficient à leur tour de mesures d'allégement de leurs charges. Parallèlement, Mauroy s'efforce de contenir le mécontentement grandissant des syndicats. Il reçoit séparément leurs dirigeants. Sur le terrain industriel, le chef du gouvernement et son ministre du Travail, Jean Auroux, sont confrontés aux premières grèves de l'union de la gauche. Elles sont très dures chez Renault à Flins et chez Citroën à Aulnay-sous-Bois où les OS[1] mènent les luttes. Les syndicats sont débordés par la base composée pour une grande partie de travailleurs immigrés. De violents incidents éclatent.

Pendant ces deux conflits, comme dans celui de Talbot à Poissy, deux mois plus tard, un front uni gouvernement-CGT se met en place. Facilité par l'union de la gauche, il permet de contenir les débordements de grévistes mal contrôlés par les syndicats et, à plusieurs reprises, les affrontements avec les forces de l'ordre. A l'époque, le téléphone fonctionne jour et nuit entre la CGT – Henri Krasucki tient l'appareil – et le gouvernement – Pierre Mauroy ou Gaston Defferre sont alternativement ses interlocuteurs.

Pour la gauche au pouvoir, ce printemps 1982 représente le premier cap véritablement difficile. Aux affaires depuis neuf mois, Mitterrand et ses ministres voient le

1. Ouvriers spécialisés, au bas de la hiérarchie.

sol se dérober sous leurs pieds. Rien ne marche. Ça tombe comme à Gravelotte : non seulement les cantonales des 14 et 21 mars 1982 ont été perdues, mais, sur le terrain économique et social, les faits donnent raison à la droite : stagnation de la production industrielle, recul du PIB, recul du pouvoir d'achat ouvrier en raison d'une forte poussée des prix, creusement de l'écart d'inflation avec la RFA et les États-Unis, hausse continue du chômage (près de 20 % en un an), aggravation du déficit extérieur et nouvelles menaces sur le franc. Pendant la semaine qui précède les cantonales, la Banque de France doit débourser 10 milliards de francs pour défendre la monnaie. Elle atteint son cours plancher au sein du SME au lendemain du scrutin. « Mitterrand s'est affolé, je le sentais dans nos conversations de mars et avril », dit Mauroy[1].

Le 30 mars, Raymond Barre, depuis Lausanne, déclare qu'une dévaluation est probable et que le maintien du franc dans le SME lui paraît compromis. Ces propos de l'ancien Premier ministre, jugés déloyaux par la majorité, ne contribuent pas à apaiser la méfiance des places financières. D'autant que, au sein même du gouvernement, les ministres « anti-européens » comme Jobert et Chevènement évoquent en privé la possibilité d'une sortie du SME.

« Delors, par des méthodes quasi terroristes, nous avait accusés de jouer contre le franc par nos propos. » Jean-Pierre Chevènement[2] se souvient à cet égard « d'une scène épique dans le bureau de Michel Jobert, quai Branly ». Delors avait même renouvelé cette accusation en Conseil des ministres, dans une mise en scène à usage du gouvernement tout entier. « Toute thèse autre que la sienne, exprimée en public, s'exposait aux pires incriminations. »

A Matignon, Jean Peyrelevade[3] et Henri Guillaume

1. Entretien 4 janvier 1989.
2. Entretien le 28 mars 1989.
3. Entretien le 20 juillet 1989.

font le siège de Pierre Mauroy. Il les reçoit dans le courant du mois d'avril 1982 :

« Pierre, une deuxième dévaluation est inéluctable car, faute de plan d'accompagnement, la correction de cap d'octobre dernier a été nulle.

– Quand faudra-t-il que l'on dévalue ?

– En septembre ou octobre au plus tard.

– Faites une note à ma signature pour le président. »

Peyrelevade : « En décidant de faire passer une telle note au chef de l'État, Mauroy assume le tournant de la rigueur. »

En liaison avec Philippe Lagayette chez Delors et « tenant discrètement informé » leur allié François Stasse à l'Élysée, les économistes de Matignon préparent un plan économique de rigueur. Tout y est : dévaluation, blocage des prix et des salaires, restrictions budgétaires, resserrement du crédit. Ils en font sept rédactions successives et prennent garde de ne pas en parler à Attali et à Bérégovoy, de peur qu'ils n'allument des contre-feux menaçant leur opération.

Le 28 mai au soir, Mauroy signe la note, aussitôt remise à François Mitterrand avec copies pour Lionel Jospin, Pierre Joxe et Jacques Delors.

Mitterrand rentre ce jour-là de sa première tournée africaine. Il n'est pas vraiment surpris. Il a encore dans l'oreille les « ça ne va pas » que Delors ne cesse de lui répéter pour « le préparer psychologiquement à une dévaluation »[1]. Ainsi, le 20 mai, à la veille du premier anniversaire de l'installation de Mitterrand à l'Élysée, Delors déclare-t-il publiquement : le moment est venu « de passer à la phase suivante de notre politique qui consiste à mettre l'accent sur l'effort » et « il faudra que chacun renonce à une partie de ses droits ». Cette fois, à la différence de son coup d'éclat de novembre 1981 sur la « pause dans l'annonce des réformes » et du tollé soulevé dans son propre camp, le ministre des Finances n'est pas contredit par le Premier ministre. Bien au contraire. Le lendemain, Mauroy reprend le propos de son ministre devant les délégués des sections d'entre-

1. Entretien avec Jacques Delors le 5 juin 1989.

prise du PS réunis à Épinay-sur-Seine : « Il nous faut dans la rigueur redoubler d'efforts pour atteindre l'objectif que nous avons annoncé. » Puis il se prononce pour « une modération accrue des revenus et des salaires ». « Le gouvernement est décidé à agir », conclut-il en ce jour anniversaire de l'installation de Mitterrand à l'Élysée.

Justement. Que pense le président de cette inflexion du discours ?

« Laissez-moi faire mon sommet. Après on verra », dit-il à Mauroy[1] au cours de leur tête-à-tête du mercredi 3 juin, précédant le Conseil des ministres. Le Premier ministre venait de lui demander son feu vert pour mettre en œuvre le plan de rigueur décrit dans la fameuse note du 28 mai. Attali confirme : « Fin mai, on avait décidé de dévaluer après le sommet des pays industrialisés de Versailles[2]. »

Pour Mitterrand, c'est une évidence : il ne peut accueillir ses partenaires du monde industrialisé en se mettant en position de faiblesse s'il dévalue quelques jours avant le sommet. D'autant qu'il est décidé à tenter une dernière fois d'infléchir leurs politiques économiques dans le sens d'une relance concertée et surtout d'une baisse du dollar et des taux d'intérêt américains[3]. Dévaluer et annoncer un plan de rigueur avant Versailles reviendrait à dire qu'il ne croit plus à ce qu'il a l'intention de demander à ses puissants alliés libéraux.

« Mitterrand ne voulait pas compromettre un sommet grandiose par des mesures d'austérité annoncées en même temps », note Mauroy. Le Premier ministre n'attend pas grand-chose de ce sommet. Non seulement la relance française profite surtout à la RFA « qui vient nous picorer dans la main »[4], mais il constate que

1. Entretien le 4 janvier 1989.
2. Entretien le 2 janvier 1989.
3. Voir IIIe partie : « La France dans le monde ».
4. C'est tout le drame de la relance intérieure française. Le pouvoir d'achat supplémentaire des ménages français profite pour plus de la moitié aux productions étrangères : automobiles, électroménager, son-télévision-vidéo, importés du Japon, de RFA et d'Italie.

Schmidt et Thatcher « ne voulaient rien entendre quant à une action concertée permettant une moins forte déflation ». « J'ai cessé de croire que je pourrais arriver à quelque chose avec Schmidt quand j'ai compris que l'économie allemande ne se conduisait pas à la chancellerie mais dans les banques. »

Le 30 mai à Solutré, où il bavarde avec les journalistes, Mitterrand assure qu'« aucune grande direction ne sera changée » dans la politique économique[1]. Il concède cependant que celle-ci peut être « modifiée selon les circonstances ». Comprenne qui peut !

1. Deux jours auparavant il avait longuement parlé avec huit correspondants américains à Paris invités à un petit déjeuner à l'Élysée en prélude au sommet de Versailles. Cette conversation provoque une controverse révélatrice du climat de l'époque. Dans son édition du lendemain, le samedi 29 mai, l'*International Herald Tribune* publie un compte rendu de cet entretien sous la plume du journaliste économique Axel Krause. Ce dernier écrit que Mitterrand n'exclut ni une dévaluation, ni une sortie du franc du SME. Un « démenti formel » est immédiatement publié par l'Élysée : « Le président de la République n'a, à aucun moment, ce qui tombe sous le sens, évoqué l'hypothèse d'une dévaluation, ni même abordé ce sujet. » Le dimanche, le *Washington Post* confirme la version du *« Trib ».* Mais le lundi 31, dans une interview au *Quotidien de Paris,* Flora Lewis, correspondante du *New York Times* dans la capitale française, s'emploie à remettre les propos présidentiels « dans leur contexte » : Mitterrand a « évoqué d'un point de vue théorique la possibilité d'une dévaluation. S'il avait effectivement envisagé une dévaluation, nous aurions donné un tout autre retentissement à cette information. »

CHAPITRE 2

Le tournant

Le vendredi 4 juin 1982, alors que s'ouvre à Versailles le huitième sommet des pays industrialisés, nos trois cheminots sont d'accord sur le principe d'une dévaluation accompagnée de mesures anti-inflationnistes.

Mais François Mitterrand n'a pas donné son feu vert quant au contenu du plan de rigueur préparé essentiellement par l'équipe de Matignon et dont il a pris connaissance à la fin du mois de mai.

Pierre Mauroy n'attend rien du sommet de Versailles.

Jacques Delors espère parvenir à organiser un embryon de concertation monétaire.

Jacques Attali est persuadé qu'il peut réussir à convaincre les Américains de relancer l'économie occidentale.

Le président est décidé à « ramer » dans le même sens que les deux Jacques.

« On ne peut plus tenir »

Quelques heures avant la fin du sommet [1], Mauroy tire le signal d'alarme : « Mitterrand m'avait convié à tous les repas des Sept. Après le dernier déjeuner, le dimanche 6 juin, je l'attrape par le bras et l'entraîne dans l'enfilade des salons qui mènent à la galerie des Glaces. Sous un portrait royal, je lui dis : Ça ne peut plus continuer, on ne peut plus tenir, si l'on ne fait pas les choix que je vous ai

1. Sur le déroulement diplomatique du sommet, voir IIIe partie : « La France dans le monde ».

proposés. Si on ne les fait pas, nous sommes condamnés à retrouver la trame de 1848, 1936, celle où la gauche ne gouverne pas dans la durée. Si on ne réagit pas, dans six mois c'est fini. Nous pouvons faire encore quelques réformes, puis je serai contraint de partir, comme Blum. On ne tiendra pas l'inflation au moment où tout le monde fait de la déflation. Puis j'ajoute :

"Président, donnez-moi votre feu vert.

– C'est oui, Pierre. On ne va pas y échapper, mais ce n'est pas une politique en soi. Êtes-vous bien décidé à le faire ?

– J'y suis résolu, monsieur le Président"[1]. »

Mauroy poursuit : « Mitterrand et moi en avions déjà parlé avant, mais j'employais alors le conditionnel. Ce jour-là j'ai eu recours à l'impératif. On se réconfortait l'un l'autre, on se répétait que ce n'était pas un tournant, pour mieux nous affirmer dans nos convictions socialistes. Lui était tout à son sommet, mais il était d'accord avec moi. Moi je n'étais pas habité par les idées de Versailles mais par nos difficultés économiques. Mais c'est là qu'il m'a donné son feu vert pour la rigueur et je suis reparti satisfait. »

Et Mauroy ajoute : « C'était pour moi de drôles de journées. Je naviguais entre deux mondes différents. Matignon, avec les notes de Peyrelevade sur la rigueur, et Trianon le soir avec ses fastes et ses splendeurs. Je changeais à la fois d'ambiance et de costume. J'étais perdu dans mes idées, au point de retourner un soir à Paris avec une cravate[2] qui n'était pas la mienne. C'était somptueux, je regagne un soir Trianon : sur l'autre berge du canal, je voyais le spectacle extraordinaire de la chevauchée des gardes républicains dans les projecteurs avec au loin le château promis. Et j'étais là, avec mes sombres pensées.

« J'avais obtenu le feu vert pour casser l'inflation. Je ne voulais pas finir comme le travailliste anglais Harold

1. Entretiens les 5 juillet 1988, 4 janvier 1989 et 30 mai 1990.

2. Le Premier ministre passait un smoking une fois arrivé à Versailles, et revêtait de nouveau sa tenue de ville avant de regagner Paris.

Wilson, qui avait dû passer sous les fourches caudines du Fonds monétaire international pour sauver la livre sterling du naufrage. Mais c'était agir contre notre propre culture politique : le choix des socialistes c'est le partage des richesses. Mais le socialisme dans la pénurie n'avait pas beaucoup de sens. »

Mauroy, ce jour-là, est plus que jamais homme de devoir. C'est le capitaine courageux. Il se souvient de ses dernières paroles à Mitterrand : « La gauche est encore populaire, on va chuter un peu, les syndicats vont grogner, mais on arrivera à se rétablir. On aura tenu bon et après on fera cette modernisation industrielle, dont vous m'avez parlé. »

Quelle peut être la réflexion de Mitterrand ? Baisser la manette, c'est inéluctable. Il y va du maintien de la gauche au pouvoir. Mais tourner le dos à la relance, à la priorité pour l'emploi, abandonner le discours redistributif qui l'a fait élire dix-huit mois plus tôt... Comment opérer ce virage sans désespérer le peuple de gauche, sans être accusé de trahir les idéaux du socialisme, sans risquer la rupture de l'union, la montée des conflits sociaux, l'effondrement dans les sondages ? La rigueur pour lui c'est un peu l'Alsace-Lorraine avant la Grande Guerre : y penser toujours mais n'en parler jamais.

Il va donc changer de politique en changeant le moins possible de discours. Il ne peut pas se renier. Pas question d'avouer le changement, de reconnaître quelque erreur de stratégie. Il lui faut déplacer la problématique, tracer de nouveaux objectifs, tenter de convaincre qu'il ne s'agit que d'une nouvelle phase, pas d'une nouvelle règle du jeu. Que l'objectif reste le même.

Que l'opinion, en particulier ses électeurs, soit conduite à penser qu'il s'est laissé imposer la rigueur à contrecœur, comme l'écriront les éditorialistes et, plus tard, ses biographes les plus sévères, fait plutôt son affaire. Lui, l'incarnation de la gauche, ne veut pas être celui qui a choisi la rigueur. Il préfère que le peuple se dise : « Si Mitterrand a dû en arriver là, c'est qu'on ne pouvait pas faire autrement, c'est la faute à la crise. »

Au moment d'engager le pays dans une cure d'austérité, pari difficile, le président peut compter sur plusieurs atouts politiques.

Il n'a pas réussi à enrayer la hausse du chômage, mais il sait qu'il dispose au sein de son électorat d'un capital de confiance préservé par le respect de ses engagements sociaux de mai 1981 : revalorisation des bas salaires et des prestations sociales et familiales ; retraite à 60 ans ; 39 heures hebdomadaires et 5e semaine de congés payés ; lois Auroux ; impôt sur les grandes fortunes et effort engagé pour la formation des jeunes chômeurs.

Les grandes centrales syndicales ont été globalement satisfaites de ces mesures. Elles ne risquent pas d'ouvrir un front contre la nouvelle politique économique.

Par ailleurs, la progression continue du chômage depuis le premier choc pétrolier voici huit ans a singulièrement émoussé l'ardeur revendicative des salariés du privé. Ils ressentent de plus en plus profondément la précarité de leurs emplois.

Autre atout, et non des moindres, la présence de Pierre Mauroy à la tête du gouvernement, d'un socialiste authentique, dont l'attitude comme le discours incarnent la tradition ouvrière de la gauche. L'engagement total de Mauroy en faveur de la rigueur enlève un argument à ceux des communistes qui souhaitaient combattre à visage découvert la nouvelle orientation économique. Mitterrand n'a pas à ce moment-là de réelle inquiétude sur un départ des communistes. Mais il peut craindre que la direction du PCF joue plus ouvertement la partition de l'alliance conflictuelle.

Pour « tenir » le groupe parlementaire socialiste, Mitterrand peut compter sur la poigne solide de Pierre Joxe, peu suspect de déviationnisme social-démocrate. Même si Joxe dissimule de moins en moins ses réserves à l'égard de Pierre Mauroy, il aborde cette épreuve en « soldat » de Mitterrand.

A la tête du PS, largement tenu à l'écart de la préparation du tournant économique, Lionel Jospin est mobilisé par Mitterrand pour « faire avaler la pilule » de la rigueur.

Enfin l'opposition. Mitterrand semble assuré que ses adversaires ne feront pas de la rigueur leur principal cheval de bataille contre la gauche. Il craint plutôt que les chefs de file du libéralisme l'encouragent à aller plus loin dans cette voie.

Tactiquement, Mitterrand veut annoncer le tournant avant que celui-ci n'intervienne dans sa brutalité. Il a en effet décidé de tenir, trois jours après Versailles, sa deuxième grande conférence de presse. Il faut commencer à préparer l'opinion à la douche froide de la rigueur.

Le chef de l'État a admis qu'une dévaluation ne pourra être évitée. Bonn est disposé à négocier un nouveau réaménagement des monnaies européennes. Mais rien n'est fixé, ni sur l'ampleur, ni sur la date de cette dévaluation. Quant au blocage des prix et des salaires, il n'a pas encore été examiné dans le détail par le chef de l'État.

Mauroy et Delors, qui prennent place au pied du podium présidentiel, ce mercredi 9 juin 1982 dans la salle des fêtes de l'Élysée, se demandent encore si Mitterrand est totalement acquis à leurs thèses. A-t-il choisi d'attendre encore avant de renverser la vapeur ?

Devant les trois cents journalistes, le président de la République ne parle pas, naturellement, de dévaluation, ni même de blocage. Mais il tente de faire comprendre aux Français que le septennat entre dans une deuxième phase, celle de l'effort.

Son long monologue, à l'ouverture de la conférence de presse, constitue un moment clef du septennat. Il n'est pas perçu ainsi sur le moment. Il est vrai que le propos présidentiel – lecture de l'année écoulée et projection sur les six années à venir – est difficile à saisir comme tel. Visiblement, Mitterrand a décidé ce jour-là de dire les choses sans les révéler dans leur réalité cruelle. Il annonce pourtant la couleur, mais sa formulation ne donne ni les contours exacts, ni le détail du nouveau dessein qu'il propose à la France.

« Volonté » : ce mot est martelé quatre fois dans la première phrase du préambule présidentiel. Le contraste est d'emblée total avec l'ambiance de la précédente conférence de presse, celle de l'état de grâce, le 24 septembre 1981, qu'il ouvrait par les mots : « J'ai agi l'esprit tranquille. »

Huit mois plus tard, Mitterrand dresse tout d'abord le bilan de la première année du septennat. Omission révélatrice, le mot « chômage » s'est envolé. Le slogan tant entendu de la « priorité à l'emploi » disparaît lui aussi des grands objectifs de 1981, qui deviennent ce jour-là : « croissance, solidarité et justice sociale, présence active de la France dans le monde ».

Le président décrit les actions engagées. Il insiste sur la politique industrielle et les mesures sociales. Puis, soudain, ce constat : « Nous avons rencontré des obstacles (...) La crise mondiale s'est aggravée (...) le délabrement de l'économie est plus grave que nous ne l'imaginions. » Survient alors une description, on ne peut plus noire, de l'économie française, qu'il dit avoir « reçue en charge » à partir du 21 mai 1981. Selon Mitterrand, qui s'abrite derrière « l'héritage » du septennat précédent, tout est « délabré » : la monnaie, les prix, l'emploi, l'épargne, le commerce extérieur, l'appareil industriel, l'agriculture, l'investissement et le marché intérieur. Conscient qu'il ne peut pas tout imputer à son prédécesseur, il endosse sa part de responsabilité. Mais le *mea culpa* est ficelé de telle façon qu'on a du mal à l'entendre : « Il nous a fallu du temps pour coordonner, pour saisir les objectifs, pour harmoniser et aller au plus pressé sans perdre de vue l'essentiel. »

Décodé, c'est l'aveu d'une déception et d'un échec : la gauche est arrivée aux affaires ; elle a mené une politique de redistribution qui n'a pas permis d'inverser la courbe du chômage. Un an plus tard, elle se rend compte que la crise s'est aggravée, que l'économie française est en plus mauvais état qu'elle ne le pensait à l'été 1981, et une année s'est écoulée sans que ces problèmes aient été réellement pris à bras le corps. Il fallait d'abord faire passer les réformes promises.

Mitterrand enchaîne : « J'ai décrit la première phase (...) nous entrons maintenant dans la deuxième phase de notre action, mais nous gardons les mêmes objectifs.

« Après tout, pour ceux qui font le Tour de France, lorsqu'ils font la première étape, c'est généralement avant la deuxième, et lorsqu'ils font la deuxième étape, ils continuent de tendre vers le but initial, c'est-à-dire celui de la victoire. Ils vont tous dans la même direction, ensemble, même si cette direction suppose, d'une étape à l'autre, un changement de profil des étapes. Là, c'est la plaine... là, c'est la montagne, mais cela n'empêche pas qu'ils soient tendus vers le même but. »

L'objectif demeure. Les moyens et l'effort ne seront plus les mêmes. A côté du souci de justice sociale et du volontarisme de la puissance publique, deux thèmes bien ancrés dans le message présidentiel, un vocabulaire nouveau, inhabituel jusqu'ici chez Mitterrand, se fait jour : « restructurer notre industrie », « accroître la compétitivité », « sauver ce qui peut l'être de la sidérurgie », « reconstituer l'épargne », « développer le capital à risque », « pas de nouvelles charges fiscales », « priorité à l'investissement et à l'innovation », « maîtriser le budget de l'État et la Sécurité sociale ».

Le message est novateur : l'État ne place plus l'argent dans la relance de la consommation, mais dans l'équipement du pays et la modernisation des entreprises. En termes économiques c'est un bouleversement : à l'action sur la demande succède l'action sur l'offre.

Jamais le chef de l'État n'avait aussi clairement placé la lutte contre l'inflation au même niveau que la bataille contre le chômage : « Pour le réduire il faut maîtriser l'inflation, on ne peut guérir l'un de ces maux sans vouloir guérir l'autre. »

Le préambule est terminé. Le Mitterrand nouveau a montré le bout de son nez. Pas plus. Pas assez en tout cas pour mettre réellement sur la piste des changements qui s'annoncent les trois cents journalistes qui l'écoutent.

Sur les vingt-cinq questions posées, aucune sur la possibilité d'une dévaluation, deux seulement sur la politique économique. Mitterrand peut rester évasif.

Quand on lui demande s'il envisage « une action plus radicale » contre l'inflation, il répond : « L'action radicale ne peut être entreprise que si les autres méthodes ont échoué, ces méthodes sont et seront tentées. » Rien ne laisse penser que l'on va vers un blocage des salaires et des prix.

A une deuxième question sur l'économie, il répond seulement : « Il faut parvenir à maîtriser les grands équilibres. J'ai indiqué cette directive à M. le Premier ministre, nous avons réfléchi ensemble sur le sujet. Nous sommes d'accord. » Il faudra attendre quatre jours pour savoir sur quoi Mitterrand et Mauroy étaient d'accord.

« Ouf », soupirent en chœur Peyrelevade et Hannoun qui ont regardé la conférence de presse retransmise en direct à la télévision. « C'est gagné. » Mitterrand a engagé le pays vers l'effort en parlant de l'étape de montagne qui s'annonce, même s'il n'a pas prononcé le mot encore tabou de « rigueur ». Ils ont d'autant mieux saisi le message qu'ils en sont les inspirateurs.

Les éditorialistes dans leur ensemble ne voient pas dans les propos présidentiels l'annonce d'un tournant décisif du septennat. Certains, comme Paul Fabra dans *Le Monde,* discernent toutefois une volonté de préparer l'opinion à des jours plus difficiles.

A gauche, la consigne est claire : rien n'est changé. « M. Mitterrand confirme qu'il a un sens aigu du temps et de la constance dans les choix politiques », commente le porte-parole du PS Bertrand Delanoé.

Lionel Jospin : « Pour les socialistes il y a eu difficulté à admettre ce tournant qui vient trop tôt et qui semble contradictoire avec les propos tenus jusqu'alors. Mauroy apparaissait alors davantage que Mitterrand comme l'homme de la rigueur. Il était évident que ce n'était plus la même politique, même si le plan de rigueur à venir n'abolissait pas l'ensemble des mesures sociales prises auparavant [1]. »

François Mitterrand et Lionel Jospin rejettent l'idée de campagnes d'explication à l'intention des socialistes. Aux militants et aux électeurs de comprendre d'eux-mêmes le changement. Ils le verront assez tôt sur leurs feuilles de

1. Entretien le 16 novembre 1988.

paie et sur les étiquettes des supermarchés. « Le plan de rigueur comportait sa propre pédagogie », résume Jospin.

Michel Rocard ne respecte pas la consigne. Il déclare le 10 juin au *Nouvel Observateur :* « Voici venue l'heure de la rigueur socialiste, celle de l'équilibre entre la lucidité économique et l'imagination sociale. »

Pour les communistes, il est essentiel de maintenir la fiction d'une continuité totale par rapport aux orientations de 1981 : « Mêmes objectifs, même orientation : le président de la République a exprimé la volonté de continuer la politique engagée depuis un an. C'est ce que nous demandons », déclare le porte-parole Pierre Juquin. Marchais, au soir de la conférence de presse présidentielle, assure à la télévision que Mitterrand « a confirmé le cap ». « Mitterrand a réaffirmé la volonté de maintenir une politique économique et sociale, qui va dans le sens des réformes engagées », lui fait écho la CGT.

Les communistes sont dans une situation difficile.

Georges Marchais : « Dès que Mauroy s'est engagé dans cette politique, nous avons fait connaître nos désaccords et nos observations en soulignant qu'il s'agissait là de renoncements aux engagements pris avec nous. Je me souviens d'avoir été très sévère lors d'une rencontre avec Mauroy à Matignon. Mais nous nous trouvions dans une position complexe : il fallait faire obstacle à la politique d'austérité, mais si nous avions décidé de quitter le gouvernement, nous n'aurions pas été compris par notre électorat, par les communistes [1]. »

Marcel Rigout : « L'austérité passe sans problème. Le Parti n'est pas effleuré par l'idée de quitter le gouvernement et *L'Humanité* continue de se comporter comme un journal officiel [2]. »

A droite, Jacques Chirac se place sur le terrain du recours : « La France est dans une situation comparable à 1958. Si tout cela se poursuit, une crise grave au plan économique, mais aussi au plan social et même pour l'ordre républicain se produira. Rien n'est irréversible,

1. Entretien le 15 novembre 1989.
2. Entretien le 26 mai 1989.

rien n'est irrattrapable quand la nation est prête au sursaut. »

Le président du RPR s'attire une réplique de Jospin : « N'est pas de Gaulle qui veut. »

Le 11 juin, une brusque hausse du deutsche Mark[1] entraîne un nouvel affaiblissement de la monnaie malade du SME, le franc. La Banque de France intervient sans succès en engloutissant 3 milliards de francs sur le marché monétaire. La dévaluation est inéluctable. Le 12 à Bruxelles, les ministres des Finances des Dix décident un réajustement monétaire : le franc perd 5,5 %, la lire 2,75 %, tandis que le Mark et le florin gagnent 4,25 %. En neuf mois le franc a perdu près d'un cinquième de sa valeur par rapport au deutsche Mark. Les partenaires de la France attendent maintenant qu'elle applique un plan d'accompagnement sévère. C'est la loi des fortes dévaluations dans le cadre du SME. Ils l'obtiennent : Delors leur annonce à huis clos le blocage des prix. Quelques heures avant de s'envoler pour Bruxelles, le ministre des Finances se trouvait à Deauville pour un congrès des jeunes dirigeants d'entreprise. Dans un salon du casino, il avait informé Yvon Gattaz du prochain blocage des prix : « Ce sera un petit électrochoc pour les Français. » Le réaménagement monétaire du 12 juin 1982 apaise dans l'immédiat les tensions contre le franc. Il est le résultat d'une négociation entre Jacques Delors et son homologue ouest-allemand Manfred Lahnstein : la RFA reconnaît avoir largement profité de la relance de la France et accepte de réévaluer sa monnaie au-delà des limites indiquées par la Bundesbank. En contrepartie, Paris s'engage, dans le cadre du maintien du franc dans le SME, à pratiquer une austérité suffisamment forte pour faire entrer son pays dans la logique de déflation, dominante en Occident.

Mais quelques jours plus tard, le nouvel édifice monétaire européen est fragilisé par une brusque flambée du dollar. La devise américaine gagne près de 12 % au cours du seul mois de juin. Elle frise les 7 francs. C'est pour

1. Provoquée par le vote d'une forte réduction du déficit budgétaire américain par la Chambre des représentants.

une bonne part la conséquence de l'invasion israélienne du Liban, qui rend au billet vert son attrait traditionnel de valeur refuge.

« On casse l'inflation »

Le dimanche 13 juin au matin, un bref Conseil restreint, réuni autour de Mitterrand à l'Élysée, entérine le plan de rigueur préparé par Matignon. Le débat est tranché à l'avantage du chef du gouvernement. Le Premier ministre demandait un blocage autoritaire des salaires. Son ministre des Finances, en bon social-démocrate, préconisait une concertation préalable avec les syndicats.

Jacques Delors : « J'étais favorable au blocage des prix et des salaires mais je souhaitais que le blocage des salaires fût précédé de négociations avec les syndicats pour un contrat national de stabilité. C'était ma méthode, mais Mauroy trouvait que c'était trop risqué et pensait qu'il valait mieux bloquer les salaires par la loi. Je sais que ma méthode était plus périlleuse mais pour moi il était essentiel de redonner du volume aux syndicats dont la chute d'audience me préoccupait beaucoup[1]. »

Pierre Mauroy : « Tout le monde était réticent sur le blocage des salaires. Mais je pensais qu'il fallait frapper un grand coup psychologique, volontariste et ambitieux. Je me disais : on casse l'inflation, les syndicats vont grogner, mais je vais les tenir[2]. »

Le Conseil restreint s'achève sur un tour de table. Pierre Mauroy raconte : « C'était terrible. Je n'avais pas la majorité. Mais les ministres présents se sont montrés solidaires. Le président a pris la parole pour conclure : " Monsieur le Premier ministre, voulez-vous réaffirmer ce que vous voulez faire ? Veuillez proposer votre politique de blocage des prix et des salaires. " Je m'exécute. Puis Mitterrand intervient à nouveau : " Mesdames et messieurs, c'est maintenant la politique du gouvernement.

1. Entretien le 5 juin 1989.
2. Entretien le 4 janvier 1989.

Vous aviez proposé trois mois de blocage. Certains me disent que ce n'est pas assez. Je vous demande de l'appliquer pendant quatre mois "[1]. »

Jean Peyrelevade : « Ce passage de trois à quatre mois, c'est de la surenchère gauchiste, de la mauvaise humeur de la part de l'Élysée qui n'a pas de politique de rechange[2]. »

Hervé Hannoun[3] avance une autre explication, plus vraisemblable : « Mitterrand a agi par instinct. Il s'est dit que la situation était grave et qu'il fallait frapper fort. Il a aussi voulu montrer où se situait l'autorité de l'État et faire comprendre à l'extérieur qu'il y avait un pilote dans l'avion. »

A l'Élysée, peu de débat sur le plan de rigueur. François-Xavier Stasse : « L'unanimité s'est faite rapidement. Nous n'avons eu alors aucune difficulté à convaincre le président de choisir la solution préconisée par Mauroy[4]. »

Les « mesures d'accompagnement de la dévaluation » sont donc annoncées : blocage des prix jusqu'au 31 octobre, à l'exception des produits énergétiques et des prix agricoles fixés à Bruxelles. Blocage des salaires pour la même durée à l'exception du SMIC. Confirmation de la limitation du déficit budgétaire de 1983 à 3 % du PIB et engagement de « rééquilibrer » les budgets sociaux.

L'objectif est unique : ne pas dépasser 10 % d'inflation en 1982 et descendre à 8 % en 1983.

Le mercredi 16 juin, le Conseil des ministres[5] passe une dernière fois en revue l'ensemble de ce plan de rigueur qui ne dit pas son nom. Mitterrand demande à Jacques Delors de faire le point de la situation et d'expliquer les raisons de cette « correction de tir ». Le ministre des Finances, reprenant l'argumentation de la conférence

1. Entretien les 5 juillet 1988 et 30 mai 1990.
2. Entretien le 20 juillet 1989.
3. Entretien le 31 janvier 1990.
4. Entretien le 23 juin 1988.
5. Document d'archives.

de presse du 9 juin, incrimine immédiatement « l'insensibilité de l'économie dominante » et « l'égoïsme des États-Unis » face aux difficultés de l'Europe. Rappelant que la France avait anticipé seule la relance, il constate que « les pays avec lesquels nous commerçons se sont rués sur l'économie française », ce qui a conduit à un doublement de nos importations. « La croissance n'a pas mieux profité à l'industrie française en raison du vieillissement de notre appareil de production dû à six années d'absence d'investissement (...) Il nous faut donc reconstituer l'appareil de production. »

Delors écarte ensuite le « remède miracle » de la sortie du SME, affirmant que cela aurait provoqué une chute du franc par rapport au dollar, accroissant d'autant le déficit extérieur. « Nous aurions dû alors tendre la main au FMI ou vendre notre or », ajoute-t-il.

Ce propos se heurte immanquablement au postulat que rappelle aussitôt Jean-Pierre Chevènement : « Comptons davantage sur nous-mêmes car la solidarité européenne me paraît douteuse, et misons sur les réflexes d'indépendance nationale. » Puis, s'en prenant sans ménagement au trio Mitterrand Mauroy Delors, le chef de file du CERES lance : « Rien de tout ce qui s'est passé en un an n'était imprévisible, ni la dépression, ni le tohu-bohu intérieur et ses effets psychologiques à l'extérieur, ni enfin le caractère douteux de la reprise économique en 1982. » Ces propos jettent un froid autour de la table du Conseil.

Mauroy monte alors au créneau pour confirmer son intention de procéder à une ponction supplémentaire sur le revenu des ménages par une augmentation d'un point de la TVA. Il suggère, afin que cela ne se répercute pas immédiatement sur l'indice des prix, que cette augmentation porte sur les marges bénéficiaires des commerçants.

« Totalement irréaliste », s'écrie le ministre du Commerce André Delélis. Mitterrand, dans un premier temps, lui donne raison : « Il n'est pas possible de prendre une décision qui aboutisse, de notre propre fait, à augmenter les prix alors que nous les bloquons. » Puis, devant les assauts répétés de Mauroy, Delors et Fabius, le chef de l'État fait machine arrière : « Réglez ce problème entre vous » [1].

Puis Mitterrand tire la leçon politique de la rigueur : « Nous nous trouvons dans un cas typique de lutte des classes, à la fois nationale et internationale. Nous ne pouvons compter sur aucun des grands pays capitalistes car pour eux le but est de démontrer que nous ne pouvons pas nous isoler. Ce constat aurait pu nous conduire à quitter le SME [2], car, finalement, ce système nous lie à ceux qui nous combattent. Les États-Unis se comportent aussi, objectivement, comme des ennemis de la France en vertu de leur égoïsme sacré. Nous sommes donc soumis à une guerre internationale, mais c'est une situation politique plus qu'économique. »

Du baume au cœur de Chevènement et des communistes. Mais Mitterrand aussitôt les déçoit en invoquant le pragmatisme : « Nous avons accepté de vivre avec le patronat, pas seulement par pitié, mais parce que nous ne disposons pas d'une administration capable de se substituer tout de suite aux forces du marché, et de le faire fonctionner, sans doute en violant au passage bien des libertés. Puisque nous avons accepté de vivre dans une économie libre, il faut en tirer les conséquences : ne pas perdre l'objectif de vue, mais ne pas courir le risque d'être balayés. »

Il conclut : « On ne peut avoir tout le monde à la fois contre soi, il faut être lucides, mais prudents. »

Le Conseil se poursuit. Avant de lever la séance, le

1. La poire sera coupée en deux. Le taux normal de la TVA de 17,6 % passe à 18,6 % ; le taux réduit sur les produits alimentaires baisse de 7 % à 5,5 %. La hausse, non répercutable sur les prix, coûte 5 milliards aux entreprises en 1982.

2. Institué en mars 1979 pour limiter et contrôler les fluctuations des pays participants – les pays de la CEE sauf la Grande-Bretagne –, le système monétaire européen prévoit aussi des mécanismes de crédits entre banques centrales pour aider tout pays membre traversant des difficultés importantes de paiement. Le SME constitue une avancée importante dans la construction européenne par rapport au « serpent » monétaire de janvier 1973, accord de taux de change sans discipline de convergence, sans seuil d'alerte et sans système de crédits.

chef de l'État brandit une épée, qu'il place au-dessus des têtes de Mauroy et de Delors : « Si nous échouions dans cette deuxième phase, une troisième pourrait nous conduire à sortir du SME. »

Cette évocation d'une troisième phase est habile. Elle revient à encourager le gouvernement à réussir le blocage des prix et la difficile sortie du blocage. Elle est en même temps perçue comme un message en direction des adversaires de la politique classique de déflation, qui peuvent légitimement se mettre à préparer « l'autre politique », la solution de rechange, si Mauroy et Delors échouent.

Deux fers au feu. C'est, dans sa pureté de cristal, le ressort de l'action de tous les hommes d'État.

Enfin, Mitterrand, cherchant visiblement à insuffler une nouvelle énergie à ses ministres démoralisés, leur demande de ne pas être obsédés par les seuls mécanismes économiques : « Soyons souples, tout est psychologique. » Il ajoute : « Je n'en connais pas beaucoup en économie, mais sans doute un peu plus que le général de Gaulle. Delors, lui, en connaît certainement beaucoup plus que M. Pinay ! Et cependant, le général de Gaulle et M. Pinay avaient réussi en quelques mois là où tant d'hommes habiles, sous la IVe République, avaient complètement échoué. Et la France a été prospère pendant des années. La monnaie ce n'est rien. La psychologie, la confiance, c'est tout [1]. »

Pierre Mauroy regagne l'hôtel Matignon condamné à réussir. Sinon Mitterrand tentera l'autre politique, celle dont a parlé Chevènement.

Première épreuve pour le Premier ministre : faire

1. Pourquoi cette philippique contre le Général ? Parce que, deux jours avant, une petite phrase de Bernard Pons a relancé le « procès en incompétence » instruit contre les socialistes : « Le président de la République est un incompétent, entouré par des incompétents », avait lancé le secrétaire général du RPR, tandis que Chirac parlait de « gestion irresponsable ». « La France est aujourd'hui un chef-d'œuvre en péril », notait Michel Poniatowski. Le plan de rigueur est « un constat de faillite », titrait *Le Figaro* à l'appui de cette thèse.

accepter le blocage des salaires aux syndicats, celui des prix aux patrons.

Il réunit les premiers dès le lendemain 17 juin : « J'ai dit aux syndicats : Nous allons bloquer les salaires puis nous sortirons du blocage par la désindexation. C'est capital si on veut garder la gauche au pouvoir. " Tu y vas trop fort ", m'a répondu André Bergeron. Mais je suis passé. La CGT ne m'a pas vraiment mis de bâtons dans les roues », même si Krasucki qualifie ensuite le blocage de « faute politique »[1].

En réalité, les syndicats, à l'exception de la CFDT, ont ce jour-là refusé d'entrer dans une négociation sur le blocage des revenus et la désindexation prévue à sa sortie. Leur attitude permet à Pierre Mauroy d'annoncer qu'il agira par la voie autoritaire, c'est-à-dire par la loi. La preuve étant faite que la voie contractuelle n'est pas praticable, Jacques Delors se range à la conception de Mauroy. Le ministre des Finances est déçu de voir les syndicats préférer se laisser forcer la main par un blocage unilatéral. Quelques jours plus tard, il s'emporte : « Si les syndicats veulent le retour de la droite, ils n'ont qu'à continuer leurs agissements actuels. »

Pour les seconds, les patrons, Mauroy et Delors expliquent leur stratégie : casser l'inflation pour assainir l'économie.

Deuxième épreuve pour le Premier ministre : obtenir la confiance de l'Assemblée nationale sur le projet de loi de blocage des prix et des revenus. Le 22 juin, le Conseil des ministres autorise Mauroy à recourir à l'article 49-3.

Soutenu par Delors, il doit une nouvelle fois batailler à la table du Conseil avec plusieurs ministres sceptiques sur l'efficacité du blocage. « Quatre mois c'est trop court », dit Gaston Defferre. Le blocage autoritaire « n'est pas la bonne méthode », ajoute Charles Fiterman, porte-parole de son parti. Attention à la sortie du blocage, avertissent une demi-douzaine de ministres, qui ne prononcent pas le mot tabou de « désindexation » mais lui préfèrent celui de « régulation ».

Mitterrand demande alors à un Delors réticent de ne

1. Entretien avec Pierre Mauroy le 4 janvier 1989.

pas hésiter à « frapper fort » en prenant des sanctions immédiates contre les commerçants qui ne respecteraient pas le blocage. Ce pourraient être « quelques amendes colossales » ou des « fermetures de magasins », suggère-t-il.

Le lendemain 23 juin, à l'Assemblée nationale, Pierre Mauroy pose la question de confiance sur une déclaration de politique générale. Il l'obtient par 329 voix contre 157. Les communistes soutiennent le gouvernement.

La loi de blocage est adoptée cinq jours plus tard par le truchement du 49-3, qui évite au PCF d'avoir à se prononcer. L'UDF a déposé une motion de censure cosignée par le RPR, qui dénonce le « caractère improvisé et inopérant des mesures artificielles » prises par le gouvernement. Elle ne recueille que 138 voix.

Rejeté par le Sénat, le texte revient au Palais-Bourbon où il survit à une deuxième motion de censure déposée cette fois par le RPR. Le parti de Jacques Chirac modifie sa tactique. La dénonciation de la coalition « socialo-marxiste » passe au second plan. Désormais les chiraquiens articulent leurs discours dominicaux sur les thèmes de l'« incompétence » et de l'« illégitimité » de la gauche.

Bernard Pons [1], alors secrétaire général du RPR : « On a décidé à ce moment-là de marteler ces deux idées et de les reprendre aussi longtemps que possible. »

La loi de blocage n'entre en vigueur qu'après avoir passé, le 20 juillet 1982, le barrage d'une troisième motion de censure.

Pourquoi Mauroy s'est-il tant battu pour engager le gouvernement de l'union de la gauche sur le chemin escarpé de la rigueur, au point de prendre le risque, si cette politique échoue à la fin de l'année, de perdre la confiance de Mitterrand ? Parce qu'il veut intégrer la durée, sortir de la logique « Front populaire » du début du septennat. Selon plusieurs de ses collaborateurs, Mauroy pensait en arrivant à Matignon qu'il y resterait pendant environ un an, le temps de réaliser les réformes pro-

1. Entretien le 25 janvier 1989.

mises, avant de passer la main. Puis il s'est aperçu progressivement que sous la Ve République le gouvernement est en place pour longtemps, dans l'intérêt même du président.

« Cette certitude qu'il allait falloir durer a donné à Mauroy la force d'exiger la rigueur auprès de Mitterrand », estime Peyrelevade.

Et Mitterrand ?

Il s'est rendu aux arguments de Mauroy, pour la même raison : durer. A quatre ans de l'échéance des législatives ce délai doit permettre à la gauche, en chute libre dans les sondages, de montrer qu'elle aussi sait gérer ; qu'elle a tout autant que la droite, qui le lui conteste, le droit de prétendre à la « légitimité » du pouvoir.

« On roque des pièces »

A la fin du mois de juin, Mauroy obtient un geste de Mitterrand : le secrétaire général de l'Élysée Pierre Bérégovoy remplace Nicole Questiaux à la Solidarité nationale, qui devient pour l'occasion le grand ministère des « Affaires sociales et de la Solidarité nationale ». Le Premier ministre voulait éloigner Bérégovoy de l'entourage immédiat du président. Il se méfie de son influence. Pour lui, Bérégovoy a pesé dans la décision de Mitterrand sur les 39 heures [1], ressentie comme un cruel désaveu par le chef du gouvernement. Plus grave, Bérégovoy ne cache pas que, s'il a accepté de jouer le jeu de la rigueur [2], il continue de croire que la modernisation de l'industrie française pourrait être accélérée par une sortie provisoirc du SME. Pour Mauroy, il est donc urgent d'écarter ce « gêneur ».

Le mardi 29 juin, de retour du Conseil européen de Bruxelles, Mitterrand convoque Bérégovoy dans son bureau. Le secrétaire général en ressort avec un maroquin. « Je suis ministre des Affaires sociales », annonce

1. Voir IIe partie : « Le socialisme ».

2. Comme il le montre avec éclat au ministère de la Sécurité sociale !

Bérégovoy à Jacques Attali [1], qui le guette derrière la double porte séparant son bureau de celui du président.

Attali entre à son tour chez Mitterrand : « Le fauteuil de Bérégovoy est libre, je n'ai aucune idée pour son remplaçant. Êtes-vous intéressé ? – Oui », répond le conseiller spécial, qui rêve de ce poste depuis le 10 mai 1981 et voit partir avec soulagement Pierre Bérégovoy avec lequel ses relations étaient difficiles [2].

La nouvelle se répand à l'Élysée : on roque des pièces. Mitterrand en a testé l'idée auprès de plusieurs interlocuteurs. Dans les minutes qui suivent, le complot anti-Attali s'organise. Menée par Hubert Védrine, Régis Debray, Michel Charasse et Jean Glavany, la fronde recrute de nombreux partisans dans les rangs des conseillers techniques et chargés de mission. « Ils se sont tous révoltés », reconnaît Attali.

Les frondeurs font savoir au président, certains par l'intermédiaire de Danielle Mitterrand, qu'ils sont décidés à partir s'ils doivent travailler sous les ordres d'Attali. Ils ne contestent pas ses compétences mais lui reprochent sa désorganisation chronique, son manque d'esprit d'équipe et sa tendance à s'arroger auprès du président les « bonnes idées » avancées par d'autres. Ils suggèrent la nomination de Christian Sautter, le conseiller technique chargé de l'économie internationale, et de lui adjoindre un discret chargé de mission, Jean-Louis Bianco.

Le lendemain 30 juin, après le Conseil des ministres auquel Attali assiste pour la première fois, Mitterrand emmène son conseiller spécial dans le parc de l'Élysée. Sa nomination pose problème : « Je ne sais pas qui prendre. Si vous voulez le poste il est à vous. Mais réfléchissez bien, Jacques, c'est surtout de la gestion. Il s'agit essentiellement de recevoir des évêques et des syndicalistes. Je ne vous le conseille pas. Si vous n'en voulez pas je vous laisse me proposer quelqu'un. »

Attali [3] a compris. Le président ne veut pas de lui pour

1. Entretien le 15 mars 1989.

2. Attali : « Bérégovoy ne me montrait rien. Mon influence commence avec son départ » (entretien le 5 mai 1990).

3. Entretien le 17 février 1989.

cette fonction. Le président et son conseiller spécial passent alors en revue plusieurs noms, dont certains extérieurs à l'Élysée. Mitterrand conclut : « Je préfère finalement quelqu'un de la maison, qui connaisse les rouages, plutôt que quelqu'un du dehors qui arriverait avec ses habitudes, ses méthodes et son équipe. Envoyez-moi Bianco. »

Cet énarque atypique, entré à l'Élysée dans le sillage d'Attali, après avoir pris l'air pendant deux ans à la tête du syndicat intercommunal de la vallée de la Durance, a ce jour-là son premier tête-à-tête avec le président. Le chef de l'État a, paradoxalement, découvert ce garçon chargé des dossiers économiques au travers de ses notes analysant les difficultés de la réforme scolaire engagée par Savary[1]. Il est sensible au parcours original de ce grand jeune homme modeste et appliqué.

Jean-Louis Bianco se retrouve secrétaire général[2]. Au palais, les frondeurs respirent. Efficace, discret, souriant, ce jeunot, se disent-ils, ne fera de l'ombre à personne.

Mauroy obtient également l'accord de Mitterrand pour confier à Jean Le Garrec une mission impossible : contenir les chiffres du chômage avant les municipales de mars 1983. Fin juin ce proche du Premier ministre, qui a mené à bien la bataille des nationalisations, est convoqué dans le bureau présidentiel : « Il faut essayer de stabiliser le chômage. La croissance n'est pas là. Vous devrez vous battre tous azimuts pour bien montrer que l'on s'accroche à toutes les aspérités du terrain. Je compte sur vous. »

Ainsi mis en piste, Le Garrec[3] s'efforce partout où cela est possible de créer des emplois. C'est d'abord la mobilisation des acteurs économiques et sociaux sur le thème : faites tourner les machines, il faut absolument stabiliser l'emploi. C'est ensuite un travail nécessaire de rationalisation et de coordination entre toutes les administrations

1. Voir VIe partie : « La disgrâce ».

2. Avec pour adjoint Christian Sautter, qui remplace Jacques Fournier envoyé à Matignon pour occuper le siège de secrétaire général du gouvernement.

3. Entretien le 19 avril 1990.

compétentes : ANPE[1], AFPA[2], ASSEDIC[3]. C'est enfin une nouvelle approche – discutable – des statistiques des données de l'emploi. Elle vaut à Le Garrec d'être épinglé par *Le Canard enchaîné* quand il est décidé de distinguer des demandeurs d'emploi les « demandeurs de formation », qui allègent d'autant les statistiques du chômage[4].

A soixante-quinze ans, Pierre Dreyfus quitte le gouvernement. On lui doit le « plan machine-outil » et le « plan acier » qui consacre quelque 20 milliards de crédits à un gigantesque effort de modernisation de la sidérurgie française, passée au secteur nationalisé depuis quelques mois. Jean-Pierre Chevènement hérite du portefeuille de l'Industrie, qu'il cumule avec ses attributions antérieures de ministre de la Recherche.

Le 13 juillet 1982 au soir, sur les Champs-Élysées, le président de la République passe les troupes en revue à l'occasion d'un défilé nocturne organisé pour la fête nationale. Des sifflets s'élèvent de la foule. Épisode mineur, mais révélateur. Les socialistes accusent les chiraquiens d'avoir manigancé ce chahut contre Mitterrand. Contre un chef de l'État qui entame sa chute dans les sondages[5]. Il se retrouve sur la défensive : bagarre avec Chirac sur le statut de Paris[6], multiplication des

1. Agence nationale pour l'emploi.
2. Association pour la formation professionnelle des adultes.
3. Associations pour l'emploi dans l'industrie et le commerce.
4. Témoignage d'un collaborateur de Jean Le Garrec : « On a écrémé. On a fait des choses qui ne pouvaient marcher qu'une seule fois. On a fait envoyer à tous les chômeurs une convocation à l'ANPE. Devant cette démarche inhabituelle, nombre d'entre eux ont fait savoir qu'ils ne cherchaient plus de travail ou qu'ils allaient être prochainement embauchés. C'était autant de gagné sur les statistiques. »
5. Entre le 1er juillet et le 1er octobre 1982 la cote de confiance de François Mitterrand chute de 5 points. 51 % des Français lui font tout à fait ou plutôt confiance, contre 44 %. Les courbes confiance-défiance se croisent le 1er avril 1983. Il ne retrouve un solde positif qu'en janvier 1986 (*in* Baromètre mensuel *Figaro-Magazine*/Sofres).
6. Voir IIe partie : « Le socialisme ».

attentats terroristes[1], plongeon dans la rigueur économique.

Le sort semble s'acharner cet été-là sur la France. Elle échoue même sur les stades du Mundial où l'Allemagne lui ravit son accès à la finale.

Dans la nuit du 31 juillet au 1er août, au cœur des vacances, un drame de la route émeut l'opinion : la mort de 43 enfants dans la collision de deux cars, sur l'autoroute du Soleil, près de Beaune.

Le lendemain, 2 août, Mitterrand a convié huit journalistes parisiens pour déjeuner à Latche. Comme toujours dans ce genre de rencontre, le président s'applique à donner l'image de la sérénité, de la maîtrise de soi et de la situation, de la justesse de ses analyses et de sa politique. Mais une sourde inquiétude ressort de ses propos : « Le problème aujourd'hui consiste à bien préparer la sortie du blocage. Si nous réussissons, mais je me garde de tout pronostic, si on arrive à gagner trois points sur l'inflation, ce sera autant de gagné en pouvoir d'achat. Le blocage est difficile à admettre. C'est vrai, nous demandons beaucoup aux Français », concède-t-il lorsqu'on l'interroge sur ses mauvais sondages. « Le crédit de Mauroy est entamé, c'est normal, c'est lui qui est au premier plan, qui est le plus exposé et donc le plus touché. Mais au-delà de sa propre personne c'est davantage le gouvernement qui est atteint et je commence moi-même à être touché. » Quant aux prochaines municipales, il en attend « un recul » de la gauche par rapport à son étiage de mars 1977 : « Si les municipales avaient lieu demain, la gauche serait battue sévèrement, mais nous avons encore quelques mois devant nous. »

Devant ses invités qui ne cessent de l'interroger sur la façon dont il a mené le pays depuis un an, Mitterrand se montre agacé : « Puisque vous êtes si malin, prenez ma place », lance-t-il à Bruno Masure qui venait d'énumérer les mauvais résultats de l'action gouvernementale.

Après les écrevisses et le foie gras, servis dans des assiettes dessinées par l'épouse du chancelier Schmidt,

1. Voir IIIe partie : « La France dans le monde ».

Mitterrand entraîne ses hôtes dans le jardin : « Vous oubliez trop que nous sommes au début d'une bataille et que, comme en sport, seul le résultat final compte. »

Mitterrand doutait au début de ses vacances. Il doute encore à la veille de la rentrée, lorsqu'il invite Pierre Mauroy, le vendredi 20 août, à passer la journée avec lui dans les Landes.

Pierre Mauroy : « Rien dans notre conversation ne me laisse entendre que Mitterrand envisage une autre politique. Ce jour-là, il ne doutait pas du bien-fondé des décisions prises en juin. Il m'a dit : “ Ce que l'on a fait était indispensable, mais ça va nous coûter vis-à-vis de l'opinion ”. Il a ajouté, je m'en souviens parfaitement : “ Je suis avec vous, je vous soutiens mais il faut que le blocage soit efficace. Admettez que l'on sorte avec 11 ou 12 % d'inflation à la fin de l'année, alors on aurait échoué et je serais obligé d'en tirer les conséquences. ” Mitterrand était impressionné par notre chute dans les sondages, par les critiques syndicales, par le scepticisme de la presse économique qui annonçait l'apocalypse pour la sortie du blocage et par la reprise des attaques contre le franc. On marchait vers l'Océan, à l'ombre des pins, et je lui ai dit : “ Je suis prêt à partir si cela échoue. Mais on réussira à tenir les prix en dessous des 10. ”

« Dans mon esprit, précise encore Mauroy, il fallait absolument réussir car la gauche jouait là son va-tout. Il fallait sauver le septennat. J'avais un esprit de sacrifice qui ne me coûtait rien. Le septennat devait réussir. J'étais gonflé à bloc, j'étais comme un soldat en première ligne. »

Cette conversation est-elle allée plus loin ? Mitterrand, soucieux de limiter les dégâts aux municipales, a-t-il parlé à Mauroy d'une politique de relance à mener dès le lendemain de la sortie du blocage ? Les deux hommes le démentent. Pourtant Mitterrand écoutait déjà attentivement ceux qui lui suggéraient de tourner le dos à l'orthodoxie économique pour mener une politique de croissance. Ceux-là préconisaient un isolement provisoire de la France par une sortie du SME et, si nécessaire, une protection douanière contre les importations.

Seul « témoin » de ce tête-à-tête important : Nil, le labrador du président, qui gambade autour d'eux dans la forêt landaise.

Mauroy a senti le doute du président. Le 31 août, il lui fait remettre une longue note. Elle définit, pour l'après-blocage, un programme d'action visant à remédier aux faiblesses structurelles de l'économie française, dans le cadre de la coopération européenne.

Dès la rentrée, Mitterrand lui donne son accord et, reprenant une idée de Jacques Attali, décide d'organiser chaque semaine, le mardi ou le mercredi après-midi à l'Élysée, des Conseils restreints chargés de réfléchir sur les grands dossiers économiques.

Dans le huis clos de ces Conseils, auxquels participent le président, le Premier ministre et leurs conseillers économiques, les ministres des Finances et du Budget, ainsi que les ministres d'État Defferre, Jobert, Fiterman, Rocard et Chevènement, se joue, pour une part, la bataille qui domine, jusqu'au printemps 1983. Le plus grand affrontement politique au sein du gouvernement.

CHAPITRE 3

Le flottement

Avec ces Conseils restreints, le président reprend en main des dossiers passés progressivement, depuis le début de l'année, sous le contrôle de l'attelage Rivoli-Matignon. C'est aussi l'occasion de voir confrontées devant lui les thèses contradictoires des tenants de la rigueur et des partisans de l'« autre politique ». On retrouve là l'un des mécanismes de la méthode Mitterrand : le suzerain organise un tournoi. Ses chevaliers s'affrontent dans la lice. Le vainqueur lèvera l'armée des Croisades.

La confrontation commence dès la fixation de l'ordre du jour de ces réunions. Pierre Mauroy convainc François Mitterrand d'abandonner la méthode, proposée par Jacques Attali à Jean Peyrelevade, consistant à fixer trois mois à l'avance les sujets traités. « L'Élysée voulait nous imposer des thèmes dynamiques – croissance, industrialisation, planification – alors que nous voulions faire accepter des tours de vis supplémentaires – sécurité sociale, commerce extérieur, budget[1]. »

Le 21 septembre 1982, Conseil restreint sur les grands équipements. Jean-Pierre Chevènement planche sur le Fonds spécial de grands travaux, auquel tient tout particulièrement le chef de l'État.

« Il faut produire plus et mieux, investir, moderniser notre appareil productif, il n'y a pas de solution en dehors de la croissance », martèle avec assurance le ministre de l'Industrie qui refuse de se laisser enfermer dans l'alternative de la rigueur ou du laxisme.

1. Entretien avec Jean Peyrelevade, le 20 juillet 1989.

« On finance comment ? l'interrompt Delors agacé.

– Il faut mobiliser l'épargne, lancer de grands emprunts. »

Delors explose. Il entre dans une colère terrible, devient écarlate, se met à hurler : « Emprunter ! vous n'avez que ce mot à la bouche. Et quand on sera au FMI c'est moi qu'on tiendra pour responsable. Il n'y a plus d'argent. On ne peut plus emprunter. » La charge dure dix minutes. François Mitterrand, glacial, rappelle sèchement Delors à l'ordre.

Les chevaliers des deux camps, qui rapportent cette scène, conservent le même souvenir de ces joutes.

Jean-Pierre Chevènement, porte-drapeau des « croisés de la croissance » : « Mitterrand avait organisé avec ces réunions un vrai débat économique. Il essayait de se faire une religion à travers un réel effort de réflexion collective. »

Jean Peyrelevade, « cadet des compagnons de la rigueur » : « Mitterrand poussait à la roue, il encourageait sans cesse ceux d'en face. »

Un mois plus tard, nouvelle empoignade, décrite complaisamment par Jean Peyrelevade[1] : « Avant l'arrivée solennelle de Mitterrand, en retard, je dis à Delors et Rocard que notre déficit extérieur n'est pas dû à une question de taux de change, mais à la progression de notre demande interne, supérieure de cinq points à celle de la RFA depuis deux ans. La séance commence. Jobert analyse les 100 milliards de déficit prévus pour la fin de l'année. Rocard, tel qu'en lui-même, ne peut résister au plaisir de montrer qu'il est le plus intelligent et prend la parole pour répéter peu ou prou ce que je venais de lui dire. Se rendant compte de son pillage, il croit bon d'ajouter : “ Je ne fais que répéter ce que Peyrelevade vient de me dire. ” Mitterrand alors glisse ses yeux sur moi sans me voir, puis s'adressant à Mauroy lâche froidement : “ Monsieur le Premier ministre, je ne vous ai pas appelé pour faire la politique de Mme Thatcher ; et

1. Selon d'autres participants plus discrets, ce conseiller économique de Matignon en a un peu « rajouté ».

si, par extraordinaire, j'avais l'intention de la suivre, ce n'est pas à vous que je m'adresserais. " »

Pour l'« autre politique »

La politique de Mme Thatcher ? L'inacceptable, le mal absolu. Or, c'est sur cette voie que Mitterrand semble engager son pays en donnant raison à Mauroy et à Delors, partisans du retour aux grands équilibres par une réduction de la demande intérieure. Freiner la consommation, c'est réduire les importations, donc limiter le déficit des échanges extérieurs.

Mais est-il un autre chemin pour sortir la France de la crise, lui rendre sa compétitivité et parvenir à l'objectif premier : la réduction du chômage par la croissance ?

Mitterrand le pense d'instinct. Il est convaincu que la seule rigueur ne permettra pas à la France de vaincre la crise. Pour lui, il faut aussi « muscler » les entreprises, leur donner les moyens d'investir, les aider à surmonter leur endettement, bref, les aider à sortir de leur « délabrement » chronique : c'est la « modernisation », l'antidote de la crise, le passage le plus rapide possible d'une industrie vieillie et dépassée à une industrie tournée vers l'avenir, vers les marchés du XXIe siècle.

Mais comment y parvenir ? Comment réduire la durée de cette période forcément douloureuse entre l'ancien monde et le nouveau ? Y a-t-il un raccourci ? Tout le flottement de l'automne 1982 au printemps 1983 est inscrit dans cette problématique.

Ce flottement se prolonge car François Mitterrand se fixe un délai pour trancher. Il a en effet décidé d'attendre le lendemain des élections municipales de mars, qui s'annoncent perdues par la gauche, pour annoncer aux Français sur quelle voie il entend les mener jusqu'aux législatives de 1986. Comme l'écrit Serge July[1], il « s'est interdit pendant des mois de trancher sur le fond (...) il différait tous les choix stratégiques ».

Autour de Mitterrand les deux écoles s'affrontent.

1. In *Les Années Mitterrand,* Grasset, 1986.

Selon les uns, on peut parvenir à accélérer la sortie de la crise en échappant aux contraintes monétaires internationales. Il faut, pour un temps, déconnecter la France de cet environnement communautaire qui lui impose des taux d'intérêt insupportables.

Pour les autres, dans la ligne de la politique de juin, seule la discipline imposée par les règles du jeu monétaire européen permettra à la France de tenir son rang dans la compétition mondiale.

Mitterrand veut les deux.

Poursuivre la lutte contre l'inflation en réussissant la désindexation des salaires par rapport aux prix. Parier sur l'avenir de l'Europe, donc ne pas isoler la France économiquement et politiquement.

Mais aussi « donner de l'air » aux entreprises pour qu'elles investissent davantage, se modernisent et retrouvent en France leurs parts de marché.

Le président est donc sensible à trois conseils : il faut réduire les charges des entreprises, baisser le coût du crédit et protéger les produits français de la compétition internationale. Ce triptyque conduit à isoler pour un temps la France du reste du monde, à la fois par un recours à la méthode protectionniste des dépôts à l'importation et par un décrochage du système monétaire européen.

Ce choix axé sur la modernisation industrielle est celui des « visiteurs du soir », un conglomérat hétéroclite de ministres, conseillers, économistes et chefs d'entreprise. De l'automne 1982 au printemps 1983, le Premier ministre, auquel on doit cette appellation, les croise souvent à l'Élysée en quittant le président en fin de journée après avoir mis au point avec lui les détails de la politique de rigueur qui suit son cours. « Le jour, Mitterrand travaillait avec un gouvernement qui menait la politique décidée en juin 1982. Le soir, il recevait une concubine qui lui proposait une tout autre politique[1]. »

Ces « visiteurs » sont traités d'« Albanais » par leurs adversaires qui affirment que la sortie du SME obligera à fermer les frontières pour protéger le franc, donc à choi-

1. Entretien avec Pierre Mauroy le 5 juillet 1988.

sir la « voie suicidaire » de l'autarcie économique. Ces « Albanais » sont animés d'un même rejet des « oukases » de Washington, Bonn et Bruxelles. Et pourtant ils ne sont pas tous sur la même ligne idéologique.

Conseillé par l'économiste Jean Denizet, qui tient sa plume, Jean Riboud a une grande influence sur le président. Cet homme d'affaires, qui a hissé l'entreprise familiale Schlumberger au rang de multinationale, connaît Mitterrand depuis la Libération. Il lui fait part de sa vision micro-économique, tirée de son expérience personnelle. Son argumentation est séduisante. Elle paraît cohérente : les entreprises françaises sont en train de mourir, asphyxiées par les taux d'intérêt de 15 % à 18 % imposés par la nécessité de tenir le franc. Sous Pompidou et Giscard, elles ont survécu grâce à l'inflation permettant de rembourser leurs emprunts en monnaie dévaluée. Aujourd'hui, elles ne s'en sortent plus. Il faut rompre avec ce système endettement-inflation-dévaluation. L'État doit d'abord aider les entreprises à alléger leur dette. Leur permettre d'emprunter à des taux abordables. Ainsi, conclut Riboud, la France retrouvera une croissance saine si elle veut remettre son industrie au niveau de ses principaux concurrents. Une fois remusclés, on pourra supprimer toutes les mesures protectionnistes, réintégrer le SME et affronter à armes égales la nécessaire concurrence mondiale.

Fasciné par la révolution informatique et électronique en marche dans la Silicon Valley californienne, Jean-Jacques Servan-Schreiber, avec l'appui de Gaston Defferre, fait lui aussi le siège du président. Il veut le persuader de choisir le chemin le plus court vers la modernisation. Il lui parle d'une reconversion à l'américaine, du passage de la sidérurgie à l'ordinateur. Mitterrand, littéraire attiré par la science, « positiviste comtien », inspiré par l'idée de Progrès, dans la lignée des maîtres à penser de la gauche française, n'a pas de mal à se laisser convaincre. « Servan-Schreiber était l'un de mes visiteurs, mais pas un familier[1]. »

Pierre Bérégovoy et Jean-Pierre Chevènement sont eux

1. Entretien avec François Mitterrand le 5 mai 1990.

aussi partisans du salut par l'industrialisation à marche forcée. Cette démarche autonome de la France, prônée jadis par le gaullisme conquérant, rejoint à point nommé la volonté de « reconquête du marché intérieur », claironnée pendant la campagne de 1981.

Jean-Pierre Chevènement : « Tout le problème était, et est encore, de savoir si la France peut tracer un sillon original dans l'Histoire. Si elle peut choisir une voie indépendante. La faiblesse du franc rendait impossible la mise en œuvre d'une vraie politique industrielle. Il fallait donc trouver les moyens de rétablir la compétitivité de notre industrie. Continuer d'accrocher le franc au Mark était irréaliste [1]. »

Pierre Bérégovoy : « J'étais partisan d'une sortie du système avec une politique de rigueur extrêmement rude. Politiquement nous avions la possibilité de désigner les adversaires du dehors. Nous aurions ainsi eu les communistes avec nous pour dire : c'est la faute des Allemands et des Américains [2]. »

A l'Élysée, Charles Salzmann et surtout Alain Boublil [3], le conseiller pour l'industrie, plaident en faveur des partisans de l'« autre politique » : « Toutes les semaines je faisais une note au président lui indiquant les faillites d'entreprises. Je voulais lui prouver qu'à 17 % de taux d'intérêt elles ne pouvaient que s'effondrer. Je lui disais que l'appareil de production n'était pas capable de répondre et que la solution à nos problèmes n'était pas macro-économique, c'est-à-dire la réduction de la demande, mais micro-économique, c'est-à-dire des entreprises mieux équipées, des travailleurs mieux formés, des investissements encouragés. »

Mitterrand écoute, confronte, provoque le débat. Il remet à ses conseillers et à ceux de Pierre Mauroy les notes des « visiteurs du soir ». Il en attend une critique systématique. François-Xavier Stasse [4] est de ceux qui se livrent à cet exercice : « C'était un débat de fond, une

1. Entretien le 28 mars 1989.
2. Entretien le 28 novembre 1988.
3. Entretien le 24 janvier 1990.
4. Entretien le 20 octobre 1988.

lutte serrée chiffres contre chiffres, l'affrontement de deux écoles, de deux logiques. Mitterrand lisait tout »[1].

Michel Delebarre : « Mitterrand et Mauroy ont absorbé pendant ces quelques mois une quantité invraisemblable de chiffres et de prévisions économiques[2]. » Le directeur de cabinet de Mauroy a encore en mémoire le déjeuner organisé par le Premier ministre à l'hôtel Matignon avec Jean Riboud, qu'il voulait voir confronté et mis à l'épreuve par ses conseillers économiques Jean Peyrelevade, Daniel Lebègue et Henri Guillaume.

Ce déjeuner faisait suite à l'un des épisodes caractéristiques de cette période : recevant une note de Jean Riboud sur l'endettement des entreprises, François Mitterrand la tend à Pierre Mauroy : « Qu'en pensez-vous ? »

De retour à Matignon, le Premier ministre la remet à Jean Peyrelevade, qui, avant même de l'examiner, persifle : « Tiens, tiens, encore un miracle. » Riboud proposait en effet de faire intervenir la Banque de France dans le circuit des prêts aux entreprises afin d'éviter que celles-ci ne soient écrasées par les agios des banques commerciales. Le conseiller économique de Matignon rédige une contre-note : cette « recette » revient à remplacer les taux d'intérêt par la planche à billets. Mauroy la met dans sa poche et la donne à Mitterrand. L'affaire en reste là[3].

Laurent Fabius est, lui aussi, d'accord avec les « visiteurs du soir » pour que la France s'affranchisse momentanément des contraintes du SME. Il sait que Mitterrand, préoccupé par l'état de l'industrie, est séduit par cette thèse et que Delors la combat de toutes ses forces.

1. Un examen des archives de l'Élysée révèle que plus de sept cents notes économiques et monétaires ont été remises au président de la République entre mars 1982 et mars 1983, soit une moyenne de quinze par semaine avec des pointes allant jusqu'au double.

2. Entretien le 19 juillet 1989.

3. Jean Peyrelevade : « C'était une époque où Mauroy revenait de l'Élysée en nous disant souvent : Mitterrand a eu une bonne idée, mettez-moi ça à l'étude. On lui disait à chaque fois que ça ne tenait pas debout et il nous engueulait pour nous forcer à aller jusqu'au bout de nos arguments. »

Lorsqu'il présente le projet de loi de finances pour 1983[1] au Conseil des ministres du 1er septembre 1982, le ministre du Budget se fait insistant : « priorité à l'industrialisation ». La grande erreur de ce budget 1983 porte sur la prévision de croissance : 2 %, alors qu'elle n'atteindra que 0,6 %.

C'est le premier budget de la rigueur. Il n'y aura plus de relance par les finances publiques. Si l'État se serre la ceinture, le coup de frein à la progression des dépenses est, à l'instar du plan de rigueur de juin, jugé insuffisant par les milieux financiers internationaux. L'« effet paquebot »[2] joue à plein. La vitesse acquise par la relance de l'été 1981 et la mini-relance de Barre, trois mois plus tôt, continue de placer la France en tête des nations importatrices.

La pression sur le franc s'accentue en septembre et octobre, mais la devise française connaît un répit passager avec l'accès de faiblesse du Mark consécutif à la chute du chancelier Schmidt le 1er octobre. Une lueur de reprise apparaît enfin avec l'amorce de la baisse des taux d'intérêt américains. La faiblesse du franc empêche les autorités monétaires françaises d'accompagner entièrement et *a fortiori* d'anticiper cette tendance à la baisse du coût du crédit.

Le 15 septembre 1982, la France recourt de nouveau à l'endettement extérieur. Il faut soutenir le franc soumis à de nouveaux assauts à la suite de la hausse du dollar, des rumeurs de sortie du SME et de la mise en place, comme

1. Tout en intégrant les grands équilibres dans le cadre de la politique décidée en juin, notamment la stabilisation de la pression fiscale et le déficit limité à 3 % du PIB, Laurent Fabius annonce des économies, réalisées en grande partie sur les crédits militaires. Elles libèrent une trentaine de milliards pour moderniser l'appareil de production (24 % de plus pour l'industrie), développer les équipements publics et les grands travaux (18 % de hausse de crédits), accélérer la formation professionnelle (65 % de plus pour l'équipement des collèges d'enseignement technique).

2. François-Xavier Stasse : « A l'automne 1982 la France subit encore les conséquences des retards pris avec l'augmentation importante du pouvoir d'achat du second semestre 1981 et du début 1982 » (entretien le 20 octobre 1988).

en 1971, du « double marché monétaire ». Elle contracte un nouvel emprunt international de 4 milliards de dollars. « Le franc doit être défendu et nous en avons les moyens », déclare Delors le jour même en Conseil des ministres[1]. Il rappelle que Paris ne dispose plus que de « 260 milliards de francs de réserves de changes et d'or », soit une perte de 65 milliards en un an.

Pour François Mitterrand c'est là un « infarctus ». Il consent donc à une « médecine immédiate ». Oui à cet emprunt et à la poursuite de la rigueur pour le court terme, mais pour l'avenir le président demande « un changement de mode de vie ». Il faut « s'attaquer aux structures et notamment au problème des charges financières des entreprises », dit-il. « Il ne faut pas dire seulement que nous résistons, il faut passer à l'offensive », ajoute-t-il, après avoir reconnu que la politique de relance de 1981 a « contribué à alourdir les importations »[2]. Le président conclut : « Notre action a été hypothéquée par la situation internationale, et, il faut bien le reconnaître, par certaines des dispositions que nous avons prises nous-mêmes alors que nous arrivions au pouvoir et que nous avions promis des mesures immédiates. Nous n'avons pas à les regretter, elles étaient une obligation pour nous. »

« Si cela avait été fait... »

Le « problème des charges financières des entreprises », cette obsession de Jean Riboud et du patronat, conduit Mitterrand à demander au gouvernement de s'en saisir énergiquement. C'est l'un des messages contenus dans son discours du lundi 27 septembre 1982 à Figeac.

1. Document d'archives.
2. Un constat que lui avait notamment établi Jacques Attali une semaine auparavant dans une note datée du 9 septembre 1982 et intitulée : « Les Français achètent de moins en moins français. » Y apparaissait l'invasion des produits industriels étrangers : 26,8 % du marché contre 22 % en 1978. Une voiture sur trois est importée, près de la moitié de l'électroménager, plus de la moitié de l'habillement.

Sous les platanes de la place Vival, Mitterrand achève la première journée de sa visite officielle dans la région Midi-Pyrénées : « Le problème de l'endettement se pose comme l'une des explications principales de la crise. Il faut que l'ensemble des entreprises puisse échapper aux trois menaces du moment : l'alourdissement de leurs charges, la lourdeur des taux d'intérêt et la surcharge de leur endettement financier. C'est dans ces trois directions que je demande au gouvernement d'agir pour les écarter. »

Jacques Delors : « Ce jour-là Mitterrand nous a tous pris à contre-pied [1]. »

A Figeac, François Mitterrand ne s'adresse pas qu'aux chefs d'entreprise. Il prêche aussi la réconciliation nationale autour d'un objectif : « le rassemblement » pour accepter la « rigueur de l'effort ». Il tend la main vers ceux qui la lui refusent : « Le socialisme à la française, je n'en fais pas une bible. » Cet « aveu » calculé lui permet de faire porter sur l'héritage l'essentiel des difficultés structurelles de l'économie française. Giscard et Barre sont accusés d'avoir négligé les investissements de l'avenir, d'avoir laissé s'installer « le cancer de l'inflation » et de n'avoir en rien réglé le problème du déficit des échanges commerciaux. « Si cela avait été fait, nous n'aurions pas à le faire », dit-il à trois reprises pour expliquer que la gauche, elle, s'en chargera. Pour cela, affirme-t-il, l'action menée au cours des trois semestres passés a été indispensable : elle a permis de poser le socle de la reconquête avec la réduction des inégalités, la décentralisation, les nationalisations et le lancement des grands projets industriels – sidérurgie, textile, machine-outil, bois, cuir – et des grands travaux d'équipement public.

Mitterrand parle. En cet après-midi de fin d'été il a retrouvé la flamme du candidat socialiste. « Quoi ! est-il acceptable de demander que l'effort de la nation s'adresse toujours aux mêmes ? Quoi ! faut-il toujours demander aux plus faibles d'apporter le principal du sacrifice » ?

Mais les gueules noires de Carmaux et de Decazeville

1. Entretien le 5 juin 1989.

ne sont pas sensibles à ces accents évocateurs du lyrisme de Louis Aragon. Les licenciements menacent. Ils protestent bruyamment et agitent leurs banderoles : « Sauvons l'emploi. »

Mitterrand interrompt le fil de son discours : « J'épouse profondément vos mots d'ordre », mais reconnaissez au moins que « le rythme du chômage a été ralenti ».

Enfin l'argument : si nous ne cassons pas l'inflation, les acquis sociaux de 1981-1982 seront remis en cause. « Nous ne pouvons accepter que les avantages récemment conquis par la volonté des forces populaires soient à nouveau dévorés par l'inflation qui porte à détruire en toutes circonstances les fruits du travail de chacun. »

Dix jours avant de se rendre à Figeac, Mitterrand a pris connaissance des chiffres accablants préparés par l'équipe économique de l'Élysée : l'endettement total des entreprises françaises dépasse 1 000 milliards de francs, dont près de la moitié au débit des entreprises industrielles. Au CNPF on avance des chiffres deux fois plus élevés. Par rapport à leur capital social, les entreprises françaises sont trois fois plus endettées que leurs concurrentes ouest-allemandes, deux fois plus que les entreprises américaines ou britanniques.

27 septembre 1982 : un geste en direction des entreprises. 27 octobre 1982 : le gouvernement aborde en Conseil des ministres la sortie du blocage des prix et des revenus. Il doit légalement prendre fin le 1er novembre. Le succès du plan de rigueur de juin est en jeu. Il s'agit de passer sans tensions inflationnistes et sociales à la liberté surveillée pour les prix et à la désindexation pour les salaires.

« Le blocage a réussi », annonce un Jacques Delors triomphant. Les quatre mois du blocage ont réduit la hausse des prix de détail à 1,6 %. L'objectif des 10 % pour l'ensemble de l'année 1982 est à sa portée. Mais pour tenir le seuil des 8 % annoncés pour 1983, les semaines à venir sont décisives. « Pour la première fois en France nous allons faire de la désinflation programmée », annonce le ministre des Finances. Sa méthode pour « réussir une sortie progressive, programmée et ordonnée » : maintien du « contrôle des prix » partout où ne joue pas la concurrence[1].

A l'exception du gaz et de l'électricité, les tarifs publics ne devront pas dépasser le mur impératif des 8 %. Pour éviter une trop grande poussée des prix à la sortie du blocage, Mitterrand avait dû forcer la main de son ministre des Affaires sociales, Pierre Bérégovoy, en obtenant le report de six mois de l'instauration d'une vignette sur le tabac et l'alcool, prévue dans le plan de redressement des budgets sociaux annoncé fin septembre. « Faut-il, avec ces vignettes, nous offrir une hausse de l'indice des prix de 1,6 % en janvier – soit le double de ce qui sera atteint – alors que l'on peut réussir la négociation sur la sortie du blocage ? » avait demandé Mitterrand en Conseil, obtenant alors l'accord de Delors et surtout celui de Mauroy. Le Premier ministre a compris qu'il s'agissait là aussi d'une préoccupation électorale, à l'approche des municipales de mars.

Dans le secteur public et dans les branches, le gouvernement parvient à faire accepter par les syndicats l'abandon de l'échelle mobile des salaires. C'est une révolution qui met fin à l'indexation anticipée des hausses de salaires sur les prévisions des augmentations des prix[2].

1. Dans l'industrie, le blocage ne cessera qu'à partir de son remplacement par des accords par branches ou entreprises sur la base d'une hausse totale de 16 % en 1982-1983. Même principe dans les services où des accords de « régulation des prix » devront être conclus. Quant au commerce et à la distribution, malgré les jérémiades du ministre des petits commerçants André Delélis, leurs marges resteront « gelées » jusqu'à la fin de l'année et connaîtront un « abattement » annuel de 2 % dans la grande distribution et un « pincement » de 1 % dans le petit commerce.

2. Dans la fonction publique, le ministre communiste Anicet Le Pors réussit tant bien que mal à imposer cette idée de prédétermination des salaires sans indexation sur l'inflation. C'est la fin de « l'hyperindexation trimestrielle », mise en place sous Barre, qui revenait à donner forfaitairement tous les trois mois 1 % d'augmentation des traitements en prévision de la hausse du coût de la vie. Devant les résistances syndicales, Le Pors concède une clause de sauvegarde permettant d'aligner en fin d'année les salaires sur

Chaque point gagné contre l'inflation est un point de pouvoir d'achat préservé, expliquent les socialistes en cet automne 1982. L'argument finit par porter et permet dans le secteur privé la signature d'une centaine d'« accords nationaux », ouvrant la voie à la désindexation généralisée. C'est l'un des acquis fondamentaux de l'union de la gauche.

En réussissant à l'imposer aux communistes et à la CGT, Pierre Mauroy et les socialistes ont débarrassé la France d'un terrible boulet : l'anticipation permanente de la hausse des prix.

La sortie du blocage est accompagnée d'un plan d'assainissement des comptes de la Sécurité sociale, présenté au Conseil des ministres du 29 septembre. Le dispositif imaginé par Pierre Bérégovoy constitue un plan de rigueur dans la rigueur. Il signifie la fin des avancées sociales. Des mesures que la droite n'aurait pas pu ou osé prendre. Désormais les prestations n'augmentent pas plus que l'inflation, tandis que les hôpitaux sont appelés à resserrer leur gestion. Un « forfait hospitalier » de 20 francs par jour, non remboursables, est annoncé pour le printemps.

De même le gouvernement fait-il adopter une « contribution de solidarité » de 1 % du salaire brut destinée à combler une partie du déficit béant de l'UNEDIC (30 milliards de francs distribués au nombre croissant de

l'inflation réelle. Le ministre de la Fonction publique protestera énergiquement en mai 1983 quand, pour obtenir un nouveau prêt communautaire de 4 milliards d'ÉCU, Jacques Delors acceptera que la France « poursuive l'effort de désindexation » dans l'ensemble de l'économie. « Il faut cogner sur Delors pour empêcher ça », avait répété Le Pors aux dirigeants de son parti. « Comme pour le discours de Mitterrand au Bundestag, ils s'en foutaient, ils ne voulaient pas faire d'éclat là-dessus », se souvient-il (entretien le 9 novembre 1989). Un an plus tard, ce même ministre ne parvient pas à faire respecter la clause de sauvegarde prévoyant un rattrapage des traitements de 1 % sur l'année 1983. Les syndicats de fonctionnaires protestent en organisant le 19 juin 1984 une grève nationale. « Si le mouvement est suivi on lâchera ces 1 %, sinon on tiendra bon », le prévient Mauroy. « La grève est peu suivie, en dépit de mes encouragements à la CGT et à la FEN », raconte Le Pors. Ils n'auront donc pas leur augmentation rétroactive.

chômeurs à secourir). Pour la première fois, les fonctionnaires y sont assujettis. « Le gouvernement a mis le couteau sous la gorge des syndicats pour revoir ce régime d'assurance-chômage. Ça s'est traduit par environ 100 000 chômeurs de plus non indemnisés », remarque Bernard Pêcheur[1], alors conseiller de Fabius. 10 milliards sont économisés sur l'indemnisation du chômage, 10 autres renflouent les caisses grâce à la hausse de la cotisation.

« Il n'y a plus de grain à moudre »

La sortie du blocage se déroule dans des conditions difficiles pour les relations gouvernement-syndicats. La CFDT y adhère : elle accepte en silence. La FEN hurle. La CGT est bridée par l'attelage de l'union de la gauche, mené sur ce terrain par le tandem Mauroy-Krasucki. FO se rallie les chômeurs non secourus. Pour André Bergeron, les salariés n'ont plus rien à attendre de la gauche en matière de conquêtes sociales et de pouvoir d'achat : « Il n'y a plus de grain à moudre », commence-t-il alors à égrener.

Le Premier ministre lui répond le 12 octobre 1982 à Beuvry dans le Pas-de-Calais, lors d'un de ces voyages tendus où il essaie de convaincre son électorat que la gauche n'a pas abandonné ses idées : « Nous resterons fidèles aux objectifs de solidarité et de justice sociale qui ont toujours été les nôtres et nous ferons preuve de la rigueur et de l'imagination nécessaires. »

Même tonalité le 27 octobre, à la table du Conseil des ministres où il déclare : « La rigueur, nous la faisons, inutile d'en rajouter dans vos discours. » Une consigne de discrétion bien respectée en ce qui concerne la désindexation : ce bouleversement des habitudes est pratiquement passé inaperçu dans le débat politique de l'automne 1982. Au cours de ce Conseil[2], le chef du gouvernement s'emploie aussi à raviver la flamme. Haut les cœurs :

1. Entretien le 6 février 1990.
2. Document d'archives.

« Nous ne renonçons pas à nos objectifs de croissance. Que les événements internationaux nous contraignent à une certaine rigueur, c'est vrai. Mais il ne faut pas en faire une doctrine nouvelle. Nous sommes entrés dans des moments difficiles. Nous y faisons face, mais nos perspectives ne sont pas altérées. »

Pierre Mauroy[1] justifie son attitude : « On a fait notre conversion économique sur le tas, sans phrases. J'ai toujours refusé de dire que la rigueur était un changement de politique, mais je l'ai menée si fermement qu'elle apparaissait comme une autre politique. Pourtant nous faisions de la rigueur mais pas du libéralisme, nous pratiquions l'économie de marché, mais avec les lois Auroux et le souci permanent du juste partage. »

A l'Élysée des voix s'élèvent : « Mauroy est ringard, il est sur la défensive. » Quand il dit « nous resterons fidèles », c'est un aveu de culpabilité. « Il est temps de le remplacer », susurre-t-on à l'oreille du président. Mauroy n'en est pourtant qu'à la moitié de son parcours de Premier ministre.

Pauvre Mauroy ! Sur la lancée de son discours de Figeac, Mitterrand lui demande d'indiquer explicitement, dans une allocution prévue le 6 novembre à Lille, que le gouvernement s'engage à réduire les charges des entreprises. Le 5 au soir à Matignon, ses conseillers[2] rédigent le discours. Ils l'interrogent : comment va-t-on financer cette réduction ? Il est impossible d'aller au-delà d'une stabilisation des charges des entreprises. Mauroy est ennuyé : « Je ne sais pas. Vous n'avez pas des impôts indirects là, un point de TVA quoi ! » Mitterrand, inspiré par Bérégovoy, a soufflé cette solution à son Premier ministre. A Matignon les conseillers économiques résistent : « Pierre, tu ne peux pas sortir du blocage et annoncer en même temps une hausse d'un point de la TVA, sinon on retombe dans le cycle infernal inflation-dévaluation. » Finalement Mauroy noie dans un discours imprécis la promesse présidentielle de baisser les charges. Mécontentement de Bérégovoy ; il avait pris des engage-

1. Entretien le 2 mai 1989.
2. Entretien avec Jean Peyrelevade le 20 juillet 1989.

ments auprès d'Yvon Gattaz. Amertume du patron du CNPF ; il a le sentiment d'avoir été dupé.

A la fin de 1982, le Premier ministre a pourtant rempli son contrat : l'inflation ne dépasse pas 10 % ; les perspectives pour 1983 sont bonnes, même si la RFA connaît une hausse des prix deux fois plus faible. Le chômage est stabilisé sur « la crête des 2 millions » alors qu'il atteint 200 000 travailleurs de plus outre-Rhin et 1 100 000 de plus outre-Manche. La croissance française, 2,3 % en 1982, est la plus forte des grands pays d'Europe.

Mais le pays est loin d'être tiré d'affaire : faiblesse persistante du franc par rapport aux devises fortes du SME et surtout du dollar qui ne cesse de monter ; endettement record qui atteint 40 milliards de dollars ; déficit du commerce extérieur de 93 milliards de francs.

La rigueur de juin n'a donc pas suffi à freiner l'emballement.

Delors est aux cent coups. Il est catastrophiste : « Au téléphone toutes ses phrases commençaient par : " C'est la Bérézina ! " » se souvient Attali.

Mauroy, soumis à la pression constante de ses conseillers économiques, leur demande en décembre d'étudier un nouveau plan de rigueur. Aux Finances, on s'y prépare également. A l'Élysée, Stasse y réfléchit lui aussi.

Mitterrand est agacé : « C'est Reagan et Thatcher qui gagnent », lance-t-il à Delors[1] et à Jospin[2], qu'il reçoit régulièrement rue de Bièvre pour parler de la situation économique.

Le chef de l'État a exclu toute accentuation de la rigueur avant les municipales de mars. Pourtant il sait bien qu'il va falloir réagir. Si nous ne faisons rien « dans deux ans au plus tard, le FMI nous imposera bien plus », s'alarme Attali dans une note du 15 octobre : « Nous allons nous trouver le seul soldat hors de la tranchée sous la mitraille avec d'immenses dangers politiques, si nos partenaires poursuivent leurs politiques de déflation. »

Le conseiller spécial aligne des chiffres préoccupants :

1. Entretien le 5 juin 1989.
2. Entretien le 16 novembre 1988.

l'endettement de la France a doublé en 1982 et les réserves d'or et de devises sont tombées en un an de 325 à 260 milliards de francs. La hausse du dollar a gonflé la facture énergétique de 60 % en deux ans. Attali conclut sur l'urgence de réduire le déficit extérieur.

Le mardi suivant, 19 octobre, au cours d'un Conseil restreint sur le commerce extérieur, Mitterrand et ses principaux ministres et collaborateurs passent en revue toutes les recettes imaginables pour combler le déficit des échanges.

Le lendemain, mercredi, en Conseil des ministres[1], Michel Jobert fait le point sur le commerce extérieur : « Devant l'afflux des importations, il ne faut pas paniquer. Il faut faire preuve d'une certaine malice pour enrayer un volume trop important d'achats de l'étranger. » Il propose dix mesures « modestes » à mettre en œuvre sans attendre. Ainsi la France recourt-elle au protectionnisme déguisé qu'elle reproche pourtant à ses concurrents lors de chaque réunion du GATT, à commencer par le Japon. Obligation d'indiquer l'origine pour tous les produits vendus en France ou encore utilisation obligatoire du français dans les documents d'accompagnement des marchandises importées.

Dans la foulée, Jobert décide de porter un coup d'arrêt à l'invasion de la hi-fi japonaise. Il ordonne aux douanes de Poitiers de centraliser le contrôle de tous les magnétoscopes japonais importés. Cette mesure, éminemment contestable sur le plan de l'équité commerciale, freine les importations[2]. Et surtout, son but premier, elle frappe les esprits. Paradoxalement, elle touche moins les cadres, clientèle privilégiée de ces appareils, que les ménages modestes, dont les loisirs sont surtout centrés autour de la télévision.

Mais on ne redresse pas durablement le commerce extérieur avec des finasseries. L'Élysée continue de cher-

1. Document d'archives.

2. Au cours des dix mois précédents les Français avaient acheté plus de 400 000 magnétoscopes nippons à la suite de l'annonce de l'application au 1er janvier 1983 d'une taxe annuelle de 471 francs sur ces appareils.

cher la formule miracle permettant d'éviter le remède réclamé avec insistance par l'hôtel Matignon et la rue de Rivoli : un nouveau tour de vis réduisant la consommation, donc le niveau des importations.

A la fin de décembre, l'économiste britannique Nicholas Kaldor vient à l'Élysée porteur d'une idée révolutionnaire pour assurer l'équilibre de la balance des paiements sans dévaluation, ni sortie du SME. Est-ce le miracle tant attendu ?

Son principe est simple : l'État n'accorde de devises aux importateurs qu'en quantité égale à celles obtenues grâce aux exportations. Ces devises sont vendues aux enchères, sous forme de licences d'importation, à ceux qui veulent acheter à l'étranger.

C'est la mise en œuvre, poussée jusqu'à l'absurdité, du vieux principe : « exporter pour importer ». L'ennui c'est qu'il est inapplicable sauf à se couper de nos partenaires étrangers et à enfreindre allégrement les règles de la CEE et du GATT.

« L'année 1983 s'annonce comme l'une des plus difficiles que la France ait connues depuis la guerre », concluent les rédacteurs de *L'Année politique 1982*[1]. Dans ses vœux du 31 décembre, le président de la République promet aux Français que le pays « se sortira » de « la tourmente et de la crise universelle ». Il assigne quatre priorités pour l'année à venir : la formation professionnelle des jeunes, la politique familiale, la solidarité et l'entreprise, objectif « qui commande tous les autres. Il faut produire plus et produire mieux (...) modérer les charges sociales et financières, reconnaître leurs responsabilités à tous les travailleurs, inventer, investir, savoir vendre pour être compétitif ».

Le 4 janvier, Mauroy présente les vœux du gouvernement au chef de l'État. Il ne cache pas à ses proches que c'est sans doute la dernière fois qu'il se livre à ce rite. Abandonnant tout lyrisme il déclare : « Après les impulsions initiales est venu le temps de la gestion. »

L'année 1983 s'ouvre sur un « couac » gouverne-

1. Paris, Éd. du Moniteur.

mental. Invité du forum de *L'Expansion* le 6 janvier, Jacques Delors annonce la mise en réserve de 20 milliards de francs de dépenses votées dans le budget 1983. Aucun problème. Mais quand il indique que l'intérêt versé aux titulaires du livret A de la Caisse d'Épargne baissera le 15 janvier de 8,5 % à 7,5 %, pour tenir compte de la décélération de l'inflation, c'est le tollé. Pourtant le ministre des Finances s'est placé dans la logique des engagements pris par la gauche dès 1981 : faire évoluer le revenu de l'épargne populaire en fonction de la hausse des prix.

Mais, à deux mois des municipales, plusieurs ministres et de nombreux élus socialistes exigent le report de cette mesure forcément impopulaire. Ils l'obtiennent.

Le ministre des Finances[1] menace de démissionner, puis reprend sa démission après « une explication orageuse avec Mauroy[2] ». Jacques Delors : « Mitterrand m'a dit à ce moment-là : “ On s'est mal comporté avec vous ”, et il m'a demandé de rester. »

Jacques Delors précise qu'il s'est agi là de sa troisième et dernière menace de quitter le gouvernement. Faux, assure Attali : « J'ai eu à gérer des démissions de Delors à sept ou huit reprises[3]. » Mitterrand[4] ne tient pas cette comptabilité : « Delors a eu plusieurs fois envie de partir. » Jean Glavany[5] est plus précis : « Mitterrand parlait de la « démissionnite » de Delors. Il se montrait très agacé par ses états d'âme de catholique. Parfois il plaisantait : attention, on ne peut pas prendre cette décision, sinon on va encore avoir une démission de Delors. »

« Ne pas confondre socialisme et bureaucratie »

Le problème Delors réglé, surgit une autre difficulté de gestion gouvernementale : les relations entre l'État et les

1. Entretien le 5 juin 1989.
2. *In* Philippe Bauchard, *op. cit.*
3. Entretien le 5 mai 1990.
4. Entretien le 27 mars 1989.
5. Entretien le 18 septembre 1989.

entreprises nationalisées, ou, pour être plus précis, entre le ministre de l'Industrie Jean-Pierre Chevènement et les patrons du secteur public. Plusieurs d'entre eux font savoir à l'Élysée que l'interventionnisme du ministre et de son cabinet leur pèse. Ils ont toute la sympathie du conseiller du président pour les affaires industrielles Alain Boublil, en conflit ouvert avec Chevènement, chacun voulant imposer ses choix à l'autre.

Alain Boublil : « Chevènement voulait se comporter comme le président des présidents des entreprises nationalisées. Il a même encouragé ses services à se ruer sur cette proie alors que son rôle aurait dû être de les empêcher d'intervenir. Mitterrand n'était pas d'accord avec cette façon d'agir. Pour lui, ce n'est pas parce que l'État est propriétaire d'une entreprise qu'il est responsable de sa gestion [1]. »

Jean-Pierre Chevènement : « Mon pouvoir de ministre de l'Industrie était lié à mon autorité sur les patrons de nationalisées alors que j'engageais de difficiles restructurations. J'étais obligé d'être autoritaire car il fallait imposer une certaine logique industrielle. Avec Boublil ça se passait de façon exécrable. Il disait toujours : “ Le président pense que..., le président dit que... ” Boublil devenait le vrai ministre et je ne pouvais tolérer ce grave dysfonctionnement. Dans une lettre à Bianco j'ai demandé à Mitterrand de ne plus avoir de contacts avec Boublil. Mitterrand m'a donné son accord verbal [2]. »

Le 9 janvier 1983, le président invite à sa table les patrons de six entreprises nouvellement nationalisées et les fait parler de leur gestion. Boublil, présent à ce repas, assure que les patrons se sont plaints de l'interventionnisme tatillon du ministère, Roger Fauroux, alors patron de Saint-Gobain, allant même jusqu'à exhiber une lettre du ministère de l'Industrie [3] l'interrogeant sur le nombre et la marque de ses machines à écrire.

Trois semaines plus tard, au Conseil des ministres du 2

1. Entretien le 24 janvier 1990.
2. Entretien le 9 juin 1989.
3. Un peu plus de cinq années plus tard, en juin 1988, Roger Fauroux entrera au gouvernement comme ministre de l'Industrie.

février, Mitterrand a fait siennes leurs doléances. Après un exposé très construit de Jean-Pierre Chevènement sur la politique industrielle, le chef de l'État prend la parole : « Je m'inquiète des habitudes qui se prennent dans l'administration, peut-être avec l'aval des ministres de tutelle, concernant les contacts directs pris avec les entreprises nationales. Il faut se garder d'un excès de dirigisme et de bureaucratie (...) nous devons laisser leurs responsabilités aux organes dirigeants des entreprises. On intervient trop. La plupart de ces dirigeants sont appelés par des chefs de bureau, par des directeurs ; ils sont étrillés par des gens irresponsables et subissent des tracasseries. Cette situation risque de se retourner contre nous et d'aboutir à une mauvaise gestion, d'autant que ceux qui interviennent ainsi ne sont pas réellement compétents. »

Apercevant le visage crispé de Chevènement, Mitterrand prend soin d'ajouter : « Ce que je viens de dire ne vise pas spécialement les deux ministres principalement intéressés [Industrie et Finances], mais également cinq ou six autres. »

Et le chef de l'État conclut sur un « avertissement » : « Il ne faut pas confondre socialisme et bureaucratie. Je n'accepterai pas que cet interventionnisme se perpétue. »

Le Conseil s'achève. Mitterrand prend à part le ministre de l'Industrie[1] : « Ce que j'ai dit ne s'adressait pas à vous en particulier, mais à l'ensemble des ministres. Mon message était pour tous : éviter les excès d'une bureaucratie tatillonne. »

Chevènement n'est pas dupe de ces propos apaisants, d'autant qu'ils sont partiellement communiqués à la presse. « J'ai considéré que cet avertissement m'était adressé et j'en ai tiré les conclusions. » De retour à son ministère il rédige sa lettre de démission. « Votre déclaration m'enlève le peu d'autorité que je peux avoir sur les entreprises nationalisées », écrit ce valeureux ministre qui se dit « blessé » par les propos présidentiels. Il n'a plus la confiance entière du chef de l'État et lui dit que, sans son appui, il « ne sait pas faire ». Puis Chevènement réaffirme ses convictions : « Les nationalisations n'ont

1. Entretien le 9 juin 1989.

rien changé pour le moment. » Enfin, il récuse le reproche présidentiel : « est-ce être bureaucratique » que d'avoir restructuré l'électronique française ! « est-ce être bureaucratique » que d'avoir donné les moyens à la France de conserver une industrie chimique de premier rang !

Le ministre démissionnaire marque aussi son désaccord avec le choix de la rigueur fait en 1982 et réitère son appui à une politique de croissance fondée sur une forte volonté de justice sociale et d'indépendance nationale, seules capables à ses yeux de résister à la pression américano-allemande et à l'idéologie libérale et monétariste.

La démission de Chevènement reste secrète. Le président lui a demandé d'en différer l'annonce au lendemain des élections municipales, qui d'ailleurs s'annoncent très serrées pour le maire de Belfort. « Mitterrand garde ma lettre dans sa poche, il ne souhaitait pas que je quitte le gouvernement, mais me proposait d'attendre puis de changer d'affectation[1]. »

François Mitterrand parvient à calmer Jacques Delors après l'affaire du livret de Caisse d'Épargne. Il obtient de Jean-Pierre Chevènement qu'il garde pour lui sa décision de quitter le gouvernement. Mais il ne peut maîtriser le verbe d'un allié rétif et exigeant, le secrétaire général de la CFDT.

Interrogé le lundi 31 janvier 1983 sur le perron de l'Élysée au sortir d'une longue conversation avec le chef de l'État, Edmond Maire commet un impair : « L'hypothèse d'un deuxième plan de rigueur doit être maintenant envisagée. » Cette déclaration gêne considérablement Mitterrand. Elle renforce l'antipathie et la méfiance politique qu'il a toujours éprouvées pour ce représentant de la deuxième gauche, rocardienne, autogestionnaire ou néo-mendésiste.

L'Élysée fait immédiatement donner Jospin : « Le tournevis n'est pas, heureusement, le seul outil de politique économique. »

En « parlant vrai » sur le seuil de l'Élysée, Edmond Maire a pourtant cru venir en aide à Pierre Mauroy et à

1. Entretien avec Jean-Pierre Chevènement le 9 juin 1989.

Jacques Delors, soucieux de l'influence des « visiteurs du soir ». Le patron de la CFDT a voulu aussi préparer les salariés à une nouvelle cure d'austérité. « Maire a cherché à nous aider. En fait il nous a desservis », observe Peyrelevade [1]. Pour tenter d'apaiser la fureur élyséenne – au palais présidentiel on parle alors d'« acte d'agression » contre les socialistes – et celle du courant majoritaire du PS, Maire déclare le surlendemain, 2 février, à *Libération* qu'il « n'exprime nullement la pensée du président de la République ». Mais il assure avoir évoqué avec lui la politique de rigueur.

Michel Rocard vole au secours de son ami Edmond : « Quand on sent venir les échéances difficiles, il faut prévenir les gens », dit-il le même jour à *L'Expansion.*

Entre les Cassandre de la « gauche maso » et les « politiques » qui ne veulent pas désespérer Billancourt à un mois des municipales, premier scrutin national depuis 1981, Pierre Mauroy en est réduit à jouer les équilibristes. Pour ne pas dire les funambules : « Un excès de rigueur entraînerait une nouvelle poussée du chômage, un manque de rigueur laisserait repartir l'inflation [2]. » « Aucun plan d'austérité » n'est envisagé cette année, « les gros problèmes sont derrière nous (...), tous les indicateurs (...) se remettent tranquillement au vert ». « Il n'y a pas d'autre explication à l'enragement de nos adversaires : c'est le spectacle de la gauche en train de réussir » [3].

Pendant ces mois de remise en cause des certitudes économiques socialistes, Mitterrand impose une consigne : faire accroire que l'objectif demeure ; que seule la méthode change provisoirement.

Un « pieux mensonge » que Pierre Mauroy a du mal à faire passer. Le Premier ministre s'adresse avant tout à l'électorat populaire. Et ne fait pas dans la nuance. Pour maintenir la flamme, il préfère être accusé de mentir que de proférer des demi-vérités. Le maire de Lille a sa bonne foi pour lui. Il a accompli le plus dur en plaçant le pays

1. Entretien le 20 juillet 1989.
2. 10 février 1983 à *L'Unité.*
3. 16 février 1983 sur Antenne 2.

sur les rails de la rigueur et de la modernisation industrielle. Il sait bien que les résultats n'apparaîtront dans les indices que dans plus d'un an, quand il sera parti. Il a une obsession : éviter la déroute aux municipales.

Il est aussi, vraisemblablement, mû par une arrière-pensée : son avenir politique. Dans l'hypothèse probable où Mitterrand se sépare de lui après les municipales, il veut « tomber à gauche ». Un point de chute stratégique pour s'assurer une place de choix, et pourquoi pas la première, à la direction du PS.

« Quand j'ai entendu Mauroy parler de ses clignotants qui se mettaient au vert, je l'ai appelé aussitôt pour lui dire que c'était une erreur politique », assure Mitterrand[1].

En réalité, les indicateurs se mettent fébrilement au rouge. Une semaine avant le premier tour des municipales, la hausse des prix de janvier est annoncée : 0,9 %. Le commerce extérieur suit : 9,58 milliards de déficit. « La France est en mauvais état », déclare Valéry Giscard d'Estaing. Jacques Chirac caresse son électorat populaire : l'opposition, revenue aux affaires, ne remettra pas en cause les acquis sociaux de la gauche.

Le 2 mars 1983, Conseil des ministres électoraliste : le SMIC est relevé de 3,6 %. L'essence baisse de 5 centimes à la pompe. Sur le cuir des Renault 30 et des CX qui les conduisent à l'Élysée, les ministres découvrent, dans *Le Canard enchaîné,* une note de la direction de la Prévision[2] proposant à Delors deux dévaluations de 8 % au cours des dix-huit prochains mois.

Dimanche 6 mars 1983. Les résultats du premier tour révèlent une évidence : la gauche n'est plus majoritaire en voix. Son reflux est toutefois moins net que celui de la droite aux municipales de 1977. L'opposition conquiert 16 villes de plus de 30 000 habitants. Chirac triomphe à Paris, à deux arrondissements du « grand chelem ». Jean-Marie Le Pen fait irruption dans la vie démocratique en dépassant 10 % dans le XXe arrondissement de la capitale.

1. Entretien le 3 novembre 1983.
2. Du ministère de l'Économie et des Finances.

Il recueille les fruits d'une campagne largement dominée par le thème de l'insécurité et de l'immigration. Gaston Defferre est menacé à Marseille, Jean-Pierre Chevènement à Belfort, Pierre Bérégovoy à Nevers. A Lille, le Premier ministre est en ballottage dans son secteur. Les analyses convergent : la gauche n'a pas su mobiliser son électorat.

Outre-Rhin, la droite conduite par Helmut Kohl remporte le même jour les élections législatives : le Mark s'envole, le franc s'effondre.

Le dimanche 6 au soir, « tout le monde faisait grise mine [1] ». Mitterrand dîne à l'Élysée avec Hanin, Badinter, Rousselet et Estier. Il évoque l'avenir du gouvernement, les ballottages de Defferre, Chevènement et Bérégovoy. « S'ils sont battus au second tour, il faudra remanier dans la précipitation dès lundi. »

Au Conseil des ministres du 9 mars, amer constat de Pierre Mauroy : « Le premier tour est un échec. Le problème de la sécurité et des immigrés a certainement joué. De plus, pour l'électorat populaire, le gouvernement de la gauche ce sont d'abord des avantages matériels supplémentaires, ce sont des sous. Or, il n'y en a pas eu. On n'a pas assez donné à ceux qui attendaient et ceci ne pourra changer que s'il y a une reprise économique. » Puis il s'en prend à ceux qui, au gouvernement et à gauche, ont parlé imprudemment d'un nouveau tour de vis : « Ce n'était pas le moment d'en rajouter en annonçant qu'on allait faire preuve de davantage de rigueur. »

Le ministre de l'Intérieur, Gaston Defferre, est lui aussi préoccupé [2] : « Que va-t-il se passer dimanche prochain ? Trois hypothèses : si la droite amplifie son succès nous perdrons 45 à 55 villes de plus de 30 000 habitants sur les 60 que nous avions conquises en 1977 ; si l'opposition confirme simplement son succès, nous n'en perdrons que 35 à 45 ; si nous réussissons à dégeler nos abstentionnistes, la gauche ne perdra que 30 à 35 villes. »

Ce jour-là, Mitterrand n'intervient pas en Conseil. Mais les témoignages concordent. Il n'a cessé de répéter

1. Entretien avec Claude Estier le 2 juin 1989.
2. Document d'archives.

aux membres de son entourage qu'au-delà de 30 villes perdues après le second tour l'échec serait « grave ».

30 villes perdues, c'est, selon Claude Estier[1], le pronostic qu'a fait devant lui Mitterrand le samedi 5 mars au cours d'un déjeuner familial rue de Bièvre en présence de Jean Riboud et de Lionel Jospin. A l'Élysée, « Monsieur sondages », Charles Salzmann, sort de son ordinateur une perte de 25 villes. Selon d'autres témoignages, Pierre Mauroy estime alors à 40 le nombre de grandes villes perdues par la gauche.

L'entre-deux-tours est polémique, outrancier, haineux. Louis Mermaz traite Jacques Chirac de factieux[2]. Menacé par l'affable Jean-Claude Gaudin, Gaston Defferre se bat comme un lion blessé pour conserver la mairie du Vieux-Port qu'il contrôle depuis trente ans. Perdre Marseille est devenu le cauchemar des socialistes. Le « dauphin désigné », Michel Pezet, réagit : « S'adresser aux commerçants, aux joueurs de boules, faire les maisons, les quartiers, cela ne suffit pas. Il faut rencontrer les gens, monter les étages, parler, expliquer. » Defferre obtempère et ratisse les ZUP et les sorties d'écoles. Il mobilise tous ses réseaux, devient l'obligé de nombreux cheffaillons. Un attentat a endommagé la synagogue de Marseille. Le maire sortant insinue publiquement qu'il est « en rapport » avec le RPR, via le SAC. « Est-ce que j'ai une tête de poseur de bombes ? » répond Gaudin qui se sent politiquement visé par cette accusation[3]. La formule est plaisante, mais à Marseille plaire ne suffit pas. Grâce au nouveau découpage électoral pour les scrutins municipaux, Defferre conservera sa mairie, même si, en additionnant toutes les voix sur Marseille, il fut battu par Gaudin.

1. Entretien le 2 juin 1989.

2. Le mercredi 9 mars au club de la presse d'Europe 1, le président de l'Assemblée nationale déclare à propos du président du RPR : « Son ton est un ton de factieux. »

3. L'enquête révélera que l'attentat ne visait pas ce lieu de culte, mais que l'explosion de la voiture piégée devant la synagogue relevait d'un règlement de comptes au sein du « milieu ». Le préfet de police fut plus tard sanctionné pour avoir emboîté le pas au ministre de l'Intérieur.

François Maurice Adrien Marie Mitterrand aborde ce rendez-vous électoral la tête truffée de conseils contradictoires, de propositions, de stratégies économiques, monétaires et communautaires difficilement conciliables. Il les passe au crible du critère déterminant : l'efficacité politique.

Son objectif essentiel se situe dans le moyen terme : éviter la débâcle aux législatives de 1986, le seul scrutin qui remette en jeu le sort du gouvernement de la France.

Il sait qu'il va lui falloir prendre des mesures économiques draconiennes, passer de la rigueur à l'austérité : la France n'a plus les moyens de s'endetter davantage auprès de l'étranger. Les décisions sont reportées au lendemain des municipales[1].

On a écrit que Mitterrand se trouvait placé devant une alternative : la politique des « visiteurs du soir » – sortie du SME, entraves aux importations, rigueur, épargne et investissement à long terme – ou celle du camp Mauroy-Delors – comprimer encore plus la demande intérieure, c'est-à-dire la consommation des Français, dans la voie tracée en juin 1982.

Vers un « nouvel élan » ?

En réalité, on peut révéler aujourd'hui qu'il s'était vu proposer une troisième voie, une porte de sortie étroite, combinant les avantages des deux options précédentes et cherchant à en réduire les inconvénients.

1. Les analyses divergent sur les conséquences économiques et financières de ce report :

Jean Peyrelevade : « L'échéance des municipales a tout gelé. Le retard du correctif de novembre à mars nous a coûté cher. En novembre on proposait 10 à 20 milliards de prélèvements sur la demande intérieure. En mars on en est à 30 ou 40 milliards. »

Hervé Hannoun : « La décision de retarder de deux ou trois mois le nouveau plan de rigueur pour le faire après les municipales a eu un coût marginal. »

Philippe Lagayette : « Ça n'a rien changé à la gravité du problème d'attendre les municipales et les élections allemandes, qui nous obligeaient à reporter la négociation d'un réaménagement monétaire. Les choses n'étaient pas à deux ou trois mois près. »

C'est le « Nouvel Élan ».

Stratégie qui ne vit pas le jour et tomba dans les oubliettes de l'Histoire.

Préparée depuis janvier dans le secret de l'Élysée sur l'initiative de Jacques Attali, elle vise essentiellement à convaincre Mitterrand qu'une politique hardie de renforcement de la capacité industrielle de la France, de « sortie structurelle de la crise », est possible sans larguer les amarres de l'Europe, en maintenant le franc dans les contraintes du SME et en tablant autant que possible sur la solidarité européenne.

Pour réussir, ce New Deal à la française requiert l'agrément de l'Allemagne fédérale, principal client et fournisseur de la France. Paris doit en effet obtenir de Bonn un réaménagement des parités deutsche Mark-franc dans lequel la RFA consentirait à réévaluer suffisamment pour que la France évite de dévaluer, et puisse même, dans l'idéal, réévaluer légèrement sa devise [1].

Dans l'esprit de Jacques Attali, qui rejoint là les préoccupations de Jean-Louis Bianco, Christian Sautter, François-Xavier Stasse et Élisabeth Guigou, il faut à tout prix ôter de l'esprit de Mitterrand cette idée de sortie du SME.

Le 21 février 1983, Élisabeth Guigou, conseiller technique à la présidence chargée depuis six mois de l'économie internationale, transmet une note au chef de l'État sur les « conséquences économiques d'une sortie du SME ». Le quitter provoquerait « une baisse immédiate de 10 à 15 % du franc par rapport au dollar. Le déficit extérieur augmenterait de 2 milliards par mois. La France, qui a emprunté pour 90 milliards de francs en 1982, a saturé ses possibilités d'endettement extérieur sans conditions ». Si le franc sort du SME, la France, « pour financer la balance des paiements, sera conduite

1. Un simple rééquilibrage de l'écart d'inflation entre les deux pays, réalisé par la seule dévaluation du franc, ne produirait pas l'effet escompté. Dévaluer le franc c'est renchérir les importations en dollars. Réévaluer le Mark, c'est se remettre à niveau avec notre principal concurrent commercial, mais sans renchérir la facture pétrolière, sans pénaliser le tiers des importations françaises libellées en dollars.

avant la fin de l'année à solliciter des prêts à la CEE ou au FMI. Mais cet argent ne nous serait prêté qu'à la condition d'appliquer un plan de redressement imposé de l'extérieur ».

La note est sans ambiguïté. Pour enfoncer le clou, Jean-Louis Bianco y ajoute au stylo : « Monsieur le Président, sortir du SME nous mettrait au FMI. »

La jeune femme[1] définit le rôle de Jacques Attali : « Depuis la sortie du blocage, à l'automne 1982, le club des Cinq[2] se réunissait presque tous les jours. A l'époque Attali était le seul du groupe à pouvoir exercer une influence sur le président et il a joué un rôle extrêmement positif. Dans les déjeuners organisés par le président avec Jean Riboud et Pierre Bérégovoy, Attali défendait nos positions avec beaucoup de courage et de conviction. Il a pris ses responsabilités. »

Élisabeth Guigou précise : « En arrivant à l'Élysée, Mitterrand n'avait pas l'intimité avec les techniques monétaires que pouvait avoir Giscard d'Estaing. Il a cherché à diversifier au maximum ses contacts et à entendre tous les points de vue. Il ne voulait pas être prisonnier d'une seule école de pensée. Quand il me faisait venir pour parler des questions monétaires, il cherchait toujours à décoder le langage technocratique. Il voulait avoir la certitude de pouvoir tout expliquer de façon simple au pays. »

Pour diversifier ses contacts, Mitterrand organise fin février un déjeuner d'économistes. L'idée venait de Jacques Attali, qui souhaitait mettre en place un groupe permanent d'experts économiques chargé de conseiller le chef de l'État[3].

Le déjeuner a lieu dans le décor blanc et acier de la

1. Entretien avec Élisabeth Guigou le 14 novembre 1988.
2. Attali, Bianco, Guigou, Sautter et Stasse.
3. Jean-Marcel Jeanneney, Pierre Uri, Jean Denizet, Jean Riboud, Edmond Malinvaud figurent parmi les noms avancés par le conseiller spécial. Mitterrand reçoit également Serge-Christophe Kolm, qui conseille la sortie du SME. Il parle également avec son ami François Dalle, le PDG de la multinationale L'Oréal, qui l'implore de ne pas sortir.

salle à manger des appartements privés de l'Élysée, œuvre de l'artiste israélien Agam. Chacun s'exprime.

Jacques Attali : « La conversation devient un gigantesque capharnaüm. Tous les avis contraires sont mis en avant. Personne ne dit la même chose. Mitterrand quitte la table renforcé dans sa certitude que tout est politique [1]. »

Élisabeth Guigou et Jean-Louis Bianco assurent que le président a décidé dès janvier ou février de maintenir le franc au sein du SME. Ce point de vue n'est pas partagé par les autres conseillers économiques de l'Élysée, de Matignon ou des Finances : le chef de l'État n'a jamais dit clairement ce qu'il comptait faire.

François Mitterrand : « Je ne désirais pas sortir. L'appréciation était difficile. Mon opinion n'était pas faite et je souhaitais avoir assez d'arguments pour ne pas le faire [2]. »

Il balançait : « Sortir du serpent aurait été embêtant sur le plan européen et illogique par rapport à la finalité de mon action. Mais en même temps je sentais que, contrainte par les obligations du SME, la France n'avait pas les coudées franches. »

Pendant trois mois le « club des Cinq » inonde Mitterrand de notes alarmistes, au point que Bianco est obligé d'en arrêter quelques-unes. Le message est le même : la France ne peut plus emprunter sans mettre en cause son indépendance économique, donc politique. Un catalogue de mesures est mis progressivement au point : « multiplier les entraves aux importations », généraliser les économies d'énergie, instituer un système de « dépôts à l'importation », réduire le crédit à la consommation en invoquant au besoin les clauses de sauvegarde du traité de Rome. Le « Nouvel Élan » se propose de redresser l'économie française sur une période de trois ans. Toute sa logique est politique : il faut arriver aux législatives du printemps 1986 dans les meilleures conditions.

Sur le plan monétaire, Attali [3] souligne l'importance

1. Entretien le 2 janvier 1989.
2. Entretien le 27 mars 1989.
3. Dans une note au président datée du 21 janvier 1983.

d'une réévaluation du deutsche Mark. Il avance le chiffre de 7 % qui permettrait au franc d'être « symboliquement » réévalué de 2 %. « Si les Allemands renâclent, il serait possible de réussir en les menaçant de l'application de clauses de sauvegarde aux importations[1]. »

Trois semaines plus tard[2], il demande à Mitterrand d'autoriser des négociations secrètes avec Bonn en vue d'obtenir cette réévaluation. Bianco, le germaniste de l'Élysée, sera dépêché à la chancellerie fédérale pour amorcer ces pourparlers avec la nouvelle équipe mise en place par Kohl au lendemain de sa victoire aux élections législatives du 6 mars.

Les économistes de l'Élysée font miroiter au président l'idée d'un plan de relance de l'économie mondiale que le chef de l'État pourrait proposer au Conseil européen de Bruxelles, prévu pour les 21 et 22 mars.

Mitterrand doit également résoudre une équation : quels hommes pour quelle politique ?

S'il sort du SME, François Mitterrand[3] remplacera Pierre Mauroy, sauf si ce dernier accepte de mener cette « autre politique » qu'il combat depuis le premier jour. L'entourage chuchote le nom de Pierre Bérégovoy comme favori pour conduire l'« autre politique ». On assure que Laurent Fabius est aussi dans la course.

S'il joue la carte du maintien dans l'Europe, Pierre Mauroy et Jacques Delors ont toutes leurs chances pour Matignon.

Enfin, si le « Nouvel Élan » est retenu, tout est ouvert.

Au-delà du choix du Premier ministre, le chef de l'État ne cache pas qu'il souhaite resserrer son équipe. Des noms circulent : Jean Riboud ou Édith Cresson au Commerce extérieur, le maire de Grenoble Hubert Dubedout au Tourisme, le banquier Jacques Mayoux à la maîtrise de l'Énergie.

1. Le traité de Rome permet aux États membres de la Communauté économique européenne d'invoquer l'intérêt supérieur de la nation pour déroger aux règles de la libre circulation des biens et des capitaux.

2. Dans une note datée du 9 février 1983.

3. Entretien le 16 mars 1989.

Se séparer de Mauroy, c'est signifier à l'opinion que la gauche s'engage dans une phase nouvelle. Cette option comporte le risque du départ des communistes[1]. Mitterrand n'y tient pas. Il engage le pays dans des jours difficiles et ne veut pas voir s'ouvrir une opposition sur sa gauche.

Le garder présente aussi des inconvénients. Le Premier ministre affronte l'usure, l'impopularité médiatique et la contestation ouverte au sein de l'appareil socialiste[2]. Robert Badinter, Charles Salzmann et Jack Lang s'interrogent devant Mitterrand. Ils penchent plutôt pour un renouvellement à Matignon.

1. Marcel Rigout s'en fait l'écho *a posteriori* : « Le fait que Mauroy soit resté après mars nous a aidés à rester, car l'idée de partir commençait à se répandre » (entretien le 26 mai 1989).

2. A commencer par le président du groupe à l'Assemblée Pierre Joxe, qui demande la tête de Pierre Mauroy.

CHAPITRE 4

L'alignement

« Les dix jours qui ébranlèrent Mitterrand [1] », « les dix jours qui ébranlèrent François Mitterrand [2] », « la décade prodigieuse [3] ». Ces journées du 13 au 23 mars 1983 méritent sans aucun doute un récit détaillé pour deux raisons : l'importance des enjeux économiques et politiques et la manière dont Mitterrand a pris ses décisions. Atermoiements, hésitations, improvisation, tergiversation, réflexion, doute, machiavélisme, interrogation, comédie, pédagogie, tactique, stratégie ?

« Médiatique tout ça », répond Mitterrand [4], qui ne se reconnaît qu'une faiblesse : avoir consulté largement en sous-estimant les risques de fuites : « J'ai sollicité des avis très nombreux, je ne me suis pas méfié des journalistes et chacun des experts que je consultais se répandait en larges confidences. On parlait alors de mon hésitation totale. J'en ai tiré une leçon : un président de la Ve République ne peut pas consulter car s'il le fait c'est qu'il hésite. Il doit avoir la science infuse ! »

Voici donc l'histoire de ces fameuses journées [5].

1. Philippe Bauchard, *op. cit.,* 1986.
2. Catherine Nay, *op. cit.,* 1987.
3. Franz-Olivier Giesbert, *op. cit.,* 1990.
4. Entretien le 27 mars 1989.
5. Nous n'avons pas précisé l'origine de plusieurs éléments de ce récit quand ceux-ci nous ont été confirmés par au moins deux sources.

Dimanche 13 mars : le sursaut

Au soir du second tour des municipales, l'opposition remporte 30 villes de plus de 30 000 habitants. La majorité a réussi à limiter les pertes grâce à une meilleure mobilisation de son électorat et à un bon fonctionnement de la discipline républicaine entre électeurs communistes et socialistes. Aucun ministre n'est battu. Gaston Defferre a gardé Marseille, Pierre Bérégovoy a conservé Nevers à la gauche et Jean-Pierre Chevènement a sauvé Belfort. Édith Cresson, à Châtellerault, est le seul membre du gouvernement pouvant s'enorgueillir d'avoir conquis une grande ville. Jacques Chirac confirme son triomphe à Paris où il remporte les vingt arrondissements.

L'urgence d'un remaniement ministériel n'est donc plus de mise, ce qui n'empêche pas les rumeurs persistantes dans les rédactions.

A l'Élysée, Mitterrand passe presque toute la soirée dans son bureau et reçoit brièvement Jospin, Cheysson et Bérégovoy. Le gotha socialiste soupire de soulagement et trinque devant les buffets dressés dans le salon du premier étage sous les portraits de De Gaulle et de Pompidou.

Mitterrand appelle Mauroy à Lille pour le féliciter d'avoir conservé son beffroi et l'invite à passer le voir le lendemain matin.

Attali note dans son cahier : « Le président s'interroge devant moi : faut-il changer de gouvernement ? Puis il m'indique qu'il faut sortir du SME. Je suis contre. »

Estier écrit dans le sien : « Mitterrand veut opérer des changements en faisant appel à des hommes susceptibles de rassurer l'opinion. »

Lundi 14 : sortir du SME ?

10 heures, dans le bureau présidentiel.

Mitterrand : « Pierre, voilà, j'ai décidé de lancer une

autre politique qui implique la sortie du franc du SME et nous évite la dévaluation. C'est un réajustement politique de nos orientations économiques. »

Mauroy[1] : « Non, je ne peux pas appliquer cette politique. Je ne resterai pas Premier ministre.

– Je vous demande de rester à Matignon au moins pour amorcer cette autre politique.

– Je comprends très bien que vous vouliez changer de politique mais je ne suis pas d'accord. Sortir du SME serait une catastrophe. Le dollar va grimper et le franc va descendre vers le précipice sans qu'on puisse le retenir.

– Réfléchissez, Pierre, et convenons de nous revoir en fin de journée. »

Attali note ce jour-là : « Mitterrand a demandé à Mauroy de lui proposer un nouveau gouvernement resserré pour faire la politique du flottement du franc. »

Mauroy regagne Matignon. Delebarre, son directeur de cabinet, ironise : « Pierre, si tu changes de politique tu auras un certain nombre de problèmes, mais en plus tu vas être obligé de changer de cabinet. » Peyrelevade[2] et Guillaume déjeunent avec Mauroy. Ils l'incitent à démissionner. Jacques Delors arrive pour le café. Mauroy, qui vient de s'opposer fortement à Mitterrand, veut s'assurer du soutien politique de son ministre des Finances. Il redoute que Delors, sentant Matignon à sa portée, ne l'abandonne pour conclure une alliance avec Bérégovoy et Fabius sur la base d'une sortie du SME. Si tel était le cas, Mauroy se serait retrouvé seul à s'opposer à l'« autre politique » et, une fois remercié pour ses bons et loyaux services, il aurait été totalement isolé au sein du Parti socialiste.

D'emblée, le ministre des Finances le rassure : « Je ne ferai jamais partie d'un gouvernement mettant en œuvre l'autre politique. »

Le Garrec[3] entre ensuite sans frapper dans le bureau

1. Entretien le 2 mai 1989.
2. Entretien le 20 juillet 1989.
3. Entretien le 19 avril 1990.

du Premier ministre : « Pierre, tu ne dois pas partir, ne cale pas, nous finirons par faire passer nos vues. »

A l'Élysée, Mitterrand déjeune avec les deux Faure, Edgar et Maurice. Il évoque l'idée d'un nouveau gouvernement Mauroy.

Mitterrand réunit ensuite les partisans de la sortie du SME, Bérégovoy, Fabius et Riboud. Il leur demande un plan d'action concret. Puis il retrouve Jospin, Mermaz et Joxe rue de Bièvre ; il les consulte sur l'éventualité d'un changement de Premier ministre. Bérégovoy[1] les a rejoints. Il se souvient de la conclusion sibylline de Mitterrand : « Je prendrai quelqu'un de sérieux et responsable. »

17 heures : Mauroy[2] retrouve Mitterrand à l'Élysée : « J'arrive avec ma lettre de démission. Je la garde dans ma poche mais je tiens le même discours que le matin. Je suis toujours décidé à partir et je dis au président : Conduire sur une route verglacée, ça je ne sais pas faire. Il me répond : Votre politique est courageuse, vous êtes courageux, mais cela nous coûte cher politiquement. Je vais voir, conclut Mitterrand. Faites votre travail de Premier ministre, ne parlons pas de démission. Je sors du bureau décidé à ne pas me laisser faire, mais je sens que Mitterrand est en exploration et donc je ne bouge pas. »

Sur son carnet, Attali note : « Mauroy a été magnifique. »

Mitterrand entre à 19 h 15 dans le bureau d'Attali : « J'ai demandé à Mauroy de réfléchir et de ne pas démissionner. »

Thierry Pfister[3] ajoute un élément essentiel sur cet entretien. Selon le conseiller politique de Mauroy, le président et le Premier ministre ont mis au point une stratégie qui s'articule autour de l'attitude allemande. Ils décident d'entrer en contact avec Bonn pour convaincre

1. Entretien le 25 mai 1989.
2. Entretien le 2 mai 1989.
3. *Op. cit.*

Kohl d'accepter une réévaluation du deutsche Mark. C'est le scénario prévu par les partisans du « Nouvel Élan ». Si les Allemands refusent on pourra toujours envisager une sortie du SME. Le soir même, Bianco part incognito à Bonn. A partir de ce moment-là, le chancelier fait pression sur son ministre des Finances Gerhard Stoltenberg et sur le lobby des milieux d'affaires et de la Bundesbank pour qu'ils acceptent, par solidarité avec la France, de consentir une réévaluation importante du deutsche Mark.

Mardi 15 : les deux fronts

Le petit déjeuner du mardi, réunissant à l'Élysée Mitterrand, Mauroy, Jospin, Attali et Bianco, est annulé. La presse s'installe dans la cour de l'Élysée, voyant là le signe d'un remaniement imminent.

10 h 30 : entretien Mitterrand-Mauroy. La RFA n'a pas encore répondu définitivement aux propositions françaises. C'est mauvais signe. A Bonn, les autorités allemandes décident de refuser une réévaluation unilatérale du deutsche Mark, estimant n'avoir aucune responsabilité dans la montée spectaculaire de leur devise sur les marchés des changes. Pour la coalition au pouvoir en RFA, le Mark fort c'est la récompense d'une politique d'austérité très coûteuse en terme d'emplois.

11 heures : Mitterrand reçoit Bérégovoy, Fabius et Riboud : « Où en êtes-vous avec le travail que je vous ai demandé ? » « Dans la tête de Mitterrand, note " Béré ", c'était moi à Matignon et Fabius aux Finances. Ce jour-là l'idée de sortir du SME faisait partie des options de Mitterrand. »

Au même moment, Attali retrouve Delors et Mauroy à Matignon. Les partisans de la rigueur serrent les rangs. « Jacques, ça ne va pas marcher, Mitterrand veut sortir du SME, il faut absolument convaincre quelqu'un de l'équipe adverse de se rallier à nous », dit Attali à Delors. Il persuade le ministre des Finances, jaloux de ses prérogatives, de laisser son ennemi Fabius aller voir le directeur du Trésor Michel Camdessus. Fabius est pour la sortie du SME et Attali estime que, face à la réalité des chiffres des réserves de change, le ministre du Budget peut être le maillon faible qui désolidarisera les partisans de l'« autre politique ».

En début d'après-midi, Mitterrand propose Matignon à Delors à condition qu'il accepte l'idée d'une sortie du SME. Delors refuse.

Mauroy convoque son équipe : « Les partisans de la sortie du SME ont quand même des arguments. » Les conseillers de Matignon recourent à la même méthode qu'Attali. Ils sont si assurés d'avoir raison qu'ils vont faire entendre à leur patron les tenants de la thèse adverse : entrée de Jean Deflassieux et de Pierre Uri, qui exposent les avantages d'une sortie. Mauroy retrouve Peyrelevade et Guillaume : « C'est vous qui avez raison. »

Mercredi 16 : le bluff

La presse parisienne annonce pour ce jour le remaniement ministériel.

8 heures : petit déjeuner Mauroy-Delors à Matignon. L'attelage est solide. Le ministre de l'Économie indique au Premier ministre que les Allemands n'ont pas l'air très décidés à réévaluer sans un effort parallèle de la France.

9 heures : entretien Mitterrand-Mauroy à l'Élysée. Nouvel échange de vues sur les avantages et inconvénients des deux politiques. La conversation dure près de deux heures. Mauroy est fatigué, il n'a pas fermé l'œil de la nuit. Il est sensible aux arguments politiques de Mitterrand et se dit que, si Paris réussit à obtenir de Bonn une forte réévaluation du deutsche Mark, le spectre de la sortie du SME sera écarté. Avant de descendre dans le salon Murat où attendent des ministres inquiets, Mauroy accepte de rester à la tête du gouvernement sans exiger l'abandon de l'« autre politique ».

Toute la force de la relation Mitterrand-Mauroy se

révèle dans ce moment-là. Les deux hommes travaillent ensemble depuis douze ans. A l'exception du refroidissement de l'après-Metz (1979-1980), où Pierre Mauroy avait soutenu Michel Rocard, ils ont intimement partagé les grandes décisions du PS. La répartition des rôles n'a pas changé avec l'arrivée au pouvoir. A l'Élysée, comme rue de Solférino, Mitterrand donne les grandes orientations et Mauroy les met en musique. Avec Mauroy à ses côtés, Mitterrand est en confiance, il n'est pas seul, il partage un peu le fardeau. Mauroy, lui, n'existe pas sans Mitterrand. Il dépend de lui. Dans cette épreuve de mars, ils sont au coude à coude. Finalement Mauroy suit Mitterrand, comme toujours, sur les grandes questions. C'est inscrit dans leur compagnonnage.

11 heures : Conseil des ministres[1]. Mitterrand commente les municipales : « Le coup est passé près (...) l'opinion a répondu présent au moment où on ne l'attendait peut-être plus. » Il annonce qu'il parlera aux Français le mercredi suivant, 23 mars, soulignant qu'il n'avait aucune « obligation » de le faire plus tôt. « Doit-on renverser le gouvernement parce que l'on a perdu 28 communes ? lance-t-il, visiblement exaspéré par le diktat des journalistes qui lui avaient fixé rendez-vous pour parler au lendemain des municipales (...). La seule chose que j'avais fait savoir c'est qu'une décision rapide aurait dû être prise au cas où il y aurait eu lieu de remplacer certains ministres battus (...). Je ne parlerai que la semaine prochaine, de manière à pouvoir prendre en compte, non seulement les aspects internes des problèmes, mais aussi les aspects extérieurs. » Il demande aux membres du gouvernement de continuer de « faire leur travail tranquillement, assurés de ma confiance collective et individuelle ».

Jobert[2] est ailleurs. Il consacre ce Conseil à la rédaction de sa lettre de démission. Il ne supporte plus d'être la mouche du coche. Il estime ne pas avoir pu peser dans la stratégie économique. Il ne veut pas endosser la res-

1. Document d'archives.
2. Entretien le 8 avril 1983.

ponsabilité du déficit des échanges commerciaux de la France. « Mitterrand était intrigué de me voir écrire sans cesse. »

A la sortie du Conseil, Mitterrand prend Fabius[1] à part et, convaincu par Attali de mener cette démarche, lui dit : « Imaginez que vous êtes ministre de l'Économie et des Finances. Que faites-vous ? » Fabius, qui relate cette scène, comprend alors pourquoi, avant le Conseil, Attali lui a demandé de vérifier « pour le président » l'état des réserves de la France auprès du directeur du Trésor Michel Camdessus.

De retour rue de Rivoli, il convoque ce haut fonctionnaire, qui lui confirme les données de Delors : 30 milliards de francs de réserves en devises, à peine de quoi tenir quelques jours. Une sortie du SME aboutirait à un décrochage d'au moins 20 % du franc par rapport aux autres devises alors que la France a épuisé ses possibilités d'emprunts internationaux. Pour défendre le franc, il ne resterait qu'une seule solution, une hausse immédiate et considérable des taux d'intérêt sur les marchés monétaires et financiers. Ils pourraient passer de 14 à 20 %. Une sortie du SME aboutirait donc à l'effet inverse de celui recherché par les partisans de cette voie : une hausse rédhibitoire des taux d'intérêt privant les entreprises de la possibilité de relancer leurs investissements grâce à un crédit abordable.

« A ce moment-là, j'ai vu brusquement Fabius changer de visage. Il n'avait pas perçu toutes les conséquences d'un décrochage brutal du franc en cas de flottement généralisé », témoigne Camdessus[2].

« Je tire de cet entretien la certitude que si nous sortons du SME, les avantages attendus d'une telle décision nous conduiront à une plus grande rigueur, car le franc va dégringoler[3]. » Aussitôt Laurent Fabius fait part de ses conclusions à François Mitterrand : « Je crois avoir joué le rôle de déclencheur de la décision de Mitterrand. »

1. Entretien le 13 juillet 1988.
2. *In* Philippe Bauchard, *op. cit.*
3. Entretien avec Laurent Fabius le 13 juillet 1988.

Mitterrand s'est également fait confirmer les chiffres de Fabius par Gaston Defferre, qui conclut lui aussi à l'impérieuse nécessité de rester dans le SME.

16 heures : dans le jardin d'hiver de l'Élysée, Mitterrand reçoit les lettres de créance des nouveaux ambassadeurs du Liban, du Laos et de la Dominique.

18 heures : Cérémonie de remises de décorations dans la salle des fêtes. Le président prend Estier[1] et Mermaz à part et leur dit : « Je ne suis pas pressé de changer de gouvernement. Si je le faisais, ce nouveau gouvernement serait usé à la fin de l'année et le suivant le serait à son tour avant l'échéance de 1986. Il ne faut pas agir comme ça, je ne veux pas de cette noria. Ce qui compte c'est la cohésion du gouvernement, il faut le resserrer. C'est tout cela que je veux redresser très vite, mais les résultats du 13 mars me dispensent d'agir précipitamment. »

Delors est convoqué en fin de journée à l'Élysée. Mitterrand lui demande d'explorer les conditions d'un réaménagement au sein du SME. Bérégovoy[2] est reçu aussitôt après ; il évoque avec lui un renouvellement de l'équipe gouvernementale.

Dans la soirée, Delors a pris contact avec son homologue allemand Gerhard Stoltenberg, qui arrive incognito le lendemain à Paris pour préparer le réaménagement monétaire.

L'Allemand a indiqué à Delors qu'il était prêt à réévaluer de 5 % sans changement de parité pour le franc. Ce geste est insuffisant pour annuler l'écart d'inflation entre la France et la RFA. Mitterrand décide alors de tenter un bluff incroyable. Il semble avoir abandonné l'idée de sortir du SME, mais, pour obtenir davantage des Allemands, il continue à dire et à faire dire que Paris pourrait laisser flotter sa monnaie. C'est le chantage à la sortie du SME.

« Ce jour-là, note Bérégovoy[3], Mitterrand avait sans doute déjà décidé en son for intérieur que tout cela se ter-

1. Entretien le 2 juin 1989.
2. Entretien le 25 mai 1989.
3. Entretien le 25 mai 1989.

minerait par la reconduction de Mauroy, mais il a tenté une opération. »

Jeudi 17 : le double jeu

Mitterrand voit tous les protagonistes de ce drame à huis clos.

A Delors, il demande d'obtenir de la RFA une forte réévaluation du deutsche Mark afin de parvenir à un réajustement de l'ordre de 10 % entre les deux monnaies. Delors au départ envisageait d'agir uniquement par une dévaluation du franc. Le soir, dans le discret pavillon de chasse de la Celle-Saint-Cloud, Delors dîne avec Stoltenberg. « On essaie sans succès de trouver un accord par approximations. J'ai utilisé dès ce jour-là les armes quc j'avais dans mon jeu », dit Delors [1].

A Bérégovoy Mitterrand propose de « former un gouvernement » sur la base d'un maintien dans le SME. Bérégovoy comprend qu'il est appelé à succéder à Mauroy, et, SME ou pas, il se met au travail. Mitterrand a finement manœuvré puisque en jouant sur les mots il obtient de Bérégovoy un ralliement implicite au maintien dans le SME. « Former un gouvernement » est une formule ambiguë, qui n'engage pas totalement le président. En effet, celui qui, plume à la main, a « formé » les deux premiers gouvernements Mauroy n'est autre que le petit « Béré », alors secrétaire général de l'Élysée. A partir du jeudi, le ministre des Affaires sociales s'installe dans le bureau de Jean-Claude Colliard, le directeur de cabinet de l'Élysée, ct compose l'équipe resserrée qu'il espère pouvoir diriger.

Mitterrand reçoit aussi Riboud et plusieurs économistes. En fin de journée, il demande à Attali de faire une synthèse de toutes les dernières propositions économiques qui lui ont été faites. Il a constaté que les partisans de la sortie n'étaient pas cohérents puisque Fabius et Bérégovoy ont fait machine arrière. Il cherche encore un moyen de concilier rigueur et dynamisme industriel.

1. Entretien le 5 juin 1989.

Mitterrand se tourne donc vers celui qui, le premier, a travaillé sur cette hypothèse : Jacques Attali, l'inventeur du « Nouvel Élan ».

Michel Jobert voit venir le changement de gouvernement. Il prend les devants et fait porter sa lettre de démission au président de la République.

Vendredi 18 : Mark contre franc

9 h 45 : Mauroy[1] entre à l'Élysée par le parc. « Mitterrand voulait s'assurer que j'étais toujours là, que je demeurais fidèle au poste. Pendant toute cette crise il m'a téléphoné plusieurs fois par jour pour me dire simplement : Ça va, Pierre ? »

Delors est ensuite reçu avant son départ pour Bruxelles, où les ministres des Finances des Dix doivent mettre au point le réaménagement monétaire. Les attaques contre le franc se poursuivent sur toutes les places financières. « Avant de partir, le président m'a laissé à mes responsabilités. C'était à moi de faire mes preuves. On n'a pas cité de chiffres précis, mais on a parlé d'un écart de 7 à 9 points entre le Mark et le franc. Je suis parti pour Bruxelles sans me poser la question de la sortie ou du maintien dans le SME. » A Bruxelles, « les ministres des Dix, qui ont confiance en moi, savent que plane la menace d'une sortie du SME. Je dis que c'est au Mark de faire la plus grande partie du chemin et au franc la plus petite. Je ne me sens pas en position d'accusé. Je demande ce geste aux Allemands. En distillant la menace de sortie du SME, j'ai convaincu nos partenaires qu'il fallait un aménagement des parités qui convienne à la France[2] ».

A la veille du week-end rien n'est joué.

Sur le plan monétaire, la France n'a pas encore obtenu ce qu'elle veut.

Sur le plan économique, l'orientation de la France pour les années à venir reste suspendue : recettes clas-

1. Entretien le 2 mai 1989.
2. Entretien avec Jacques Delors le 5 juin 1989.

siques de l'austérité ou volontarisme nationaliste en décrochant des obligations européennes ?

Sur le plan politique, trois hommes peuvent légitimement penser qu'ils occuperont le fauteuil de Premier ministre la semaine suivante.

A Bruxelles : Delors, qui sait que, s'il réussit, il a de bonnes chances de mener le gouvernement de la rigueur *bis.*

A Paris : Bérégovoy qui s'y voit déjà.

A Lille : Mauroy, qui, hanté par le doute, se demande pourquoi Mitterrand n'arrête pas de s'assurer de sa fidélité tout en préparant sa succession.

Samedi 19 : rugby

A Bruxelles, la discussion s'envenime. Delors concède une dévaluation du franc de 3 % mais à condition que l'écart avec la RFA atteigne 12 %. La menace de sortie du SME continue de peser, se souviennent plusieurs hauts fonctionnaires de la Commission européenne. « A aucun moment nous n'avons sérieusement pensé que la France allait sortir du SME », assure pourtant sept ans plus tard Hans Dietrich Genscher[1], déjà ministre des Affaires étrangères de la RFA.

A l'Élysée, Mitterrand est d'une humeur de chien. « Nous avons eu une engueulade », se souvient Attali. Devant Mauroy qu'il a fait revenir de Lille le matin, le chef de l'État se montre « bougon et mécontent », sévère avec les Allemands et les autres Européens, dur avec Delors qui n'a pas encore réussi sa négociation.

Déjeuner avec les « poids lourds » du clan des conventionnels : Mermaz, Joxe, Hernu et Estier[2]. « Mitterrand nous dit qu'il hésite à garder Mauroy : Le garder cela signifie que je ne crée pas de choc psychologique. Si je le remplace, il faudra encore en changer dans un an, car il nous faudra une équipe très politique pour les législatives de 1986. Puis c'est le tour de table. Hernu est le seul à

1. Entretien le 14 mai 1990.
2. Entretien le 12 juillet 1989.

dire qu'il faut garder Mauroy. Joxe, critique mais prudent, déclare qu'il faut un gouvernement qui gouverne réellement. Nous sentions Mitterrand embarrassé. Il reprochait à Mauroy, pour lequel il disait son estime, de ne pas toujours bien maîtriser son vocabulaire. Mitterrand cite Mauroy : les clignotants sont au vert, les grands problèmes sont derrière nous. C'était des phrases malencontreuses qui ont affaibli sa crédibilité. Mitterrand a cité Delors, Fabius et même Rocard comme possibles Premiers ministres, à aucun moment il n'a parlé de Bérégovoy. »

L'après-midi, entre deux conversations téléphoniques avec Delors, le président se détend dans le bureau de Jean-Louis Bianco, en regardant à la télévision la France remporter par 16 à 9 son match de tournoi des Cinq Nations contre le Pays de Galles.

Après le match, au cours duquel le capitaine du XV de France, Serge Blanco, a eu le nez cassé, Mitterrand tourne en rond. Il entre dans le bureau de Colliard où Bérégovoy[1] et Charasse continuent de former la fameuse équipe restreinte. « Je viens vous voir, car je me sens seul ici. Avec qui voulez-vous que je parle ? » Puis Mitterrand ajoute : « L'instinct plus que la raison me conduit à garder Mauroy. » « Béré » lui répond : « Pour moi, la raison plus que l'instinct me conduirait à préférer Mauroy. »

« A ce moment-là, il me semble que Mitterrand pensait que le temps n'était pas venu du départ des communistes. Ils resteront en grande partie parce que Mauroy sera reconduit », ajoute Bérégovoy.

Dimanche 20 : Delors ?

7 h 30 : le téléphone sonne dans la suite de Delors à l'hôtel Amigo de Bruxelles : Mitterrand s'impatiente, il presse son ministre de faire le forcing auprès de ses partenaires. Il lui demande d'en terminer en milieu de journée et de venir aussitôt lui rendre compte à Paris. Le président ressent comme une humiliation, pour la France et

1. Entretien le 25 mai 1989.

pour lui, que son sort économique soit suspendu au bon vouloir de ses partenaires européens. Moins compréhensifs que les Allemands, les Néerlandais renâclent devant une réévaluation du florin, monnaie aussi forte que le Mark. Si Delors a obtenu sans difficulté une dévaluation de la lire italienne et de la livre irlandaise, il se heurte au refus belge et luxembourgeois d'accompagner la France dans cette dévaluation. Wilfried Martens finira même par voir reconnue l'efficacité de sa politique économique puisque le franc belge sera réévalué de 1,5 %.

8 h 30 : Delors retourne au centre de conférences de la rue Borschette et lâche aux journalistes : « Tout doit être terminé pour midi, car des choses importantes vont se passer aujourd'hui à Paris. Il faut en être. »

Jacques Delors [1] : « Il s'agissait pour moi de dramatiser auprès de mes partenaires car je n'arrivais pas à obtenir satisfaction. Je menaçais alors d'un clash. Le dimanche matin nous n'en étions qu'à la moitié du chemin. »

Dans la nuit, Kohl avait donné instruction à Stoltenberg d'exiger de Paris un plan d'assainissement financier au moyen d'une rigueur accrue et d'un recours à l'épargne forcée, en échange d'une faible dévaluation du franc et d'une plus forte réévaluation du deutsche Mark. En dépit des dénégations françaises, il semble bien que l'Allemagne ait dicté ses conditions à la France avant d'accepter des concessions sur le terrain monétaire. Helmut Kohl reconnaît publiquement deux jours plus tard, à l'issue du Conseil européen de Bruxelles, l'existence de « tensions » franco-allemandes pendant cette période. « Le compromis monétaire repose sur certains sacrifices de la RFA, qui n'ont pas toujours été très bien accueillis par notre opinion publique. »

Mauroy [2] estime que Delors a surtout « joué perso ». « Il est revenu à Paris avec des ailes et il se les est fait couper dès son retour car il a mal géré cette journée. Mitterrand une nouvelle fois m'a appelé : ne bougez pas, restez là à vos fonctions. » Mauroy n'y croit guère puisqu'il fait venir les cartons de déménagement à Matignon.

1. Entretien le 5 juin 1989.
2. Entretien le 4 janvier 1989.

« A Paris je rends compte à Mitterrand, puis à Mauroy et de nouveau à Mitterrand. » En regagnant Bruxelles « je n'avais pas l'idée d'être Premier ministre », ajoute Delors. Selon Attali, Mitterrand a renvoyé Delors à ses négociations en lui confirmant clairement qu'il n'était plus question de sortir du SME. Selon Serge July[1], l'entretien Mitterrand-Delors « se passe très mal, Delors a été reçu comme un chien dans un jeu de quilles ». Le président a sans doute le sentiment que Delors veut lui forcer la main pour entrer à Matignon.

La confusion semble grande ; on se croirait revenus aux vaudevilles ministériels de la IVe République : la nouvelle du retour précipité de Delors à Paris a persuadé Jobert de rendre publique sa démission. Il veut partir de lui-même avant d'être remplacé dans un nouveau gouvernement. Or, Delors est rentré ventre à terre à Paris car il a interprété la rumeur du départ de Jobert comme un signe d'un changement imminent de gouvernement.

Pour sa part, Mauroy à Lille installe son nouveau conseil municipal. En fin de matinée il observe que le réaménagement monétaire « ne sera qu'une étape avant un assainissement complet ».

Mitterrand déjeune avec Attali, Bianco et Fabius, venu au palais à bord de la 2CV « Charleston » de son épouse Françoise Castro, immatriculée en Seine-Maritime. Les journalistes ont repéré cette automobile insolite entrer par le discret portail de l'avenue de Marigny, donnant sur le parc de l'Élysée.

Michel Vauzelle, porte-parole du président, indique que Mitterrand pourrait parler de remaniement dans son allocution prévue pour le 23 mars. Matignon diffuse peu après un communiqué incongru assurant que Pierre Mauroy n'a pas donné sa démission !

Attali[2] raccompagne Mitterrand rue de Bièvre à l'heure du dîner. « Avant de descendre de la voiture, il m'interroge : " Si nous n'étions pas dans le SME, proposeriez-vous que nous y entrions ? " J'ai répondu oui. »

1. *Op. cit.*
2. Entretien le 3 mai 1990.

Lundi 21 : dévaluation

9 heures : Mauroy s'envole pour Lille. En vol il est informé que Mitterrand veut le voir d'urgence. Mauroy entre à 11 h 30 à l'Élysée. Mitterrand lui demande à nouveau de rester à son poste tout en évoquant certains scénarios de remaniements.

L'accord monétaire est annoncé à Bruxelles : le franc est dévalué de 2,5 % et le deutsche Mark réévalué de 5,5 %. L'écart de 8 % est satisfaisant pour la France, mais les défenseurs du « Nouvel Élan » ont à moitié gagné : pas de sortie du SME. Ils ont en même temps à moitié perdu : le franc est dévalué pour la troisième fois en dix-huit mois et Delors s'est engagé à prendre les mesures d'assainissement de l'économie française dans le cadre du respect des règles communautaires en matière de concurrence.

Toute la presse occidentale se réjouit de voir la France rester dans l'Europe. « Sans l'accord monétaire de Bruxelles, la France serait sortie du SME et se serait repliée derrière des barrières douanières », écrit le *Times* de Londres, qui se dit « soulagé ». En France, l'opposition se gausse de cette troisième dévaluation. Pour Jacques Chirac, « le pouvoir ne maîtrise plus la situation ». Il est même « manifestement dépassé par les événements » pour Pierre Méhaignerie. « Ponia » raille Delors qui « ne revient pas de Bruxelles, mais de Waterloo ».

Mitterrand arrive dans la capitale belge en début d'après-midi pour un Conseil européen de transition. L'essentiel est réglé : la France reste dans le SME. La solidarité obligée entre la France et l'Allemagne a résisté à l'affrontement de deux logiques. Les décisions communautaires importantes sont reportées à l'automne, notamment l'adhésion de l'Espagne et du Portugal à la CEE.

Le président français a du temps. Il laisse Cheysson représenter la France en séance et s'installe avec Delors[1]

1. Entretien le 5 juin 1989.

dans un bureau de l'immeuble Charlemagne : « Nous passons deux heures ensemble. Il m'explore sous toutes les coutures, il me teste. On parle de lui, de moi, de la politique française. Je me doute de quelque chose. Tout cela me laisse penser que pour lui j'étais devenu premier ministrable. »

Selon Gabriel Milési [1], Mitterrand explique à son interlocuteur qu'il compte sur trois personnes : Delors, Bérégovoy et Fabius. « Mais nous ne sommes pas d'accord entre nous », répond le ministre des Finances.

Mitterrand téléphone à plusieurs reprises à Bianco. Ils évoquent les mérites respectifs des « premiers ministrables ». Le président appelle ensuite Bérégovoy [2] à Paris. Il l'interroge sur les possibilités d'un accord Bérégovoy-Fabius-Delors. « " Vous êtes capables de vous entendre ", me dit-il. Je pense alors qu'il penche plutôt pour Delors à Matignon mais il craint en même temps que les communistes partent si ce dernier devient Premier ministre. »

Le soir, Mitterrand réfléchit à haute voix devant Attali [3] : « Delors, Bérégovoy ou Mauroy ? » Le conseiller spécial déclare « avoir un faible » pour Delors [4]. Delors est rentré à Clichy-sur-Seine pour la séance du nouveau conseil municipal qui l'élit maire. Puis il s'enferme avec son conseiller Philippe Lagayette. « Nous évoquons les conditions de mon entrée à Matignon. Si on me le propose j'accepterai, mais pour réussir la politique de rigueur il me faudra certaines garanties ; sinon je refuserai et je me rabattrai sur la rue de Rivoli avec des capacités plus larges. » Lagayette [5] confirme : « Au moment où il croit qu'il va être Premier ministre, Delors me dit : Il faut que je sois sûr d'avoir un bon contrôle des grands leviers économiques et monétaires. Il se sentait isolé au sein de l'équipe dirigeante socialiste et voulait être assuré d'avoir les moyens de réussir sa politique. »

1. In *Jacques Delors,* Paris, Belfond, 1985.
2. Entretien le 25 mai 1989.
3. Entretien le 3 mai 1990.
4. Entretien le 5 juin 1989.
5. Entretien le 18 juillet 1989.

Mardi 22 : Mauroy

Sans attendre le déjeuner des Dix à Bruxelles, Mitterrand regagne Paris en fin de matinée. Il a demandé au Premier ministre d'être là à sa descente d'avion sur la base militaire de Villacoublay. « Dans la voiture, puis dans son bureau, nous parlons de choses et d'autres. Rien de déterminant n'est dit. Le président veut vérifier mon état d'esprit, s'assurer que je suis bien là [1]. »

Attali croit comprendre alors que c'en est fini pour Mauroy.

Mauroy a eu vent de la bagarre qui a opposé Bérégovoy et Delors, ses deux rivaux pour Matignon. « Il y a eu du schprouf *(sic)*, ils sont en compétition et se piquent leurs attributions. Ça agace Mitterrand. Ils se sont vus et leur rencontre a tourné au vinaigre. » Delors et Bérégovoy n'ont pas le souvenir de cette rencontre.

13 heures : dans la bibliothèque qui ouvre sur le parc, Mitterrand réunit pour un bref déjeuner Bérégovoy, Fabius et Delors. Bianco [2] est également présent : « Le président leur a parlé de tout et de rien ; il jouait sur leurs nerfs, il voulait voir s'ils avaient du caractère et s'ils faisaient bonne figure dans ce moment si difficile pour eux. »

Pourquoi Mitterrand organise-t-il ce déjeuner de têtes ? Il ne croit plus vraiment pouvoir réconcilier les trois hommes. Il veut leur faire toucher du doigt – mais est-ce vraiment nécessaire ? ont-ils attendu ce déjeuner pour en être conscients ? – les difficultés de leur entente. Il veut les amener à comprendre eux-mêmes que, s'il en choisit un, les deux autres ne lui faciliteront pas la vie. Fabius n'est qu'un *outsider* à ce moment-là, mais Mitterrand veut lui donner un grand ministère économique. « On discute de ce qu'il faut faire. Je démontre au pré-

1. Entretien avec Pierre Mauroy le 2 mai 1989.
2. Entretien le 7 septembre 1989.

sident qu'il n'y a pas d'accord profond entre nous trois. Le repas s'achève sans conclusion », dit Delors.

Puis Mitterrand s'entretient séparément avec les trois ministres. « Il me reçoit d'abord et m'offre d'être Premier ministre, dit Delors[1]. Je le remercie et je lui rappelle qu'il n'y a pas d'accord entre nous trois car j'avais compris que si j'allais à Matignon c'était avec Fabius aux Finances et Bérégovoy aux Affaires sociales. Je suggère alors que le Premier ministre, comme sous Raymond Barre, puisse avoir la maîtrise de la politique monétaire, sans aller jusqu'à cumuler les portefeuilles de chef du gouvernement et de ministre des Finances. Le président est très fâché. Il se contrôle et nous en sommes restés là. J'ai quitté l'Élysée avec quelques remords, craignant qu'il ait pris mes arguments pour une manifestation d'orgueil. »

« Béré »[2] entre à son tour au « confessionnal ». « Mitterrand me dit que Delors n'aura pas Matignon car il veut contrôler les Finances et ne veut pas de Fabius à Rivoli. Je comprends à demi-mots que Mauroy est reconduit. »

Fabius ne révèle pas la teneur de son entretien.

« Mitterrand remonte dans son bureau et m'appelle », dit Attali[3], qui croit toujours que Mauroy va partir. « J'avais devant moi Henry Kissinger qui attendait dans mon bureau d'être reçu par le président. Je lui ai demandé de patienter, en lui expliquant que le chef de l'État était occupé car la France allait changer de Premier ministre. Puis, dans le bureau présidentiel, Mitterrand m'a dit : " J'ai bien réfléchi, je ne peux pas me mettre entre les mains d'un seul homme. Dites à Delors que je le garde aux Finances. " Mitterrand décroche alors l'interministériel et appelle Mauroy pour lui dire qu'il devra former son troisième gouvernement. Je sors du bureau de Mitterrand, traverse le mien où attend toujours Kissinger et entre dans celui de Bianco pour appeler Delors. Il est hystérique : " Le président m'en veut car je lui ai dit

1. Entretien le 5 juin 1989.
2. Entretien le 2 mai 1989.
3. Entretien le 3 mai 1990.

des choses désagréables... " Il accepte Rivoli mais exige le Plan. Au même moment, Fabius fait savoir qu'il a l'Industrie et qu'il veut la DATAR[1]. »

Delors résume plus sobrement l'épisode : « Je suis retourné rue de Rivoli. Attali m'a appelé et m'a dit : C'est les Finances et le Budget en numéro deux du gouvernement. »

18 h 45 : Mauroy arrive à l'Élysée, une longue lettre de démission dans la poche. L'entretien est bref. Mauroy retourne à Matignon « goguenard »[2]. Sa reconduction vient d'être annoncée par l'Élysée.

Mauroy est « en situation » si on compare ses atouts à ceux de ses rivaux. Mitterrand répugne à donner à Delors tous les leviers de la politique économique. Delors refuse d'occuper Matignon bridé par Fabius rue de Rivoli et par Bérégovoy rue de Grenelle.

Claude Estier : « Le Parti socialiste n'aurait pas très bien vu Delors à Matignon. Il symbolisait une autre politique[3]. »

Mitterrand n'a pas pensé à Fabius pour Matignon mais pour les Finances. Mais que faire de Delors auquel il refuse Matignon tout en acceptant son plan d'austérité ? Là encore, comme pour Mauroy, Mitterrand se garde un bouc émissaire en cas d'échec de la politique économique qu'il a entérinée à contrecœur. Quant à l'hypothèse Rocard, elle n'est pas vraiment envisagée.

Prendre Rocard c'était avouer l'échec. Faire avaler la rigueur au PS, c'était déjà demander beaucoup. Mais y ajouter la pilule Rocard, c'eût été exiger l'impossible.

« Michel Rocard a été dans la course à chaque fois qu'il a été question de changer de Premier ministre », assure Jean-Louis Bianco[4], l'un des rares à avancer cette thèse.

Mauroy III se met donc à dresser la liste de son gouver-

1. Délégation pour l'aménagement du territoire et l'action régionale.
2. *In* Thierry Pfister, *op. cit.*
3. Entretien le 31 mars 1989.
4. Entretien le 24 septembre 1988.

nement. Il reçoit Marchais et Fiterman pendant une heure.

Bérégovoy est informé qu'il conserve les Affaires sociales en numéro trois de la hiérarchie gouvernementale. Il confie à Attali : « Cette politique de rigueur échouera, on sortira du SME et dans six mois je serai Premier ministre. »

« Béré » est déçu mais promu. Mauroy est content. Il a obtenu un sursis. Delors se console. Enfin débarrassé de Fabius au Budget, il jouera en premier violon la partition qu'il préfère.

Cinq minutes avant minuit, le secrétaire général de la présidence de la République Jean-Louis Bianco annonce sur le perron de l'Élysée la composition du gouvernement, qui passe de 34 à 15 ministres. Deux départs notables, ceux des démissionnaires Jobert et Chevènement.

Ce dernier avait placé la barre très haut. A l'Élysée, Pierre Mauroy a constitué dans la soirée la nouvelle équipe gouvernementale, installé dans le bureau des secrétaires de Jean-Louis Bianco. Il appelle Chevènement : « Jean-Pierre, je te propose l'Équipement et le Logement ». Jean Glavany[1] est là : Chevènement a demandé alors le rattachement du Plan et de l'Aménagement du territoire au ministère qu'on lui offrait. Mais surtout il a revendiqué la troisième place dans la hiérarchie gouvernementale à l'intérieur de laquelle il n'avait jusqu'ici occupé que le sixième rang. Mauroy lui répond : « Non, le président n'est pas d'accord. Jean-Pierre, tu n'es pas raisonnable. »

Faute de « grand ministère », le maire de Belfort n'entre pas au gouvernement. La gauche se passe, provisoirement[2], du concours de l'un des siens, pourtant de l'étoffe des hommes d'État. Chevènement fait alors savoir publiquement qu'il avait remis sa démission début février et qu'il part sur un désaccord de fond.

1. Entretien le 21 juillet 1989.

2. Chevènement revient aux affaires dans le gouvernement Fabius de juillet 1984 aux fonctions de ministre de l'Éducation nationale.

Mercredi 23 : les Quinze

L'« équipe resserrée » se retrouve le mercredi matin autour de la table ovale du Conseil des ministres de laquelle les employés de l'Élysée ont retiré sept rallonges.

Mitterrand est sobre et solennel, Mauroy rasséréné, les quatorze autres fiers d'avoir été sélectionnés. Une nouvelle tête, celle de l'écrivain à succès Max Gallo devenu secrétaire d'État, porte-parole du gouvernement.

Le président prend la parole dès l'ouverture de ce Conseil sans ordre du jour : « Pour gagner la bataille économique, il nous fallait une équipe plus ramassée. Votre tâche sera lourde : la situation économique mondiale ne permet pas de tenir le rythme de croissance que l'on aurait souhaité. Tout le monde doit se mobiliser, les ministres vont avoir du pain sur la planche. Il faudra faire des sacrifices, mais il faudra aussi ne pas commettre d'injustices. Nous devons accroître l'effort, mais le faire proportionnellement aux moyens de chacun. »

Après avoir cadré la philosophie de ce gouvernement de la rigueur renforcée, Mitterrand reprend son antienne sur l'obligation de discrétion des ministres. Il estime avoir beaucoup pâti, surtout au cours des dernières semaines, des indiscrétions à la presse : « Les ministres ne doivent pas faire état des projets tant que ceux-ci n'auront pas été définitivement adoptés par le Conseil. »

Avant d'inviter les membres du gouvernement à se « plier à l'obligation mondaine qui consiste à poser » sur le perron du parc pour la photo de famille, Mitterrand autorise Mauroy à engager la responsabilité du gouvernement devant l'Assemblée sur sa prochaine déclaration de politique générale.

« Il faut que je sois bon. » Mitterrand parle à Estier quelques minutes avant d'enregistrer dans la bibliothèque de l'Élysée son allocution radiotélévisée du soir.

Le chef de l'État s'explique enfin devant l'opinion. Solennel, mais sans dramatiser, il justifie le maintien dans le SME par la volonté de ne pas « isoler la France de la Communauté européenne». Il appelle à une triple mobilisation contre le chômage, l'inflation et le déficit extérieur. Le discours est sobre et volontaire, c'est un appel à «redoubler d'énergie et de ténacité pour le redressement national». Mitterrand n'évoque pas le plan de rigueur qui sera approuvé le surlendemain. Il n'a pas retenu la formule du «Nouvel Élan» qui devait marquer l'ouverture d'une phase nouvelle du septennat. Au contraire, il situe l'action à venir dans la continuité des choix de 1981 et 1982.

Certes, la politique Mauroy-Delors de juin 1982 ne fait qu'être reconduite. 1982 a marqué le vrai tournant; 1983 l'accentue en donnant une intensité nouvelle à la rigueur et surtout en l'alignant sur la discipline monétaire européenne.

Puisqu'il a gardé le même Premier ministre, Mitterrand estime qu'il peut habiller le durcissement de la rigueur dans un discours de continuité.

A divers conseilleurs qui lui suggéraient de tenir un discours churchillien *(«blood, sweat and tears»),* il répondait pendant cette période: «Les difficultés économiques ne sont pas un vrai drame pour un peuple. Nous ne vivons pas une tragédie. Que devrais-je dire aux Français si une vraie tragédie venait à survenir...»

Pour Mitterrand, toute cette période est au fond une affaire de comptables qui ne touche pas le peuple français dans son Histoire. Pourtant la décision de rester dans le SME, d'avoir fait le choix de l'Europe, est assez vite perçue comme une orientation historique, celle de la normalisation de la France, du retour de l'Hexagone dans le moule libéral occidental.

Jeudi 24: les technocrates

A l'Élysée, à Matignon, aux Finances, les technocrates s'affairent dans le plus grand secret. Ils tiennent leur revanche sur les politiques, qui leur ont enfin donné le feu vert pour agir. Peyrelevade et Guillaume sortent de leur tiroir un catalogue de mesures concocté entre les deux tours des municipales. Les Cinq de l'Élysée mettent en forme un plan de rigueur orthodoxe, débarrassé de toutes les mesures outrageusement protectionnistes imaginées dans l'hypothèse abandonnée du « Nouvel Élan ». Les conseillers du président vont cette fois jouer un rôle d'impulsion décisif. La force de Matignon est en effet affaiblie par le doute qui s'est emparé d'une équipe qui a cru que Mauroy allait quitter la scène. Rue de Rivoli – où l'espoir de suivre Delors à Matignon a neutralisé un moment les initiatives – on se ressaisit et on se remet rapidement au travail.

Les trois équipes se retrouvent le soir à Matignon. Sur la base d'un document préparé par Stasse, elles passent une partie de la nuit à mettre au point le détail du plan.

Vendredi 25 : l'austérité

Au petit matin, le plan est ficelé. Il sera appliqué mot pour mot. Mitterrand le trouve sur son bureau quand il reçoit Mauroy une heure avant le Conseil des ministres extraordinaire.

Baisse du pouvoir d'achat, croissance zéro, épargne forcée, chômage accru et limitation draconienne des dépenses des ménages à l'étranger. Le plan de rigueur, pudiquement baptisé « mesures d'ordre économique, financier et social », que présente Jacques Delors vendredi matin en Conseil des ministres, vise à rétablir l'équilibre de la balance des paiements en deux ans par une ponction de 65 milliards sur la consommation des ménages et les dépenses de l'État en 1983. Le coup de frein de 1983 est deux fois plus énergique que le coup d'accélérateur de 1981. Les politiques de relance totalisaient 1 % du PNB. Les mesures d'austérité portent sur 2 % du PNB.

C'est l'austérité, la vraie, celle que les socialistes dénonçaient avec tant de conviction du temps de M. Barre. La gauche enterre dix années de discours redistributif et paie très cher ses erreurs d'appréciation quant à l'ampleur de la marge de manœuvre de la France et au poids de son partenaire allemand.

Après le réajustement monétaire de Bruxelles, nos partenaires « nous guettent, c'est pourquoi nous devons frapper vite et fort », explique le ministre de l'Économie, des Finances et du Budget devant ses collègues. Puis il ouvre le feu[1].

– *Réduire les paiements en devises :*

Décision qui doit rester « secrète » : la réduction de la réserve stratégique de stocks pétroliers de 105 à 90 jours. Économie : 5 milliards de francs.

« Mesure déraisonnable imposée par les circonstances » : réduction de 3 mois à 8 jours du délai consenti aux exportateurs pour convertir en francs les devises acquises par leurs ventes à l'étranger. Économie : 7 milliards.

« Mesure impopulaire » : dissuader les Français de partir en vacances à l'étranger en instituant un carnet de change limité chaque année à 2 000 francs par adulte et 1 000 francs par enfant. Interdiction de payer à l'étranger avec des cartes de crédit. Économie : 5 milliards.

– *Consommer moins :*

Réduction de 20 milliards du déficit budgétaire qui doit passer de près de 140 à 118 milliards.

Mise en œuvre des vignettes alcool et tabac et du forfait hospitalier de 20 francs par jour prévus par le plan Bérégovoy de l'automne 1982 qui avait été différée pour cause de municipales. Prélèvement de 1 % sur l'ensemble des revenus des ménages imposés.

Réduction de 2 milliards des emprunts des collectivités locales et suspension, tenue secrète, de la deuxième tranche du Fonds des grands travaux.

– *Développer l'épargne :*

« Relance vigoureuse de l'épargne logement » par une meilleure rémunération et relèvement du plafond du livret A de 49 000 à 58 000 francs. Ponction sur la consommation : 10 milliards.

Emprunt obligatoire de 10 % du montant de l'impôt sur le revenu et les grandes fortunes, dont sont exonérés, par souci de « solidarité », les contribuables payant moins de 5 000 francs d'impôt par an. Le rembourse-

1. Document d'archives.

ment, rémunéré à 10 %, est prévu au bout de trois ans. Ponction sur la consommation : 15 milliards.

Cet emprunt forcé a été préféré à une augmentation de 33 à 45 % du montant du second tiers provisionnel.

Une fois achevé le long monologue delorien, Mitterrand donne la parole aux ministres. Fiterman s'exprime le premier. Va-t-il avaler cette énorme couleuvre ? Le chef de file des ministres communistes prend la précaution de dire qu'il lui est « difficile de donner un avis de détail sur ce plan dont il vient de prendre connaissance ». Il en approuve l'équilibre général et se contente de demander « une accentuation de l'effort de solidarité dans la répartition des efforts entre les Français ». En écoutant le ministre des Transports, Mitterrand doit se féliciter d'avoir reconduit Mauroy.

Rocard met une fois de plus les pieds dans le plat. Il demande pourquoi le plan de rigueur ne prévoit pas l'instauration du système des dépôts à l'importation. Peser sur la seule consommation publique a « ses limites » et « la situation va devenir très difficile », observe le ministre de l'Agriculture qui demande à « être associé » aux prochaines négociations communautaires sur les montants compensatoires.

Mitterrand se fait un plaisir de le rassurer : « Bien entendu, comme votre prédécesseur votre responsabilité, monsieur le Ministre, sera entière dans les négociations internationales intéressant l'agriculture. » Puis il insiste sur deux points : la mise en place rapide d'un groupe d'experts autour d'Édith Cresson au Commerce extérieur et le maintien absolu des crédits pour la construction du nouveau ministère des Finances qui doit absolument quitter le palais du Louvre.

Le soir même, Raymond Barre donne son *imprimatur* à l'austérité socialiste. « Je pouvais d'autant mieux le faire que j'avais été très sévère à leur égard entre 1981 et 1983. Après mars, il fallait encourager le gouvernement car il revenait à de bons principes. S'ils étaient sortis du SME nous étions perdus. Nous devons beaucoup à Pierre Mauroy dont je loue le sens des responsabilités. C'est un socialiste du Nord, un peu lyrique, mais les pieds sur terre. Il incarne la vraie gauche, pas la gauche caviar. Il est heureux pour le pays que Mitterrand ait écarté le raisonnement à courte vue et égoïste de chef d'entreprise que développait Jean Riboud[1]. »

Pour la première fois depuis mai 1981, une personnalité de l'opposition renonce à la critique permanente. La France « échappe à un grand péril, la sortie du franc du SME », déclare sur Europe 1 le Père la Rigueur. « Un certain nombre de mesures me paraissent aller dans le bon sens encore que je ne suis pas sûr que ce soient les mesures les mieux adaptées au redressement de l'économie française. Dans les moments difficiles, nous n'avons pas le droit de prendre une attitude systématiquement négative. » Le député de Lyon prend ses distances avec l'opposition pure et dure. Il choisit de se différencier de Chirac et se pose en homme d'État sage et responsable.

Ses propos lui sont reprochés par la droite, qui ne désarme pas : « Je crains que les sacrifices demandés aux Français ne servent à rien » (Jacques Chirac). « Il n'y a rien dans ce programme qui puisse donner confiance » (François Léotard).« C'est le plan d'un pays en voie de sous-développement, ruiné et aux abois » (Michel Poniatowski). « Ce plan est marqué du double signe du mensonge et de l'échec » (Jean-Claude Gaudin). L'opposition doit être prête « à reprendre les rênes d'un pouvoir égaré » (Claude Labbé). « Les socialistes boivent, les Français trinquent » (Jean-Marie Le Pen).

Pour la gauche, l'alignement de mars est difficile à gérer. Mitterrand ne veut pas, à ce stade, que ses porte-parole reconnaissent le changement de cap : le plan Delors est à l'opposé du « Projet socialiste ». D'où le discours schizophrène : on fait autrement mais l'objectif reste le même. Georges Sarre dénonce cette contradiction dans le huis clos d'une réunion du groupe socialiste : « On ne peut pas dire à Bonn que l'on veut rapprocher la politique française de la politique allemande en matière

1. Entretien avec Raymond Barre le 5 juillet 1989.

économique et dire en même temps à Paris que l'on construit le socialisme à la française. »

Pierre Mauroy se livre dans *L'Express* du 1er avril à une laborieuse explication : « Nous sommes entrés dans une période de gestion, la moisson viendra en 1985 et 1986. Malgré les politiques de droite de nos partenaires européens qui nous obligent à une politique de rigueur accrue, nous allons devoir maintenir les objectifs d'une politique de gauche (...) qui préserve le pouvoir d'achat des plus démunis. »

« Ce plan est rude et ne correspond pas à ce que nous voulions faire », même s'il « s'efforce malgré sa rigueur d'être juste », déclare Jospin le 26 mars devant le comité directeur de son parti. Le premier secrétaire du PS met au point avec ses lieutenants le discours sur la « parenthèse » de la rigueur. Louis Mermaz le met en musique en déclarant au *Monde :* « Nous avions besoin d'un répit pour reconstituer nos forces. »

L'analyse rétrospective de Lionel Jospin [1] mérite d'être retenue : « Pour Mitterrand ce fut un choix philosophique et psychologique profond. Il a eu l'impression de faire une concession extrêmement difficile à la réalité imposée par les autres, de devoir se plier à une sanction exigée par l'étranger. C'était pour lui la fin d'une certaine France originale, socialiste, mixiste, fière de sa personnalité face à l'égoïsme féroce des libéraux. Il a ressenti tout cela comme une injustice car il considérait que les mauvais patrons avaient une part de responsabilité pour ne pas avoir défendu plus tôt leur industrie. Nous devrons en payer le prix, m'avait-il dit au terme de nos longs entretiens rue de Bièvre et à l'Élysée. »

Jospin ajoute : « La tentation de s'affranchir des contraintes du SME a été très forte mais deux éléments essentiels ont guidé sa décision de rester : le sentiment que la sortie du serpent serait une fuite en avant dramatique sans garantie d'efficacité pour le redressement de la balance commerciale ; l'ambition de conduire une grande politique européenne. Ce qu'il a fait plus tard sur ce plan éclaire le choix de mars 1983. »

1. Entretien le 16 novembre 1988.

Sur le discours socialiste de mars 1983 Jospin se justifie ainsi : « J'ai inventé cette théorie de la parenthèse plus pour me calmer moi-même que pour calmer mes troupes. On voyait bien que c'était un changement de cap pour assainir. La parenthèse était une façon de mal supporter ce qui nous arrivait sans pour autant le nier, ni critiquer le gouvernement. C'était pour nous une manière de dire : on est obligés de le faire pour revenir aux grands équilibres, et après nous reprendrons le cours de notre politique. Les socialistes vivront mal ce plan, mais ils vont s'inoculer le réalisme. ».

Jacques Toubon[1] tire sa révérence aux dirigeants socialistes : « Le changement de politique économique s'est fait sans grosses difficultés. C'est très frappant. Pendant un an, Jospin a répété que le gouvernement n'avait pas changé de politique. Mitterrand peut lui être reconnaissant d'avoir fait passer sans douleur ce virage. C'est le coup de maître des socialistes. »

Pierre Bérégovoy[2] reste convaincu que l'« autre politique » aurait pu réussir : « Le franc aurait flotté, il aurait baissé puis il se serait redressé et l'opinion aurait surtout retenu le redressement. Une fois le franc redressé, on aurait pu réintégrer le SME. Je reste persuadé que, plutôt que de devoir accepter une discipline imposée de l'extérieur, nous aurions pu trouver en nous-mêmes la force de nous discipliner. »

Jean-Pierre Chevènement[3] est inconsolable : « Notre faiblesse, avec Riboud, Fabius et Bérégovoy, a été de ne pas avoir proposé une politique alternative suffisamment ficelée. Mitterrand a beaucoup hésité puis il s'est rabattu sur l'option conformiste car il pensait qu'en cas d'échec de l'autre politique la gauche perdrait le pouvoir pour de bon. Le succès de la politique de rigueur lui a permis de garder le pouvoir. Il s'est donné le temps, vecteur précieux entre tous, mais pour quoi faire ? »

Le chef de file de « Socialisme et République » assure qu'il ne retirerait pas un mot de son analyse de mai 1983,

1. Entretien le 14 novembre 1989.
2. Entretien le 25 mai 1989.
3. Entretien le 28 mars 1989.

véritable chant du cygne de l'« autre politique » : « Soyons nous-mêmes, cessons de nous excuser de penser autrement », écrit le maire de Belfort dans un article testamentaire publié dans *Le Monde* à l'occasion de l'anniversaire du 10 mai 1981. Délivré de l'obligation de solidarité gouvernementale, Chevènement développe la critique de gauche la plus charpentée contre la voie choisie par Mitterrand, Mauroy et Delors : « Nul ne peut nous obliger à accepter sur le plan monétaire ou commercial les règles de jeu biaisées qui réduisent toujours plus notre marge de manœuvre. Non à l'alignement de la France sur le monétarisme ambiant », s'écrie l'ancien ministre de l'Industrie. Il n'y a pour lui qu'« un seul moyen : produire plus et mieux », en s'affranchissant « à titre provisoire » des règles imposées par « les pays les plus libéraux ». Et de conclure : « Il n'est pas vrai que la France n'ait d'autre alternative que la mise sous contrôle de sa politique par le FMI ou le gonflement du chômage. ».

Les communistes partagent pour la plupart cette analyse. Mais ils n'en concluent pas qu'ils doivent cesser de participer au gouvernement.

Marcel Rigout : « En mars 1983 la situation devient intenable pour nous, car nous savions très bien qu'en restant au gouvernement nous allions cautionner la hausse du chômage. Mais le mot d'ordre de la direction n'avait pas changé : c'est aux socialistes de prendre la responsabilité de nous mettre dehors [1] ».

Georges Marchais : « Pourquoi nous ne sommes pas partis ? Tout simplement parce que les femmes et les hommes qui avaient voté à gauche en 1981 ne nous auraient pas compris. En partant à ce moment-là nous aurions pris la responsabilité de la division. Nous décidons donc de rester et d'essayer de peser sur le gouvernement pour qu'il revienne à une politique de gauche [2]. »

« Je souhaitais quitter le gouvernement. J'ai posé la question mais le secrétaire général et ses camarades étaient contre. » Charles Fiterman [3] justifie ainsi son atti-

1. Entretien le 26 mai 1989.
2. Entretien le 15 novembre 1989.
3. Entretien le 3 juillet 1989.

tude. Mais il ne se fait plus d'illusions : « Je ressentais physiquement les restrictions de notre marge de manœuvre. On ne pouvait plus faire avancer les dossiers. La rigueur bloquait tout. Marchais me disait : c'est trop tôt, les gens ne sont pas prêts et ne comprendraient pas une rupture. »

Et Fiterman précise : « Au moment de la formation du troisième gouvernement, c'est-à-dire de la mise en place d'une équipe plus restreinte, nous avons rejeté la proposition de Mauroy de n'avoir plus qu'un seul ministre communiste aux attributions élargies. On me proposait les Transports, le Logement et l'Équipement. J'ai refusé car je me serais retrouvé seul communiste à la table du Conseil. Finalement Rigout est resté avec moi ministre plein. »

Décidé à partir, Fiterman avait même demandé à Pierre Juquin[1], puis à André Lajoinie, de prendre sa place au gouvernement. Marchais s'y est opposé. Conscient de l'influence et de la crédibilité croissantes du ministre des Transports au sein du Comité central, il n'avait alors aucune envie de le voir revenir au cinquième étage de la place du Colonel-Fabien.

« Fiterman a fait des réserves sur sa présence, lors du bureau politique qui a suivi la dévaluation. C'était une triste séance, se souvient Claude Poperen[2]. La question de notre sortie n'a pas été posée, même si elle était présente dans tous les esprits. »

Contrairement à de nombreux socialistes, les communistes assurent que le maintien de Mauroy à Matignon n'a joué aucun rôle dans leur décision de rester au gouvernement. Ils ont sans doute raison. Marchais fournit la meilleure explication : c'était trop tôt, la base électorale communiste voulait encore de l'union de la gauche. Selon le socialiste Jean Poperen[3], membre du PCF de 1943 à 1958, « la thèse de Marchais se tient ».

Pourquoi Mitterrand a-t-il gardé Mauroy ? « Ma déci-

1. Entretien le 18 septembre 1989.
2. Entretien le 30 janvier 1990.
3. Entretien le 16 novembre 1989.

sion de le reconduire a été liée à mon choix de rester dans le SME. Si j'en étais sorti ... » Le président [1] n'en dit pas plus.

Il reconduit un homme affaibli aux yeux de l'opinion et contesté au sein de la direction socialiste. Plusieurs éléments éclairent son choix.

Le président pense d'abord aux législatives de 1986. Il ne veut pas risquer, en nommant un nouveau Premier ministre, de se retrouver trois ans plus tard avec un chef de gouvernement usé par l'austérité économique avant l'heure de la bataille.

Selon Jack Lang [2], « changer de Premier ministre aurait trop accrédité l'idée que l'on changeait de politique. Or on a fait faire une autre politique à Mauroy et on lui a demandé de rester pour habiller le changement. Mais Mitterrand ne le maintient pas pour garder les communistes ; Mitterrand n'aime pas se séparer des gens ».

Dans les semaines éprouvantes qu'il vient de vivre et de faire vivre, l'hôte de l'Élysée a pu éprouver une fois de plus la loyauté et la force de conviction de Mauroy. Pour celui qui ressent, comme ses prédécesseurs, la solitude dans la décision, inhérente à la fonction présidentielle, la présence au plus haut niveau d'un homme sur lequel il peut compter revêt un aspect rassurant. « Mitterrand et moi on sait se comprendre, on parle de tout et on se conforte mutuellement », dit Mauroy [3]. « Mitterrand n'a pas apprécié le refus de Mauroy de sortir du SME, mais en même temps il s'est dit que si ce type était capable de lui dire non, il n'a pas à craindre d'avoir à ses côtés un chef de gouvernement qui le suivrait avec le souci de plaire à son patron », observe un intime du chef de l'État. D'autant qu'en mars 1983 Mitterrand est convaincu que le destin présidentiel de Mauroy est largement compromis. « Mauroy est solide, il en abat, il a du coffre », observe Mitterrand à l'été 1983. « A ceux qui, comme Joxe, n'avaient pas de mots assez durs pour critiquer

1. Entretien le 27 mars 1989.
2. Entretien le 23 octobre 1989.
3. Entretien le 5 juillet 1988.

Mauroy, Mitterrand rétorquait : il est le plus loyal de tous les loyaux », observe Jean Glavany [1].

Autre élément du choix mitterrandien, qui ressortit au calcul politique : si la rigueur de Mauroy III échoue, il sera toujours temps de le remplacer en lui faisant porter le chapeau. Mauroy est d'ailleurs tout disposé à l'époque à jouer les fusibles, puisqu'il dit au président pendant ces folles journées de mars : « Si je pars, je ne vous ferai pas de difficultés, je ne suis pas Chaban ou Chirac [2]. »

Après le départ de Mauroy en juillet 1984, Mitterrand sera critiqué dans ses propres rangs pour avoir gardé ce Premier ministre trop longtemps. Ces socialistes réécriront l'histoire en disant que, débarrassée de Mauroy, la gauche aurait fait l'économie de la crise scolaire et de la loi sur la presse, deux fautes majeures qui lui coûteront cher. Certains diront même [3] que le maintien de Mauroy a contribué à l'échec de mars 1986.

Il est vrai qu'en gardant le maire de Lille à Matignon, Mitterrand s'est lié les mains. Obligé de concilier l'union de la gauche et la rigueur, il a dû freiner dans le discours plus que dans la réalité l'*aggiornamento* idéologique des socialistes.

Mais Mitterrand a peut-être aussi voulu mener une pédagogie plus implicite. Plutôt que de proclamer que la gauche a changé, donnant ainsi des armes à la droite, plutôt que d'essayer de convaincre de la nécessité d'abandonner les idéaux de 1981, il a préféré que les Français intègrent eux-mêmes, par la mise en œuvre de la rigueur, la nécessité du changement, la prise en compte des réalités économiques et la dimension de la crise.

Les Français doivent-ils reprocher à leur président son indécision entre le 13 et le 22 mars ?

Non, en ce qui concerne le choix de politique économique. Le récit détaillé de ces journées fait apparaître qu'il a fait son choix en quatre jours et qu'ensuite l'indécision apparente sur le maintien dans le SME était pure-

1. Entretien le 18 septembre 1989.
2. Entretien le 4 janvier 1989.
3. Voir VIIe partie : « L'attente ».

ment tactique. Il s'agissait d'un moyen de pression sur les Allemands pour obtenir le maximum dans le réaménagement monétaire.

Oui, en ce qui concerne le choix du Premier ministre puisque l'opinion, sensible à l'importance donnée par la presse à cette question, a pu sentir un flottement à la tête de l'État.

Sept ans plus tard, qu'en reste-t-il ?

L'accouchement difficile d'une décision fondamentale. Trois électeurs sur quatre – toute la droite et l'immense majorité de la gauche non communiste – reconnaissent que Mitterrand a fait alors le bon choix.

Quant au maintien de Mauroy, il a peut-être été l'une des causes de la défaite de son camp en mars 1986.

Mais c'est le problème des socialistes.

Cela n'a pas affecté le destin de la France.

CHAPITRE 5

L'accomplissement

Le socialisme n'est plus ce qu'il était. Le message de la gauche ne passe plus. L'opinion se détourne majoritairement et pour longtemps du président et de son gouvernement. Avec le plan de rigueur, Mitterrand chute de 10 points en moyenne dans les sondages.

« Impopulaire ? Tant pis »

Confronté à une impopularité grandissante, le président[1] assure qu'il « ne changera pas de cap au gré du vent ». « Impopulaire ? tant pis. Durablement ? tant pis. Provisoirement ? ça vaut mieux ! La rudesse de la situation présente n'incite pas les Français à être favorables à ceux qui les gouvernent. Je voudrais courir après l'opinion que je m'y essoufflerais. Dans deux ans on verra où on en est. Bien sûr les sondages indiquent une tendance, mais je n'entends pas agir en suivant leurs évolutions. Je reste déterminé. Et ce serait ruiner mon action que d'épouser tous les accidents du terrain. »

Les syndicats vivent une période délicate, écartelés entre leur loyalisme envers un gouvernement de gauche et leur fonction revendicatrice. Krasucki, Maire et Bergeron ne peuvent s'opposer d'un bloc à la rigueur et demandent que sa mise en œuvre protège davantage les faibles revenus. Le gouvernement consent une légère « modulation » de son dispositif. Ainsi, près des deux

1. Entretien à Poitiers le 3 novembre 1983.

tiers des foyers fiscaux ne paient pas l'emprunt obligatoire. Mais le malaise social s'amplifie avec son cortège de grèves et de mouvements dans l'automobile, le secteur public, la santé, l'enseignement, le monde agricole et la police[1]. Même s'il force le trait, le trotskiste Alain Krivine traduit un sentiment largement ressenti dans les milieux populaires quand il affirme que « le gouvernement a décidé de faire payer la crise à ceux qui en sont les victimes ».

Les patrons jugent le plan de rigueur insuffisant. Ils demandent un allégement de leurs charges. Raymond Aron dans *L'Express* se fait leur porte-parole en regrettant que les mesures « courageuses et impopulaires » des socialistes « n'apportent rien aux entreprises ».

Le directeur du *Point,* Claude Imbert, traduit l'opinion des modérés quand il constate avec satisfaction que « la gauche, enfin, redescend sur terre et s'occupe d'éteindre l'incendie qu'elle a sinon allumé, du moins attisé ».

L'instauration du carnet de change polarise l'attention des médias. Conçue pour frapper l'opinion, cette mesure, que les Français ont déjà subie fin 1968, contribue à répandre l'impression d'une gauche liberticide. Certains parlent de goulag... L'opposition s'empare de cette affaire, comme elle le fera plus tard avec les lois sur l'école et sur la presse. La limitation des devises pour les Français allant à l'étranger fera d'eux « le peuple d'Occident le moins libre de circuler à l'extérieur », déclare Valéry Giscard d'Estaing au lendemain de la manifestation organisée le 30 mars par les agents de voyage. Leur porte-parole Jean-Claude Murat parle de profession « sinistrée ». Le patron du Club Méditerranée, Gilbert Trigano, évalue à 10 % la perte des organisateurs de voyages. Avec un dollar à 7,30 francs, les États-Unis sont désormais interdits au touriste individuel. Édith Cresson, tout juste installée au Commerce extérieur, négocie avec la profession des assouplissements pour les voyages d'affaires et les séjours linguistiques. Les contrôles aux frontières et les vérifications bancaires ne sont pas

1. Voir VIe partie : « La disgrâce ».

inquisiteurs, tant s'en faut, et d'innombrables Français fraudent en toute impunité.

Pour donner l'exemple, Danielle Mitterrand renonce à tous déplacements à l'étranger, tandis que son époux n'emmène que deux invités personnels lors de son voyage en Chine début mai. D'ordinaire il y avait une vingtaine de *happy few* dans la caravane présidentielle.

Le 6 avril, Mauroy obtient la confiance de la Chambre des députés. Pour éviter « un débat parlementaire risquant de traîner en longueur », il fait adopter par ordonnances le dispositif de la rigueur. « Nous devons agir vite et fort, nous ne pouvons pas nous permettre de perdre un mois », l'encourage Mitterrand le même jour au Conseil des ministres. Le chef du gouvernement s'exécute et déclare aux députés que « l'effort demandé ne pourra apporter de succès immédiats ».

Le 8 avril 1983 est une date importante. Elle marque le vrai début du processus de rupture de l'union de la gauche. De retour de Grèce, Georges Marchais est très net : « Nos moyens d'action sont limités, dit-il à Roissy, car nous n'avons que quatre ministres sur quarante et les socialistes à eux seuls disposent de la majorité absolue à l'Assemblée. Je ne suis pas disposé à avaler des couleuvres. » A partir de cette déclaration, la direction communiste commence à prendre ses distances avec la politique économique et sociale du gouvernement tout en continuant de le soutenir et d'y participer. Un pied dedans, un pied dehors.

Au sein du gouvernement, la rivalité Fabius-Delors reprend de plus belle. Partisan d'une modernisation accélérée de l'économie, le nouveau ministre de l'Industrie propose d'affecter la moitié du montant de l'emprunt obligatoire au développement industriel. Delors s'insurge. Hérésie. Cet emprunt est là pour réduire la consommation et voilà qu'on veut l'utiliser pour la relancer ! Mitterrand coupe la poire en deux : l'emprunt ne sera pas affecté à l'investissement, mais un « fonds industriel de modernisation » sera créé à l'automne.

A la fin du mois d'avril, le chef de l'État explique sa

politique au cours d'une tournée dans la région Nord-Pas-de-Calais : « Tout ce que je fais et qui vous paraît parfois si dur n'est pas fait seulement pour traverser au mieux la crise mondiale. C'est essentiellement pour sauvegarder et préparer l'avenir de la France. Notre objectif ce n'est pas la rigueur mais le redressement. Il faut que la France reprenne son rang », déclare-t-il le 25 à Lille. A Dunkerque, le même jour, il endosse l'entière « responsabilité » et la paternité de la « décision » de la rigueur. « Quoi qu'il advienne, j'assumerai. » Ce discours passe mal. Désormais Mitterrand trouve sur son passage des cohortes de manifestants inquiets pour leurs emplois et leur pouvoir d'achat. « Mitterrand des sous ! » « Mitterrand trahison ! » La classe ouvrière ressort les slogans remisés après le départ de la droite. Mauroy va au contact avec les mineurs et les sidérurgistes. Il s'efforce de les rassurer, pourtant le pire est devant eux.

Le 11 mai, Mitterrand fournit à ses ministres[1] l'argumentaire qu'ils devront développer face au mécontentement croissant de leur électorat. « Il y a un clou à enfoncer, dit-il à la table du Conseil. Ce gouvernement doit réparer les dommages des dix dernières années, mais la base de nos mesures reste sociale. Les mesures économiques prises ne sont ni de droite, ni de gauche. Elles s'efforcent d'épargner, pas autant qu'il le faudrait, les catégories les plus défavorisées. C'est en cela que notre action se distingue des politiques menées dans d'autres pays. Parce que nous avons voulu épargner des millions de gens qui souffrent, nous ne pouvons pas aller aussi vite que les autres. »

« Soyons sans complexes, ne nous sentons pas coupables de la politique de 1981. Si nous n'avions pas commencé par plus de justice, à qui nous adresserions-nous aujourd'hui ? »

Puis c'est le couplet anti-américain : « Les États-Unis nous font payer leur chômage et leur déficit budgétaire. C'est nous qui permettons à Reagan de continuer une politique qui nous écrase. » Alors qu'un nouvel affrontement franco-américain se prépare, à quinze jours du

1. Document d'archives.

sommet industrialisé de Williamsburg[1], Mitterrand conclut sur des mots très durs à l'encontre de la domination économique des États-Unis : « Ils sont prêts à vous prendre tout, quitte à vous en redonner un petit peu pour que vous puissiez leur payer à dîner. »

Le 16 mai, la France reçoit les dividendes de son alignement économique sous la forme d'un prêt communautaire de 27 milliards de francs (4 milliards d'ECU). Seul de tous les indices, celui du commerce extérieur s'améliore sensiblement. Le redressement ne fait que commencer puisqu'il s'étalera sur deux ans.

Le budget de 1984 constitue presque un troisième plan de rigueur.

Sa préparation donne lieu à de nouveaux déchirements au sein de l'équipe gouvernementale. Jacques Delors s'appuie sur les conséquences désastreuses de la hausse du dollar pour demander une plus grande discipline financière. Le billet vert dépasse en mai le seuil des 7,50 francs. A chaque fois qu'il prend 10 centimes, c'est 2 milliards de francs qui se rajoutent au déficit commercial. Le ministre des Finances présente le 23 juin 1983 en Conseil les grandes lignes du budget. Il pose « deux préalables : pas de dérapage des salaires et réduction draconienne des déficits publics ».

C'est un budget d'une dureté inégalée depuis la Libération. Les recettes progressent de 8,4 %, les dépenses de 6,3 %. Du jamais vu en France. Baisse autoritaire de 10 % de toutes les autorisations de programme civiles. La recherche et la formation échappent au tour de vis. Sur l'insistance de Fabius auprès de Mitterrand, seules les entreprises publiques bénéficient de dotations accrues par rapport à 1983.

Au cours de l'été « le gouvernement a failli sauter », se souvient Hervé Hannoun[2]. Outre le conflit sévère entre Delors et Mauroy sur la préparation du budget, un désaccord les oppose à propos de la Sécurité sociale. Mauroy et Delors se mettent d'accord pour porter de 1 à 2 % le

1. Voir IIIe partie : « La France dans le monde ».
2. Entretien le 31 janvier 1990.

prélèvement forfaitaire pour la Sécurité sociale. La révélation du projet, fin juillet, dans *Le Monde* met le feu aux poudres au Parti socialiste. Lionel Jospin obtient l'abandon de la mesure. Mauroy propose alors une mesure de remplacement plus sociale sous la forme d'une surtaxe progressive de l'impôt sur le revenu. C'est au tour de Delors de protester. Le ministre des Finances estime que cet accroissement de la pression fiscale, frappant essentiellement les cadres, constitue une faute politique. Il se prononce alors pour de nouvelles coupes dans les dépenses d'équipement prévues par le budget. Mitterrand le remet à sa place et autorise Mauroy à annoncer l'augmentation des impôts des plus riches.

Mais revenons au Conseil des ministres du 23 juin 1983. Ce jour-là Mitterrand critique sans détour le rigorisme delorien. « Si l'on s'aligne sur les États-Unis, le Royaume-Uni ou l'Allemagne, on pourra avoir certains résultats sur les indices, mais on fera disparaître la majorité qui ne résistera pas à une réaction populaire. »

Une fois encore la démission de Delors guette. Jacques Attali : « Delors était à nouveau prêt à démissionner. J'ai passé des heures au téléphone pour l'en dissuader[1]. »

« Il faut qu'on amorce la décrue »

Ce même 23 juin, Mitterrand laisse entrevoir à ses ministres un retournement spectaculaire de la gestion économique et sociale de la France. « Il ne faut pas que le gouvernement tombe dans ce grave danger qui consiste à augmenter indéfiniment la charge des prélèvements obligatoires. Celle-ci évolue vers un taux de 50 % et cela ne sera pas toléré. »

Quelques jours plus tard, le journaliste Philippe Bauchard publie dans *Témoignage chrétien* une conversation avec le président au cours de laquelle Mitterrand reconnaît avoir commis plusieurs erreurs depuis 1981. « Nous avons été grisés (...) J'ai sous-estimé le rôle des lobbies (...) Nous avons sous-estimé la durée de la crise inter-

1. Entretien le 5 mai 1990.

nationale (...) et surestimé la bonne volonté des Américains. » L'affaire fait grand bruit. L'Élysée dément.

Au cours de l'été, Attali et Bianco travaillent dans le plus grand secret sur un projet explosif : la baisse des prélèvements obligatoires. Les chiffres sont préoccupants : impôts et cotisations sociales représentent 45,5 % du revenu national dans les prévisions pour 1984. En 1974, le prélèvement atteignait 35 % et le jeune président Giscard d'Estaing avait fixé à 40 % le seuil au-delà duquel la France serait entrée dans une économie socialiste. Au terme de son septennat ce taux atteignait 41,9 %, soit une progression de près d'un point par an qui se poursuit jusqu'en 1983.

La pente paraît inexorable. L'administration et les syndicats ne voient pas d'autre solution pour financer les dépenses économiques et sociales. Les patrons et les cadres parlent du syndrome suédois, où la social-démocratie d'Olof Palme a porté la pression fiscale à près de 50 %. Le thème de la baisse des prélèvements obligatoires fait florès dans les cénacles de la droite. Les clubs libéraux, qui puisent leur inspiration chez les monétaristes de Chicago et de Cambridge, fourbissent cet argument massue pour la prochaine campagne législative du RPR et de l'UDF.

Mitterrand les prive de cette arme. Le 15 septembre 1983, invité de l'émission économique « L'enjeu » sur TF1, il annonce la baisse des prélèvements obligatoires à partir de 1985. « Je dis que l'année prochaine, au moment où nous préparerons le budget, il faudra que ces prélèvements baissent d'au moins un point. Il faut qu'on amorce la décrue, que l'on renverse la vapeur. »

Après l'archaïsme Front populaire-nationalisations, le vieux fonds moderniste resurgit et l'on retrouve chez Mitterrand cet économisme entrepreneurial inauguré en septembre 1982 avec le discours de Figeac.

Mauroy [1], Delors [2] et Bérégovoy [3] sont pris de court. Ils

1. Entretien le 2 mai 1989.
2. Entretien le 5 juin 1989.
3. Entretien le 25 juin 1989.

connaissaient depuis le 23 juin la préoccupation de Mitterrand mais ne s'attendaient pas à cette annonce spectaculaire.

Mitterrand : « Après mon intervention télévisée, Delors et Bérégovoy sont venus me dire : c'est impossible. Je leur ai répondu : vous le ferez quand même, sinon je le ferai faire par d'autres[1]. »

Le mercredi suivant « L'enjeu », en Conseil des ministres, Mitterrand justifie sa décision par des arguments politiques : « Ce n'est pas sur l'évolution des indices économiques que le gouvernement regagnera l'opinion mais sur une diminution des prélèvements fiscaux. Les indices, même s'ils évoluent favorablement, ne sont pas suffisants. L'inflation ? Les gens pensent toujours que celle-ci peut repartir. Le chômage ? Il est peu vraisemblable que son niveau soit réduit. Le commerce extérieur ? Une amélioration peut avoir des effets vis-à-vis des opérateurs internationaux, mais elle resterait imperméable pour la grande majorité de la population.

« En revanche, la diminution d'un point de prélèvement sera immédiatement ressentie. C'est là que la majorité jouera sa survie. Les huit dixièmes des arguments de l'opposition se briseront sur cette réalité. »

Conscient de la levée de boucliers que sa décision va provoquer à gauche, Mitterrand a préféré mettre son camp devant le fait accompli. A ses yeux, Mauroy n'avait plus l'autorité suffisante pour imposer cette colossale remise en cause qui implique des coupes claires dans la politique de protection sociale.

La contrainte imposée par Mitterrand est énorme puisque, toutes les politiques étant fondées sur la base d'une augmentation annuelle des prélèvements de 1 %, c'est en fait une réduction de 2 % qui est demandée pour 1985. Cela revient à abaisser les impôts et les cotisations sociales de 80 milliards de francs. L'objectif ne fut pas atteint. Les prélèvements obligatoires passent entre 1984 et 1985 de 44,6 à 44,5 %. Cette stabilisation représente déjà un énorme effort réalisé au prix d'une débudgétisation. Pour compenser la baisse des prélèvements

1. Entretien le 16 mars 1989.

obligatoires, l'État augmente fortement les taxes sur l'essence, joue sur les tarifs du téléphone. Delors remplit les caisses en 1984 pour permettre à son successeur Bérégovoy d'amorcer la baisse des prélèvements en 1985.

Au moment où Reagan remporte des succès avec ses baisses d'impôts et alors que Chirac s'apprête à faire de ce thème son cheval de bataille, Mitterrand a réussi à désamorcer préventivement la campagne qu'il redoutait le plus : « Les socialistes c'est la hausse des impôts, la droite c'est la baisse des impôts. » Le chef de l'État a donné aux siens le temps de s'adapter à ce nouveau langage : celui de l'efficacité et non plus celui de la dépense publique.

La rhétorique présidentielle au cours de l'émission « L'enjeu » est tout entière inspirée de cette volonté de prendre la droite de vitesse sur le terrain de l'efficacité économique. Tournant le dos aux incantations socialistes de la première époque, Mitterrand s'adresse à l'électorat modéré qu'il avait su capter en mai 1981. Il prend garde en même temps de ne pas se renier. « La lutte des classes, ce n'est pas mon objectif. Je cherche à ce qu'elle cesse. Voilà pourquoi je pense qu'il faut plus de justice. Je ne suis aucunement l'ennemi du profit, dès lors que le profit est justement réparti. » Faire fortune est « naturellement » une bonne chose, si c'est « par l'effort personnel » et non pas « par la spéculation ». Le discours présidentiel sur le profit n'est pas nouveau. Le 8 décembre 1981 devant les élèves d'HEC, Mitterrand avait déjà annoncé la couleur : « Le profit est le moteur sans lequel il est inconcevable qu'une entreprise subsiste. » Mais en 1981 qui croyait Mitterrand ? Deux ans plus tard, son discours s'appuie sur une réalité économique nouvelle. Cent ans après la mort de Marx, la gauche a fait sa révolution culturelle.

La France conforme

Où en est donc Mitterrand après ces épreuves de 1982-1983 ? Le président et la gauche sont mithridatisés pour les orages à venir. En deux ans la gauche est passée de la guerre de mouvement à la guerre de tranchée. Il s'agit pour elle de se maintenir au pouvoir en sauvant l'essentiel de son message.

Pour durer, les socialistes ont choisi d'affronter la bourrasque plutôt que de placer la France à l'abri d'une illusoire ligne Maginot, celle du protectionnisme.

Sans le dire, ils mettent en œuvre une politique « conforme » à celle de leurs partenaires occidentaux en essayant, tant bien que mal, de préserver ce qui les distingue du libéralisme dominant : la volonté de justice sociale. C'est la fin de l'exception française[1]. Mais François Mitterrand ne s'y résout pas totalement. Obstinément, il tient le discours de l'originalité française. Celui, historique, du rôle de l'État, qui, des Capétiens à de Gaulle, en passant par Colbert, les deux Empires et la République, a contribué à la grandeur de la France.

Il ne veut pas d'un thatchérisme à la française et s'arcboute pour ne pas sacrifier à la logique impitoyable de la modernisation économique le précieux atout de la cohésion sociale. Si la France colle de nouveau au peloton occidental, si elle adopte la vulgate libérale, son président se cale sur le « socle du changement » pour assurer devant l'Histoire la pérennité de l'« œuvre socialiste ».

Sa décision de mars 1983 n'est pas économique. Elle est fondamentalement politique. Tenté, pour remuscler la France, de se mettre en congé sabbatique de l'Europe, il a préféré rentrer dans le rang. Au fond cet homme est allergique au repliement sur soi. Ce provincial, français jusqu'au bout des ongles, formé à mille lieues de l'esprit cosmopolite, est pourtant très imprégné par l'air du dehors. Fût-il temporaire, le protectionnisme évoque pour lui d'insidieuses menaces : celles de l'autarcie qui débouche sur des affrontements. Comme ceux de son âge, il a tiré la leçon de la France d'avant-guerre qui, voulant se protéger de la Grande Dépression, s'est isolée, endormie, affaiblie.

Le dilemme de mars 1983 se posait en ces termes :

1. *In* François Furet, Jacques Julliard et Pierre Rosanvallon, *La République du centre,* Paris, Calmann-Lévy, 1988.

faut-il agir seulement à l'intérieur ou penser la France dans le projet européen ? A ceux qui lui disaient : « Vous ne pourrez rien faire si vous ne sortez pas de l'Europe », François Mitterrand a répondu : « Si je sors de l'Europe je ne pourrai rien faire. »

L'aboutissement de mars 1983 est davantage la « revanche des technos » que celle des libéraux. S'ils abandonnent le « changer la vie » au profit du réalisme des chiffres et des contraintes du marché, les socialistes des années 84-86 ne vont pas pour autant se convertir au « laisser-faire » des néo-libéraux. Moins assurés de la primauté du volontarisme politique sur les tendances lourdes de l'économie, ils ne se résignent pas à n'être que des régulateurs. Le septennat aborde une nouvelle phase. Ce n'est plus le socialisme rêvé au cours de la décennie 70-80, mais plutôt un avatar du gaullo-technocratisme. Une nouvelle version des idéaux de la Libération. Il faut reconstruire une France de l'après-crise. L'État assumera les restructurations industrielles au prix de l'impopularité du moment. L'État financera les dépenses de l'avenir en sacrifiant les secteurs dépassés au prix d'une aggravation du chômage. L'État s'efforcera de créer les conditions de la compétitivité des entreprises françaises et d'en atténuer autant que possible les conséquences sociales.

Les difficultés intérieures, l'endettement extérieur, l'impopularité record atteignent François Mitterrand. Souvent il doute. Même s'il n'aime pas reconnaître ses erreurs, il lui arrive en Conseil des ministres de s'interroger à haute voix sur la justesse de tel ou tel choix. Condamné à l'infaillibilité par le statut exposé de président de la Ve République, il confie : « Je m'en suis posé des questions pendant ces sept années [1]. »

Ce qui ne l'empêche pas de multiplier les actions et d'agir. En pleine crise économique, il prend la parole devant le Bundestag [2]. En pleine tourmente scolaire [3], il

1. Entretien le 5 mai 1990.
2. Voir IIe partie : « La France dans le monde ».
3. Voir VIe partie : « La disgrâce ».

consacre beaucoup de temps à préparer le sommet européen de Fontainebleau de juin 1984. Il n'éprouve apparemment aucune honte à continuer de s'exprimer et d'agir sur la scène internationale. Pour lui « la France est riche », elle ne va pas s'effondrer du jour au lendemain. La notion de durée est toujours présente à son esprit. Elle est même essentielle. Il s'efforce de résister à « la dictature de l'instant ».

« Je suis sûr du temps donné à un chef de l'État en France. Une action ne prend son sens qu'à travers la durée. J'ai l'intime conviction que les Français s'en rendront compte[1]. »

1. Entretien à Poitiers le 3 novembre 1983.

CINQUIÈME PARTIE

Le président

Qu'est-ce que le travail d'un chef d'État ? Comment gouverne-t-il ? Quels sont ses rapports avec son entourage ? Nous l'avons observé de près à l'Élysée et en voyage [1].

1. Les évolutions et les données nouvelles consécutives à la « cohabitation » sont étudiées dans la VIIIe partie : « La revanche ».

CHAPITRE 1

S'informer

Au pouvoir, François Mitterrand veut savoir vite, savoir tout et savoir avec certitude. Pour être en mesure d'agir ou de réagir, le président consacre une large part de son temps à cette activité essentielle : s'informer.

La noria des notes

Ses conseillers vivent dans une émulation permanente : être le premier à alerter et éclairer le chef de l'État sur tout ce qui bouge. Ils fonctionnent par notes écrites. Documents concis, précis, dépouillés de tout artifice. « Avec lui il ne faut pas biaiser. Il repère immédiatement les notes présentées de façon à lui forcer la main, à l'attirer vers telle ou telle position. ». Jean-Louis Bianco[1], secrétaire général de l'Élysée, parle en expert. Les trois quarts des notes destinées à la lecture du président passent entre ses mains. « J'en reçois plusieurs dizaines par jour, je filtre en évitant une censure abusive. Je dose le volume de copie à transmettre au président en jouant sur la masse de télégrammes diplomatiques qui nous arrivent chaque jour. Quand je sens qu'il est saturé, je lui en donne moins. »

A l'Élysée, l'information circule très vite. Il arrive qu'un papier annoté de la main du président revienne dans l'heure sur le bureau de son auteur. Du matin au soir, la présidence est une ruche. Dans les couloirs, les

1. Entretien le 17 octobre 1988.

escaliers, le labyrinthe des antichambres, c'est un va-et-vient incessant d'huissiers en habit ou en tenue de ville, portant prestement ces notes scellées dans des enveloppes portant le plus souvent la mention : « TTU[1] ».

Les notes empruntent deux circuits. Celui du secrétaire général[2] est le plus volumineux. Il est alimenté par la cinquantaine de conseillers techniques et chargés de mission à la présidence. Celui du directeur de cabinet[3] porte sur l'organisation interne de la maison, les questions de police, les DOM-TOM, la presse.

Mitterrand demande régulièrement des notes. Parfois à plusieurs collaborateurs sur la même question. Il a le souci permanent de multiplier les sources et de confronter leur interprétation. Mais il n'est interdit à personne de prendre l'initiative de rédiger des papiers, sur n'importe quel sujet. Bianco précise : « Certains collaborateurs font part au président de leurs réactions de citoyens face à tel événement, telle situation, tel contact personnel. » Ainsi Michel Charasse informe-t-il le président d'une conversation avec Valéry Giscard d'Estaing dans l'avion de Clermont-Ferrand ou au conseil général du Puy-de-Dôme. Charles Salzmann analyse l'état d'esprit du patronat. Jean-Michel Gaillard prend le pouls des régions, à l'affût d'idées et d'hommes nouveaux. Edgard Pisani rédige des « notes d'atmosphère » très incisives. « Jacques Attali peut se saisir de tous les sujets » : de son dernier dîner avec Coluche au plan Reagan de désarmement, en passant par le déficit de la Sécurité sociale et la montée des partis religieux en Israël.

« Il est rare que le président demande des notes aux ministres. » Mais plus d'un prend l'initiative de lui écrire ; tels Cheysson, Delors, Hernu, Chevènement, Defferre, Bérégovoy, Joxe et Lang. « Le ministre de la Culture interpelle parfois trop souvent le président, qui finit par s'en irriter. Lang en fait trop, il passe directe-

1. Très, très urgent.
2. Pierre Bérégovoy puis Jean-Louis Bianco.
3. André Rousselet puis Jean-Claude Colliard, auquel succède Gilles Ménage à partir du deuxième septennat.

ment par les secrétaires du président qui me renvoient ses notes avec la mention : votre avis », sourit Jean-Louis Bianco.

Des questions subalternes arrivent aussi sur le bureau présidentiel. Ainsi a-t-il dû trancher sur le remplacement des sanitaires dans une aile du palais.

Bianco souligne : « Mitterrand est très exigeant et peut-être sévère et dur sur la fiabilité des informations. On peut lui dire beaucoup de choses dès lors que le raisonnement est cohérent. »

« FM », « vu », « vu FM », « oui », « non », « d'accord », « à voir », « peut-être », « m'en parler », « en parler au Premier ministre », « vous croyez ? », assortis de ses initiales à l'encre bleue[1]. Mitterrand est volontairement laconique. A ses collaborateurs de comprendre ses réponses. Ce n'est pas toujours chose facile. Il arrive que l'interprétation conduise à une décision contraire au vœu du chef de l'État. L'affaire de la signature du contrat gazier avec l'URSS[2] en fournit le plus bel exemple.

Pour s'assurer qu'ils ont bien saisi le sens des annotations ou des directives orales du président, Jean-Louis Bianco et Jacques Attali doivent se concerter. Ce sont les plus proches conseillers. Ils le voient plusieurs fois par jour et font le point avec lui, le plus souvent séparément, presque quotidiennement en fin d'après-midi. Jacques et Jean-Louis, copains depuis le lycée Janson-de-Sailly à Paris, sont à la fois rivaux et alliés objectifs. Quand Bianco est appelé par le président, il traverse le bureau d'Attali. Les deux collaborateurs échangent quelques mots : « il veut me voir pour telle affaire. Je vais lui dire ça. Est-ce qu'il t'en a déjà parlé ? » Bianco ressort : « Il n'est pas d'accord. Je lui ai proposé une autre

1. A titre d'exemple, Edgard Pisani décode ainsi les deux annotations présidentielles qui lui semblent les plus sibyllines : « FM » veut dire « j'ai lu » ; « vu FM » veut dire « j'ai lu avec assez d'attention, je ne suis pas en désaccord ».

2. Voir IIIe partie : « La France dans le monde ».

formule. S'il t'en parle, tiens-moi au courant. » C'est un jeu subtil de dit et de non-dit.

A ce niveau, les deux collaborateurs du président sont obligés de coopérer, mais, en même temps, ils se surveillent. Phénomène classique dans l'intimité du Prince. Mitterrand n'aime guère que ses conseillers se coalisent. Il arrive pourtant que les deux se liguent pour convaincre ou dissuader leur patron de prendre une décision. L'alliance Attali-Bianco a notamment joué au moment de l'hésitation de mars 1983[1]. Il advient aussi que des conflits éclatent : ils ne se parlent plus pendant quelques heures. Cette « cohabitation » dure depuis juin 1982.

Jean-Louis Bianco est le « régulateur », l'« ingénieur en chef » de la machine Élysée. Il est le seul habilité à se saisir de tous les dossiers et à pouvoir intervenir directement auprès du Premier ministre, des membres du gouvernement et du groupe socialiste. Quand le président voyage, Bianco « garde la maison ».

Attali, lui, ne lâche pas le président d'une semelle. Mitterrand souhaite l'avoir à ses côtés à la fois pour le consulter et pour s'évader des questions à l'ordre du jour. Il leur arrive de quitter une salle de conférence pour flâner un moment dans les vieilles rues de la ville où ils passent, entrer dans une galerie de peinture, parcourir les salles d'un musée.

Pour le président, une consigne permanente : « Je ne veux pas de cabinet. L'entourage, je ne connais pas. En tant que collectivité il ne doit pas exister. Il y a des individus qui prêtent leur concours. Ils ont tendance à s'agglomérer. S'ils entretiennent de bonnes relations c'est tant mieux, mais cela ne doit pas dépasser ce stade[2]. »

1. Voir IVe partie : « La rigueur ».

2. *In* Christine Fauvet-Mycia, *Les Éminences grises,* Paris, Belfond, 1988.

Les réseaux cloisonnés

En dehors des collaborateurs et de la noria des notes, le président s'informe en recevant toutes sortes de gens. A l'Élysée, rue de Bièvre, à Latche, il invite beaucoup. Petits déjeuners, audiences privées, déjeuners sont autant d'occasions de prendre la température du monde extérieur. Il écoute beaucoup, parle peu. En dehors des entretiens officiels, François Mitterrand a en moyenne une quarantaine d'échanges de ce type par semaine. Ses vieux amis, à droite ou à gauche, lui parlent sans détour de la façon dont l'opinion perçoit sa politique. C'est le cas du RPR Pierre Guillain de Bénouville, des UDF Pierre Merli et André Bettencourt, du radical Maurice Faure. Jean et Antoine Riboud, François Dalle ou Pierre Bergé lui font part des préoccupations du patronat. Mgr Lustiger fut invité à plusieurs reprises pour un petit déjeuner rue de Bièvre au moment de l'affaire scolaire [1].

« Je consulte beaucoup. Pourquoi voudriez-vous que je me prive d'avis ou de conseils ? Pourquoi n'écouterais-je pas un très bon collaborateur de naguère, qui fut un bon ministre, un haut fonctionnaire de qualité ou tout individu qui peut être utile à ma conscience ? Dans les circonstances importantes un conseil est toujours bon à entendre [2]. »

La ruche mitterrandienne est très cloisonnée. Personne ne peut prétendre en connaître le plan. François Mitterrand a conservé l'habitude de la confidentialité acquise pendant la résistance. Il dit souvent : « Au-delà de deux personnes, il n'y a plus de secret. »

Le quatrième président de la Ve République ne déroge pas à la mondanité des déjeuners de têtes organisés à l'Élysée avec des personnalités de différents milieux : le cinéma avec Claude Lanzmann [3], Michel Piccoli, Anouk

1. Voir VIe partie : « La disgrâce ».
2. In *Les Éminences grises, op. cit.*
3. François Mitterrand est intervenu avec insistance pour que les pouvoirs publics participent au financement du film *Shoah,* la fresque réalisée en 1985-1986 par Lanzmann sur l'Holocauste.

Aimée, Gérard Depardieu, François Truffaut et Fanny Ardant. Le spectacle : Barbara, Trénet, Coluche, Michel Berger, France Gall, Renaud. La littérature : Claude Simon, Michel Tournier, Françoise Sagan, Élie Wiesel, Marguerite Duras. Les sciences et la médecine : François Gros, Jean-Marie Lehn, Claude Allègre, Jean Dausset. Le sport avec Jacques Laffite, Guy Ligier et quelques rugbymen.

S'il est sans doute le seul homme politique à le refuser dans sa voiture, François Mitterrand se sert beaucoup du téléphone. Il adore ça. Pour le joindre, même le Premier ministre passe par le secrétariat particulier. Aussi rares que discrets sont ceux qui peuvent l'atteindre sans intermédiaire sur sa ligne privée.

Partout où il se trouve, un téléphone protégé est installé. Un sous-officier chargé des transmissions accompagne systématiquement le chef de l'État dans ses déplacements officiels. Quand il voyage en privé, l'un de ses gardes du corps se munit d'un téléphone portable. Lorsqu'il marche dans les Cévennes ou sous la forêt landaise, seul l'« eurosignal » de ses officiers de sécurité le relie aux urgences du monde extérieur.

Un été, Mitterrand vient de déjeuner en Camargue avec Michel Vauzelle. Il prend la route vers l'Ardèche pour passer la nuit chez Antoinette Signard, l'une de ses quatre sœurs. Exceptionnellement, il a renvoyé la voiture suiveuse de sécurité. Mitterrand est assis à l'avant à côté du chauffeur. Le garde du corps, muni du téléphone, s'est installé derrière avec le labrador Baltik. Le téléphone sonne. C'est Pierre Joxe. Le ministre de l'Intérieur est inquiet : « Où est le président ? On me dit qu'il est au plus mal. » A voix basse, le policier rassure son ministre : « Tout va bien. Il est devant moi. Ne vous inquiétez pas. » Il raccroche. « Qui était-ce ? » demande Mitterrand. « M. Joxe. Il voulait seulement savoir où vous étiez. – Ah bon ! Pourquoi ? – Il y a des rumeurs selon lesquelles vous auriez été victime d'un grave accident de santé. » Mitterrand : « Vous l'avez rassuré, j'espère. »

Pour échapper à l'esprit parisien, aux courtisans qui

perdent tout sens critique au contact d'un chef d'État, quel qu'il soit, François Mitterrand entretient ses relations provinciales. Dans la Nièvre, en Auvergne, en Charente, dans les Landes ou dans la Drôme, il s'invite chez ces élus locaux qu'il a connus bien avant d'être au sommet. « Ces gens continuent à me parler comme avant. Ils me disent comment réagissent les Français qu'ils côtoient. J'attache de l'importance à ces rencontres. Elles me sortent de l'Élysée où je ne me suis jamais senti prisonnier[1]. » Michel Charasse encourage ces retours aux sources du terroir. Une ou deux fois par an, il organise une partie de pêche à l'omble sur les bords du lac Chauvet dans le Puy-de-Dôme. C'est l'occasion d'une ripaille – le chou farci est toujours au menu – suivie d'une longue marche digestive. Là, Mitterrand se retrouve parmi des notables socialistes au franc-parler, les Joseph Planeix, Arsène Boulay, Jacques Lavédrine ou Roger Quillot.

Même ambiance dans la Nièvre où c'est en ancien président du conseil général que Mitterrand est accueilli par ses ex-collègues. Le prétexte à ces visites nivernaises est souvent l'inauguration d'une salle des fêtes ou d'un collège dans ce département toujours couvé par son illustre élu et qu'il a confié à Pierre Bérégovoy, maire de Nevers. Tous les deux mois, François Mitterrand s'attable avec le député socialiste de la Drôme Henri Michel. Tantôt dans son mas de Suze-la-Rousse, occasion de déguster l'omelette aux truffes arrosée de tricastin. Tantôt à Paris, où le président emmène son ancien collègue de l'Assemblée nationale chez Le Duc, le restaurant de poissons de Montparnasse.

A quoi servent les services ?

François Mitterrand ne compte guère sur les spécialistes du renseignement pour l'informer. Il n'a jamais aimé les romans d'espionnage et a tendance à prendre tout cela pour « une coûteuse fumisterie[2] ». Il déplore

1. Entretien avec François Mitterrand le 9 février 1989.
2. Entretien le 9 février 1989.

« cette sorte de soumission intellectuelle aux Américains » qu'il dit observer chez certains agents de la DGSE[1] et de la DST[2].

De même que le général de Gaulle se montrait sans indulgence à l'égard de l'armée, Mitterrand n'est pas tendre pour les hommes de l'espionnage et du contre-espionnage français, « toujours en bisbille avec un gouvernement de gauche. Pour eux, les giscardiens sont des gauchistes... ».

François Mitterrand a peut-être quelques motifs de se montrer si sévère. Il a en mémoire deux affaires bien précises : l'échec de la DGSE à Beyrouth à l'automne 1983 dans un attentat de représailles contre l'Iran[3], et, bien sûr, l'affaire Greenpeace[4].

François de Grossouvre[5], l'homme de liaison entre l'Élysée et les services au début du premier septennat, a dû insister auprès du président pour qu'il reçoive leurs responsables.

Mitterrand ne porte pas en haute estime les patrons de l'espionnage : « Alexandre de Marenches ? M. Giscard d'Estaing le voyait régulièrement. Pourtant il était peut-être plus dangereux de lui parler que de le tenir à l'écart », confie-t-il. Très vite, il le remplace par Pierre Marion, dont Charles Hernu avait avancé le nom : « C'était un mauvais choix. » Il est remercié au bout de dix-huit mois. Arrive l'amiral Pierre Lacoste : « C'est le choix de l'état-major. Un choix médiocre. »

Jean-Louis Bianco[6] semble lui aussi au départ assez réservé à l'égard des services spéciaux, dont il juge le travail « inégal ». Il révèle qu'en prenant ses fonctions il fut surpris par la faiblesse des renseignements en provenance de l'Est et du Proche-Orient. Le secrétaire général de l'Élysée ne disqualifie pas la DST : « Leurs dossiers sont parfois complets, mais ils ne remontent pas toujours

1. Direction générale de la sécurité extérieure.
2. Direction de la surveillance du territoire.
3. Voir VIe partie : « La disgrâce ».
4. Voir VIIe partie : « L'attente ».
5. Entretien le 8 mars 1989.
6. Entretien le 24 septembre 1988.

jusqu'à nous car il s'exerce dans ce service une extraordinaire censure politique. A notre arrivée, ils se sont mis en tortue romaine pour attendre le retour de la droite. La DST est cependant plus professionnelle que la DGSE. »

Il cite une anecdote : « En 1983 l'amiral Lacoste nous alerte : Régis Debray est dangereux. Il rencontre des révolutionnaires d'Amérique latine. » L'intéressé, entré depuis au Conseil d'État, est devenu secrétaire général du conseil du Pacifique Sud en 1985. « Dès 1981 la DST avait dit à Mitterrand que je n'étais pas clair[1]. »

Enfin, Jean-Louis Bianco estime que les rapports des renseignements généraux ne correspondent pas toujours à la valeur de leurs informations : « Ils ont sans doute le souci de ne pas déplaire au pouvoir. Ils disposent pourtant de jeunes inspecteurs ou commissaires remarquables, en particulier au niveau local où ils sentent très bien le climat politique. »

Mécontent des services secrets, François Mitterrand, met en place à l'Élysée une structure de renseignement parallèle. A la suite de la vague d'attentats de l'été 1982[2], il charge le commandant de gendarmerie Christian Prouteau de former une « cellule anti-terroriste ». Mitterrand a toute confiance en ce gendarme qui vient d'organiser efficacement sa sécurité personnelle avec le GSPR[3].

« J'avais accès à tout ce qui arrivait à l'Élysée, explique Christian Prouteau[4]. J'ai constitué un système parallèle. Quand le président m'interroge, il faut bien que je sois capable de lui dire quelque chose. Le renseignement en France était obsolète. On vivait sur des données datant de la guerre froide. Il nous fallait donc une structure pour réfléchir au phénomène nouveau du terrorisme. » Un puissant ordinateur relié à ceux de la DGSE et du CERM[5] est installé au 14, rue de l'Élysée, siège de l'état-

1. Entretien avec Régis Debray le 14 novembre 1989.
2. Voir IIIe partie : « La France dans le monde ».
3. Voir *infra*.
4. Entretien le 16 octobre 1989.
5. Centre d'évaluation du renseignement militaire, dépendant du ministère de la Défense.

major particulier du président, dans les bureaux affectés à la « cellule Prouteau ». Un homme joue un rôle important dans cette nouvelle structure parallèle : le lieutenant-colonel de gendarmerie Jean Esquivier, un intellectuel de haut niveau qui compte parmi ses relations le roi Hussein de Jordanie et dispose de nombreux « contacts » en Syrie et en Irak.

Dans les semaines qui suivent son installation, la cellule antiterroriste de l'Élysée commet une bavure caractérisée en procédant, en violation flagrante de la procédure pénale, à l'interpellation, le 28 août 1982 dans un appartement de Vincennes, de trois ressortissants irlandais, soupçonnés de liens avec les groupes terroristes républicains d'Ulster. L'arrestation est effectuée par l'adjoint de Prouteau, le capitaine de gendarmerie Paul Barril, rapidement soupçonné d'avoir introduit des armes dans l'appartement pour aggraver le cas des trois Irlandais [1].

Sur le moment l'Élysée annonce triomphalement ce « succès » de la cellule antiterroriste, survenant à point, trois semaines seulement après le traumatisme de l'attentat de la rue des Rosiers.

L'affaire fait vite scandale. La présidence de la République est ridiculisée. La police et la DST se frottent les mains. Ils avaient très mal pris que la lutte antiterroriste fût confiée à des gendarmes. Prouteau s'explique : « Barril a eu un renseignement. Il l'a exploité. Mais il l'a fait imprudemment, il y a eu des erreurs de procédure. »

En réalité, les gendarmes avaient été piégés par les policiers qui ont fait passer aux hommes de Prouteau le « tuyau » les mettant sur la piste de Vincennes. Ces trois Irlandais, connus de la DST et de la police de l'Air et des Frontières, étaient en France depuis des années.

Structures policières parallèles. Écoutes téléphoniques ? A Matignon sous Mauroy, certains conseillers haut placés assurent que la présidence a fait effectuer quelques écoutes en marge des procédures administratives réglementaires et même qu'un officier des ren-

1. Michael Plunkett, Stephen King et Mary Reid seront élargis.

seignements généraux, spécialiste de ce genre de technique, avait été recruté par Grossouvre. Ce policier appartenait à l'équipe soupçonnée d'avoir mis sur écoute, avant 1981, le téléphone de François Mitterrand à Latche !

L'Élysée dément.

S'il ne compte guère sur les services pour l'informer, François Mitterrand n'attend pas grand-chose non plus de la presse. Il lit pourtant attentivement les journaux, dans lesquels il cherche le commentaire politique. Comme tous les présidents, il est rarement satisfait. Tous ses proches collaborateurs ont en mémoire ses virulentes critiques contre « ces journalistes au petit pied » qui « manquent de rigueur » et « en prennent à leur aise avec les faits ». *Le Monde*, qui avait soutenu sa candidature en 1981, n'échappe pas à sa vindicte. Le président s'est estimé personnellement attaqué par les révélations du quotidien sur les agissements des services secrets pendant l'affaire Greenpeace[1]. De Gaulle était en délicatesse avec Hubert Beuve-Méry, le fondateur du grand quotidien du soir ; Jacques Fauvet, son successeur, n'était pas en odeur de sainteté auprès de Giscard d'Estaing, surtout après l'affaire dite des diamants de Bokassa. Mitterrand ne déroge pas : il ne porte pas André Fontaine dans son cœur : « Je lui refuse ma porte. Je sais qu'il en est mortifié. Je m'en fiche, au fond tout cela m'amuse[2]. » Un début de réconciliation intervient le 9 juin 1990 quand le président accorde un entretien à André Fontaine entouré de ses deux principaux rédacteurs en chef, Jacques Amalric et Jean-Marie Colombani.

Depuis plus de vingt ans, François Mitterrand écoute « les nouvelles » chaque matin sur Europe 1, même si « la réclame » l'agace. Une habitude contractée dans les années 60, quand il jugeait la radio nationale trop inféodée au pouvoir gaulliste. Il « zappe » pendant les journaux télévisés et déclare s'amuser au spectacle du « Bébête show » qui le représente sous la forme d'une

1. Voir VIIe partie : « L'attente ».
2. Entretien le 13 juillet 1989.

petite grenouille. Il ne demande pas de revue de presse, préférant choisir lui-même ce qu'il a envie de lire. Il s'attarde machinalement sur la bande dessinée de *France-Soir*, jette un coup d'œil sur *L'Équipe* et n'ouvre pratiquement jamais un journal étranger.

CHAPITRE 2

Nommer

François Mitterrand use pleinement d'un attribut essentiel du pouvoir présidentiel, celui de nommer. Le président de la République « nomme aux emplois civils et militaires de l'État ». Ce deuxième alinéa de l'article 13 de la Constitution confère à l'occupant de l'Élysée un pouvoir d'ordre régalien. Mitterrand en connaît l'importance.

Les vainqueurs de mai

Il se montre très attentif au choix des hommes à tous les niveaux, dans tous les domaines. Dès son élection, il s'applique à asseoir son autorité par un renouvellement des responsables de l'État. Récompenser fidèles et partisans, donner leur chance aux jeunes élites socialistes tenues à l'écart des responsabilités par le pouvoir giscardien, remplacer ses adversaires politiques : tout cela pour lui n'est que justice. On l'a fait avant lui, on le fera après.

Mais, dans le climat d'affrontement de l'après-mai 1981, les premières nominations sont perçues comme des règlements de compte politiques voire, en raison de l'alliance « socialo-communiste », comme une « menace » pour la démocratie.

Défi insolent à la technocratie gaullo-giscardienne, la venue d'un communiste au ministère de la Fonction publique suscite de nombreuses inquiétudes. Quand Anicet Le Pors appelle René Bidouze, chef de file des fonctionnaires CGT, comme directeur de cabinet, c'est l'effarement. Le secrétaire général de Force ouvrière André Bergeron voit rouge. Pourtant, le « noyautage » redouté ne se produit pas.

Matignon et l'Élysée y veillent. Pierre Mauroy et François Mitterrand filtrent toutes les nominations. S'il est mis fin à l'ostracisme à l'égard des communistes, leurs nominations sont acceptées au compte-gouttes.

Un préfet, deux sous-préfets, un recteur, quatre directeurs d'administration centrale, les Charbonnages, la RATP, l'Institut géographique national et deux banques nationalisées reviennent à des membres du PCF ou, des compagnons de route déclarés. Le léninisme n'est pas à l'ordre du jour.

La nouvelle équipe, en revanche, prend progressivement en main les leviers de l'État. Dans leur *Bilan de la France 1986*[1], les énarques de tous bords politiques regroupés au sein de l'Association pour débattre autrement écrivent : « La politisation des nominations à des niveaux de plus en plus profonds de l'administration et dans tous les corps de la haute fonction publique, inaugurée à cette échelle sous le précédent septennat, est parvenue à un degré sans doute inégalé jusque-là. La quête sans vergogne des points de chute confortables et plus ou moins discrets transforme l'appareil d'État en auberge du sixième bonheur. » Dans son étude, *La Haute Administration à l'épreuve de l'alternance*[2], Danielle Lochak indique que, sur 170 directeurs de ministères, 136 avaient été renouvelés en décembre 1983. Dans les cabinets ministériels, l'irruption des socialistes va de soi. L'influence des militants va décroître rapidement au profit des « technocrates » sortis des grandes écoles.

A l'Élysée, Pierre Bérégovoy, Jacques Fournier, Jean Glavany, Michel Charasse, Jean-Claude Colliard sont tous des familiers de la rue de Solférino. A Matignon, Pierre Mauroy s'entoure aussi de membres de son parti. Quand il présente au président la liste de ses principaux

1. Paris, La Table ronde, 1986.
2. Paris, Presses universitaires de France, Paris, 1985.

collaborateurs, celui-ci ne récuse personne. Il tique cependant sur deux noms, l'économiste Jean Peyrelevade et le journaliste politique Thierry Pfister : « Vous ne prenez pas que mes amis. » Mitterrand soupçonne le premier d'être l'un des artisans du ralliement de Mauroy à Rocard au congrès de Metz. Il a encore en mémoire les articles du second, dénués de tendresse à son égard, dans les colonnes du *Monde* ou du *Nouvel Observateur.*

Sociologiquement, les nouveaux petits marquis de la gauche ne diffèrent guère de leurs rivaux de droite. 94 énarques dans les cabinets du deuxième gouvernement Mauroy. Ils étaient 103 dans le ministère Barre. 25 polytechniciens contre 32. Les grands corps – Inspection des finances, Conseil d'État, Cour des comptes, préfectorale et Quai d'Orsay – fournissent, à peu de chose près, les mêmes contingents. Seules différences : les « profs » quatre fois plus nombreux après l'alternance de mai 1981 ; les syndicalistes qui passent de 0 à 12 et les femmes de 20 à 71.

Les cabinets ministériels de l'union de la gauche sont plus étoffés que ceux d'avant 1981. Il s'agit de s'armer face à l'administration. Aux ministres fraîchement nommés, Mitterrand répète : vous êtes les vrais patrons. C'est vous qui donnez l'impulsion politique. Ne vous laissez pas mener par vos hauts fonctionnaires.

Le nouveau pouvoir écarte une poignée de préfets, jugés trop engagés au côté de l'ancienne majorité. Michel Charasse et Robert Pandraud, directeur de l'Administration générale au ministère de l'Intérieur [1], préparent un vaste mouvement préfectoral.

Au Parti socialiste, des voix s'élèvent pour reprocher à Gaston Defferre de ne pas avoir suffisamment « fait le ménage ». Dès sa nomination, le maire de Marseille convoque tous les préfets place Beauvau. Il leur tient « des propos rassurants. “ J'attends de vous que vous serviez loyalement le nouveau pouvoir. ” Les choses se sont très bien passées. Il n'y a eu guère plus de trois ou quatre têtes coupées », assure son directeur de cabinet Maurice

1. Avant de rejoindre l'équipe de Jacques Chirac à l'Hôtel de Ville.

Grimaud [1], ancien collaborateur, place Beauvau, du gaulliste Roger Frey et du giscardien Raymond Marcellin.

Les chasseurs de têtes

A l'Élysée, Mitterrand charge trois hommes de mettre en musique la valse des nominations. André Rousselet, son directeur de cabinet, Michel Charasse et Paul Legatte, un mendésiste qui fut son collaborateur sous la IVe République.

André Rousselet : « Nous surgissions du néant. Depuis vingt-trois ans nous étions dans l'ombre et il fallait soudain tout faire en même temps. Cette responsabilité confinait à de l'acrobatie. Nous étions sans filets. Il fallait prendre trente décisions par jour dans des secteurs où nous ne connaissions pas les hommes. Pour les choisir nous nous sommes livrés à un véritable colin-maillard : comment faire le partage entre ceux qui devaient être virés pour incapacité et ceux qui devaient l'être à cause de leur dévouement sans limite à l'ancienne majorité [2] ? »

Outre les mouvements de préfets, Charasse veille à la composition des cabinets ministériels. Pour avoir été pendant plus de dix ans secrétaire du groupe socialiste à l'Assemblée nationale, il connaît bien le petit monde des attachés parlementaires. Il « conseille » les nouveaux ministres sur le choix de leurs conseillers.

Avec Pierre Nicolaÿ, nommé à la présidence de Havas avant de régner avec la rigueur d'un grand serviteur de l'État sur cette haute juridiction, Paul Legatte a repéré au Conseil d'État les futurs technocrates qui serviront la gauche. Malgré son air de retraité pépère, il a l'œil. Après la mort de Georges Dayan, en 1979, il est devenu l'un des premiers chasseurs de têtes de François Mitterrand.

Laurence Soudet exerce aussi ce rôle de « poisson pilote ». Veuve du conseiller d'État Pierre Soudet, collaborateur de François Mitterrand sous la IVe République, cette femme hyperactive, venue à la politique dans le

1. Entretien le 8 février 1990.
2. Entretien le 20 février 1989.

sillage de Pierre Mendès France, a présenté à Mitterrand des hommes comme Pierre Bérégovoy et, à la veille d'Épinay, Jean-Pierre Chevènement et Didier Motchane, l'idéologue du CERES. A partir de mai 1981, elle organise avec Legatte des déjeuners à l'Élysée réunissant tous ceux, connus ou anonymes, qui pourraient apporter leur concours ou leurs idées à François Mitterrand. Notables, chefs d'entreprises, fonctionnaires, intellectuels... Quelque deux mille Français sont venus à la table des « déjeuners Legatte », toujours précédés d'une photo de groupe sur le perron de l'Élysée.

Jacques Attali de son côté recrute dans le vivier de l'« énarchie » socialiste pour former la « cellule de prospective » élyséenne : Pierre Morel, l'homme des sommets internationaux ; Jean-Louis Bianco, qui devient secrétaire général en juin 1982 ; François Hollande et Ségolène Royal qui quitteront l'Élysée, parents de trois bébés, et se retrouveront en juin 1988 sur les bancs du Palais-Bourbon.

Pour la magistrature, François Mitterrand se range aux choix des neuf membres du Conseil supérieur de la magistrature (CSM), dont il préside à l'Élysée les six à huit séances annuelles préparées par Danielle Burguburu, une jeune femme magistrat, amie des fils Mitterrand, dont la nomination au secrétariat général du CSM a beaucoup surpris la magistrature, plus habituée à voir ce poste confié à des personnalités plus expérimentées [1]. « Il n'y a pas eu un seul cas pour lequel je me sois opposé à la proposition du CSM. Je n'ai jamais récusé un nom », assure le chef de l'État [2]. Qu'ils aient été nommés par son prédécesseur ou qu'ils lui doivent leur nomination à ce Conseil, les magistrats du CSM n'ont pas pour habitude de chercher le conflit avec le chef de l'État.

L'allégeance à sa personne davantage que l'apparte-

1. Les membres du CSM sont désignés pour quatre ans par le chef de l'État. Six magistrats sélectionnés sur une liste de dix-huit que lui soumet le bureau de la Cour de cassation ; un conseiller d'État sur une liste de trois désignés par l'assemblée générale du Conseil d'État ; deux personnalités choisies directement « en raison de leur compétence ».

2. Entretien le 9 juin 1990.

nance à la famille socialiste dicte les choix présidentiels pour les fonctions qu'il juge stratégiques : diplomatie, police, médias. « Je ne leur demande pas de penser comme moi. J'attends seulement d'eux qu'ils soient loyaux à l'égard du président de la République », explique-t-il aux barons du PS lorsqu'ils voient accéder aux plus hauts postes des personnalités étrangères à leur camp.

François Mitterrand n'est pas l'homme des coups de foudre. Il ne s'entiche pas facilement. La tocade ne lui est pas familière. « Je fais confiance à ceux que j'ai choisis, mais je suis toujours méfiant avant de les choisir », écrit-il dans *Ici et Maintenant*[1].

Ce trait de caractère explique la place de la fidélité dans la façon dont il constitue son entourage. François de Grossouvre, Charles Salzmann, Paul Guimard, Georgette Elgey en sont les meilleurs exemples.

François Durand de Grossouvre est entré dans ce cercle amical en 1955. Homme d'affaires, de terres et de chasse, il a contribué avec André Rousselet au financement des trois campagnes présidentielles de François Mitterrand. « Chargé de mission auprès du président de la République », il aime faire planer le mystère sur son rôle et ses activités. Les Gemayel à Beyrouth, les Assad à Damas, le roi du Maroc, les émirs du Golfe et le général Zia Ul-Haq au Pakistan sont ses interlocuteurs réguliers. On lui prête même des missions secrètes en Iran.

Officiellement, celui qui se définit comme « l'homme des activités officieuses » n'est plus à partir de 1986 que le président du « comité des chasses présidentielles ». « François Mitterrand n'est jamais venu à ces chasses. Une fois seulement, je l'ai emmené à Chambord écouter le brame du cerf. » François de Grossouvre[2] prend très au cœur cette responsabilité que Valéry Giscard d'Estaing, passionné de chasse, assurait personnellement.

En mai 1981, François Mitterrand crée ce comité. Le député socialiste Henri Michel en est le vice-président. Les autres membres sont Gaston Defferre, Patrice Pelat,

1. *Op. cit.*
2. Entretien le 8 mars 1989.

Philippe Mitterrand, frère du chef de l'État et exploitant agricole en Charente, Bernard Mathieu, un ami socialiste vauclusien, et l'ancien ministre gaulliste des Anciens Combattants Raymond Triboulet. 224 invités de marque partagent chaque année le privilège de traquer le cerf ou le sanglier à Chambord, un domaine des Eaux et Forêts prêté quatre fois par an au chef de l'État, ou de tirer le faisan ou le lièvre au cours des dix chasses annuelles organisées à Rambouillet et à Marly. François Mitterrand examine de près la liste des invités. Outre les officiers généraux laissés au choix du chef d'état-major particulier, les ambassadeurs sélectionnés par le chef du protocole, les ministres proposés par le secrétaire général du gouvernement et les parlementaires choisis par Henri Michel, les « invités personnels » du président sont recrutés sur une liste établie par de Grossouvre. Hassan II du Maroc, Hussein de Jordanie, Rainier de Monaco sont venus. Le prince Charles a toujours décliné, de même que Valéry Giscard d'Estaing. Les ambassadeurs soviétiques et plusieurs apparatchiks d'Europe de l'Est y retrouvent Georges Séguy, René Monory ou Stéphane Denis, le chroniqueur politique du *Quotidien de Paris*. Raymond Barre s'est fait représenter par des amis. Bernard Pons a refusé.

Quand il ne porte pas sa carabine ou son fusil, François de Grossouvre s'intéresse à un tout autre gibier : il est au début du septennat l'homme de liaison avec les services secrets, un milieu qu'il assure bien connaître. Ce personnage distingué, duc de Morny surgi des salons du Second Empire, est également conseiller de la société Dassault. Il voit le président tous les jours, un statut jalousé. « Il ne faut pas surestimer son rôle. Grossouvre a été débranché en douceur, même s'il a continué de s'automandater, apportant ainsi des informations brutes au président », précise Jean-Louis Bianco[1]. « Le président me demande régulièrement de transmettre des messages ou des orientations aux chefs d'États arabes », assure l'intéressé[2] qui avait officiellement demandé à être

1. Entretien le 17 octobre 1988.
2. Entretien le 8 mars 1989.

déchargé de ses fonctions à la fin du mois de juin 1985. « A la fin du premier septennat, il était devenu incontrôlable. Il prétendait tenir ses consignes du président alors qu'il n'en avait pas reçu », observe Jean Glavany[1]. « Ne vous préoccupez pas de ces petites jalousies », devait dire Mitterrand à Grossouvre. Au Quai d'Orsay, où son interventionnisme dans les affaires interlibanaises irritait profondément, on l'avait affublé d'un surnom : « oncle Picsouvre ».

François Mitterrand lui conserve-t-il une confiance inébranlable pour les affaires de l'État ? Toujours est-il qu'il ne s'en sépare pas. D'ailleurs, Mitterrand répugne à se séparer des hommes, il les garde et, s'il n'est pas content de leur travail, il le fait faire par d'autres.

Plutôt qu'un ami, comme peuvent l'être Pierre Merli, Maurice Faure, François Dalle ou Pierre de Bénouville, Grossouvre est un confident. Discret, secret, il partage son intimité, comme le font Robert Badinter, Roland Dumas, Laurence Soudet ou Charles Salzmann.

Hôte régulier de Grossouvre dans l'Allier, François Mitterrand est aussi le compagnon de randonnées de Charles Salzmann dans les Cévennes. Ingénieur conseil, pionnier de l'informatisation des sondages, il a impressionné François Mitterrand en prévoyant le premier la mise en ballottage du général de Gaulle en 1965. A l'Élysée, il continue d'ausculter scientifiquement l'opinion et suit de près les dossiers de l'industrie cybernétique, notamment le sauvetage d'Honeywell-Bull. Il possède un autre atout, le russe. Le président l'emmène systématiquement en Union soviétique et compte sur lui, y compris dans les entretiens officiels, pour vérifier que ses propos sont bien traduits.

Le romancier Paul Guimard est un autre « ancien combattant » de la campagne de 1965. A la présidence, il veille sur les grands chantiers, soucieux de la marque que Mitterrand laissera dans l'architecture parisienne. Les Mitterrand et les Guimard – Paul est le mari de Benoîte Groult – passent de courts séjours ensemble en Bretagne,

1. Entretien le 22 octobre 1988.

dans les Landes et, depuis 1987, en Irlande où le couple d'écrivains possède un cottage dans le comté de Kerry.

L'historienne Georgette Elgey est un cas particulier. François Mitterrand pense à son histoire. En 1982, il demande un travail d'archivage et de rédaction à cette spécialiste de la IVe République, qui n'est pas de son camp et a voté pour lui pour la première fois en 1981 [1]. Il lui donne accès à tous les documents de la présidence, y compris ceux classés défense. Proche de l'entourage du général de Gaulle, dont elle avait la première annoncé le retour aux affaires, six mois avant le 13 mai 1958, la jeune femme, alors journaliste, avait en 1959 fait justice des accusations portées contre Mitterrand lors de « l'attentat » de l'Observatoire. Directrice littéraire aux Éditions Fayard, elle avait plus tard proposé à François Mitterrand de publier l'ensemble de ses écrits politiques. Il lui avait donné carte blanche.

Dans l'univers de François Mitterrand, il n'est qu'une seule collaboratrice véritablement irremplaçable : Marie-Claire Papegay, sa secrétaire particulière depuis les années 60. D'une discrétion totale, elle est à l'Élysée la seule personne au courant de tous les aspects de sa vie et de sa fonction. Elle a la haute main sur l'agenda du chef de l'État.

Les Britanniques ont la Chambre des lords, les Français le Conseil économique et social, institution idéale pour récompenser ses amis méritants. Comme tous ses prédécesseurs, François Mitterrand veille à ce que le Premier ministre y nomme ceux auxquels il tient à exprimer sa reconnaissance. Exemple type : Georges Beauchamp, copain de faculté et de résistance de François Mitterrand. Ce patron d'une société de communication consacre sa vitalité de retraité juvénile à animer les travaux de l'hémicycle du palais d'Iéna. Là se côtoient, hors des clivage politiques, les élites du monde du travail et de la production.

En quarante ans de vie politique, François Mitterrand s'est constitué un immense réseau de fidélités et de rela-

1. Entretien avec Georgette Elgey le 26 mai 1990.

tions, qui dépasse largement les frontières de sa famille politique : un vivier considérable dans lequel il peut puiser. Mais, même s'il y consacre beaucoup d'attention, il n'a pas le temps nécessaire pour instruire tous les dossiers de nomination de la machine républicaine. Qu'il s'agisse des directions décentralisées des grands ministères, des bureaux régionaux de FR3 ou d'organismes publics d'importance secondaire, Mitterrand veut s'assurer là aussi qu'il n'introduit pas à son insu des loups dans la bergerie. Quand il ne connaît pas les candidats à ces postes, il demande à celui qui va les désigner : « Sont-ils compétents ? Pouvez-vous vous en porter garants ? » Il fait un jour un esclandre, en apprenant, à son retour d'un voyage à l'étranger, que le directeur de l'orchestre de Radio France a été nommé sans qu'il ait été consulté.

Louis Mermaz[1] : « Les gens, aussitôt promus par Mitterrand, sont frustrés. Il organise la compétition entre les hommes ; c'est un des ressorts classiques du pouvoir. Il maintient un lien de dépendance inquiète avec ses collaborateurs. Mitterrand nous tape dessus comme un cocher. Plus les gens sont importants et plus il leur donne des coups de griffe. Il peut être affectueux et tout à coup on s'aperçoit qu'on a le dos en miette. »

Pour les postes à la discrétion du gouvernement – directeurs d'administrations centrales, entreprises publiques, grands corps de l'État – le chef de l'État doit aussi tenir compte, lorsqu'il nomme des socialistes, de l'équilibre des courants du PS. Ainsi Pierre Mauroy, Lionel Jospin, Jean-Pierre Chevènement et même Michel Rocard ont-ils leur mot à dire.

Les honneurs de la République

De nature comparable à celui de nommer, le pouvoir de rendre hommage, de décorer, de récompenser est exercé avec une scrupuleuse attention. En sept ans, de 1981 à 1988, François Mitterrand a remis personnellement près de trois mille décorations. Tous les deux mois,

1. Entretien le 20 octobre 1988.

il épingle légions d'honneur et médailles du mérite national à des militaires, officiers et sous-officiers, alignés dans la cour d'honneur des Invalides. Mais, surtout, il se livre presque chaque jeudi après-midi avec un plaisir gourmand au rite de la remise de décorations dans la salle des fêtes de l'Élysée. Son premier critère : « réparer les oublis ou les injustices ». Ainsi se voient « reconnus par la République » bon nombre de ceux qui, en raison de leur engagement à gauche ou contre le général de Gaulle, ont été dédaignés par les régimes précédents. Élus locaux, en particulier nivernais, syndicalistes, enseignants, artistes, amis, copains, bienfaiteurs et militants ont eu droit au compliment présidentiel. « Quelle culture ! Il connaît décidément la terre entière », s'exclament les invités sous les ors du palais présidentiel. En fait, avant de quitter son bureau, le président s'est rafraîchi la mémoire en compulsant rapidement un dossier établi sur chaque récipendiaire par un chargé de mission. Ces heureux décorés côtoient les célébrités françaises et internationales, d'Orson Welles à Liz Taylor, de Leonard Bernstein à Hans Hartung.

Honorer les vivants. Honorer les morts.

Quand Pierre Mendès France s'éteint, le 18 octobre 1982, François Mitterrand est confronté à un dilemme. Faut-il faire une exception pour celui qui fut la « conscience de la gauche » en proposant de placer son tombeau dans une crypte du Panthéon ?

Au gouvernement, plusieurs anciens mendésistes en sont partisans. Robert Badinter se fait leur porte-parole le 20 octobre en Conseil des ministres : « Le transfert au Panthéon, lieu où la France enterre ses grands hommes et avec lequel la gauche a toujours entretenu des rapports privilégiés, démontrerait mieux que tout autre hommage la qualité de celui que la France doit lui rendre. »

Mitterrand écarte cette suggestion ; « dans 90 % des cas, le transfert se fait plusieurs années après le décès ». En outre ce genre de décision n'est « pas du ressort du Conseil des ministres, mais lui incombe personnellement ».

Une série d'hommages est proposée par Pierre Mauroy : journée d'hommage national au cours de laquelle le chef de l'État prononce un éloge remarqué ; lecture d'un texte de « PMF »[1] dans les écoles, souscription pour une statue, érigée un an plus tard dans les jardins du Luxembourg ; organisation d'un prix annuel ; recommandation aux recteurs de donner le nom de l'ancien président du Conseil à une université. Hélène Ahrweiler, recteur de Paris, le fit à l'université de Tolbiac.

Le 17 février 1988, Alain Savary meurt à Paris. Entre le président de la République et l'ancien ministre de l'Éducation nationale[2] « l'inimitié était réciproque[3] ». Les obsèques sont fixées au 23 février. François Mitterrand souhaite y assister. Mais la famille avait prévu une cérémonie dans l'intimité.

« Mitterrand ne savait pas comment prendre le problème. Il pensait que sa place était d'être auprès d'un ancien ministre de la République. Mais il ne voulait pas s'imposer », raconte Pierre Mauroy qui avait conservé une relation d'amitié avec Alain Savary. L'ancien chef du gouvernement est chargé par le président d'une démarche auprès de la veuve du ministre. Il la joint au téléphone et lui explique la situation. « " Le président de la République, c'est le président de la République. S'il vient je serai très honorée ", m'a-t-elle répondu. » Mitterrand avait aussi demandé à l'un de ses collaborateurs de s'assurer qu'il n'était pas indésirable. Hubert Védrine[4] interroge l'écrivain Jean Lacouture, l'un des meilleurs amis de Savary. Lacouture rappelle Védrine : la famille est d'accord. Le président de la République assistera donc aux funérailles.

Le 6 mai 1986, François Mitterrand se trouve à Tokyo où s'achève le sommet annuel des pays industrialisés. Il

1. Pierre Mendès France fut le premier homme public français désigné par ses initiales.
2. Voir VIe partie : « La disgrâce ».
3. Entretien avec Pierre Mauroy le 2 mai 1989.
4. Entretien le 24 janvier 1990.

apprend que Gaston Defferre est entre la vie et la mort à l'hôpital de la Timone à Marseille. Le président quitte la capitale japonaise à peine la conférence terminée. Un plan de vol est étudié pour poser le Concorde à Marignane. Trop tard, Mitterrand apprend en vol le décès de l'ancien ministre. Il atterrit à Paris le 7 et repart aussitôt pour Marseille rendre hommage à son vieux compagnon. Il a demandé à Michel Charasse, fidèle complice de Defferre, de l'accompagner à Marseille.

CHAPITRE 3

Gouverner

Rester libre

Le constat est unanime : François Mitterrand veut rester un homme libre.

Il ne veut être l'esclave de rien ; ni d'un conseil, ni d'un emploi du temps. Il veut que rien ne lui soit imposé. Il se protège contre les influences, il ne dévoile jamais tout à un seul. Et se ménage toujours plusieurs issues.

Il gère son temps avec ce souci permanent : rester son propre maître. Surtout ne pas se laisser envahir, ne pas vivre sous la pression de l'événement.

Lionel Jospin [1] décrit l'attitude de Mitterrand dans le processus de prise de décision : « Souvent il regarde comment les choses se passent avant de choisir. Le système lui-même le pousse à attendre. Être président de la Ve République conduit à ne pas être explicite, à attendre ; car dès que le président a dit son mot, c'est le mot du président. Il est difficile de revenir dessus. D'où, chez lui, une certaine lenteur à prendre une décision. Il laisse mûrir les choses. Les institutions l'y obligent, son tempérament l'y conduit. »

Le premier secrétaire du PS au cours du premier septennat décrit ses entretiens avec le président : « Tantôt il est extrêmement direct, voire brutal. Tantôt il se montre très pédagogue. Il lui arrive de ne pas dire clairement ce qu'il veut. Cela signifie qu'il n'a pas encore une seule réponse. Il tient plusieurs discours, pesant le pour et le

1. Entretien le 21 juillet 1988.

contre, mais il a toujours une phrase qui permet de trouver la clef, de savoir dans quel sens il tranchera. J'ai rarement éprouvé le sentiment qu'il ne me disait pas ce qu'il pensait vraiment.»

Laurent Fabius[1] ajoute : « Il n'aime pas n'avoir qu'un seul choix ; il ne veut pas qu'on fasse pression sur lui. Il fait parler les uns et les autres pour le choc des arguments. Parfois il a déjà choisi. Pour décider, il a, comme on dit en mathématiques, le sens de la solution. Pas d'opportunisme, mais du pragmatisme et de l'intuition. François Mitterrand est l'homme de la synthèse, d'autres diront l'homme de l'ambivalence. Il se tient à quelques grands principes pour avancer. »

Edgard Pisani[2] compare sur ce plan Mitterrand et de Gaulle : « Au fond, c'est le même genre. Une même méthode : une manière de jouer sur deux ou trois hypothèses, de les pétrir, de les malaxer ; d'avoir de multiples fers au feu pour agir à l'instant où le choix doit être fait. Leur règle : on attend le moment. Les hommes de cette espèce pourraient dire : ne fais jamais aujourd'hui ce que tu pourrais faire demain. Au sommet de l'État, ils maîtrisent le temps, fixent les rythmes, autant qu'ils les subissent. Un peu plus d'impatience chez de Gaulle : le temps passe, la France ne va pas assez vite. Un peu plus de sérénité chez Mitterrand : le moment reviendra. En attendant, il souffre d'avoir à opérer la traduction entre les vues des spécialistes et sa conception globale des choses. »

Robert Badinter résume : « Mitterrand est très patient. Il sait attendre. Puis il décide et tranche très vite. Il veut attendre le moment opportun pour agir. Pour lui, le choix du bon moment est essentiel[3]. »

Que dit Mitterrand ? « En bon Charentais, je mets longtemps à me décider ; mais quand je me décide, alors je vais vite[4]. »

Ses décisions s'inscrivent-elles dans une stratégie ? Il a

1. Entretien le 8 février 1990.
2. Entretien le 29 juin 1989.
3. Entretien le 31 mai 1990.
4. Conversation à Poitiers le 3 novembre 1983.

des hypothèses de long terme sur la base d'intuitions qui reposent sur sa connaissance du système politique français, son expérience et sa culture historique. Mais s'il a le sens de l'Histoire, ce n'est pas un planificateur. Il se fixe des objectifs, puis il fait du cabotage et tire des bords. Sur les questions internationales et stratégiques son dessein est à plus long terme.

Épouser les institutions

François Mitterrand n'a voté aucune des deux Constitutions dans lesquelles s'est inscrite sa carrière politique, celles de 1946 et de 1958 : « Je pensais qu'une Assemblée législative toute-puissante ferait tomber la IVe République du côté où elle penchait, l'anarchie ; et qu'un président, maître après Dieu, sinon avant, de la Ve, la ferait basculer du côté de la monarchie [1]. »

Président, il s'« accommode » parfaitement du texte constitutionnel mis en place par le fondateur de la Ve République : « Les institutions n'étaient pas faites à mon intention mais elles sont bien faites pour moi [2]. » Il ajoute : elles « étaient dangereuses avant moi, elles le seront après moi ».

Depuis son livre *Le Coup d'État permanent* [3], François Mitterrand n'a de cesse de dénoncer les tendances bonapartistes, le « pouvoir personnel » du Général et de ses successeurs. A l'approche de mai 1981, il atténue sa critique contre de Gaulle et la durcit contre Giscard d'Estaing, son adversaire de l'heure : « Cette conception selon laquelle tout procéderait de la légitimité historique, dont de Gaulle s'était coiffé, je n'y reviendrai pas, d'autant plus qu'aujourd'hui j'aurais des indulgences. Avec Giscard, on voit pire. L'actuel président concentre dans ses mains les trois pouvoirs traditionnels : exécutif, législatif et judiciaire, ainsi que le pouvoir moderne de l'information [4]. »

1. *Ici et Maintenant, op. cit.*
2. Déclaration au *Monde,* le 2 juillet 1981.
3. Paris, Plon, 1964, réédité par Julliard en 1984.
4. *Ici et Maintenant, op. cit.*

Le candidat socialiste prend un double engagement : il veut faire modifier certains articles et infléchir la pratique de la Constitution dans un sens plus parlementaire.

En ce qui concerne la révision du texte, les « 110 Propositions » de janvier 1981 sont en retrait par rapport au « Projet socialiste » de l'automne précédent : il n'est plus question de supprimer l'article 16[1] ni l'article 6 de la Constitution, alinéa 1er[2], en réduisant le mandat présidentiel à cinq ans, renouvelable une fois, ou en le maintenant à sept ans mais sans possibilité d'être renouvelé[3]. Cette proposition n'est pas appliquée au cours du premier septennat. Sur le plan juridique, François Mitterrand pouvait très bien reprendre le projet de quinquennat voté à l'initiative de Georges Pompidou par le Sénat et l'Assemblée nationale en 1973. Pour mener cette réforme à son terme, deux possibilités s'ouvraient à lui : le Congrès ou le référendum.

La première requiert le vote de la révision constitutionnelle par les trois cinquièmes des membres des deux Assemblées. L'hostilité croissante à l'égard de la gauche d'un Sénat dominé par l'opposition rendait cette procédure de plus en plus hasardeuse.

Quant au référendum, Mitterrand s'y est refusé, estimant que les Français, préoccupés par la crise économique, « avaient la tête ailleurs ». Dès 1982, le durcissement de l'opposition de droite, refusant de donner à Mitterrand la satisfaction qu'ils étaient prêts à consentir pour Pompidou, et l'érosion de la confiance populaire à l'égard du chef de l'État rendaient plus qu'aléatoire une victoire du « oui ».

A vrai dire, Mitterrand n'a jamais envisagé sérieusement de réviser la Constitution : « Aucune réforme de la Constitution n'a été mise en train et je n'ai jamais eu le sentiment que les Français s'intéressaient aux réformes constitutionnelles[4]. » Aucun des 92 articles de la Consti-

1. Donnant les pleins pouvoirs au chef de l'État en cas de circonstances graves et exceptionnelles.

2. « Le président de la République est élu pour sept ans au suffrage universel direct. »

3. 45e proposition.

4. Entretien le 9 juin 1990.

tution n'est révisé au cours du premier septennat. Mais Mitterrand s'est toujours gardé d'écarter ce projet. C'est pour lui une arme politique. La flèche reste dans son carquois. Ainsi, dans son manifeste électoral de 1988, la « Lettre à tous les Français », écrit-il : « Pour ne pas être accusé de considérations personnelles, je ne prendrai pas l'initiative [de ramener de sept à cinq ans la durée du mandat présidentiel]. Mais, si une large majorité parlementaire et le gouvernement s'accordent sur une mesure de ce type, j'y souscrirai. A la seule condition que le mandat ainsi réduit ne soit renouvelable qu'une fois. »

Quand bien même le quinquennat aurait été voté, cette réforme ne s'appliquait pas à François Mitterrand, élu pour sept ans. « En droit je n'aurais pas été tenu de partir au bout de cinq ans, mais une telle réforme aurait généré une pression politique et psychologique pour que je me l'applique à moi-même. A partir du moment où la réduction du mandat à cinq ans était adoptée, j'aurais été réduit à regarder passer les trains [1]. »

Deuxième engagement de révision de la pratique constitutionnelle : rétablir le Parlement dans ses droits [2]. Il n'en fut rien. En regard des trois septennats précédents, le quinquennat socialiste 1981-1986 a donné une place encore plus réduite aux propositions de lois d'origine parlementaire par rapport aux projets de lois déposés par le gouvernement. L'article 49-3, qui permet l'adoption d'un texte sans vote grâce à l'engagement de la responsabilité du gouvernement, fut utilisé autant que sous le gouvernement Barre [3]. La situation est analogue pour le recours aux ordonnances.

Mais ces statistiques ne prennent pas en compte trois facteurs : l'ampleur des réformes soumises à l'approbation parlementaire ; la durée des débats et des sessions ; l'obstruction parlementaire contre certains textes fondamentaux du programme de la gauche. En effet, rares

1. Entretien le 9 juin 1990.

2. C'est l'objectif annoncé par la 46e proposition : « Le Parlement retrouvera ses droits constitutionnels. Le recours à l'usage du vote bloqué sera limité. »

3. A cinq reprises dans les deux cas.

furent les utilisations des procédures contraignantes au cours du marathon parlementaire sur les lois de décentralisation ; vu le nombre de projets mis en œuvre par la gauche, le recours aux ordonnances resta, somme toute, limité. Enfin, l'article 49-3 n'intervint qu'au terme de longs débats, marqués par une flibuste de l'opposition, qu'il s'agisse des nationalisations, de la loi scolaire ou de la loi sur la presse. Pour le blocage des prix et des salaires de l'été 1982, l'article 49-3 put se justifier par l'urgence, d'autant que le gouvernement s'était refusé à agir par ordonnances. Enfin [1], c'est pour faire plier sa propre majorité que le gouvernement a utilisé cet article dans l'affaire de l'amnistie des généraux d'Algérie.

Pas plus qu'au cours des six législatures précédentes [2], les Assemblées n'ont exercé de réel contrôle de l'exécutif. La plupart des commissions d'enquête et de contrôle furent créées par le Sénat.

Après une première brève période d'observation, la majorité sénatoriale pratiqua l'opposition systématique. La plupart des textes importants furent rejetés par la Haute Assemblée qui exerça ainsi, avec le relais des médias, un rôle actif de contre-pouvoir. Même si, conformément au texte constitutionnel, le dernier mot revient toujours à l'Assemblée nationale.

L'opposition trouve dans la saisine du Conseil constitutionnel un moyen de freiner l'ardeur réformiste des socialistes première époque. Entre 1981 et 1986, elle l'utilise presque systématiquement [3]. Sur ses neuf membres le Conseil en compte six [4] ayant appartenu à des formations de l'ancienne majorité ou les ayant soutenues. Par leur philosophie politique, ces sages sont donc enclins à interpréter dans un sens plus libéral que socia-

1. Voir *infra*.

2. Sous la Ve République, des élections législatives furent organisées en novembre 1958, novembre 1962, mars 1967, juin 1968, mars 1973, mars 1978, juin 1981 et juin 1988.

3. Après 1986 l'opposition socialiste procéda de la même manière.

4. Les gaullistes Roger Frey, Louis Joxe, Achille Peretti, René Brouillet ; ainsi que Louis Gros, giscardien, et Robert Lecourt, centriste.

liste les principes généraux du droit qui éclairent leurs décisions.

Celle qu'ils prennent le 16 janvier 1982[1], contraignant le gouvernement à retourner devant les assemblées pour faire adopter la loi de nationalisation, réjouit l'opposition et suscite une certaine colère dans la majorité. On pense aux partisans démocrates de Roosevelt, dénonçant le « gouvernement des juges » quand la très conservatrice Cour suprême de Washington rejetait les grands textes législatifs interventionnistes du *New Deal*.

Le paradoxe est devenu banalité : François Mitterrand utilise les armes et les prérogatives constitutionnelles léguées par le fondateur de la Vᵉ République[2].

La prééminence présidentielle s'illustre de façon éclatante dans les rapports avec le Premier ministre. Le principe instauré par de Gaulle est maintenu : au premier les « grandes orientations », au second les « problèmes de la vie quotidienne ». En réalité, surtout pendant les trois premières années de son mandat, la pratique présidentielle de Mitterrand est plus proche de celle de Giscard que de celle de De Gaulle et de Pompidou. Le président socialiste s'occupe de tout. Il « court-circuite » régulièrement Matignon.

Traditionnel pour les dossiers diplomatiques et militaires, cet usage s'étend aux questions culturelles (grands travaux, audiovisuel) et à certains choix économiques et sociaux (39 heures, baisse des prélèvements obligatoires).

Le mode de gouvernement établi entre François Mitterrand et Pierre Mauroy n'a cependant guère d'équivalent sous la Vᵉ République. Il n'est pas exagéré de dire que pendant les deux premières années les deux hommes s'épaulent. « Je n'arrivais jamais à l'Élysée avec des dossiers sous le bras. En trois ans, nous avons eu François Mitterrand et moi une conversation ininterrompue.

1. Voir IIᵉ partie : « Le socialisme ».

2. Pour une analyse de la continuité institutionnelle pendant le « quinquennat » socialiste, voir Olivier Duhamel « Évolution et perspectives de la Vᵉ République sous la présidence de François Mitterrand », in *L'Expérience Mitterrand, op. cit.*

Dans son bureau, en voiture, en promenade, à table, nous parlions de tout. Les entretiens téléphoniques étaient rares. Je ne recevais jamais d'injonction de lui. Il me disait plutôt : " Vous y êtes allé un peu fort. " Je lui disais : " Je vous sens réticent sur ceci ou cela. " On se déchiffrait parfaitement, sachant toujours au fond ce que voulait l'autre[1]. »

François Mitterrand[2] justifie l'interventionnisme de la présidence : « Au départ, c'est vrai, l'Élysée devait veiller à tout. Les ministres étaient inexpérimentés[3]. »

D'où le rôle surdimensionné des conseillers de la présidence. « Pendant la première période l'Élysée est en permanence sur le dos du gouvernement. Les grands malmenés à cette époque sont davantage les membres du gouvernement que le Parlement ou le parti[4]. »

Charles Fiterman enrageait « quand les conseillers de l'Élysée intervenaient en réunions interministérielles à Matignon : " Le président dit que... le président veut que... " Je disais à mon cabinet : " Quand vous entendez cet argument, répondez : le ministre d'État demande que le président le lui dise personnellement "[5]. »

Michel Jobert[6] évoque « les luttes épuisantes menées par Jacques Delors pour conduire une décision à son terme. Il souffrait des innombrables remises en cause des décisions par les échelons subalternes du cabinet élyséen ».

On sait[7] jusqu'où ces frictions sont allées avec le conflit opposant le ministre de l'Industrie Jean-Pierre Chevènement au conseiller élyséen chargé de ce secteur, Alain Boublil.

1. Entretien avec Pierre Mauroy le 4 janvier 1989. A partir du début 1984 (voir VIe partie : « La disgrâce »), une distance naît entre les deux hommes.
2. Entretien le 1er août 1988.
3. On l'a vu, seuls François Mitterrand, Gaston Defferre, Michel Jobert et Alain Savary avaient exercé des responsabilités gouvernementales avant 1981.
4. Entretien avec Jean-Michel Gaillard le 5 octobre 1988.
5. Entretien le 3 juillet 1989.
6. Entretien le 13 avril 1989.
7. Voir IVe partie : « La rigueur ».

Pendant la période des réformes, 1981-1982, jamais les réunions et les conseils interministériels n'ont été aussi nombreux sous la République.

Michel Jobert : «C'était l'hypertrophie de la réunionite. Quand j'avais besoin de voir un de mes collaborateurs, il était immanquablement à Matignon. Je le faisais revenir et je disais à mon directeur de cabinet : " Envoyez à Matignon un incompétent avec une seule consigne : dire non. " »

Jack Lang : « En forçant le trait, on peut dire que ce n'était pas pire que le gouvernement israélien. Les conseils interministériels étaient innombrables. Un grand cirque. Pierre Mauroy arbitrait un peu à l'acoustique. Le vrai problème c'était que parfois les décisions étaient remises en question. En fait, Mauroy a produit le pire et le meilleur : des lois ; de multiples réformes, tel un grand fleuve qui coule et charrie plein de choses. Avec Fabius à Matignon tout change : le temps des copains c'est fini. Beaucoup moins de réunions ; beaucoup plus technocratique et bien moins chaleureux[1]. »

Associer le parti

De Gaulle planait, méprisant, au-dessus des partis ; Pompidou s'est retrouvé chef du rassemblement gaulliste ; Giscard d'Estaing a fondé un parti resté minoritaire dans son camp ; Mitterrand arrive à l'Élysée premier secrétaire du premier parti de France. Pour la première fois sous la Ve République, le parti majoritaire s'est trouvé étroitement associé à la conduite des affaires.

Le président est reconnu comme le chef de la majorité. Le Premier ministre est un « minoritaire » dans sa formation depuis son alliance avec Michel Rocard au congrès de Metz en 1979. Le nouveau premier secrétaire, Lionel Jospin, administre l'appareil. Mitterrand continue de régner sur le PS. Il s'appuie en permanence sur le trio politico-institutionnel Jospin-Joxe-Mermaz.

Le chef de l'État « institutionnalise » une pratique

1. Entretien le 23 octobre 1989. – Voir VIIe partie : « L'attente ».

nouvelle pendant la législature 1981-1986 : la réunion hebdomadaire, sous sa présidence, du Premier ministre, du premier secrétaire du Parti socialiste et du secrétaire général de l'Élysée[1] : ce sont les « petits déjeuners du mardi ».

Lionel Jospin : « Pas d'ordre du jour pour ces conversations d'une à deux heures. On pouvait parler de tout. J'étais associé à la préparation intime des prises de décision de l'exécutif. Pour une bonne part, j'étais témoin. Mitterrand m'interrogeait aussi sur les réactions du parti et du groupe socialistes. Parfois, me disait-il, le PS est trop timide sur certains sujets[2]. »

Mitterrand, précise Jospin, ne voulait pas que le PS ait le sentiment de devenir un « parti-godillot » : « Il souhaitait une association-consultation du PS car il savait qu'il serait difficile de faire vivre au pouvoir le parti majoritaire dans les institutions de la Ve République. En maintenant ces relations étroites avec le PS, Mitterrand avait le sentiment de respecter une tradition républicaine. »

Cette pratique visait aussi à prévenir les conflits entre l'exécutif et sa majorité parlementaire : « Mitterrand ne voulait pas retomber dans le système parlementaire. Mais il prenait la précaution permettant d'éviter que le PS ou le groupe ne montent au créneau contre l'exécutif.

« Le lendemain, mercredi soir, devant le Bureau exécutif du PS, je donnais des indications sur le point de vue du président qui nourrissait mon analyse. Je m'exprimais de façon vague. » Le premier secrétaire veut en effet ménager la susceptibilité des socialistes. Son souci est d'éviter les déclarations discordantes entre la rue de Solférino et l'Élysée : « Dans nos institutions, dès que le président s'est prononcé, c'est parole d'Évangile. Il y a conflit si, au même moment, dans les rangs de la majorité, un point de vue différent est exprimé. »

Jean Poperen, numéro deux du PS : « Ces petits déjeuners étaient devenus le vrai moment. Là, Mitterrand

1. Jacques Attali, le conseiller spécial du président, y participe après le remplacement de Pierre Bérégovoy par Jean-Louis Bianco au secrétariat général de la présidence en juin 1982.

2. Entretien le 21 juillet 1988.

donnait des indications politiques, des instructions au parti. Ce n'était pas une instance décisionnelle, mais l'effet retour de ces petits déjeuners était important. Ce n'était pas scandaleux car, après tout, Mitterrand était en fait toujours considéré comme le premier secrétaire[1]. »

De juin 1981 à novembre 1982, François Mitterrand élargit la consultation. Chaque mercredi à l'Élysée, c'est la Cène[2] : le chef de l'État et ses disciples.

Jean Poperen : « Mitterrand, surtout, nous écoutait. On a parfois perdu du temps à parler des projets de lois en cours. Ces rencontres servaient à ajuster nos positions. Ce n'était pas décisionnel. »

Lionel Jospin : « Ce rendez-vous est supprimé après l'affaire de l'amnistie des généraux qui avait irrité Mitterrand. Mais aussi parce qu'il y avait eu des indiscrétions. »

L'affaire dite de l'« amnistie des généraux » constitue le seul véritable conflit entre le président et sa majorité[3].

Le 5 octobre 1982, le secrétaire d'État aux Rapatriés prend la parole devant le groupe des députés socialistes, réunis, comme chaque mardi, salle Colbert à l'Assemblée nationale. Raymond Courrière présente le projet de loi

1. Entretien le 2 septembre 1988.

2. Mauroy, Jospin, Joxe, Mermaz, Defferre, Bérégovoy, Fabius, Poperen, Quilès, Mexandeau, Estier, et parfois Hernu, Lang, Cresson.

3. Olivier Duhamel *(op. cit.)* relativise à juste titre l'influence du PS sur les décisions de l'exécutif : « La présence régulière de cet aréopage de dirigeants socialistes dans le palais présidentiel heurtait les traditions de la Vᵉ République. Mais en déduire la preuve d'un pouvoir occulte du parti dominant l'État serait confondre réunions d'information et instances de décision, par penchant pour une interpétation de l'Histoire en termes de complot. Aucun des tenants de la thèse du gouvernement du parti – l'opposition dénonçait ces pratiques de “ gouvernement partisan ” – ne parviendrait d'ailleurs à donner un exemple d'une décision politique importante imposée aux gouvernants par le groupe socialiste ou les dirigeants de la rue de Solférino, alors que les exemples contraires, petits ou grands, abondent. En un mot, le pouvoir majoritaire des socialistes est resté soudé, et, lorsqu'il connut des hiatus, c'est la base partisane qui s'inclina devant les décisions du sommet de l'État. »

relatif « à la révision des carrières à la suite des événements d'Afrique du Nord ».

Ce texte de réconciliation prévoit la réparation et l'indemnisation des préjudices de carrière subis par les militaires factieux condamnés après le putsch d'Alger en avril 1961. Il efface leur passé de putschistes. Le « quarteron de généraux en retraite[1] », vingt ans après, refait surface. Challe et Zeller sont morts, restent Salan et Jouhaud. Sur le plan pénal, ils ont été amnistiés par de Gaulle, sur l'insistance de Pompidou, au lendemain des événements de mai 1968.

François Mitterrand tient à l'adoption de ce texte. Il s'agit d'« effacer toutes les séquelles de la guerre d'Algérie », un engagement de principe confirmé aux associations de rapatriés au cours de la campagne présidentielle. A quelques mois des élections municipales de mars 1983, ce geste d'apaisement ne peut qu'être bien perçu par l'électorat pied-noir du Midi de la France. Louis Mermaz[2] tente une « médiation ». Il se heurte à un mur. Pour Mitterrand ces généraux ont été un peu les victimes de la politique algérienne de De Gaulle.

« Pierre Joxe est d'une extrême dureté. Mitterrand inébranlable : " Un quart de siècle est passé, il faut savoir pardonner ", dit-il. » Le président de l'Assemblée nationale de 1981 accorde les circonstances atténuantes au président de la République : « Son attitude n'était nullement tactique. Il savait bien que dans cette affaire il n'avait rien à gagner. Mais il considérait que la guerre d'Algérie avait été un drame national et qu'il fallait donc pardonner. »

L'exposé de Courrière suscite un profond malaise dans les rangs socialistes. De nombreux députés, dont l'engagement politique provient souvent d'une réaction à cette « guerre injuste », se refusent à passer l'éponge. Lionel Jospin est du nombre. Mais, discipliné, le groupe donne son accord au projet, en l'absence de son pré-

1. Formule employée par le général de Gaulle, dans son discours du 23 avril 1961, pour stigmatiser les généraux rebelles appelant les soldats français à désobéir aux ordres du gouvernement.

2. Entretien le 20 octobre 1988.

sident, Pierre Joxe, retenu à New York par l'assemblée générale de l'ONU.

Dès son retour, Joxe[1] s'insurge : « Il n'est pas question de voter ce texte. » Son père Louis Joxe[2] a failli être tué par l'OAS. Fonctionnaire en Algérie au temps du putsch, il a lui-même vécu comme un traumatisme ces événements peu glorieux.

Le mardi suivant, Joxe obtient gain de cause : « Dire que des officiers généraux qui avaient porté les armes contre la République, amnistiés au plan pénal, seraient désormais réhabilités politiquement, ce n'était plus de l'amnistie, mais de l'amnésie. » Le groupe adopte un projet d'amendement excluant les officiers généraux des dispositions de la loi. Joxe a beaucoup insisté. Un député commente alors : « Joxe est un vrai démocrate, il nous fait voter et revoter jusqu'à ce que l'on soit d'accord avec lui. »

Le conflit est ouvert entre le gouvernement et les députés censés le soutenir.

« Je vais voir Mitterrand, raconte Joxe. Je lui dis que je ne voterai jamais une pareille loi. Si ce texte est voté je démissionnerai pour retourner à la Cour des comptes. Mitterrand me fait valoir que ces généraux sont déjà amnistiés et qu'il n'est pas l'auteur de ce projet de loi. »

Lionel Jospin plaide lui aussi auprès de François Mitterrand pour exclure les généraux de ce grand pardon.

En vain. Le président exige l'adoption intégrale du projet de loi. Fin octobre, au cours d'un déjeuner rue de Bièvre auquel participe Claude Estier[3], il se montre déterminé. « Il ne supporte pas l'idée que d'autres puissent se poser en meilleurs défenseurs des droits de l'homme. Il était irrité », dit Jean Glavany[4].

François Mitterrand[5] explique sa position : « Je considère que sur les grands drames nationaux il convient, au

1. Entretien le 12 janvier 1990.
2. Ministre du général de Gaulle et négociateur des accords d'Évian sur l'indépendance de l'Algérie.
3. Entretien le 2 juin 1989.
4. Entretien le 23 octobre 1988.
5. Entretien le 9 juin 1990.

bout d'un certain temps, qui peut être variable et dépend de l'appréciation du chef de l'État, de mettre un terme à la déchirure. Ça faisait vingt ans ; il était temps de clore le chapitre algérien. Les généraux survivants avaient plus de quatre-vingts ans ; ils avaient le droit d'avoir un drapeau tricolore sur leurs cercueils. »

« Je n'ai pas compris Mitterrand », dit Estier pour lequel il s'agit de son premier « conflit total » avec le président. « Il accordait un pardon sans en tirer aucun bénéfice politique. Il plaçait cela sur un plan moral. C'est un homme qui écoute, qui tient compte de ce qu'il entend. Mais quand il a décidé il ne supporte pas qu'on lui tienne tête. »

266 députés socialistes sur 289 vont pourtant lui tenir tête. Le 22 octobre, l'Assemblée nationale vote l'amendement écartant les huit officiers généraux de cette réhabilitation. Trois semaines plus tard, le Sénat vote dans l'autre sens et réintègre les généraux dans la loi.

La balle est de nouveau dans le camp des députés. Joxe et Jospin, qui « suit mollement [1] », refusent toujours de céder. Ils essaient de nouveau d'obtenir un assouplissement de Mitterrand. Charles Hernu, par conviction, et soumis à la pression d'une partie du lobby militaire, exhorte le président à tenir bon.

François Mitterrand : « Quand j'ai vu que certains socialistes résistaient, j'ai imposé ma décision. »

Michel Charasse suggère une formule permettant aux députés socialistes de céder en sauvant la face : l'article 49-3 de la Constitution qui prévoit l'adoption sans vote d'une loi sur laquelle le gouvernement engage sa responsabilité. Dans un profond silence, Pierre Mauroy déclare à la tribune : « Le pardon n'est pas l'oubli. » Aucune motion de censure n'est déposée. Le texte est adopté.

Pour Mitterrand, ce texte de réconciliation des Français avec une histoire encore présente à leur mémoire peut être considéré comme le premier acte de la « France unie ».

Pour les socialistes, c'est le premier acte de désobéissance. Il en restera une plus grande distance entre l'oc-

1. Selon une formule de Louis Mermaz.

cupant de l'Élysée et ses anciens camarades. Mermaz conclut : « Ce fut la seule grosse crise entre Joxe et Mitterrand. » Mitterrand confirme : « Il y a eu conflit avec Joxe ; c'est le seul vrai désaccord avec le groupe socialiste. » Mais le président, ajoute Mermaz, « ne lui en a pas voulu car, pour lui, Joxe a agi par conviction. Joxe est un des rares responsables socialistes à parler très directement au président. Mitterrand n'a pas aimé qu'on lui fasse la leçon sur le ton : plus républicain que moi tu meurs. Cet incident n'aurait pas pris une telle importance si Joxe ne s'était pas déchaîné. Il a beaucoup contribué à cristalliser les choses. La porte de sortie du 49-3 a été un geste de considération de Mitterrand à l'égard de Joxe. »

« Mitterrand ne m'a pas gardé rancune. Six mois plus tard j'étais ministre de l'Intérieur », dit Joxe[1], qui fait porter la responsabilité de cette « crise[2] » sur le Premier ministre et le secrétaire d'État aux Rapatriés : « Cette affaire est née de la sottise de Courrière et de l'inattention de Mauroy. »

Cet épisode du septennat, d'apparence secondaire, illustre parfaitement le mode de pensée et d'action de François Mitterrand : conviction et circonstances se rejoignent dans sa décision de réhabiliter les putschistes d'Alger. Il est profondément attaché à l'idée de laisser derrière lui l'image de l'homme de la réconciliation nationale. Il juge en même temps le moment adéquat pour tenir son engagement à l'égard des rapatriés : les élections municipales approchent. Il faut aussi effacer dans la communauté pied-noire la fâcheuse impression laissée par la présence de Claude Cheysson, quatre mois plus tôt, aux fêtes du vingtième anniversaire de l'indépendance à Alger.

Dans le climat d'affrontement politique de l'automne 1982, Mitterrand cherche des éléments d'apaisement. L'intérêt national et son propre intérêt politique se conjuguent.

Il connaît suffisamment le Parti socialiste pour savoir

1. Entretien le 12 janvier 1990.
2. Les guillemets sont de Joxe.

que ce projet de loi va provoquer du remue-ménage dans ses rangs. Ce conflit ne le dérange pas. Il permet à chacun de s'exprimer. Il démontre au peuple de gauche que le pardon ne signifie pas l'oubli, comme le dit Pierre Mauroy. Mitterrand laisse monter la vague. Que chacun se batte pour ses idées. Arbitre suprême, tirant parti des mécanismes constitutionnels – l'article 49-3 –, il tranche en fonction du rapport de forces et impose une formule qui n'humilie personne : le pardon a force de loi, mais ses adversaires n'ont pas été contraints de l'approuver par un vote.

Il est impossible d'affirmer que Mitterrand connaissait d'avance le dénouement de ce psychodrame. Il est permis en revanche de penser qu'à défaut d'en connaître les répliques il maîtrisait les ressorts de la pièce.

Quelques semaines plus tard, Jean Poperen [1] se retrouve à côté de François Mitterrand au cours d'un des derniers déjeuners du mercredi.

« Si on continue comme ça on va finir par réhabiliter Pétain, observe le numéro deux du PS.

– Et alors ? » répond le président.

« Pour Mitterrand, transférer les cendres du maréchal Pétain à Verdun n'est pas une hérésie. Ce serait dans son esprit un geste de réconciliation. Il est le dernier à pouvoir le faire », assure son ami Pierre Guillain de Bénouville [2]. « On ne peut faire croire aux gens qui ont connu l'exode et la débâcle de mai-juin 1940 que demander l'armistice était agir contre la Patrie », ajoute cet ancien résistant, compagnon de la Libération.

Jean Glavany [3] est formel : « A chaque fois que la question du transfert des cendres de Pétain lui était posée, le président a toujours répondu par la négative. Il n'a jamais voulu l'envisager. Il disait : Ça ne nous amènera que des ennuis. »

1. Entretien le 2 septembre 1988.
2. Entretien le 8 juin 1989.
3. Entretien le 23 octobre 1988.

CHAPITRE 4

Représenter

Discourir

Gouverner c'est parler. A cette aune, François Mitterrand est le champion : 1 753 discours et messages publics en sept ans, 1 004 pour Valéry Giscard d'Estaing, 620 pour Charles de Gaulle en dix ans de présidence[1].

Mitterrand pratique avec plaisir l'art de la rhétorique. Il l'a apprise au collège, brièvement pratiquée au barreau. Député à trente ans, ministre à trente et un ans, leader politique depuis 1948, elle est devenue une seconde nature.

Comme pour tous les chefs d'État, ses interventions importantes sont préparées par des collaborateurs. « Mitterrand a toujours recours à un projet de discours pour fabriquer le sien par différence. Pour lui, ce canevas écrit est une provocation à la réflexion. En fait, c'est lui qui écrit ses discours ou les improvise. » Edgard Pisani[2], auquel le président a souvent fait appel pour préparer des interventions délicates, souligne à quel point ce travail peut être « frustrant » : « Parfois on se demande à quoi on sert. Mais il nous arrive aussi de découvrir une phrase ou une idée à soi en écoutant le propos présidentiel. Certains se sont lassés, mais tous sont fascinés. »

Ses collaborateurs sont unanimes. Devant un projet de

1. Chiffres fournis par la présidence de la République.
2. Entretien le 29 juin 1989.

discours, le verdict de Mitterrand ne varie guère : « C'est nul, ça ne va pas du tout. Ils ne se sont pas cassés. »

« D'une manière générale le président n'est jamais content de nos projets, commente plus sobrement Jean-Louis Bianco[1]. Il est infiniment meilleur que nous ; il passe beaucoup de temps sur les discours importants. Pour éviter d'être pris au dépourvu, nous engageons très tôt notre travail de préparation. On essaie de lui faire dire ses orientations, mais il ne veut pas se laisser bousculer. Dans certains cas, comme les discours devant l'ONU[2], une dizaine de conseillers contribuent à l'élaboration du texte. Une semaine avant le discours, il nous réunit à trois ou quatre dans son bureau. Plume à la main, Mitterrand lit l'avant-projet et nous interroge. Il fait presque toujours ce travail de vérification en petit comité. »

Ce souci de préparation minutieuse est souvent remis en cause dans la précipitation. Mitterrand est l'homme de la dernière heure. Président de la République ou premier secrétaire, il n'a jamais changé. « Il fait tout au dernier moment. » Marie-Claire Papegay [3], sa secrétaire depuis trente ans, est bien placée pour le savoir. Combien de fois n'a-t-elle pas dû sauter un repas pour dactylographier à toute vitesse les quarante feuillets d'un discours raturés et retravaillés jusqu'à la dernière minute ! Le 30 septembre 1982, François Mitterrand est attendu à Strasbourg où il doit prendre la parole devant le Conseil de l'Europe. Le Mystère 50 tourne pendant vingt minutes au-dessus de l'aéroport d'Entzheim. Que se passe-t-il ? Rien. Là-haut, le président met la dernière main à son texte.

Pour les interventions plus routinières – discours en province, inaugurations diverses, toasts –, il lui arrive souvent de se saisir de la liasse de feuillets écrits en caractères suffisamment gros pour le dispenser de lunettes, de la replier et de la fourrer dans sa poche avant de se lancer dans l'improvisation. « Dur, dur », pensent

1. Entretien le 17 octobre 1988.
2. Les 28 septembre 1983 et 29 septembre 1988.
3. Entretien le 19 septembre 1989.

alors ceux qui ont souffert sur l'avant-projet d'intervention.

Les lapsus sont pourtant rarissimes. Le 3 février 1987, au plateau d'Albion, il s'adresse aux officiers de la 95e escadre des missiles stratégiques : « Il faut circoncire la menace... pardon, je veux dire circonscrire. » Le discours terminé, il prend soin d'aller vers les journalistes de la presse écrite, l'air de ne pas y toucher : « J'ai fait un beau cuir, vous ne trouvez pas ? »

« Mitterrand n'est pas un excellent orateur, mais c'est un très grand fabricant de discours. Il possède une force oratoire qui échappe aux normes habituelles. » Pisani le situe au niveau des plus grands. A la différence de Charles de Gaulle, François Mitterrand ne va pas directement au but. Il n'assène pas ses vérités. « Un accord, des variations. Il vogue sur les mots, lâche l'idée centrale et passe à autre chose. C'est beethovénien. Ce n'est pas le summum de l'éloquence mais c'est très efficace et la langue est toujours parfaite. »

Efficacité sans doute, du point de vue de l'orateur. Mais l'auditeur ne s'y retrouve pas toujours. Le commentateur doit souvent s'y prendre à deux fois pour tenter de résumer la pensée du président. D'autant que le texte de l'allocution n'est jamais diffusé à l'avance aux journalistes, à l'inverse de la pratique de Giscard et de Chirac.

Les idées sont là, mais elles sont noyées dans de longues phrases, émaillées d'incidentes. Complexe et très élaborée, la dialectique fait parfois perdre le fil. Il ne sait pas ou ne veut pas faire court. Son discours traduit sa conception du monde : tout est nuance, rien n'est figé, l'événement n'est que flux et reflux. Mitterrand chef d'État s'enferme rarement dans des propos définitifs.

Là comme ailleurs, il veut garder sa liberté.

Parmi ses contemporains, Mitterrand fait figure d'orateur de l'ancien temps. Il a une aversion pour le langage technocratique. Il reconnaît qu'il a parfois du mal à saisir le propos de Michel Rocard. Il n'utilise jamais un mot tiré du jargon économique et scientifique ; les termes empruntés à l'anglais ne passent que rarement ses lèvres. « Cash-flow, leasing, marketing ? Pour lui « c'est du chinois ». Il choisit les mots de tous les jours. Produits, biens de consommation, moyens de production ? Il n'aime guère. En revanche « machines, marchandises, outils », voilà « ce que les gens comprennent ». Cela n'interdit pas d'être parfois précieux. Il goûte l'imparfait du subjonctif. Son seul rival sur ce terrain de la belle langue est Jean-Marie Le Pen, auquel il reconnaît « un talent d'orateur ». Edgar Faure et Jean Lecanuet le possèdent également.

En Laurent Fabius, il apprécie le « souffle » des improvisations qui peuvent être assassines. Le « lyrisme » de Pierre Mauroy le touche. Il a écrit un jour que Jacques Chirac parlait « comme une machine à écrire ». Il continue de le penser. Giscard l'agace par son « technocratisme hautain ».

La conférence de presse élyséenne, inaugurée par de Gaulle, solennelle et convenue, ne lui plaît pas beaucoup, d'autant qu'on le qualifie toujours de « gaullien » pour commenter sa prestation. Il s'y soumet et s'inscrit dans la tradition et le style inévitablement régalien de ses prédécesseurs. Quatre conférences de presse pendant le premier septennat. Une cinquième en juin 1988. De Gaulle en avait tenu dix, Pompidou neuf, Giscard d'Estaing neuf également.

A la télévision, les débuts hésitants de 1965 et 1974 sont effacés. Mitterrand y a pris goût, mais il craint de « lasser » et de « s'user » en apparaissant trop souvent sur les écrans. Convaincu de l'importance de l'instrument, il s'est donné les moyens de l'affronter. Des conseillers en image et en communication, mais pas de séances d'entraînement [1].

Il dispose depuis 1985 d'un studio dernier cri installé au 4, rue de l'Élysée, à deux pas de son bureau. De là, il

1. A partir de l'été 1984, deux conseillers en communication, Gérard Colé et Jacques Pilhan, seront largement mis à contribution pour redresser l'« image » du président. Voir VIIe partie : « L'attente ».

peut s'adresser à tout moment aux Français, comme il le fit pour la première fois le 17 mars 1986 au lendemain des élections législatives.

Pour les allocutions officielles – vœux, réactions à chaud aux crises internes et aux drames extérieurs : école, Liban, otages – il arrive au studio à la dernière minute. Il se contraint lui-même à parler en direct. Depuis 1984 il a recours au « prompteur », ce filet utilisé par les présentateurs de journaux télévisés qui voient défiler leur texte sous la caméra.

Quel rédacteur en chef de quotidien, d'hebdomadaire ou de revue ne s'est pas arraché les cheveux, quand, enfin, il a obtenu une interview du président ! François Mitterrand exige de tout relire. Comme pour ses grands discours, il soupèse chaque terme, réécrit chaque formule, ajoute des incidentes, supprime des paragraphes. C'est toujours la même histoire. Au dernier moment il se met au travail, parfois à quelques heures seulement du « bouclage ».

François Mitterrand n'aime pas confier sa parole à des intermédiaires : « Mes conseillers ne savent rien ; ils n'ont pas à parler en mon nom. » D'où l'extrême parcimonie avec laquelle il « débriefe » ses collaborateurs et même son porte parole.

Au sortir d'un entretien avec Ronald Reagan, Mitterrand est interrogé par Michel Vauzelle :

« Que dois-je dire à la presse ?

– Faut-il vraiment leur dire quelque chose ?

– Mais ils ont leurs papiers à écrire ! Le porte-parole américain occupe déjà le terrain.

– Bon. Dites-leur qu'on a parlé Est-Ouest et Nord-Sud. »

Encore une fois le porte-parole français doit affronter les questions l'escarcelle vide. Pour s'en tirer, il connaît certes la position de la France et le point de vue du président sur les grands dossiers. Mais il lui faut le plus souvent s'abriter derrière des formules creuses pour rendre compte d'un entretien : « Le courant est passé entre les deux hommes ; il existe une réelle volonté politique d'aboutir... »

Intervient alors un second niveau de communication, plus personnalisé. Les hommes du président entretiennent des relations plus ou moins suivies avec certains journalistes ; ils ont établi une règle du jeu : « pas de guillemets, pas de citations, c'est *off*[1] ». Dans ces cas-là les journalistes recueillent des informations substantielles, mais ne peuvent pas les attribuer nommément. Ils écriront : « A l'Élysée on pense que... Dans l'entourage présidentiel on fait valoir... Selon une source autorisée... » Le président n'est donc pas engagé directement dans ces commentaires. C'est peu ou prou la version française du *lobby* britannique[2].

François Mitterrand distille lui aussi des confidences à la presse. Ses petits déjeuners ou déjeuners réunissant une demi-douzaine de journalistes sont devenus plus rares au fil du premier septennat. Même dans ces cercles restreints où se côtoient la presse de gauche et celle de droite, le président se montre prudent : « Le *off* n'existe pas en France », répète Mitterrand. Jean Glavany[3] révèle qu'il arrive à François Mitterrand de s'interroger sur la maîtrise qu'il s'impose à l'égard des journalistes : « En ai-je trop dit ou pas assez ? »

Parcourir

Au début de l'année 1982, Charles Hernu et François de Grossouvre sont préoccupés. Les services de renseignement militaires et civils font état dans leurs rapports

1. Abréviation de la formule : *off the record* (non enregistré), qui s'oppose à *on the record* (enregistré).

2. Le terme *lobby* signifie « vestibule », celui de la Chambre des communes, où se pressaient tous ceux qui voulaient influencer le vote des députés. De nos jours cette pratique s'est élargie : le porte-parole du Premier ministre britannique fournit à des journalistes sélectionnés des informations importantes à condition qu'elles ne soient pas directement attribuables. Dans les colonnes des journaux londoniens, on les présente ainsi : « A Whitehall (quartier des ministères)... ou à Westminster (siège du Parlement)... on pense que... »

3. Entretien le 23 octobre 1989.

d'une montée du terrorisme international. Rien n'indique que la France sera épargnée.

Le ministre de la Défense et le conseiller élyséen décident d'examiner de plus près le dispositif de sécurité entourant le président de la République. A travers le monde, les chefs d'État sont menacés. Trois attentats les ont frappés au cours de l'année précédente : en mars, un déséquilibré s'est attaqué à Ronald Reagan ; en mai, un professionnel téléguidé par le Kremlin a tenté de tuer le pape Jean-Paul II ; en octobre, les Frères musulmans ont assassiné Anouar al-Sadate.

Hernu et Grossouvre confient à la DGSE l'une de ses premières « études d'objectif » : enquêter sur la fiabilité de la protection du chef de l'État, traditionnellement confiée aux officiers de police du service des « voyages officiels » (VO), dépendant du ministère de l'Intérieur. La DGSE remet à l'Élysée un dossier photographique accablant. Les espions français démontrent que François Mitterrand est mal protégé. De Grossouvre fournit une preuve supplémentaire des insuffisances des mesures de sécurité : l'un de ses sbires est parvenu à introduire dans un salon de l'Élysée un carton rempli de sable, déjouant la vigilance des gardes républicains chargés de contrôler les entrées du palais présidentiel.

A la même époque, Charles Hernu assiste à Maisons-Alfort à une présentation du GIGN (Groupe d'intervention de la gendarmerie nationale) commandé par un jeune officier, Christian Prouteau. Ce dernier fait un exposé sur le terrorisme. Il rappelle qu'en huit ans ses hommes ont libéré 450 otages. « Le GIGN aurait-il pu éviter l'assassinat de Sadate ? lui demande François Heisbourg, l'un des conseillers du ministre. Je ne suis pas certain que nous aurions pu empêcher les coups de feu, mais je suis sûr qu'ils n'auraient pas atteint le président si nous avions été chargés de sa sécurité », répond le commandant du GIGN.

Hernu et de Grossouvre décident de faire appel à Prouteau pour étudier un nouveau système de protection présidentielle. Fin mai 1982, le gendarme remet un document d'une dizaine de pages détaillant les conditions d'une meilleure sécurité : sélection des hommes, motivations, entraînement intensif, stratégie de comportement autour du chef de l'État. Ce dossier plaît. Quinze jours plus tard, André Rousselet convoque Christian Prouteau ; il le charge d'organiser et de diriger la sécurité du président. Le super-gendarme refuse de mener cette équipe sauf si le président de la République, lui-même, lui donne carte blanche.

Le 13 juillet, voici donc Christian Prouteau[1] dans le bureau de Mitterrand.

« Monsieur le Président, je vais vous embêter et vous compliquer la vie. Si vous n'êtes pas d'accord, nous n'arriverons à rien. Mes hommes seront toujours à vos côtés trois cent soixante-cinq jours par an.

– Si je comprends bien, vous allez me casser les pieds.

– Oui. Mais on n'existera pas, tout en étant là jour et nuit. Si vous me dites oui, je le fais.

– On me dit qu'il le faut. Alors c'est oui. »

Le terrorisme a commencé à ensanglanter la France[2]. François Mitterrand est conscient des risques qu'il encourt.

Au moment de quitter le bureau présidentiel, Christian Prouteau se décide :

« Monsieur le Président, il faut que vous le sachiez, je n'ai pas voté pour vous.

– Quelle importance ! Vous croyez qu'il n'y en a pas eu assez à voter pour moi ? »

Les gendarmes entrent à l'Élysée. Les policiers se sentent désavoués. Ils ont toujours protégé les hautes personnalités de l'État. Le commissaire Michel Renault s'en plaint auprès du président. Brillant policier, il avait été détaché par le ministre de l'Intérieur Christian Bonnet à la protection du candidat socialiste dès l'automne 1980 et l'avait suivi à l'Élysée. Mitterrand n'aime pas se séparer des têtes connues.

Une sourde bagarre, ponctuée de chausse-trappes et de coups de gueule, se développe entre policiers et gen-

1. Entretien le 16 octobre 1989.
2. Voir IIIe partie : « La France dans le monde ».

darmes. Elle alourdit le contentieux entre la police et la gauche. François Mitterrand n'a pas voulu couper le cordon avec ses anciens VO. « C'est une grosse faute à l'égard de la police que de lui avoir enlevé cette tâche noble. Les VO auraient fait aussi bien que les gendarmes s'ils avaient disposé des mêmes moyens en hommes et en équipement », observe Jean Glavany[1]. Alors chef de cabinet du président, il a vécu de près cette rivalité.

Christian Prouteau décide d'en finir avec ces querelles. Comme la DGSE, il veut prouver que la sécurité de Mitterrand est mal assurée. « J'ai lâché deux de mes gars dans Paris et je leur ai dit : vous avez un mois, sans soutien logistique, pour flinguer le président de la République et prendre la photo. Ils échouent dans leur première tentative en arrivant trop tard à Château-Chinon. Ils avaient appris par la presse que Mitterrand devait s'y rendre. La deuxième sera la bonne, à la sortie de l'hôtel du Vieux-Morvan. J'ai montré au président le cliché de l'un de mes hommes parvenu jusqu'à lui et prêt à ouvrir le feu. On m'a alors donné les moyens de travailler[2]. »

Le GSPR (Groupe de sécurité du président de la République) est à l'œuvre. Près d'une centaine d'hommes se relaient autour du chef de l'État. Leur emploi du temps suit une règle immuable : une semaine d'entraînement intensif, une semaine avec le président, une semaine de détente. Plus léger que le dispositif américain, celui de Prouteau fut copié dans de nombreux pays.

Ses anges gardiens sont partout derrière le président : en voyage officiel, lors des déplacements privés, en France, à l'étranger. Ils pratiquent la reconnaissance systématique, souvent munis d'une caméra vidéo.

Désormais deux motards en jeans précèdent ou encadrent la R 25 présidentielle blindée lors des déplacements privés dans la capitale. Ils sont reliés par radio à la

1. Entretien le 23 octobre 1988.

2. Les policiers se vengeront. Quelques mois plus tard, ils placent une fausse bombe sous le fauteuil du président lors d'une cérémonie en l'église Saint-Louis des Invalides. *Paris-Match,* mis sur l'affaire, publiera la photo. Mitterrand fait sanctionner les auteurs de cette opération.

voiture suiveuse. Dans la rue, au milieu des foules, un « civil » athlétique escorte le président, un attaché-case à la main. Un coup de feu et la mallette se déplie : c'est un écran pare-balles.

François Mitterrand refuse le gilet pare-balles ultra-léger en Kevlar 24 couches, spécialement conçu pour être porté sous la chemise. Après l'assassinat de sa mère en octobre 1984, Rajiv Gandhi, le nouveau Premier ministre indien, adopta cette protection.

« Ces gendarmes sont des professionnels. Je leur fais confiance, mais je sais qu'il n'y a pas de protection absolue. » François Mitterrand[1] intègre la protection dans sa vie quotidienne. Il est attaché à ses hommes qu'il appelle souvent par leurs prénoms ; il souhaite qu'on ne les lui change pas trop souvent. « Nous lui demandons le plus rarement possible de modifier ses itinéraires habituels, aussi quand on le réclame, il accepte », dit Prouteau.

Une complicité se crée entre « Dieu » et ses anges gardiens. « Dans les moments tendus, Mitterrand nous regarde. Il s'appuie sur nous pour savoir s'il peut y aller ou pas », explique Prouteau. Le 12 octobre 1984, Mitterrand est à Bayonne. A l'hôtel de ville, il prononce un discours très ferme contre la violence terroriste : « Il n'est pas acceptable que la France serve de base logistique pour que soit accompli le crime dans un pays voisin et ami. » Allusion à l'extradition vers l'Espagne, quelques jours auparavant, de trois militants de l'ETA.

Dehors, quelques dizaines d'autonomistes basques l'attendent, mêlés à la foule. C'est la bronca. Mitterrand sort de la mairie sous les huées.

« On y va, commandant ?

– Oui, monsieur le Président. »

« J'ai cru qu'on allait le lyncher. Il s'est avancé vers les porteurs de pancartes et a serré des mains. Mitterrand a toujours ce postulat à l'esprit : un président de la République ne doit pas avoir peur et n'en a pas le droit. »

Le chef de l'État a également confié au GSPR la protection de ses belles-filles et de ses trois petits-enfants. La sécurité de son épouse et de ses deux fils reste assurée par

1. Entretien le 25 avril 1989.

les VO. Après l'attentat antisémite de la rue des Rosiers, le 9 août 1982, Jacques Attali bénéficie lui aussi d'une protection rapprochée : voiture blindée et voiture suiveuse. Il partage avec le président et le chef d'état-major particulier ce statut de VIP.

De tout temps, les chefs d'État ont parcouru la France. En charrois et carrosses sous la monarchie. En train et en automobile sous la République. L'Histoire s'accélère et le temps est compté : de Gaulle recourt à la Caravelle et à l'hélicoptère Alouette. Ses successeurs se servent du Mystère 20 et du Puma.

François Mitterrand a toujours sillonné la France. Il est sans doute l'homme public le plus familier de son paysage géographique, historique et politique. Président, il peut désormais la survoler presque à sa guise et ne s'en prive pas : « Ma circonscription c'est la France. » A son tour, il se promet d'effectuer en sept ans un voyage officiel dans chacune des vingt-six régions de France et d'outre-mer.

De la Lorraine en octobre 1981 à la Réunion en février 1988, il en visite dix-huit. Certes ses compatriotes l'aperçoivent presque quotidiennement sur le petit écran. Mais c'est une « présence » lointaine, celle d'un président en son palais ou à d'inaccessibles tribunes officielles. Rien ne remplace le contact direct, ne serait-ce qu'une furtive poignée de main, un regard, un geste. En province, Mitterrand va à la rencontre des élus, des acteurs de la vie économique et sociale, des représentants de l'État. Giscard voulait « regarder la France au fond des yeux », Mitterrand veut « sentir battre le cœur de la France ».

Ces voyages se préparent comme de véritables campagnes. Plusieurs semaines à l'avance le cabinet du président centralise d'innombrables rapports : les préfets proposent un programme, décrivent le climat politique et social, signalent les risques éventuels en matière de sécurité. Les maires de tous bords se démènent pour obtenir ne serait-ce qu'un arrêt du cortège présidentiel qui fera parler de leur commune au-delà de la chronique locale.

Le chef de cabinet sélectionne les propositions et bâtit un programme : quinze discours en trois jours, une visite d'entreprise, une plaque dévoilée dans une école, un site historique, et l'inévitable dîner à la préfecture où Mitterrand a fait ajouter les syndicalistes à la liste des notables invités. L'heure approche. Jean Glavany[1] se rend sur le terrain avec son équipe des « missions préparatoires » : l'officier de sécurité examine les itinéraires et lieux « à risque » ; l'agent du protocole règle dans le moindre détail le cérémonial de l'accueil et tente de résoudre les susceptibilités de préséance ; l'attachée de presse veille aux exigences des journalistes : téléphones, retransmission des discours, transports ; un « chef de cortège » organise le ballet des voitures officielles et la « manip » des hélicoptères. Tout est minuté : une anicroche, la cavalcade est en péril.

L'accueil de la rue n'est pas toujours laissé au hasard. Après l'enthousiasme des foules chaleureuses de l'« état de grâce », l'indifférence, la désaffection, l'hostilité et la revendication sont apparues sur les parcours présidentiels. Venus les temps de la rigueur et des restructurations industrielles, les électeurs du 10 mai sont moins enclins à la liesse spontanée. Les protestataires tiennent le haut du pavé. Les syndicats mobilisent les porteurs de pancartes. Les médias se font l'écho de ces signes d'impopularité. Mitterrand donne une double consigne : laisser les manifestants s'approcher ; mobiliser nos partisans.

Jean Glavany : « A partir de 1984, je réunis au siège du Parti socialiste les secrétaires fédéraux et les élus de la région, une trentaine de personnes environ, pour leur demander leur soutien et leur expliquer le sens du prochain voyage. On étudie le programme. En période de basses eaux politiques, le parti peut assurer la présence de 200 à 300 militants, chargés d'animer, de colorer la foule. Le parti se professionnalise : il placarde des affiches à l'avance, il organise le remplissage des salles. Nous préparions ensemble les banderoles. Ainsi, à Castelnau-le-Lez, près de Montpellier, où se rend le président

1. Chef de cabinet du président pendant toute la durée du septennat.

en février 1988, une banderole est déployée : “ *Gardarem lou Tonton.* ” Je ne suis pas surpris, j'avais donné mon accord un mois auparavant[1]. »

Les 5 et 6 juillet 1984, Mitterrand visite l'Auvergne. Au lendemain de la grande manifestation de Paris pour l'école privée, la gauche est au plus bas. Les préfets sont alarmistes : le mécontentement grandit. Pour la première fois le dispositif socialiste entre en jeu. Un collaborateur du premier secrétaire Lionel Jospin prépare la contre-offensive en liaison avec Jean Glavany. Pierre Shapira[2] : « Sur place, les militants avaient été chargés de préparer des panneaux avec le portrait du président. Au Puy-en-Velay, municipalité très conservatrice, l'accueil est chaleureux. La presse relève ce paradoxe. Nous étions pourtant inquiets : la capitale de la Haute-Loire est un bastion de l'école privée. Jacques Barrot, l'un de ses défenseurs attitrés, en est le député. Mais une bonne centaine de militants socialistes ont réussi à déclencher les vivats des nombreux curieux venus voir passer le président. »

A Moulins, fief du truculent gaulliste Hector Rolland, le procédé fonctionne à merveille. Pierre Shapira, mission accomplie, embarque dans l'hélicoptère de la délégation qui retourne à Paris. Il se retrouve à côté d'Évelyne Richard, qui, au service de presse de l'Élysée depuis Pompidou, maîtrise l'organisation de l'exigeante cohorte des journalistes.

« On ne se connaît pas, je crois ? Vous travaillez pour qui ?

– Je suis un ami du président.

– Ah ! je vois. Le président Giscard d'Estaing avait lui aussi un “ ami ”. C'était Hubert Bassot[3], qui faisait le même travail que vous... »

1. Entretien le 23 octobre 1988.

2. Entretien le 23 mai 1990.

3. Sous le septennat précédent, Hubert Bassot, conseiller « officieux » à l'Élysée, était chargé, comme Pierre Shapira, de l'organisation de l'« accueil populaire » en liaison avec les responsables locaux de l'UDF. C'était le « spécialiste des salles réussies » selon Stéphane Denis (in *La Chute de la maison Giscard,* Paris, Lattès, 1981), et, « s'il s'occupait de recruter les gros bras, il prévoyait aussi le bouquet pour Anne-Aymone Giscard d'Estaing », racontent Ber-

Le voyage suivant est encore plus difficile. Le président visite en effet l'Aquitaine du 11 au 13 octobre 1984, trois mois après la rupture de l'union de la gauche.

Sur la grand-place de Périgueux, le Parti communiste et la CGT manifestent bruyamment : pétards, slogans hurlés au mégaphone. A l'hôtel de ville, le maire gaulliste Yves Guéna l'interpelle : « Le rassemblement des Français est-il possible autour de votre majorité ? »

Deux heures plus tard, même ambiance électrique à Agen. Mitterrand est pris en tenaille entre les communistes et les partis de droite. Il ignore les premiers et répond aux seconds : « Les Français ne paraissent pas ravis par le film auquel ils assistent aujourd'hui. Quant à l'autre film qu'on leur propose, ils l'ont déjà vu. Il n'était pas fameux. »

Le mois suivant, François Mitterrand rend visite à l'Alsace. Là aussi, les choses se présentent mal. Les Alsaciens se sentent humiliés : le gouvernement Fabius vient en effet de revenir sur l'engagement pris le 28 avril 1984 par son prédécesseur Pierre Mauroy d'installer à Strasbourg le grand laboratoire de recherche physique européen – le synchrotron. L'opération était prévue dans le cadre d'un contrat de plan État-région. Louis Mermaz, président de l'Assemblée nationale et du conseil général de l'Isère, s'est saisi du dossier : le laboratoire européen est transféré à Grenoble.

La presse régionale se fait l'écho du mécontentement des élus et de la population alsacienne. Le boycottage de la visite présidentielle est décidé par l'opposition. A Mulhouse, Mitterrand est accueilli par des manifestants qui réclament leur synchrotron. La visite démarre très mal pour lui. Mais Glavany et Shapira ne se sont pas croisé les bras. Ils ont fait appel aux rares socialistes locaux, qu'ils ont renforcés par quelque 200 militants parisiens. « Au total le voyage de M. Mitterrand en Alsace, hypothéqué par l'affaire du synchrotron, aura été plus réussi qu'il semblait devoir l'être », même si à Strasbourg, le 23 novembre, « une manifestation hostile au chef de l'État

nard Lecomte et Christian Sauvage (in *Les Giscardiens,* Paris, Albin Michel, 1978).

aura rassemblé 80 000 personnes derrière des élus », relève *L'Année politique 1984*[1].

La cavalcade parfois s'arrête, le temps du « banquet agricole », organisé systématiquement au deuxième jour du voyage. Dans la salle polyvalente ou le gymnase drapé de tricolore, le repas s'éternise. Le président, qui a pris soin de refuser café et pousse-café, se lève. Il lui faut s'adresser au monde paysan. C'est toujours le même discours : il faut démanteler les montants compensatoires imposés par Bruxelles ; il faut accepter les quotas laitiers. Le chef de cabinet regarde sa montre avec angoisse. Encore quatre étapes cet après-midi. François Mitterrand n'en a cure ; il en est aux « usines à lait » de Hollande. Dehors les motards du cortège font vrombir leurs engins. Le chef de l'État s'attarde sur la concurrence du soja. Enfin : « Vive le Limousin, vive la République, vive la France ! » Et c'est la bousculade, les portières claquent.

Le président est parti...

Un soir Mitterrand termine à Concarneau. Il a déjà une bonne heure de retard. Passage rituel dans le bureau du maire. Ça dure. Dans la salle du conseil municipal, où le président doit prononcer son discours, les notables bretons s'interrogent. Un coup de fatigue ? Une affaire urgente à régler au téléphone avec Paris ? Mitterrand est tout bonnement en train de déguster une douzaine d'huîtres.

A l'île de Sein[2], où son hélicoptère se pose dans le crachin, il grince : « L'histoire de votre commune n'a pas commencé en juin 1940. »

Il gouverne à Paris, se ressource en Charente, mais n'oublie jamais la Nièvre. Au cours de son premier septennat, François Mitterrand a consacré vingt déplacements officiels à ce département rural qui l'a fidèlement

1. Éd. du Moniteur.

2. A l'appel du général de Gaulle, le 18 juin 1940, 113 habitants de cette petite île de l'extrême Ouest de la Bretagne rejoignent l'Angleterre par la mer. Ils forment le quart des effectifs de la « France libre ».

réélu depuis 1946. Chaque dimanche électoral [1] le retrouve à Château-Chinon où il a fait aménager le « musée du Septennat [2] ». Dans un couvent du XVIIIe siècle sont exposés les cadeaux officiels. Le bon goût y côtoie le plus mauvais : tapis d'Orient ou du Maroc, vases de Chine, défenses sculptées d'Afrique, samovars russes ; mais aussi une horrible collection de portraits du président offerts par des « admirateurs » du monde entier.

Tous les week-ends de Pentecôte depuis le début des années 50, la famille Mitterrand se rend en Bourgogne dans la maisonnette des parents de Danielle, à Cluny. Le dimanche matin, ils gravissent la roche de Solutré qui domine le vignoble de Pouilly-Fuissé. Au fil des ans, l'équipée s'étoffe. Quelques amis politiques partagent cette journée champêtre. A partir de 1981, la presse s'invite spontanément. Au sommet de la roche, le président tombe sur les journalistes : « Je n'ai rien à vous dire, je suis en famille, cette promenade n'a rien d'officiel. » Devant leur insistance, Mitterrand leur donne rendez-vous dans une auberge voisine à l'heure du café. Le pli est pris. Chaque année, il se prêtera à cette rencontre qui donne lieu à une longue conversation avec une vingtaine

1. François Mitterrand et les membres de sa famille sont électeurs dans cette commune. La loi prévoit en effet qu'il suffit d'y avoir un « domicile déclaré » pour être inscrit, avec l'accord du maire, sur les listes électorales. Mitterrand avait élu domicile à l'hôtel du Vieux-Morvan, jusqu'à la mort du patron, son ami Jean Chevrier, en 1986. Depuis, les Mitterrand descendent chez sa veuve, Ginette Chevrier, qui possède une maison au centre de la ville, route de Nevers. En 1989, le ministre de l'Intérieur Pierre Joxe a annoncé son intention de déposer un projet de loi liant le lieu de vote au domicile permanent. L'objectif premier est de limiter la fraude électorale en Corse. Si la loi est votée, les Mitterrand devront accomplir leur devoir de citoyens à Paris...

2. A l'entrée du musée, cette explication de la main de Mitterrand, calligraphiée sur un mur blanc : « Il m'a paru naturel que les cadeaux reçus dans mes fonctions de président de la République fussent accessibles à tous. J'ai souhaité que fût créé ce musée du septennat dans le département de la Nièvre qui m'a élu pendant trente-cinq ans pour le représenter, et, particulièrement, à Château-Chinon dont j'ai été le maire de 1959 à 1981. »

de journalistes, pour la plupart chargés de « couvrir » l'Élysée. Le « pèlerinage de Solutré » meuble désormais l'actualité politique inexistante de la Pentecôte.

Depuis 1985, le président effectue un autre pèlerinage en Bourgogne. Dans la plus grande discrétion, il lui arrive d'aller voir frère Roger, le prieur de la communauté œcuménique de Taizé, près de Mâcon.

L'été, il interrompt sa villégiature landaise de Latche ou vauclusienne de Gordes, par la « tournée » de ses sept frères et sœurs : Marie-Josèphe dans la Drôme, Antoinette dans l'Ardèche, Philippe en Charente, Jacques en Normandie. A l'exception de la semaine du 15 août où le Conseil des ministres est supprimé, le président passe en moyenne trois jours par semaine à Paris pendant cette période estivale. Rares sont les années où il ne vienne, discrètement, assister à un spectacle au Festival d'Avignon.

Il lui arrive aussi de franchir les frontières. Amoureux de l'Italie – « mon pays préféré » –, il découvre et fait découvrir les palais vénitiens, les villas palladiennes ou les musées toscans. Noël l'attire en Égypte, Pâques en Andalousie, l'arrière-saison l'a conduit une fois au Maroc.

Découvrir

Mais c'est surtout à titre officiel qu'il découvre la planète : 154 déplacements à l'étranger au cours du premier septennat [1].

Pour François Mitterrand, participer à ce ballet incessant de rencontres au sommet n'est pas seulement le plaisir de voyager en grand équipage et de trouver hors des frontières la déférence qui lui fait parfois défaut dans son propre pays. Chef incontesté de la diplomatie, il veut représenter la France et croit à l'utilité du contact personnel avec ses pairs. Sommets et voyages ont aussi pour

1. 60 visites officielles dans cinquante-cinq pays, 18 Conseils européens, 6 sommets industrialisés et 70 autres déplacements d'une journée.

effet de stimuler les administrations, de faire avancer les dossiers de coopération.

Ils requièrent une importante préparation. Les ambassades, le Quai d'Orsay, les Finances, le Commerce extérieur et la Défense sont mis à contribution. Ces administrations et cabinets fournissent à leurs correspondants de l'Élysée la matière première des thèmes de discussion et de négociation.

Plusieurs semaines avant le voyage, un premier dossier est établi pour le président. Il signale les contentieux, les projets bilatéraux, les forces et les faiblesses de la France dans le pays visité. Il fait le point sur la situation intérieure et l'environnement diplomatique de l'État hôte du président. La puissance invitante communique sa conception du voyage, qu'il s'agisse des projets d'accords économiques, commerciaux ou culturels et du programme de la visite.

Pour les déplacements les plus importants ou les plus délicats, la cellule diplomatique de l'Élysée exhume des archives les documents sur les voyages du général de Gaulle. Ce fut le cas pour le voyage d'État en URSS de juin 1984, la tournée canadienne de mai 1987 et le périple allemand d'octobre de la même année.

Jean Musitelli[1], conseiller diplomatique de 1984 à 1988 : « Pour le Canada, j'avais ressorti tous les discours du Général, examiné de près son itinéraire et construit notre propre programme en calibrant le contenu des onze discours de Mitterrand et en sélectionnant ses étapes avec soin. Les Québécois demandaient que Mitterrand consacre autant d'heures à leur province qu'au reste du pays. Le président m'avait dit d'organiser son déplacement autour d'une autre répartition : un tiers dans la Belle Province, deux tiers en dehors. »

Un mois avant le départ, une mission préparatoire précise sur le terrain le déroulement minuté du programme.

Sa tâche est multiple : la sécurité du président et de son épouse ; l'installation des lignes de téléphone directes et protégées, le branchement des téléscripteurs qui fourniront en permanence les dépêches de l'AFP à la déléga-

1. Entretien le 24 avril 1989.

tion ; le bloc opératoire dans les pays sous-équipés ; les cadeaux, les décorations, l'intendance. Outre les services de porcelaine de Limoges ou de Sèvres, dont les malles et les paniers encombrent les couloirs de l'Élysée dans les jours précédant les voyages, il faut acheminer victuailles et grands crus pour le dîner ou la réception « retour » offerte par le couple présidentiel à ses hôtes. Et surtout ne pas oublier les cartons d'eau minérale. Dix fois par jour, Mitterrand demande son verre d'eau.

La mission préparatoire est difficile. François Mitterrand exige des voyages courts. A peine parti, il veut rentrer : pas plus de deux nuits dans le pays visité. Il tient au respect des gestes symboliques : dépôt de gerbes, dîners officiels, entretiens avec les souverains dans les monarchies constitutionnelles, réception de la communauté française, hommages au héros national. Il demande le plus souvent de pouvoir s'exprimer devant le Parlement et de rencontrer les chefs de l'opposition ou, à défaut, les porte-parole de la dissidence. Les étapes touristiques ou culturelles proposées par les hôtes sont souvent réduites à des visites au pas de course. Le président les sacrifie volontiers à des entretiens plus longs. D'où des programmes surchargés, transformant ces voyages en courses contre la montre.

François Mitterrand prend parfois sur les heures de sommeil les quelques instants de flânerie ou de conversation avec ses invités personnels. Ces derniers sont nombreux. Une vingtaine sur les grands voyages. En dehors des notables obligés comme les présidents des groupes parlementaires d'amitié avec le pays visité, des industriels installés ou cherchant à s'y implanter et des spécialistes, universitaires ou écrivains, quatre ou cinq amis du prince sont conviés dans le Concorde. Dans le petit salon aménagé à l'avant du supersonique, Mitterrand reçoit ainsi souvent à sa table le journaliste Jean Daniel ou l'ancien ministre Maurice Faure. Alors qu'on vole à Mach 2 vers Buenos Aires ou Tokyo, la conversation ramène souvent les voyageurs vers la politique intérieure française.

Mitterrand vit en effet à l'heure de Paris. Pour mieux

supporter le décalage horaire, il s'efforce d'oublier le soleil. Les déjeuners sont pour lui des soupers si l'on voyage vers l'est, des petits déjeuners quand on atterrit dans les Amériques. Minuit à Pékin, il ne se couche pas. Pour lui il n'est que 16 heures à Paris, le moment d'appeler Jean-Louis Bianco à l'Élysée. 14 heures à Mururoa au moment de quitter la Polynésie pour regagner la métropole : à peine dans l'avion le président se couche. Il est en effet minuit à Paris.

A l'arrière de l'avion, le Dr Claude Gubler, médecin du président depuis 1965, distribue des somnifères aux collaborateurs et invités, épuisés mais encore dans l'excitation et l'euphorie des heures intenses qu'ils viennent de vivre.

Ce praticien est devenu célèbre le 20 mai 1982. Il fait une chaleur étouffante à la sortie du jardin zoologique de Niamey où Mitterrand poursuit son voyage au Niger. Gubler s'aperçoit que quelque chose ne va pas : son patient est en nage, ce qui ne lui arrive pratiquement jamais. Sans attendre, il tend un verre d'eau avec un comprimé de coramine glucose. Des envoyés spéciaux se précipitent vers les téléphones : « Malaise du président ! »

Au départ comme à l'arrivée, un cérémonial d'un autre âge : le chef du gouvernement et une dizaine de ses ministres, contraints parfois de se lever à l'aube ou de veiller très tard, doivent impérativement saluer le président de la République dans le salon d'honneur de l'aéroport de Roissy. François Mitterrand avait répondu par la négative à Pierre Mauroy qui, un jour, lui avait suggéré d'alléger cette servitude[1].

Immuable aussi, le protocole entourant les visites officielles en France des dignitaires étrangers. Au cours du premier septennat, trente-cinq chefs d'État ont été

1. François Mitterrand : « Le cérémonial (...) on ne peut le réduire complètement, ce serait une erreur d'appréciation. Il ne faut pas que la fonction soit à la merci de chacun qui l'occupe. On ne va pas tordre constamment les façons d'être d'un pays » (*in* Pierre Jouve et Ali Magoudi, *Mitterrand, portrait total,* Paris, Carrère, 1987).

accueillis à 16 heures à Orly par le président de la République. Ils ont survolé Paris en hélicoptère jusqu'à l'esplanade des Invalides d'où, en cortège, ils ont gagné l'hôtel Marigny, précédés des cavaliers et des motards de la garde républicaine, dans un fracas de tambours, de trompettes et de sabots. Chacun d'eux s'est ensuite rendu à l'Élysée tout proche pour un tête-à-tête avec François Mitterrand, suivi à 20 heures du grand dîner d'État.

Près de 200 invités, annoncés un par un au couple présidentiel et à ses hôtes par un huissier en queue-de-pie. Autant de poignées de mains. « Le moment le plus pénible », pour Danielle Mitterrand[1], « mais si l'on se veut accueillants, il faut se plier à cet interminable défilé ». Exceptions furent faites en avril 1987 pour le roi Fahd, malade, et, huit mois plus tard, pour le président chinois Li Xiannan, soixante-dix-huit ans, compagnon de Mao pendant la Longue Marche. Ces soirs-là, les invités passèrent directement dans la salle des fêtes pour s'asseoir autour de l'immense table dressée en forme de U, remplacée après la réélection de mai 1988 par des tables de douze couverts portant chacune un nom de fleur.

Les anciens Premiers ministres sont toujours conviés. Maurice Couve de Murville ne décline jamais. Jacques Chaban-Delmas en est presque toujours. Aux rares occasions où un bal est prévu, il l'ouvre avec son épouse Micheline. Michel Debré, Pierre Messmer, Jacques Chirac[2] et Raymond Barre n'ont jamais voulu prendre part à ces « mondanités ».

L'interlocuteur le plus régulier du président français est le chancelier ouest-allemand. Helmut Kohl et François Mitterrand se sont vus en moyenne une fois par mois[3] depuis le départ d'Helmut Schmidt le 30 septembre 1982.

1. Entretien le 22 mai 1990.

2. Sauf évidemment entre mars 1986 et mai 1988 où, Premier ministre en exercice, il est souvent placé à côté de Mme Mitterrand.

3. Outre les rencontres franco-allemandes bisannuelles, les deux hommes se voient en tête-à-tête lors des Conseils européens et des sommets industrialisés. Ils se retrouvent au moins quatre fois par an pour un déjeuner ou un dîner de travail informel en France ou en Allemagne.

Obligés de s'entendre puisqu'ils veulent perpétuer l'attelage franco-allemand pour entraîner l'Europe, les deux hommes ont appris à se connaître. Très vite, ils ont recherché dans la personnalité de l'autre ce qui pouvait les rapprocher. Kohl est plus européen que la moyenne des Allemands, sa francophilie n'est pas feinte. Ce Palatin [1] rivalise d'érudition avec François Mitterrand sur le personnel politique de la IVe République. Les chrétiens-démocrates du MRP n'ont aucun secret pour lui. Il est aussi fasciné par le chanoine Kir, longtemps maire de Dijon. Kohl et Mitterrand se comprennent à demi-mot. Ils savent ce que parler veut dire. Kohl s'appuie sur Mitterrand pour se dégager de l'emprise des banques et du monde des affaires ouest-allemand. Mitterrand s'appuie sur Kohl pour accélérer la construction européenne. Bref, ils se font la courte échelle.

Un diplomate les a observés de près. Henri de Coignac [2], chef du protocole français de 1984 à 1988 : « Leur relation est raisonnée, pas sentimentale. Toute la gestuelle – promenades, déjeuners, main dans la main aux cérémonies de Verdun en septembre 1984, etc. – vise à traduire en images une nécessité politique : celle d'une entente privilégiée franco-allemande. Ce n'est à aucun moment un coup de cœur entre les deux hommes. Il y a une distance entre eux, pas de vraie connivence dans leurs préoccupations personnelles et leurs références intellectuelles ou culturelles. »

Claude Cheysson [3] est sceptique sur l'intensité de la relation Kohl-Mitterrand : « Elle est floue, elle n'a pas de consistance. Mitterrand exerce un ascendant sur Kohl. Prenez un ballon gonflé. Vous pouvez lui donner la forme que vous voulez, mais ça ne tient pas longtemps. Dès que Kohl part, il change. D'où l'importance de la relation Mitterrand-Genscher. »

Au-delà du « bonjour » et du *« guten Tag »,* « Helmut » et « François » recourent aux interprètes. La rela-

1. Originaire du Land de Rhénanie-Palatinat frontalier de la Lorraine.

2. Entretien le 3 juin 1989.

3. Entretien le 10 mars 1989.

tion franco-allemande passe par deux femmes : Brigitte Stoffaès et Gisela Sieburg. La première traduit Kohl en français, la seconde Mitterrand en allemand. C'est du simultané : la méthode du « chuchoté total ». La traduction ne fait donc pas perdre de temps.

Le téléphone sonne à l'Élysée. C'est la Maison-Blanche : Ronald Reagan souhaite parler à François Mitterrand. Ce fut le cas à plusieurs reprises à propos du Liban et du Tchad. Aussitôt Mitterrand indique à quel moment il pourra prendre la communication ; en règle générale dans l'heure qui suit. Prévenu, le Quai d'Orsay envoie un interprète à l'Élysée, le plus souvent Christopher Thiéry. Il s'installe dans le bureau du président, place un casque sur ses oreilles et parle avec Reagan. Mitterrand entend seulement l'interprète du président américain. Les voix des deux chefs d'État subsistent en fond sonore. Pour parler avec Kohl, c'est Brigitte Stoffaès qui officie. Quand il s'agit de Felipe Gonzalez ou de l'Argentin Raul Alfonsin, François Mitterrand peut compter sur la traduction simultanée de Micheline Durand.

Ce procédé, mis au point par les interprètes du Quai d'Orsay, a fait école à Washington, Bonn et Londres. Il commence à fonctionner avec Moscou.

Le protocole ne peut pas tout prévoir. François Mitterrand raconte : « A chaque fois qu'il faisait escale à Paris, à l'aller ou au retour de New York pour l'assemblée générale de l'ONU, le général pakistanais Zia Ul-Haq demandait à me voir. Je n'étais pas très chaud. Ce régime militaire n'était pas très recommandable. Mais la vie internationale a ses exigences. J'ai fini par accepter. Après notre entretien, comme c'est l'usage, je raccompagne ce chef d'État sur le perron. Et là, devant les photographes, il m'embrasse ... »

Depuis, à l'Élysée, le dictateur pakistanais était devenu « Zia l'embrasseur ».

CHAPITRE 5

Durer

François Mitterrand a l'ambition d'imprimer sa marque dans l'époque. Il est habité par l'Histoire, la durée, la mémoire. Il n'ignore pas la vanité des discours, l'usure des lois, l'inconstance de l'opinion. D'où son souci de laisser des monuments témoins de sa présidence.

« Réussirons-nous à inscrire dans l'espace et à sculpter dans la matière notre projet de culture ? De toute mon énergie je m'y emploierai. A la réussite de son architecture se juge une civilisation », déclare-t-il à la revue *Urbapress* en mars 1981.

Dès son élection, il procède à un état des lieux des grands projets parisiens. Trois opérations ont été programmées par son prédécesseur : le musée d'Orsay dans l'ancienne gare Paris-Orléans sur la rive gauche de la Seine ; celui de la Villette sur le site des anciens abattoirs ; la « tête Défense », qui doit couronner le quartier des affaires de l'Ouest parisien.

Le 24 septembre 1981, lors de sa première conférence de presse, il confirme leur réalisation : « J'ai pris en compte le développement du musée d'Orsay, celui de la Villette et le projet de la Défense, œuvres qui, je l'espère, marqueront l'esthétique moderne en même temps que l'urbanisme. »

Puis il annonce : « J'ai pris la décision, sans vouloir désobliger personne, de rendre le Louvre à sa destination. J'ai demandé au Premier ministre de prévoir la construction et l'installation du ministère des Finances dans des lieux aussi nobles qu'ils le méritent. »

Dans ce catalogue ambitieux, figurent également une cité internationale de la musique, une maison pour l'Islam et une fondation européenne pour la Culture.

Enfin, « j'ai engagé les premières conversations pour que place soit faite à la France pour une exposition universelle en 1989 », date à laquelle « nous célébrerons le bicentenaire de la Révolution ».

Le chef de l'État s'est assuré au préalable de la bonne volonté du maire de Paris, sans lequel ces grands projets ne peuvent être menés à bien. François Mitterrand et Jacques Chirac évoquent brièvement cette question dès le 21 mai 1981 à l'Hôtel de Ville, puis au cours d'un long entretien le 11 février 1982 à l'Élysée. Un mois plus tard, le 9 mars, communiqué de la présidence : huit grands projets seront réalisés : les cités des sciences et de la musique à La Villette, l'opéra Bastille, la salle de rock porte de Bagnolet [1], la reconstruction du théâtre de l'Est parisien, la Défense, le ministère des Finances à Bercy pour libérer le Louvre, l'Institut du monde arabe à la halle aux vins, le ministère de la Recherche dans les locaux de l'École polytechnique près du Panthéon.

L'héritage remodelé

Un neuvième, le musée d'Orsay, est confirmé.

François Mitterrand : « Rien n'était fait pratiquement. Nous étions tenus par un décret limitant à 365 millions de francs " fermes et non révisables ". J'ai commandé un audit qui chiffra le coût à 1,4 milliard de francs. Ce montant sera respecté [2]. »

Jack Lang : « Mitterrand m'a dit : " Il n'y a pas d'hésitation à avoir ; une remise en cause de ce projet nous ferait perdre du temps et de l'argent. Il faut le continuer, l'accélérer et l'améliorer [3]. " »

Les deux hommes tournent le dos aux idées défendues alors par certains socialistes hostiles aux réalisations de

1. Sacrifiée sur l'autel de la rigueur.
2. Entretien le 9 juin 1990.
3. Entretien le 23 octobre 1989.

prestige et qui préconisent une approche « populaire » de la culture par des centres culturels, des maisons de quartier, des projets multiples et de petite taille.

Conçu par le président Giscard d'Estaing comme un « musée d'art et de civilisation français du XIXe siècle », le projet initial d'Orsay est profondément modifié sous la double impulsion de l'architecte italienne Gae Aulenti, qui propose un morcellement de cet immense espace, et de l'historienne Madeleine Rebérioux. Celle-ci suggère d'intégrer davantage le contexte politique et social du siècle, réduisant d'autant la place du romantisme cher à l'ancien président [1].

« Ça a de la gueule », lance le président Mitterrand en visitant le musée quelques mois avant son inauguration, en décembre 1986, en présence de Valéry Giscard d'Estaing et du Premier ministre Jacques Chirac.

Le projet de musée des sciences à La Villette, lancé par Giscard d'Estaing, est également mené à bien.

Jack Lang : « L'avant-projet de l'architecte Adrien Fainsilber nous plaisait. Nous faisons placer la Géode [2] à l'extérieur du bâtiment et nous ajoutons la cité de la musique. »

Jacques Chirac avait prévu à l'origine d'installer un auditorium de musique aux Halles. Lang obtint du maire de Paris l'abandon de cette idée grâce à l'intervention d'Isabelle du Saillant, haut fonctionnaire au ministère de la Culture et sœur de l'ancien président Giscard d'Estaing.

Ce vaste parc des deux cultures est inauguré le 14 mars 1986 par le chef de l'État.

Pour l'Institut du monde arabe, François Mitterrand et Jack Lang renoncent au projet style Maison de la radio et au site du XVe arrondissement initialement envisagés. « Le seul moyen de désigner un nouvel architecte, c'est de changer de terrain », dit le président à son ministre.

1. *In* François Chaslin, *Les Paris de Mitterrand,* Paris, Gallimard, 1985.

2. Vaste boule d'acier inoxydable abritant une salle de projection sur un écran géant hémisphérique.

Lang suggère un espace jouxtant la faculté des sciences de Jussieu à la hauteur du pont Sully. Un concours réservé à douze architectes français est ouvert pendant l'été 1981. Jean Nouvel est retenu en septembre. L'IMA, dont la façade d'aluminium évoque un immense moucharabieh, est inauguré en 1987.

La Défense. Le nouveau président n'apprécie pas le projet de l'architecte Jean Willerval approuvé en janvier 1981 : « Un immeuble à miroir fermant la perspective[1]. » Il écarte la suggestion de Jack Lang de faire appel au Sino-Américain Ieoh Ming Pei, connu pour l'*east wing* verre et acier du Musée d'art moderne de Washington : « Non, organisons un concours », dit Mitterrand. Le Danois Johan Otto von Spreckelsen le remporte avec un grand cube de marbre blanc ouvert en arche, de 100 mètres de côté.

François Mitterrand : « Le concours est une garantie. Un seul homme n'impose pas son esthétique. A notre époque il serait un peu difficile d'agir comme Louis XIV et Louis XV. »

Jack Lang : « Mitterrand est peut-être trop respectueux des choix des jurys des concours. Il est convaincu qu'il n'est pas de démocratie sans institutions respectées. J'étais partisan de l'arbitraire signé plutôt que du choix éclairé mais anonyme. Je l'aurais voulu plus impérieux dans ces affaires. » Le projet est achevé pour le sommet des pays industrialisés de l'Arche, en juillet 1989.

Les chantiers du président

« Mon premier vrai projet c'est le Louvre. » François Mitterrand y consacre le plus d'efforts et de temps. Pas moins de vingt visites de chantiers, pour la plupart sans la presse.

C'est le projet architectural le plus controversé du premier septennat. Exception à sa règle, Mitterrand désigne sans concours l'architecte Pei. Il lui demande de trouver

1. Entretien le 9 juin 1990.

une solution permettant un accès unique des visiteurs dans le plus grand musée du monde. Pei imagine de construire au milieu de la cour Napoléon une pyramide de verre sous laquelle seront creusées de vastes galeries menant aux diverses ailes du palais.

La nouvelle est connue en janvier 1984. Aussitôt, une virulente campagne de presse dénonce « ce projet scandaleux ». « Le fait que I. M. Pei seul des architectes des grands projets ait été choisi sans concours, directement, ne fit que renforcer la virulence de certains milieux qui y virent une preuve supplémentaire de la mégalomanie de Mitterramsès Ier [1]. » *Le Canard enchaîné* affuble l'hôte de l'Élysée d'un surnom : « Tonton-Khamon ».

La polémique dépasse l'objet même du projet. Elle se mue en affrontement politique. De nombreux élus RPR de la capitale, au premier rang desquels le maire du Ier arrondissement Michel Caldaguès, se mobilisèrent contre cette « pyramide inadmissible ». Michel Guy, ministre de la Culture de Giscard, est hostile au projet. Le tout-Paris du spectacle et de la culture se déchire. Pei explique inlassablement son projet. Il conserve la sérénité souriante des mandarins. Être contre la pyramide, c'est proclamer son hostilité à Mitterrand et aux socialistes.

Jack Lang a manœuvré : « Dès que le projet sort des épures je fais joindre Chirac en lui demandant d'attendre avant de réagir. J'actionne de multiples contre-feux. Je le fais entourer d'avis d'amis à lui favorables au projet, notamment le compositeur et chef d'orchestre Pierre Boulez et Claude Pompidou. Avec des câbles métalliques suspendus à une grue, nous avons représenté *in situ* le volume du projet de pyramide de verre et nous le lui avons montré. » A la fin du mois d'avril 1984, Jacques Chirac se déclara favorable au projet : « Compte tenu de ce que je viens de voir, je n'y suis pas hostile. » La polémique s'apaise.

Mais, en creusant sous la Cour carrée, les architectes confirment ce que des premières fouilles avaient laissé paraître : le donjon médiéval de Philippe Auguste est là, enfoui. Poussé par Lang, Mitterrand décide de le faire

1. *In* François Chaslin, *op. cit.*

dégager afin que les visiteurs puissent faire, en sous-sol, le tour de ce qui fut l'ancêtre du Louvre. L'idée est belle. Elle est coûteuse : 200 millions de francs supplémentaires.

François Mitterrand [1] : « Tous les trois ou quatre mois pendant sept ans, il y avait des tentatives de remises en cause du projet du Grand Louvre par le biais de correctifs à la baisse apportés en cours d'exercice budgétaire. Au début c'était franc, les Finances ne se méfiaient pas. On repérait aisément les baisses et je m'y opposais. Puis, ils se sont montrés plus habiles en s'abritant pour rogner les crédits derrière des définitions vaseuses ou en changeant les numéros des articles du budget. Michel Charasse, bon limier, s'en apercevait tout de suite. J'ai dû lutter avec tous les ministres des Finances, de gauche et de droite. »

Le ministère des Finances doit donc déménager. Jacques Delors et Laurent Fabius, comme l'ensemble de leur haute administration, inclinent pour le maintien dans un quartier bourgeois. On parle du quai Branly ou de la caserne Dupleix. François Mitterrand et Jacques Chirac s'accordent pour retenir le site des anciens entrepôts vinicoles de Bercy : il faut rééquilibrer la capitale vers l'est.

Un concours réservé aux architectes français est lancé au printemps 1982. En novembre, le jury sélectionne 4 croquis sur les 137 proposés. Le président est séduit par le projet de Christian Martel, qui constitue le second choix du jury après celui de Paul Chemetov et Borja Huidobro, évoquant par trop un « péage autoroutier » : « Je préférais le second projet. Mais il est apparu qu'il n'était pas conforme au règlement du concours. Le retenir eût été source de procès infinis des concurrents écartés. Je me suis donc rallié au projet Chemetov, un peu mastoc. » Jack Lang ne parvient pas à convaincre le président de lancer un nouveau concours. Le chef de l'État fait connaître son choix en décembre 1982 et demande aux lauréats d'affiner leur maquette. Le maire de Paris se prononce pour ce projet, mais ne cache pas qu'il ne le

1. Entretien le 9 juin 1990.

trouve « pas génial ». Pour rendre irrémédiable le déménagement des Finances à Bercy, François Mitterrand et Pierre Bérégovoy accélèrent les procédures à la veille des législatives de mars 1986. Édouard Balladur, ministre des Finances du gouvernement Chirac, refuse de quitter la rue de Rivoli[1].

La construction d'un « opéra populaire », dont le prix soit abordable au plus grand nombre, a failli avorter à plusieurs reprises. L'histoire de l'opéra Bastille n'est qu'une suite de déceptions, de remises en cause, de restrictions financières. Pourtant le rêve de la gauche est devenu réalité : le 13 juillet 1989, François Mitterrand l'inaugure avec trente-cinq chefs d'État étrangers.

Un concours international est lancé en 1982 pour réaliser une salle de 2 500 places sur le terrain biscornu et étroit de l'ancien cinéma Paramount et de l'ancienne gare désaffectée sur le versant est de la place de la Bastille. 756 projets anonymes sont sélectionnés. Le jury en retient 6, sans cacher sa déception. Le 5 juillet 1983, Mitterrand vient d'annoncer l'abandon du projet d'Exposition universelle pour 1989[2] : « Aucun de ces projets ne m'enthousiasme. Tout cela évoque des portes de garage, des usines. » Selon son entourage, le président envisage un moment de renoncer. Puis, à l'automne, il en retient trois. L'anonymat est levé. Stupéfaction ; celui, favori, que les spécialistes attribuaient à l'architecte américain Richard Meier, a été dessiné par l'Uruguayen de Toronto Carlo Ott. Mitterrand le choisit définitivement le 17 novembre en demandant de nombreuses modifications. Jacques Chirac, lui aussi favorable au projet Ott, avait mis en garde dès 1983 sur le coût de financement et de gestion élevé de ce type de programme. Dès lors Mitterrand, bravant les avertissements de ses ministres des Finances, fait engager les travaux. Il veut les rendre irréversibles avant l'échéance des élections législatives de mars 1986. A la fin de 1985 plus de la moitié de l'enveloppe de 2,2 milliards est dépensée. Une véritable gué-

1. Voir IXe partie : « Le libéralisme ».
2. Voir *infra*.

rilla opposera Chirac et Mitterrand sur le financement et l'ampleur de ce projet pendant la cohabitation[1].

François Mitterrand n'aime guère la musique ; il est allergique à l'opéra. Un point commun avec Jacques Chirac. Pourtant le chef de l'État suit le chantier Bastille d'aussi près que les autres. Il sélectionne le tissu des fauteuils ; de même se montre-t-il très attentif au choix du verre de la pyramide fabriqué par Saint-Gobain. Des échantillons du marbre choisi pour l'Arche de la Défense encombrent sa table de travail à l'Élysée. La pierre du chemin de ronde du donjon de Philippe Auguste, au Louvre, fait l'objet de plusieurs réunions. Dans son bureau, il conserve pendant des mois les maquettes des projets en cours. D'immenses dessins de « ses » réalisations sont offerts à son regard, sur de larges chevalets. Chaque visiteur, modeste ou chef d'État, y a droit en début d'entretien au commentaire éclairé du « bâtisseur ».

Il est le souverain qui décide.

Les grands travaux du premier septennat ont coûté, tous financements compris, quelque 18 milliards de francs. En moyenne, 3 milliards de francs par an. Soit, globalement, un tiers des dépenses culturelles de l'État, soit 0,33 % du budget de l'État[2].

1. Voir IXe partie : « Le libéralisme ».
2. Coût de chaque projet (en milliards de francs 1989) :

Musée d'Orsay :	1,320
La Villette :	
Cité des sciences et de l'industrie :	4,45
Parc de la Villette et Grande Halle :	1,034
(estimation 2e tranche parc :	0,3)
Cité de la musique :	0,775
Défense :	1,318
Institut du monde arabe :	0,240
(part des pays de la Ligue arabe :	0,440)
Louvre :	2,433
(estimation 2e tranche :	2,7)
Bercy :	3,565
Bastille :	2,789

(Source : secrétariat d'État chargé des Grands Travaux.)

Une grande ambition est abandonnée au cours du premier septennat : l'Exposition universelle de l'été 1989 annoncée en septembre 1981, par François Mitterrand qui rejoint là une idée longtemps défendue par Marcel Dassault.

Au départ l'harmonie règne entre les deux protagonistes indissociables pour le succès d'une candidature de la capitale : le président de la République et le maire de Paris.

François Mitterrand : « J'ai l'accord de Jacques Chirac ; on se bat bien et on obtient que Paris soit retenu par le comité international » chargé de désigner les villes hôtesses de ce genre de manifestations. Jacques Chirac et Jack Lang déjeunent quatre fois ensemble : deux fois rue de Valois, deux fois à l'Hôtel de Ville. Mitterrand reçoit Chirac en février 1982 : une mission d'étude est confiée au pompidolien Robert Bordaz, l'un des promoteurs du projet Beaubourg. On organise l'Exposition autour de trois pôles : Bercy, Tolbiac et les anciens terrains Citroën, quai de Javel.

Le 3 mars 1983, le patron du Club Méditerranée, Gilbert Trigano, devient commissaire général de l'exposition. Il évalue à plus de 11 milliards le coût global de l'entreprise. Le maire de Paris et le président RPR du Conseil régional Michel Giraud sont préoccupés par les perturbations que des travaux de cette importance ne manqueront pas de provoquer dans la vie quotidienne des Parisiens. Ils demandent au chef de l'État de déplacer l'exposition à Marne-la-Vallée. « Je leur dis que ce n'est pas impossible mais que cela ne résout pas la question des embouteillages à Paris. Pas un seul visiteur ne viendrait à Marne-la-Vallée sans vouloir également se rendre à Paris [1]. »

Le 2 juillet, Chirac et Giraud déclarent dans un communiqué commun que les conditions de la réalisation de l'Exposition universelle ne sont pas réunies. Le 5 juillet, l'Élysée annonce l'abandon du projet.

François Mitterrand : « Je me suis très vite aperçu qu'il s'agissait d'un combat politique. On ne pouvait pas

1. Entretien avec François Mitterrand le 9 juin 1990.

faire l'Exposition universelle avec du mauvais vouloir, confinant au sabotage. »

Jack Lang : « Sur cette affaire je pense que le président a reculé trop vite. Il fallait tenir bon pour l'Exposition, mais le président a pris une décision politique. Il s'est dit, en juillet 1983, après les municipales de mars, qu'il valait mieux éviter l'affrontement permanent avec le président du RPR. De plus, en pleine rigueur économique, au moment où tout le monde devait se serrer la ceinture, c'était peut-être un peu somptuaire. Dans cette affaire il ne faut pas oublier le climat politique de l'époque. La gauche était sur la défensive. Peut-être aurions-nous dû rechercher un accommodement avec Jacques Chirac pour le convaincre de jouer le jeu. On a sans doute eu tort de s'arc-bouter sur Paris. Il aurait peut-être été possible de modifier le projet. Mais Chirac était obsédé par les bagnoles, les embouteillages [1]. »

La marque Mitterrand

Durer ; imprimer sa marque : le quatrième président de la Ve République invente lui-même son emblème : un arbre dont les rameaux hybrides mêlent le chêne et l'olivier. Nord et Sud. Force et Paix. Enracinement [2]. Il orne de bleu les bristols de la présidence, les cadeaux officiels, les « articles promotionnels », boîtes d'allumettes, montres, porte-clefs, cendriers et, souvent, les plaques inaugurales.

Giscard d'Estaing en avait frappé le fanion tricolore ornant sa voiture et le drapeau flottant sur l'Élysée. Mitterrand appose sa marque dans la pierre, sur la façade de la salle des fêtes du palais.

Impérial, Mitterrand fait sculpter son buste par plusieurs artistes. Notamment un discret petit Chinois, Tchang Tchong Jen [3], qui pendant des semaines en 1987

1. Entretien le 23 octobre 1989.

2. Charles de Gaulle avait choisi la croix de Lorraine, Georges Pompidou, ses propres initiales, et Valéry Giscard d'Estaing le faisceau de licteurs.

3. L'ami de Hergé, dont les aventures sont contées dans *Le Lotus bleu* et *Tintin au Tibet.*

est venu au palais, ses ébauchoirs dans un panier de plastique, alourdi par la glaise.

« Je me suis risqué à réfléchir, en prenant des distances avec le quotidien, à une question simple : qu'est-ce qui, de votre septennat, laissera des traces dans l'Histoire ? »

Le 31 janvier 1983, Jacques Attali ose, dans une note, un inventaire prévisionnel : « Il est sans doute plus difficile de laisser une trace dans l'Histoire aujourd'hui que dans le passé, car le pouvoir tend à se banaliser, l'Histoire à s'internationaliser, et les événements à s'accélérer.

« Vous avez déjà inscrit dans l'Histoire bien des traces : en politique intérieure par votre victoire elle-même, en politique étrangère – sur la Défense, le Nord-Sud et les droits de l'homme –, en matière de monuments, en matière économique et sociale par les nationalisations et la retraite à 60 ans. »

Viennent les propositions : « En dehors de circonstances dramatiques, nationales ou internationales, qui pourraient révéler l'ampleur de votre rôle, vous pourriez envisager le lancement de plusieurs actions nouvelles susceptibles de laisser des traces supplémentaires : vous pourriez penser à l'Europe politique, à un grand plan de relance mondiale ou au désarmement.

« On pourrait penser aussi à développer une action spécifique autour du thème de la civilisation de la ville qui permettrait de modifier, tant à Paris qu'en province, la qualité de la vie urbaine de façon durable, comme cela fut fait voici cent trente ans.

« En matière économique et sociale, deux actions pourraient être d'influence extrêmement durable : changer la condition du travailleur à la chaîne ; inventer le premier système éducatif au monde intégrant les moyens technologiques de demain. »

Le conseiller spécial suggère la mise en place de petits groupes de travail sur ces idées. Le président écrit sur cette note : « Oui, sur tous les points. »

Paris, juin 1990.

Remerciements

Les auteurs expriment leur gratitude envers Anne, Béatrix, Croisine, Élisabeth, et :

Harro Adt, Gilles Andréani, Erik Arnoult, Richard Arzt, Jacques Attali, Jean Audibert, Jean Auroux, François Autain, Claude Azoulay, Robert Badinter, Nicole Baldet, Édouard Balladur, Raymond Barre, Jacques Barrot, Denis Baudouin, Pierre Guillain de Bénouville, Pierre Bérégovoy, Monique Bernard, Jean-Louis Bianco, Christian Blanc, Jean Boissonnat, Alain Boublil, François Bujon de L'Estang, Michel Calzaroni, Perrine Canavaggio, Patrick Careil, Jacques Chaban-Delmas, Michel Charasse, Jean-Louis Chambon, Edmonde Charles-Roux, Jacques Chérèque, Jean-Pierre Chevènement, Claude Cheysson, Jacques Chirac, Ty Cobb, Lyne Cohen-Solal, Henri de Coignac, Mgr Michel Coloni, Jean-Pierre Cot, Jean-Michel Coulais, Édith Cresson, Régis Debray, Paulette Decraene, Geneviève Delachenal, Bruno Delaye, Michel Delebarre, Jacques Delors, Renaud Denoix de Saint-Marc, Roger Douez, Jacques Douffiagues, Claudine Doumenc, Julien Dray, Jean-François Dubos, Christiane Dufour, Nathalie Duhamel, Roland Dumas, François Durand de Grossouvre, Georgette Elgey, Claude Estier, Laurent Fabius, Maurice Faure, Pierre Feuilly, Jean-Pierre Filiu, Georges Fillioud, Charles Fiterman, Jacques Fournier, Jean-Michel Gaillard, Evan Galbraith, Max Gallo, Jean Gatel, Yvon Gattaz, Michèle Gendreau-Massaloux, Hans Dietrich Genscher, Lydie Gerbaud, Jean Glavany, Felipe Gonzalez, Maurice Grimaud, Claude Gubler, Jean Guéguinou,

Mgr Paul Guiberteau, Élisabeth Guigou, Jean-Louis Guillaud, Hervé Hannoun, François Heisbourg, Charles Hernu, Dominique Hernu, François Hollande, Jean-Paul Huchon, Joëlle Jaillette, Michel Jobert, Lionel Jospin, Pierre Joxe, Alain Juppé, Pierre Juquin, Claude Juvénal, Claude de Kémoularia, Sammy Ketz, Jeane Kirkpatrick, Henry Kissinger, Inès Klein, Pierre Lacoste, Philippe Lagayette, Jack Lang, Marie Lavarini, Nicole Le Bot, Jean Le Garrec, François Léotard, Jean-Marie Le Pen, Annick Lepetit, Anicet Le Pors, Évelyne Lepreux, Brigitte Leroy, Jean-Daniel Lévi, Jean-Yves Lhomeau, Gérard Longuet, Mgr Jean-Marie Lustiger, Georges Marchais, Philippe Martin, Pierre Mauroy, Bruno Mégret, Pierre Méhaignerie, Gilles Ménage, Pierre Merli, Louis Mermaz, Louis Mexandeau, René Milon, Danielle Mitterrand, François Mitterrand, Serge Moati, Claude Moisy, Danièle Molho, Anne-Marie Monot, Jean Musitelli, Michel Noir, Christian Nucci, Michel d'Ornano, Marie-Claire Papegay, Jean-Luc Parodi, Bernard Pêcheur, Patrice Pelat, Guy Penne, Jean Peyrelevade, Thierry Pfister, Jean Picq, Jacques Pilhan, Ralph Pinto, Edgard Pisani, Bernard Pons, Claude Poperen, Jean Poperen, Jean-Luc Pouthier, Christian Prouteau, Jack Ralite, Philippe Reinhart, Évelyne Richard, Marcel Rigout, Michel Rocard, Alain Rollat, Philippe Rondot, André Rossinot, Patrick Rotman, Iouri Roubinski, André Rousselet, Marie-Monique Saint-Ange, André Santini, Daniel Sardenne, Jean Saulnier, Christian Sautter, Anne-Sylvie Schneider, Michèle Schultzki, Philippe Séguin, Pierre Shapira, Gisela Sieburg, Yves de Silguy, Mario Soares, Annie Solo, Laurence Soudet, Daniel Soulez-Larivière, Bernard Stasi, François-Xavier Stasse, Brigitte Stoffaès, Henri Szott, Jean-Pierre Teyssier, Marie-Christine Thomas, Jacques Toubon, Maurice Ulrich, Nathalie Valcourt-Poperen, Michel Vauzelle, Hubert Védrine, Pierre Verbrugghe, Jacques Wahl, Vernon Walters, Daniel Witzgall, Pierre-André Wiltzer, Françoise Xambeu et ceux qui ont voulu conserver l'anonymat.

Index

Table

DEUXIÈME PARTIE :

LE SOCIALISME

TROISIÈME PARTIE :

LA FRANCE DANS LE MONDE

QUATRIÈME PARTIE :

LA RIGUEUR

Illustrations :

AFP : 1 b, 3 b, 4 ab, 5 b, 6 b, 7 a, 11 ab, 12 c, 13 abc, 14 abc, 15 ac. – Claude Azoulay : 1 a, 9 b, 11 c, 16 ab. – Gamma : 12 b ; ph. V. Barbier : 10 a ; ph. Baverel : 6 c ; ph. Bulka : 6 a ; ph. A. Mingam : 15 b ; ph. Schreiber : 12 a ; ph. Simon : 5 a, 8 a. – Présidence de la République : 2 ab, 3 a, 7 b, 8 b, 9 a, 10 b.

Une bibliographie détaillée figurera dans le second volume.

IMPRESSION : MAURY-EUROLIVRES S.A. – 45300 MANCHECOURT
DÉPÔT LÉGAL : MARS 1995 – N° 24014 (95/02/M6172)

Collection Points

DERNIERS TITRES PARUS

R385. Les Lèvres nues, *par France Huser*
R386. La Famille de Pascal Duarte, *par Camilo José Cela*
R387. Une enfance à l'eau bénite, *par Denise Bombardier*
R389. Tarabas, *par Joseph Roth*
R390. Replay, *par Ken Grimwood*
R391. Rabbit Boss, *par Thomas Sanchez*
R392. Aden Arabie, *par Paul Nizan*
R393. La Ferme, *par John Updike*
R394. L'Obscène Oiseau de la nuit, *par José Donoso*
R395. Un printemps d'Italie, *par Emmanuel Roblès*
R396. L'Année des méduses, *par Christopher Frank*
R397. Miss Missouri, *par Michel Boujut*
R398. Le Figuier, *par François Maspero*
R399. La Solitude du coureur de fond, *par Alan Sillitoe*
R402. La Croyance des voleurs, *par Michel Chaillou*
R403. Rock Springs, *par Richard Ford*
R404. L'Orange amère, *par Didier van Cauwelaert*
R405. Tara, *par Michel del Castillo*
R406. L'Homme à la vie inexplicable, *par Henri Gougaud*
R407. Le Beau Rôle, *par Louis Gardel*
R408. Le Messie de Stockholm, *par Cynthia Ozick*
R409. Les Exagérés, *par Jean-François Vilar*
R410. L'Objet du scandale, *par Robertson Davies*
R411. Berlin mercredi, *par François Weyergans*
R412. L'Inondation, *par Evguéni Zamiatine*
R413. Rentrez chez vous Bogner !, *par Heinrich Böll*
R414. Les Herbes amères, *par Chochana Boukhobza*
R415. Le Pianiste, *par Manuel Vázquez Montalbán*
R416. Une mort secrète, *par Richard Ford*
R417. La Journée d'un scrutateur, *par Italo Calvino*
R418. Collection de sable, *par Italo Calvino*
R419. Les Soleils des indépendances
par Ahmadou Kourouma
R420. Lacenaire (un film de Francis Girod)
par Georges Conchon
R421. Œuvres pré-posthumes, *par Robert Musil*
R422. Merlin, *par Michel Rio*
R423. Charité, *par Éric Jourdan*
R424. Le Visiteur, *par György Konrad*
R425. Monsieur Adrien, *par Franz-Olivier Giesbert*
R426. Palinure de Mexico, *par Fernando Del Paso*
R427. L'Amour du prochain, *par Hugo Claus*
R428. L'Oublié, *par Elie Wiesel*

R429. Temps zéro, *par Italo Calvino*
R430. Les Comptoirs du Sud, *par Philippe Doumenc*
R431. Le Jeu des décapitations, *par Jose Lezama Lima*
R432. Tableaux d'une ex, *par Jean-Luc Benoziglio*
R433. Les Effrois de la glace et des ténèbres *par Christoph Ransmayr*
R434. Paris-Athènes, *par Vassilis Alexakis*
R435. La Porte de Brandebourg, *par Anita Brookner*
R436. Le Jardin à la dérive, *par Ida Fink*
R437. Malina, *par Ingeborg Bachmann*
R438. Moi, laminaire, *par Aimé Césaire*
R439. Histoire d'un idiot racontée par lui-même *par Félix de Azúa*
R440. La Résurrection des morts, *par Scott Spencer*
R441. La Caverne, *par Eugène Zamiatine*
R442. Le Manticore, *par Robertson Davies*
R443. Perdre, *par Pierre Mertens*
R444. La Rébellion, *par Joseph Roth*
R445. D'amour P. Q., *par Jacques Godbout*
R446. Un oiseau brûlé vif, *par Agustin Gomez-Arcos*
R447. Le Blues de Buddy Bolden, *par Michael Ondaatje*
R448. Étrange séduction (Un bonheur de rencontre) *par Ian McEwan*
R449. La Diable, *par Fay Weldon*
R450. L'Envie, *par Iouri Olecha*
R451. La Maison du Mesnil, *par Maurice Genevoix*
R452. La Joyeuse Bande d'Atzavara *par Manuel Vázquez Montalbán*
R453. Le Photographe et ses Modèles, *par John Hawkes*
R454. Rendez-vous sur la terre, *par Bertrand Visage*
R455. Les Aventures singulières du soldat Ivan Tchonkine *par Vladimir Voïnovitch*
R456. Départements et Territoires d'outre-mort *par Henri Gougaud*
R457. Vendredi des douleurs, *par Miguel Angel Asturias*
R458. L'Avortement, *par Richard Brautigan*
R459. Histoire du ciel, *par Jean Cayrol*
R460. Une prière pour Owen, *par John Irving*
R461. L'Orgie, la Neige, *par Patrick Grainville*
R462. Le Tueur et son ombre, *par Herbert Lieberman*
R463. Les Grosses Rêveuses, *par Paul Fournel*
R464. Un week-end dans le Michigan, *par Richard Ford*
R465. Les Marches du palais, *par David Shahar*
R466. Les hommes cruels ne courent pas les rues *par Katherine Pancol*
R467. La Vie exagérée de Martín Romaña *par Alfredo Bryce-Echenique*
R468. Les Étoiles du Sud, *par Julien Green*

R469. Aventures, *par Italo Calvino*
R470. Jour de silence à Tanger, *par Tahar Ben Jelloun*
R471. Sous le soleil jaguar, *par Italo Calvino*
R472. Les cyprès meurent en Italie, *par Michel del Castillo*
R473. Kilomètre zéro, *par Thomas Sanchez*
R474. Singulières Jeunes Filles, *par Henry James*
R475. Franny et Zooey, *par J. D. Salinger*
R476. Vaulascar, *par Michel Braudeau*
R477. La Vérité sur l'affaire Savolta, *par Eduardo Mendoza*
R478. Les Visiteurs du crépuscule, *par Eric Ambler*
R479. L'Ancienne Comédie, *par Jean-Claude Guillebaud*
R480. La Chasse au lézard, *par William Boyd*
R481. Les Yaquils, *suivi de* Ile déserte
par Emmanuel Roblès
R482. Proses éparses, *par Robert Musil*
R483. Le Loum, *par René-Victor Pilhes*
R484. La Fascination de l'étang, *par Virginia Woolf*
R485. Journaux de jeunesse, *par Rainer Maria Rilke*
R486. Tirano Banderas, *par Ramón del Valle-Inclán*
R487. Une trop bruyante solitude, *par Bohumil Hrabal*
R488. En attendant les barbares, *par J. M. Coetzee*
R489. Les Hauts-Quartiers, *par Paul Gadenne*
R490. Je lègue mon âme au diable
par Germán Castro Caycedo
R491. Le Monde des merveilles, *par Robertson Davies*
R492. Louve basse, *par Denis Roche*
R493. La Couleur du destin
par Carlo Fruttero et Franco Lucentini
R494. Poupée blonde
par Patrick Modiano, dessins de Pierre Le-Tan
R495. La Mort de Lohengrin, *par Heinrich Böll*
R496. L'Aïeul, *par Aris Fakinos*
R497. Le Héros des femmes, *par Adolfo Bioy Casares*
R498. 1492. Les Aventures de Juan Cabezón de Castille
par Homero Aridjis
R499. L'Angoisse du tigre, *par Jean-Marc Roberts*
R500. Les Yeux baissés, *par Tahar Ben Jelloun*
R501. L'Innocent, *par Ian McEwan*
R502. Les Passagers du Roissy-Express
par François Maspero
R503. Adieu à Berlin, *par Christopher Isherwood*
R504. Remèdes désespérés, *par Thomas Hardy*
R505. Le Larron qui ne croyait pas au ciel
par Miguel Angel Asturias
R506. Madame de Mauves, *par Henry James*
R507. L'Année de la mort de Ricardo Reis
par José Saramago
R508. Abattoir 5, *par Kurt Vonnegut*

R509. Comme je l'entends, *par John Cowper Powys*
R510. Madrapour, *par Robert Merle*
R511. Ménage à quatre, *par Manuel Vázquez Montalbán*
R512. Tremblement de cœur, *par Denise Bombardier*
R513. Monnè, Outrages et Défis, *par Ahmadou Kourouma*
R514. L'Ultime Alliance, *par Pierre Billon*
R515. Le Café des fous, *par Felipe Alfau*
R516. Morphine, *par Mikhaïl Boulgakov*
R517. Le Fou du tzar, *par Jaan Kross*
R518. Wolf et Doris, *par Martin Walser*
R519. La Course au mouton sauvage, *par Haruki Murakami*
R520. Adios Schéhérazade, *par Donald Westlake*
R521. Les Feux du Bengale, *par Amitav Ghosh*
R522. La Spéculation immobilière, *par Italo Calvino*
R523. L'homme qui parlait d'Octavia de Cadix *par Alfredo Bryce-Echenique*
R524. V., *par Thomas Pynchon*
R525. Les Anges rebelles, *par Robertson Davies*
R526. Nouveaux Contes de Bustos Domecq *par Jorge Luis Borges et Adolfo Bioy Casares*
R527. Josepha, *par Christopher Frank*
R528. L'Amour sorcier, *par Louise Erdrich*
R529. L'Europe mordue par un chien, *par Christophe Donner*
R530. Les hommes qui ont aimé Evelyn Cotton *par Frank Ronan*
R531. Agadir, *par Mohammed Khaïr-Eddine*
R532. Brigitta, *par Adalbert Stifter*
R533. Lune de miel et d'or, *par David Shahar*
R534. Histoires de vertige, *par Julien Green*
R535. Voyage en France, *par Henry James*
R536. La Femme de chambre du Titanic, *par Didier Decoin*
R537. Le Grand Partir, *par Henri Gougaud*
R538. La Boîte noire, *par Jean-Luc Benoziglio*
R539. Le Prochain sur la liste, *par Dan Greenburg*
R540. Topkapi, *par Eric Ambler*
R541. Hôtel du lac, *par Anita Brookner*
R542. L'Aimé, *par Axel Gauvin*
R543. Vends maison, où je ne veux plus vivre *par Bohumil Hrabal*
R544. Enquête sous la neige, *par Michael Malone*
R545. Sérénissime, *par Frédéric Vitoux*
R546. Fleurs de ruine, *par Patrick Modiano*
R547. Les Girls du City-Boum-Boum, *par Vassilis Alexakis*
R548. Les Rives du fleuve Bleu, *par Emmanuel Roblès*
R549. Le Complexe polonais, *par Tadeusz Konwicki*
R550. La Patte du scarabée, *par John Hawkes*
R551. Sale Histoire, *par Eric Ambler*
R552. Le Silence des pierres, *par Michel del Castillo*

R553. Une rencontre en Westphalie, *par Günter Grass*
R554. Ludo & Compagnie, *par Patrick Lapeyre*
R555. Les Calendes grecques, *par Dan Franck*
R556. Chaque homme dans sa nuit, *par Julien Green*
R557. Nous sommes au regret de..., *par Dino Buzzati*
R558. La Bête dans la jungle, *par Henry James*
R559. Nouvelles démesurées, *par Adolfo Bioy Casares*
R560. Sylvie et Bruno, *par Lewis Carroll*
R561. L'Homme de Kiev, *par Bernard Malamud*
R562. Le Brochet, *par Eric Ambler*
R563. Mon valet et moi, *par Hervé Guibert*
R564. Les Européens, *par Henry James*
R565. Le Royaume enchanté de l'amour, *par Max Brod*
R566. Le Fou noir *suivi de* Le poing fermé, *par Arrigo Boito*
R567. La Fin d'une époque, *par Evelyn Waugh*
R568. Franza, *par Ingeborg Bachmann*
R569. Les Noces dans la maison, *par Bohumil Hrabal*
R570. Journal, *par Jean-René Huguenin*
R571. Une saison ardente, *par Richard Ford*
R572. Le Dernier Été des Indiens, *par Robert Lalonde*
R573. Beatus Ille, *par Antonio Muñoz Molina*
R574. Les Révoltés de la « Bounty »
par Charles Nordhoff et James Norman Hall
R575. L'Expédition, *par Henri Gougaud*
R576. La Loi du capitaine, *par Mike Nicol*
R577. La Séparation, *par Dan Franck*
R578. Voyage autour de mon crâne, *par Frigyes Karinthy*
R579. Monsieur Pinocchio, *par Jean-Marc Roberts*
R580. Les Feux, *par Raymond Carver*
R581. Mémoires d'un vieux crocodile
par Tennessee Williams
R582. Patty Diphusa, la Vénus des lavabos
par Pedro Almodóvar
R583. Le Voyage de Hölderlin en France
par Jacques-Pierre Amette
R584. Les Noms, *par Don DeLillo*
R585. Le Châle, *par Cynthia Ozick*
R587. Liberté pour les ours !, *par John Irving*
R588. Mr. Stone, *par V. S. Naipaul*
R589. Loin de la troupe, *par Heinrich Böll*
R590. Dieu et nous seuls pouvons, *par Michel Folco*
R591. La Route de San Giovanni, *par Italo Calvino*
R592. En la forêt de longue attente, *par Hella S. Haasse*
R593. Lewis Percy, *par Anita Brookner*
R594. L'Affaire D., *par Charles Dickens*
Carlo Fruttero et Franco Lucentini
R595. La Pianiste, *par Elfriede Jelinek*
R596. Un air de famille, *par Michael Ondaatje*

R687. L'Homme de la passerelle, *par Isabelle Jarry*
R688. Bambini, *par Bertrand Visage*
R689. Nom de code : Siro, *par David Ignatius*
R690. Paradis, *par Philippe Sollers*
R691. Le Quinconce, vol. 1, *par Charles Palliser*
R692. Le Quinconce, vol. 2, *par Charles Palliser*
R693. Rituels, *par Cees Nooteboom*
R694. Félidés, *par Akif Pirinçci*
R695. Le Trouveur de feu, *par Henri Gougaud*
R696. Dumala, *par Eduard von Keyserling*
P1. Cent Ans de solitude, *par Gabriel García Márquez*
P2. Le Chevalier inexistant, *par Italo Calvino*
P3. L'Homme sans qualités, tome 1, *par Robert Musil*
P3. L'Homme sans qualités, tome 2, *par Robert Musil*
P5. Le Monde selon Garp, *par John Irving*
P6. Les Désarrois de l'élève Törless, *par Robert Musil*
P7. L'Enfant de sable, *par Tahar Ben Jelloun*
P8. La Marche de Radetzky, *par Joseph Roth*
P9. Trois Femmes *suivi de* Noces, *par Robert Musil*
P10. Un Anglais sous les tropiques, *par William Boyd*
P11. Grand Amour, *par Erik Orsenna*
P12. L'Invention du monde, *par Olivier Rolin*
P13. Rastelli raconte…, *par Walter Benjamin*
P14. Ce qu'a vu le vent d'ouest, *par Fruttero & Lucentini*
P15. L'Appel du crapaud, *par Günter Grass*
P16. L'Appât, *par Morgan Sportès*
P17. L'Honneur de Saint-Arnaud, *par François Maspero*
P18. L'Héritage empoisonné, *par Paul Levine*
P19. Les Égouts de Los Angeles, *par Michael Connelly*
P20. L'Anglais saugrenu, *par Jean-Loup Chiflet*
P21. Jacques Chirac, *par Franz-Olivier Giesbert*
P22. Questions d'adolescents, *par Christian Spitz*
P23. Les Progrès du progrès, *par Philippe Meyer*
P24. Le Paradis des orages, *par Patrick Grainville*
P25. La Rage au cœur, *par Gérard Guégan*
P26. L'Homme flambé, *par Michael Ondaatje*
P27. Ça n'est pas pour me vanter, *par Philippe Meyer*
P28. Notre homme, *par Louis Gardel*
P29. Mort en hiver, *par L. R. Wright*
P30. L'Exposition coloniale, *par Erik Orsenna*
P31. La Dame du soir, *par Dan Franck*
P32. Le Monde au bout du monde, *par Luis Sepúlveda*
P33. Brazzaville Plage, *par William Boyd*
P34. Les Nouvelles Confessions, *par William Boyd*
P35. Comme neige au soleil, *par William Boyd*
P36. Hautes Trahisons, *par Félix de Azúa*
P37. Dans la cage, *par Henry James*
P38. L'Année du déluge, *par Eduardo Mendoza*

P39. Pluie et Vent sur Télumée Miracle
par Simone Schwarz-Bart
P40. Paroles malvenues, *par Paul Bowles*
P41. Le Grand Cahier, *par Agota Kristof*
P42. La Preuve, *par Agota Kristof*
P43. La Petite Ville où le temps s'arrêta
par Bohumil Hrabal
P44. Le Tunnel, *par Ernesto Sabato*
P45. La Galère : jeunes en survie, *par François Dubet*
P46. La Ville des prodiges, *par Eduardo Mendoza*
P47. Le Principe d'incertitude, *par Michel Rio*
P48. Tapie, l'homme d'affaires, *par Christophe Bouchet*
P49. L'Homme Freud, *par Lydia Flem*
P50. La Décennie Mitterrand
1. Les ruptures
par Pierre Favier et Michel Martin-Roland
P51. La Décennie Mitterrand
2. Les épreuves
par Pierre Favier et Michel Martin-Roland
P52. Dar Baroud, *par Louis Gardel*
P53. Vu de l'extérieur, *par Katherine Pancol*
P54. Les Rêves des autres, *par John Irving*
P55. Les Habits neufs de Margaret
par Alice Thomas Ellis
P56. Les Confessions de Victoria Plum, *par Anne Fine*
P57. Histoires de faire de beaux rêves
par Kaye Gibbons
P58. C'est la curiosité qui tue les chats, *par Lesley Glaister*
P59. Une vie bouleversée, *par Etty Hillesum*
P60. L'Air de la guerre, *par Jean Hatzfeld*
P61. Piaf, *par Pierre Duclos et Georges Martin*
P62. Lettres ouvertes, *par Jean Guitton*
P63. Trois Kilos de café, *par Manu Dibango*
en collaboration avec Danielle Rouard
P64. L'Ange aveugle, *par Tahar Ben Jelloun*
P65. La Lézarde, *par Édouard Glissant*
P66. L'Inquisiteur, *par Henri Gougaud*
P67. L'Étrusque, *par Mika Waltari*
P68. Leurs mains sont bleues, *par Paul Bowles*
P69. Contes d'amour, de folie et de mort
par Horacio Quiroga
P70. Le Vieux qui lisait des romans d'amour
par Luis Sepúlveda
P71. Rumeurs, *par Jean-Noël Kapferer*
P72. Julia et Moi, *par Anita Brookner*
P73. Déportée à Ravensbruck
par Margaret Buber-Neumann
P74. Meurtre dans la cathédrale, *par T. S. Eliot*

R597. L'Ile enchantée, *par Eduardo Mendoza*
R598. Vineland, *par Thomas Pynchon*
R599. Jolie, la fille !, *par André Dubus*
R600. Le Troisième Mensonge, *par Agota Kristof*
R601. American Psycho, *par Bret Easton Ellis*
R602. Le Déménagement, *par Jean Cayrol*
R603. Arrêt de jeu, *par Dan Kavanagh*
R605. La Belle Affaire, *par T. C. Boyle*
R606. La Rivière du sixième jour, *par Norman Maclean*
R607. Le Tarbouche, *par Robert Solé*
R609. Une femme en soi, *par Michel del Castillo*
R610. Le Parapluie jaune, *par Elsa Lewin*
R611. L'Amateur, *par André Balland*
R612. Le Suspect, *par L. R. Wright*
R613. Le Tueur des abattoirs
par Manuel Vázquez Montalbán
R614. Mémoires du Capitán Alonso de Contreras
par Alonso de Contreras
R615. Colère, *par Patrick Grainville*
R616. Le Livre de John, *par Michel Braudeau*
R617. Faux Pas, *par Michel Rio*
R618. Quelqu'unbis est mort, *par Jean-Luc Benoziglio*
R619. La Vie quelque part, *par Anita Brookner*
R620. Iblis ou la Défroque du serpent
par Armande Gobry-Valle
R621. Fin de mission, *par Heinrich Böll*
R622. Les Mains vides, *par Maurice Genevoix*
R623. Un amour de chat, *par Frédéric Vitoux*
R624. Johnny s'en va-t-en guerre, *par Dalton Trumbo*
R625. La Remontée des cendres, *par Tahar Ben Jelloun*
R626. L'Enfant chargé de songes, *par Anne Hébert*
R627. L'Homme sans postérité, *par Adalbert Stifter*
R628. La Terre et le Sang, *par Mouloud Feraoun*
R629. Le Cimetière des fous, *par Dan Franck*
R630. Cytomégalovirus, *par Hervé Guibert*
R631. La Maison Pouchkine, *par Andreï Bitov*
R632. La Mémoire brûlée, *par Jean-Noël Pancrazi*
R633. Le taxi mène l'enquête, *par Sam Reaves*
R634. Les Sept Fous, *par Roberto Arlt*
R635. La Colline rouge, *par France Huser*
R636. Les Athlètes dans leur tête, *par Paul Fournel*
R637. San Camilo 1936, *par Camilo José Cela*
R638. Galíndez, *par Manuel Vázquez Montalbán*
R639. China Lake, *par Anthony Hyde*
R640. Tlacuilo, *par Michel Rio*
R641. L'Élève, *par Henry James*
R642. Aden, *par Anne-Marie Garat*
R644. Dis-moi qui tuer, *par V. S. Naipaul*

R645. L'Arbre d'amour et de sagesse
par Henri Gougaud
R646. L'Étrange Histoire de Sir Hugo et de son valet Fledge
par Patrick McGrath
R647. L'Herbe des ruines, *par Emmanuel Roblès*
R648. La Première Femme, *par Nedim Gürsel*
R649. Les Exclus, *par Elfriede Jelinek*
R650. Providence, *par Anita Brookner*
R651. Les Nouvelles Mille et Une Nuits, vol. 1
par Robert Louis Stevenson
R652. Les Nouvelles Mille et Une Nuits, vol. 2
par Robert Louis Stevenson
R653. Les Nouvelles Mille et Une Nuits, vol. 3
par Robert Louis Stevenson
R654. 1492. Mémoires du Nouveau Monde
par Homero Aridjis
R655. Lettres à Doubenka, *par Bohumil Hrabal*
R657. Cassandra, *par John Hawkes*
R658. La Fin des temps, *par Haruki Murakami*
R659. Mémoires d'un nomade, *par Paul Bowles*
R660. La Femme du boucher, *par Li Ang*
R661. Anaconda, *par Horacio Quiroga*
R662. Le Polygone étoilé, *par Kateb Yacine*
R663. Je ferai comme si je n'étais pas là
par Christopher Frank
R664. Le Divin Enfant, *par Pascal Bruckner*
R665. Un homme remarquable, *par Robertson Davies*
R666. Une sécheresse à Paris, *par Alain Chany*
R667. Charles et Camille, *par Frédéric Vitoux*
R668. Les Quatre Fils du Dr March, *par Brigitte Aubert*
R669. 33 Jours, *par Léon Werth*
R670. La Mort à Veracruz, *par Héctor Aguilar Camín*
R671. Le Bâtard de Palerme, *par Luigi Natoli*
R672. L'Ile du lézard vert, *par Eduardo Manet*
R673. Juges et Assassins, *par Michael Malone*
R674. L'Enfant de Port-Royal, *par Rose Vincent*
R675. Amour et Ordures, *par Ivan Klíma*
R676. Rue de la Cloche, *par Serge Quadruppani*
R677. Les Dunes de Tottori, *par Kyotaro Nishimura*
R678. Lucioles, *par Shiva Naipaul*
R679. Tout fout le camp !, *par Dan Kavanagh*
R680. Les Sept Solitudes de Lorsa Lopez
par Sony Labou Tansi
R681. Le Bout du rouleau, *par Richard Ford*
R682. Hygiène de l'assassin, *par Amélie Nothomb*
R683. Le Crime des pères, *par Michel del Castillo*
R684. Les Adieux, *par Dan Franck*
R686. Annam, *par Christophe Bataille*